현대인을 위한 교회사

Church History in Plain Language

현대인을 위한 교회사

브루스 셸리

박희석 옮김

CH북스
크리스천
다이제스트

역자 서문

「현대인을 위한 교회사」를 출간하게 됨을 환영하는 바이다. 본서는 미국 Iowa 대학에서 학위를 받고 현재 Colorado 주의 Denver 신학 대학원에서 교회사 교수로 재직하고 있는 Bruce Shelley의 저서 Church History in Plain Language 를 완역한 것이다.

지금까지 많은 교회사 교재가 번역되어 사용되어지고 있으나 우리 한국의 신학대학이나 대학원에서 사용하기에는 적합하지 않은 책들이 있었다. 어떤 책은 내용이 충분치 못하고, 또 다른 책은 너무 분량이 많아 일정한 기일 내에 읽고 학습하기에는 어려움이 있었다. 그러나 본서는 이러한 문제들을 완전히 해결하고 있다.

본서의 특징은 첫째, 교회사에 나타난 중요한 사건들(fact)을 초대에서부터 현대까지 모두 취급했다. 초대교회의 형성과정, 박해와 이단의 출현과 그 결과, 중세교회의 제도들과 교회와 국가의 관계, 종교개혁의 배경과 각 개혁가들의 활동, 그리고 근세사까지 모든 자료를 제시하면서 분명한 사관에 입각하여 분석하고 방향을 제시한다. 둘째, 신학적으로 중요한 사상의 흐름을 모두 다루고 있다. 초대교회의 이단 사상과 교리와 교회제도의 형성과정과 결과, 중세 스콜라 신학, 종교개혁가들의 신학과 17세기 각 교파의 정통신학 확립과 결과들, 그리고 현대에 이르기까지 중요한 신학자들을 모두 설명한다. 셋째, 이 책은 중요한 사건과 신학사상을 쉽고도 간결하게 평이한 논리로 전개하기 때문에 이해가 쉽다. 그래서 신학생이나 목회자 그리고 평신도에 이르기까지 본서를 읽기만 하면 교회사의 흐름을 터득할 수 있다.

본서가 신학 발전과 교회사에 관심있는 모든 분들께 도움이 되기를 바라고 출판을 위해 수고한 크리스챤 다이제스트 박명곤 사장에게 감사드린다.

사당동에서
박희석

차 례

서 문

내 서재의 문 위에는 만화가 걸려 있다. 이 만화를 읽은 학생들은 웃음을 띠고 내 서재로 들어 오곤 한다. 그러면 쉽게 대화를 시작할 수 있게 된다. 이 만화는 "피넛츠"에서 오려 낸 것이다. 챨리 브라운의 작은 여동생인 샐리가 "교회의 역사"라는 제목으로 학교에 낼 작문을 하고 있다. 샐리의 옆에 앉은 챨리의 눈에 그녀의 작문의 첫부분이 들어온다. 그 내용은 "교회의 역사를 논하자면 그 시초부터 거슬러 올라가야 한다. 우리 목사님은 1930년에 태어나셨다." 챨리는 기가 막혀 천장을 바라보고만 있다.

오늘날 많은 기독교 신자들이 역사의 기억상실증에 시달리고 있다. 사도들과 자기들이 살고 있는 시대의 사이는 하나의 거대한 공백에 불과하다. 이는 물론 하나님께서 원하시는 모습은 아니다. 구약을 보면 하나님께서 얼마나 역사에 큰 관심을 가지고 계신지 잘 나타난다. 그는 이스라엘 백성들을 위해 유월절을 제정하신 후 다음과 같이 말씀하셨다. "너희 자손들에게 전하라 … 주님께서 우리들을 애굽으로부터 해방시키셨다 … 이것이 그 상징이 될 것이다"(출 13:8, 6). 그리고 그가 광야에서 만나를 공급하셨을 때에는 모세에게 "앞으로 올 자손들을 위하여" 이들을 항아리에 담아 보관하라고 명령하신다.(출 16:33)

기독교의 역사에 관해 무식하기 때문에 신자들이 쉽게 이단들에게 넘어가는 모습들을 본다. 변질된 기독교를 마치 진짜인양 신봉하는 것도 볼 수 있다. 이와 동시에 어떤 신자들은 자기들의 신조에 관해 놀라운 자만심을 소유하고 있는 것도 볼 수 있다. 서로를 제대로 비교해 본 일도 없이 자기들의 길을 최선의 길로, 자기들의 당파를 가장 뛰어난 당파로 자신있게 변호하는 것이다. 마지막으로, 많은 기독신자들이 자기들의 사역을 보다 넓은 맥락에서 파악하지 못한 채, 매우 좁은 안목으로 맡겨진 일들을 감당하고 있는 경우들을 흔히 볼 수 있다. 그리하여 자기들의 노력과 시간을 최대로 선용하고자 할 때 이를 어떻게 해야 할지 건전한 판단의 기준을 갖고 있지 못함을 비로소 발견하게 된다.

나는 물론 우리 기독교의 과거를 돌아보는 책 한 권으로 이러한 모든 문제가 해결될 수 있다거나, 독자를 겸손한 섬기는 자로 만든다거나, 효과적인 사역을 위한 전략이 세워지리라는 것은 아니다. 그러나 역사를 공부하게 되면 보통 영속적인 것과 일시적인 것, 흘러 지나가는 유행과 불변의 기초를 구분할 수 있게 된다. 바로 이것이 독자들을 위해 이 책을 내놓는 저자의 소망이다.

이 책은 평신도들을 염두에 두고 쓰여졌다. 그러나 평신도라는 단어가 얼마나 모호한 지는 우리 모두가 잘 알고 있다. 사람들은 자기들의 기호와 원하는 바에 맞추어 이 단어를 사용하고 있다. 이십년 이상 신학 대학원생들을 가르친 후, 나는 대학을 마치고 신학 대학원에 입학하는 이들이나, 혹은 일년에 다섯권 가량의 책을 읽는 엔지니어나 세일즈맨들은 모두 같은 독자층에 속함을 알게 되었다. 이들은 여기선 모두 평신도에 속하는 것이다.

강의를 준비하기 위해 교수는 수백 권의 책을 읽고, 수천 구절을 인용한다. 기독교사 전체를 개관한다고 할 수 있는 이 책을 쓰기 위해 나는 자유롭게 수많은 학자들의 지혜와 지식을 빌려왔다. 단지 한 가지 단순한 목표가 있었다면 이야기가 지루하지 않도록 계속 움직여야 한다는 것이었다. 나는 이 모든 자료들을 제대로 소화시키고자 노력했으며, 각 장 뒤에 가장 도움되었던 서적들을 열거했으며, 가장 중요한 인용구들은 책 뒤에 밝혔다.

여러 해를 가르치는 동안 나는 명료성(clarity)이야말로 배움을 위한 가장 중요한 첫번째 조건임을 깨닫게 되었다. 이를 돕기 위해 제목들을 모두 세분하였다. 교회 생활의 변화를 묘사하기 위한 방법으로 우리는 이들을 가리켜 시대라는 이름으로 부른다. 물론 위대한 시대가 마치 밤하늘의 혜성처럼 갑자기 나타나는 것은 아니다. 그 모든 시대 속에서 우리들은 과거의 잔재와 미래에의 예고를 볼 수 있다. 그러나 독자가 이야기의 구성을 알고 싶으면 그는 단지 각 주요 시대 구분의 제목 페이지에 나타난 문장들을 읽기만 해도 될 것이다.

이러한 방법은 이 책의 전체적 통일성을 위해 중요한 의미를 지닌다. 왜냐하면 각 장(chapter)이 특별한 방법으로 기술되어 있기 때문이다. 각 장마다 단 한가지 문제만을 다루고 있다. 독자는 이 문제가 과연 무엇인지 각장의 서론이 끝난 부분에 질문의 형식으로 나타나 있는 것을 볼 수 있을 것이다. 서론은 보통 그 시대의 상황을 가장 잘 나타낸다고 보여지는 일화의 형식으로 되어있다. 이는 곧 각 장이 거의 독립된 형식으로 구성되어 있어서 마치 백과사전의 기사처럼 따로 읽힐 수 있음을 의미하는 것이다.

이처럼 "문제 중심"으로 역사에 접근할 경우 이야기의 흐름에 공백이 생길 우려가 있다. 어떤 독자들은 왜 특정 주요 인물이나 사건들이 포함되지 않았는가 하고 의아하게 생각할 수도 있다. 그러나 이러한 접근 방법을 쓸 때 평신도들에게 교회 역사의 현대적 중요성을 보다 잘 보여줄 수 있는 이점이 있는 것이다. 오늘날 우리들이 당하는 대부분의 문제들은 유례없이 특이한 것들은 아니다. 이들은 과거와 연결되어 있다.

마지막으로 어떤 독자들은 왜 이처럼 전기적 기술들이 많은가 하고 의아하게 생각할지도 모른다. 왜 개인들의 이야기가 이처럼 많이 삽입되어 있는가? 그 이유는 커뮤니케이션(communication) 때문이다. 그 사상들을 무시하지 않으면서도, 나는 그들의 주장을 인간들을 통하여 표현하고자 하였다. 왜냐하면 대부분의 독자들은 다른 인간들을 만나보기를 원할 것으로 나는 생각했기 때문이다.

많은 교회사가들은 "과연 교회는 하나의 운동인가, 아니면 조직체인가?" 하는 잘문을 던진다. 이 책을 읽어보시면 내가 교회는 이 두 가지 모두 다라고 생각하고 있음을 쉽게 알 수 있을 것이다. 그리하여 나는 교황 정치뿐만 아니라 선교사의 활동도 한데 포함시킨 것이다. 아마 이 분야의 전문가들은 내가 "교회(church)"라는 용어를 엄격하게 정의하지 않은 점을 비난할지도 모른다. 그러나 이 모호점은 내가, 역사 속에서 하나님의 백성들은 이상 ─ 우주적인 성도들의 교제 ─ 과 현실 ─ 특정한 시간과 공간 속의 특정한 집단 ─ 사이에서 살고 있다고 믿기 때문이다. 시간 속에서의 교회의 사명은 조직과 특정한 규율, 특정한 지도자와 장소를 요구한다. 그러나 조직들 자체가 복음의 전파에 도움을 주기보다는 이를 훼방하기 시작하면, 운동의 요소가 다시 고개를 들고 세상 속에서의 교회의 기본적 사명을 주장하는 것이다. 이러한 모습이 얼마나 자주 나타났었는지 이 책을 통해 알 수 있을 것이다.

책들은 많은 이들의 협력의 산물이다. 나를 도운 분들이 많이 계신다. 워드 북스(Word Books)의 편집부장인 플로이드 대처(Floyd Thatcher)씨가 원래 이 책을 쓰도록 제안하고 격려하셨다. 나의 친구이자 동료인 티머시 웨버(Timothy Weber) 박사와 아프리카 주재 선교사이자 저널리스트인 나의 누이 마아지(Marge)가 원고 전체를 읽고 많은 부분을 고쳐 주었다. 또 다른 친구인 랄프 코벨(Ralph Covell)박사가 선교에 관한 장들을 읽어주었다. 나의 비서 카렌 몽고메리(Karen Montgomery) 여사가 원고의 대부분을 타이프 해주었다. 나의 제자이자 친구인 하워드 우드 3세(Howard Wood III)가 색인을 준비해 주었다. 이들의 도움이 없었다면 아직도 이 책은 완성되지 못했을 것이다. 나는 이들의 너그러움에 깊이 감사를 드린다.

브루스 셸리(Bruce Shelley)

예수와 사도들의 시대

6 B.C. — A.D. 70

기독교의 뿌리는 예수 그리스도의 탄생 오래 전 유대인들의 역사에까지 거슬러 올라 간다. 그러나 1세기 초 기성 유대교를 비판하고 역사의 빛 속으로 부흥의 운동을 불러온 것은 다름 아닌 나사렛 예수였다. 로마 총독 본디오 빌라도(Pontius Pilate) 치하에서 그가 십자가에 달려 처형된 후 예수의 가르침은 지중해 지역 전체에 퍼지게 되었다. 바울이라는 이름의 사도가 특히 큰 영향을 미쳤다. 그는 모든 인류에게 미치는 하나님의 구원의 은혜를 강조함으로써 기독교를 팔레스타인의 유대 종교로부터 변신시켜 세계 종교의 위치에 올려 놓았다.

1

왕을 처형하라!

기 독교야 말로 그의 신의 수치를 중심 사건으로 삼는 유일한 종교일 것
이다.

> 신자들은 노래한다.
> "죽으시는 어린 양, 당신의 보혈은
> 절대로 그 능력 잃지 않으리,
> 대속받은 하나님의 교회 모두가
> 구원 받아 더 이상 죄없기까지."

십자가 형은 매우 참혹한 형벌로서, 반역자들과 해적들, 그리고 노예들만
이 이렇게 처형되었다. 유대 법도 "누구든 나무 위에 달려 죽는 자를 저주"
했으며, 로마의 정치가 키케로는 "십자가라는 이름 자체가, 로마 시민의 몸
으로부터 뿐만 아니라, 그의 상상과 눈과 귀로부터까지도 멀리 하라."고 경
고하였다.

처형받는 자는 우선 채찍질을 당하고, 자기가 매달릴 십자가의 가로 기둥
을 지고 날라 가야만 했다. 십자가가 세워진 후에는 그 위에 죄인의 이름과
죄명을 밝히는 명찰이 달리게 된다. 예수님의 경우엔 INRI: Iesus Nazarenus
Rex Iudaeorum, 즉 나사렛 예수, 유대인의 왕이라는 명패가 붙었었다.

예수님을 재판했던 로마 총독 본디오 빌라도는 아마도 유대인들을 약올리
기 위해 이러한 명패를 붙였을 것이다. 그러나 십자가와 마찬가지로 예수님
의 추종자들은 이러한 묘사 가운데서도 특별한 의미를 발견하게 되었다.

예수님과 교회

예수는 유대인이었다. 그는 유대인 가정에서 출생하였다. 그는 유대인의 율법을 공부했으며, 유대종교를 숭앙하였다. 그의 생애를 조금만 연구해 봐도 이러한 사실이 너무나 확실하게 드러나기 때문에 많은 이들이, 과연 그에게 오늘날 우리들이 "교회"라 부르는 일단의 추종자들을 창조할 의사가 있었는가고 묻는다. 아프리카로 갔던 유명한 선교사 알버트 슈바이처(Albert Schweizer)는 예수가 임박한 종말의 관념에 사로잡혀 있었으며, 바로 그 꿈을 실현하기 위해 죽음의 길을 택했다고 주장하였다. 현대의 영향력있는 독일 신학자 루돌프 불트만(Rudolf Bultmann)은 예수는 사람들에게 하나님에 대해 양단간의 과격한 결단을 내리도록 촉구했던 선지자였다고 가르쳤다. 또 다른 기독교인들은 예수님의 왕국은 사랑과 용서의 형제애라고 주장하였다. 만약 그가 공동체를 창설했다면 이는 눈에 보이지 않는, 도덕적·영적인 것이지 예식들과 신경들을 소유하는 조직체의 모습은 아니라는 것이다.

이처럼 반 조직체적인 기독교관이 오늘날 너무나 널리 퍼져 있으므로, 이 문제를 정면으로 다루는 것이 필요하겠다. 과연 예수님은 교회의 설립과 어떠한 관계가 있는가? 과연 그는 어떻게 교회의 특별한 성격들을 결정하였는가?

물론 복음서의 독자들은 누구나 나름대로의 판단을 내릴 자유가 있다. 그러나, 아무런 편견없이 마가, 마태, 누가, 요한 복음서를 읽어볼 것 같으면, 예수께서 자기의 일을 계속하여 이루어 갈 일단의 추종자들을 위한 계획을 가지고 계셨음을 확실히 알 수 있다. 그는 2년 동안이나 일단의 충실한 제자들과 동역하셨다. 그는 이들에게 인생과 아울러 소위 그가 "하나님의 왕국"이라 불렀던 주제에 관해 가르치셨다.그리고 그들을 용서와 사랑으로 한데 묶는 "새 언약(The New Covenant)"을 처음으로 소개하셨다.

물론 이 소박했던 공동체에는 후대의 기독교가 갖는 규칙들과, 직원들과 예식들과 신조는 없으나, 이는 역시 특별하게 구별된 공동체였다. 예수님은 여러 번 강조하여서, "하나님의 왕국"과 여타 인간 세상의 다른 권위 조직체들 사이의 차이점들을 보여주었다. 그리하여 그의 제자들은 점차로 예수를 따른다는 것은 그들의 충성을 요구하는 세상의 다른 목소리들을 향해 "안돼(No)"라고 부인해야함을 의미한다는 사실을 깨닫게 되었다. 어떤 의미에서는 바로 이것이 예수 운동의 시작이었다. 그리고 적어도 이러한 의미에서 예수는 교회를 "창설"했다고 볼 수 있겠다.

예수님 시대의 팔레스타인

예수님 시대의 팔레스타인에는 각종 집단들이 한데 섞여 존재하고 있었다. 이 지역은 문화들과 인종들의 십자로였다. 당시 로마에 의해 지배당했던 2백만 여 이곳 주민들은 지역차와 종교와 정치에 의해 분열되어 있었다. "단 하루길의 여행을 통해 사람들은 농부들이 원시적인 농기구로 밭을 갈고 있었던 농촌으로부터 시민들이 각종 로마문명의 혜택을 마음껏 누렸던 번창하는 도시까지 갈 수 있었다. 거룩한 도시 예루살렘에서는 제사장들이 이스라엘의 하나님께 제사를 드리고 있었던 시간에, 겨우 30 마일 떨어져 있던 세바스테 (Sebaste)에서는 이교도 사제들이 로마의 주신 쥬피터에게 제물을 바치고 있었다."

주민의 겨우 절반에 불과했던 유대인들은 외국인 통치자들을 경멸했으며 자기들의 오랜 고국에 정착했던 이교문화의 영향에 반발하고 있었다. 로마인들은 단지 역사상 여럿 있었던 여러 외국인 압제자들 가운데 하나가 아니라, 증오받는 문화와 전통의 대표자들이었다. 그들의 제국 통치는 이미 일세기 전 시리아가 유대인들에게 강요하려 했던 헬레니즘(Helenistic) 그리스 문화를 팔레스타인에 들여오는데 성공하였다. 아브라함의 모든 자녀들은 그들의 압제자들에게 반대한다는 데에는 일치하였다. 단지 그 저항의 방법에 있어서 의견을 달리 했을 뿐이다.

수세기 전 이스라엘의 선지자들은 주님께서 이교도 통치자들로부터 그의 백성들을 해방시키고 온 세상 위에 그의 왕국을 이룩하실 날을 약속하고 있었다. 선지자들은 말하기를, 그날이 오면, 하나님께서 기름부으신 통치자 — 메시야 — 를 보내시어 현재의 부패한 세상을 종식시키고 대신 영원한 낙원을 이룩하시리라고 하였다. 그는 죽은 자들을 다시 살리시며, 그들의 행위에 따라 심판하실 것이었다. 악한 자들은 벌을 받고, 의로운 자들은 하나님의 왕국에서 영생을 누리게 될 것이었다. 다니엘서나 기타 널리 읽혔던 유대인들의 서적들에 따르면, 주의 왕국은 사탄이 이끄는 우주적 규모의 악의 세력과 주께서 이끄시는 선의 세력 사이의 마지막 전쟁이 끝난 후에야 이루어질 것이었다. 기존의 세계질서가 완전히 파괴되고 그 끝이 없는 왕국은 창조되어야 할 것이었다 (단 7:13-22). 죽은 자의 부활과 마지막 심판과 함께 이러한 메시야 사상은 예수님 당시 유대인 일반 민중들 사이에 널리 퍼져 있었다.

로마인 들 치하에서의 생활에 대한 혐오의 결과 유대인들 사이에 몇 가지 분파들이 나타났는데, 이러한 분파들은 모두 당시의 위기 상황을 서로 달리 대처하는 모습을 보여주고 있다. 예수운동은 이러한 움직임들 가운데 하나였다.

그중 하나였던 바리새인들(Pharisees)은 이교 문화와 구별되는 유대인들의 전통과 관습을 특히 강조하였다. 이들의 명칭 자체가 "구별된 자들"이라는 의미였으며, 이들은 유대법의 모든 세칙들을 빼지않고 준수하는 자기들의 생활을 자랑스럽게 생각하였고, 자기들이 볼 때, 제사법상 깨끗치 못하다고 여긴 자들을 경멸하였다. 이들의 경건과 애국심은 백성들에게 널리 존경을 받고 있었다.

반면 일부 유대인들은, 로마인들의 통치를 스스로의 이익을 위해 이용하였다. 이들 가운데 예루살렘의 귀족들이 있었다. 이 소수의 부유한 특권층 집단으로부터 성전의 높고 낮은 제사장들이 배출되었다. 이들 중 많은 이가 그리스-로마 문화의 세련된 매너와 유행을 즐기고 있었다. 이들 중에는 헬라식 이름을 취한 자들까지도 볼 수 있었다. 이들의 이해를 대변한 것은 사두개인(Sadducees)이라 불렸던 보수적 정치집단이었다. 예수님 당시에도 바로 이들이 산헤드린(Sanhedrin)이라 불리던 최고 유대인 의회를 장악하고 있었으나, 일반 백성들 사이의 영향력은 미미하였다.

셀롯(Zealots)이라 불리던 열심당은 무장 봉기를 통해 조국 땅에서 로마인들을 축출할 생각을 품고 있었다. 이들은 2세기전 종교적 열정과 무력 저항이 한데 어울려 이교도 헬라 압제자들을 몰아내었던 마카비(Maccabees)의 영광스런 시대를 희구하고 있었다. 따라서 갈릴리의 언덕들에는 항상 대규모 반란을 준비하거나 로마인들을 습격할 기회를 엿보고 있던 여러 게릴라 집단들이 은신하고 있었다.

마지막으로 정치나 전쟁에는 관심이 없었던 에세네파(Essenes)가 있었다. 이들은 유대의 광야로 숨어 들어갔다. 그곳에서 외부와는 격리된 수도원적 공동체를 이루고, 경전을 공부하면서 주님의 왕국을 준비하고 있었다.

예수님은 이처럼 유대인들 가운데 함께 존재하고 있었던 여러 기존 집단

들과 혼동되지 않도록 자기의 사역 목적을 제자들에게 분명하게 주입시켜야
했는데, 이는 결코 쉬운 일이 아니었다.

예수님의 사역

예수님은 유대 광야에서 세례 요한이 이끌고 있던 운동에 연결되는 것으
로 그의 공생애를 시작하셨다. 사해(Dead Sea) 바로 북쪽의 요단강 지류는
이 지역에서 가장 사람들이 많이 모이는 곳의 하나였으므로 세례 요한은 그
의 말에 귀를 기울일 충분한 청중을 모을 수 있었다. 낙타의 가죽으로 만든
옷을 걸치고, 불꽃같은 눈으로, 그는 강가에 서서 지나가는 자들에게 회개를
외쳤으며, 자기에게 요단강에서 세례를 받음으로써 임박한 심판 날을 준비하
라고 했다.

많은 이들은 요한이 약속된 메시야라고도 생각했으나, 요한은 이를 확실히
부인하였다. 그는 선지자 이사야의 말을 빌려 자기의 역할을 설명하였다.
"광야에서 외치는 이의 소리다. 주의 길을 준비하고, 그의 길을 곧게 하라"
(마 3:3). 그는 스스로 자기는 메시야의 출현을 예비하는 자라고 밝혔다. "나
는 물로써 너희들에게 세례를 베푼다 … . 그러나 그는 성령과 불로써 너희
들에게 세례를 베풀 것이다"(눅 3:16).

세례 요한의 회개와 의로움의 외침을 좇아 예수님은 요단강으로 가셨다.
그는 요한의 메시지 속에 하나님의 진리를 발견하셨으므로 "모든 의를 성취
시키기 위해" 요한에게 세례를 받으시고 곧 자기의 사역을 시작하셨다. 그는
"때가 찼고 하나님 나라가 가까웠으니 회개하고 복음을 믿으라"고 선포하셨
다(막 1: 15)

그러나 예수님은 광야에 머무는 대신, 부드러운 언덕과 푸른 계곡으로 가
득찬 갈릴리 지방을 그의 사역의 무대로 정하셨다. 그는 갈릴리 전체의 촌락
과 촌락으로 돌아다니시면서, 저녁 때와 안식일 날에는 회당에서 설교하셨
다. 빵 한 조각을 들고, 포도주를 담은 가죽 부대 하나와 지팡이 하나를 지니
고 길을 헤매시었다. 그는 다른 많은 여행객들과 다름없이, 거친 삼베 옷과
보다 두꺼운 붉거나 푸른 색의 외투를 걸치셨을 것이다.

보통 그는 새벽 일찍 일어나, 하루에 수십 리를 걸으셨다. 해가 저물 때에
마을에 들어가 회당을 향하셨다. 흔히 알려진 역사를 따를 것 같으면, "그는
보통 마을에 주재하는 랍비가 없었으므로, 예수님처럼 방랑하는 교사들에게

각종 예식을 의탁해야 했던 마을 사람들에게 따스한 환영을 받았을 것이다. 등불이 밝혀지고 마을 남자들이 자리를 잡으면, 예수님은 약간 높게 만들어진 단 위에 앉으셨다." 그리고는 성경을 읽기 시작하셨다. 그는 힘있고 명료한 음성으로 예언의 성취와 비유들을 설명하셨다.

예수님의 교훈의 주제는 하나님의 왕국, 혹은 하나님의 나라였다. 이는 과연 어떤 의미였는가? 그는 하나님께서 극적으로 인간의 역사 속에 간섭하심을 의미했는가, 아니면 어떤 의미에서, 이미 그의 나라가 현존하고 있음을 뜻하셨는가? 아마 그는 양쪽 모두를 의미하셨을 것이다. 우리가 그 구절의 의미는 단지 지리적인 영역이 아니라 개인적이고 은혜로우신 하나님의 주권을 의미함을 깨닫는다면 이 두 가지 의미를 한데 조화시킬 수 있다.

예수님은 하나님의 통치가 자기 존재의 구원의 능력 가운데 이미 임재하고 있음을 암시하셨다. 또한 이 문제에 관한 증거도 제시하셨다. 병을 고치는 기적들은 단지 사람들을 놀라게 하기 위함은 아니었다. 이들은 표지들(signs), 즉 앞으로 올 시대의 능력이 이미 지금 현재 속에 나타나고 있음을 보여주는 것이었다. "그러나 만약 내가 하나님의 손에 의하여 귀신들을 쫓아낸다면, 하나님의 나라가 (이미) 너희에게 임하였느니라"(눅 11:20)고 그는 말씀하셨다. 그러나 그는 동시에 그의 치병이 사람들에게, 단지 그가 또 하나의 마술사에 지나지 않는다고 오해 받을 것을 두려워하셨음으로 병고침을 받은 자들에게 이에 관해 침묵할 것을 명령하셨다.

그러나 물론 소문은 전해졌으며, 곧 갈릴리 지방의 모든 도시와 촌락에서는 단지 입으로 명령하고 손으로 대기만 해서도 눈먼 자들과 앉은뱅이들과 각종 병자들을 고치는 목수 출신의 새 마술사에 관해 열띤 토론이 벌어지게 되었다. 곧 그가 가는 곳마다 수많은 군중이 모여들기 시작하였다.

예수님의 인기는 논쟁을 불러 일으켰다. 특히 바리새인들은 자기들에 속한 유식한 교수들에게서 배운 일이 없는 인물에게 사람들이 몰려드는 것을 시기하게 되었다. 이들은 공개적으로 그의 자격에 의심을 표시하였다.

예수님의 메시지

예수님은 이러한 도전을 환영하셨다. 왜냐하면 이러한 도전은 바리새인들의 스스로 의롭다하는 주장에 극명하게 대치되는바, 그의 회개와 은혜의 메시지를 보여 줄 기회를 제공해 주었기 때문이다.

언젠가, 아마도 순례자들이 한 유대의 명절을 맞아 예루살렘을 향해 많이들 올라가던 시기에 예수님은 기도를 드리러 성전에 올라간 어떤 두 사람에 관하여 말씀하셨다. 하나는 바리새인이었으며, 다른 하나는 놀랍게도 세인들에게 멸시를 받던 세리였다.

거룩한 자는 남의 눈을 한껏 의식하면서 자리를 잡고 기도를 드렸다. "하나님, 저는 다른 인간들, 늑탈자들, 불의한 자들, 간음자들, 혹은 바로 여기 있는 세리와는 다르니 감사합니다. 저는 일주에 두번씩 금식하며, 수입의 전체에 대해 십일조를 드립니다"(눅 18:11, 12). 이는 적어도 자기 자신에게 들으라고 올린 기도였는데 이는 전혀 근거없는 자랑은 아니었다. 바리새인들은 이처럼 "의로운 행위들" ― 금식과 십일조 ― 에 뛰어났으며, 이를 통해 다른 악한 자들로부터 구분되었다.

그러나 그 기도의 잘못은 스스로 의롭다는 교만의 정신과 다른 이들에 대한 잔인한 경멸에 있었다. 바리새인들 혼자만이 의로우며, 다른 모든 이들은 함께 저주를 받아 마땅하다고 생각하였다.

한편, 저 멀리 떨어져 있던 세리는 회개 그 자체의 모습이었다. 그는 눈을 아래로 떨어뜨리고, 어깨를 떨구고 있었다. 그의 기도는 통회의 눈물이었고, 자비를 향한 부르짖음이었다. "오 하나님, 죄인에게 자비를 베풀어 주십시오!"

예수님은 이렇게 말씀하셨다. "내가 말하노니, 다른 자가 아니라, 이 사람이 의롭다 하심을 받고 집으로 돌아 갔느니라"(눅 18:14). 바리새인들의 경건과 예수 운동의 차이점은 더 할데 없이 컸다. 전자는 수백개나 되는 유대인들의 종교적 율법을 지키는데 기초하고 있었다면, 후자는 자기의 의를 부인하고, 오직 하나님의 자비에만 의지하고 있었다.

예수님은 수백 명의 추종자들 가운데 일부를 택하여, 항상 자기와 함께 여행하도록 하셨다. 이들은 "사도들," 즉 "보내심을 받은 자들"이라는 이름으로 불리게 되었다. 이들은 원래 어부들과 세리들 등, 통일성이 없이 잡다한 집단이었다. 그러나 예수님에 대한 충성심만은 매우 강한 데가 있었다.

그리하여 예수님은 이들에게 그의 나라와 이 세상 나라들 사이의 차이를 보여주셨다. 그의 추종자들은 또 다르게 구별되는 형태의 사회와 위대성을 대표해야 한다는 것이었다. 이 세상 왕국들에서는 세력이 강한 지도자들이 다른 이들을 위에서 짓밟고 군림한다. 그러나 하나님의 나라는 사랑과 봉사에 의해 전혀 다른 방법으로 통치되는 것이다. 그는 말씀하시기를 "두려워 말라. 너희들에게 이 나라를 주시기를 하나님은 기뻐하신다."

그가 예루살렘에서 체포되기 일년 전이 그의 인기가 최고에 달했을 때라고 볼 수 있겠다. 그가 5,000명 이상 되는 유월절 순례자들을 갈릴리의 언덕에서 먹이신 후에, 제자들은 그를 왕으로 선포하고자 하였다. 그러나 예수님은 이들이 자기의 생애와 죽음을 통해 이루시고자 하는 하나님의 뜻을 제대로 이해하지 못하고 있음을 알고 계셨다. 그리하여 그는 일부 좀더 충실한 제자들만을 데리고 산지로 피하셨다.

예수님은 그가 하나님의 구속사 가운데 특별히 감당해야 할 사명이 있음을 아셨으나, 동시에 전통적으로 메시야적인 구세주에게 주어진 칭호를 사용하기는 주저하셨다. 우매한 군중들은 쉽사리 이를 오해할 가능성이 많았다. 그가 열두 제자들을 가르칠 때 나타나는 그의 모습은 일찍이 이사야 선지가 묘사했던 고난받는 종의 모습과 흡사한 것이었다. "사람들에게 멸시받고 버림 받았도다 … 그가 채찍에 맞음으로 우리가 낳음을 입었다"(사 53:3, 5). 또한 스가랴가 예언했던 "겸손하여 나귀를 타시는" 왕의 모습을 연상시키고 있었다(슥 9:9).

마지막 주간

이러한 예언의 모습을 명백하게 의식하면서, 예수님은 스가랴의 예언대로 나귀를 타고, 그의 마지막 유월절 전 주일 날 나귀를 타고 예루살렘으로 들어가셨다. 군중들은 종려 가지를 그의 길 앞에 늘어 놓고 소리를 질렀다. "호산나! 주의 이름으로 오시는 이에게 복이 있도다."

이 때가 예수님이 유일하게 스스로를 공개적으로 유대교적 예언의 메시야와 동일시했던 사건으로 보인다. 그는 이때 예루살렘의 실권자들에게 결단을 촉구했던 것처럼 보이기도 한다. 과연 그들은 그의 나라의 통치를 받아들일 것인가? 거룩한 도시는 소동 속에서 질문을 던졌다. "과연 이분은 누구인가?"

다음 날, 예수님은 사람들로 번잡한 좁은 골목을 지나 성전으로 나아가셨다. 여기서 마치 그 옛날 구약의 선지자들을 연상시키는 모습으로, "성전에서 사고 파는 모든 자들을 내쫓고, 환전상들의 탁자들과 비둘기 파는 자들의 자리들을 뒤집어 엎으셨다"(마 21:12). 그는 이들에게 말씀하시기를 "이렇게 기록되었다. '나의 집은 기도의 집이라 불릴 것이다.' 그러나 너희들이 이를 강도들의 소굴로 만드는구나"(마 21:13).

이 극적인 사건의 소문은 곧 예루살렘 시내 전체로 퍼져 나갔으며, 사람들은 예수님의 모습을 구경하려고 성전으로 몰려들었다. 메시야의 출현과 함께 곧 성전이 파괴되리라는 소문이 퍼졌다.

이러한 메시야에 관한 소문은 성전 당국자들을 긴장시켰다. 만약 이 갈릴리 인이 로마 정부에 대항하여 또 다른 반란을 일으키면 어떻게 할 것인가? 누구든 메시야를 의식시키는 자는 곧 기존 정치체제에 대한 주민들의 충성을 약화시키는 것이었으며, 사두개인들이 로마 정권과 이룩해 둔 유착관계를 위협하는 것이었다. 이런 인간이 섣불리 반란을 일으켰다가, 로마인들에 의해 무자비하게 진압되기 전에 그를 침묵시켜야 한다고 그들은 결론지었다. 만약 반란 사태가 벌어지면 사두개인들은 그들의 특권을 잃을 것이 뻔했다.

그리하여 예수님에 대한 공동의 적개심과 공포가 사두개인들과 그들의 적수였던 바리새인들을 보기드물게도 한데 묶어 동맹을 맺게 하였다. 공공연히 안식일의 법을 어기고, 다른 법규들의 유효성에도 의문을 표했던 예수님은 유대교의 권위를 훼손시키는 것처럼 보였다. 양 집단은 각각 자기들의 이유 때문에 이 갈릴리 출신의 자칭 예언자를 위험한 적수로 여기게 되었으며, 그를 재판에 붙여 처치해 버려야 한다고 결론짓게 되었다.

성전 당국자들은 예수의 가장 가까운 추종자들 속에서 음모의 기회를 발견하였다. 열두 제자 가운데 하나였던 가룟 유다의 도움으로 민란을 피하면서 비밀리에 예수를 체포할 수 있었다. 유다는 그들을 예수님에게로 인도해 주는 조건으로, 숙련된 기술자의 넉달 임금에 해당하는 은전 삼십 량을 지급받았다.

새 언약

"다음 날은 유대인들의 유월절 명절의 첫날이었다. 예수님과 그의 제자들은 그날 저녁 예식에 따른 만찬을 준비하였다. 해가 질 때 이들은 미리 약속한 장소에 모였다. 이집트로부터의 해방을 기념하는 식사를 함께 나누는 이들의 분위기는 엄숙한 바 있었다. 낮은 탁자를 중심으로 배치된 방석들에 기대어 이들은 포도주를 마시고 쓴 나물과 무교병을 먹었다." 만찬이 끝날 때쯤 예수님께서 빵 한 조각을 손에 들고, 하나님께 감사드린 후, 이를 떼시고 말씀하셨다. "이는 너희들을 위해 주는 나의 몸이다. 나를 기념하여 이를 행하라"(눅 22:19). 같은 모양으로 그는 잔을 들고 말씀하셨다. "이 잔은 내 피로 세운 새 언약이다. 나를 기념하여 마실 때마다 이를 행하라"(고전 11:25).

예수님은 이 "새 언약"으로 무엇을 의미하셨는가? 물론 그 배경은 이집트로부터의 탈출과 시내 산에서의 이스라엘의 국가로서의 형성을 가리키고 있다. 그러나 예수님은 그처럼 명백한 사건들 이상을 그 마음에 두고 계셨다.

그는 그의 핏속에서의 "새 언약"을 말씀하셨다. 그의 말씀들은 언젠가 돌판에 새긴 언약이, 인간들의 심정에 새겨지는 언약들로 대치될 날이 올 것을 약속하였던 예레미야 선지자의 말씀을 상기시키는 바가 있었다 "주께서 말씀하시기를, 그날들 후에 내가 이스라엘의 집과 세울 것이 바로 이 언약이니라. 내가 나의 법을 그들의 속에 두고, 이를 그들의 심정에 기록하리라. 나는 그들의 하나님이 되며, 그들은 나의 백성이 될 것이다 … 내가 그들의 악함을 용서할 것이며 그들의 죄를 더 이상 기억하지 않을 것이므로"(렘 31:33-34).

예수님은 새 언약의 시기가 도래했다고 말씀하셨다. 이제 그가 피를 흘리심으로, 죄의 용서를 누리는 새 백성의 존재가 가능해졌다는 말씀이었다.

그 때 당시엔 제자들이 틀림없이 그의 말씀과 행동을 제대로 이해하지 못하고 당황했을 것이다. 그러나 그후 몇 주가 채 지나지 않아 이들은 새로운 깨달음의 빛 속에서 이 마지막 시간의 의미를 깨닫게 될 것이었다.

식사를 마치신 후 예수님은 제자들을 이들이 익히 잘 알고 있었던 모임의 장소, 감람산 언덕 아래의 겟세마네 동산이라는 감람나무 숲으로 이끌고 가셨다. 마침 보름달이 떴으며, 숲은 달빛 속에 잠들어 있었다. 제자들이 잠든 동안 예수님은 한쪽으로 가서서 기도하셨다. "아버지시여, 만약 가능하기만 하다면 이 잔이 나를 지나가게 하여 주십시오. 그러나 제가 원하는 바대로 마시고 당신께서 원하는 대로 하십시오"(마 26:39).

예수님은 기도를 통해 하나님께 대한 순종을 다시 한번 확인하신 후, 그의 잠든 제자들을 깨우셨다. "아직 그가 말씀하고 계실 때, 유다가 왔다 … . 그와 함께, 대제사장과 장로들이 보낸, 칼과 몽치들을 가진 많은 자들이 함께 왔다 … "(마 26:47). 그들은 예수님을 잡고, 예루살렘의 서쪽 지역에 자리잡고 있었던, 대제사장 가야바의 저택으로 그를 끌고 갔다.

그의 재판과 죽음

웅장한 저택 속에서, 산헤드린은 일체 정의의 시늉마저 포기한 채, 예수님께 불리한 증언을 할 두 사람의 증인들을 조작해 내었다. 법정은 예수님을 신성모독으로 고발하고, 사형을 선고했는데, 이를 집행하기 위해서는 평소에 멸시했던 로마인들의 힘을 빌려야만 했다.

동이 트자 유대인 당국자들은 예수님을 끌고 가야바의 저택에서 나와 로마 총독 본디오 빌라도가 유월절 명절 동안 머물고 있었던 성채 안토니아로 데리고 갔다. 산헤드린은 사형을 집행할 권한이 없었으므로, 이들은 빌라도에게 예수님의 처형을 의뢰해야만 했던 것이다.

"의회원들과 그들의 죄수가 아래 쪽 성채의 포장된 마당에서 기다리는 동안, 안토니아의 화려한 내실로부터 빌라도를 불러내기 위해 사자가 보내졌다. 몇 분 후 총독이 나타났다. 그는 전형적 로마의 관습대로 흰 겉옷 위에 붉은 토가를 걸치고 있었는데, 이는 그가 로마 시민임을 표시하는 것이었다."

그들의 의도를 물어본 후, 로마 총독은 상황을 살펴보았다. 대제사장들은 별로 중요할 것도 없는 사소한 종교적 분쟁 때문에 그를 찾아온 듯 했고, 명절 기간 중 예수를 처형할 경우, 적어도 사소한 소요가 발생할 가능성이 있었다. 그러나 반면, 그가 이 문제를 무시해 버렸다가 만약 이 갈릴리 인이 실제로 로마에 대한 반역자인 것이 후에라도 밝혀지게 된다면 그의 지위가 위험해질 것이었다. 한편 안토니아 밖에 모여든 흉포한 군중들은 그의 결단을 재촉하고 있었다. 혹시 황제의 비위를 거슬릴 것을 염려했던 빌라도는 예수님을 십자가에 못박도록 병사들에게 내어주었다.

처형대가 예루살렘 밖, 골고다라고 불리던 언덕에 닿았을 때, 병사들은 예수님과, 또한 함께 처형 받기로 된 두 명의 강도들의 몸에서 옷을 벗겨내어 이것을 나누어 가졌으며, 그 동안에 십자가를 조립하게 하였다. "그후 죄수들은 십자가에 매달리게 되었다. 예수님은 병사들이 커다란 쇠못으로 그의 손목을 십자가에 박고, 그의 발목들을 한데 붙이고 다시 이를 쇠못으로 박는 동안 침묵으로 이를 참아내었다. 그들이 십자가를 바로 세움에 따라 예수님의 체중은 십자가로부터 그의 다리 사이로 삐저나오게 되어 있던 나무 쐐기에 의해 지탱 되었다." 그후 로마 병사들은 십자가 위에 그의 죄목을 적은 명패를 걸었다. "나사렛 예수, 유대인의 왕."

"이는 오랜 시간이 걸리는 고통스런 죽음이었다. 그는 여러 시간 동안 해
가 뜨겁게 내려 쪼이고, 곤충들은 사지에 달려드는 가운데 십자가 위에 달려
있었다. 호기심에 찬 구경꾼들이 그의 고통을 구경하고, 죄패를 읽기 위해
가끔 멈춰서곤 하였다. 점차 그는 힘을 잃어갔으며, 그의 몸은 고통과, 배고
픔과, 목마름에 시달렸다." 절망에 찬 그의 추종자들 일부가 그의 생명이
꺼져가는 모습을 지켜보고 있었으니, 이것이 곧 신기하고도 계시적인 기독교
역사의 시작이었다.

그는 점차 생명을 상실해 가는 가운데, "완성되었다"고 소리지르시고 숨을
거두시었다. 몇 시간 안에 친구 아리마대 요셉이 예수님의 시신을 자기의 뜰
로 옮겨 갔다. 이곳에 그는 큰 암석을 깎아 만든 묘실을 가지고 있었다. 묘실
안쪽에는 역시 돌로 만들어진 평상이 있었는데, 그는 그 위에 시신을 올려놓
았다. 그 후에 큰 돌을 굴려 입구를 봉한 뒤에 자기 집으로 돌아갔다.

참고도서

Drane, John. *Jesus and the Four Gospels*. New York: Harper and Row, 1979.

Daniel-Rops, H. *Jesus in His Times*. London: Eyre & Spottiswoode, 1955.

Flew, R. Newton. *Jesus and His Church*. London: The Epworth Press, 1938.

Great People of the Bible and How They Lived. Pleasantville: The Reader s Digest
　　Association, 1974.

Harrison, Everett F. *A Short Life of Christ*. Grand Rapids: Eerdmans, 1968.

Lessing, Erich. *Jesus*. History and Culture of the New Testament. New York: Herder and
　　Herder, 1971.

Stewart, James S. *The Life and Teaching of Jesus Christ*. Nashville: Abingdon, n.d.

2

헌 포도주 부대와 새 부대

산 헤드린 공회는 곧 자기들을 향한 소동이 임박한 것을 알고 있었다. 이
들은 난동의 주모자였던 스데반을 즉각 체포함으로써 가까스로 이를
피할 수 있었다. 그러나 과연 그를 어떻게 처벌해야 할지 당장 대책이 없었
다.

예수를 처형한 후 8년간 유대인 공회는 계속 시달려야 했다. 아무도 나사
렛인 운동이 확산되는 것을 어떻게 막아야 할지 뚜렷한 대책을 제시하지 못
하였다. 이미 수차례에 걸쳐 공회는 예수에 관해 말하는 것을 금지했으나,
나사렛 당은 점점 더 대담해지기만 했을 뿐만 아니라, 이제는 공회가 메시야
를 살해했다고까지 주장하기 시작하였다.

그 중에서도 스데반은 특별한 경우였다. 그는 공개적으로 여러 차례에 걸
쳐 모세의 율법을 부인하고, 성전을 공격하였다. 분노한 의원들은 그를 침묵
시켜야 한다는 데는 의견을 같이 했으나 뚜렷한 방안은 서지 않았다.

스데반이 자기의 변론을 시작했을 때, 모든 이들은 그에게 주목하였다. 그
는 유대인의 역사에 관해 말하면서 사람들은 반드시 성전을 통하지 않고도
하나님께 예배를 올릴 수 있다고 하였다. 그는 아브라함으로부터 모세 때에
이르기까지 하나님께서 어떻게 그의 백성을 대하셨는가를 추적하면서, 모세
가 다음과 같이 오실 메시야에 관해 예언했음을 상기시켰다. "하나님께서 나
와 같은 선지자를 바로 너의 백성들 가운데서 너희에게 보내시리라"(행
7:37).

그는 또한 주님께서 어떻게 모세에게 회막의 모범을 주셨는가, 어떻게 솔
로몬이 성전을 지었는가를 설명했으나, 동시에 선지자 이사야를 인용하여,

가장 높으신 하나님께서는 인간의 손으로 만들어진 성전들에 거하시지 않음을 증명하고자 하였다.

> 하늘은 나의 보좌요
> 땅은 나의 발판이니
> 너희가 나를 위하여 무슨 집을 지으랴
> 내가 안식할 처소가 어디랴
> 나 여호와가 말하노라
> 내 손이 이 모든 것을 지었으므로 (사 66:1, 2)

공회는 흥분하여 어쩔 줄을 몰랐다. 그러나 스데반은 개의치 않고 용기있게 그의 연설의 절정에 다다르고 있었다. "너희들 목이 곧은 백성들아! 너희들은 너희의 조상들과 똑 같구나. 너희는 항상 성령을 거스려 왔다. 너희 조상들이 박해하지 않았던 선지자들이 하나라도 있단 말이냐? 그들은 심지어 바로 그 의로운 자의 오심을 예언했던 이들까지도 죽였다. 이제 너희들은 그를 배반하고 살해하였다 ― 율법은 받았으나 … 준행하지 않은 너희들"(행 7:51-53).

더 이상 참을 수 없었다. 공회는 분노에 가득찼다. 이들은 귀를 막고 폭도로 변하여서 스데반에게 덤벼들었다. 그들은 그를 끌어내어, 거리를 지나, 성문 밖으로 끌고 나가 마침내 그가 침묵할 때까지 돌로 쳐 죽이고 말았다.

기독교와 유대교

바로 이 폭도들의 모습, 기독교 최초의 순교자 스데반의 재판과 죽음의 모습이, 과연 기독교가 어떠한 모습으로 그 유대교의 뿌리로부터 출현해 나왔는가 하는 의문에 해답을 제공해 주고 있다. 과연 어떻게 유대교적 주제였던 하나님의 나라를 유대인 대중들에게 설파했던 유대인 메시야가 전 세계 만인의 구세주가 되었는가?

그 해답은 스데반과 유대 당국의 충돌 속에 숨어 있다. 즉 구약의 해석에 그 관건이 있는 것이다. 이는 유대 경전에 무엇이 씌어있는가가 아니라, 이들이 과연 무엇을 의미하는가의 문제였다. 만약 예수가 스스로에 관해 주장하는 것이 사실이라 한다면 종래의 구약 해석은 수정되어야 할 뿐 아니라, 일부는 아예 삭제되어야 할 판이었다.

유대 경전의 전문가들, 즉 서기관들과 바리새인들은 구약이 하나님의 특별한 백성들, 즉 유대인들만을 위해 하나님의 율법을 제시하고 있다고 믿고 있었다. 율법은 십계명으로부터 시작되었으나, 이에 세칙들이 부수되어, 결국은 생활의 모든 세밀한 부분, 일체의 생각과 행동을 모두 규정하게 되었다. 율법은 진정한 예배의 모든 단계와 진정한 경건의 모든 조건을 정의하게 되었다.

그러나 스데반은 이러한 모습에 반대하였으며, 자기의 믿음을 숨기지 않고 발표하였다. 그는 유대교의 두 조직, 율법과 성전은 임시적인 존재라고 주장하였다. 하나님께서는 이들이 모두 자체를 뛰어넘어 모든 백성들을 위한 모든 의를 구현하실 메시야를 가리키고 있다는 것이었다. 구약의 가장 중요한 기능은 메시야를 가리키고 그의 오심을 약속하는 것이었다. 그리고 그가 드디어 오셨는데 그의 이름은 예수이셨다. 우리가 이를 알 수 있는 것은 예수님의 십자가 처형을 둘러싼 사건들을 통해 하나님의 손이 이를 둘러싸고 역사하심을 명백히 볼 수 있기 때문이다.

과연 스데반은 어떻게 이러한 말을 할 수 있었는가? 십자가의 죽음은 예수의 제자들로 하여금 공포와 혼란에 가득차서 숨어 버리도록 만들지 않았던가? 이스라엘의 왕국을 향한 그들의 소망은 십자가를 둘러싼 어둠 속으로 사라진바 있었다. 예수님은 이들이 생각했던 것처럼 그의 백성의 해방자가 아니었다.

그러나 채 며칠이 지나지 않아 이상한 소문이 돌기 시작하였다. 몇몇 여자들이 다시 살아난 예수님을 보았다고 주장하기 시작하였다. 그리고 예수님의 무덤을 실제로 조사해 본 제자들은 그곳이 비어 있었음을 발견하게 되었다. 또한 이에 의심을 품었던 사도들도 마침내 예수님을 수 차례 만난 후에는 주님이 부활하셨음을 확신하게 되었다. 갈릴리에서 이처럼 그들을 만나셨을 때, 그는 제자들에게 예루살렘으로 가서 한데 모여서 며칠 후 성령으로 세례를 받기까지 기다리도록 지시하셨다.

오순절

예수님이 십자가에 처형된 지 7주가 지난 후, 이들이 오순절을 지키기 위해 예루살렘에 모여들었던 다른 순례자들과 합류하였을 때, 이들은 흥분에 싸여 있었다. 이 명절 기간 중 약 120명의 제자들이 한 집에 모여 있었을 때 놀라운 현상이 벌어졌다. 갑자기 하나님의 영이 거기 모인 자들 위로 임재하였다. 어떤 이들은 세찬 바람이 집을 통해 불었다고 생각했으며, 혹자는 혀모양의 불꽃이 각자의 머리 위에 머물렀다고 증언하였다.

이 놀라운 경험에 싸여, 이들은 거리로 쏟아져 나가 성전을 향했다. 당시 시내에 있던 많은 방문객들은 제자들이 자기들의 방언으로 말하는 소리를 듣고, 그들을 따라갔다.

성전에 닿았을 때 사도들 가운데 하나였던 베드로가 군중 앞에 나서서, 그들이 목격하고 있는 기적은 이미 요엘 선지자를 통해 주어진 약속, 즉 "마지막 날"에 쏟아 부어지는 하나님의 영에 관한 약속의 성취라고 하였다. 이처럼 놀라운 역사의 설명은 최근 나사렛 예수가 십자가에 달려 죽었던 사건 가운데 있다고 하였다. 하나님께서는 그를 다시 죽음으로부터 살려내심으로써, 주와 메시야로 만드셨다는 것이다.

베드로의 부활에 관한 주장은 매우 중요한 발전이었다. 과연 그가 어떻게 이처럼 엄청난 주장을 확실한 근거로 뒷받침할 수 있단 말인가? 그는 메시야가 결코 죽음 가운데 버려지는 것이 아니라, 전 우주적 승리를 거두기까지 하나님의 우편에 앉아 계시게 되리라는 유대교 경전을 인용하였다(시 16:10과 110:1)

그러나 과연 이 경전들이 나사렛 예수와는 무슨 상관이 있단 말인가? "바로 그가 메시야였다"고 베드로는 선언하였다. "우리들은 이를 분명히 안다. 왜냐하면 하나님께서 그를 죽음으로부터 일으키셨으며, 우리들은 모두 그 사실에 관한 증인들이다"(행 2:32).

그리하여 처음부터 사도들은 예수님의 부활을 구약에 선포된 하나님의 약속의 실현이라고 설교하였다. 한때 십자가에 달린 메시야는 모든 우주 위로 높이심을 받게 되었다. 이러한 기적을 떠나서는, 복음도, 구원도, 교회도 없다고 사도들은 선포하였다. 그러나 이 기적은 사실이었다. 그러므로 이제, "회개하고 예수의 이름으로 세례를 받으면 너희의 죄가 용서를 받고 너희들 역시 성령의 선물을 받게 되리라"(행 2:38)고 베드로는 순례자들에게 외쳤다.

많은 이들이 베드로의 설교를 받아들였다. 약 3,000명이 그날로 세례를 받고, 예수 운동에 합류하였다. 기독교회의 시작의 모습이었다.

상당히 인상적인 시작이라 할 수 있었다. 스데반은 이 이야기를 잘 알고 있었으며, 그때부터 그리스도인들은 예수님의 십자가 상의 죽음, 그의 부활과 능력을 주시는 성령의 역사를 기독교의 근본적인 사건으로 주장해 왔다. 처음 40년동안 교회는 놀랍게 성장하였다. 로마 제국의 거의 모든 도시들에 교회가 섰으며, 처음에는 작은 유대인 집단이었던 것이 곧 여러 인종들의 교제로 변화하였다. 스데반은 물론 이 세상에서 살아서 이 모습을 보지는 못하였다. 그러나 그는 예수님의 십자가 상의 죽음, 그의 부활, 성령의 강림이 성경의 역사 속에서 차지하는 의미를 가장 먼저, 그리고 가장 날카롭게 이해했던 인물 가운데 하나였다. 그는 기독교가 절대로 바리새인들의 좁은 울타리 안에 갇힐 수 없음을 깊이 감지하고 있었다.

예수님 자신께서도 이미 일찍이 이러한 결별이 도래할 것을 예고하신 바 있었다. 언젠가, 왜 그의 제자들은 바리새인들처럼 안식일을 지키지 않느냐는 질문을 받았을 때, 그는 말씀하셨다. "사람들은 새 포도주를 헌 가죽 부대에 담지 않는다. 만약 그렇게 하면 가죽이 찢어져서, 포도주는 흘러나가 버리고, 부대는 못쓰게 될 것이다. 그들은 새 포도주는 새 부대에 담아서, 양쪽 모두를 보전하는 것이다"(마 9:14-17). 제1세기 기독교사의 가장 중요한 발전은 이제 헌 가죽 부대가 찢어졌다는 것이었다.

최초의 공동체

처음 모인 신자들이 유대인들이었다는 점에는 아무도 이견이 없다. 이 집단에는 예수님의 모친 마리아와 몇몇 친척들, 그리고, 베드로, 야고보, 요한, 안드레, 빌립, 도마, 바돌로매, 마태, 알패오의 아들 야고보, 열심당원 출신의 시몬, 야고보의 아들 유다 등 사도들이 포함되어 있었다. 그들은 십자가 사건 직후 자살한 가룟 유다 대신 제자 가운데 맛디아를 뽑아 열두번 째 제자로 대치하였다.

집단 전체가 다 경건한 유대인들이었으므로, 이들은 계속 유대 율법을 지키고, 회당과 성전에서 예배드렸다. 그 모든 외형적인 면에서만 보면 이들은 다른 많은 유대교의 분파들과 별로 다른 점이 없어 보였다. 제자들은 자기들의 운동을 "도(The Way)"라 불렀으니 이는 곧 예수께서 그를 따르는 자들을 하나님의 나라로 인도하시리라는 믿음을 강조한 것이었다. 그러나 얼마 지나지 않아 이 예루살렘의 공동체는 스스로를 가리켜 구약에서 이스라엘의 성회를 의미했던 단어로 표현하기 시작하였다. 이에 상응하는 헬라어 단어는 에클레시아 (ekklesia — 영어로는 church, 즉 교회)였으니, 하나님의 백성의 모임이라는 의미였다.

그러나 유대교에의 외형적인 귀속과 유대 경전의 계속적 사용에도 불구하고, 제자들이 씨름해야 할 문제가 있었으니, 이는 곧 예수님의 부활과 오순절 성령 강림이 이들을 더욱 특별한 존재, 곧 새로운 가죽 부대로 만들지 않았는가 하는 의문이었다.

오순절이 지난지 얼마 안되어, 성전 당국자들은, 예수님의 부활에 관한 설교 때문에 베드로 및 다른 열 한 명의 제자들을 체포하였다. 이는 단지 형식상의 체포였는데, 어쨌든 다음 날은 이들을 증거 불충분으로 다시 풀어주어야 했다. 산헤드린이 이처럼 유화책을 쓴 이유 중 하나는 이들이 계속 성전 예배에 참석하였으며, 유대교의 법규와 제식들을 계속 지켰기 때문이다. 그들은 전혀 모세의 율법이나 성전의 권위에 대항하는 모습을 보이지 않았다. 2년 안에 이들의 숫자는 수천 명으로 증가하였다.

사도들의 지도 아래 점차 자라갔던 이 운동은 예수님의 죽음과 부활의 실재성을 의미하는 예식을 계속 그들 교제의 중심에 둠으로써, 자기들의 통일을 계속 유지하였다.

첫번째는 세례였는데 대부분의 초대 제자들은 세례 요한의 사역에 참여한 경험이 있었으므로, 이에 익숙해 있었다. 그러나 사도들의 공동체에서의 세례는 이와는 또 달랐다. 요한의 세례는 아직 도래하지 않은 하나님의 나라에 대한 믿음을 고백하는 표현이었다. 반면, 초대 교회의 세례에는 현대 신학자들이 말하는 바 '종말론적' 의미가 있었다. 이는 아직 그 전체가 완전히 이루어지지는 않았으나, 이미 선포된 영적 왕국 안으로의 들어감을 의미하고 있었다.

이들 초대 기독교 신자들은 오순절의 성령 강림으로 이어졌던, 예수 그리스도의 죽음과 매장과 부활이 신적인 사건으로 믿게 되었다. 이 사건들은 새로운 시대를 열었으며, 신자들은 예수님을 주님으로 믿는 신앙으로 그 영적인 왕국에 들어가는 것이며, 그 신앙을 세례로서 증언하는 것이다.

이와 비슷하게, 두 번째 의식이었던 주의 성찬은 갈보리의 사건 속에 찾아볼 수 있던 주의 배반 당하심과 죽음을 기념하며, 빈 무덤을 일찍이 예레미야 선지자가 약속하였던 "새 언약"의 증거로서 받아들이는 것이었다. 예수님의 죽음과 성령 안에서의 새 생명은 포도주를 마시고, 성스런 빵을 나누는 제자들의 모임에 의해 상징되며 인쳐지는 것이었다. 이 소박한 성찬이 하나님과 서로에 대한 언약을 새로이 갱신하는 것이었다.

헬라파들

그리하여 사도들의 가르침과, 그들의 주님의 죽음과 부활을 의미하는 두개의 예식을 통하여 한데 단결된 유아 교회는 유대 지방 전체에 퍼져 나가게 되었다. 그러나 이처럼 급속한 성장은 당국의 새로운 우려를 불러 일으켰고, 또한 교회 내의 긴장을 불러 일으키게 되었다. 점차 헬라파 유대인들 가운데 개종자들이 증가하게 되었다. 이들 유대인들은 거룩한 도시 예루살렘에 정착하기 위하여, 로마 제국 전체에서 모여든 이들이었다. 많은 이들은 순례길로 왔다가, 그냥 눌러 앉기도 했다. 다른 지역의 이민자들처럼 이들 역시 한데 모여 살았다. 이들은 헬라말을 사용하였고, 70인역(Septuagint)이라 불리던 헬라어 구약성경을 사용하였다.

헬라파 유대인들은 그들의 종교에 충실하기는 했으나, 이들은 팔레스타인 너머의 세계 — 이집트, 소 아시아, 유럽 등지 — 에서 오랫동안 헬라 문화에 익숙한 사람들이었다. 이들은 팔레스타인의 동족들보다 쉽사리 이방인들과 어울렸고, 새로운 사상들에도 보다 개방적이었다.

처음에 사도들은 예수님을 믿게된 헬라파 유대인들을 교회에 환영하였다. 그런데 곧 팔레스타인 출신과 헬라파들 사이에 사이가 벌어 짐으로서 단결이 금가기 시작하였다. 일부 헬라파 출신들은 자기들의 과부가 교회내의 복지제도의 혜택을 제대로 받지 못하고 있다고 불평하였다. 이러한 불평을 제거하기 위하여, 사도들은 스데반과 빌립을 포함한 헬라파 출신들 일곱 명을 기용하여 구제 문제를 전담할 위원회를 구성하였는데, 이들을 가리켜 '종들' 혹은 '섬기는 자들'이라는 의미인 집사들(헬라어로 diakonoi)이라 부르게 되었다.

그런데 얼마 안되어 스데반이 예루살렘의 헬라파 회당에서 설교하기 시작했으며, 이 때문에 소동이 벌어져, 결국은 그의 죽음을 부르게 되었던 것이다. 그러나 이는 닥쳐올 사태의 시초에 불과하였다. 폭도들이 나사렛 당을 잡아 투옥하기 시작하였다. 이들의 지도자 가운데 하나가 다소(Tarsus) 출신의 열렬한 바리새인이었던 사울(Saul)이었다.

A.D. 36년 경의 이 유혈 사태가 유대교와 기독교 사이의 간격을 벌어지게 했으며, 이 초대 신앙을 선교운동으로 변화시키게 되었다. 비록 히브리 인

사도들은 별 피해를 입지 않았으나, 헬라파 제자들은 예루살렘을 떠나야만 했다. 그들은 사마리아와 시리아에 피신하여 그곳들에 기독교 공동체를 건설하였다. 또한 이름이 밝혀지지 않은 헬라파 기독신자들도 시리아의 다마스쿠스, 안디옥, 다소 등과, 키프로스 섬, 그리고 이집트 등에 교회를 건설하였다.

이처럼 헬라파 사이에 건설된 교회의 소식이 곧 예루살렘 교회에 전해지게 되었으며, 이곳 모교회의 장로들은 이들 새로운 기독교 센터들과 연결을 맺기 위해 사절들을 파견하게 되었다. 베드로와 요한이 빌립과 만나기 위해 사마리아로 갔고, 예루살렘 최초의 개종자들 가운데 하나였던 키프로스 출신의 바나바는 시리아의 안디옥까지 길을 떠나게 되었다. 이곳에선 이름이 밝혀지지 않은 "키프로스와 구레네 출신자들(men of Cyprus and Cyrene)"이 이방인들에게 복음을 전하는 혁명적인 사역을 통해 성공적인 기독교 운동을 전개하고 있었다.

안디옥은 로마 제국내 시리아 지방의 행정 수도였다. 인구가 오십만에 달했던 이곳은 로마와 알렉산드리아에 이어 제국 제 3의 도시였다. 번창한 국제 도시로서 여러 인종이 모여 살던 이곳의 인구 대부분은 이방인이었으나, 동시에 상당 숫자의 유대인들도 자리잡고 있었다. 이곳 안디옥에서 예수의 추종자들은 처음으로 "그리스도인들(Christians)"이라는 이름을 얻게 되었다. 처음에는 기독교에 반대하는 자들이 신자들을 경멸하는 뜻으로 이런 이름을 붙였으나(기름 부음을 받은 자에의 헌신자들이라는 의미, 헬라어로 **크리스티아노이**) 나사렛 당은 기꺼이 이 이름을 자기들 것으로 취하였다.

그리하여 안디옥 내의 기독교 영향은 점차 증가해 가기 시작하였다. 시간이 흐름에 따라 선교 기지로서의 예루살렘의 위치를 계승하게 되었다. 이에는 A.D. 44년 경 이곳에서 바나바와 합류하였던 바울의 힘이 컸다.

사도 바울

아무도 — 물론 예수님은 예외로 하고 — 사울만큼 기독교의 형성 과정에 있어서 큰 영향을 미친 인물은 없다(기독교인들은 헬라어 사용인구에게 더 익숙했던 바울이라는 이름으로 부르기 시작했다). 그보다 더 신앙이 강한 자도 없었다. 그러나 아무도 그가 이러한 인물이 되리라고는 생각지 못하였다.

스데반이 돌들에 맞아 넘어져서 피를 흘리며 죽어가고 있을 때, 사울은 폭도들의 지휘자 격으로 한편에 서서 이 모습을 구경하고 있었다. 그는 과연 어떻게 십자가에 달려 죽은 자를 메시야라고 좇을 수 있는지 이해할 수 없었다. 메시야란 의미 자체가 특별하게 하나님의 축복을 받음을 시사하고 있었다.

사울은 다마스쿠스 시 밖에서 주님을 만났을 때에야 그 의문에 대한 해답을 발견할 수 있었다. 그가 밝은 빛에 눈이 멀 듯 하여, 땅에 넘어졌을 때 다음과 같은 목소리를 들었다. "사울, 사울, 너는 왜 나를 박해하고 있느냐?" 이때 비로소 그는 스데반의 주장을 갑자기 이해하게 되어 신자가 되었다.

그는 후에 설명하였다. 율법은 이를 온전히 지키지 못하는 자에게 저주를 발한다. 따라서 율법을 통해 하나님의 은혜를 받고자 하는 자는 저주로 끝날 수밖에 없다. 그러나 하나님은 여기서 벗어날 수 있는 길을 허락하여 주셨다. 그리스도께서 십자가에 달림으로써, "우리를 대신하여 저주가 되심으로 우리를 율법의 저주로부터 대속하셨다"(갈 3:10-14).

그렇다면 스데반이 옳은 것이었다. 하나님의 율법은, 일시적으로 인간에게 주어져, 우리에게 하나님의 뜻을 이루어 드릴 능력이 없음을 깨닫게 하여, 오직 그리스도의 죽음과 부활의 복음, 즉 좋은 소식을 포용하는 것 외에는 아무런 다른 길이 없음을 알도록 하려는 것이었다.

이는 유대교로서는 받아들이기 힘든 처방이었다. 종교 지도자들은 이를 거부하였다. 그러나 사울은 이러한 확신을 통해, 기독교인의 박해자로부터 박해 받는 기독교인의 하나로 변화하였다. 그런데 사울이야말로 유대인과 이방인 기독교인들 사이에 다리를 놓을 수 있는 특수한 자질을 갖추고 있었다. 그는 유대, 헬라, 로마의 세 세계에 걸친 인물이었다.

비록 그는 엄격한 유대교 교육을 받고 자라났으며, 예루살렘에서 유명한 랍비 가말리엘에게서 교육을 받았지만, 바울은 헬라어를 유창하게 말했으며, 헬라의 사상과 문학에 정통하였다. 이는 곧, 대부분 구약에 기초하고 있었으므로 이방인들은 잘 이해할 수 없었던 예수님의 교리와 교훈들을, 이교도들이 이해할 수 있는 방도로 표현할 수 있었음을 의미한다. 그뿐 아니라, 바울은 로마 시민이었으므로 자유로이 여행할 수 있었으며, 여행 중 보호를 받을 수 있었고, 사회의 상류층과 접촉이 가능했음을 의미하는 것이다.

"보내심을 받았다"는 의미의 사도라는 칭호가 바울만큼이나 잘 어울리는 인물은 없었을 것이다. 바울은 소 아시아(오늘날의 터키)와 그리스를 통해 몇 차례의 전도 여행을 다니며 예수를 그리스도로 전하고, 이방인들을 위한 교회를 개척하였다.

바울을 통해 개종한 이들은 가지 각색의 배경을 가지고 있었다. 이들 중 일부는 좋은 집안 출신이었으나, 대부분은 하류층의 이방인 출신이었다. 바울은 그의 편지들 가운데 하나에서, 이들의 과거에 관해 묘사하고 있는데, 이들은 음란한 자들이었고, 우상 숭배자들이었고, 간음자들이요, 동성애 창녀들이요, 도둑들이요, 탐욕자들이요, 술 취하는 자요, 사기꾼들이었다. 그러나 바울은 이들에게 말한다. "너희들은, 주 예수 그리스도의 이름과 우리 하나님의 성령에 의하여 씻기웠고, 거룩하게 되었고, 의롭다 하심을 받았다"(고전 6:11).

이러한 교회들 속에 기독교의 윤리적 원칙들을 가장 잘 주입할 수 있는 방법은 무엇이겠는가? 바로 이것이 1세기 유대인들과 이방인 신자들 사이에 계속되었던 갈등의 핵심의 문제였다.

전통적 유대교에 젖어 있던 팔레스타인의 기독교인들은 "그들이, 예수님을 믿는 데에 추가하여, 유대 율법을 다 지키지 않으면, 그들의 신앙은 아무런 소용이 없다."고 주장하였다.

그러나 바울은 이는 불가능한 요구라고 생각하였다. 그의 경험에 의하면 또 다른 길이 있었다. 만약 인간이 율법을 지킴으로써 하나님 앞에서 의로울 수 있다면, 그야말로 하나님의 나라에서 가장 뛰어난 인간이었을 것이다. 그러나 인간의 노력에 의한 의의 추구는 실패만을 가져올 뿐이었다. 인간은 오직 인간이 받아 가질 자격이 없는 하나님의 무조건적 자비에 의해서만 의롭다하심을 입을 수 있는 것이다. 바로 이것이 은혜이며, 이 은혜는 항상 예수 그리스도의 생애와 죽음과 부활을 통해서만 발생하는 것이다.

많은 기독교인들은 바울이 지나치게 낙관적이라고 생각하였다. 이들은 이방인들의 교회 속에 불가피하게 발생할 윤리의 타락에 관해 우려하였다. 만약 사람들에게 오직 믿음에 의해서 의롭게 된다고 가르친다면, 사람들은 일단 구원을 얻은 후에는 어떻게 살든지 상관없다고 생각하지 않겠는가고 주장하였다.

그러나 바울은 반대로 만약 이들이 진정 믿음으로 그리스도를 받아들였다면, 이들은 그리스도의 길과 그리스도의 마음도 받아들인 것이라고 주장하였다. 진정 하나님을 사랑하는 자라면 무엇이든지 할 수 있다. 왜냐하면 그가 진정 하나님을 사랑한다면 그는 하나님의 뜻을 좇는 길을 항상 택할 것이기 때문이다.

이러한 바울과 그에 대항했던 유대인들 사이의 차이는 사도들의 시대와 함께 지나가버린 것이 아니었다. 우리들 자신의 시대에까지도 이러한 대립이 계속 되고 있음을 볼 수 있다. 보다 율법적인 자들은 바울과 그의 추종자들이 경솔하고 비현실적이라 평가한다. 반면 바울과 그의 추종자들은 율법적 집단이 하나님의 은혜의 의미를 무효화시켰다고 생각한다.

그러나 바울의 전도 여행의 결과 점점 더 많은 이들이 바울의 확신을 받아 들이게 되었다. 그는 제 일차 여행 때, 키프로스 섬과 소 아시아 중앙 갈라디아 지방의 많은 도시들을 순방하였다. 제 이차 여행 때는 그가 이전에 세운 교회들을 우선 순방하였다. 그 후엔 소 아시아 서부를 건너 드로아 (Troas)로 갔고, 그곳에서 유럽으로 가기로 마음먹었다. 그는 마케도니아 (Macedonia)로 가서 난생 처음 유럽 대륙에 발을 들여 놓게 되었다. 마케도니아 북부의 빌립보로부터, 바울은 데살로니가와 베레아로 여행하였다. 그후에는 서양 문명의 발상지였던 아테네를 방문하였다.

예수의 복음을 이방인들에게 전하고자 했던 바울의 선교는 어렵기는 했지만 불가능한 작업은 아니었다. 왜냐하면 이방인들의 세계가 반 종교적인 세계는 아니었기 때문이다. 로마식으로 개명된 원래 그리스의 신들을 섬기는 외에도, 각 도시와 촌락마다 또 다른 자기들의 신들이 존재하고 있었다. 바울은 그의 여행을 통해 가장 중요한 이교도들의 신앙들을 접할 수 있었다.

특히, 일단의 신비 종교라 불리던 집단들이 로마 제국의 여러 지방에 번성하고 있었다. 이들은 매년 봄 다시 태어난다는 신들의 전설에 기초한 각 지방의 신앙 모습이라 할 수 있었다. 신들의 이름은, 헤라클레스, 디오니시우스, 이시스, 미드라스 등 이었다. 비록 이러한 신앙들의 근간을 이루고 있었던 것은 자연의 생식 순환 질서였으나, 이들은 또한 , 영혼 불멸, 생명의 부활, 선과 악 사이의 투쟁 등 상당히 세련된 사상들을 이 가운데 포함하고 있었다. 이러한 모습은 비록 표면적이기는 하였으나, 바울이 예수님의 메시지를 이방인들에게 전달하는데 유용하게 사용될 수 있었다.

바울은 아테네에서 고린도(Corinth)로 가서 상당한 규모의 기독교 공동체를 조직할 수 있었다. 일년 반 후 그는 시리아의 안디옥으로 귀환하였다.

바울은 제 삼차 전도 여행시, 에베소에 교회를 개척하고, 그곳에서 이년 이상을 가르치고 설교하였다. 그가 이 여행을 마치고 예루살렘으로 돌아왔을 때, 유대 지도자들이 드디어 그를 체포하여 투옥하였다. 그후 이년 간 유대의 로마 행정 수도였던 가이사랴에서 가택 연금 상태에 있다가, 로마 시민의 자격으로 직접 황제에게 항소하였다.

그리하여, 바울은 마침내 제국의 수도 로마를 향하게 되었다. 그는 생애의 마지막 기간을 재판을 기다리며 보내었다. 계속 설교할 수 있었으므로 아마 더 많은 개종자들을 이곳에서 얻었을 것이다. 그러나, 네로(Nero) 황제의 기독교 박해(A.D. 64) 후는 더 이상 그에 관한 기록이 남아 있지 않다.

그때 쯤엔 이미 전통적 유대교와의 결별이 이미 거의 완료된 상황이었다. 이방인 신자들은 할례를 받지 않았으며, 유대인들의 식이법들을 알거나 지키지도 않았으며, 대부분의 지역에서는 일곱째 날의 안식일(Sabbath) 대신, 예수님께서 죽음으로부터 다시 살아난 첫째 날을 예배의 날로 정하고 있었다.

예루살렘의 멸망

그러나 양자의 미래를 결정적으로 양분했던 장소는 로마가 아니라, 예루살렘이었다. 바울이 이교도권에서 이방인들에게 복음을 전하고 있는 중에도, 예루살렘의 교회는 계속하여 유대교 전통을 고집하고 있었다. 이들은 계속 박해의 위협 가운데 살고 있었다. A.D. 41년경, 예수님의 오랜 가까운 제자였던 세배대의 아들 야고보가, 41년부터 44년까지 팔레스타인 왕이었던 헤롯 아그립바 1세의 명에 의해 살해되었다. "사랑받던 제자" 야고보의 동생 요한은 아마 이때 예루살렘을 떠났는지도 모른다. 야고보의 죽음 직후 베드로도 체포 당했으나, 그는 도피하여 널리 선교 여행을 떠났다. 그는 소 아시아의 안디옥, 고린도 등 여러 도시들을 방문하였다. 그는 생애의 말기에 로마를 방문하여, 바울과 함께 네로의 박해에 말려 순교하였다.

처음 예루살렘 교회를 지도했던 인물은 예수님의 형제 야고보였다. 그는 경건하고 율법을 잘 지키는 유대인으로서, 추종자들에게 깊은 존경을 받던 인물이었으나, A.D. 62년 유대 대제사장의 명에 의해 살해당하였다. 그의 죽음으로, 예루살렘 교회는 지도자를 잃고 상심에 잠기게 되었다.

한편 유대인들과 압제자 로마인들 사이의 긴장은 날로 더해 갔다. 유대인의 성전 건축이 A.D. 64년에 끝남에 따라, 수천 명이 일자리를 잃게 되어, 사회적 불만도 고조되었다. 드디어, A.D. 66년 유대인들은 매일 드리는 황제에의 제사를 거부하는 것을 시작으로 반란을 일으켰다.

2 헌 포도주 부대와 새 부대 *39*

한 기록은 당시의 상황을 이렇게 전한다. "이에 따른 비극적이고, 무자비한 전란은 그 이전의 어떤 전쟁보다 더 많은 희생자를 내게 하였다. 유대인들은 4년 동안이나 압도적인 수적 열세에도 불구하고 잘 견뎌내었다. 그러나, 로마 제국의 무력을 끝내 견뎌낼 수는 없었다. A.D.70년 티투스(Titus)가 이끌던 베스파시아누스(Vespasian) 황제의 군대가 예루살렘 성벽을 무너뜨리고, 성전을 약탈하고 방화했으며, 노획물을 로마로 가져갔다. 거룩한 도시가 완전히 진멸되었다. 그후 계속된 보복전을 통해 남아있던 팔레스타인의 모든 회당들도 완전히 소실되었다."

"반란의 시초에, 예루살렘 교회의 지도자들은 성을 떠나라는 계시를 받게 되었다." 경건한 유대인들은 이러한 기독교인들의 도주를 반역행위로 간주했으며, 이에 따라 유대인들 세계 속에서의 교회의 입장이 결정되었다. 몇 년 후에는 유대인 기독교 신자들의 회당 출입을 금지시킴으로써, 양자 간의 분열은 완결되었다. 이제 자기의 전통적 종교에 충실하고자 하는 유대인은 더 이상 기독교 신자는 될 수 없었다. 옛 포도주 부대가 더 이상 손 볼 수 없이 찢어져 버린 것이었다.

실질적으로 볼 때, A.D. 70년 예루살렘의 멸망이 사도 시대의 종말을 의미한다. 초대 사도들 대부분은 사망했으며, 교회의 지도권은 새로운 손으로 넘어가게 되었다. 이들의 지칠 줄 모르는 노력을 통해 새롭고 힘찬 생명이 지중해 세계로 넘쳐 흘러나가게 되었다. 그들에 대항하는 세력들보다 더욱 힘 있고 강인하여서, 사도들의 메시지는 박해와 저항을 이겨내고, 수세기 후에는 로마 제국을 압도하는 신앙으로 새로이 출현하는 것이다.

참고도서

Barclay, William, Ed., *The Bible and History*. Nashville: Abingdon, 1968.

Bruce, Frederick Fyvie. *New Testament History*. London: Nelson, 1969.

Bruce, Frederick Fyvie. *The Spreading Flame*. The Rise and Progress of Christianity. Grand Rapids: Eerdmans, 1953.

Caird, G. B. *The Apostolic Age*. London: Gerald Duckworth, 1955.

Conzelmann, Hans. *History of Primitive Christianity*. Nashville: Abingdon, 1973.

Hunter, Archibald M. *Introducing The New Testament*. Second Edition, Philadelphia: Westminster, 1957, 1971.

가톨릭 기독교 시대

70 — 312

이 시대에 기독교는 로마 제국 전체에 전파되었으며, 동쪽으로는 아마 인도까지 갔던 것으로 추정된다. 기독교인들은 자기들이 급속도로 성장하고 있는 거대한 운동의 일부임을 자각하게 되었다. 그들은 이 운동을 "가톨릭(catholic)"이라 불렀다. 이는 곧, 이 집단이야말로 이교도들의 조롱과 로마의 핍박에도 불구하고, 보편적이며, 예수님의 교훈에 대한 모든 잘못된 오류들에 대항하여 "진리"임을 주장하는 의미를 지니고 있었다. 자기 시대의 여러 도전들에 대항하기 위하여, 이들은 점차 자기들의 감독(bishop, 주교)들의 영적 지도력에 의지하기 시작하였다. 그리하여, 가톨릭 기독교는 세계적 시야, 정통적 신앙, 감독주의적 교회 조직 등의 특징을 지니게 되었다.

3

오직 가치없는 인간들만이

초 대 기독교 역사가였던 유세비우스(Eusebius, A.D. 265-339)는 기독교 초
기에 나타난 매력적인 이야기 하나를 기록하고 있다. 이 이야기의 무대
는 로마 제국의 국경 넘어, 안디옥 북서쪽의 도시, 에뎃사(Edessa)이다. 유세
비우스에 의하면 이곳은 당시 조그만 왕국 오스로엔(Osrhoene)의 수도였다.
국왕이던 흑인 아브갈(Abgar the Black c. A.D. 9-46)이 예수님께 편지를 보내
어 에뎃사를 방문해 주기를 청했다. 당시 병중이던 그는 예수님의 능력에 관
해 듣고, "제게 오셔서, 내게 있는 고통을 치유해 주시기를" 간구하였다.

예수님은 왕에게 , 우선 팔레스타인에서 성취해야 할 사명이 있으므로, 먼
저 이를 다 마치고 승천한 후, 제자들을 보내어, "너와 너와 함께 한 모든 자
들에게" 생명을 주겠다고 응답하셨다.

이는 물론 전설적인 이야기라 할 수 있으나, 초대 기독교 신자들이 모든
인류에게 복음 전하기를 원했으며, 로마 제국의 국경을 초월할 각오를 가지
고 있었음을 보여주는 의미에서 중요하다. 오스로엔은 최초의 기독교 국가가
되었으며, 그후 보다 동쪽에 있던 국가들과의 연결점으로서 중요한 역할을
담당했다.

1세기의 기독교는 영적 폭발과 같았다. 예수 그리스도의 사건에 의해 불붙
어, 교회는 지리적, 사회적인 모든 방향으로 번져 나갔다. 2, 3세기에는 이 위
력의 출구가 제공되었다.

이 시기는 교회를 위해 중요한 시대였다. 이 때에 기독교는 그가 처한 상
황과 시대에 적응하게 된다. 교회는 장기적 안목의 계획을 세우게 되었으며,
이 과정은 그후 수 세대에 걸쳐 기독교의 특색을 결정지었다.

오늘날, 우리들은 사도신경을 통해, "거룩한 가톨릭(즉, 보편성 있는) 교회 — 거룩한 공회"에의 신앙을 고백한다. 바로 이 시대가 "가톨릭(천주교가 아닌 보편, 우주적 이라는 의미)" 기독교를 우리에게 선물하였다. 이는 단지 조직 이상의 것이다. 이는 모든 기독교인들은 한 몸에 속하여야 한다는 영적 비전과 확신을 의미하고 있다.

예수님은 그의 제자들에게 세상 전체로 나아가야 한다는 사명을 주셨으며, 바울은 이방인에의 문호를 열기 위해 그의 생명을 바쳤다. 어떤 의미에서 볼 때, 가톨릭 기독교란 바로 예수님의 계획과 바울의 노력의 계속된 진행이라 할 수 있다.

우리들은 A.D. 70년 — A.D. 312년 사이의 기간을 가톨릭 기독교의 시대라고 부른다. 왜냐하면 바로 이 사상이 사도들의 죽음과 기독교 황제들의 출현 사이의 기간을 주도했기 때문이다.

비록 기독교의 보편성은 신약 시대에도 널리 알려진 사상이었으나, 정작 "가톨릭"이라는 단어는 사용되지 않았다. 2세기 초 안디옥 감독이었던 이그나티우스(Ignatius)가 아마 이 단어를 처음 사용했던 인물인듯 하다. 그는 "예수 그리스도가 계신 곳에는 어디나 가톨릭 교회가 있다(Wherever Jesus Christ is, there is the Catholic church)"는 구절 속에서 "가톨릭 교회" 라는 단어를 사용하였다. 2세기 말에는, 각 지역이나 개 교회에 대조되는 보편 교회이자, 이단적 집단들에 대조되는 정통이라는 의미로 가톨릭이라는 단어가 널리 사용되었다.

후에 우리들은, 초대 기독교의 정통 신학 문제를 더욱 자세하게 살펴볼 기회가 있을 것이다. 그러나 이곳에서는 우선 사도 시대의 흩어져 있던 교회들이 과연 어떻게 가톨릭 기독교를 형성했는가를 살펴보기로 하자.

이 문제를 정확하게 대답하기 위해선 우선 지리적인 기독교의 전파 모습을 개관하고, 또한 사회적인 모습도 알아보아야 한다. 초대 기독교인들을 비행기를 타고 가면서 살핀다던가, 혹은 최근 발견된 가족들의 사진 앨범을 훑어보는 모습을 상상하면 좋을 것이다.

이미 살펴본 바처럼 기독교는 유대교의 한 작은 지류의 모습으로 시작되었다. 3세기 후에는 종교들 중 우위를 점했으며, 마침내는 로마 제국 전체의 공식적인 종교가 되었다. 이 새로운 신앙을 멸절시키려는 광범위하고, 줄기찬 노력에도 불구하고, 이들은 살아남아 계속 성장하였다. 최초의 기독교 황제였던 콘스탄티누스(Constantine, 312-337)의 시대에는 이미 제국의 모든 도시들 뿐만 아니라, 저 멀리 브리튼(Britain, 영국), 카르타고(Carthage), 페르시아(Persia) 등지에도 교회들이 자리잡고 있었다.

어떻게 이러한 현상이 가능했을까? 구체적으로 어느 지역에 기독교가 퍼졌으며, 이처럼 급속한 성장을 이룩한 원인은 어디 있을까?

믿음의 확장

바울 사도는 다음과 같이 로마 교인들에게 말했다. "나는 그리스도의 복음을 부끄러워 하지 않는다. 왜냐하면 이는 구원에 이르게 하는 하나님의 능력이기 때문이다 … 우선 유대인에게 먼저요 또한 헬라인들에게도 그러하다"(롬 1:16). 초대 기독교의 확장과 발전을 위해 가장 먼저 시작해야 할 부분은 유대인들인 듯하였다.

로마 제국 내에는 방방곡곡에 아브라함의 자손들이 많이 살고 있었다. 어떤 이들은 유대인들이 전체 인구의 7 퍼센트나 되었다고 한다. 이들은 특히 독특한 종교 생활 때문에 이방인 이웃들에게 호기심과 동시에 경원의 대상이 되었다. 당시의 혼란한 시대 상황 속에서 많은 이방인들(헬라인들과 로마인들)은 회당의 가르침이 심오하고도 정확한 지혜라고 생각하였다. 그러나 항상 이러했던 것은 아니었다.

일부 이방인들은 할례를 받음으로 유대인들 가운데 일부가 되기도 했다. 그러나 관심있던 대부분의 이방인들은 "하나님을 경외하는 자들(God-fearers)," 즉 회당 예식을 관심있게 지켜 보는 자들로 남는 경우가 많았다.

복음의 전파는 바로 이 집단으로부터 가장 큰 호응을 받았다. 기독교 설교가들이 이들에게, 할례 — 헬라인들과 로마인들 모두가 모욕적이고도, 거부감을 일으키는 의식이라 생각하였던 — 를 거치지 않고도 유대교가 줄 수 있는 모든 혜택과, 또한 그 이상을 누릴 수 있는 길이 있다고 했을 때, 이들이 그다지 어렵지 않게 한 걸음 더 나아가 예수를 그리스도로 받아들일 수 있었으리라는 것을 짐작할 수 있다.

이처럼 이미 준비된 상태의 엘리트 집단이 존재했다는 사실은 사도 시대와 그후 시대의 전도 활동을 한데 비교하기가 거의 불가능하게 만든다. 대부분의 "하나님을 경외하는 자들"은 성경(구약)을 잘 알고 있었다. 그들은 그 신학 사상을 이미 받아들이고 있었으며, 윤리 가치관에 동의하고 있었다. 아

마 기독교 역사상 그 어떤 선교 운동도 이처럼 수확을 위해 미리 잘 예비된
일터를 다시 경험하지 못했을 것이다.

이러한 복음을 위한 준비의 모습은 또한 왜 기독교인들이 쉽게 가톨릭적
인 사고 방식을 견지할 수 있었는가를 설명해 준다. 이들은 유대인들의 회당
과 마찬가지로 자기들 나름대로의 각 지역적 집회를 가지고 있었다. 그러나,
이들은 동시에 처음부터 자기들을 일종의 새 이스라엘, 전 세계에 흩어져 있
는 신자들의 교제(a fellowship of believers throughout the world)로 파악하
였다.

고대 로마에서, "세계"란 곧 도시를 의미하고 있었다. 바울 사도는 기독교
초기의 전도의 모범을 세웠으니, 그는 제국의 대도시들에 한동안 체재하면
서, 그곳으로부터, 보통은 젊은 사역자를 통하여, 해당 지역의 더 작은 촌락
으로 뻗어나가는 방법을 사용하였다. 우리는 이 방법을 통해 복음 전파 과정
의 주요 단계들을 추적할 수 있다.

A.D. 70년 예루살렘이 멸망한 뒤, 기독교 운동의 중심은 북쪽으로, 그리고
다시 서쪽으로 옮겨가게 되었다. 교회의 두 번째 본부는 시리아 지방의 안디
옥이었다. 유능한 감독들의 지도 아래, 제국에서 세 번째로 컸던 이 도시의
교회는 본격적으로 뿌리를 내리고, 시리아 일대에 큰 영향력을 행사하게 되
었다. 4세기 말에는 안디옥의 오십 만 인구 중 절반 가량이 기독교인이었다.

에뎃사는 로마 제국의 국경 너머에 위치하고 있었으나, 안디옥과는 매우
밀접한 관계를 유지했었던 것이 분명하다. 이들은 후에 그곳에 교회를 설립
한 인물이 아다이(Addai)라는 예수님의 70명 제자 가운데 하나였다고 주장하
였다. 우리들은 200년경 안디옥 감독 세라피온(Serapion)이 에뎃사 출신의 신
자 팔루트(Palut)를 그곳의 감독에 임명했음을 알고 있다.

이곳 에뎃사로부터 누군가 이름이 알려지지 않은 신자가 동쪽으로 가서,
인도에 도달했을 것이라 믿을 수 있는 이유가 충분히 있다. 소위 "도마의 그
리스도인들(Thomas Christians)"이라 불리는 인도 신자들은 이 전도자가 다
름아닌 도마라고 주장하고 있다. 아마 이 주장이 사실인지도 모른다. 쉽게
역사적으로 증명될 수 없는 문제들 가운데 하나이기는 하지만, 실제로 인도
에는 매우 이른 시기부터 교회가 존재했다고 인정할 수 있는 근거들이 있다.
일세기에 도마가 남부 인도까지 항해했다는 것은 충분히 가능성이 있는 이
야기다.

서방으로의 진출

그러나 초대 기독교 선교의 주류는 안디옥의 동쪽이 아니라 서쪽으로 움직였다. 바울 사도는 이탈리아와 스페인을 선교의 대상으로 삼았는데, 기독교 선교의 미래 역시 이곳을 향하고 있었다.

안디옥의 서쪽으로 나아가, 다음으로 중요한 도시는 아마도 에베소(Ephesus)일 것이다. 이 항구와 주위의 소 아시아 지역도 복음을 잘 받아 들였다. 이미 바울의 시대 때부터 이 지역의 도시들에 거주하던 헬라어 사용 시민들은 복음의 전파에 적극적으로 반응하였다.

또한 상당히 외진 곳이라 볼 수 있는 소 아시아 북서쪽의 비두니아(Bithynia) 지방에서도, 2세기 초 한때 복음이 급속히 성장한 사실을 알고 있다. 이 지역의 총독이 112년 경 트라야누스(Trajan) 황제에게 편지를 보내었다. 그는 이 가운데서 기독교의 급속한 성장에 의아함을 금치 못하고 있다. 그는 "남녀노소, 직위 고하를 막론하고, … 지역 전체에 걸쳐 도시와 촌락을 막론하고 … " 기독교인들이 증가하고 있음을 보고하고 있다. 도대체 이들을 어떻게 처리해야 할 것인가? 플리니(Pliny) 총독은 얼마 안가서 이교도 신들의 신전이 완전히 황폐화하지는 않을까 하고 걱정하고 있었다.

여기서 우리는 기독교 역사상 최초의 대중 운동의 모습을 살펴볼 수 있다. 이는 고대 세계의 한적한 지방의 사건으로는 상당히 특이한 것이라 할 수 있다. 당시 일반적인 경우는, 자기들 고유의 야만족 언어를 계속 고수하기를 고집하던 주민들이 살고 있던 변두리 지방에서는 복음에 대한 반발이 더욱 강하였다. 우리가 아는 바대로 6세기까지도, 유스티니아누스(Justinian) 황제는 소 아시아 내륙 지방의 이교도 세력을 몰아 내기 위해 기독교인들을 규합하고 있었다.

보다 서쪽의 로마 시, 제국의 중심 도시에는 모든 지역들로부터 인구들이 모여들고 있었다. 이미 일세기 때 이름이 알려지지 않은 신자들에 의해 교회가 개척된 후 성장을 거듭하였다. 독일 신학자 아돌프 하르낙(Adolf Harnak)에 의하면, A.D. 250년 경엔 무려 30,000명의 신자들이 로마에 살고 있었다고 한다. 이들 대부분은 빈민 계층 출신이었다. 우리가 이를 알 수 있는 이유는 일세기 이상을 로마의 신자들은 노예들과 빈민들의 언어인 헬라어를 사용하였기 때문이다. 상류 계급의 원래 로마인들은 라틴어를 사용하였다.

수도에 자리잡은 이 교회는 처음부터, 바울과 베드로가 이곳에서 사역했다는 주장을 등에 업고, 제국 전체에 자리잡은 신자들로부터 존경과 순종을 받게 되었다. 이는 물론 후에 천주교회에서 주장했듯이 하나님께서 이들에게 다른 모든 교회들을 인도할 권리를 주셨다는 의미는 아니다. 그러나 일단 수도에 교회가 서자 이는 곧 자연스레 교회 문제의 지도역을 담당하게 되었다. 이는 현재 대도시의 교회들이 비슷한 역할을 하는 모습이나 같다고 하겠다.

로마 너머의 서쪽과 북쪽에서는 복음의 전파가 보다 더 늦은 속도로 진행되었던 듯하다. 현재 우리가 프랑스(당시 이름은 고올 Gaul)라 부르는 남부 지방의 리용에는 2세기 중반에 교회가 존재했던 것을 알고 있다. 왜냐하면 그곳의 감독 이레내우스(Irenaeus)가 몇 통의 편지를 남기고 있기 때문이다.

3세기 말경에는 스페인에도 교회와 감독들이 존재했다고 한다. 그러나 현재 확실히 남아 있는 증거들은 서부가 동부보다는 교회의 성장이 늦었음을 보여주고 있다.

브리튼(Britain) 지역에 어떤 모습으로 교회가 처음 들어갔는지는 확실치 않다. 아마 일부 병사들이나 상인들을 통해서 들어갔는지도 모른다. 분명한 사실은 A.D. 314년 남부 프랑스의 아를(Arles)에서 열린 종교회의에 브리튼 지방에서 온 세 감독이 참석했다는 것이다. 그외에는 오직 추측과 가설만이 무성하다.

북부 아프리카

지중해를 남쪽으로 건너면 우리는 북 아프리카에 닿는다. 이곳에서도 교회의 성장은 현재의 튀니지아(Tunisia)와 알제리아(Algeria) 지방을 석권하였던 카르타고를 주 무대로 하고 있었다. 이 지역의 기독교는 감독들에 의하여 주도되었다. 모든 도시들과 거의 모든 촌락마다 감독들이 자리잡고 있었다. 우리가 알고 있는 거의 모든 기독교 작가들, 순교자들, 감독들은 로마화된 지역 출신들이다. 실제로 북부 아프리카 기독 공동체가 역사상 최초로 라틴어를 사용하는 교회들을 배출시켰다. 이는 즉 이들이 보다 상류 계급에 속했음을 의미하고 있다. 우리가 능히 짐작할 수 있듯이, 일찍이 페니키아 인들이 정착했던 바 퓨닉(Punic)어 사용권, 그리고, 시골과 광야 주민들의 베르베르(Berber)어 사용권 지역에서는 곧 인종 및 언어로 인한 문제들이 발생하기 시작하였다. 3세기의 극심한 박해시 이러한 문화적 차이는 곧 교회 내에 여러 난제들을 일으키게 되었다.

북부 아프리카를 동쪽으로 가로 질러 가면 우리들은 이집트 바로 서쪽의 구레네(Cyrene)에 닿게 된다. 이 지역은 신약성서에서 4번이나 언급되고 있다. 구레네 출신의 시몬이 골고다로 예수님의 십자가를 지고 갔다(막 15:21). 후에 그의 아들 루푸스(Rufus)를 기독교 신자들 가운데서 찾을 수 있는 것을 보면, 시몬이 신자가 된 것은 거의 확실하다고 할 수 있다(롬 16:13). 오순절 날, 베드로가 예루살렘에 모인 군중들에게 감격적인 메시지를 전했던 자리엔 구레네 인들이 다수 있었다(행 2:10). 이들 중 일부는 후에 스데반과 논쟁을 벌이기도 하였다(행 6:9). 그리고 마지막으로 구레네 인들이 이스라엘을 초월하여 이방세계로 복음을 전하는 결정적인 단계에 한 몫을 담당한 것을 볼 수 있다(행 11:20).

아마 이러한 열심이라면 틀림없이 구레네 지역 자체에도 교회를 건립하였을 것이다. 5세기 경에는 이 지역에서 대 여섯 명의 감독들이 사역하고 있었음을 우리는 알고 있다.

마지막으로 살펴볼 지중해 연안은 알렉산드리아(Alexandria)이다. 그 이름 자체가 말해주듯이 이 도시는 B.C. 322년 알렉산더 대왕에 의하여 문화와 동서 교역의 중심지로서 건설되었다. 제국 제2의 도시로서 이곳에는 상당한 숫자의 유대인들이 거주하고 있었다. 바울과 동시대인이었던 저명한 철학자 필로(Philo)의 지도를 따라 알렉산드리아의 유대인들은 유대교를 헬라 철학의 용어로서 해석해 보고자 시도하고 있었다.

이곳의 기독교인들도 같은 문제로 씨름하였다. 우리들은 이곳 소재의 유명한 교리 학교가 헬라 문화에 젖은 사람들에게 복음을 전달하는 문제를 깊이 연구했던 사실을 알고 있다.

알렉산드리아의 초기 신자들은 요한 마가가 이곳 교회의 설립자라고 주장하였다. 정확한 교회 설립의 배경은 확실히 밝혀져 있지 않지만 3, 4세기에 이곳의 교회보다 더 큰 영향을 미쳤던 교회들도 그다지 많지 않다.

이처럼, 기독교 초기의 확장 모습을 살펴볼 때, 우리가 이야기할 수 있는 사실은, 제국의 모든 지역 중 3세기 말까지 기독교의 영향을 전혀 받지 않은 곳은 없다는 사실이다. 물론 이러한 영향의 정도는 모두 달랐다. 시리아, 소아시아, 북 아프리카와 이집트 등지와 로마와 리용 시들이 특히 큰 영향을 받았다. 그러나 대부분의 시골까지는 아직 복음이 미치지 못한 채였다.

복음의 사회적 영향

초대 기독교인들의 전 우주적 비전은 지역적 확장에서 뿐만 아니라, 복음
이 미친 사회적 영향에서도 명백하게 나타나고 있다. 처음 3세기 동안 신자
들의 대부분은 단순하고 평범한 사람들 — 노예들, 여자들, 군인들, 상인들
— 이었다. 아마 그 이유 가운데 하나는 당시가 인구의 대부분이 이러한 계
층에 속했기 때문인지도 모른다. 어쨌든 노골적인 기독교 반대자였던 켈수스
(Celsus)는 이 점을 놓치지 않았다. "누구든 양식있고, 지혜롭고, 판단력이 있
는 자들은 우리에게서 멀리 물러가라고 기독교인들은 소리지른다. 그들의 목
표는 오직 가치없고, 멸시받아 마땅한 인간들, 천치들, 노예들, 가난한 여자
들, 어린 아이들을 호리려는데 있다 … . 오직 이러한 인간들만이 그들에게
속아 믿음을 갖게 된다."

아마 켈수스의 관찰은 일말의 진리를 내포하고 있었을 것이다. 가난하고
천대받는 이들을 돌본 것은 물론 교회의 공로였다. 그러나 2세기 말경에는
이미 이 새로운 신앙이 제국 내에서 가장 강력하고, 영향력있는 세력으로 급
부상하고 있었다. 당시 최고의 지성인들이 그리스도를 좇는 자들로 변모하고
있었다.

켈수스와 같은 비판자들에게 대항하기 위하여, 몇몇 기독교 저술가들이 이
교도들의 비방과 헛소문에 응답하기 위해 붓을 들게 되었다. 우리들은 이들
을 가리켜 "변증가(Apologist)"들이라 부른다. 이 변증이라는 단어는 원래
법정에서의 변론을 의미하는 헬라어에서 유래된 것이다.

워드 가스크(Ward Gasque) 교수에 의하면, 이들 변증가들의 저술 대부분은
황제들에게 헌정하는 형식으로 되어있으나, 실제 의도된 독자들은 당시의 학
식있던 일반 지식층이었다고 한다. 이들은 기독교의 적수들의 공격에 응답하
고, 이교 신앙의 약점들을 지적해냄으로써, 기독교에 대한 일반인들의 여론
을 변화시켜, 많은 이들을 개종시켜 보고자 했다는 것이다. 아리스티데스, 유
스티누스 마터, 그의 제자였던 타티안, 아테나고라스, 안디옥의 테오필루스,
디오그네투스 서의 무명 저자, 소 아시아 사르디스 감독이었던 멜리토 등이
모두 자기들의 재능과 영적 은사들을 바로 이 방면에 사용하였던 인물들이
다.

가스크는 다음과 같이 썼다. "2세기 말경, 고올 지방에 자리잡은 리용의

감독 이레내우스는 그 지역의 이단 영지주의자들에 대항하여 다섯권의 중요한 책을 저술하였을 뿐만 아니라, 「사도적 설교의 증거」(Proof of the Apostolic Preaching)라는 저술도 남겼다 … 그의 신학은 성경과 교회의 교리들에 기초하고 있었으며, 교회를 위하여 안정감있고 긍정적인 영향을 남기게 되었다. 그는 그리스도의 사역과 역사 속에서의 하나님의 계획이 가져다주는 전 우주적 의미에 관해 기술함으로써, 그후 어거스틴 등 기독교 저술가들의 기독교적 역사 해석의 길을 닦게 되었다." 그러나 진정한 지적 거인들은 아직 출현하지 않은 상태였다.

"라틴 신학의 아버지"라 불리는 터툴리안(Tertullian)은 A.D. 150년 경, 카르타고에서 출생하였다. 그는 기독교로 귀의한 직후부터, 기독교 신앙을 전파하기 위하여 붓을 들기 시작했다. 그가 헬라어로 쓴 저술들은 이제 더 이상 남아있지 않으나, 현재까지 남아 있는 31개의 저술들은 매우 중요한 것들이다.

"터툴리안의 변증(Apology)은 기독교인들에 대한 박해가 법률적으로나, 윤리적으로 얼마나 비합리적이었나를 강조하였다. 그의 일부 저술들은 순교 당할 처지에 있는 이들에게 용기를 주기 위한 것이었다. 그는 이단자들을 비판했으며, 주기도문과 세례의 의미를 설명하였고, 삼위일체에 관한 정통 신학의 발전을 도왔다. 바로 그가 최초로 삼위일체(Trinity)라는 라틴어 단어를 사용했던 인물이었다 … . 그의 지적 우수성과 문학적 소양은 그를 당대 최고의 저술가 중 하나로 만들었다."

터툴리안이 카르타고에서 활약하고 있을 때, 동부에서는 알렉산드리아가 또 하나의 기독교 신앙의 학문적 중심지로 등장하고 있었다. A.D. 185년경 이곳에서는 회심한 스토아 철학자 판타이누스(Pantaenus)가 신자들을 가르치고 있었다. 그는 아마도 인도까지 여행한 것으로 보이는데, 매우 유능한 사색가였다. 그의 제자 클레멘트(Clement)는 2세기 말 경, 오히려 스승을 능가하는 모습을 보이게 된다. 극심한 박해에도 불구하고, 동 학파는 그 중요성을 더해가며, 신자들의 신앙을 강화시켰을 뿐 아니라, 불신자들의 전도에도 큰 역할을 담당하였다.

3세기 경 기독교회는 제국 내의 또 다른 국가라 할 수 있을 정도의 위치를 차지하였다. 서로 다른 교회들 사이의 계속적인 왕래, 감독들의 회집, 제국 전역에 걸쳐 사자들을 통해 전달되는 서신들, 기독교인들이 자기들의 지도자들과 서로들 사이에 보여 주었던 충성심 등은 황제들까지도 놀라게 하기에 충분하였다.

복음 전파의 원인들

과연 기독교 신앙은 왜 이처럼 놀라운 속도로 전파될 수 있었을까? 경건한 신자들은 물론 복음의 위력을 우선 강조할 것이다. 우리가 상식적으로만 생각한다면 복음은 쉽게, 성공적으로 전파될 수 있는 것은 아니었다. 그러나 신자들은 이 운동 속에 함께 하시는 하나님의 역사를 항상 주장해 왔다. 하나님은 초대 교회의 증인들과 함께 동행하셨다. 교회의 확장에는 분명 신적인 측면이 있다. 그러나 하나님은 인간들의 심정과 인간들의 손을 통하여 역사하시므로, 과연 어떠한 인간적 요인들이 복음의 확장에 기여했는가를 살펴보는 것도 역시 중요한 일이다.

물론 인간의 동기라는 것은 항상 순수하지만은 않은 신비스러운 것이다. 2세기 사람들은, 현대인들과 마찬가지로 여러 가지 이유로 그리스도를 찾았다. 우정을 통하여, 부도덕하다는 혐의를 받고 있던 신비스런 집단에 관한 호기심, 순교자들의 모습 등등이 모두 당시의 인간들에게 영향을 미쳤던 요인들일 것이다. 그렇지만 기독교의 성장에 큰 영향을 미친 것으로 보이는 몇 가지 이유들이 보다 뚜렷하게 드러나고 있다.

첫째, 명백한 것은, 초대 기독교 신자들이 불타는 확신에 잡혀 살았다는 사실이다. 위대한 사건이 발생하였다. 하나님께서 시간 속으로 침입해 들어오셨으며, 신자들은 이 위대한 소식이 가져다 주는 창조적인 능력에 사로잡히게 되었다. 이들은 이제 인간들이 구원을 받게 되었으며, 이러한 구원의 소식을 자기들만이 독점해서는 안된다는 사실을 깨닫고 있었다. 순교를 포함한 각종 방해물에도 굴하지 않던, 흔들리지 않던 확신이 교회성장의 사건을 설명하는데 큰 도움을 준다.

둘째, 기독교의 복음은 당시 인간들이 널리 느끼고 있었던 내심의 필요를 충족시켜 주었다. 예를 들어 고대 스토아 철학은, 인간들이 획득하고 보존할 수 없는 일체에 대한 욕심을 제거하는 것이 곧 행복을 이루는 길이라고 가르쳤다. "외부 세계의 무질서와 육체의 질병 앞에서, 자기 자신의 속으로 침잠하여 거기서 하나님을 발견하라"고 주장하였다. 그리하여 스토아적 영혼은 감정에 일체 동요됨이 없이 인생의 폭풍 속에서 자랑스럽게 우뚝 서 있었다.

초대 기독교인들은 스토아 철학의 윤리가 자기들과 상당히 비슷한 점도 있음을 발견하였다. 그러나 그들은 은혜의 개념을 또한 소유하고 있었다. 인간 개인들의 자존심이 아니라 오직 하나님의 적극적인 사랑만이 기독교인들의 생활을 가능하게 하며, 신자들로 하여금 스스로의 복리뿐만 아니라, 눈길을 밖으로 돌려 이웃들의 필요에 관심을 가질 수 있도록 만든다. 많은 이들은 스토아 학파가 추구한 목표를 기독교가 성취했음을 알게 되었다.

셋째로는, 기독교적 사랑의 구체적 표현이 아마도 기독교의 성공을 가져온 가장 강력한 이유들 가운데 하나일 것이다. 터툴리안이 전하는 바에 의하면 이교도들까지도 "보라, 기독교인들이 얼마나 서로 사랑하는가를!"이라고 감탄했다고 한다. 이러한 감탄은 결코 놀리는 말이 아닌 진정한 감탄이었다. 기독교인들은 가난한 자들, 과부들, 고아들을 돌보았다. 그들은 또한 감옥에 갇힌 자들, 유배 당하여 광산에서 노역하는 자들을 방문하였다. 그들은 또한 전쟁, 기근, 지진 속에서 구제의 행위를 멈추지 않았다.

그 가운데서도 특히 많은 이들에게 큰 영향을 미쳤던 사랑의 사역이 있었으니, 이는 교회가 가난한 형제들을 위하여 장례를 맡아 치러 주었던 것이다. 기독교인들은 누구라도 인간다운 장례를 받지 못하는 것은 참으로 있을 수 없는 일이라고 생각하였다. 북 아프리카 출신의 학자 락탄티우스 (Lactantius, c. 240-320)는 다음과 같이 기록하였다. "우리들은 결코 하나님의 형상으로 창조된 인간들이 야수들에게 던져지거나, 새들에게 먹히는 것을 용서하지 않을 것이다. 이들은 원래 나왔던 땅으로 다시 돌아가야 한다."

2세기 후반부터, 적어도 로마와 카르타고의 교회는 자기들의 신자들을 위한 묘지들을 마련하기 시작하였다. 이중 가장 오래된 것들 가운데 하나가 로마시의 남쪽 아피안 가도(Appian Way)에 소재한 카타쿰바(catacumbas)이다. 그리하여 죽은 자의 시신까지도 소중하게 여겼던 기독교인들의 마음은 곧 이들을, 로마와 그 주위에서 매장지로서 사용되었던 카타콤(Catacomb)과 연결되게 하였다.

이러한 기독교인들의 자비의 사역이 주위의 이교도들에게 어떠한 영향을 미쳤는가 하는 것은, 기독교의 가장 철저한 대적이었던 배교자 황제 줄리안 (Julian, 332-63)이 남긴 한탄에서 너무나 잘 드러나고 있다. 줄리안은 자기가 원래 생각했던 것처럼 로마의 고대 종교들을 복원시키는 작업이 절대 쉬운 일이 아님을 깨닫기 시작하였다. 그는 기독교를 파괴해 버리고, 옛신앙을 복고시키고자 하였다. 그러나 그는 기독교의 사랑의 실현이 사람들을 계속 끌어들이고 있음을 실감할 수밖에는 없었다. "무신론(기독교 신앙을 의미함)은 특히 나그네들에게 사랑과 자비를 베풀므로서 그 세력을 확장시켜 왔다. 또한 그들은 죽은 자들까지도 정성스레 매장한다. 도대체 유대인들 가운데 거지가 된 자들을 본 일이 있는가. 그리고 신을 모르는 갈릴리 당원들은 자기들의 빈자들 뿐만 아니라, 우리의 빈자들까지도 돌보는 지경이다. 그러나 우리에게 속한 가난한 자들은 아무데서도 도움을 받지 못한 채 헤매고 있다."

마지막으로 많은 경우, 박해가 기독교의 진정한 모습을 알리는데 큰 역할을 하였다. 수천 명의 관객들이 원형 경기장에서 순교의 모습들을 지켜보았다. "순교자(Martyr)"란 원래 "증인(Witness)"을 의미하는데 수많은 기독교 신자들은 바로 이러한 증인의 모습을 훌륭하게 수행했던 것이다.

로마의 공중들은 잔인한 광경에 익숙해 있었으나, 그렇다고 인간 본연의 동정심이 전혀 결여되어 있었다는 의미는 아니다. 순교자들의 의연한 태도, 특히 남자들 이상으로 용기있게 죽어 갔던 젊은 여성들의 모습들이 사람들에게 깊은 인상을 남겼을 것은 당연하다. 신자들은 고통 중에서도 기품을 지켰으며, 원수들에게도 예의를 잃지않았고, 고난이야말로 주님께서 예비하신 천국으로 들어갈 수 있는 길로서 생각하여 이를 기꺼이 받아들였던 사실들을 수 많은 기록들을 통하여 우리는 알고 있다. 그리하여 기독교인들이 처형당하는 바로 그 현장에서 개종과 회심의 결단을 내린 이교도들이 생겼던 것이다.

이러한 여러 가지 이유들로 인하여 기독교는 계속 성장해 갔고, 그들의 존재를 더 이상 무시하거나 억누룰 수 없게 되었다. 마침내 이를 정면으로 취급하지 않으면 안되게 되었다.

그러나 기독교가 카타콤으로부터 궁정으로 옮겨가기 이전의 이 시기, 놀라운 확장의 모습을 보였던 이 시기는, 결국 기독교는 모든 인류를 예수 그리스도 안의 살아있는 신앙으로 인도할 때만이 진정한 의미에서 가톨릭(보편적)이 될 수 있음을 우리들에게 가르쳐 주는 것이다.

참고도서

Bevan, Edwyn. *Christianity*. New York: Henry Holt and Co., 1932.

Davies, J. G. *The Early Christian Church, A History of Its First Five Centuries*. Garden City: Doubleday, 1967.

Gascoigne, Bamber. *The Christians*. New York: William Morrow, 1977.

Green, Michael. *Evangelism in the Early Church*. Grand Rapids: Eerdmans, 1970.

Harnack, Adolf. *The Mission and Expansion of Christianity*. New York: Harper, 1961.

Neill, Stephen. *A History of Christian Missions*. Middlesex: Penguin, 1964.

4

만약 티베르 강이 넘친다면 …

일반인들의 생각 속에서 초대 교회는 무엇보다도 고결한 순교자들의 집단이었다. 그 가운데서도 가장 고결한 모습을 보였던 것은 소 아시아 서부 지방 서머나(Smyrna)의 나이많은 감독 폴리캅(Policarp)이었다.

당국자들은 널리 존경받던 목회자 폴리캅을 군중들이 가득차 기다리고 있던 원형 경기장으로 데리고 왔다. 사자들에게 던져넣을 참이었으나, 관리들은 그가 신앙을 부인하기만 하면 살려주고 싶어 하였다.

총독이 오히려 사정하였다. "그냥 황제의 이름으로 맹세만 하시오."

"나는 기독교 신자요. 만약 그게 무슨 의미인지 진정 알고 싶다면, 시간을 정해서 한번 들어 보시오." 폴리캅이 응답하였다.

"저 군중을 설득시키시오." 총독이 대답했다.

"당신에게는 설명하겠지만, 그들에게는 못하겠소."

"그렇다면 짐승들에게 던지겠소."

"얼마든지 짐승들을 데려오시오."

"짐승들을 무서워 않는다면 불에 태우겠소."

"영원히 꺼지지 않는 지옥 불이 있는데, 내가 겨우 한 시간 견디면 될 불 따위를 두려워하겠소?"

총독은 결국 군중들에게 통고하였다. "폴리캅은 스스로 기독교인이라고 한다." 그러자 폭도들은 걷잡을 수 없이 흥분하기 시작하였다. "이 자는 아시아의 교사요, 기독교인들의 아버지요, 우리들의 신들의 파괴자이다."

그리하여 폴리캅은 자기의 죽음이 하나님께서 받으시기에 적당한 제물이 되기를 기도하며 불꽃 속에서 운명하였다.

이는 실제로 발생한 사건이었다.

그러나 기독교인들이 하얀 옷을 입고, 모든 것을 포기한 모습으로 울부짖는 사자들을 기다리고 있는데, 한편에서는 피에 굶주린 군중들이 열광하는 모습은 상당한 오해의 소지가 있는 것이다. A.D. 200년 이전까지는 기독교에 대한 박해가 본격적으로 행해지지 않고 있었다. 또한 로마 황제들을 피에 굶주린 악당들로 생각하는 것도 반드시 정확한 모습은 아니다.

그렇다면 로마는 왜 기독교를 박해하였는가? 우리들은 왜 이 시대를 순교자의 시대로서 기억하는 것일까?

로마의 정책

우선 로마의 기본 정책을 알아보기로 하자. 제국의 당국자들은 자기들이 정복한 지역들로부터 들어온 종교들에 대해 놀랄 만큼 관대한 태도를 보였다. 피정복 국가들의 전통적 종교의식에 첨가하여 황제에 대한 숭배 의식만 더해 주면 아무런 상관을 하지 않았다.

어떤 경우에는 황제를 위해 향을 피워야 한다는 요구까지도 면제하기도 하였다. 진정한 한 하나님만을 섬기고, 그 어떤 형태의 다른 신을 인정하기보다는 차라리 국토가 초토화되기를 택했던 유대인들에게는 이러한 예외를 인정해 주었던 것이다.

그리하여 기독교가 유대교의 일부로 간주되는 한에 있어서는 제국의 압력으로부터 그들과 동일한 예외의 특권을 누릴 수가 있었다. 그런데 유대인들이 자기들은 기독교와 아무런 상관이 없음을 분명히 밝히면서부터 상황이 급변하였다.

일단 로마 당국이 기독교의 정체와 특성을 보다 깊이 알기 시작하면서부터, 기독교의 문제는 유대교보다 훨씬 더 심각하게 대두되기 시작하였다. "유대인들은 결국은 일종의 폐쇄된 집단이었다. 이들은 할례의 표지에 의해 다른 집단들과는 완전히 구별되었으며, 자기들끼리만의 생활과 종교의식에 만족하여, 다른 이들에 대해선 적극적으로 전도하는 일이 매우 드물었다." 이와는 대조적으로 기독교인들은 항상 자기들의 예수에 관해 말하기를 그치지 않았다. 이들은 제국의 전체 국민들을 모두 개종시키려는듯 적극적이었으며, 실제로 이들의 전파 속도는 이러한 시도가 결코 불가능한 꿈이 아님을 가리키고 있었다. 이들은 단지 유대인들처럼 황제를 숭배하기를 거부했을 뿐만 아니라, 모든 제국민들에게 자기들처럼 황제 숭배의 거부에 동참하기를 촉구하였다. 그리하여 기독교인들은 제국과 그 지도자들의 분노의 대상이 되지 않을 수 없었다.

박해의 이유들

로마사회에서 초대 기독교인들이 박해를 받았던 가장 큰 이유는 우선 이들의 구별되는 생활 태도에서 찾아야 한다. "우리들은 다른 이들과는 동떨어진 생활을 한다는 평을 듣고 있다"고 터툴리안은 그의 「변증」(*Apology*)에서 기록하였다.

신약에서 기독교인들을 묘사하는 단어가 매우 중요하다. 바로 하기오스(hagios)라는 말인데 이는 흔히 성도들(saints)이라고 번역된다. 그러나 그 어근을 살펴보면 이는 원래 '다르다(different)'는 의미에서 온 것을 알 수 있다. 즉 거룩한 사물들은 다른 사물들과는 구별된다는 것이다. 성전은 다른 건물들과는 다르므로 거룩하다. 안식일 역시 보통날과는 달리 거룩하다. 따라서 기독교인들은 일반인들과는 근본적으로 다르고 구별되는 이들이다.

인간들은 항상 자기들과 다른 이들은 의심의 눈초리로 보아 왔다. 특이한 생활 태도가 아니라 다른 이들과 동일하게 되는 것이 말썽없이, 어려움없이 사는 길이다. 따라서 초대 교인들은 자기들의 신앙을 심각하게 받아들이면 받아들일 수록 다른 이들로부터 의심과 질시의 대상이 되어야만 했다.

그리하여 신자는 단지 그리스도의 가르침에 충실하게 사는 것 자체가 무언 중에 이교도들의 생활 모습을 비평하는 것으로 비쳤던 것이다. 물론 신자들이 공개적으로 이교도들을 비난하거나, 저주하거나, 의식적으로 스스로가 더 의롭고 우월하다고 생각한 것은 아니었다. 단지 기독교의 신봉하는 윤리 자체가 이교도들의 생활 모습에 대한 비판이 된 것이었다.

기독교인의 생활의 기본 요소요, 다른 이들로부터 끝없는 적개심의 대상이 되었던 가장 큰 이유는, 신자들이 이교도의 신들을 부인하였다는 사실이다. 헬라인들과 로마인들은 삶의 모든 측면들을 주관하는 신들을 가지고 있었다. 씨를 뿌리고 거두며, 비와 바람과, 강과 화산들을 맡아 제어하고, 출생과 죽음을 담당하는 신들이 각각 달리 존재하였다. 기독교인들은 이를 인정할 수 없었다. 이러한 신자들의 부정은 이들, 예수의 추종자들을 곧 "인류의 적들"이라고 규정하는 구실을 제공하게 되었다.

그런데 사회적으로 적합치 못하다는 흥을 들음이 없이 단지 사회인들 대부분이 추종하는 이들의 신들을 부인할 수는 없었다. 왜냐하면 이교도들은 모든 식사를 신들을 향한 술과 기도의 제물로 시작했기 때문이다. 기독교 신자들은 이러한 모습을 따를 수 없었다. 이교도들의 대부분 명절들과 사회적인 교제는, 먼저 신들에게 제사를 드린 후 이들의 신전 경내에서 이루어졌다. 그리고 이웃에 대한 초청은 특정 신들의 식탁에서 함께 식사를 하자는 형식으로 행해지는 것이 보통이었다. 물론 신자는 이러한 잔치에 참여할 수 없었다. 이러한 사회적 교제의 모임에 참여하기를 거부하면, 신자들은 건방지고, 무례하고, 교양없다는 인상을 줄 수밖에는 없었다.

신자들은 또한 그 자체로서 옳지 않다고 생각하였으므로 다른 사회적 모임들에 동참하기를 거부하였다. 예를 들어, 검투사들의 혈투는 신자들의 눈으로 볼 때 비인간적이었다. 제국 전체의 원형경기장에서 로마인들은 단지 보고 즐기기 위하여 노예들과 전쟁포로들을 서로 죽고 죽이기까지 싸움을 시켰다. 이러한 광경은 매우 유혹적이었다. 어거스틴은 5세기 초의 이야기를 전한다. 그의 친구였던 알리피우스(Alypius)는 친구를 위해 함께 경기장에 동행하되 자기는 눈을 감고 그 광경을 보지 않겠다고 약속하였다. 그러나 군중들의 고함 소리가 시작되자 마자 그의 눈은 저절로 떠졌으며, 주위의 관객들보다도 오히려 더 크게 소리를 지르고 있는 자신을 발견하였다.

우상숭배를 거부하는 신자들의 생활 태도는 이들의 생계에도 심히 불리하였다. 석공은 이교도 신전의 성벽을 만들 수 없었다. 양복공은 이교도 사제의 제복을 만들 수 없었다. 향을 만드는 자는 이교 의식에 쓸 향불을 만들기를 거부해야 했다. 터툴리안은 신자는 교사까지도 될 수 없다고 하였다. 왜냐하면 이교도 신들의 신화가 담긴 교과서를 사용해야 하며, 이교의 달력에 따른 종교적 절기를 지켜야 했기 때문이다.

아픈 자를 돌보는 것은 별로 문제가 없는 단순한 자비의 사역이라고 생각할지도 모른다. 그러나 병원들은 이교의 신 아이스쿨라피우스(Aesculapius)의 수호 아래 있다고 간주되고 있었으며, 병든 친구가 병상에 누워 있는 동안에 흔히 이교의 사제가 신에게 주문을 외우며 통로를 지나는 광경을 보아야 했다.

쉽게 이야기해서 초대 기독교 신자들은 제대로 신앙 생활을 하기 위해선 당시의 경제적 사회적 생활로부터 스스로를 분리시켜야만 할 형편이었다. 이는 또한 그가 어디를 가든지 사람들의 눈을 의식해야함을 의미하였다. 왜냐하면 복음은 그에게 인간의 생명 자체에 관하여 혁명적으로 새로운 태도를 갖도록 강요했기 때문이다. 이는 기독교인들의 여자, 어린이, 노예, 성생활 등에 대한 태도에서 잘 드러나고 있다.

노예제도는 로마 사회 전체에 만연되어 있었다. 노예들은 남녀를 막론하고 주인의 명령에는 절대로 복종하지 않으면 안되었다. 만약 주인을 만족시키지 못할 경우에는 유기되거나, 혹은 짐승처럼 죽는 것도 감수해야 했다.

이러한 사회 속에서 노예를 소유했던 일부 신자들은 이들에게 보다 친절하게 대했으며, 적어도 교회 안에서는 다른 이들과 동일한 권리를 행사하도록 하였다. 노예 출신 가운데 적어도 한 사람 칼리스투스(Callistus)가 로마 교회 감독의 위치까지 올랐던 사실을 우리들은 알고 있다.

유아들에게도 신자들은 동일한 인간으로서의 권리를 인정하였다. 신자들은 자기들의 이교도 이웃들과는 달리 낳은 아기들을 어떤 이유로든 기르기 싫거나 기를 수 없다고 해서, 숲에다 버려 짐승들이나 강도들이 가져가거나, 그냥 죽도록 할 수 없었다. 만약 신자인 여자가 이교도와 결혼하여 여아를 낳았는데, 남편은 "야, 갖다가 버려라."고 할지 모른다. 그러나 아이의 어머니는 이를 거부하는 것이 보통이었다.

이러한 생명에의 외경심은 자연스럽게 성(性)과 결혼 생활에도 적용되었다. 현대인들은 흔히 성과 결혼의 성결성에 관한 교회의 의식이 고루하다고 비난하곤 한다. 그러나 로마 제국의 말기에는 이러한 비난을 하지 못했을 것이다. 당시의 이교도 사회는 그 방종한 생활 양식으로 말미암아 거의 인종적 멸종의 직전에 도달하고 있었다. 그러나 기독교는 이들에게 또 다른 길, 새로운 길을 제시해 주고 있었다. 육체는 성령의 전이라는 바울 사도의 가르침은 고대 세계에서 방탕한 생활을 정죄했으며, 결혼의 거룩성을 일깨워 주고 있었다.

이처럼 널리 퍼져 있던 기독교인들을 향한 증오는 로마에서 발생했던 최초의 박해를 잘 설명해 준다. 64년 네로(Nero) 황제의 치하에서 로마 시에 대화재가 발생하였다. 불은 무려 6주야나 계속 되었다. 도시의 반이상이 잿더미가 되었다. 네로가 불을 질렀다는 소문이 나돌기 시작하였다. 그리하여 로마 시민들의 황제에 대한 증오가 무섭게 타오르기 시작하였다.

자신으로부터 이러한 증오의 표적을 돌리기 위해 네로는 기독교인들을 비난하였다. 물론 이는 사실이 아니었으나 이 때문에 많은 신자들이 잡혀서 극심한 박해를 받게 되었다. 많은 신자들이 십자가에 달리게 되었다. 어떤 이들은 야수들의 가죽에 꿰매어졌다. 그리고는 그들 위에 큰 개들을 풀어 놓았다. 희생자들은 갈기갈기 찢겨 죽었다. 어떤 여자들은 미친 황소들에게 매어 달아 끌고 다니다 죽게 하였다. 밤이 오면 신자들을 네로의 정원에서 불에 태워 죽였다. 기독교인들을 미워했던 시민들은 이 모습을 구경하려고 모여들었으며, 네로는 병거를 타고 돌아다니며 이 모습을 빠짐없이 즐기고 있었다.

아마도 이때의 박해때 바울과 베드로가 로마 시에서 순교한 것으로 보인다. 일설에 의하면 베드로는 스스로 원하여 십자가에 거꾸로 매달려 죽었다고 한다. 그는 자기가 그의 주님과 같은 모습으로 죽을 자격이 없다고 생각하였다. 로마 시민이었던 바울은 참수형을 당했을 것으로 보인다.

제 1, 2세기에 있어서 이러한 유혈극의 발생은 그다지 흔한 일이 아니었다. 대부분의 경우 신자들은 평화스럽게 신앙 생활을 할 수 있었다. 그러나 마치 데모클레스(Democles)의 칼처럼 박해의 가능성은 언제나 그들의 머리 위에 흔들거리고 있었다. 악의에 찬 정보원이나, 폭도들의 흥분이나, 법을 문자 그대로 집행하기로 마음먹은 총독의 존재만 있으면 폭풍이 일기 마련이었다. 기독교인들은 그 신앙을 가진 자체로 징벌의 대상이 된다는 법률은 엄연히 살아 있었다. 터툴리안은 기록하였다. "공중의 증오는 단지 한 가지만을 요구한다. 범죄 혐의의 수사가 아니라, 그리스도인이라는 이름의 고백만으로 충분한 것이다."

성(性)과 비방

초대 신자들에 대한 박해의 두 번째 이유는 이들에 관해 퍼졌던 헛소문이었다. 일단 이러한 소문이 시작되자 이를 멈추게 할 도리가 없었다. 기독교인들이 한데 모여 말할 수 없는 성적 문란 행위를 자행하고, 기타 각종 범죄 행위를 저지른다는 의심은 일반인들의 저속한 상상력을 자극하기에 충분하였으며, 이는 곧 그럴 듯한 신빙성이 있는양 퍼져 나가기 시작하였다.

아마 이러한 근거없는 소문의 확산은 인간의 본성상 어쩔 수 없는 것이었는지도 모른다. 비밀은 곧 불신을 낳는 것이다. 일반인들은 기독교인들의 집회에 참여할 수 없다는 사실이 밝혀지자, 이들은 자기들의 상상을 좇아 헛소문으로부터 증오로 치달아 갔다.

기독교인들에 대한 혐의는 여러 가지였으나, 그중 가장 흔했던 것은 성적 문란과 식인(Cannibalism)이었다. 이러한 성적 범죄의 혐의는 신자들의 모임이 아가페(Agape), 즉 사랑의 연회라 불리었던 사실과, 신자들이 서로에게 "거룩한 입맞춤(Holy Kiss)"을 했던 데서 연유했던 것 같다. 실제로 결국에는 교회 내에서도 입맞춤의 부작용이 심해져서 이를 실질적으로 금지시키게 되었다.

식인(食人)의 혐의는 성찬을 비밀리에 시행한데서 연유되었던 것 같다. 이교도들은 이 비밀 집회에서 구체적으로 무슨 일이 벌어지는 지는 몰랐으나, 누군가를 먹는다는 소문은 듣고 있었다. 예수님은 마지막 만찬에서 말씀하셨다. "이 떡은 나의 몸이다. 이 포도주는 나의 피다." 이교도들은 기독교인들이 인간의 피와 살을 마시고 먹는다고 결론을 내리게 되었다.

일반 민중들은 만약 이처럼 끔찍한 행위를 저지르는 자들을 그냥 놓아 두면 국가에 온갖 불행을 불러 오리라고 믿게 되었다. 이러한 악행들은 신들의 분노를 자아내게 될 것이며, 기독교인들 뿐만 아니라, 이들을 처벌하지 않고 계속 악을 저지르도록 허락한 자들까지도 함께 벌을 받게 되리라고 생각하였다.

기독교인들의 비밀 집회와 이들을 둘러싼 여러 가지 소문은 일반적으로 공정성을 유지했던 로마 당국자들에게 굉장한 골칫거리를 안겨주게 되었다. A.D. 112년경 플리니(Pliny)라는 이름의 소 아시아 지방 총독은 황제 트라얀(Trajan)에게 그리스도의 추종자들을 가장 잘 처리할 수 있는 방도를 문의하였다. "도대체 이 기독교인들은 어떻게 처리해야 할 지 잘 모르겠습니다. 왜냐하면 한번도 이들을 재판하는 모습을 본 일이 없기 때문입니다. 단지 기독교인이라는 자체가 처벌 받기에 충분한 죄목이 되는지요, 아니면 실제로 무슨 범법행위를 저질러야만 하는지요? 이제까지는 자기 스스로 신자임을 자인하는 자들은, 로마 시민인 경우엔 로마로 이송시켰으며, 아닌 경우엔 현지에서 바로 처형했습니다. 이들의 고집스런 모습을 보면 어쨌든 처벌을 받기는 받아야 할 자들이라고 확신합니다."

플리니는 기독교인들이 무언가 죄가 있다고는 확신하였다. 단지 그 죄목을 확실히 알 수 없어서 당황하고 있었다. 그러나 그는 적어도 이들의 죄목이 부도덕이거나 식인은 아니라고 깨닫고 있었다.

기독교인들이 박해를 받았던 세 번째 이유는 우리가 생각하기엔 이상스러 울지도 모른다. 기독교인들은 무신론자라는 죄목으로 처벌을 받았다. 이러한 혐의는 제국 내의 많은 이들은 도대체 형상이 없는 대상에 대한 예배를 이 해하지 못했기 때문이다. 이들은 유일신 사상(monotheism)을 이해할 수 없 었으며, 이에 매력을 느끼지도 않았다. 그 결과 이들은 기독교인들이 제국의 신들을 모욕한다고 비난하였다.

기독교가 로마로 들어왔을 때는 고대의 신들에 대한 제사의식이 이미 제 대로 남아 있지는 않았으나, 시민들은 아직도 의무적으로 예배의 행위에 참 여할 것이 기대되고 있었다. 일반 민중들은 만약 신들을 제대로 섬기지 않으 면 각종 재해가 엄습할 것이라고 생각하고 있었다. 터툴리안은 그의 「변증」 속에서 다음과 같이 썼다. "만약 티베르가 범람하거나, 나일 강에 홍수가 나 지 않으면, 혹시 하늘에서 비가 내리지 않으면, 지진이나, 기근이나, 전염병이 발생하면, 사람들은 즉각 소리지른다. '기독교인들을 사자들에게 먹이라!' 고."

황제께서 곧 주님이시다.

로마 제국에서 기독교인들을 박해했던 가장 큰 이유는 황제 예배의 전통 에서 비롯되었다. 그리스도와 카이사르 사이의 투쟁은 물론 하룻밤 사이에 시작된 것은 아니다. 황제 숭배가 제국의 생활의 중심 위치를 차지하게 된 것은 점진적인 과정의 결과였다.

황제 숭배의 전통은 원래 로마의 통치가 월등하게 뛰어났다는데 기인하고 있다. 로마인들이 다른 나라를 정복하게 되면, 공정한 로마의 정의가 함께 그곳에 도달하게 된다. 주민들은 잔인하고 야만적이며 일정한 법률을 제대로 준행하지 않는 것이 보통이었던 폭군의 억압으로부터 해방된다. 로마의 행정 이 시행되면, 도로상의 도둑들이나 강도들이 제거되었고, 바다의 해적들이 자취를 감추었으며, 주민들은 일찍이 보지 못했던 안전을 누리게 되었다. 이 것이 즉 팍스 로마나(Pax Romana), 로마의 평화였다.

그 결과 사람들은 로마의 정신에 대해 깊고 진정한 감사의 마음을 품게 되었다. 로마의 정신으로부터 그 대상은 쉽사리 로마의 여신에게로 옮아갔으 며, B.C. 2세기 경에는 소 아시아의 곳곳에 로마의 여신을 모시는 신전들이 설립되었다. 그러나 인간의 지성과 감성은 상징(symbol)을 요구한다. 로마의 정신과 로마의 여신이 다시 황제의 모습으로 화하는 것은 보다 더 쉬운 일이었다. 그는 로마의 화신이었다. 그 존재 속에 로마의 정신이 거하며, 지구상의 거처를 삼는 것이다. 그리하여 B.C. 29년 소 아시아의 퍼가멈(버가모, Pergamum)에는 실제로 황제의 신성에 바쳐진 신전이 건립되었다.

처음에는 황제들 자신들이 이러한 명예를 받아들이기를 주저하였다. 클라디우스(Cladius, A.D. 41-59)는 자신에게 신전을 지어 바치는 것을 금지시켰다. 자기의 동류인 인류에게 거침돌이 되기 두렵다는 이유였다. 그러나 얼마 안되어 국가의 공식적 이념에 또 다른 사상이 형성되기 시작하였다. 당시 로마 제국이 당면했던 가장 큰 문제는 국가 통일성의 유지였다. 제국의 영토는 유프라테스(Euphrates)강으로부터 아일랜드 해의 연안들에까지 미치고 있었다. 독일로부터 북 아프리카까지, 그리고 스페인에서 이집트까지 영토가 확장되어 있었다. 이 가운데 각종 인종들과 언어들과 종교들과 전통들이 한데 섞여 존재하고 있었다. 과연 어떻게 해야 이들을 함께 묶어 통일시킬 수 있겠는가? 어떻게 해야 하나의 제국이라는 일체감이 이처럼 다양한 주민들 속으로 주입될 수 있겠는가?

그런데 사람들을 함께 묶는 데는 종교, 즉 하나의 신앙만한 것이 없다. 그리고 황제의 숭배가 편리하게도 이미 가까이 놓여 있었다. 그 어떤 특정 지역의 전통 신앙도 제국 전체의 보편 종교가 될 가능성은 없었으나, 로마만은 우주적인 의미를 담고 있었다. 그 결과 카이사르, 즉 황제의 숭배가 제국 정책의 초석이 되었다. 그리하여 제국 각 지방에서 의도적으로 조직되었다. 각처에 황제의 신성에 헌정된 신전들이 건축되었다.

점차로 제국민들은 황제에 대한 충성심과 상치되는 그 어떤 충성심도, 제국 자체에 대한 충성에 방해가 된다고 생각하게 되었다. 이는 곧 질서의 혼란을 의미하는 것으로 받아들여졌다. 다른 주를 섬기고 예배하는 것은 커다란 혼란과 무질서의 제방을 무너뜨리는 행위와 동일한 것이다.

마지막 한 단계가 남아 있었다. 데키우스(Decius, 249-251) 시대에 황제 숭배는 드디어 공식화되었다. 제국내의 유대인들만을 제외하고 모든 인종과 지역을 막론하고 강제로 황제에게 제사를 드려야만 하게 되었다. 매년 모든 로마시민들은 특정한 날에 황제의 신전에 나아가 그를 위해 한줌의 향을 피우고, "황제가 주님이시다(Caesar is Lord)"고 고백해야만 했다. 그후에 그는 제사를 완료했다는 증명서를 발급받게 된다. 그후에 그는 자기가 원하는 어떤 신에게나 제사를 드리고 예배를 드려도 아무도 상관하지 않았다. 물론 그의 종교행위가 공중도덕이나 질서를 해쳐서는 안되었으나, 이는 종교의 자유 자체에 관련된 문제는 아니었다.

따라서 우리들은 황제 숭배가 일차적으로 정치적 문제였음을 알 수 있다. 이는 무엇보다도 백성들의 국가에 대한 충성심을 확인하는 시험이었다. 만약 누구든지 이러한 황제를 위한 의식을 수행하기를 거부하면 그는 자동적으로 반역자나 혁명가로 낙인찍히기 마련이었다. 그러나 이러한 황제 숭배는 기독교인들에게 문제를 일으킬 수밖에 없었다. 그들은 집회들에서 항상 황제를 위하여 기도하였다. 그러나 공적, 사적 모임을 막론하고 황제에게 기도할 수는 없었다.

로마의 주화들을 연구했던 학자들은 기독교 신자들이 그리스도를 예배하면서 그에게 드렸던 찬양과 로마 시민들이 당대의 황제들에게 바쳤던 헌사들 사이에 놀랄 만한 유사점이 있음을 발견하였다. 각 황제들의 즉위시 이들이 가져다 줄 축복을 주로 기리고 있는 이들 주화들의 기념문구들은 이들의 통치의 시작을 대개 다음과 같은 내용으로 찬양하였다. "만세, 지상의 주님. 무적, 권세, 명예, 축복을 받으신 이여, 위대하신 분, 당신은 왕국을 유업으로 받으시기에 충분하시도다."

3세기에 로마를 방문하는 이들은 누구나 의사당에서 황제의 입장을 알리는데 사용되었던 것과 동일한 표현들이, 카타콤에서는 그리스도의 오심을 축하하는데 사용되고 있음을 볼 수 있었다. 과연 기독교인이라면 어떻게 이러한 면에서 타협할 수 있겠는가?

과연 누가 전 우주의 보좌에 오르고, 역사의 진로를 좌우할 권세를 지니고 있는가? 황제인가, 아니면 그리스도인가?

그리하여 그리스도의 숭배와 황제의 숭배는 정면으로 충돌하였다. 기독교인으로서 절대로 말할 수 없는 한 가지는 "황제가 주님이시다"는 고백이었다. 왜냐하면 신자들에게는 예수 그리스도께서, 그리고 오직 예수 그리스도만이 주님이셨기 때문이다. 반면 로마인들에게는 기독교인들이야말로 편협하고, 완고한 고집쟁이들일 뿐 아니라, 그보다 더욱 나쁜 것은, 스스로 비애국시민들임을 고백한 자들이었다. 만약 신자들이 단지 한줌의 향을 태우고, "황제가 주님이시다"는 형식적인 주문을 외우기만 했다면 이들은 그후에 얼마든지 자기들이 원하는 그리스도를 실컷 예배할 수 있었다. 그러나 기독교인들은 이 점에서 결단코 타협하지 않으려 하였다. 바로 이것이 로마 정부가 이들을 국가의 기간을 위협하는 일단의 혁명분자들로 생각하게 된 이유였다.

어떤 의미에서는 이러한 로마 정부의 판단이 정확한 것이었는지도 모른다. 왜냐하면 기독교인들 자신들이 이러한 투쟁을 우주적인 의미가 있는 것으로서 받아들이고 있었기 때문이다. 2세기 말, 소 아시아 지방에서의 기독교 신자들의 황제 숭배에 대한 관념이 어떠했는가는 신약성경 중 요한 계시록에 잘 반영되고 있다. 요한은 기독교인들의 고난의 원인을 두 가지 앞잡이들 — 요한 계시록 제13장에 나오는 두 짐승들 — 을 통해 성도들을 향한 전쟁을 수행하고 있는 사탄 자신, 거대한 붉은 용에게로까지 거슬러 올라가 찾고 있다. 첫번째 짐승은 바다, 혹은 해저의 깊은 계곡에서 출현하였으니, 이는 곧 제국의 권력으로 해석할 수 있다. 두 번째의 짐승은 육지에서 나타난 짐승이니, 이는 곧 황제 숭배이다.

그렇다면 이러한 제국으로부터의 공격에 대항한 기독교인들의 방어는 무엇이었겠는가? 요한은 다음과 같이 기록하였다. 즉 신자들은 목숨이 죽음에 이르는 것을 두려워하지 않았으므로, "어린 양의 보혈과 그들의 증거의 말씀으로" 용을 정복하였노라고 … (계 12:11).

참고도서

Bainton, Roland H. *Christendom : A Short History of Christianity and Its Impact on Western Civilization*. Vol. I. New York: Harper & Row, 1964.

Frend, W. H. C. *Martyrdom and Persecution in the Early Church*. New York: New York University Press, 1967.

Grant, Robert M. *Augustus to Constantine*. New York: Harper and Row, 1970.

Grant, Robert M. *The Sword and the Cross*. New York: Macmillan, 1955.

Workman, Herbert B. *Persecution in the Early Church*. London: Charles H. Kelly, 1906.

5

역사의 변호
:정통 신앙의 기원

인도 독립 운동의 존경받는 지도자 마하트마 간디는 이렇게 말한 적이 있다. "나는 역사적 예수의 모습엔 흥미를 가져본 적이 없다. 나는 설혹 누군가가, 인간 예수는 이 세상에 결코 존재한 적이 없으며, 복음서의 모든 기록들은 이를 기록한 이들의 상상력의 산물에 불과하다고 증명해 낸다 하여도 아무 상관도 없다. 왜냐하면 내게 있어서 산상보훈은 계속 변함없는 진리이기 때문이다."

간디는 물론 위대한 인물이었다. 그러나 그는 결코 기독교인은 못되었으며, 또한 그렇다고 주장한 일도 없었다. 그런데 스스로 기독교인이라고 주장하는 많은 이들이 마치 간디와 같은 모습으로 기독교에 접근하는 것을 볼 수 있다. 그들은 그리스도가 하신 사역과 그의 존재, 그가 누구이신가 하는 것을 서로 분리시키고자 시도한다. 그들은 초자연적인 그리스도에 관한 교리들은 무시하거나, 평가절하시키면서, 그의 윤리적인 교훈들만은 높이 받들고자 한다. 그들은 전통적이고, 역사적 기독교의 신조들은 수치스럽게 여기면서, 오직 기독교인의 윤리적 생활만을 강조한다.

초대 기독교 신자들은 이러한 모습은 신앙에 대한 배반이라고 생각하였다. 그들은 복음은 역사상 가장 위대한 사건에 관한 소식이라고 이해하고 주장하였다. 그리하여 신앙이란 매우 기본적인 것이다. 생활은 항상 그리스도가 주시요, 구세주로서 고백하는 그 고백을 뒤따라오는 것이다. 초대 신자들은 이 모습을 너무나도 분명하게 생각하였으므로, 예수님이 과연 누구이신가하는 믿음을 진정한 기독교 여부를 알아보는 시험의 조건으로 삼았다.

많은 기독교인들은, 황제 숭배를 둘러싼 문제처럼 외부에서 닥쳐오는 위협도 심각하지만, 동시에 기독교의 내부, 사상의 영역에서도 눈에 띄지 않으면서도 못지않게 심각한 위험이 발생하고 있음을 감지하였다. 만약 기독교 신앙이 "또 다른 복음"에 의해 잠식된다면 그 살아있는 능력이 상실되고 말 것이었다.

가톨릭 기독교는 각 지역성에 대비해 볼 때 우주적이며, 이단에 대해서는 정통성을 지닌다. 우리들은 로마 제국과 그 영역을 넘어선 기독교 신앙의 확장에 관해 살펴보았다. 그리고 우리들은 또한 왜 제국 당국이 기독 신앙인들을 박해했는가도 살펴보았다. 이제 우리들은 과연 "정통"의 의미가 무엇인지 보다 자세하게 알아보도록 하자. 초대 기독교인들은 과연 무엇을 믿었는가? 그리고 과연 그들은 무슨 이유로 이러한 믿음들만이 올바른 정통이라고 생각하였는가?

신앙과 신학

많은 현대의 기독교인들은 기독교의 중심되는 교리들에 관해 토론하기를 그다지 즐겨하지 않는다. 그들은 과연 종교에 관한 사상이나 지식 — 혹은 신학 — 이 그렇게 중요한 것이냐는 의문을 표시하곤 한다. 어느 목회자가 이렇게 말한 적이 있다. "나는 꽃들은 사랑하지만, 식물학은 싫어한다. 나는 종교는 사랑하지만 신학은 싫어한다." 이처럼 널리 퍼져있는 태도들은 실상 이해할 수 있는 현상이기도 하다. 신학은 매우 지루하기 십상이며, 어떤 경우에는 잔인하기까지 하다. 그러나 기독교의 경우, 저질의 신학에 대한 올바른 대답은 결코 무신학, 즉 신학 자체의 존재에 대한 부정이 아니다. 그 대답은 올바른 신학, 혹은 뛰어난 신학이어야 한다. 하나님은 우리들에게 지성을 허락하셨으며, 이 지성이 그의 놀라운 진리를 알고 밝히는데 제대로 사용되기를 기대하신다는 것은 말할 필요도 없는 일이다. 영국의 문인 찰스 윌리엄스(Charles Williams)가 남긴 말은 진리이다. "인간은 신과 토론하도록 창조되었다(Man was intended to argue with God)." 바로 이것이 신학을 의미하는 것이다.

신학(Theology)이란 단어는 두개의 헬라어의 합성이다. 즉, 데오스(theos), 신이라는 단어와 로고스(logos), 말씀 혹은 지성적 사고라는 단어가 한데 어울린 것이다. 따라서 신학이란 신에 관한 합리적 사고를 의미하고 있다. 이는 종교 자체와 동일한 것은 아니다. 종교란 신에 대한 우리의 믿음과 이 믿음에 따라 살고자하는 노력과 생활을 의미한다. 신학이란 우리의 믿음에 관한 합리적인 설명을 제공하려는 시도인 것이다. 이는 곧 종교에 관한 사고이다.

이러한 사고에 잘못이 있을 때 우리들은 이를 가리켜, 이단 혹은 잘못된 신학이라고 부른다. 이단은 반드시 잘못된 종교라고는 할 수 없으나, 다른 모든 잘못된 사고처럼 잘못된 종교를 창출해 낼 수가 있다.

그런데 이단들은 본래의 의도는 아니었겠으나, 교회를 위한 공헌도 하였다. 진리를 표현하고자 하는 이들의 노력은 교회로 하여금 "올바른 신학"을 형성하지 않을 수 없도록 만들었던 것이다. 올바른 신학이란 곧 성경의 계시를 균형있고 체계적으로 진술한 것을 의미한다고 하겠다.

이러한 올바른 신학을 가리켜 정통 신학이라고 부른다. 그런데 이 정통 이라는 단어에 대해 사람들은 매우 민감한 감정적 반응들을 보이는 경우들을 흔히 볼 수 있다. 윌리엄 호오던(William Hordern)이 말한 바처럼 어떤 이들은 자기들이 비 정통이라는 말을 듣는 사실을 못견디게 증오하는 것도 흔히 볼 수 있다. "그들에게 있어서는 정통성의 존재가, 정치, 종교, 혹은 식사법이든가, 그 어떤 분야를 막론하고 인생의 제일 중요한 선결 조건이 된다. 그런데 또 어떤 이들에게는 바로 이러한 상태가 인간이 처할 수 있는 최악의 위치이다. 정통은 곧 흥미없고, 지루하며, 독창성이 결여된 상태의 대명사인 것이다." 그런데 교회의 역사에 있어서, 정통이란 전혀 외연적인 의미를 지니고 있다. 이는 주로 다수의 의견을 지칭하는 것이다. 이는 기독교인들 절대 다수의 지지를 받고, 교회의 공식적 입장을 밝히는 신경들이나 신앙고백서에 나타난 기독교의 형태를 의미하는 것이다. 그러한 의미에서 가톨릭 기독교는 정통인 것이다.

교회의 역사를 살펴 보면 기독교 신학은 고요한 연구실에서 학자의 사색의 결과로 나타난 철학적 체계가 아니라는 사실을 알 수 있다. 신조들은 실제 교회 생활의 현장에서 직접 일하던 이들에 의하여 형성되었다. 정통신학의 모든 기둥들은 그 하나 하나가 기독교의 본질 자체를 변질시키고 그 신앙의 중심적 부분을 파괴할 위험을 가지고 있었던 이단들 때문에 놓여졌다.

이처럼 정통은 오류에 대항한 복음의 대결에서 발생하였으므로 우리들은 그 발전이나 형성의 단계에 관하여 이야기할 수 있다. 기독교의 교리가 발전했다는 표현은 우리들에게 유일회적으로 주어진 그리스도 안에서의 하나님의 계시를 굳게 믿는 이들에게는 약간 이상하게 들릴 지도 모른다. 그러나 우리들이 잊지말아야 할 사실은 신학은 하나님의 계시 자체와 동일한 것은 아니라는 사실이다. 이보다는 오히려 신학이란 계시의 인간적 이해이며, 이를 교훈과 설교를 통해 보다 더 명확하게 표현하고자 하는 노력이라고 할 수 있다. 신학이란 인간의 언어와 사고의 형식을 통하여 하나님의 진리를 설명하려는 시도이다. 그리하여 서로 다른 시대와 문화권에 속한 이들은 또한 서로 다른 방법으로 생각하고 표현한다는 것을 잊지 말아야 한다.

2, 3세기의 교회는 이처럼 사고 방식이 다른 인종들에게 전파되면서 바로 이러한 사실을 절감하게 되었다. 그런데 가장 주된 것은 유대와 헬라(그리스)의 2대 문화였다. 원래의 제자들은 유대인들이었다. 그런데 이들에 의해 개종한 신자들 가운데는 상당수가 유대교 회당에 출석하던 이방인들이었다. 그리하여 처음부터 교회 안에는 두개의 서로 대조적인 문화의 배경이 공존하게 되었다. 이러한 두개의 서로 대조되는 세력 — 유대와 헬라 — 은 교회의 사상에 가장 큰 영향을 미친 요소들이었다.

유대인 신자들에게는 하나님은 한 분이셨다. 그는 오랜 동안 이미 유대인들의 하나님이셨다. 이들은 바로 그 분이 또한 모든 인류의 하나님이심을 확실히 깨달은 후에도 그를 계속하여 자기들이 오랜 동안 알았던 대로의 자기들의 하나님으로서 받아들이고 있었다. 이들은 하나님을 그의 개인적 이름인 여호와, 혹은 야웨로서 지칭하였다. 그의 통일성은 위격적인 통일성이었다.

반면, 헬라인 신자들에게 있어서, 신의 통일성은 추상적인 개념이었다. 그들은 철학적인 명석한 사고를 통하여 하나님에 관한 개념들에 도달하였다. 이는 거의 수학적인 사고의 과정이었다. 물론 헬라파들도 기독교에 귀의하면서 하나님의 속성들을 그대로 받아들였을 것은 말할 것도 없다. 그러나 그들의 혈관 속에는 보다 추상적 사고를 요구하는 철학자들의 피가 흐르고 있었다. 그리하여 우리들은 과연 어떻게 역사와 문화가 이 두 집단의 인간들이 사고하고 표현하는데 차이점들을 발생시켰는지 알 수 있다.

처음의 신자들은 모두 유대인들이었으므로, 이들은 예수님에 관한 메시지들을 하나님의 백성을 위하여 미리 약속되었던 구세주라는 용어와 측면에서 개진하였다. 즉, "예수님께서 곧 메시야이시다 (Jesus is the Messiah[Christ])"는 표현이 그것이다. 사도들은 유대인들을 대상으로 설교를 할 때는 그의 죽음보다도 그의 부활을 더욱 강조하였다. 왜냐하면 이 사실은 비록 범죄자로서 처형되기는 하였으나 바로 그가 하나님께서 보내신 메시야라는 사실을 증명해주기 때문이었다.

사도들은 예수님 자신께서 보여주신 본보기를 좇아 예수님의 생애와 교회의 초기 역사에서 성취되었던 구약의 예언들을 지적하였다. "바로 이것이 일찍이 예언되었던 사실이다"는 표현을 그들은 즐겨 사용하였다. 그들은 예수님을 묘사하는데 구약에 나타나는 이미지들을 즐겨 사용하였다. 그는 유월절의 어린 양이자, 제2의 아담이었으며, 다윗의 자손이었다. 그는 건축자들에 의해 버림받은 돌이었으나 하나님은 그를 선택하여 교회를 건축하기 위하여 모퉁이 돌로 사용하시었다.

가짜의 복음들

거의 완전히 전통적인 유대교 경전의 언어와 개념들에 의존하기는 하면서도 사도들은 기독교 복음의 진정한 모습과 잘못된 모습 사이의 차이를 분명하게 구분하였다. 그들은 대치되는 복음들을 정면으로 부인하였다. 바울은 갈라디아 사람들에게 보낸 편지 속에서 복음에다가 유대교의 율법적인 요구사항들을 덧붙인 자들을 저주하였다. 요한 1서는 다음과 같은 점을 강조하고 있다. 즉 기독교인들은 "그리스도께서 육신으로 오신 것을 믿어야 한다." 또한 고린도 전서는 예수님의 부활의 믿음을 구원을 받기 위한 필수적 조건으로 확정시켰다.

이미 사도들의 시대에 교회는 몇 가지 면에서 신앙의 중추적 진리들을 수호해보고자 시도하였다. 처음에는 신자들이 다만 예수의 이름만으로도 세례를 받았으나, 곧 삼위일체의 이름을 사용하는 것이 일반적인 전통이 되었다. 마태복음은 이미 그의 시대에 "성부와 성자와 성령의 이름으로" 세례를 베풀었음을 우리들에게 보여주고 있다(마 28:17-20). 2세기의 중엽, 유스티누스 (Justin)의 시대에는 로마의 개종자들이 세례를 받을 때, "우주의 대주재이신 성부 하나님, 본디오 빌라도에 의해 십자가에 달려 돌아가신 예수 그리스도, 선지자들을 통하여 예수에 관한 모든 것들을 미리 말씀해 주신 성령님"에 관한 문답을 거쳐야 했다.

　학자들은 사도들의 가르침의 요약들을 발견하였으니 — 고전 15:3-4과 엡 4:4-6 등은 그 예라 할 수 있다 — 이는 곧 제1세기의 기독교인들이 그들의 신앙을 기본적으로나마 체계화시켰으며 그들이 당면해야 했던 잘못된 교훈들에 대적할 수 있는 근거들을 가지고 있었음을 보여주는 것이다.

　그들은 또한 그들의 신앙을 노래로 부르기도 하였다. 신약성경 가운데는 가끔 이러한 예들이 나타나고 있다. 우선 디모데 전서 3:16이 그 한 가지 예이다.

> 그(그리스도)는 몸으로 나타나셨으니,
> 성령에 의해 인정받으셨으며,
> 천사들에 의해 목격되시었다.
> 많은 나라에 설파되시었고,
> 온 세상에 의해 믿음을 받으시고,
> 영광 중에 올리우셨다.

　예수님을 향한 예배가 가장 중요한 요소였으므로 제1세기의 기독교인들은 기독론 가운데 분명한 그들의 신념을 정립하였다. 우리가 제4복음서를 주의 깊게 읽어보면 저자가 두 개의 전선에서 전투를 벌이고 있음을 알 수 있다. 그가 의식하고 있던 일단의 독자들은 우선 예수님이 진정한 의미에서 완전한 하나님이신지 확신하지 못하고 있었다. 그는 이러한 독자들에게는 만약 그리스도 속에서 영원한 하나님의 말씀이 성육신하신 것이 아니라면 예수님의 생애는 전혀 설명이 될 수 없다는 사실을 강조하고 있다. 그는 그의 복음서 끝머리에서 그가 복음서를 저술하게 되었던 이유를 설명하고 있다. "너희로 하여금 예수께서 곧 하나님의 아들, 즉 그리스도이심을 믿게 하고, 이를 믿음으로 그의 이름 가운데서 생명을 갖게 하려함"이었다(요 20:31). 다시 말해서 그는 일부 독자들에게 그리스도의 신성을 확신시키기를 원했던 것이다.

　그러나 요한은 동시에 예수님의 완전한 인성을 확신하지 못하고 있었던 또 다른 독자들의 존재를 의식하고 있었다. 그들은 그리스도께서는 하나님이 이 세상에서 인간의 모습으로 나타나신 것이라고 알고 있었으나, 진정 인간의 피와 살을 가지고 계셨는가에 관해서는 깊은 의심을 떨치지 못하고 있었다. 이들을 향해 요한은 십자가 처형시 과연 그의 찔린 옆구리에서 어떻게 물과 피가 흘러 나왔는가를 묘사하였다. 그리하여 요한은 두 개의 전선에서 싸움을 벌이고 있었으니, 한편으로는 예수께서 단지 인간에 불과하다고 믿었던 자들이었으며, 다른 한편으로는 그를 단순한 유령으로 상상했던 자들이었다.

우리들은 다른 자료들을 통하여 이들 두 가지 이단들이 제1, 2세기에 존재했음을 알고 있다. 첫번째 입장을 좇고 있던 유대인들의 집단을 가리켜 우리들은 에비온 파(Ebionites)라고 부른다. 그들은 예수님이 단지 인간에 불과하였으나, 율법을 완전하게 준수했기 때문에 "그 자격을 인정받아" 메시야가 되었다고 가르쳤다.

그 반대 입장은 "가현설(Docetism)"이라고 알려지고 있다. 이 명칭은 " … 처럼 보이다"(seem)는 의미의 헬라어 동사에서 유래된 것이다. 일부 영리한 신학자들은 그 대신 "시미즘(Seemism)"이라는 명칭을 붙이자고 제안한바 있다. 어쨌든 이 명칭은 그리스도께서 진정한 인간이 아니라, 유령과 같은 현신이었다는 그들의 교훈에서 나온 것이다. 이들의 주장에 따르면, 그리스도께서는 인간들의 죄를 위하여 고난을 받은 듯이 보였을 뿐이다. 왜냐하면 우리가 알다시피 영적인 허상은 죽을 수 없기 때문이다.

하나님이 인간의 몸으로 왔다는 이 지상 최대의 사건은 많은 인간들이 이해할 수 없었던 종교적 넌센스였다. 역사를 살펴보면 얼마나 많은 인간들이 지치지도 않고 이를 대체시킬 수 있는 이론이나 설명을 강구해내기 위해 노력을 경주해 왔는지 알 수 있다. 가장 일반적인 방법들 가운데 하나는 이 사건을 시간에서 분리시켜 "영원한 진리"라는 형태로 만들어 버리는 것이다. 즉 우주의 신비, 사물의 진정한 모습을 설명해 주기 위한 신화라고 정의하는 것이다.

지식의 인간들

초대 교회에서 복음을 이처럼 "영적인" 형태로 재구성하고자 했던 가장 강렬한 시도들 가운데 하나는 영지주의(혹은 그노시스주의, Gnosticism)였다. 우리는 영지주의를 가리켜 뚜렷하게 하나의 운동으로서 정의할 수는 없다. 왜냐하면 이들은 중추적인, 혹은 그 중심을 이루는 통일된 이념을 가지고 있지 못했기 때문이다. 이는 오히려 여러 종류의 움직임이라 할 수 있었다. 각 집단들의 나름대로의 영적 지도자가 깨달은 진리에 이르는 방도들을 제시하고 있었다. 이들 영적 지도자들은 자기들이 개인적으로 인생의 문제들을 해결할 수 있는 독특한 지식, 즉 그노시스(gnosis)를 소유하고 있다고 주장하였다. 이러한 영적 세계에 관한 특별한 개인적 지식들은 사도적 기독교에 대한 심각한 위협으로 등장하였다.

정통 기독교 신자들과 영지주의파의 추종자들 사이에는 악감정들이 발생하기 마련이었다. 사도 요한의 제자였던 폴리캅이 전하는 바에 의하면, 언젠가 요한이 에베소의 목욕탕에 간 일이 있었다. 그는 이 곳에서 유명한 영지주의자였던 케린투스(Cerinthus)가 역시 목욕을 할 차비를 하고 있는 것을 발견하였다. 요한은 수건만을 두른 채 험악한 인상으로 그냥 뛰쳐 나왔다.

그는 말하기를, "빨리 도망하세, 목욕탕이 무너지기 전에. 진리의 원수인 케린투스가 안에 있네."라고 하였다.

그런데 모든 영지주의 집단들은 대강 비슷한 모습으로 발전하였다. 이들은 사도적 기독교와 동일하게 구원의 개념과, 지존한 신의 존재와, 우주를 운행하는 영적인 존재들을 신봉하였다. 이처럼 공통적인 믿음의 내용들이 있었기 때문에 이들은 2세기 경에도 교회의 주변에 존재할 수 있었으며, 많은 숫자가 교회의 내부로까지 침투해 들어올 수 있었다. 그런데 일단 들어와서는, 자기들의 생각으로 볼 때, "물질주의"적인 기독교가 파생시켰던 치졸하고도 저열한 영향들로부터 교회를 정화시키겠다고 나서기 시작하였다.

영지주의자들의 기본 관념은 우리가 흔히 "이원론(Dualism)"이라고 부르는바, 세상은 궁극적으로 두 개의 서로 다른 우주적인 세력, 즉 선과 악으로 양분되어 있다는 것이었다. 헬라의 철학과 유사하게 이들은 악과 물질을 동일시하였다. 바로 이러한 이유 때문에 이들은 그 어떤 형태이든 창조자, 혹은 조물주 신을 악한 존재로 간주하였다. 신에 의한 창조는 가능한 일이나, 이는 동시에 저급한 사건이다. 그리하여 그들이 섬기는 신은 이러한 "악"의 경향으로부터 가능한 한 멀리 떨어져 있어야만 했다.

궁극적인 신, 혹은 지존의 신은 일체 물질 세계와는 접촉을 가져서는 안되므로 이들은 일련의 발산(emanation)의 개념을 사용하여 창조를 설명하였다. 만약 하나님을 태양 자체에 비유한다면 이들 발산들은 태양으로부터 방사되는 광선들(sunbeams)이라 할 수 있을 것이다. 즉 그 본성 자체의 연장이기는 하지만 양자는 뚜렷이 구별되어야 한다. 그런데 이러한 초자연적인 "힘들

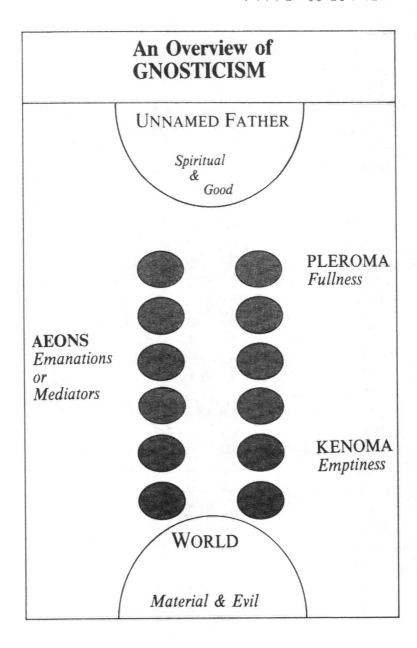

An Overview of GNOSTICISM

UNNAMED FATHER

Spiritual
&
Good

PLEROMA
Fullness

AEONS
Emanations
or
Mediators

KENOMA
Emptiness

WORLD

Material & Evil

(powers)"은 다른 더욱 열등한 "힘들"을 생산할 능력을 지니고 있다. 이러한 일련의 생산 혹은 발출 작용이 연이어져서, 결국은 옥스퍼드 출신의 학자 찰스 빅(Charles Bigg)이 설명하는 현상을 이루게 된다. "이러한 일련의 생산 작용에 의하여, 각각 그 부모보다는 약한 신적 피조물들이 나타나게 된다. 결국은 창조할 수 있는 능력은 있는데, 이러한 창조 행위가 악함을 깨닫지 못하는 어리석은 존재가 출현하게 된다." 바로 이 존재가 이 세상의 신, 곧 유대인의 하나님인 것이다.

이러한 일련의 발산 행위의 엄밀한 관계는 서로 다른 영지주의 학파들에 따라 차이들이 있다. 그러나 이들 대부분은, 인간의 영혼 속에 존재하는 지순한 천국의 빛이 물질 세계와 관련되어 오염되었으므로 이를 구속해내야만 한다는 사실에는 주장을 같이 하고 있었다.

영지주의자들은 선한 신이 그리스도를 보낸다는 생각을 좋아하고, 그럴듯하게 받아들였으므로, 이들은 궁극의 신성(The Ultimate Deity)께서 "그리스도"라 불리는 그의 하급의 세력들 가운데 하나를 보내어 물질계의 사슬에 억매어 있는 인류를 구원시키고자 했다는 식으로 이론을 짜 맞추었다. 그러나 그리스도는 물질계와 직접 접촉할 수는 없으며, 접촉해서도 안된다. 그리하여 그리스도는 나사렛 예수가 세례를 받을 때, 혹은 그 비슷한 무렵에 그의 속으로 강림하여 머물다가, 예수가 체포 당했을 때, 혹은 그 비슷한 시기에 다시 빠져 나갔다고 설명하였다. 따라서 채찍에 맞고 죽음을 경험한 실체는 그리스도가 아니었다.

인간의 육체를 가진 구세주의 딜레머를 해결하기 위해 다른 영지주의자들은 또 다른 이론들을 조작해 냈다. 한 집단에서는 예수는 결코 육체를 가진 적이 없다고 주장하였다. 따라서 사람들이 본 그의 육체는 사실은 그럴듯한 환상에 불과했다고 주장하였다. 우리가 가현설에서 살펴본 것과 동일한 천상으로부터의 유령의 개념이 여기 다시 나타나고 있다. 어쨌든 모든 영지주의자들은 그리스도가 결코 인간일 수는 없다는 사실에는 동의하였다.

따라서 현대의 일부 기독교인들에게는 의외일 수도 있으나, 예수님의 성육신 사건에 관하여 처음 나타났던 이단은 예수 그리스도의 신성이 아니라 반대로 그의 인성을 부인한 모습이었다.

사도적 기독교와 비교해 보건대, 영지주의의 모습은 사실 기괴하기까지 하다. 그중 한 가지는, 다른 적당한 용어가 없으므로, 구태여 이름을 붙이자면 이들 특유의 "예정(predestination)"의 이론이다. 많은 영지주의자들은 부르조아와 프롤레타리아로 양분된 형태의 천국을 상상하였다. 즉 보다 열등한 영적 계급은 믿음으로 살며, 깨달은 자들(Illuminated) 혹은 완전자들(Perfects)들은 지식에 의해 산다. 그런데 영적으로 최하층인 계급이 또 있다. 이들은 곧 어떤 상황 속에서도 필요한 지식(Gnosis)에 도달하지 못하는 자들이다. 이들은 어떤 심술궂은 신에 의하여, 아무리 훌륭한 교사를 만난다 할지라도 진리를 "볼 수 있는" 능력 자체를 결여한 채로 창조되었다.

지식의 위험

영지주의는 복음을 "야만적이며 시대에 뒤떨어진" 하나님과 역사에 관한 유대인의 관념으로부터 분리시키려 시도하는 모든 기독교인들에게 중요한 교훈을 제공하여 주고 있다. 이는 기독교를 신앙의 차원으로부터 끌어 올려 보다 높은 지성적 지식의 영역으로 전이시켜 한층 중요한 인사들에게 그 매력을 증가시켜 보려는 모든 이들에게 중요한 경고를 발하고 있다고도 생각할 수 있다.

그리스도와 복음을 당대의 과학과 철학에 조화시키려 했던 노력 속에서 영지주의자들은 성육신의 사건을 부인하는 결과를 초래하였으며, 결국은 복음을 상실해 버리는 비극을 자아냈던 것이다. 마치 19세기의 신앙의 수호자들이 예수 그리스도를 진화론의 용어를 통해 제시하였듯이, 영지주의자들은 당대를 풍미했던 이들의 그럴듯한 사상의 빛 속에서 구세주를 해석하였던 것이다. 그러나 복음을 최신 유행의 인간의 학설과 한데 묶어보려는 시도는 항상 패배의 모습을 불러올 수밖에는 없다. 소위 당대의 지식인들간에 인기를 끄는 최신의 학설들보다도 더 생명이 짧은 것은 없다. 이들은 항상 그 뒤를 잇는 차세대의 또 다른 일단의 지성인들에 의해 비판의 대상이 되어 그 허점이 드러나기 마련이다.

만약 영지주의자들이 승리했다면, 기독교는 유대교로부터 이어 받았던 무한한 가치의 유산들을 상실하고야 말았을 것이다. 모든 인류를 대상으로 한 기독교의 힘찬 메시지는 일부 계층의 논쟁거리로 전락하고 말았을 것이며, 그리스도는 더 이상 제2의 아담으로서, 가장 완전한 인간의 위치를 빼앗기고, 수많은 신비 종교들이 숭상했던 여러 신들 가운데 하나로 전락하고야 말았으리라.

정통 기독교 신자들은 영지주의자들에게 대항한다는 작업이 매우 어려운 일임을 깨닫게 되었다. 그들은 논쟁 중에 항상 자기들에게는 남들이 소유하지 못한 비밀의 지식이 있다고 주장하고는 하였다. 즉 예수님이 생존 당시에 이러한 비밀스런 지식들을, 비록 교회를 설립했던 장본인들이었으나, 물질에 눈이 어두워졌던 유대인들로부터는 감추고, 대신 영지주의 교사들에게만 전수해 주었다고 주장하였다. 만약 이러한 주장이 제대로 받아들여지지 않으면, 이번에는 영지주의자들은 자기들의 주장을 정당화하기 위해 하늘로부터의 직접 계시를 주장하곤 하였다.

그러나 신자들은 이들 영지주의자들의 이단을 축출하기 위해 일어섰으며, 이 과정 중에 자기들 스스로의 정통적 확신을 더욱 분명하게 정리할 수 있게 되었다. 초대 기독교 신자들의 신앙을 가장 잘 표현하고 있는 것은 사도신경이라 불리는 신앙고백인데, 오늘날까지도 많은 교회들이 매 주일 자기들 자신의 신앙 고백으로 암송하는 것이다. 이 신앙 고백은 그 제목과는 달리 직접 사도들에 의해 쓰여졌던 것은 아니며, 제2세기 로마에서 세례 받는 이들을 위한 신앙 고백으로 처음 사용되기 시작한 바 있다. 학자들은 이 고백문의 원래 내용을 가리켜 구 로마 신경(The Old Roman Creed)이라 불렀다.

저는 전능하신 하나님을 믿습니다.
그리고, 그의 외아들, 우리의 주님, 그리스도 예수를 믿습니다.
그는 성령과 처녀 마리아에게서 탄생하셨습니다.
그는 본디오 빌라도(Pontius Pilate)에 의해 십자가에 처형되었고,
장사되셨습니다.
그리고 사흘 만에 죽은 자들 가운데서 부활하셨습니다.
그는 하늘로 승천하셨습니다.
그리고 아버지의 오른 편에 앉아 계십니다.
그는 거기로부터 산 자들과 죽은 자들을 심판하러 오십니다.
그리고 성령님과
거룩한 교회와
죄들의 용서와
육체의 부활과
영원한 생명을 믿습니다.

이 신경은 삼위일체의 신앙에 기초하고 있는 것이 분명하다. 그러나 엄밀

히 말해서 삼위일체의 교리를 발전시키고 있는 것은 아니다. 그 어디서도 하나님의 단일체 속의 셋을 설명하고자 시도하고 있지는 않다. 이 신경의 주된 관심은 하나님께서 어떻게 이 세상과 연결되어 있는가를 보여주는데 있다.

우선 이 신경은 "전능하신 하나님"에 대한 믿음을 기술한다. 그후의 신경에는 "하늘과 땅의 창조주"라는 구절이 첨가되었다. 이를 통해 피조된 세계는 악하다거나, 혹은 창조행위가 악한 신의 행위라는 영지주의의 사상을 반박했던 것이다. 물질세계는 선한 것이며, 인간들이 사용하고 즐길 만한 가치가 있는 것이다.

많은 독자들에게 읽혔던 케임브리지의 교수, 시 에스 루이스(C.S.Lewis)는 그의 저서 「순수한 기독교」(*Mere Christianity*) 가운데서 다음과 같이 말한 바 있다. "하나님은 인간이 순전히 영적인 존재가 되기를 의도하신 바가 없다. 그래서 그는 인간들에게 새 생명을 주시기 위해 빵과 포도주와 같은 물질들을 사용하신 것이다. 우리들은 이러한 모습이 상당히 유치하고 영적이 못된다고 생각하기 쉽다. 그러나 중요한 것은 하나님께서 그렇게 생각지 않으신다는 사실이다. 그가 먹기를 만드셨다. 그는 물질을 좋아하신다. 그가 이것들을 만드셨다."

다음으로 신경은 "우리 주님이신 그 외아들 예수 그리스도; 성령과 처녀 마리아에게서 탄생하셨으며, 본디오 빌라도에 의해 십자가에 처형되었고, 장사되었던" 구세주에 대한 신앙을 고백한다.

많은 현대인들은 "처녀 마리아에게서 태어나셨다"는 구절을 받아들이지 못한다. 그들은 도대체 처녀가 아이를 낳는다는 사실을 받아들이지 못하는 것이다. 그러나 아이러니칼하게도 영지주의자들에게 문제가 되었던 것은 "처녀"여부가 아니라, 낳았다, 혹은 탄생하셨다는 부분이었다. 그러나 이 구절은 십자가 상의 죽음과 장사의 구절과 함께, 예수님의 완전한 인성에 대한 믿음을 강조하는 교회의 입장의 표현이었다.

정통 기독교는 대속(redemption)이 어떤 영적 영역의 일부 비밀에 싸인 지식을 통해서가 아니라, 역사 속에서의 하나님의 활동을 통해 온다고 생각하였다. 하나님의 아들께서 시간 속으로 들어오셔서, 처녀에게서 나시고, 본디오 빌라도에 의해 십자가에 처형을 당하셨으며, 그의 유체는 땅에 매장되었다. 이는 지식의 문제가 아니라 역사 속의 사건이었다.

마지막으로 신경 속의 또 다른 구절, "육체의 부활"이라는 구절 역시 영지주의자들을 표적으로 하고 있었다. 이는 인간의 전인성을 주장하고 있다. 그는 영지주의에서 주장하듯이 선한 영혼과 악한 육체로 합성된 존재가 아니다. 정통 기독교 신자들은 육체는, 부인되고 유기되어야 할 부담스런 짐같은 대상이 아니라고 주장하였다. 이는 이 세상뿐만 아니라 또한 내세에서의 생활을 위해 하나님께서 내려 주신 선물이었다.

인간은 육체에 갇혀 있기 때문에 구원이 필요한 것이 아니다. 의식적으로 하나님께서 정하신 길이 아니라 자기가 원하는 길을 택했기 때문에 구원을 필요로 하는 상태에 빠졌던 것이다. 인간의 악은 그의 육체가 아니라, 그의 욕망과 애착 속에 존재한다. 그는 잘못된 대상을 원하고 사랑하였다.

그의 고통과 고뇌는 너무나 깊고, 이생에서의 인간의 생활과 너무나 밀착되어 있어서, 오직 특별한 구세주만이 그를 인간 자체가 지니는 타락의 상태에서 구원해 낼 수 있다. 바로 이러한 이유 때문에 정통 기독교는 간디나 그와 동의하는 모든 이들은 오류를 범하고 있다고 주장해 왔다. 인간들에게 필요한 것은 선생이 아니다. 인간들은 구세주가 필요하다.

참고도서

Dowley, Tim. Ed., *Eerdmans' Handbook to the History of Christianity*. Grand Rapids: Eerdmans, 1977.

Johnson, Robert Clyde. *The Meaning of Christ*. Philadelphia: Westminster, 1958.

Kelly, J. N. D. *Early Christian Doctrines*. New York: Harper, 1978.

Martin, Ralph P. *Worship in the Early Church*. Grand Rapids: Eerdmans, 1964.

Wand, J. W. C. *The Four Great Heresies*. London: A. R. Mowbray, 1955.

Williams, Charles. *The Descent of the Dove*. New York: Living Age Books, 1956.

6

경전들의 규율
:성경의 형성

세기 초, 로마 제국에서의 마지막 대 박해시, 시칠리아(Sicily)의 한 신자가 총독 앞에 붙잡혀 왔다. 그에게는 복음서 한 권을 소유하고 있었다는 혐의가 걸려 있었다.

"이것들은 어디서 온 것이냐?" 재판관이 그 앞에 놓여진 책을 가리키며 물었다. "너의 집에서부터 가져 왔느냐?"

"나의 주 예수 그리스도께서 아십니다만, 저는 이 세상엔 집이 없습니다."

재판관은 다시 복음서를 가리키며 말했다. "읽어 보아라."

신자는 책을 펴서 읽기 시작하였다. "의를 위하여 박해를 받는 이들은 축복 받은 자들이다. 왜냐하면 천국이 그들의 것이기 때문이다."

그는 다른 부분을 펴서 읽기 시작하였다. "만약 누구든지 나를 좇고자 하면, 그는 자기 자신을 부인하고, 그의 십자가를 지고, 그후에야 나를 따르도록 하여라."

재판관은 더 이상 그 꼴을 두고 볼 수 없었다. 그는 죄수를 즉각 끌어다가 처형하도록 하였다.

로마 관리들은 기독교를 억제하기 위해선 그들의 경전을 파괴하는 것이 필수적이라는 사실을 곧 깨닫게 되었다. 그리하여 교회에 대한 최후의 대박해는 성경의 소각을 동반하였다.

　오늘날까지도 우리들은 성경과 분리시켜서 기독교 신앙의 존재를 생각할 수 없다. 성경은 기독교 복음 전파와, 예배와 교훈과 도덕의 기반을 이루고 있다. 우리가 기독교 역사를 뒤돌아 볼 때, 처음 3세기의 기간, 성경의 형성을 둘러 싼 결정들보다 더 중요한 사건들은 그다지 많지 않았다. 성경은 순교를 앞둔 신자들을 위한 영감의 근원이었을 뿐만 아니라, 이단의 위협에 당면한 교회들을 위한 가장 높고 중요한 기준으로서의 기능을 담당하였다. 만약 가톨릭 기독교가 정통이었다고 한다면, 이러한 정통은 성경에 의해 수립된 것이었다. 왜냐하면 모든 교훈들을 판단하기 위한 일관성있는 시험은, '과연 성경이 이에 관해 어떻게 말하고 있는가?' 였기 때문이다.

　따라서 우리들은 과연 어떻게 소유하게 되었는가를 질문해 보아야한다.

성경의 기초적 문제들

　성경, 즉 바이블(Bible)이라는 명칭 자체가 기독교 신자들이 이 책을 특별하게 생각하였음을 보여주고 있다. 4세기의 성경 번역가였던 제롬(Jerome)은 이를 가리켜 "신적인 도서관(The Divine Library)"이라 부르기도 했다. 그는 성경 안에 한데 포함된 여러 권의 책들이 실상은 하나의 책이라는 사실을 강조하였다. 헬라어를 사용했던 기독교인들도, 원래 명칭이었던 비블리아(Biblia, 책들)를 바이블(Bible, 책)이라 변경함으로써 같은 관심을 표현하였다.

　그 훨씬 이전에 경전들(The Scriptures)과 경전(Scripture)을 혼용하였던 유대인들도 같은 문제에 봉착하고 있었다. 이러한 사실은 시간이 흐름에 따라 기독교 내에서는 성경과 경전이 동일한 의미를 갖게된 이유를 설명해 준다. 기독교인들은 66권의 책들 모두를 기록된 하나님의 말씀으로 생각하였다.

　오늘날, 성경은 구약과 신약으로 분류되고 있다. 옛말로 신·구약의 새로운 혹은 옛날의 약속을 의미하는 테스터멘트(Testament) 혹은 더 널리 쓰인 카버난트(Covenant)란 단어들은 두 집단들 사이의 특별한 관계를 나타내는 용어였다. 우리들은 요즈음도 결혼의 언약을 가리킬 때, 카버난트(Marriage Covenant)란 말을 쓰고 있다. 이를 통해 남편과 아내가 서로에게 특별한 의미로 귀속되는 것이다.

　성경에서 사용될 때, 이 용어는 하나님과 인간들 사이의 특별한 관계를 의미하고 있는데, 이 관계는 주재이신 하나님의 은혜에 의해 시작되고 유지되어 나간다. 성경에서 옛날의 언약은 하나님과 아브라함, 그리고 하나님과 아브라함의 자손들, 즉 이스라엘 백성들 사이에 성립되었다. 후에 이들은 유대인(Jews)이라는 이름으로 불리게 되었다. 따라서 구약에는 유대인들의 이야기와 그들이 과연 이전에 하나님을 어떻게 섬겼는가 하는 내용이 기록되어 있다.

초대 교인들은 나사렛 예수가 하나님께서 약속하셨던 바로 그 메시야로서, 그는 그의 새로운 백성들인 교회와 새로운 언약(new covenant)을 맺었다고 생각하였다. 그리하여 신약 성경은 예수 그리스도와 그의 교회의 탄생에 관한 기록의 책을 포함하고 있다.

그리하여 성경은 두 부분으로 되어 있다. 초대 기독교인들이 ― 유대인들과 함께 ― 자기들의 것으로 주장하였던 구약과, 초대 기독교인들이 유대인들과는 반대의 입장에서 생산하였던 신약이다. 구약은 약속을 주었고, 신약이 이를 성취하였다.

이러한 책들이 기독교 안에서 차지하는 특별한 위치를 가리켜 이를 정경(Canon)이라고 부른다. 원어인 캐넌이라는 단어는 원래 헬라어로는 "재는 막대기(measuring rod)" 혹은 "잣대(ruler)"를 뜻한다. 이는 무언가 똑바른 대상을 재는 기준이었다. 그 의미가, 교회의 표준 혹은 교회의 측정 기준을 뜻하는 것으로 전용되었다. 바로 이 책들이 회중들을 위해 공개적으로 교회에서 낭독되었다. 왜냐하면 이들은 교회들을 위한 하나님의 특별한 권위를 내포하고 있기 때문이다.

처음의 기독교인들이 유대인들이었으므로 기독교는 항상 정경, 혹은 성경을 가지고 있었다. 예수님 자신께서 분명하게 구약들을 인간들을 위한 하나님의 말씀으로 공인하셨다. "경전은 무너질 수 없다. 모세의 율법과 선지자들과 시가들 속에 나에 관해 씌어진 모든 것들은 성취되어야만 한다"(요 10:35, 눅 24:44)

예수님은 성경에 기록된 사항들을 믿으셨고, 그 교훈들을 인정하셨으며, 그의 명령들에 순종하셨으며, 이에 기록된 대속의 방법대로 이루어지도록 스스로 사셨다. 초대 교인들은 바로 이러한 태도를 그대로 이어받아 살았다. 옛 언약의 소망과 계획들이 예수 안에서 성취되지 않았던가? 약속되었던 메시야의 시대가 그의 안에서 동트지 않았던가?

초대 기독교인들은 구약을 기독교의 책으로 만들기 위해 심대한 노력을 기울였다. 이들은 자주 약속과 그 성취의 주제로 표현되는 신약 기자들의 모습을 이어받았다. 그러나 보다 더 상상력이 풍부했던 일부 기자들은 이러한 기본적 입장에서 한걸음 더 나아갔다. 이들은 곧 구약 전체에서 그리스도와 기독교의 메시지를 발견하는 해석의 방법을 사용하기 시작하였다. 우리들은 이를 가리켜 알레고리(Allegory, 풍유)의 해석방법이라고 부른다. 왜냐하면 이는 요단강을 건넌 것같은 실제의 사건들을 세례의 상징이나 기타 다른 기독교적 상징들로 전환시켰기 때문이다.

3세기, 기독교는 알레고리의 사용을 통해서 구약에 대한 기독교의 주장을 변호할 수 있는 유능한 학자들을 갖게 되었다. 이들 가운데 가장 유명한 이는 알렉산드리아의 교사 오리겐(Origen)이었는데, 그는 성경의 서로 다른 차원의 의미에 관하여 말하였다.

"성경은 하나님의 영에 의해 기록되었다. 그리하여 이 가운데는 명백하여 쉽게 알아차릴 수 있는 의미와, 대부분의 독자들에게는 숨겨진 의미가 한데 섞여 있다 … 율법 전체는 영적이다. 그러나 영감된 의미는 모든 이들이 다 알아차릴 수 없다. 오직 지혜와 지식의 말씀으로 성령의 은사를 받은 이들만이 이를 알아낼 수 있다."

이러한 기독교인들의 알레고리를 사용한 주장은 기독교 신앙에 대한 이교도 비평가들을 분노하게 하였다. 왜냐하면 이들의 주장은 구약을 표면에 나타난 그대로 받아들여 해석할 때만이 성립할 수 있기 때문이다. 그러나 이러한 알레고리의 방법은 계속하여 널리 기독교 내에서 통용되었다. 오리겐을 비롯한 많은 신자들은 구약의 표면보다 더 깊이 숨은 진정한 기독교의 메시지를 이를 통해 발견해 낼 수 있다고 믿었기 때문이었다.

외경의 문제

그런데 기독교인들은 구약을 자기들의 사용을 위해 채용하였을 때, 과연 이 구약 가운데 무슨 책들이 포함될 것인지에 관하여는 완전히 동의하지 못한 상태였다. 오늘날까지도 신자들은 소위 "외경(Apocrypha)"이라 불리는 일련의 책들을 수용할 것인가의 여부를 두고 의견의 일치를 보지 못하고 있다. 외경은 그 분류의 방법에 따라 차이가 있으나, 대개 열둘 내지 열 다섯 권의 책들을 포함하고 있는데, 로마 가톨릭은 이들을 정경으로 인정하고 있는데, 대부분 프로테스탄트들은 이를 받아들이지 않고 있다.

팔레스타인 밖에 살던 유대인들은 이 외경을 경전의 일부로 받아들이는 경향이 보다 강했다. 70인역(Septuagint)이라 불리는 구약의 헬라어 번역판이 특히 외경에 속한 일부 책들을 널리 알리는데 중요한 역할을 담당하였다. 왜냐하면 그 가운데는 팔레스타인에서 받아들여지지 않았던 외경의 책들이 포함되어 있었기 때문이었다.

또한 초대 기독교인들도 외경에 관하여 서로 다른 의견들을 가지고 있었다. 로마 제국의 동부 팔레스타인 근처의 신자들은 이 지역의 유대인들과 비슷한 입장을 견지하였다. 그러나 제국의 보다 서부, 유명한 히포(Hippo)의 감독 어거스틴(Augustine)의 영향권 아래 있던 신자들은 보통 외경을 성경 속에 포함시키고 있었다. 16세기의 종교개혁 중 대부분의 프로테스탄트들은 초대 동부 기독교인들의 입장을 수용하여 외경들을 정경으로는 인정하지 않았다. 어거스틴의 전통을 따라 가톨릭 교회는 외경을 받아들였다. 오늘날까지도 이러한 모습은 계속되고 있다.

그러나 기독교인들은 처음부터 구약 이상을 자기들의 신앙의 표준으로 소유하고 있었다. 지상에 예수님께서 살아계실 동안에는 육신이 되신 말씀 자체를 갖고 있었으며, 그의 승천 후에는 살아있는 사도들의 존재가 있었다. 초대 기독교가 남긴 기록들을 살펴보면, 구두로 된 것이나, 서면으로 기록된 것을 막론하고, 사도들의 메시지는 예수님의 진정한 뜻 자체의 전달로 간주되었던 사실을 알 수 있다.

사도들이 아직 살아있었던 당시엔 회중들은 이들의 편지를 낭독하였다. 이들 서신들의 일부는 아마도 구약의 특정 부분이나 설교들과 함께 공중 예배 시 낭독되기 위해 씌어진 것이 분명하다.

교회들은 또한 예수님의 생애에 관한 기록도 함께 채용하였다. 최초의 복음서들은 비록 A.D.60 혹은 70년 경까지는 나타나지 않았으나, 그 내용의 일부는 이미 글로써 교회들에게 나타나 통용되고 있었다. 누가(Luke)는 많은 이들이 예수님의 생애의 사건들을 기록하는 작업에 뛰어들었다고 전하고 있다.

중요한 질문은 아마도, 이러한 여러 기록들과 서신들 가운데 과연 어떤 경로를 통해 우리가 알고 있는 27권의 책들이 신약의 성경으로 특별하게 구별되었는가 하는 문제일 것이다. 과연 어떻게, 그리고 언제 이것들은 단지 중요하다거나, 혹은 권위있는 기록이라는 범위를 뛰어넘어, 거룩한 하나님의 말씀으로서 공인받게 되었는가? 다시 말해 이들은 과연 어떻게 해서 정경 속에 포함되었는가?

이러한 과정에 영향을 미친 몇 가지 중요한 요소들이 있다. 몇몇은 교회 생활의 발전에 따른 내부적인 요소들이었으며, 다른 몇몇은 역사적 사건들과 이교도들의 영향들로부터 발생한 외부적인 것들이었다.

첫째로, 성경들, 즉 진정한 하나님의 말씀들은 스스로 이를 자증하는 특질들을 지니고 있다. 이러한 모습이 분명하게 외부적으로 드러나고 있는 것이다. 이들은 과거로부터 지금까지 아무도 흉내낼 수 없는 능력을 인간들의 생애 위에 행사하여 왔다.

예를 들어, 젊은 시절의 유스티누스 마터(Justin Martyr)는 여러 철학들을 섭렵하면서 인생의 의미를 찾아 헤매었다. 그는 스토아 학파, 피타고라스 학파 그리고 플라톤의 철학을 모두 연구하였으나, 아무도 그를 만족시키지 못하였다. 그러던 어느 날, 그는 아마도 에베소의 한 해변가에 앉아 있다가 한 노인을 만나게 되었다. 대화 중에 이 낯선 이는 유스티누스의 생각의 약점들을 지적해 내고, 유대인 선지자들의 저술들을 공부해 보도록 권유하였다. 유스티누스는 성경들을 읽는 가운데 스스로 기독교 신앙에 귀의하였다. 초대교회의 다른 남녀들 가운데서 이와 비슷한 경험은 되풀이되었다. 즉 타티안(Tatian), 테오필루스(Theophilus), 힐라리(Hilary), 빅토리누스(Victorinus), 어거스틴(Augustine) 등이 모두 이러한 인물들이다.

따라서, 신약 성경의 정경화 과정 가운데 가장 중요한 이유들 가운데 하나는 바로 이러한 자증성(自證性)이라 할 수 있다.

둘째로, 일부 책들은 이들이 기독교 예배에서 사용되었기 때문에 성경에 포함되었다. 신약 자체를 보더라도 성경 낭독이 기독교인들의 공동 생활에 매우 중요한 부분임을 보여주는 증거들이 있다. 사도 바울이 골로새의 교인들에게 다음과 같이 당부한다. "이 편지가 너희들 가운데 읽힌 후에는 라오디게아인들의 교회에서도 읽히도록 하고, 너희들은 대신 라오디게아로 보내지는 편지를 읽도록 하라"(골 4:16).

2세기 중엽, 유스티누스 마터는 기독교 예배에 관한 최초의 묘사를 우리들에게 전해 주고 있다. "태양의 날(The Day of the Sun)이라고 불리는 날에 도시들이나 인근 지방의 신자들은 한 장소에 모인다. 그리고 시간이 허락하는 한도 내에서, 사도들의 회고록이나, 선지자들의 기록들을 낭독한다. 강독이 끝난 뒤에는 감독이 이처럼 훌륭한 일들을 본받도록 말로 이들을 교훈하고 훈계한다. 그후엔 모두 일어나 함께 기도를 드린다." 따라서 유스티누스의 시대에는 복음서를 의미했던, 「사도들의 회고록」(The Memoirs of the Apostles)이 기독교 예배의 중심 부분이었음을 알 수 있다.

그러나 기독교 예배에서 어떤 책을 읽었다고 해서, 이 때문에 그 책이 자동적으로 정경 속에 포함되는 것은 아니었다. 예를 들어 우리가 아는 대로, 로마의 감독 클레멘트가 A.D. 96년 경, 고린도 교회에 서신을 보낸 일이 있다. 80 년 후에도 고린도 교회는 공중예배에서 이 편지를 봉독하고 있었다. 그러나 클레멘트의 서신은 종래 정경 속에 포함되지 못하였다. 공중예배에서 낭독된 서신이나 글들은 물론 특별한 위치를 차지하였으며, 정경 속에 들어갈 가능성을 지니게 되는 것이기는 하였지만, 반드시 그렇게 되는 것만은 아니었다.

셋째로, 그리고 아마도 어떤 기독교의 글들이 신약 성경 가운데 포함되는 여부를 결정하는데 가장 근본적인 이유는 문제의 글이 사도들과 어떤 관련을 갖고 있는가의 여부였다. 이것이 결국은 책의 위상을 평가하는데 큰 역할을 하였다. 그 글이 사도들에 의해, 혹은 적어도 사도들과 직접적인 접촉을 가졌던 이들의 손에 의해 씌어졌는가?

초대 교회에서 사도들이 차지했던 위치는 다른 이들에 의해선 도저히 대체될 수 없는 특별한 바가 있었다. 초대 교인들은 그들이 주님과 특별한 관계가 있는 존재들로서 인정하였다. 예수님 자신께서 "너희들을 받아들이는 자는 나를 받아들이는 자니라"(마 10:40)고 직접 말씀하시지 않았는가?

다음과 같은 로마의 클레멘트의 말은 바로 이러한 당시 신자들의 태도를 잘 반영하는 것이다. "사도들은 바로 주님 예수 그리스도에 의해서 우리들을 위한 전도자들로서 세움을 받은 인물들이다. 예수 그리스도는 하나님에 의해 보냄을 받으셨다. 그리하여 그리스도는 하나님으로부터, 사도들은 그리스도로부터 왔다 … . 교회는 바로 이들을 기초로 하여 그 위에 세워졌다"(클레멘트 1서 42). 따라서 사도들에 의해 저술된 복음서나 서신들은 성경으로 인정되기에 매우 유리한 입장에 놓여 있었다.

기독교 서적의 목록

이러한 요소들과 또 다른 여러 요소들 때문에 시간이 흐름에 따라 교회는 자연스럽게 정경에 속하는 기독교 서적들의 목록들을 작성하였을 것이다. 그러나 이러한 과정을 보다 신속하게 앞당기도록 하였던 몇몇 특정 사건들이 있었다.

A.D. 140년경 흑해 연안 시노페(Sinope) 출신의 부유한 선주로서, 여러 곳을 널리 여행한 경험이 있는 마르키온(Marcion)이라는 자가 로마에 도착하였다. 마르키온은 비록 감독의 아들이었음에도 불구하고, 구약의 하나님은 예수 그리스도의 아버지이자 하나님과는 다른 존재라고 주장하였던 영지주의 교사 케르도(Cerdo)의 영향을 받게 되었다. 구약의 하나님은 알 수 없는 존재인 반면 그리스도 신자들의 하나님은 계시된 존재라고 케르도는 주장하였다. 구약의 하나님은 단지 정의만을 추구하는 존재인데 반하여, 새 언약의 하나님은 은혜와 사랑이 충만한 존재라고 주장하였다.

마르키온은 이러한 케르도의 구별을 더욱 발전시켰다. 그는 구약의 하나님은 분노에 가득한 존재이자, 악의 창조주라고 정의하였다. 이 하나님은 오직 이스라엘인들만을 사랑하고 있다. 그는 다른 모든 인류는 파괴시켜 버리고자 한다. 반면에 기독교의 하나님은 모든 인류를 다 사랑하고 포용하는 은혜와 사랑의 근원으로서, 그의 아들 예수 그리스도 안에서 자신을 계시하였다.

마르키온은 구약의 하나님은 오직 유대인들만을 사랑한다고 생각하였으므로, 구약 전체를 부인해 버렸을 뿐만 아니라, 유대인 독자들을 차별하여 우대한다고 생각하였던 마태복음, 마가복음, 사도행전, 히브리서 등의 신약 성서들도 인정하지 않았다. 그는 또한 자기의 주장에 반한다고 생각되었던 목회서신(디모데서들과 디도서) 등 기타 신약의 책들까지도 부인하였다. 그리하여 그에게 남은 것은 누가복음 일부(탄생 사건의 기록은 제외)와 바울의 10개 서신들 뿐이었다. 이방인의 사도였던 바울만이 예수님의 복음을 오염시키지 않은 유일한 사도라고 그는 생각하였다.

이처럼 오류에 찬 마르키온의 주장을 로마 교회는 엄하게 정죄하였고 그는 A.D. 144년 교회로부터 추방령을 받게 되었다. 그러나 얼마 되지 않아 마치 정통 교회와 비슷한 외양을 갖춘 마르키온 파의 교회들이 나타나기 시작했다. 그들은 나름대로의 목사와 의식들을 갖추고 있었다. 예를 들어 이들은 성찬식 때 포도주를 사용하지 않았는데 이는 그들의 금욕적인 생활 태도에서 연유한 모습이었다. 일부 마르키온 파의 교훈은 여러 영지주의자 집단들에게 영향을 미쳤으며, 반대로 영지주의파들도 마르키온의 영향을 받기도 하였다. 어쨌든 마르키온의 영향은 이탈리아 전체와 아르메니아, 아라비아, 이집트 까지도 파급되었다. 특히 동방에서 그들은 상당한 기간 동안 영향력을 행사하였는데, 다마스쿠스 인근 지방의 경우, 4세기까지도 마르키온 파의 촌락들을 볼 수 있었다.

그런데 가장 중요한 것은 이러한 마르키온의 출현이 정통 교회에 이중의 문제를 제기했다는 사실이다. 즉 바울의 형상을 딴 신약의 주장과, 구약 성서의 전면 부정의 모습이다.

바울에 대한 마르키온의 존경은 거의 우상 숭배에 버금하는 모습이었다. 마르키온은 바울이야말로 가장 위대한 율법에의 대적자이며, 복음의 대변인이었다. 그야말로 교회내 최고 지존의 인물이었다. 마르키온은 그리스도께서 천국으로부터 이 땅에 두번 하강하셨다고 생각하였다. 한번은 고난당하고 죽기 위하여, 두 번째는 바울을 부르시고 그에게 진정한 그의 죽음의 의미를 가르치시기 위하여. 천국에서 바울은 하나님의 우편에 앉아 계시는 그리스도의 우편에 앉아 계신다고 마르키온은 생각하였다.

북 아프리카 출신의 법률가 터툴리안이 통탄한 대로, 이제 바울이 이단자들의 사도가 된 모습이었다. 물론 마르키온은 자기의 주장을 정당화시키기 위해 바울의 가르침들을 자기 입장에 유리하도록 왜곡시켰다. 그러나 이 때문에 교회의 고민이 전혀 경감된 것은 아니었다. 과연 어떻게 하면 마르키온의 주장을 일체 인정치 않으면서 바울의 서신들을 하나님의 말씀으로 받을 수 있겠는가?

결국 마르키온의 잘못된 주장 때문에 전혀 무시해 버리기에는 바울이 교회 내에서 차지하는 중요성이 너무나 심대하였다. 바울 사도의 서신들은 너무나 잘 알려져 있고, 널리 사용되고 있었으므로 이들을 그냥 포기해 버릴 수는 없다. 그리하여 교회는 목회서신들과 다른 서신들, 그리고 다른 사도들의 서신들을 다시 회복시켜 이들을 한데 묶고, 사도행전을 교량으로 하여 네개의 복음서들과 연결시키는 길을 택하였다. 교회는 바울이 설파한 하나님의 은혜를 귀중히 여기는 동시에, 구약을 저버리는 것은 자살적인 행위임을 깨닫게 되었다. 어떻게 옛 언약의 배경없이 새로운 언약이 그 의미를 충분히 가질 수 있겠는가?

구약을 계속 간직함으로써, 교회는 두 가지 중요한 이득을 얻게 되었다. 첫째로 교회는 기독교인의 신앙은 하나님의 공의와 사랑 양자 모두를 조화시켜야 한다고 주장하였던 것이다. 마르키온의 신앙은 너무나 쉽고 값싼 것이다. 그는 구약을 제거시킴으로써 오직 사랑만을 기독교의 중심으로 삼고자 하였다. 그러나 공의와 정의의 요구를 무시하는 사랑은 진정한 기독교의 사랑이 아니다. 이것은 마르키온이 존경한다고 했던 바울이 외친 사랑의 모습도 아니었다. 바울은 십자가를 통하여 단지 하나님의 사랑의 확증뿐만이 아니라, 그의 엄격한 공의의 모습을 함께 발견하였던 것이다. 그는, 그리스도의 죽음으로 말미암아 하나님께서, 공의의 하나님이자 그를 믿고 의지하는 모든 자들을 의롭다하시는 하나님이 되셨다고 가르쳤다(롬 3:25, 26). 바로 이것이야말로 마르키온이 미처 깨닫지 못하였던 하나님의 은혜의 신비의 모습이었다.

둘째로, 교회는 구약을 계속 간직함으로써, 기독교 신앙을 위한 역사의 중요성을 강조하였다. 기독교는 단지 과거에 그 근거를 두고 있다거나, 혹은 단지 예수라는 이름의 역사적 인물과 관련되어 있기 때문에 역사적인 종교인 것은 아니다. 기독교는 역사 그 자체 속에서, 특정한 시간과 특정한 장소에서 하나님 자신께서 그의 손을 내밀어 인간의 세계 속으로 뛰어들어 오셨다고 믿는 신앙으로부터 출발하기 때문에 역사적인 종교이다. 또한 이는 곧, 기독교인들의 신앙이란 인간 존재의 온갖 고민들과 의문들에 직면하면서도 — 우리 인생들 속에서 던지는 모든, "하나님, 왜 이러한가요?"하는 질문들 — 하나님께서 무언가 우리들을 위해 선하고, 좋은 것을 예비하고 계신다고 포기하지 않고 의지하는 것이다.

만약 이단자 마르키온이 교회로 하여금 신약 성경(New Testament)을 작성해야 하도록 이끌었다면, 또 다른 말썽꾸러기 몬타누스(Montanus)는 이 성경을 완료시켜 더 이상 추가하지 못하게 조처하도록 만들었던 인물이었다.

하나님으로부터의 생생한 음성

기독교는 항상 성령의 종교였다. 제4복음서에 따르면 예수님은 그의 백성들에게 그들을 이끌어 갈 보혜사(Paraclete), 진리의 영을 주시겠다고 약속하셨다(요 16: 13-15). 그렇다면 교회는 과연 언제 어떤 경로와 이유로, 이제 씌어져야 할 책들은 다 씌어졌으며, 더 이상 하나님의 말씀에 보탤 것이 없다고 선포하게 되었을까? 과연 어떻게 터툴리안이 냉소적으로 표현하였듯이 "성령께서 책 속에 쫓겨 들어가 갇히는 사태"가 발생하게 되었는가?

2세기 후반 경 교회는 커다란 변화를 경험하게 되었다. 이제 열광의 시대가 끝이 나면서 교권의 시대가 도래하고 있었다. 교회는 더 이상 예언의 말씀을 들을 수 있는 장소가 아니었다. 점차로 더 많은 이들이 교회에 들어오고 있는 동시에 교회와 세상의 구분은 점차 희미해지고 있었다. 교회의 모습이 세속화되고 있었으니, 교회는 이교의 사상과 문화와 철학과 타협하는 모습을 보이고 있었다. 십자가에의 길은 더 이상 거칠고 험한 길이 아니었다.

이러한 상황의 한 가운데로, A.D. 156년에서 172년 사이에 소아시아의 광야에서 외치는 목소리로서 몬타누스(Montanus)가 나타났다. 그는 보다 고상한 기독교인들의 생활 기준과 엄격한 치리와 교회와 세상 사이의 보다 뚜렷한 구별을 요구하였다. 만약 그가 그 정도에서 멈추었다면 그는 교회를 위해 유익한 존재로서 그의 생애를 마칠 수 있었을 것이다. 그러나 그는 거기서 훨씬 더 나아갔다. 그와 그를 따랐던 두 명의 여선지자들, 프리스카(Prisca)와 막시밀라(Maximilla)는 성령의 이름으로 각종 예언들을 발하며, 임박한 그리스도의 재림을 경고하였다. 그 자체는 그다지 새로운 모습이 아니었다. 그런데 문제는 이들이 성경시대의 선지자들과는 달리, 마치 그들의 의식과 인격이 마치 일순간 성령에 의해 점유된 듯이, 그리하여 성령께서 그들의 몸을 빌려 말씀을 한다는 듯이, 엑스타시의 상태에서 이러한 행위를 했다는 데 있었다. 몬타누스는 그와 그의 여선지들은 하나님께서 인간들에게 특별히 주신 계시의 도구라고 확신하고 있었다. 자기들은 성령께서 새로운 노래를 연주하는 현악기와 같은 존재라는 식의 주장이었다. 이러한 몬타누스의 초영성(super-spirituality)은 지나친 것이었다.

교회는 이에 대해 무언가 조처를 취해야만 했다. 가장 큰 문제는 교회내에 야기된 무질서였다. 몬타누스가 새로운 영적 활력과 경건을 향한 새로운 도전을 발한 것까지는 긍정적인 면도 있었다. 그러나 이들이 자기들의 새로운 예언에 대한 반대는 곧 성령에 대항하는 신성모독이라고 몰아 붙였을 때, 이 문제를 놓고 많은 교회들이 분열의 상태에 이르게 되었다.

몬타누스가 주장했던 성령의 새로운 시대의 교리는 곧 구약의 시대가 이미 지나갔으며, 예수님에게 그 중심을 두었던 기독교의 시대가 종료되었음을 시사하고 있었다. 이 선지자는 이제 그리스도와 사도들의 메시지를 이제 뒷배경으로 밀어낼 수 있는 스스로의 권리를 주장하고 있었다. 성령의 새로운 음악이 이제 기독교 복음의 주요한 음표들을 압도하겠다는 것이었다. 더 이상 그리스도의 존재가 그 중심이 아니었다. 몬타누스는 성령의 이름으로, 하나님의 결정적이고 규범적인 계시가 예수 그리스도 안에서 발생했다는 사실을 부인하고 있었다.

이러한 도전에 직면한 교회는 어떻게 해야 복음을 그 중심에 계속 유지할 수 있겠는가? 교회는 그의 예배와 교훈과 생활의 중심을 그리스도와 사도들의 증거 속에 두어야만 했다. 성령을 빙자한 예언을 그대로 방임해 둔다면 이를 이룰 수 없었으니, 몬타누스주의(Montanism)가 이 사실을 명백하게 보여주고 있었다. 원래 사도들의 교훈을 기독교의 기본으로 만드는 가장 확실한 방도는 사도들의 저작을 구별하여 이것들에게 독특한 권위를 부여하는 것이다. 이는 곧 향후의 모든 신앙과 생활을 바로 이러한 중심적 메시지의 기준에 따라 판단하는 것을 의미하였다.

이는 교회가 더 이상 성령의 능력을 신봉하지 않는다는 의미가 아니었다. 그 차이는 성령께서 처음에는 인간들로 하여금 교회를 위한 성스런 책들을 기록할 수 있도록 인도하셨고, 그후에는 같은 성령께서 이미 기록된 글들을 인간들로 하여금 이해하고, 해석하며, 적용할 수 있도록 인도하시는 것으로 믿는다는 데 있다.

우리가 아는 대로 교회가 이러한 입장을 취하게 되었던 이유들 가운데 하나는 신약 성경들의 목록들이 나타나기 시작했다는 데 있다. 그 최초의 것들 중 하나가 A.D. 190년 경의 무라토리 정경 목록(Muratorian Canon)이다. 이 이름은 이 문건을 처음 발견하여 1740년에 출판했던 엘 에이 무라토리(L. A. Muratori)에게서 연유하였다. 이 문서는 그 초두가 훼손되어 있으며, 실제 목록은 누가복음으로부터 시작하고 있으나, 여기 드러난 책들의 명부는 다음과 같다. 마태, 마가, 누가, 요한 복음서들, 사도행전, 고린도 전후서, 에베소서, 빌립보서, 골로새서, 갈라디아서, 데살로니가 전후서, 로마서, 빌레몬서, 디도서, 디모데 전후서, 유다서, 요한 1, 2서, 요한 계시록, 베드로 계시록 그리고 솔로몬의 지혜서 등이다. 우리가 아는 대로 마지막 두 권은 공인된 목록에 남아있지 못했다. 그러나 A.D. 190년경 이미 교회는 유대인들의 경전과 나란히 기독교 경전의 개념을 받아들이고 있었다. 즉 구약의 약속을 신약이 성취시킨다는 확신의 모습이다.

3세기 초에는 이미 신약 정경이 어느 정도는 성립되어 계속 문제가 되는 책들은 불과 얼마 되지 않았다. 제국의 서부에서는 히브리서에 대한 반대가

신약이 초대 교회에서 공인을 받아간 모습

A.D. 100

현재 우리가 사용하고 있는 신약 성경의 여러 부분들이 이때 수집되었다. 그러나 아직 이들이 한데 수집되어 성경으로서 정의되지는 않은 상태였다. 초대 기독교 저술가들에 틀들(오, 폴리캅이나 이그나티우스 등)는 복음서들이나 바울의 서신들뿐만 아니라 기타 기독교 저술들과 구전된 자료들로부터 인용하였다.

바울의 서신들은 제 1 세기 말 경 한데 수집되었다. 마태, 마가, 누가 복음은 A.D. 150년 경 한데 모아졌다.

A.D. 200

로마 교회에서 쓰이던 신약 (무라토리 정경)

4 복음서
사도 행전
바울서신들:
  로마서
  고린도 전후서
  갈라디아서
  에베소서
  빌립보서
  골로새서
  데살로니가 전후서
  디모데 전후서
  디도서
  빌레몬서
야고보서
요한 1.2서
유다서
요한 계시록
베드로 계시록
솔로몬의 지혜서

개인적으로는 사용되었으나 공중 예배에서는 쓰이지 않은 것:
헤르마스의 목자

A.D. 250

오리겐에 의해 쓰여졌던 신약

4 복음서
사도행전
바울서신들
  로마서
  고린도 전후서
  갈라디아서
  에베소서
  빌립보서
  골로새서
  데살로니가 전후서
  디모데 전후서
  디도서
  빌레몬서
베드로 전서
요한 1서
요한계시록

논쟁의 여지가 있었던 것들
히브리서
야고보서
베드로 후서
요한 2, 3서
유다서
헤르마스의 목자
바나바서
열두 사도들의 교훈
히브리 복음서

A.D. 300

유세비우스에 의해 사용되었던 신약

4 복음서
사도 행전
바울 서신들:
  로마서
  고린도 전후서
  갈라디아서
  에베소서
  빌립보서
  골로새서
  데살로니가 전후서
  디모데 전후서
  디도서
  빌레몬서
베드로 전서
요한 1서
요한 계시록(저자에 관한 시비 있음)

시비는 있으나 널리 알려졌던 책들
야고보서
베드로 후서
요한 2,3서
유다서

제외시킨 것들
헤르마스의 목자
바나바서
히브리 복음서
베드로 계시록
베드로 행전
디다케

A.D. 400

카르타고 회의에서 서방 교회를 위하여 확정한 신약

4 복음서
사도 행전
바울 서신들:
  로마서
  고린도 전후서
  갈라디아서
  에베소서
  빌립보서
  골로새서
  데살로니가 전후서
  디모데 전후서
  디도서
  빌레몬서
히브리서
야고보서
베드로 전후서
요한 1.2.3서
유다서
계시록

상당했으며, 동부에서는 계시록이 별로 인기가 없었다. 4세기 초, 교회사가였던 유세비우스는 당시의 상황을 요약하여 야고보서, 베드로 후서, 요한 2서와 3서만이 아직도 논란의 대상이 되고 있다고 기록하였다. 그러나 요한 계시록은 계속하여 그에게도 이해할 수 없는 문제의 책이었다.

우리가 오늘날 소유하고 있는 바와 동일한 정경의 완전한 목록은 367년 알렉산드리아의 감독 아타나시우스(Athanasius)가 쓴 부활절 편지에서 처음 나타나고 있다. 북 아프리카의 히포(393)와 카르타고(397)에서 종교회의가 끝난 후에도 이와 같은 목록을 발표하였다.

어떤 의미에서는 물론 기독교 신자들이 정경을 창조해냈다고도 볼 수 있다. 이러한 책들에 관한 그들의 결정은 역사의 일부였다. 그러나 또 다른 의미에서 생각할 때에는 이들은 이미 교회내에서 통용되고 있었던 각 책들의 권위를 추인한 것에 불과하다고도 볼 수 있다. 신약의 형성 모습은 초대 교회의 목표는 다름아닌 사도들의 권위와 교훈에 순종하고자 했던 것임을 보여 준다. 이 목표를 성취하기 위한 노력 속에서 이들은 기독교의 성격을 항구적으로 결정하였다. 이 신앙은 바로 사도적이었다는 이유때문에 계속하여 보편적이었다.

참고도서

Blackman, E. C. *Marcion and His Influence*. London: S.P.C.K., 1948.
Campenhausen, Hans von. *The Formation of the Christian Bible*. Philadelphia: Fortress Press, 1968.
Filson, Floyd Vivian. *Which Books Belong in the Bible?* A Study of the Canon. Philadelphia: Westminster, 1957.
Grant, Robert M. *The Bible in the Church*. New York: Macmillan, 1948.
Knox, John. *Marcion and the New Testament*. Chicago: University of Chicago Press, 1942.

7

죄인들을 위한 학교
:감독들의 권위

"**바**람은 그가 원하는 대로 불어 간다."고 예수님께서는 니고데모에게 말씀하셨다. "너는 그 소리를 들을 수 있을지 모른다. 그러나 그것이 어디서부터 와서 어디로 가는지 알 수 없다. 성령으로 태어난 모든 이들이 바로 이러하다." 또한 사도들의 시대가 바로 이러한 모습이었다. 성령께서 자유스러이 교회 속을 운행하시면서 신자들에게 능력을 주시고, 선지자들에게 영감을 주시며, 귀신들을 쫓아내셨다.

초대 기독교인들은 성령에 의한 중생이 신자로서 반드시 갖추어야 할 표지라고 생각하였다. 이미 바울 사도도 로마의 교인들에게 말씀하시지 않았는가? "누구든지 그리스도의 영을 가지고 있지 못하면 그는 그리스도에게 속한 자가 아니다." 물로 세례를 받는 것이 이러한 소속의 외부적 표지였다. 베드로는 오순절 날 자기들이 이제 무엇을 해야할지 가르쳐 달라는 청중들에게 다음과 같이 응답하였다. "당신들의 죄가 사함을 받을 수 있도록, 예수 그리스도의 이름으로 … . 회개하고 세례를 받으라. 그러면 당신들은 성령의 선물을 받게 될 것이다"(행 2:38).

그런데 만약 신자들이 성령을 받고, 세례를 받은 후에 심각한 죄를 범하면 어떻게 되겠는가? 만약 하나님의 용서하시는 은혜가 인간의 가장 추악한 죄보다도 더 위대한 것이 사실이라면, 우리는 하나님의 은혜가 더욱 충만하도록 하기 위하여 인간들이 범죄하는 것을 허락해야 하지 않겠는가? 혹은 세례 후에 짓는 죄들 가운데는 용서받을 수 없는 죄도 있는 것일까?

3, 4세기의 교회는 바로 이러한 문제를 두고 깊이 씨름해야만 했다. 특히 몬타누스가 "일종의 황홀 상태에서 몸부림치는 모습으로" 교회가 성령을 거스르는 죄를 범하고 있다고 비난한 후에는 이러한 자기 성찰이 더욱 심각해질 수밖에 없었다. 몬타니즘의 예언 행위와 도덕주의적 행태를 정죄하는 과정 속에서, 기존 조직(institution)으로서의 교회의 모습이 가장 잘 드러났다고 볼 수 있다. 교회는 세계를 향해 설교함으로써, 그 우주 보편성을 잘 드러내었다. 이단들과 대결하는 과정 속에서 그 정통주의 신학을 보다 명확하게 성립시켰다. 죄와 투쟁하는 과정을 통하여는 그 감독제도(Episcopacy)를 발전시키게 되었다. 교회가 감독들에게 죄를 용서하는 권위를 부여했을 때 가톨릭 기독교는 완성된 것이었다.

감독, 혹은 주교들의 권력과 특권을 그 바탕으로 하는 감독주의는 느린 속도로 발전하였다. 우리들이 이미 살펴본 바와 같이, 아무에게도 그 권위를 도전 받지 않았던 제1세기 교회의 지도자들은 사도들이었다. 그들은 예수와 함께 여행한 인물들이었으며, 그의 부활의 증인들이었다. 그러나 성령은 그가 원하시는 대로 역사하신다. 선지자들과 교사들, 그리고 이적을 행하는 자들이나 병을 고치는 자들 역시 성령의 능력을 주장할 수 있었다. 성령의 능력과 은사를 둘러싸고 혼란과 무질서를 겪어야 했던 고린도 교회의 모습을 눈 앞에 보면서도, 바울은 성령의 나타나심과 그 역사하시는 사실을 결코 부인하지 않으려 하였다. 그는 다음과 같이 기록하였다. "하나님께서는 첫째로 사도들을, 둘째로 선지자들을, 셋째로 교사들을 지명하시었다 … . 성령께서는 그가 결정하시는 대로 교회에 베푸신다"(고전 12:28, 11).

교회의 지도자들

바울은 그의 선교 여행 중 세워진 교회들의 신자들을 위한 영적 필요를 채워주기 위하여 목회를 담당할 지도자들을 반드시 세워 두었다. 이러한 각 지역 교회의 지도자들에는 두 가지 종류가 있었다. 한 그룹은 장로들이라 불리었다. 이들은 또한 감독들, 혹은 목사들이라는 이름으로 지칭되기도 하였다. 또 다른 그룹은 집사들이라 불리었다.

이들 지도자들이 하는 일은 각 지역들에 따라 차이가 있었으나, 일반적으

로 볼 때, 장로들은 새 신자들을 가르치고, 공중예배를 이끌며, 교회에 필요
한 치리를 담당하였다. 한편 집사들은 성찬을 베푸는 일 외의 모든 부문에서
장로들을 보좌하였다. 그리하여 사도들의 시대에는 성령의 권능을 받아 여기
저기로 다니며 교회를 순방하는 지도자들과 아울러 한 특정한 지역 교회에
서 머물며 이들의 필요를 돌보는 지도자들의 두 그룹들이 공존하고 있었다.

그러나 이러한 일반적인 모습은 곧 변화를 보이게 된다. 그 세기가 지난
후, 안디옥 교회의 목사였던 이그나티우스는 일련의 편지를 남겼다. 그는 이
들 속에서 각 교회에 하나 있는 감독(혹은 목사, bishop)과 일단의 장로들과,
집사들의 집단을 당연한 조직으로 언급하고 있다. 그는 하나님의 은혜와 성
령의 능력이 이러한 연합된 지도 체제를 통하여 회중들에게 흘러들어가는
것으로 가르치고 있다.

과연 어떻게 해서 복수의 장로들과 집사들에 의해 보좌받는 한 사람의 목
사의 체제가 교회 안에 널리 자리잡게 되었는지는 아무도 모르지만, 이러한
형태로 교회가 변화해 간 것은 사실로 인정받고 있다. 몇 가지 요인들이 이
러한 경향을 부추겼을 것이다. 아마도 여러 장로들 가운데 하나가 점차 그의
보다 뛰어난 능력을 자연스레 인정받으며, 다른 교회들과의 연락을 담당하게
되고, 가난한 자들을 위한 기금을 관리하며, 이단적인 교사들에 대항하여 올
바른 신앙을 가르치고, 성찬을 시행하게 되었을 것이다.

그러나 이그나티우스가 언급한 3 층제의 교직제도는 하루 아침에 정착되
지는 않았다. 한 가지 예를 들면, 우리는 A.D. 180년까지도 알렉산드리아는
단독 감독제가 아니었음을 알고 있다.

또한 교회들이 이러한 제도를 답습했을 때도 각 지역에 따라 그 시행의
모습에는 차이가 있었다. 소 아시아와 아프리카의 무수한 작은 교회들은 각
각 자기들의 감독을 가지고 있었다. 그러나 다른 지역들, 예를 들어 고올 지
방에서는 큰 도시의 감독이 인근 지역의 회중들을 위해 장로들을 파견하는
형식으로 이들을 모두 자기가 돌보았다.

어쨌든 2세기 말로 접어들었을 때, 교회문제에 있어서 아무도 도전하지 못
하는 권위를 갖게 된 것은 감독이었다. 그의 권위는 영지주의자들과의 대결
을 통하여 한층 더 강화되었다. 영지주의자들은 사도들에게까지 거슬러 올라
가는 교사들의 계통을 주장하였다. 즉, 예수님께서는 승천하시기 전 일부 교
사들에게 비밀스런 지혜를 전수해 주었다고 영지주의는 주장하였다. 이들 교

사들은 이러한 비밀의 지식을 또 다른 교사들에게 전수하였다. 이러한 비밀을 이어 받은 후계자들이 다름아닌 영지주의 파들인 만큼, 가톨릭 교회가 아니라 영지주의파의 교사들이 진정한 지식과 지혜와 철학을 소유하고 있다는 것이었다.

이러한 이론에 대항하여, 가톨릭 기독교인들은 교회의 공적인 교훈, 즉 신앙의 규율(the Rule of Faith)과, 사도들에 의해 교회 안에 세움을 받은 감독들의 존재를 강조하였다. 이러한 주장은 2세기 중엽, 팔레스타인으로부터 로마까지 여행하였던 역사가 헤게시푸스(Hegesippus)에 의해 최초로 그 개요가 정리되었다. 그는 그의 여행 중 수많은 감독들을 만나 친교를 나누게 되었는데, 이들의 주장과 가르침은 동일하고 일관성이 있는 것이었다. 그리하여 그는 "모든 도시들의 감독들을 통하여, 율법과 선지자들과 주님의 가르침은 신실하게 지켜지고 있다"고 기록하였다. 그는 이러한 주장을 뒷받침하기 위하여, 적어도 고린도와 로마의 경우에는 사도들에게까지 거슬러 올라가는 계승의 계통도를 작성하였다.

같은 세기의 말경, 고올의 이레내우스와 북 아프리카의 터툴리안은 이처럼 헤게시푸스에 의해 시작된 반 영지주의적 논증의 뒤를 좇았다. 이들은 사도들로부터 시작된 가톨릭 교회 내의 감독들의 전통과 계통을 지적하였다. 이러한 끊이지 않는 전통이 가톨릭 교회 안의 사도들로부터의 교리의 전승을 보장한다는 이론이었다. 따라서 영지주의가 틀리고, 가톨릭이 옳다는 주장이었다.

이러한 교회의 구조와 기능의 변화, 특히 감독들의 역할의 변화는 중대한 논쟁의 여지가 있는 문제들을 야기시키게 되었다. 모든 교파의 신자들은 다 이러한 변화가 발생하였음을 인정한다. 문제는 이러한 변화가 무엇을 의미하며, 후대의 교회들, 특히 오늘날 우리들에게는 어떤 영향을 미치고 있느냐 하는 것이다.

감독들의 위치

이 문제에 관하여 서로 다른 세 가지의 대답들이 가능하다.

(1) 일부 기독교인들은 초대 교회를 이끌었던 지도자들이 의도적으로 하나님께서 세우신 교회의 제도와 형태를 오염시키고, 이로부터 벗어나는 길을 선택했다고 주장한다. 따라서 그들이 발생시킨 변화는 부인되어야 하며, 원

래의 모습으로 다시 교회를 되돌려 놓아야 한다고 주장한다.

바로 이러한 모습이 "원시 기독교의 복구"를 외치는 이들의 전제이다. 우리들은 이들을 가리켜 "성경으로 다시 돌아가자"는 운동이라고 부르기도 한다. 이는 교회의 역사상 대부분의 개혁운동들에게서 흔히 볼 수 있는 공통적인 특징이라고 할 수 있다. 그런데 문제는 과연 사도 교회의 모습 가운데 과연 어느 정도가 그후의 모든 교회들이 그대로 답습해야 할 항구적인 부분이었는가를 결정해야 한다는데 있다. 그리고 이 작업은 결코 용이한 일이 아니다. 예를 들어 교회 안의 장로 제도를 우리들의 시대에도 그대로 적용해야 할 것으로 생각한다면, 여인들은 교회 안에서 침묵해야한다는 명령도 역시 그대로 준수해야 할 것인가?

(2) 또 다른 신자들은 교회와 그 지도자들이 어떤 신적 권위의 부재 상태에서 자기들에게 주어졌던 자유를 행사했던 것뿐이라고 생각한다. 초대 교회의 지도자들이 고안해낸 교회의 조직은 그들의 시대를 위해서는 최선의 모습이었는지도 모른다. 그러나 우리들의 시대를 포함하여, 그 후 시대의 변화에 적응하기 위해서는 계속 변화를 거듭해야 한다.

이러한 입장은 주로 역사 발전의 흐름 속에 깊이 젖은 사회적 조직체로서의 교회의 모습에 깊은 인상을 받은 이들에 의해 지지받고 있다. 바로 이것이 교회가 시간의 흐름과 사회의 변화에 따라 적응하기를 중요하게 생각하는 "현대주의자"들의 입장이다. 이러한 신자들은 직접 하나님의 인정을 받는 어떤 신앙이나, 교회 조직의 형태도 파악해내지 못한다는 약점을 안고 있다. 그 극단적인 모습으로는 일체의 절대적 가치나 기준을 소유하지 못한 기독교로 전락하는 것이다. 모든 일들은 상황에 따라 결정되어 버린다.

(3) 또 다른 신자들은 성령께서 교회 안에 거하시면서 그 결정들을 인도하셨으니 만큼, 교리와 교회 조직에 관한 초기의 "발전들"은 인간의 역사가 아니라, 바로 하나님께서 하신 일이라고 주장한다. 따라서 이러한 변화들은 교회를 위하여 영구적인 의미를 지니고 있다는 주장이다.

대부분의 "가톨릭" 기독교인들에 의하여 주장되는 이 대답은 흔히 이들이 부르짖는 바 "역사의 증언(Witness of History)" 이론에 크게 의존하고 있다. 그러나 만약 제2, 3, 4세기의 변화를 성령의 하신 일로 간주한다면, 18, 19, 20세기에 이루어졌던 변화들은 또한 어떻게 취급할 것인가? 왜 우리들은 이러한 현상을 소위 "가톨릭" 시대에만 국한시켜야 하는가 하는 문제가 계속 남게 된다.

감독직의 고양 현상이 과연 우리들에게는 어떤 의미가 있는가 하는 우리들의 의문은 이에 대한 대답이 부족해서가 아니라, 이에 관해 너무나도 많은 이론들이 난무하고 있으므로 오히려 어려운 문제이다. 이러한 서로 다른 의견들의 존재가 오늘날까지도 서로 다른 여러 교파들을 공존하게 한 이유들 가운데 하나이다. 그러나 어쨌든 3세기에도 이미 많은 이들은 감독 제도의 성립은 성령으로부터 멀어지는 현상이라고 생각하였다.

1, 2세기의 신자들은 성령의 능력의 증거를 어떤 교회내의 직책에서가 아니라, 신자들의 생활 가운데서 찾았다. 이들은 보혜사를 역동하는 도덕적 에너지로서 이해하였다.

바로 바울 사도가 이러한 이해의 선구를 담당했던 인물이다. 그는 성령의 사역을 교회 전체를 위한 건덕의 측면에서 파악하였다. 이러한 건덕이란 선하고 순결한 모든 면에서 성장해 감을 의미한다. 그는 다음과 같이 기록하였다. "성령의 열매는 사랑과 희락과 화평과 오래 참음과 자비와 양선과 충성과 온유와 절제이다." 바울에게 있어서 영적인 중생과 도덕적 생활은 기독교인의 생활의 한 부분이 아니라 지상에서의 열매 자체요, 목표였다.

이러한 바울의 강조점은 그후 수 세대를 두고 계속되었다. 초대 교부들과 변증가들의 저술들을 살펴보면 이들은 계속하여 교인들의 성결한 생활을 그 중심에 두고 있음을 볼 수 있다. 이들 기독교 공동체들이 가장 엄격한 도덕의 기준들을 그 구성원들에게 적용하여, 그들 가운데 일체 거룩하지 못한 자들을 용납하지 않았던 사실을 알 수 있다. 심각한 죄를 범한 자들은 그들 가운데서 축출해버렸다.

한 초대 교회의 신자는 이 모습을 보다 직접적으로 표현하였다. "인간들의 죽음과 죽음 사이에는 차이가 있다. 죽음이라고 다 같은 것은 아니다. 바로 이러한 이유 때문에 그리스도의 제자들은 매일 매일 죽음을 경험한다. 자기들의 정욕을 억누르며, 성경을 좇아 이들을 극복해 나간다. 왜냐하면 우리들은 창피스런 욕망이나, 더러운 장면들이나, 간음하는 눈길이나, 음담패설에 기울일 귀가 없어야 하기 때문이다. 이로 인해 우리들의 영혼이 상처를 입을까 우려하는 까닭이다."

실제로 기독교 회중들의 고상한 도덕적 의식과 생활은 기독교의 진리를 변호하는데 가장 효과적인 방법들 가운데 하나였다. 유스티누스는 그의 저서

「변증」(*Apology*) 가운데 상당한 부분을 기독교의 윤리적 원칙들을 설명하고, 이들이 실제로 준수되고 있음을 증명하는데 할애하고 있다. 변증가들이 증명하고 싶었던 점은 기독교인들의 선한 생활이 단지 명목상의 주장이나, 형식적인 이상이 아니라, 생활의 모든 면에서 살아있던 능력이자 현실이었음이었다.

아테네의 기독교인 철학자 아테나고라스는 이 점을 다음과 같이 표현하였다. "우리들 가운데는 우리가 신앙하는 신조들의 위대한 가치를 말로 표현할 능력이 없는 무식한 대중들이나, 직공들이나, 나이많은 여인네들도 많이 있다. 그러나 이들은 모두 그들의 신앙을 행위로 증명해내고 있다."

그런데 기독교인들이 도덕적 능력과 성결의 새로운 세계로 승화되었음을 증명하고자 하는 집단은 단지 이들 신자들 자신들만이 아니었다. 그들의 대적들까지도 이들의 거룩한 생활의 모습을 인정하였다. 플리니는 트라얀 황제에게 보낸 편지 속에서 그는 기독교인들을 심문하는 가운데 이들에게서 아무런 범죄 혐의나 악한 모습을 찾아볼 수 없었다고 보고하였다. 유스티누스는 신자들의 순결한 모습이 그들의 신실성을 그에게 확신시켰으며, 이러한 인상들이 그로 하여금 기독교에 귀의하게 한 결정적 동기가 되었다고 고백하였다. 우리들은 자주 죽음에 닥쳐서도 용기와 충성을 잃지 않았던 순교자들의 이야기를 많이 듣는다. 이들의 모습이 관중들에게 깊은 인상을 주었다는 것이다.

그리하여 이들 가운데 일부는 이러한 강한 충격 때문에 갑자기 기독교로 귀의할 것을 결정하기도 하였다. 그러나 3세기 초에 들어서서 상당히 중요한 일이 벌어지고 있었다. 교회의 뛰어났던 도덕적 성결의 모습이 약화되기 시작하였다. 몬타누스의 주장이 전혀 잘못된 것은 아니었다. 220년 경에 이르러서는, 감독과 성직자들을 포함한 전체 교회의 모습이 그 전과는 상당한 차이가 있음이 명백해지게 되었다.

용서 받지 못할 죄에 관한 문제

처음 2세기 동안 기독교인들은 세례를 받는 순간 그때까지 지었던 평생의 모든 죄들이 다 사해진다고 생각하였다. 세례 이후의 심각한 죄들은 특별한 치유를 받아야 했다. 이 가운데서도 특히 세 가지의 죄들 ─ 성적 부도덕, 살인, 신앙의 배반(배교, apostasy) ─ 의 경우는 하나님에 의해서는 용서받을 수도 있으나, 교회는 이를 용서해 줄 수 없는 것으로 생각하였다. 이러한 죄를 범할 경우는 교회의 교제로부터 추방되고, 성찬에 참여할 수도 없었다. 그런데 성찬은 하나님의 은혜의 특별한 통로였으므로, 성찬 금지의 처분을 받는 해당 개인의 영혼은 위험한 상태에 빠지는 것으로 생각되었다. 이그나티우스는 이를 가리켜, "불멸에 이르는 처방이요, 죽음의 방지제"라고 불렀다.

3세기 초반은 교회를 위해 장기간 평화가 계속되었던 기간이라 할 수 있었다. 로마 당국에 불려가 고초를 당한 신자들도 거의 없었다. 이제 영적 전쟁은 과거사처럼 생각되었으며, 많은 이들은 교회의 치리를 보다 완화시키라고 요구하였다.

회개하는 신자를 공식적으로 다시 교회에 받아들였던 최초의 인물은 로마의 감독이었다. 칼리스투스(Callistus, 217-222)가 간음죄를 범하고 회개한 자를 성찬에 참여시켰던 것이다. 그는 교회란 마치 노아의 방주와 같다고 하였다. 그 속에는 깨끗한 짐승들뿐만 아니라, 더러운 짐승들도 함께 들어있다. 그리고 그는 또한 자기의 행동을, 로마 교회는 베드로의 후계자인데 주님께서는 베드로에게 인간들의 죄를 매고 푸는 권한을 주셨다는 이론으로 정당화하였다. 이 사건이 로마의 감독이 자기에 속한 특수한 권리를 주장했던 최초의 예이다.

당시 북 아프리카에 살고 있었던 터툴리안은 이 소식에 접하고는 공포에 질렸다. "우리들은 배교자들은 용서하지 않는데, 어떻게 간음자들은 용서한단 말인가?" 그러나 이는 과거로부터의 목소리였다. 미래는 칼리스투스에 속해 있었다. 사실, 간음자들을 용서할 수 있다면, 구태여 배교자들은 그렇게 못할 이유가 어디 있단 말인가? 사람들은 심각하게 그 대답을 찾기 시작하였다.

A.D. 250년 이제까지 교회가 당했던 가장 극심한 박해가 데키우스(Decius, 249-251) 황제에 의해 시작되었다. 다뉴브 강변, 국경 지방의 무장 출신이던 데키우스는 기독교를 뿌리 뽑기로 마음먹고 있었다. 그는 기독교야말로 제국의 적이라고 생각하였다. 이들의 무신론 때문에 나라가 갖가지 곤란을 겪고 있다는 것이었다. 그리하여 데키우스는 제국의 모든 시민들은 전통적인 로마의 신들에게 제사를 바쳐야 한다는 명령을 내렸다. 그렇게 한 자들에게는 그의 명에 순종했음을 확인하는 뜻으로 증명서(라틴어로 libelli)를 발급해 주

었다. 이 명령에 불복하고, 동정적이거나 혹은 부패한 관리들로부터 이 증명서를 구하지 못하거나, 구하지 않은 자들은 죽음을 각오해야 했다.

많은 신자들은 목숨을 구하기 위해 굴복하였다. 실제로 제사를 지내지 않았으면서도 증명서를 구해낸 이들도 있었다. 그러나 그 숫자를 알 수 없는 많은 신자들은 순교와 투옥 당하는 길을 선택했는데, 이들 중에는 로마와 안디옥과 예루살렘의 감독들이 포함되어 있었다.

죽음을 당한 이들은 "순교자(martyr)"라 불리었다. 이는 원래 "증인(witness)"이라는 의미였으니, 죽음으로 자기들의 신앙을 충실하게 증언했다는 의미였다. 그러나 데키우스는 기독교인들은 영웅으로 만들 의도는 없었다. 그는 기독교의 명망을 망쳐 버리고 싶어 하였다. 그래서 많은 신자들은 처형되지 않은 채 "황제가 주님이시다."는 말로써 그 신앙을 저버리기까지 고문을 당했다. 만약 신자가 신앙을 부인하지 않은 채, 이러한 악형을 견디어 내면, 그는 "고백자(confessor)"라는 명칭을 받았다. 만약 고문을 이겨내지 못하고, 로마 당국에 굴복하는 경우엔 "변절자(lapsed)"로 분류되었다. 이러한 고난은 일시적으로나마, A.D. 251년, 그의 신들에게 버림을 받았는지, 데키우스가 야만 고트 족과의 전투에서 전사함으로써 막을 내리게 되었다.

그러자 죄인들을 교회에 다시 받아들이는 여부의 문제가 새로운 열기로 논의되기 시작했다. 많은 교인들이 배교의 죄를 지은 바 있었다. 어떤 경우엔 회중들의 사분의 삼이 변절한 경우도 흔히 볼 수 있었다. 많은 이들은 영적 준비가 제대로 되어있지 않은 채, 제국의 압력에 굴복하고 말았다. 마치 대제사장의 저택에서의 베드로처럼 이들은 그들의 주님을 부인했다가, 이제는 가슴 아픈 울음을 그치지 못하고 있었다.

만약 이들이 교회에 다시 들어오지 못한다면 이는 무엇을 의미하는지 사람들은 모두 잘 깨닫고 있었다. 카르타고의 감독 키프리안(Cyprian)은 한마디로 "교회 밖에는 구원이 없다."고 말한 바 있었다. 그리고 많은 이들은 그의 이러한 입장에 동의하였다. 그리하여 다시 교회로 돌아오기를 원하는 이들의 기원이 사무치고 있었다.

그러나 교회가 어떻게 신앙을 부인한 자들을 용서할 수 있단 말인가? 바로 이것이 곧 용서 받을 길이 없다는 "성령을 거스리는 죄"가 아니겠는가? 공포나 고통의 이유를 막론하고 구원에의 유일한 길을 부인하는 것보다 더 심각한 죄가 어디 있겠는가? 만약 이 죄를 용서한다면, 무슨 죄든지 용서해야 하지 않겠는가!

성자들의 탄생

순교자들과 고백자들을 향한 신자들의 존경과 숭모의 염은 대단한 바 있었다. 순교, 피의 세례는 신자가 얻을 수 있는 최고의 영광을 의미하는 것이었다. 순교자들의 이름은 교회들에 의해 빠짐없이 기록되고 기억되었으며, 그들이 영생으로 들어갔던 "생일", 즉 순교일은 그들의 무덤에서 기념행사를 가졌다. 즉 성자들이 교회에 나타나기 시작한 것이다.

카르타고에서 키프리안은 고백자들이 그들의 뛰어난 용기 때문에 하나님으로부터 특수한 능력을 받아 가지게 되었다고 주장하는 자들과 논쟁을 벌여야했다. 즉 성령께서 이제 그들에게 인간들의 죄를 사해줄 수 있는 자격을 부여하셨다는 주장이 나타나게 된 것이다. 이들은 "변절자들의 오류를 이들의 공로로 덮어줄 수 있다"고 주장하였다. 많은 이들이 키프리안에게 이러한 일괄적인 사죄를 공식적으로 인정하라고 요구하였다.

그러나 키프리안은 죄의 중대성에 따라 교회에 다시 귀환할 수 있는 여부를 결정하는 체제를 찬성하였다. 그는 오직 처참한 고문 후에 황제에게 제사를 드린 자들, 그리고 본심은 그렇지 않았으나 육신이 약하여 고통을 이기지 못했던 자들에게만 교회는 자비를 베풀어야 한다고 주장하였다. 자발적으로, 기꺼이 제사를 드린 자들은 가장 심한 처벌을 받아야 한다고 키프리안은 주장하였다.

이러한 키프리안의 이론이 일반적으로 찬성을 받았으므로, 교회는 그 죄의 심각한 정도에 따라 각각 차등이 있는 고행(penance)의 제도를 마련하였다. 서로 다른 죄에 따른 속죄의 기간이 지난 후에야 죄인들은 다시 성찬에 참여할 수 있게 되었다. 감독들은 넝마를 걸치고, 머리에는 재를 얹은 모습으로 회중 앞에 나타나 공적으로 회개의 모습을 보인 자들에게만 사죄를 공포하였다. 이러한 고백과 회개의 모습 후에 이들의 지위를 복원시키는 의미에서 감독들은 회개자들의 머리 위에 손을 얹었다.

그러나 이러한 북 아프리카 지방의 고백자들의 요구는 일시적으로 고개를 숙였을 뿐 아주 사라진 것은 아니었다. 이들은 수년 후에 가톨릭 교회의 교리로서, 선행의 보고(Treasury of Merit)와 면죄부(Indulgence)라는 형태로서 다시 나타나게 된다. 이 제도들을 통해 교회는 특별하게 영적으로 뛰어난 자들(성자들)의 선행을 부족한 죄인들에게 이전시켜 주었던 것이다.

엄격한 전통적 입장의 대변자는 로마 교회에서 나타났다. 높이 존경받던 신학자요 장로였던 노바티안(Novatian)은 살인, 간음, 배교의 대죄들을 저지른 자들에게는 교회가 그 죄를 사할 수 있는 권한이 없다고 주장하였다. 단지 최후의 심판 자리에서 하나님의 자비를 구하는 중보의 역할을 할 수 있을 뿐이라는 것이었다.

다른 장로 코넬리우스(Cornelius)는 노바티안에게 강력하게 반대하여, 감독에게는 심각한 죄들까지도 사해 줄 수 있는 권한이 있다고 하였다. 이 문제를 두고 교회는 분열하였다. 이는 과거와 미래의 투쟁이었다. 노바티안은 교회는 성도들의 공동체라는 전통적 입장을 고수했으며, 코넬리우스는 교회를 죄인들이 배우는 학교라고 파악하였던 새로운 입장을 대변하고 있었다.

코넬리우스의 의견이 다수에게 수용되어 그는 감독의 자리에까지 오르게 되었다. 그러나 소수파는 노바티안을 열렬히 지지하였다. 곧 노바티안은 일련의 소수파 교회들을 세워 나갔으며, 가톨릭 교회는 죄인들에 대한 용납적인 태도 때문에 순수성을 상실하고 오염되었다고 주장하였다. 그들의 주장 자체는 옳은 것이었는지도 모른다. 왜냐하면 이제 가톨릭 교회는 모든 죄인들에게 무제한적인 사죄를 베풀기 시작했기 때문이다.

세례와 함께, 시간적으로는 그 이후에, 이제 가톨릭 교회는 제2의 성례를 소유하게 되었다. 이는 아직 일정한 격식이 성립되지 않은 상태에 있는 것이었으나, 마치 확실한 것인양 이에 의존하기 시작하였으며, 거의 모든 경우에 적용하기를 마다하지 않았으니, 이는 곧 고해라는 이름의 성례(sacrament of penance)였다. 매우 단순한 예식을 통해서 교회는 용서를 베풀었다. 드디어 은혜가 시대의 요구에 부응하는 시대가 도래하였다. 감독이 성령을 인도하게 되었다.

참고 도서

Chadwick, Henry. *The Early Church*. Middlesex: Penguin, 1967.
Davies, J. G. *The Early Christian Church*. Garden City: Doubleday, 1967.
Greenslade, S.L., ed. *Early Latin Theology*. Philadelphia: The Westminster Press.

Harnack, Adolf. *The Mission and Expansion of Christianity*. New York: Harper, 1961.
Prestige, G. L. *Fathers and Heretics*. London: S.P.C.K., 1963.

8

지성인들의 사도
:알렉산드리아인들

성 경을 라틴 불가타(Vulgate)판으로 번역한 인물로 가장 널리 알려져 있
는 제롬(Jerome)은 매우 엄격한 수도사였다. 그런데 374년경, 아직도
견습 수도사로서 자기를 부인해야하는 생활을 익히고 있을 시기에, 그는 사
순절 기간 동안 중병을 앓게 되었다. 이때 그는 거대한 심판대 앞에 서는 악
몽을 꾸게 되었다. 어디선가, 준엄하고 우렁찬 음성이 들려 왔다. "너, 제롬은
키케로의 추종자이지, 그리스도인이 아니니라."

물론 이는 양심의 목소리였다. 제롬은 주님을 사랑하였지만 동시에 키케로
(Cicero), 살루스티우스(Sallust), 루크레티우스(Lucretius), 베르길리우스
(Virgil), 호라티우스(Horace), 유베날리스(Juvenal) 등 고전의 저술가들에 능
통했으며, 이들에게도 깊은 애착을 품고 있었다. 그의 악몽은 초대 교회가
이교도들의 문학과 철학에 대해 갖고 있었던 고민을 대변하는 것이다. 이는
끝이 없는 씨름이었다. 그리스도와 벨리알 사이에 무슨 상관이 있단 말인가?
시편과 호레이스가, 복음서가 니체와, 바울이 헤밍웨이와 무슨 관계가 있겠
는가?

사도들의 목소리가 이땅에서 사라지자마자 교회는 지성있는 이들이 알아
들을 수 있는 언어로 신앙을 정의해야 할 필요에 직면하게 되었다. 복음의
명쾌한 제시는 이성의 힘을 필요로 한다. 하나님께서는 진리를 발전시키기

위하여 인간들을 생각하는 존재로 만드셨다. 그리스도인들이 이교도들의 논리에 대항하여 복음을 변호하고, 논적들의 오류를 지적하는 행위는 모두 이러한 과정의 하나였다.

그러나 인간은 자기들이 소유하고 있는 지식과 개념을 통해서만 사고하고, 논증할 수 있다. 고대 세계에서 이는 곧 헬라의 철학과 이교도 저술가들을 의미하였다. 그리하여 교회는 인간들의 필요와 교회의 사명을 충족시키기 위하여 이교적 사상의 세계로 뛰어들어야만 했다.

3세기에 들어 기독교는 더 이상 소규모의 유대교 일파가 아니었다. 기독교는 로마 제국의 모든 전통에 대항하는 세력으로서 급속히 성장하고 있었다. 양식있고, 영향력있는 인사들이 심각한 질문을 던지고 있었다. 과연 인간들과 제국의 상황 속에서 기독교의 역할은 무엇이겠는가?

세상의 빛

교회는 항상 인간 세상과는 이중적 관계를 맺어 왔다. 예수님은 다음과 같이 제자들에게 주신 말씀 가운데 이러한 모습을 가장 잘 표현하셨다. "너희들은 세상에 속하지 않았으나, 세상 속으로 보냄을 받는 자들이다"(요 17:16, 18). 이는 곧 하나님의 계획 속에서 교회는 분리와 참여의 두 측면을 간직하고 있음을 보여 준다고 하겠다. 복음과 영원한 생명은 인간으로부터가 아니라 하나님으로부터 비롯되었으니, 분리의 관계가 생긴다. 그러나 하나님께서 교회를 세상 속으로 보내셨고, 이 가운데서 빛으로서 비추게 하셨으며, 인간들을 진리로 인도하게끔 하셨으니 참여의 측면이 드러나고 있다.

그리하여 교회는 이율배반적인 리듬을 따라 역사 속을 행진하고 있다. 세상으로부터 분리되는 동시에 세상 속으로 침투해 들어가야 하는 것이다. 이는 곧 문제의 존재를 의미한다. 왜냐하면 기독교 신자들 사이에서도 참여의 시기나 방법을 두고 이견들이 생기기 때문이다. 어떤 이들에게는 복음의 증거가 또 다른 이들에게는 타협으로 보일 수도 있다.

그리하여 능히 예견할 수 있듯이 일부 신자들은 정통 신학자들이 헬라 철학과 기독교 신앙을 조화시켜 보려는 노력을 반대하였다. 이들은 후퇴하고 회피하는 것이 사도들의 뜻이었다고 생각하였다.

요한은 그의 "어린 자녀들"에게 세상을 사랑하지 말라고 경고하였다. 그는 기록하였다. "누구든지 세상을 사랑하면, 아버지의 사랑이 그 속에 있지 않다." 그리고 헬라 철학에 관해 훨씬 더 잘 알고 있었던 사도 바울도 십자가의 메시지가 헬라인들에게는 단지 어리석음으로밖에 보이지 않는다는 사실을 발견하였다. 과연 빛과 어두움 사이에 무슨 교제가 있을 수 있겠는가?

3세기에 기독교와 헬라 철학을 조화해 보고자 했던 시도를 가장 맹렬하게 반대했던 이는 다름아닌 터툴리안이었다. 그는 이단들은 다름아닌 철학들에 의해 조장되었다고 외쳤다. 발렌티누스는 플라톤 학파였으며, 마르키온은 스토아 학파였다. "아테네와 예루살렘 사이에 무슨 공통점이 있단 말이냐? 스토아 철학, 플라톤주의, 기타 변증법에 의해 오염된 기독교를 생산하려는 일체의 헛된 시도들을 모두 물리쳐라. 우리들에겐 그리스도 예수를 넘어가는 호기심들은 필요치 않다. 우리들이 믿을 때 그 신앙의 대상 외에는 더 필요한 것이 없다. 믿기 위하여 탐구하고, 그리고는 멈추어라."

영지주의와의 생사가 걸린 혈투의 모습을 생각해 볼 때, 신자들은 이러한 터툴리안의 모습을 단순히 종교적 광신이 낳은 편협한 태도라고만 치부할 수도 없었다. 실제로 영지주의자 발렌티누스는 그의 철학적 이론을 복음에 적용했으며, 그 결과 많은 신자들을 혼란에 빠지게 하였다. 영지주의의 모습을 보면 기독교인의 문화에의 탐익이 그 정도를 지나칠 수 있음을 알 수 있다.

그러나 영지주의의 진정한 정체를 밝힌 후에, 즉 이들이 본진에 잠입한 적군임을 파악한 후에도, 기독교인들은 헬라 철학을 계속하여 스파이로서만 취급해야 할 것인가, 아니면 이들을 동맹군으로서 포용하여 사용할 길은 없겠는가?

3세기에 신자들은 황제들의 박해 아래서 신앙을 지키고자 투쟁을 계속하는 동안에, 또한 복음을 헬라 사상의 용어와 방법을 사용하여 제시하는 길이 있음을 발견해내고 있었다. 결국은 황제가 복음을 받아들였고, 제국은 기독교화 하였다. 그러나 이러한 화해에의 길은, 만약 신앙과 철학 양자가 모두 그리스도에게 경배한다면, 이 둘이 평화스럽게 공존할 수 있음을 증명하였던 기독교 교사들에 의해 닦여진 것이었다.

이러한 연합을 처음 이끌었던 것은 알렉산드리아의 클레멘트(Clement)와 오리겐(Origen)이 주도했던 소위 "교리 문답 학파(Catechetical School)"였다. 이들이야말로 헬라의 지혜에 정통할 뿐 아니라, 그 철학을 사랑하면서도 그리스도의 교훈에 충성을 잃지 않았던 일련의 기독교 학자들 가운데 효시인 존재들이다. 이들은 헬라 문화의 최선의 정수들, 특히 플라톤주의와 스토아 학파의 사상들을 기독교 속으로 합류시켜 보고자 하였다. 클레멘트는 이렇게 말했다. "진리의 길은 오직 하나이다. 그러나 마치 거대한 강을 향해서처럼 그 속으로 여러 물길들이 각처에서 흘러 들어간다."

학자들은 아직까지도 과연 이 학파가 원래 교회 내에서 시작되었는지, 아니면 교회와는 별도로 시작되었는지에 관해 논란을 벌이고 있다. 그런데 현재까지의 증거들을 보면, 필자의 생각으로는, 별도로 시작되었던 듯하다. 우리가 아는 바대로 철학 교사들은 — 스토아 학파, 견유학파, 영지주의를 막론하고 — 대도시에 개인적으로 학당들을 개설하고 찾아오는 학생들을 가르쳤다. 기독교 학자들도 이러한 관습을 좇았다. 유스티누스이 로마의 법정에 섰을 때, 이교도 재판관이 그의 활동에 관해 물었다. 공식적인 기록에 의하면 유스티누스는 다음과 같이 응답하였다. "나는 디모데우스의 목욕탕 근처에 있는 마틴이라는 자의 집 2층에서 살고 있다. 내가 로마에 두 번째 찾아온 후 계속 그곳에 거주하였다. 나는 이외엔 다른 집회 장소를 아는 바 없다. 그곳으로 나를 찾는 모든 이들에게 나는 진리를 가르쳤다. 그렇다. 나는 기독교 신자이다."

약 180년 경에 판타이누스(Pantaenus)라는 시칠리아 출신의 신자가 알렉산드리아에 이와 비슷한 모습의 "기독교적 영지주의(Christian Gnosticism)" 학당을 설립하고, 거기서 기독교를 진정한 철학으로서 교수하였다. 그는 가톨릭 신앙의 우월성을 보여주기 위하여, 이교도들의 사상 세계로 파고 들어가고자 하였다. 그의 가르침은 의미에 관한 근본적인 질문을 다루었다는 점에서는 영지주의적이라 할 수 있다. 그러나 그는 정통적인 해답들을 제시하였으므로 "기독교적"이라 부를 수 있는 것이다. 판타이누스는 기독교인들 뿐만 아니라, 지식을 목말라하던 모든 이교도들에게도 큰 인기를 얻게 되었다. 그는 치밀하고 영감있는 강의를 통하여, 많은 이교도들을 기독교로 인도하였으며, 많은 신자들을 그와 함께 신학적 황홀경으로 이끌고 갔다.

철학자들을 위한 목자

클레멘트는 판타이누스의 명성에 끌려 알렉산드리아를 찾았던 인물이다. 그는 이곳에서 20년 동안 판타이누스의 제자로 배웠으며, 그후에는 그의 후계자로서 학당을 이끌었다. 우리들은 주로 그가 남긴 저술들을 통하여 클레멘트에 관해 알고 있다. 그의 가장 중요한 가르침들은 그의 3부작, 「이교도들에의 권면」(Exhortation to the Heathen), 「교사」(Instructor), 「잡록」(Miscellanies)들로 대별될 수 있다. 이중「잡록」은 그의 생전에 완성을 보지 못하였다.

그러나 그의 동시대인들은 그를 저술가라기보다는 "철학자의 제복을 걸친 기독교의 사자"로서 이해하고 있었다. 그의 활동의 상세한 내용은 알 수 없다. 그러나 당시 헬라적인 과학 세계의 중심지였던 대도시 알렉산드리아를 상상해 본다면, 이곳의 지혜를 사랑하는 이들을 예수 그리스도의 진리로 이끌고자 하는 선교적 열망에 불타고 있었던 기독교 철학 교사의 모습을 그려 볼 수 있다.

"최초의 기독교 학자" 클레멘트는 성경뿐만 아니라 헬라 철학과 고전문학들을 포함한 그가 살던 시대의 학문들에 정통하고 있었다. 그는 로마, 아테네, 안디옥 등 교육의 중심지들로부터 그를 찾아온 젊은이들의 의문들과 문제들을 잘 이해하고 있었다. 그들은 마치 자기가 그러했듯이 전통적인 가르침들로부터 만족을 얻지 못하고, 기독교 계시 속에서 마지막으로 최고의 지혜를 추구하고 발견해야 할 것이었다. 이들 가운데 많은 이들은 틀림없이 이전에 이미 어떤 이단적인 영지주의적 형태의 기독교와 접촉해 본 경험이 있을 것임에 틀림없었다. 클레멘트는 그들의 세계로 파고 들어가 이들의 오해를 풀고, 참을성있게 이들을 진정한 기독교에 대한 이해로 인도해 가야 할 것이었다. 그는 철학자처럼 생활하고 가르쳤으며, 그 시대의 영지주의자들의 형식과 언어들을 사용하였다.

클레멘트의 목표는 분명하였다. 그는 당시 이교 철학자들의 외부적인 의복이나 표현 형식들뿐만 아니라, 그들이 씨름했던 난제들까지도 채용하였다. 예를 들어, 그가 당시 영지주의 학파에서 그렇게 관심을 갖고 다루었던 우주와 그 의미(우주론, cosmology)를 취급한다면 그는 이들의 오류를 지적하고 비판하기 위해서만 이렇게 하지는 않았다. 대신에 그는 세계의 창조에 관한 근본적인 종교적 문제들과, 인간 세상에 존재하는 악의 근원에 관한 의문, 하나님의 말씀이신 예수 그리스도 속에서의 구원 등이 기독교적 계시 가운데서 어떻게 가장 궁극적이고 심오한 대답을 발견하는가를 증명하고 지적해 내고자 하였다. 그는 헬라 지성의 세계를 위한 사도가 되고자 하였다. 그의 목표는 순전히, 혹은 우선적으로도 신학적인 것이 아니었고, 목회적이었다.

그는 토론에서 이기기를 원한 것이 아니고, 인간들을 그리스도에게, 그리고 그를 통하여 구원으로 이끌고자 하였다.

　이러한 그의 의도는, 특히 아직도 발렌티누스적 영지주의의 영향이 강하게 남아있었던 알렉산드리아에서는 상당한 위험을 부담해야 하는 어려운 작업을 의미하였다. 교회로서는 헬라 철학과 이교도들의 문학을 두려워 해야만 할 이유가 충분히 있었다. 이교는 고전 문학에 깊이 스며들어 있어서, 각종 저술들 속에 자리잡고 있는 이교의 가치관과 종교적 신화들을 쉽게 문학 교육들로부터 분리해 낼 수 없었다. 기독교의 초신자들은 멋있고 세련되게 변호되고 있는 이단들과 지루하고 편협하게 보이는 정통 신학 사이의 선택에서 주저하기 마련이었다. 현대의 세속 학교에 다니고 있는 지식있는 신자들이라면 이러한 문제를 실감할 수 있으리라. 클레멘트는 이들에게 제3의 길을 제시해 보고자 하였다.

　이단적인 영지주의자들처럼, 알렉산드리아 학자들도 기독교를 당시의 사상의 흐름과 접류시켜 보고자 하였다. 이를 위해선 철학을 보다 긍정적으로 이용하는 것이 필요하였다. 클레멘트는 철학이 기독교를 위한 예비의 단계라고 주장하였다. 그는 「잡록」의 처음 장에서 다음과 같이 말한다. "기독교가 도래하기 전, 철학은 헬라인들에게 의를 가르치는데 유용하였다. 이제 신앙을 갖게 된 이들에게는 경건을 위해 유용하다. 마치 율법이 유대인들을 위해 그러하였듯이, 철학은 헬라인들을 위해 초급 교사의 역할을 감당하였다. 그리스도 안에서 완전에 이른 이들을 위한 길을 예비하였던 것이다."

　그러나 클레멘트와 오리겐의 방법은 이단적 영지주의자들과는 완전히 달랐다. 기독교를 위한 철학적 방법의 도입을 위해 영지주의는 사도들의 교훈을 완전히 파괴하다시피 하였다. 그러나 클레멘트와 오리겐은 기독교를 철학의 형식을 통해 제시하면서도 베드로와 바울의 메시지에 완전히 충실한 모습을 고수하였다.

　클레멘트와 오리겐은 또 다른 중요한 측면, 그리스도인의 삶과 태도에서 영지주의자들과는 달랐다. 영지주의 이단들은 신자들의 성품을 계발하는 데는 거의 관심을 가지지 않았다. 그러나 클레멘트는 영적 통찰력은 심령이 순수한 자들, 마치 어린 아이가 그의 아버지의 손을 잡고 동행하듯이 겸손하게 하나님과 동행하는 이들, 윤리적 행동의 동기가 상벌의 기대를 초월하여 선을 선 그 자체 때문에 사랑하는 이들에게만 임한다고 가르쳤다. 이는 지식을 통한 신앙으로부터 일단 더 나아가, 구속받은 이들이 하나님과 연합하는 축복받은 상태에의 도달을 의미하고 있었다. 이러한 신비스런 연합의 가능성의 근거는 창조를 통해 심어진 하나님의 형상에 있었다.

그리하여 우리들은 영지주의 이단과 클레멘트 사이의 근본적 차이점에 도달하게 된다. 발렌티누스와 그의 추종자들은 창조를 어떤 악한 신들에 의한 장난으로 치부하여 그 가치를 부인해 버렸다. 그러나 클레멘트는 창조를 그의 교훈의 중심에 두었다. 그는 하나님께서 그의 모든 합리적 피조물들 속에 진리의 선한 씨앗들을 심어 두셨다고 생각하였다. 기독교 신자들이 헬라인들에게서도 배울 수 있는 이유는 모든 진리와 선은 어디에서 발견되든지 결국은 창조주에게서 오기 때문이다.

따라서 클레멘트의 사역은 기독교 교리의 발전에 있어서 중요한 전환점을 마련한다. 클레멘트 이후부터 헬라적 사고는 기독교 사상과 연합하게 되었다. 그 이후 위대한 성자들과 신학자들을 통해 이러한 연대는 더욱 강화되었다. 이러한 모습없이는 처음의 교회회의들이 이룩하였던 엄청난 신학적 성취는 불가능했을 가것이다. 오리겐의 천재성은 바로 이러한 연합의 기초 위에 이룩되었던 것이다.

오리겐과 진리에의 갈구

3세기 초 알렉산드리아에서 기독교에 대한 박해가 발생하였다. 클레멘트는 이를 피해 도시를 떠나야 했다. 그러나 그가 플라톤에게 배웠듯이 "필요는 발명의 어머니이다." 그는 학당 지도의 책임을 예외적으로 뛰어난 지성의 소유자였던 18세의 소년에게 맡겼다.

오리겐은 그의 어린 나이에도 불구하고 클레멘트의 뒤를 잇기에 부족함이 없는 인물임을 증명하였다. 그는 스승과 같이 철학을 깊이 사랑하는 인물이었다. 그 역시 인간들의 본능적인 지식에의 갈구는 결국 하나님으로부터 비롯되었다고 확신하였다. "만약 우리가 뛰어난 인간들의 예술 작품을 접하더라도, 우리들은 곧 그 작품의 본질과 제작 방법과 제작 목적들을 탐구하게 된다. 하나님께서 만드신 작품들을 대할 때에는 그와 비교할 수 없이 더 강렬한 욕구로서, 창조의 원칙들과 방법과 목적을 알고자 추구하게 된다. 이러한 욕구, 정열은 의심할 바 없이 하나님께서 우리들의 심정 속에 심어 놓으신 것이다. 마치 눈이 빛을 찾듯이, 육체가 양식을 요구하듯이, 우리들의 지성은 … . 하나님의 진리와 우리가 바라보는 대상들의 연유를 알고 싶어하는 본능적이요, 자연적 욕망으로 가득 차 있다."

오직 기독교만이 이 진리를 소유하고 있으며, 오리겐은 그리스도께서 부여하신 하나님의 구원의 계획에 모든 진리들을 귀속시키기로 결심하였다.

오리겐은 원래 기독교 가정 출신이었다. 그의 부친 레오니데스(Leonides)는 클레멘트가 피해서 알렉산드리아를 떠났던 바로 그 박해 때 순교한 바 있었다. 자기 가족들을 돌보기 위하여 오리겐은 세속 장서들을 팔아 버리고 교사요 학자로서의 위대한 생애를 시작하였다.

그런데 불행하게도 이 학자는 그의 감독 데미트리우스(Demetrius)와의 사이가 좋지 못했다. 그는 데미트리우스가 교만하고 권력을 사랑하는 교회 행정가라고 보았으며, 반면 데미트리우스는 오리겐이 이집트의 교회를 조직하려는 그의 노력에 비협조적이라고 생각하였다.

229년 경 오리겐은 아테네로 초청을 받았는데, 그리스를 향해 가는 도중에 그를 존경하는 이들이 많았던 팔레스타인을 통과하게 되었다. 그는 가이사랴(Caesarea)에서 성직을 위한 안수를 받았다. 데미트리우스는 이를 자기의 권위에 대한 명백한 도전이라고 생각하여 오리겐을 공개적으로 정죄하였다. 그 후 오리겐은 이 때문에 가이사랴에 거주하게 되었다. 그리하여 이 위대한 학자의 생애는 알렉산드리아의 시기(202-230)와 가이사랴의 시기(230-254)의 둘로 나누어진다.

그러나 그 장소를 불문하고 오리겐은 사람들을 끄는 힘이 있는 교사였다. 그는 사람들의 초청을 받아 각처를 여행하였다. 마치 시바의 여왕이 솔로몬을 찾아 왔듯이 학생들이 수 백 마일 밖으로부터 모여 들었다. 가장 초기의 학생들 가운데 하나로 소 아시아 출신의 그레고리(Gregory)가 있었는데, 그는 후에 특출한 사역으로 인하여, "기적을 이루는 이(Wonder worker)"라는 별명을 얻은 인물이다.

오리겐에게서 5년을 수학한 후, 그레고리는 그의 스승을 찬양하는 책을 저술하였다. 그레고리에 의하면, 오리겐은 처음부터, 진정한 철학의 목표로서 흠이 없이 착한 생활을 제시하였다. 오직 성결한 생활을 추구하는 이들만이 합리적인 피조물로서의 합당한 생활을 할 수 있다. 그리하여 우선 스스로를 알고자 노력하게 되며, 무엇이 선한 것이며, 무엇을 이루고자 노력해야 하는가, 무엇이 악한 것이며, 무엇을 피해야 할 것인가의 지식을 추구하게 되는 것이다. 오리겐은 무지야말로 경건에의 가장 큰 장애물이라고 가르쳤다. 철학의 선물을 경멸하는 자에게는 하나님을 향한 진정한 경건이 있을 수 없다. 그러나 진정한 철학은 언제나, "그의 표현할 수조차도 없는 아름다움을 인하여, 모든 이들을 저항할 수 없도록 스스로에게 이끄시는" 말씀에 그 초점을 맞추게 된다.

따라서 오리겐의 철학은 단지 사상의 문제가 아니라, 인격을 형성해 나가는 통로였다. 여기서 스승 자신의 모습이 그의 교훈보다도 더 강력한 가르침이 되었다. 그레고리에 의하면 "그는 그가 가르친 이론에 의해서보다도 그의 생활과 행동을 통하여 우리들에게 더 큰 자극을 주었다." 오리겐은 그의 생도들에게, 그들의 행동의 근원을 점검하고, 그들을 혼란으로부터 건져내어 도덕적 질서로 인도하는 충동들을 살피며, 악의 근원들을 대항하고, 선을 향상시키도록 노력하라고 가르쳤는데, 오리겐에게 있어서는 이러한 선의 배양이 곧 이성을 의미하였다. 그리하여 그는 그의 생도들에게 덕에 대한 사랑을 심어 주었으며, 제자들은 곧 그들의 스승 자신이야말로 진정 지혜로운 인간의 본보기임을 깨닫게 되었다.

오리겐은 부유한 친구의 덕에 일곱 명의 속기사들을 고용할 수 있게 되었다. 이들이 번갈아 가며 그의 가르침을 기록하였다. 그의 교실로부터는 책들이 쏟아져 나오기 시작했으며, 그의 명성은 곧 하늘을 찌를 듯하였다. 후에 제롬은 이렇게 말했다. "과연 누가 오리겐의 모든 저서들을 독파할 수 있겠는가?"

이 위대한 알렉산드리아인은 기독교 신자들을 위해 그리고 이교도들에 대항하여 광범위한 제목들에 관해 저술하였으나, 자기의 가장 중대한 사명은 역시 성경의 해석이라고 생각하였다. 그는 구약의 정확성을 기하기 위해 헥사플라(Hexapla)라고 이름한 6개 번역판 구약 대조 성경을 편찬하였다. 여기다가 구약의 각권들에 붙인 수십 권의 주석들과 수 백개의 설교들을 추가하였다.

그는 성경이야말로 신적 계시의 보고라고 생각하였다. 따라서 생도들은 이를 전체로 볼 수 있어야 한다. 만약 특정한 구절의 의미가 도덕적 확신이나 하나님의 속성에 어긋날 것 같으면, 이 가운데는 반드시 구절의 표면적 의미 아래 더 깊은 곳에 무언가 더욱 오묘한 진리와 의미가 잠재하고 있는 것이다.

　이러한 확신은 오리겐을 우리가 흔히 "풍유적 해석(Allegorical Interpretation)"이라 부르는 영역으로 끌고 갔다. 그는 성경 속에는 서로 다른 세 차원의 의미가 있다고 주장하였다. 즉, 문자적 의미, 영혼에의 도덕적 적용, 그리고 풍유적 혹은 영적 의미인데 바로 이것이 기독교 신앙의 신비를 가리키고 있는 것이다.

　오리겐의 관심은 어떤 특정한 구절의 표면적 의미에도 불구하고, 전체 성경 자체가 스스로의 의미를 말하게 하려는데 있었다. 왜냐하면 성경이 말할 때, 이는 곧 이를 영감하신 하나님께서 말씀하시는 것이기 때문이다.

　바로 여기에 이단적 교훈들에 대항하는 오리겐의 모습이 나타난다. 고대나 현대를 막론하고 이단들의 공통적 특징이라 할 수 있는 모습은 몇 개의 인상적인 성경 구절들을 뽑아내어 이들로부터 잘못된 해석들을 추출해내는 것이다. 오리겐은 이를 허락하지 않고자 하였다. 그는 성경 전체가 말하도록 하고자 했다. 왜냐하면 성경 전체가 가르치고 있는 것은 바로 가톨릭 기독교의 중심적 교훈들이기 때문이다.

　성경에 관한 오리겐의 방대한 작품들은 참으로 중요하기 이를 데 없다. 이들은 지성적인 기독교인들로 하여금 성경을 믿고 기독교인들로 남아있을 수 있도록 하였다. 인간의 지적 욕구를 충족시키면서 기독교 사상의 발전을 제어하도록 이성적으로 해석된 성경이 없었다면 기독교는 어떻게 되었겠는가? 오리겐은 교회를 위해 성경을 구해냄으로써 기독교 신앙의 역사적 토대를 보호했던 것이다.

생각하는 이들을 위한 신학

　성경 연구를 위하여 위대한 업적을 남겼던 이 신학자는 또한 조직 신학의 분야에서도 개척자적 업적을 이룩하였다. 대부분의 초대 기독교 신학은 이단 사상들을 반박하는데 집중되어 있었다. 오리겐이야말로 기독교 신앙을 위한 전반적인 지성적 기본 골격을 마련한 인물이다. 그는 그의 사역 초기에 이미 「제일 원리」(*First Principles*)를 저술하였으나, 그후 이를 다시 개정해야 할 필요를 느끼지 못했다. 이 저서는 상당한 교육을 받은 층들을 겨냥하여 이들이 알아차릴 수 있는 사상들과 개념들을 취급하고 있다. 오리겐은 농부들의 소박한 신앙을 무시하지 않았으나, 동시에 기독교가 문명과 문화의 형성에 공헌하기 위해서는, 인류의 마음뿐만 아니라, 그들의 지성에도 스스로의 존재를 정당화 시켜야함을 깨닫고 있었다.

그의 가르침의 기초는 항상 가톨릭 교회에서 전파한 복음이었다. 그러나 아직 교회에서 명백하게 정의하지 않은 부분에 있어서는 보다 자유스러운 사색이 가능하다고 생각하였다. 그의 이러한 행동이 상당히 과감하였으므로, 그의 동시대인들뿐만 아니라 후세인들도 그를 이단으로 정죄하기도 하였다.

오리겐의 시야는 마치 그 끝이 없는 듯 보인다. 그는 사탄 자신을 포함한 모든 피조물들이 언젠가는 하나님과의 교제를 다시 회복할 때가 올 것이라고 까지 가르쳤다. 이때 지옥은 텅텅 비게 될 것이다. 바로 이 주장 때문에 그는 많은 비판과 경원을 받게 되었다. 물론 교회 역사상 많은 인정많은 이들이 언젠가 하나님의 사랑과 자비가 모든 죄많은 인간들의 반역 위에 승리할 것을 꿈꾸었다. 그런데 오리겐의 실수는 이러한 꿈을 교리로 정립시키고자 한 데 있었다. 정통 기독교인들은 이러한 꿈을 교리로 전환시켜서는 안된다고 생각하였다. 왜냐하면 이러한 사상은 항상 인간의 자유의지와 그 결과를 부인하는 경향이 있기 때문이었다.

만약 찰스 윌리엄스(Charles Williams)가 그의 저서 「비둘기의 하강」(*Descent of Dove*)에서 시사했듯이 하나님이 그의 약속을 기어코 지키시는 분이시고, 인간은 선택할 수 있는 의지를 가진 존재라면, 인간의 하나님에 대한 영구적인 배반과 부인은 가능한 사건으로서 인정되어야 한다. 그렇다면 지옥 역시 항구적인 것이다. 오리겐은 이 점에서 지나치게 나간 것이다. 그는 단지 인간의 소원 사항을 교리로서 제시하고자 했던 것이다.

오리겐의 모든 소원과 사색은 254년 그 끝을 맺게 되었다. 데키우스 황제의 박해시 오리겐은 특별한 표적으로 주목받았다. 그는 투옥되어 말할 수 없는 고문을 받게 되었다. 당국자들은 그의 생명은 겨우 붙어있게 하면서 가능한 한 최악의 고통을 가했다. 251년 데키우스의 공포의 시대가 끝나고 오리겐도 석방되었다. 그러나 이미 가해진 고문은 이제 이 백발의 노학자를 끝내 살려두지 않았다. 그는 삼년 후 두로(Tyre)에서 69세를 일기로 소천하였다.

오리겐의 광범한 지성과 클레멘트의 포용성은 항상 정통 기독교 학자들과 신자들의 신경을 예민하게 만드는 대상이었다. 헬라적 환경에 기독교를 적응시켜보고자 했던 그들의 노력은 과연 지나친 실험이었을까? 헬라 철학의 용어와 개념들은 기독교 본연의 영역에까지 침입하여 원래의 복음을 사로잡아 버렸는가? 신실한 기독교인들은 심각하게 이러한 질문을 던지지 않을 수 없었다. 왜냐하면 이들이 아는 바대로 이 세상을 향한 사랑은 계시된 신앙의 신조들을 오염시킬 수 있는 까닭이었다.

그러나 오리겐이나 클레멘트가 신앙을 변질시키지 않았다는 사실은 명백하다. 그들이 비록 그의 청중들의 정신적 세계에 깊이 파고 들어가기는 하였으나, 그들은 구원의 의미가 무엇인지를 한 순간도 잊은 적이 없었다. 마치 그리스도께서 그의 성육신을 통하여 인간의 몸을 취하셨듯이, 그리스도의 추종자들도 역사 속에서 모든 인간들과 문화의 형상을 취하였다. "모든 이들에게 모든 것이" 되고자 했던 바울처럼 클레멘트는 거듭하여 강조하였다. "헬라인들을 구하기 위해선 그들에게 우리들도 헬라인들이 되어야 한다. 각자들이 익숙해 있는 지혜의 세계로 우리들은 뛰어들어서, 그들이 자기들의 사상 체계를 통하여 가장 용이한 길을 통해 진리에의 확신과 신앙에 이를 수 있도록, 그들이 요구하는 형태의 지혜를 제시할 수 있어야 한다."

보다 적극적인 측면에서 평가해 볼때, 클레멘트와 오리겐은 기독교를 위해 인문주의를 간직해 주었던 인물들이라 볼 수 있다. 그들은 그들 뒤를 따랐던 위대한 기독교 지도자들 ― 아타나시우스(Athanasius), 닛사의 그레고리 (Gregory of Nissa), 요한 크리소스톰(John Chrysostom) 등 ― 의 생애와 사역이 가능하도록 그 길을 닦았다. 그리고 이들은 고전 문화의 정수가 교회 안에서 그 거처와 미래를 발견할 수 있음을 보여주었던 것이다.

참고도서

Bigg, C. *Christian Platonists in Alexandria*. Oxford: The Clarendon Press, 1913.

Danielou, J. *Origen*. Translated by W. Mitchell. New York: Sheed and Ward, 1955.

Franzen, August. *A History of the Church*. Revised and edited by John P. Dolan, New York: Herder and Herder, 1969.

Oulton, J. E. L, and Chadwick, Henry, Editors, *Alexandrian Christianity*. Philadelphia: Westminster, 1954.

Prestige, G. L. *Fathers and Heretics*. London: S.P.C.K., 1963.

_____, *God in Patristic Thought*. London: S.P.C.K., 1952.

기독교 로마 제국의 시대

312 — 590

콘스탄티누스 황제는 기독교 역사상 가장 중요한 인물 가운데 하나이다. 그의 개종 이후 기독교는 카타콤의 음습한 어두움으로부터 궁정에서 특권을 누리는 위치로 옮겨갔다. 제4세기를 박해 받는 소수의 입장에서 시작했던 기독교가 제국의 공식적 종교로서 그 세기를 마감하게 되었다. 그리하여 교회는 제국의 권력에 참여하게 되었으며 사회 전체를 위한 도덕적 책임을 담당하게 되었다. 국가를 섬기기 위해 교회는 그 교리를 정비하고 체제를 발전시켰다. 이러한 신앙의 세속화에 대한 반발로 수도사들이 나타났다. 또한 이 시기에, 베네딕트 수도회에서 이교도들을 교화시키기 위한 선교사들을 모집하고 파견하는 동안에도 야만족들이 제국의 서부 지역으로 침입해 들어오고 있었다.

9

제왕의 홀(笏)을 내리다

역사나 혹은 조각 등에 특별한 조예가 없는 관광객들은 로마에 있는 콘
스탄티누스의 개선문의 크기에 놀라지 않을 수 없을 것이다. 그런데
여행객들을 위한 안내 책자를 자세히 읽어보면 이 아치(arch)의 꼭대기에
새겨진 라틴어는 "위대한 황제 카이사르 플라비우스 콘스탄티누스"가 "그의
대적과 군대를 패배시켰던" 위대한 승리를 기념하기 위한 것임을 알 수 있
다.

　아치의 도시쪽 프리즈(frieze, 줄로 된 소벽)를 보면 그의 대적이었던 또
다른 황제 막센티우스(Maxentius)가 그의 병사들과 함께 밀비안(Milvian) 다
리로부터 떨어져 티베르(Tiber) 강으로 빠져 들어가는 것을 볼 수 있다. 바로
이들이 승리자 콘스탄티누스에 의해 참패 당한 장본인들이다.

　기독교 역사가이자 콘스탄티누스의 전기 작가였던 가이사랴의 유세비우스
는 티베르 강에 몰살했던 막센티우스의 모습을 옛날 파라오가 홍해에 빠져
죽었던 사건에 비유하였다. 당대의 많은 이들은 콘스탄티누스의 개종과 그의
승리가 하나님의 영감에 의한 것이었으며, 여기서 역사의 전환점이 이룩되었
다고 생각하였다.

　콘스탄티누스는 가톨릭 기독교의 시대가 막을 내리고 기독교 제국의 시대
(312 — 590)의 도래가 시작됨을 상징하는 인물이다. 용기있는 순교자들의
이야기는 과거의 유물이 되었으며 이제 제국이 기독교화하고 교회 문제에
제국이 관여하고 간섭하는 시대가 시작되고 있었다.

　과연 어떻게 이러한 변화가 가능하였는가? 박해의 대상이었던 기독교라는
"미신"이 어떻게 갑자기 로마 사회의 그늘로부터 뛰쳐나와 거의 하룻밤 사

이에 거대하고 막강한 제국의 영적 지도자의 위치를 차지하게 되었는가?

제국의 변환

기독교의 모습의 변화를 파악하기 위해서는 콘스탄티누스의 전임자였던 디오클레티안(Diocletian)의 시대를 살펴볼 필요가 있다.

디오클레티안이 284년 즉위하였을 때 이미 제국의 말기 현상이 짙게 나타나고 있었다. 제3세기에 30명이나 되는 사람들이 황제의 자리를 차지했었으며, 또 다른 많은 이들이 이를 차지해 보려고 시도하였다. 로마 원로원은 더이상 자기들이 황제를 선출한다는 모습을 가장하기조차 포기한 상태였다. 황제와의 혈연관계가 제위의 계승을 거의 보장하지 못하였다. 반대로 황제의 아들들이나 그 인척들은 다음 황제가 즉위하면 일차적으로 처형의 대상이 되는 일이 다반사였다.

허친슨(Hutchinson)과 개리슨(Garrison)은 당시의 위기를 다음과 같이 묘사하였다. "혼란과 무질서가 제국 전체를 휩쓸고 있었다. 한 황제가 암살 당하면 군대들은 즉각 다른 곳에서 또 다른 인물을 황제로 추대해 세우곤 하였다. 어떤 경우에는 로마 시의 황제 근위대였던 프리토리안 시위대(Praetorian Guards)들이 황제를 선택하기도 했으며, 또 국경에 배치된 군인들이 같은 작태를 부리기도 하였다. 제3세기 말 로마의 지성인들은 절망 상태에 있었다. 이들은 로마가 급속하게 멸망하고 있는 것을 목격하였으며 한때 자랑스럽던 문명이 야만의 바다로 빠져 들어가는 것을 바라보아야만 했다."

물론 로마가 결국 이러한 멸망의 길을 걸었으나, 그 시기는 상당한 시간이 경과한 후였다. 최종적 몰락은 A.D. 300년에 발생하지는 않았다. 서방의 경우엔 그후 300년의 시간이 흘러야 했다. 동방의 경우는 "로마"라는 칭호를 사용했던 국가가 콜럼버스가 신대륙을 향해 닻을 올리고 항해를 시작할 때까지도 계속되고 있었다. "이러한 로마의 급격한 변화, 혼란과 임박한 재앙으로부터 갑자기 새로운 활력과 안정을 되찾았던 것은 거의 한사람, 디오클레티안의 위업이라 할 수 있다." 그는 콘스탄티누스 직전 거의 20년 동안(284-305) 제위를 차지하고 있었다.

디오클레티안은 사실 기독교를 가장 혹심하고 야만적으로 박해했기 때문에, 신자들은 그의 이름을 호의적으로 기억하지는 않는다. 그러나 무정부 상태의 제국을 이어 받아 이를 갱신시켜 그의 후계자들에게 물려준 점에서

"디오클레티안은 진정 가장 뛰어난 황제들 가운데 한 사람으로 분류되어야 한다."

달마티아(Dalmatia, 현재의 유고슬라비아) 지역 노예들의 소생이었던 디오클레티안은 일찍이 군문에 투신하여 채 40세가 되기 전 일군의 사령관이 되었다. "장군들과 장교들에 의해 황제에 선출된" 그는 상원의 원로원의 법정에서, 가장 가까운 곳에 서 있던 경쟁자를 칼로 찔러 살해해 버림으로써 그의 지위를 확고히 하였다. "그때부터 그는 마치 제국의 목을 잡고 흔들어 제정신을 들게 하듯이" 이를 소생시켜 내었다. 그는 독일 지방에서의 로마 세력의 약화를 전환시켰을 뿐만 아니라, 저 멀리 브리튼과 페르시아 지방까지도 다시 정복하였다.

그러나 디오클레티안은 단순한 무장 이상의 인물이었다. 장기적인 안목으로 볼 때 오히려 그의 정치적 역량이 더욱 중요한 역할을 하였다. 그는 당시의 제국은 제대로 관리할 수 없는 상태에 있다고 판단하였다. 계속적으로 국경이 위협을 받고 있었다. 그리하여 그는 다른 세 사람과 제국을 사분하여, 네개의 황실을 수립하였는데, 그중 어느 하나도 로마시에 소재하지 않도록 하였다. 그는 자신의 황실은 소 아시아 서북쪽의 니코메디아(Nicomedia)에 설치하였다. 그는 이곳으로부터 동부 국경을 계속 위협하는 침략자들을 감시할 수 있었다.

디오클레티안의 계획은 황제들의 계속되는 피살로 인한 무정부 상태로부터 제국을 구해 내려는 것이었다. 이 노회한 황제는 네 사람 — 두 사람의 "아우구스투스(Augustus)"와 그들보다 약간 지위가 낮은 두 "카이사르(Caesar)" — 사이에 황권을 분리하면 그의 가장 위험한 경쟁자들의 야망을 제어할 수 있으리라 생각하였다. 각자들은 모두 황제가 되고 싶어 할 것이므로 이들은 더 이상 나이많은 통치자들을 암살하는 방법으로 그의 위치를 격상시키고자 하지는 않으리라는 계산이었다.

기독교인들을 화형장으로

과연 디오클레티안이 왜 그의 뛰어난 통치기간의 마지막 2년을 남겨 놓고 갑자기 역사상 가장 가혹한 기독교 박해를 시작하였는지는 아무도 모른다. 디오클레티안 자신은 매우 헌신적인 이교도였으나, 점증하는 기독교 세력에 별로 신경을 쓰지 않고 있었다. 그의 궁정에는 신자들이 다수 있었으며, 그의 아내 프리스카(Prisca)와 그의 딸 발레리아(Valeria)도 신자로 알려져 있었다. 제국의 대도시들에는 장려한 교회당들이 세워지고 있었는데, 그중 가장 큰 것은 니코메니아의 그의 수도에 자리잡고 있었다.

그런데 갑자기 이 늙은 황제는 그의 군대 내에서 기독교 신도들을 숙청해 버리고, 관리들을 시켜 교회 건물들을 파괴시켰으며, 예배를 금지시키고, 성경을 불태우기 시작하였다. 감독들은 무더기로 체포되어 투옥되고 고문당했으며 많은 수가 처형 당했다. 남아있던 일체의 기독교 공동체들을 완전히 파괴시키고자 하는 모습이었다.

305년 디오클레티안은 이미 오래 전부터 세워졌던 계획에 따라 제위를 양위하였고, 그의 동료 아우구스투스(Augustus)였던 막시미안(Maximian)에게도 같은 길을 따르도록 강요하였다. 이 당시에도 역사에서 말하는 디오클레티안의 박해는 계속되고 있었다. 실제로 동방의 새 아우구스투스였던 갈레리우스(Galerius)는 그 어느 때보다도 더 기독교를 완전 소멸해버리도록 애쓰고 있었다. 당시의 신자들은 바로 이 인물이 사실은 원래 기독교 박해를 시작하게 했던 장본인이라고 말하고 있었다.

그러나 이때는 이미 많은 이교도들 자신들이 너무나 참혹한 박해의 모습에 염증을 느끼고 있었다. 한편, 저 멀리 브리튼의 새 아우구스투스였던 콘스탄티우스 크롤루스(Constantius Chlorus)는 자기가 다스리던 고올 지방에서는 본격적으로 박해를 시행한 일이 없을 뿐 아니라, 기독교인들을 향한 일체의 핍박행위를 중지시켰으며, 이들을 향해 호의를 베풀기 시작하였다.

갈레리우스는 311년 그의 임종시 기독교를 멸절시키고자 했던 그의 노력이 실패하였음을 깨달아야만 했다. "물론 공포에 질린 수천명의 신자들이 그들의 신앙을 저버린 것은 사실이었다. 그러나 반면 또 다른 수천 명들은 의연한 모습으로 그들의 신앙을 피로써 인증하였다." 실제로 너무나 많은 이들이 신앙을 위해 순교하고 싶어 하였으므로, 카르타고의 감독은 필요없이 죽음의 길을 택하는 이들은 순교자로서 추앙치 않겠다는 입장을 밝혀야 할 정도였다.

기독교 박해를 반대하는 여론이 너무나 거세었다. "황제조차도 더 이상의 고문과 악형과 살인 행위를 계속할 수는 없었다. 그리하여 갈레리우스는 그의 황제로서의 마지막 행위로서 마지못해서나마 박해의 중단을 명해야만 했다." 그리하여 실질적으로 로마 제국의 기독교 박해는 그 막을 내리게 되었다.

갈레리우스의 죽음과 함께 황제 위를 차지하기 위한 권력 투쟁이 시작되었다. 312년 봄, 콘스탄티우스 클로루스의 아들 콘스탄티누스가 그의 경쟁자 막센티우스를 이탈리아에서 몰아내고 로마시를 차지하기 위해 알프스를 건너 진군해 왔다. 이는 대담한 도박이었다. 그는 로마의 외곽 밀비안 다리에서 군사적으로 그보다 우세하였던 적군을 맞아 싸우게 되었을 때 기독교인들의 하나님에게 도움을 구하였다. 그는 꿈속에서 하늘에 나타난 십자가와 "이 표적으로 정복하라"는 구절을 보게 되었다. 그는 이에 자신을 얻고 진격하였다. 그리하여 그는 312년 10월 28일 막센티우스의 군대를 물리치고 대승하게 되었을 때, 이를 그리스도의 능력과 기독교의 우월성의 증거로서 생각하였다.

일부 역사가들은 콘스탄티누스의 '개종'이 순전히 정치적인 계산의 결과라고 판단하기도 한다. 물론 그의 삶 속에는 상당한 이교의 영향이 계속하여 남아 있었다. 그는 책략에 능했고, 살인도 했으며, 더욱이 국가 종교 제전의 수장을 의미하는 칭호인 폰티펙스 막시무스(Pontifex Maximus)를 계속 사용하기까지 했다. 그러나 동시에 그의 공사 생활 전체를 한데 살펴보면 그의 개종이 전혀 정치적이었다고만 볼 수도 없다. 그는 312년부터 공공연하게 기독교를 우대하기 시작하였다. 그는 기독교 성직자들이 이교도 사제들과 동일하게 면세 혜택을 받도록 하였다. 그는 십자가 형을 폐지시켰으며, 범죄자들에 대한 처벌로 검투행위를 시키는 것도 금지시켰다. 321년에는 일요일을 공휴일로 지정하였다. 그의 지원 하에 웅장한 건물들이 건축되어 기독교에 대한 그의 지지를 보여주고 있었다.

그의 공공 활동은 또한 그의 개인 생활과도 일치하는 모습을 보이고 있다. 그는 자기의 신앙을 감추지 않고 자녀들을 신자로서 양육하였으며, 신자로서의 가정 생활을 유지하였다. 그는 죽기 얼마전 니코메디아 감독 유세비우스에게 세례를 받았다. 그는 세례 받은 후 다시는 황제의 화려한 자주색 제복을 걸치지 않았으며, 하얀 세례복 차림으로 임종하였다.

이러한 황제의 개종에 영감을 받은 19세기의 시인 매튜 아놀드(Matthew Arnold)는 다음과 같은 시를 읊었다.

왕관과 보검으로 치장하고
승리에 양양했던 서방이 들었을 때
그녀 가슴을 파고드는 허무를 느꼈다
그녀는 떨면서 순종하였다.

그녀는 독수리 군장을 덮고, 그녀의 칼도 꺾어버리고
제왕의 홀도 내렸다
황제의 현란한 왕관과
찬란한 자주빛 제복도 마다 하였다.

기독교의 새로운 수도

콘스탄티누스는 새로운 종교와 함께 로마 세계를 위해 새로운 수도를 제공해 주었다. 제국의 대적들은 주로 동부에 집결하는 경향이 있었는데, 이제 제국의 수도도 동부적인 근원을 가지고 있었다. 따라서 동쪽으로 천도하는 것은 자연스런 움직임이라 할 수 있었다. 콘스탄티누스가 선택한 장소는 또한 장래에 교역을 통해 부를 축적하기에 가장 이상적인 장소였다. 흑해와 지중해 사이의 수로인 보스포루스(Bosporus)의 좁은 목은 해로나 육로를 통해 아시아와 유럽 사이의 자연적인 교차점이었다. 이 해협의 한쪽에는 이상적인 천연의 항구가 위치하고 있었다. 이곳은 고대에 침입자들을 방지하기 위한 수단으로 쇠사슬을 설치하기에 적당할 만큼 그 입구가 좁았다. 이미 수 백년을 두고 이곳에는 촌락이 자리잡고 있었다. 330년 콘스탄티누스가 이곳에 옮겨갈 때까지는 비잔티움이라는 이름으로 불리고 있었다. 그로부터 꼭 1600년 후 터키 인들은 그 이름을 이스탄불이라 개명하였다. 그러나 기나긴 역사의 대부분 동안을 이곳은 콘스탄티누스의 도시, 즉 비잔틴(Byzantine), 혹은 동로마 제국의 수도, 콘스탄티노플이라 불리게 되었다.

오랜 세월이 지난 오늘날의 우리들은 이러한 황제의 정책 변화가 당시의 교회에 얼마나 심대한 영향을 불러왔는지 짐작조차 하기 힘들다. 312년 이전 기독교는 법에 의해 금지되었던 박해의 대상이었다. 갑자기 황제의 지원을 누리고 특혜를 받는 입장이 되었다. 콘스탄티누스는 기독교를 공공 생활 속에 존재케 하였다. 그 결과 교회는 이전과는 전혀 다른 세상을 향한 사명을 감당해야 했다.

황제를 이상적인 기독교인으로 묘사하고 그를 통해 구속사의 새로운 시작을 꿈꾸었던 교회사가 유세비우스의 입장은 아마도 당시 대부분의 신자들의 시각을 대변하는 것일 게다. 공개적으로 말씀을 전하고 아무런 방해를 받지 않고 발전할 수 있다는 것은 곧 하나님께서 교회에게 보다 거대한 새로운 사명을 주셨다는 사실을 의미하였다. 일반 사회의 생활 속에 기독교 정신을 주입하기 위해 하나님께서 예정하신 시간이 다가왔음을 의미하였다.

일부 신자들은 로마 제국이 세계에 정치, 경제, 문화적 통일을 제공하였던 바로 그 순간 예수님과 그의 메시지가 출현하였다는 사실에서 특별한 섭리의 손길을 발견하기도 하였다. 전 세계 인류들에게 진리를 전파한다는 기독교의 사명을 성취하기 위한 준비로서 제국이 그 역할을 담당하고 있던 것처럼 해석되기도 하였다. 이제 콘스탄티누스의 개종과 함께 전 세계의 개종의 때가 다가온 듯하였다.

교회를 위해 유리한 상황이 전개되었으나, 또한 이에 대한 대가를 지불하지 않으면 안되었다. 콘스탄티누스는 마치 그의 수하의 국가 관리들을 다루듯이 감독들을 지휘하였으며, 순수한 종교적 문제에 있어서도 그의 지시와 명령에 대한 무조건적인 복종을 기대하였다. 또한 이제 국가의 지원을 받는 교회에 일반 대중들이 쏟아져 들어왔다. 콘스탄티누스 이전에는 교회가 확신을 가진 신자들로만 구성되어 있었다. 그러나 이제 정치적 야망에 불타고, 이교의 영향에 젖어 있으면서, 종교적 관심은 별로 없는 자들이 몰려들기 시작했던 것이다. 이러한 모습은 단지 교회의 신앙적 입장을 약화시키고 이교의 미신에 의해 오염시켰을 뿐만 아니라, 세속화와 정치적 목적들을 위해 종교를 잘못 이용하는 사태를 발생시켰다.

교회가 세력을 잡다

380년, 기독교인을 위한 특혜의 모습은 드디어 비기독교 신자들에 대한 처벌로 바뀌었다. 그 해에 테오도시우스(Theodosius) 황제가 칙령을 내려 기독교를 국교로 선포했던 것이다.

우리가 통치하는 모든 백성들은 하나님의 사도 베드로가 로마인들에게 전한 종교를 신봉해야한다는 것이 우리들의 뜻이다. 우리들은 동일한 권세와 삼위일체의 교리 아래서 성부와 성자와 성령의 한 하나님을 믿는다.

우리들은 우리의 통치 아래 있는 모든 이들이 가톨릭 기독교 신자의 이름을 포용할 것을 명령한다. 그외의 인간들은 온전치 못한 광인들로서 취급할 것이며, 이단적 교의에 빠져 있는 자들로서 간주할 것이다. 그들의 집회 장소는 교회의 이름으로 불리지 못할 것이다. 이들은 우선 하나님의 분노에 따른 처벌을 받을 것이며, 두 번째로는 우리들이 시행하는 처벌의 대상이 될 것인데, 우리들의 처벌은 하나님의 심판에 따라 시행될 것이다.

테오도시우스는 자기 자신의 의지와 하나님의 뜻 사이에는 밀접한 관계가 있다고 전제하고 있는데, 이는 기독교 제국에 암암리에 존재하는 모습이다.

기독교 제국의 교회 건물들은 그리스도와 황제의 새로운 계급제도를 강조하기 위하여 조심스럽게 고안되었다. 이러한 스타일은 동방으로부터 빌려온 것이다. 2세기에 페르시아를 방문했던 한 헬라 출신의 여행객은 자기가 그곳에서 본 한 궁정의 모습을 묘사하였다. "그 안에는 돔(dome)으로 덮인 홀이 있었다. 그 내부는 하늘의 푸르름을 연상시키며 반짝이는 사파이어 보석들로 장식되어 있었으며, 이러한 보석들의 푸른 색 배경을 바탕으로 신들의 황금 조상들이 뚜렷하게 드러나도록 배치되어 있었는데, 이들은 마치 창공에 빛나는 별들의 모습을 연상시켰다." 바로 이것이 모자이크로 점철된 비잔틴 교회당들 내부의 패턴이 되었다. 설혹 "신들의 황금 조상들"이 아니라면 최소한 하나님과 그를 이 지구상에서 대표하는 반신(demi-god)의 모습을 전시하고 있었다.

한편, 황궁에서 멀리 떨어진 서방에서는 일부 성직자들이 용감하게도 이러한 반신들에게 도전하였다. 밀라노의 감독 암브로시우스(Ambrose)가 바로 이러한 인물들 가운데 하나였다. 이러한 양자의 충돌을 낳게 한 사건의 시초는 표면적으로 볼 때 거의 황실의 관심 대상이 되지 못할 것 같은 문제였다. 390년 한 헬라 도시의 전차 경주자가 동성 연애자라는 혐의를 받게 되었다. 이 지역의 총독은 곧 그를 체포하여 투옥시켰는데, 시민들이 이에 극심하게 반발할 줄은 미처 생각지 못하였다. 전차 경주가 시작될 즈음에 시민들은 이 선수의 석방을 요구하였고 총독은 이를 거부해 버렸다. 군중들은 이에 폭동을 일으켜 총독을 살해하고 문제의 경주자를 풀어 내었다.

당시 밀라노에 머물고 있었던 테오도시우스는 이 소식을 접하자 분노를 폭발시켰다. 그는 시민들을 처벌하도록 명령하였다. 그리하여 또 다른 전차 경주가 데살로니가에서 거행될 때, 원형 경기장의 출입구들을 봉쇄해 버리고 테오도시우스의 병사들이 각 입구들에 배치되었다. 신호에 따라 이들은 군중들을 무차별 습격하였다. 불과 세 시간 만에 무려 7,000명이 학살당하였다.

제국 전체에 공포와 분노의 여론이 분분하였다. 스스로를 제국의 양심으로 생각하고 있었던 암브로시우스는 깊은 수치감을 느꼈다. 인류의 정의와 교회를 위하여 이를 비판해야만 한다고 생각하였다. 테오도시우스는 자기의 죄를 자인하고 회개해야만 했다. 암브로시우스는 테오도시우스에게 편지를 내기로 결정하였다.

그는 다음과 같이 썼다. "폐하가 신앙을 위한 정열을 지니고 있으며, 하나님을 경외하는 인물이라는 것은 틀림없는 사실입니다. 그런데 타고난 천성이 화급하여 흥분하면 걷잡을 수가 없습니다. 폐하는 회개해야 합니다. 당신의 눈물과 고행과 하나님 앞에 당신의 영혼을 겸손히 할 때만 당신의 죄를 사함 받을 수 있을 것입니다. 당신은 인간에 불과합니다. 그리고 인간으로서 범죄하였으니 반드시 회개해야 합니다. 그 어떤 천사도, 천사장도 당신을 사죄해 줄 수는 없습니다. 하나님 한 분께서만 당신의 죄를 사할 수 있으신데, 그는 오직 회개하는 자들만을 사죄해 주십니다."

암브로시우스는 황제가 그의 죄를 회개하기까지 그에게 성찬을 베풀기를 거부하였다. 테오도시우스는 한 동안 교회에 출석하지 않았으나, 결국은 암브로시우스의 조건을 받아들였다. 가득찬 회중들이 지켜 보는 가운데 그는 화려한 황제의 제복을 벗고 그의 죄를 용서해 주기를 간청하였다. 그는 수차례나 이러한 모습을 보였으며, 결국 암브로시우스는 성탄절 날 그에게 성찬을 베풀었다.

비잔틴 제국의 황제에게 맞서는 데에는 예외적인 용기가 필요하였다. 그는 이때 그후 서방 교회가 세속 군주들을 굴복시키기 위해 여러 번 사용하게 되는 출교(excommunication)라는 무기를 사용했던 것이었다. 그러나 기독교 제국의 중심지 콘스탄티노플에서는 그 어떤 감독도 감히 이러한 용기를 보이지 못했다.

일찍이 뱀버 가스코인(Bamber Gascoigne)이 지적했듯이, "오늘날 성 암브로시우스의 이름을 딴 교회에서는 로마 가톨릭의 예식이 거행되고 있는데, 그 모습은 우리가 희랍 정교(Greek Orthodox)라고 알고 있는 바 비잔틴 황제들과 연관된 예배의 형태와는 상당한 차이가 있다. 그러나 정통(orthodox)이란 단지 정확하다는 의미이며, 가톨릭(catholic)이란 보편적이라는 의미이다.

따라서 우리들은 이들을 가리켜 희랍 가톨릭이나 혹은 로마 정교라 해도 별 오류는 없을 것이다." 물론 이들 동·서방 교회들은 각각 자기들의 기독교가 더 옳은 형태라고 주장하고 있다. 그러나 어쨌든 황제에 대한 그들의 서로 대조되는 태도들을 통하여 우리들은 이들의 상이한 운명들의 상징을 발견하는 것이다.

참고도서

Alfoldi, Andrew. *The Conversion of Constantine and Pagan Rome*. London: Oxford University Press, 1948.

Baynes, Norman H. *Constantine the Great and the Christian Church*, 2nd Edition. London: Oxford University Press, 1972.

Cochrane, Charles Norris. *Christianity and Classical Culture*. New York: Oxford, 1957.

Coleman, Christopher Bush. *Constantine the Great and Christianity*. New York: AMS Press, 1968.

Greenslade, S. L. *Church and State from Constantine to Theodosius*. London: SCM Press, 1954.

Johns, A. H. M. *Constantine and the Conversion of Europe*. London: Hodder & Stoughton, 1948.

10

삼위일체 교리의 정립

기독교가 하나님에 관해 주장하는 것들 가운데 가장 특별하다고 할 수 있는 것은 하나님께서 세 위격으로 존재하신다는 주장이다. 예배를 드리는 이들은 일어서서 다음과 같이 찬양한다.

> 거룩, 거룩, 거룩! 전능하신 주 하나님!
> 당신의 모든 피조물들이 땅과 하늘과 바다에서 당신의 이름을 찬양할지라;
> 거룩, 거룩, 거룩! 자비하고 능하시다!
> 세 위격의 하나님, 복되신 삼위일체여.

기독교 외의 그 어떤 종교도 셋이자 하나이신 하나님을 숭배하지는 않는다. 모슬렘과 유대인들은 이 교리를 어불성설이라고 생각하였다. 유니테리언들과 여호와의 증인들은 이를 신학적 오류에 불과하다고 생각하였다.

기독교 신자들 가운데서도 과연 삼위일체의 교리를 어떻게 설명해야 하는지 모르는 이들이 많다. 이들은 이 교리를 단지 신비의 영역에 속하는 것으로 단정하고 만다.

그러나 초대 교회에서는 그렇지 않았다. 4세기의 신자들은 마치 무슨 문제를 풀어내지 못하여 고민하는 학자처럼 이를 해결해야만 할 필요성을 느끼고 있었다. 셋이 하나 속에, 그리고 하나가 셋 속에 존재한다. 이들은 각각 동일한 동시에 서로 다르다. 이러한 신비의 교리를 사이에 두고 논쟁을 벌였을 때, 이에 관련된 학자들은 얼마 시간이 지나지 않아 모두들 서로를 이단이라고 부르기 시작하였다.

당시의 한 감독은 이러한 신학 논쟁의 열기에 휩싸여 있던 콘스탄티노플의 모습을 다음과 같이 기록하였다. "만약 그 도시에서 누구에게든지 잔돈을 바꾸어달라고 부탁하면 그는 곧 과연 성자 하나님이 (피조물 여부에 대조적으로) 낳음을 받았는지의 여부에 관해 토론을 시작할 것이다. 만약 빵의 품질에 관해 질문을 하면, 당신은 성부 하나님께서 성자 하나님보다 더 존귀하신 분이라는 대답을 듣게 될 것이다. 만약 당신이 목욕을 하고 싶다고 하면, '성자 하나님께서 창조되시기 전에는 아무 것도 존재하지 않았다' 는 대답을 듣게 될 것이다."

바로 이 시대가 삼위일체의 교리를 형성시킨 시대였다. 그러나 과연 이들은 삼위일체라는 명칭으로 무엇을 의미하였을까? 정통 기독교인의 삼위일체 하나님에 관한 이해는 어떠한 것인가?

신비의 해석

이 교리는 콘스탄티누스의 개종 후 매우 중요한 위치를 차지하게 되었다. 황제는 신자가 되면서 교회가 노쇠해가는 제국에 새로운 활기를 불어 넣어주기를 기대하였다. 그러나 이러한 일을 감당하기 위해서는 우선 교회 자체가 한데 뭉치고 통일을 이루어야 한다. 내분이 심하고 서로 당파가 싸우는 교회는 이리저리 찢겨 나가는 모습의 제국을 한데 묶어둘 수 없다.

바로 이러한 이유 때문에 콘스탄티누스는 기독교인들 사이에 신학과 교리의 문제로 서로 다툼이 극심하다는 소식을 듣고 골치를 앓게 되었다. 디오클레티안과 갈레리우스 치하에서 극심한 박해에 시달렸던 바로 그 신자들이 이제는 교리 문제로 이견이 있는 다른 신자들이 교회에서 축출되어야 한다고 주장했으며, 이를 위해선 국가의 권력까지도 동원되어야 한다고 요구하고 있었다. 콘스탄티누스는 이러한 교회내의 계속적인 분쟁을 해결하기 위해, 혹은 신자들이 믿는 바에 함께 동의하도록 하기 위해 나설 수밖에 없었다.

동방의 가장 극심한 논쟁의 시발점은 알렉산드리아였다. 영향력이 있던 바우칼리스 교회의 목사 아리우스(Arius)는 그의 감독 알렉산더(Alexander)와 충돌하게 되었다. 318년 경, 아리우스는 예수 그리스도 안에서 육신이 되셨던 말씀(Logos)은(요 1:14) 기실 진정한 하나님은 아니며 전혀 다른 본질이며, 영원하지도 전능하지도 않다고 주장함으로써 알렉산드리아의 교사들에게 도전하였다. 아리우스는 신자들이 성자를 하나님이라 부를 때 이는 대개 상징적인 의미이며, 실제로 엄밀한 의미에서의 신성을 인정하거나 주장하는 것은 아니라고 하였다. 그(예수 그리스도)는 신보다 열등한 존재이거나 혹은 반신(half-god)이지, 영원 불변의 창조주 하나님은 아니다. 그는 다시말해 피조된 존재이다. 물론 최초로 지음을 받았으며 가장 위대한 피조물이기는 하지만 역시 창조 받은 존재이다. 아리우스는 니코메디아 감독 유세비우스에게 자기의 입장을 다음과 같이 설명하였다. "아들에게는 시작이 있다. 그러나 … 하나님에게는 시작이 없다."

이러한 가르침은 원래 이교도 출신이었던 많은 이들에게 매력적으로 비쳤다. 이는 그들의 소시적의 종교적 교훈과 너무나 비슷하였다. 예를 들어 영지주의는, 우리들이 이미 살펴본 바처럼, 혼자서 독존하시는 한 분의 지존하신 하나님이 계신다고 가르쳤다. 그리고 그의 수하에 몇몇 보다 낮은 존재들이 있어서 하늘과 땅을 왕래하면서 하나님의 사역을 이룬다는 이론이었다. 이교로부터의 개종자들은 말씀이 영원 전부터 존재했으며, 그는 성부 하나님과 동격이라는 기독교의 교훈을 이해하기 힘들어 했다. 아리우스는 이들에게 알고 이해하기 쉬운 기독교를 제시했던 셈이다. 이들은 그리스도를 일종의 신적인 영웅으로 이해하는 것이 보다 합리적이라고 생각하였다. 일반인들보다는 위대하지만 영원하신 하나님보다는 낮은 위치에 있다는 이론이었다.

아리우스의 입장은 그가 유창한 설교가였고 사람들과의 인간관계가 능숙하였으므로 보다 인기를 끌었다. 논쟁의 초기에 그는 그의 이론에 마치 오늘날의 라디오 선전에 쓰이는 노래처럼 단순한 곡조를 붙여 보급하였다. 그리하여 부두 하역 노동자들이나, 거리의 노점상들, 시내의 어린 학생들이 이를 부르도록 하였다.

그러나 알렉산더 감독은 이를 용납하지 않았다. 그는 320년 경 알렉산드리아에 교회 지도자들을 소집하여 이 회의에서 아리우스의 주장을 정죄하고 그를 파문시켜버렸다. 아리우스는 그의 친구였던 니코메디아 감독 유세비우스에게 호소하여 그의 지지를 등에 업게 되었다. 그리하여 신학적 문제의 충돌이 당시 동방에서 가장 강력했던 두 교회들의 세력 다툼의 양상으로 변모하게 되었다. 당시 니코메디아는 정치적 수도라면, 알렉산드리아는 학문의 중심지였다. 아리우스는 지지자들의 세력을 힘입어 알렉산드리아로 귀환하였으며, 이곳에서는 곧 거리에서 폭동들이 발생하게 되었다.

콘스탄티누스는 이러한 폭발 가능성을 즉각 해소시켜야 했다. 그리하여 그

는 325년 니코메디아에서 가까운 소 아시아의 니케아(Nicea)에 공의회를 소
집하였다. 황제가 최초로 소집한 회의의 모습은 참으로 장관이었다. 참석한
300여명의 감독들은 대부분 박해 시절의 참상을 생생하게 기억하고 있었다.
많은 이들은 그 몸에 고문과 투옥의 흔적들을 가지고 있었다. 어떤 이는 박
해로 한 눈을 잃었으며, 또 고문으로 두 손의 기능을 상실한 이도 있었다. 그
러나 이제 그러한 고난의 기간은 영영 지나가버린듯 생각되었다. 감독들은
이전처럼 관헌들의 체포를 두려워하며 비밀리에 니케아를 향해 출발한 것이
아니었다. 그들은 이전처럼 먼 길을 도보로 걸어가는 것이 아니었다. 그들은
손님들로서 편안하게 마차들을 타고 회의를 향해 갔으며, 그 비용 일체를 초
청자인 황제가 부담하였다.

니케아의 회의장 중앙에는 콘스탄티누스가 좌정하였는데, 처음에 그는 순
진하게도 이 모든 문제가 용어 사용의 차이에 불과한 정도로 생각하고 있었
다. 회의를 초기단계에서 주재했던 황제는 현란한 제복을 차려 입고 있었다.
그의 모습은 광휘에 빛나고 있었다. 왜냐하면 그는 더 이상 전통적인 로마
황제의 소박한 자주빛 제복이 아니라, 보석들을 수 놓고, 여러 가지 색깔로
짠 동양 군주식의 비단옷을 걸치고 있었기 때문이다.

그는 회의 참석자들에게 간단한 연설을 하였다. 그 내용은 이들을 분열시
키고 있는 신학적 문제의 차이를 극복하고 무언가 일치점에 도달해야 한다
는 그의 입장을 상기시키는 것이었다. 그는 교회 내의 분열은 전쟁보다 더
악하다고 말했다. 자기의 입장을 명백하게 전달한 황제는 한쪽으로 물러나,
분쟁의 해결을 교회 지도자들에게 맡겼다.

진정한 하나님 가운데 진정한 하나님

아리우스주의 자체에 대한 판결은 신속하게 이루어졌다. 중요한 숙제는 과
연 알렉산더의 아리우스에 대한 처벌이 정당하게 계속 받아들여져야 하는가
의 여부였다. 아리우스가 피고로서 소환되었다. 그는 별로 지지자들이 없었
음에도 불구하고 그 자리에서 자기 입장을 하나도 숨기지 않고 명백하게 진
술하는 대담성을 보였다. 즉, 하나님의 아들은 피조된 존재이다. 그는 무로부
터 만들어졌다(The Son of God was a created being, made from nothing). 그
가 존재치 않았던 시간이 있었으며, 그는 선과 악 사이를 왕래하면서 어느
한쪽으로 변할 수 있는 가능성이 있다. 회의는 이를 신성모독으로서 부인하

였다.

그후에 계속되었던 논쟁의 과정에서 참석한 대표들 가운데 가장 박식했던 감독이었던 교회사가, 황제의 친구이자 숭배자였으며, 원래 소극적으로나마 아리우스를 지지했던 가이사랴의 유세비우스는 자기 자신의 신조를 작성하여 제출하였는데, 이는 사람들에게 의심을 사고 있었던 스스로의 정통성을 밝히기 위함이었는지도 모른다.

그러나 대부분의 참석자들은 아리우스파 이단의 재발을 막기 위해선 좀 더 구체적인 방안이 필요하다고 생각하였다. 이를 위하여 그들은 아마도 팔레스타인으로부터 연유했던 것처럼 보이는 또 다른 신경을 작성하였다. 이 가운데다가 그들은 매우 중대한 일련의 구절들을 삽입하였다. "진정한 하나님 가운데 진정한 하나님, 창조되지 않고 잉태되었으며, 성부와 동일한 본질 (True God of true God, begotten not made, of one substance with the Father)."

그런데 이 동일한 본질, 호모 우시온(homo ousion; one substance)이라는 표현은 아마도 코르도바(Cordova, 오늘날의 스페인) 감독 호시우스(Hosius) 에 의해서 소개되었던 것으로 보인다. 그는 황제에게 크게 신임을 받고 있었으므로 황제는 그의 입장을 지지하였다. 며칠동안 이 문제를 두고 결론을 내지 못한 채 논란만 계속하게 되자, 더 이상 황제는 기다리지 못하고 논쟁 중에 뛰어들어 이 구절들을 삽입하도록 결정하였다. 그리하여 오늘날까지도 로마, 동방, 성공회(Anglican), 그밖의 여러 교회들에서 채용하여 정통의 기준으로 사용하고 있는 니케아 신경(Nicene Creed)이 성립되었다.

> 나는 한분의 전능하신 성부 하나님을 믿는다. (그는) 하늘과 땅, 보이고 보이지 않는 만물을 창조하셨다.
> 그리고 한 주님 예수 그리스도를 믿는다. (그는) 하나님의 독생자, 모든 세계 이전에 성부에 의해 잉태되었다. 하나님 가운데 하나님, 빛 중의 빛, 진정한 하나님 가운데 진정한 하나님, 만들어지지 않고 잉태되셨고, 성부 하나님과 동일한 본질이시다. 그에 의하여 만물이 창조되었다. 그는 우리 인간들과 우리들의 죄를 위하여, 하늘로부터 내려 오셨고, 처녀 마리아에게서 성령을 통하여 성육하시어, 인간으로 되셨다. 그리고 또한 우리들을 위하여 본디오 빌라도 아래서 십자가에 달리셨다. 그는 고난을 당하고 장사되셨다. 그리고 성경을 따라 사흘 째에 다시 일어나셨다. 천국으로 승천하사 성부의 오른 편에 앉아 계신다. 그는 산 자와 죽은 자를 심판하러 영광 중에 다시 오실 것이다. 그의 왕국은 무궁할 것이다.
> 그리고 나는 주님이시며 생명을 주시는 분이신 성령님을 믿는다. 그는 성부와 성

자로부터 발출하시었다. 그는 성부와 성자와 함께 예배와 영광을 받으셔야 한다. 그는
선지자들을 통해 말씀하시었다. 그리고 나는 거룩한 보편적이고 사도적인 교회를 믿
는다. 나는 죄를 사하기 위한 하나의 세례를 인정한다. 그리고 죽은 자의 부활과 앞으
로 올 세계의 생명을 믿는다. 아멘

　그곳에 참석하였던 감독들 가운데 두 사람만 제외하고는 모두 이 신경에
서명하였다. 그리고 이 둘은 아리우스와 함께 곧 유배에 처해졌다. 한편 이
제 문제가 다 해결되었다고 생각했던 콘스탄티누스는 기뻐하였다. 그는 성대
한 잔치를 베풀었다. 이러한 모습은 기독교인들이 일찍이 상상할 수 없었던
것이었다. 제국의 수장과 교회의 감독들이 나란히 앉아 교회의 밝은 미래상
을 그리며 함께 즐거워 할 수 있다니.
　가이사랴의 유세비우스는 신이 나서 당시의 광경을 묘사하였다. "황제의
잔치에 참석하지 않은 감독은 아무도 없었다. 친위대원들과 병사들이 날카로
운 칼을 뽑아 들고 외곽의 궁정을 경비하였다. 그러나 하나님의 사람들은 아
무런 두려움없이 이들 사이를 거닐 수 있었으며, 궁전의 가장 깊은 곳까지도
출입할 수 있었다. 저녁 식사때 이들 중 일부는 바로 황제와 같은 긴 의자에
나란히 누웠으며, 다른 이들은 그의 양쪽에 베개들을 깔고 쉴 수 있었다. 사
람들이 이 자리를 그리스도의 왕국으로, 혹은 현실이 아닌 꿈으로 생각했던
것도 무리는 아니다."
　디오클레티안의 박해 때 한 쪽 눈을 잃었던 이집트로부터 온 감독 파프누
티우스(Paphnutius)는 더욱이 황제에게 특별한 영예를 받았다. 제국과 교회
사이의 우정의 표시로 콘스탄티누스는 그의 눈이 없는 쪽의 볼에 입을 맞추
었다.
　그러나 니케아 공의회 이후 콘스탄티누스와 그의 후계자들은 계속 교회
문제에 간여하여 여러 교회 지도자들을 귀양보내게 된다. 교회의 고위 성직
들은 자주 황제와의 관계에 따라 좌우되었다. 궁정에는 항상 교회내의 분파
들의 이익을 대변하는 자들로 득실거렸다. 그 결과 황제들의 권력은 비위에
거슬린 성직자들을 유배시켜 버리는데 흔히 사용되었으며, 이들은 또한 교회
내의 세력 판도가 변하여 다른 이들이 황제의 호의를 입으면, 아무런 문제없
이 다시 귀환하곤 하였다.
　특히 아타나시우스(Athanasius)의 생애를 살펴보면, 황제의 권력이 교회의

움직임을 얼마나 철저하게 장악하고 있었는지 알 수 있다. 그는 알렉산더 감독의 나이젊은 조언자로서 니케아 회의에서 좀더 연장자였던 아리우스를 대항하여 빛나는 승리를 거두었다. 그후 얼마 안되어 겨우 33세의 나이로 그는 알렉산더를 계승하여 주요한 알렉산드리아 교구의 감독직에 올랐다. 그러나 그후 50년의 기나긴 세월 동안 누가 아리우스주의와의 투쟁에서 승리를 거둘지 아무도 예측할 수 없는 상황이 계속되었다. 이 기간 동안 아타나시우스는 무려 다섯 번에 걸쳐 유배의 길을 떠나야 했다. 이러한 유배와 이에 따른 다섯 차례의 알렉산드리아에의 귀환은, 황제의 교체나 혹은 당시 누가, 혹은 교회의 어느 그룹이 황실 내에서 황제에게 가까운가의 결과였다. 아타나시우스는 때에 따라서는 너무나 황제의 눈 밖에 났으므로 모든 지지자들로 부터 버림을 받은듯 보일 때도 있었다. 이러한 시간 가운데 한번은 그가 유명한 저항의 구절을 발하였는데, 바로 "전 세계를 대항하는 아타나시우스 (Athanasius against the world)"가 그것이다. 만약 필요하다면, 그는 전 제국을 대항해서라도 혼자 설 것이었다.

이 50년 동안 아리우스 문제에 관한 맹렬한 논쟁이 계속되었다. 니케아 회의가 끝난 지 얼마 안되어 반(半) 아리우스파(Semi-Arians)라고도 불리는 온건파들이 원래의 엄격한 아리우스파로부터 떨어져 나와 "동일 본질"의 구절을 새로이 해석하고자 시도하였다. 이들은 말씀과 그 아버지 사이의 관계를 묘사하기 위해 호모이오스(homoios), 즉 비슷하다, 혹은 유사하다는 단어를 쓰자고 하였다. 그리하여 두 당파가 생기게 되었다. 아타나시우스가 이끄는 파는 호모우시오스(homoousios)를 써야한다고 강하게 주장하였다. 왜냐하면 이들은 그리스도, 즉 말씀께서는 성부와 동일한 본질이라고 확신하였기 때문이었다. 만약 그리스도께서 완전하신 하나님이 아니시라면 그는 우리들을 완전하게 구원하실 수 없다. 다른 파, 반 아리우스 파에서는 호모이우시우스 (homoiousios)를 주장하였다. 왜냐하면 이 단어가, 그리스도께서 성부와 "비슷한, 혹은 유사한" 본질임을 표현하고 있었기 때문이다. 에드워드 기번 (Edward Gibbon)은 그가 저술한 「로마 제국 쇠망사」 속에서 이때 기독교 신자들이 겨우 점 하나를 사이에 두고 서로 싸웠다고 비웃었다. 그렇다. 실제로 문제가 되었던 것은 점 하나에 지나지 않는다. 그러나 이 점은 매우 중요한 의미를 가지고 있는 점이었다.

윌리엄 호오던(William Hordern)은 그의 책 가운데서 다음과 같은 이야기를 소개하고 있다. 어느 여인이 유럽을 여행하던 중 자기 남편에게 다음과 같이 전보를 쳤다. "기가 막힌 팔찌를 발견했음. 가격은 7만 5천 달라. 사도 될까요?" 그녀의 남편은 곧 답장 전보를 쳤다. "안되오. 값이 너무 비싸구려.(No, price is too high.)" 그런데 전신 기사가 실수로 쉼표를 빼먹는 바람에 그 내용이 "어떤 가격도 비싸지 않소(No price is too high)"라는 내용으로 되어버려서 그녀는 팔찌를 구입하였다. 남편은 전보회사를 고소하여 승소하였다.

이러한 이야기는 우리에게 어떤 메시지의 중요성은 단지 부호의 크기나 단어들의 숫자에 좌우되지 않는다는 사실을 가리켜 주고 있다. 비록 니케아 공의회 이후 기독교 내에 겨우 이오타(i) 하나의 유무를 두고 파가 갈라졌으나, 이에 관련된 문제는 근본적으로 서로 차이가 뚜렷한 기독교 신앙의 해석을 대표하고 있었다. 바로 여기에 예수 그리스도의 신성의 완전성 여부와 삼위일체 교리의 정수가 포함되어 있었다.

만약 반 아리우스 파가 그들의 이오타 하나를 신경 속에 포함시키는데 성공한다면, 이들의 입장이 정통신앙으로 고착될 것이었다. 이는 곧 기독교가 일종의 이교의 형태로 전락되는 것을 의미하였다. 그리하여 기독교는 두 개의 신과 신도 인간도 아닌 예수를 갖게 될 것이었다. 이는 곧 하나님은 인간들로부터 완전히 격리되어서 인간들은 그 앞에 접근할 수 없음을 의미하였다. 그 결과 기독교는 다른 많은 이교들과 같은 모습이 되어 버리고 말았을 것이다. 아리우스파와의 투쟁에서 가장 중요한 것은 정확하고 엄밀한 표현과 정의가 가장 중요한 것이었다. 그러나 과연 어떻게 해야 넌센스라는 말을 듣지 않으면서 하나 속의 셋을 설명해 낼 수 있겠는가?

하나 속에 셋인 존재

오늘날의 기독교 신자들은 삼위일체의 교리를 설명하기 위해서 이 세상에 있는 여러 가지 그럴 듯한 예들을 사용한다. 달걀의 껍질, 흰자, 노른자와 나무의 뿌리, 가지, 열매 등이다. 또한 물이 얼음, 액체, 증기 등으로 형태가 변하는 것을 예로 들기도 한다. 이들은 물론 모두 기발한 생각들이다. 그리고 특정한 상황 속에서는 실제로 삼위일체의 개념을 이해하는데 도움이 될지도 모른다. 그러나 이들은 모두 삼위일체의 기독교 교리가 가진 인격적 요소들을 완전히 상실하고 있다.

이 교리가 의존하고 있는 진정한 기초는 다름아닌 하나님 자신이시다. 하나님께서 역사 속에서 활동하시어 이스라엘에게 자신을 계시하셨다. 하나님께서 역사 속에서 활동하시어, 예수라는 이름의 유대인 목수로서 우리들의 세계로 뛰어들어 오셔서, 구원하기 위해 죽으시고, 다시 살아나셨다. 하나님께서 역사 속에서, 오순절 날 행동하셨다. 즉 기독교회와 생명을 나누시기 위하여 성령으로서 강림하시었다.

그러나 만약 하나님께서 영원히 한분이시라면, 그리고 동시에 하나님께서 영원히 세 위격으로서 존재하신다면, 우리는 이를 어떻게 이해할 것인가? 하나님께서는 인격적인 분이시므로 하나님에 관한 우리들의 사고나 언급의 예는 인격적이어야만 한다.

우리들이 인격적인 유추들을 찾아 헤맬 때 우리들은 거기에 오직 두 가지 방도밖에 없음을 발견하게 된다. 우리들은 하나님을 한 분으로 생각하든가, 아니면 세 분으로밖에 생각할 수 없는 것이다.

우리들이 하나님을 세 분으로 생각하게 되면, 하나님의 삼성(threeness)은 명백하게 드러나게 되지만, 우리들은 이제 그의 통일성(unity)을 설명해야 한다. 신학자들은 일반적으로 세 위격이 너무나도 밀접하게 연결되어서 우리들은 이들이 공동의 삶을 나누고 있다고 말할 수 있다는 식으로 설명한다. 즉 이들은 서로 한데 긴밀히 묶여 있으므로 이들을 분리시켜 설명하고자 하는 것은 사실을 정확하게 묘사하는 것이 되지 못한다는 것이다. 이 유추적 설명은 세 위격의 사회에 근거하고 있으므로 신학자들은 이를 가리켜 사회적 유추(social analogy)라 부른다. 이 유추의 강점은 하나님의 삼성(threeness)을 확실하게 보여주는 데 있다. 그러나 동시에 그 문제는 어떻게 그 단일성을 분명하게 설명할 것인가 하는 것이다.

만약 하나님을 한 위격으로 생각할 것 같으면, 이제 우리는 그의 삼성을 설명하도록 노력해야 한다. 이를 위한 한 가지 방법은 한 분이라 할지라도 지성, 감정, 의지 등의 서로 다른 기능을 행한다고 하는 것이다.

이러한 유추는 심리적인 기능을 이용하는 것이므로, 신학자들은 이를 일러 심리적 유추라 하였다. 이의 장점은 하나님의 단일성을 분명하게 드러내 보여주는데 있다. 그는 한 위격이시다. 그러나 문제는 하나님의 삼성이 모호해진다는 점이다.

현대의 신학자들, 레오날드 허그슨(Leonard Hodgson)이나 칼 바르트(Karl

THE WORLD IN WHICH THE CHURCH
DEVELOPED ITS DOCTRINE

Barth) 등과 마찬가지로 초대 교회에서도 이러한 유추들을 사용하였다.

325년에서부터 다시 제2차 공의회가 개최되었던 381년 사이에 상당한 시간이 흐르면서 아리우스 논쟁에 휘말렸던 교회 지도자들은 점차 "위격(person)"이라는 단어의 사용을 분명히 정의하기 시작하였다. 소위 카파도키아 교부들(Cappadician Fathers)이라고 불렸던 세 사람의 신학자들이 이 방면에서 큰 역할을 담당하였으니, 그들의 이름은 나지안주스의 그레고리(Gregory of Nazianzus), 닛사의 그레고리(Gregory of Nyssa) 그리고 대 바질(Basil the Great) 등이다. 카파도키아 교부들은 사회적 유추의 방법을 사용하는 동시에 이러한 세개의 신적 위격들의 서로 구별되는 차이점은 오직 그들의 내부적 신적 관계에 있음을 파악하였다. 결코 세개의 하나님이 있는 것이 아니었다. 하나님은 세개의 전달구를 가진 하나의 신적 존재이셨다. 그리하여 세 위격의 한 하나님이신 것이다(one Godhead in three "persons").

그런데 초대 기독교인들이 이해하고 사용하였던 "위격(person)"의 의미는 오늘날 우리들의 그것들과는 차이가 있다. 우리들에게는 위격(인격)이라 하면 곧, 철수나 영희 등 구체적 이름을 가진 개인들을 의미하게 된다. 그러나 원래 라틴어로 페르소나(persona)라 하면 이는 무대 위에서 배우들이 쓰는 가면들을 의미하였다. 삼위일체의 신학상 이러한 마스크는 하나님께서 그의 정체를 감추기 위해서가 아니라, 오히려 그의 진정한 모습을 드러내기 위하여 쓰신 것으로 생각되었다. 따라서 우리들은 삼위일체를 생각할 때 우리들의 생각이나 사용하는 용어로서의 세 위격들이 아니라, 그의 진정한 모습에 일치하는 하나님의 세 인격적인 노출을 상상해야 한다.

얼마 후, 카르타고 근처 히포(Hippo)의 감독이던 어거스틴은 심리적 유추의 방법을 사용하였다. 그는 만약 인간이 하나님의 형상을 좇아 창조되었다면 그는 삼위일체의 형상을 반영하리라고 생각하였다. 따라서 삼위일체를 설명하기 위한 그의 유추는 인간의 마음으로부터 비롯되었다. 어거스틴은 하나님께서는 인간의 마음 속에 있는 기억(memory)과 지성(intelligence)과 의지(will)와 같다고 설명하였다. 쉽게 말해 우리는 하나님에 관해 말할 때 세 위격에 관해 생각할 필요가 없다. 하나의 위격으로 생각하고 상상하는 것으로도 충분하다. 물론 어거스틴은 이것이 단지 유추에 불과함을 강조하였다. 그는 하나님을, 단순히 천국에 앉아 있게된 영광을 받은 인간의 모습 정도로 묘사하기에는 너무나 심오한 사색가(thinker)였다. 그러나 하나님의 신비에 관해 말하려면 우리는 직접 이를 묘사할 수 없으므로 유추의 방법을 사용할 수밖에는 없다. 그리고 삼위일체의 유추는 세 사람이 아니라 한 사람의 모습인 것이다.

따라서 아타나시우스는 결코 단신 온 세상을 대항하여 싸운 것은 아니었다. 그는 결국 그의 생전에 그가 목숨을 걸고 주장하였던 그의 신학적 이론이 승리를 거두는 모습을 목격하게 되었다. 그는 75세의 나이로 평화스럽게 소천하였다. 그는 마침내 그의 말년 명실공히 알렉산드리아의 감독으로서 아무도 그의 권위와 위치에 도전하지 못하리라는 사실을 알았으며, 그보다 더욱 중요하게는 그가 니케아와 그 이후에 계속 위하여 싸워왔던 그 신경이

교회의 신경으로서의 위치를 차지하리라고 확신할 수 있었다. "세 위격의 하나님, 복되신 삼위일체여."

참고도서

Greenslade, S. L. *Schism in the Early Church*. London: SCM, 1952.
Kelly, J. N. D. *Early Christian Creeds*, 3rd Edition. New York: D. McKay, 1972,
Kelly, J. N. D. *Early Christian Doctrine*. New York: Harper, 1978.
Prestige, G. L. *Fathers and Heretics*. London: S.P.C.K., 1963.
Wand, J. W. C. *Four Great Heresies*. London: A.R. Mowbray, 1955.

11

임마누엘!
:신앙고백들 속의 그리스도

헤르몬 산 기슭에서 예수님은 언젠가 그의 제자들에게 질문하신 일이 있었다. "사람들은 내가 누구라고 하느냐?" 그들은 사람들의 대부분이 그를 이스라엘의 선지자라고 생각한다고 대답하였다. 그가 이 문제에 관해 더 깊이 물었을 때, "그렇다면 너희들은 어떠하냐? 너희는 나를 누구라고 하느냐?" 베드로가 이렇게 응답하였다. "당신은 메시야, 살아계신 하나님의 아들이십니다."

인간들은 이러한 예수님의 질문에 대하여 수 천가지의 응답을 해왔다. 어떤 이들은 말하기를 "그는 매우 특이한 유대인 랍비로서 사랑의 천국을 전파하였다."고 대답했으며, 또 다른 이들은 "그는 사회적 혁명가로서 그의 가장 큰 목적은 로마의 전제 정치를 종식시키는 것이었다."고 대답하기도 하였다. 또 다른 이들은 "그는 비현실적인 몽상가로서 하나님께서 역사 속에 개입하여 지구상에 정의를 실현시키기를 바랐던 인물이었다." 는 대답을 제시하기도 하였다.

인간들의 의견은 어떠했든 교회는 수천년을 두고 베드로와 그 입장을 함께 해 왔다. 즉 예수 그리스도는 메시야이시며 그는 살아계신 하나님의 아들이라는 고백이다. 그는 단지 기독교의 신학적인 연구의 대상은 아니었다. 그는 앙모와 경배의 대상이었다. 신학자들은 이 신비를 가리켜 "성육신

(incarnation)", 즉 하나님이 인간의 몸을 취하심이라 부른다. 찬송 작가들은 "임마누엘(Emmanuel)," 곧 하나님께서 인간들과 함께 하셨던 신비를 노래하였다.

제국 교회 시대에, 황제들이 목회자들에게 기독교 신앙을 정확하게 표현하는 신앙고백적인 기술을 요구하였을 때, 교회는 신-인(God-man)에 관하여 말하기 시작하였다. 451년, 콘스탄티노플에서 그다지 멀지않은 칼케돈(Chalcedon)에서 회집했던 공의회에서는 예수 그리스도께서 "완전한 하나님이자 완전한 인간이시며, 진정한 하나님이시자 진정한 인간이시며 … 혼란이나 변화나 분열이나 분리가 없는 두 본질로서 … 한데 모여 한 위격을 형성하셨다 … "고 고백하였다.

대부분의 로마 가톨릭, 동방 정교회, 그리고 프로테스탄트 기독교인들은 오늘날까지도 이 성명을 정통 기독신앙으로 받아들이고 있다. 그러나 이집트와 시리아, 그리고 인도의 일부 신자들은 이를 수용하지 않고 있다. 그들이 동의하지 않는 이유는 5세기에 이 성육신의 사건을 보다 명확하게 규명하고자 하였던 시도에서 비롯되고 있다. 과연 어떻게 하여 이 고전적 성육신의 교리는 형성되었는가? 과연 이는 무슨 의미인가?

말씀이 육신이 되시다

우리들은 신학의 이 분야를 가리켜 "기독론(Christology)"이라 부른다. 왜냐하면 이는 "과연 그리스도는 누구신가?"하는 문제를 취급하기 때문이다. 기독교 구세주의 존재 속에서 신성과 인성의 관계는 어떻게 이루어졌는가?

교회 생활 속에서 이 특유한 질문이 존재하고 있다는 사실 자체가 매우깊은 의미가 있다. 내가 아는 바로는 이슬람교에 모하메드론이 없으며, 불교에도 부처론은 없다. 기독교 역사상 이러한 논쟁이 벌어졌다는 사실은 곧 기독교 신자들이 하나님의 아들이라 부르는 이의 특별성에 관한 기념비라 하겠다.

제국 시대가 성육신에 관한 의문을 새로이 창조한 것은 아니었다. 이 시대에 본격적으로 논란되었을 뿐이다. 신-인의 신비는 이 문제가 기독교 사색의 중심 위치를 차지하기 오래 전부터 이미 기독교 예배의식에서 그 중심을 차지하고 있었다. 제이 에스 웨일(J. S. Whale)이 케임브리지 대학교의 학부 학생들에게 한 때 다음과 같이 말한 적이 있다. "심오한 본능이 이미 오래 전부터 교회에게, 그리스도의 신비에 관한 가장 안전한 설명은 우리들의 찬양 속에 있다고 가르쳐 왔다. 살아있는 교회는 예배하고, 찬양과 경배를 드리는 교회이지, 사람들이 모든 정확한 교리들을 신봉하는 학파는 아닌 것이다."

웨일이 뜻한 바는 교회에서 가장 널리 불려졌던 찬송들은 모두 항상 그리스도를 경배의 대상으로서 대해 왔다는 것이다. 우리들은 교회의 신경들이 아니라 그 음악 속에서 살아 뛰고 있는 기독교인들의 체험의 심장들을 발견하는 것이다.

그러나 경건한 학자들에게는 아직도 중요한 숙제가 남아있다. 왜냐하면 인간으로 오신 하나님의 모습은 단순한 기독교인의 감격 이상의 것이기 때문이다. 그는 기독교의 실재이시다. 사도들은 일찍이 "보이지 않는 하나님의 형상", "육신이 되신 말씀", "세상의 기초로부터 죽임을 당하신 하나님의 어린 양" 등에 관하여 말씀하셨다. 2, 3세기의 신자들은 에비온주의와 영지주의를 배격하였다. 그들이 너무나 명백하게 진리에 어긋나 있었기 때문이다.

성육신의 의미에 관한 4, 5세기의 논쟁들은 감히 그리스도를 설명하고자 시도했던 것이 아니다. 이들 신자들은 예수 그리스도를 인간의 지혜로는 분류할 수 없으므로 그는 또한 도저히 설명의 대상이 될 수 없다는 사실도 익히 깨닫고 있었다. 그는 예외의 존재였다. 이들의 신앙고백문들이나 신경들이 뛰어난 점은 이러한 신비를 훼손시키지 않았다는 데 있다.

그러나 인간들이 이러한 니케아나 칼케돈의 신경들에 대항하여 반란을 일으킨다는 사실은 전혀 놀랄 일이 아니다. 신학교 1학년 학생들에게 기독론 논쟁의 경과를 교수하면서 이들의 반응을 본 선생들은 누구나 이 사실을 알고 있다. 그러나 찰스 윌리엄스(Charles Williams)가 일찍이 지적하였듯이 이는 "성숙지 못한 감수성"의 반항이다. 이는 자연스러운 반응이다.

일반인들에게 교회회의, 혹은 종교회의는 감정이 결여된 냉혹한 모임인듯 느껴진다. 그 결과 우리들은 "단순한 예수, 영적인 천재, 마음이 한없이 너그러웠던 유대인 노동자, 떨어지는 참새와 시드는 들풀들의 예수님"에 대해 미숙하고 낭만적인 헌신을 고집하게 된다. 그러나 윌리엄스가 말했듯 이러한 감상은 우리들의 신앙을 궁극적으로 지탱해 주지 못한다. 왜냐하면 시초부터 기독교 사상은 예수 그리스도 안에서 하늘과 땅이 한데, 그리고 하나님과 인간이 만났다고 믿어왔기 때문이다.

기독교인들은 이러한 현실을 시초부터 깊이 실감해 왔다. 이들은 또한 이성적인 신앙의 견지야말로 신자로서의 도덕적 의무요 책임임을 깨닫고 있었다. 그리하여 이들은 예수 그리스도 안에서의 인간과 하나님의 생애의 상응을 표현할 수 있는 진술을 추구해 왔다.

초대 교회에서는 두 개의 유명한 신학 학파들이 서로 대조되는 성경 구절의 해석들을 제시하였다. 이 두 학파들은 알렉산드리아와 안디옥 학파들이다. 알렉산드리아인들은 그리스도의 신성을, 그리고 안디옥인들은 그의 인성을 보다 더 강조하였다. 전자는 천국에서 시작하여 지상으로 내려왔고, 후자는 이 지상에서 출발하여 하늘을 바라보았다.

알렉산드리아인들을 이끌었던 최초의 인물 중 하나는 다름아닌 오리겐으로서 그는 예수 그리스도에 관하여 말하면서 "신-인"이라는 단어를 만들어 내었다. 유명한 헬라 철학자 플라톤의 사상에 힘입어 오리겐은 신적인 말씀(로고스)을 중심으로 한 심오하고, 열렬한 신비주의를 이룩하였다. 그의 생각은 그리스도 안에서 하나님과 인류 사이의 만남이 완전하게 이루어졌으며, 이제 신자들은 이를 본받기 위하여 노력을 다 해야 한다는 것이었다.

그후의 학자들은 이러한 신비적 사상을 더욱 발전시켰다. 카파도키아 교부들 가운데 하나였던 닛사의 그레고리는 로고스이신 그리스도 — 한분의 신적 인간 — 께서 자신 속에서 신성과 인성을 한데 연합하였다고 가르쳤다. 이 양성은 각각 존재하며, 서로 구별된다. 그러나 이들은 서로 분리되어 있지는 않으며, 이 두 본질의 속성들이 서로 교환될 수 있도록 배열되어 있다.

안디옥 학파의 신학자들은 보통 성경을 보다 단순하고 역사적인 양식으로 해석한다. 이 입장의 지도적 교사들은 복음서에 나타난 인간적인 모습을 보다 더 강조하는 경향이 있었다. 그들은 예수님의 모범과 이루신 사역을 통하여 인간을 구원할 수 있는 덕(virtue)들을 발견하였다. 그리스도 안에서 — 다른 인간들 속에서는 죄를 즐겨하기 마련인 — 인간의 의지가 순종적이었고, 죄악을 극복하고 승리를 거두고 있었다.

따라서 안디옥 신학자들은 그리스도의 완전한 인간성을 보다 강조하는 경향이 강했다. 데이비드 라이트(David F. Wright)가 설명하듯이, 육체와 영혼의 연합은 그 어떤 면에서도 인간성의 완전성과 정상성을 약화시키거나 훼손하지 않는다. 말씀이 육신이 되신 후 이 두 개의 성질은 서로 구별되어 존재하였다. 안디옥 학파의 교훈 속에서는 이들이 마치, 하나님과 인간, 하나님의 아들과 마리아의 아들들이 한데 연합하거나 결합하기보다는, 마치 함께 동맹을 맺거나 그 세력을 모은 상태에 있는 두 개의 존재로서 이해되기 쉽게 되어 있었다. 말씀이 그 속에 내재하는 그릇으로서 예수는 선지자들이나 사도들을 연상시키기도 한다. 단지 이들과는 달리 그는 완전하고 충만한 능력과 은혜를 누리고 있다. 어떤 신학자는 말씀께서 마치 성전 가운데 거하듯이 인간 예수 속에 내주하였다고 설명하기도 하였다.

성육신의 사건을 둘러싼 논쟁이 여러 세대 동안 줄기차게 계속되었던 이유들 가운데 하나는 여기에 정치적 세력 다툼이 개입되어 있었기 때문이다. 테오도시우스 아래서 기독교가 제국의 국교로서 등장한 후에는 교회의 구조가 몇몇 강력한 지도자들을 중심으로 하여 형성되었다. 제국의 주요 도시들의 감독들은 "대 감독(혹은 대주교, archibishops)"이라 불리기 시작하였다. 감독의 세력과 권위의 공식적인 구역의 중심을 표현하는 용어는 "교구(see)"였다. 제국의 도시들 가운데서도 특히 중요한 로마, 콘스탄티노플, 알렉산드리아, 안디옥 등의 감독들은 감독들 중에서도 가장 그 위치가 높아 "총대주교(혹은 총감독, patriarch)"라고 불리었다. 제4, 5세기에 걸쳐서 이 네 대도시들의 감독들은 자기들의 세력과 영향력을 넓히기 위하여 서로 경쟁하였다.

일반적인 모습으로 보아 알렉산드리아와 로마가 서로 지지하는 경향이 있었으며, 안디옥은 대개 콘스탄티노플과 동맹하였다. 알렉산드리아의 경우 그 찬란한 전통을 생각해 볼 때 새로이 등장한 동방의 수도 콘스탄티노플의 존재에 질투를 느끼지 않을 수 없었다.한편 로마 시의 경우에도 한동안은 서부지역에 세력을 심는데 만족하고 있었으나, "동방의 새 로마"의 날로 높아가는 교만을 마음 편하게 바라보고 있을 수만은 없는 형편이었다. 한편 안디옥과 알렉산드리아는 동방의 라이벌들로서 이미 오래 전부터 경쟁하는 관계에 있었다. 안디옥의 입장에서는 자기들이 지도적인 위치를 차지하지 못할 바에는 그 자리가 나일 강변의 오랜 숙적에게보다는 새로운 수도에게 돌아가기를 바라고 있었다.

그리스도에 관한 중요한 이단들

이러한 상황 속에서 기독론을 둘러싼 논쟁은 일세기 이상을 끌었으며, 동방에 소재한 교회들의 가장 중대한 과제로 등장하였다. 350년과 450년 사이에 등장한 이단들은 과연 "예수님은 누구이신가?"하는 질문에 관하여 교회가 점차 더 명확한 답변을 제시하지 않으면 안되도록 강요하였다.

이들 가운데 맨처음 문제가 되었다가 교회에 의해 부인된 입장은 라오디게아 지방의 목사였으며, 아타나시우스의 보다 젊은 친구였던 아폴리나리우스 (Apollinarius)의 주장이었다. 안디옥 측의 주장에 반발하여 아폴리나리우스는 우리가 흔히 일컫는 "심리학"적인 방향에서 이 문제에 접근하였다. 그는 인간의 본질은 육체와 영혼은 포용한다고 생각하였다. 그런데 아폴리나리우스의 이론에 의하면, 성육신을 통해 신적인 말씀(로고스)이 인간의 몸 속의 사고하고 이성적인 영혼을 대체시키어, 말씀과 그의 몸 사이에 "본질의 연합"을 이룩시켰다는 것이었다. 그리하여 그는, 인간성은 구원의 도구가 아니라 그 영역이라 생각하였다. 따라서 그는 "신적인 말씀의 하나의 육신을 입은 성질(one enfleshed nature of the divine Word)"라는 표현을 사용할 수 있었다. 바로 여기 그리스도의 신성을 강조하는 알렉산드리아 학파의 모습이 있는데, 육체는 단지 그리스도의 인성을 대표하고 있을 뿐이다.

이러한 아폴리나리우스의 이론에 대한 반론들은 곧 제기되었다. 복음서는 정상적인 인간으로서의 예수 그리스도의 모습을 우리들에게 보여주고 있지 않은가? 예수님이 자기는 언제 사람의 아들(인자, Son of Man)이 다시 올지 모른다고 말씀하시지 않았는가? 그는 때에 따라 피곤해 하시지 않았는가? 그는 실제로 고통을 당하고 돌아가시지 않았는가?

그리고 만약 말씀께서, 선택하고 죄를 지을 수 있는 인간 본성의 이성적 영혼을 대체하였다면, 인간이 어떻게 온전히 구원받을 수 있겠는가? 만약 말씀이 이러한 영혼과 연합하지 않았다면, 인간의 구원은 감히 보장되지 못하는 것이었다. 나지안주스의 그레고리가 표현했듯이 "취함을 받지 않은 것은 복원될 수 없다(What has not been assumed can not be restored)."

이러한 비판적인 분위기 속에 열렸던 381년에 콘스탄티노플에서 열린 두 번째 공의회에서는 아폴리나리우스의 주장을 일거에 묵살하였다. 그 이론은 성육신에 대한 충분하고 정확한 설명이 되지 못하였다.

두 번째 "이단"은 네스토리우스라는 인물과 연관되어 있었다. 그는 안디옥 출신의 뛰어난 설교가로서, 428년 황제에 의하여 콘스탄티노플의 감독에 임명되었다. 이 제국의 수도는 그가 자기의 의견을 널리 주장할 수 있는 기회를 마련해 준 셈이었다. 그는 여기서 자기의 신앙의 스승이었던 안디옥 근처 몹수에스티아(Mopsuestia) 감독 테오도레(Theodore)의 입장을 변호하고자 하였다. 그는 스승과 마찬가지로 마리아를 가리켜 "하나님을 낳은 자, 하나님의 아들(God-bearer, Mother of God)"이라고 했던 당시의 일반적인 표현을 부정하였다.

이 표현의 사용을 거부함으로써 네스토리우스는 그리스도가 두 위격을 연결한듯이 주장하는 듯한 인상을 주게 되었다. 그는 그리스도의 신성을 부인한 적은 없었다. 그러나 구세주의 인간성의 실재와 진실성을 강조함으로서 네스토리우스는 이 두 성질 사이의 관계를 본질적인 "연합"이 아니라, 도덕적인 결합 혹은 의지들의 혼합처럼 파악하였던 것이다. 비록 그가 그리스도를 하나님의 아들과 마리아의 아들의, "두 개의 아들"로 분리시킨 적은 없으나, 그는 예수의 인간적 행위들과 그의 고통을 신성에 의거한 것으로 돌리기를 거부하였다. 그는 한때 이렇게 말하기도 하였다. "나는 성질들은 분리시켜서, 예배는 연합시켜서 주장한다." 그는 마리아를 가리켜 "하나님의 어머니"라 부르는 것은 마치 신성이 여자에게서 태어날 수 있으며, 하나님께서 난 지 사흘되었다고 선포하는 짓이나 마찬가지라고 주장하였다.

그러나 어쨌든 결국 네스토리우스가 정죄를 받은 것은 교리보다는 정치적인 이유 때문이었다. 그는 많은 이들의 주시를 받는 콘스탄티노플에서 유대인들과 이단들을 혹심하게 비판하여 많은 적들을 만들게 되었다. 그는 곧 알렉산드리아의 총대주교(412-44) 키릴(Cyril)의 미움을 사게 되었다. 키릴은 뛰어난 설교가요 신학자였으나, 논쟁에서는 사정이 없는 인물이었다. 그는 특별히 네스토리우스의 가르침에 충격을 받았을 뿐만 아니라, 그가 치리하였던 알렉산드리아의 성직자들의 불평에 네스토리우스가 동조했다는 사실에 분노하였다.

그리하여, 428년 말, 키릴은 네스토리우스에 대한 공격을 시작하였다. 키릴은 우선 그에 대한 비판을 가하면서, 당시 네스토리우스가 로마에서 축출되었던 몇몇 성직자들을 기꺼이 받아들인데 대해 불만을 품고 있었던 총대주교(교황) 셀레스틴(Celestine)이 자리잡고 있었던 로마에서 그를 음해하였다.

그때까지도 네스토리우스의 입장을 지지하였던 황제 테오도시우스 2세에 의해 소집되었던 에베소 공의회(General Council of Ephesus, 431)에서 키릴은 네스토리우스를 지지하는 시리아 대표들이 도착하기 전에 그를 파문시키는데 성공하였다. 시리아인들은 안디옥 총대주교 요한의 지도 아래 키릴과 그의 추종자들을 정죄하였다. 마지막으로 로마의 대표들이 도착하여 키릴의 행위를 지지하였다. 이 일련의 사건 전체가 권력을 둘러싼 음모와 흥계로 점철되어 있었다. 미국 출신의 교회사가 윌리스턴 워커(Williston Walker)는 이를 가리켜 "교회 역사상 가장 구역질나는 싸움의 모습들 가운데 하나"라고 표현하였다.

마침내 테오도시우스 2세도 압력을 견디지 못하여 네스토리우스를 수도에서 축출하였다. 그는 450년 경, 유배 중 이집트에서 세상을 떠났다. 그러나 그의 지지자들의 대부분은 그의 파문 판결에 순복하지 않았다. 오늘날까지도 과연 네스토리우스의 가르침이 얼마나 이단이었는지, 그가 얼마만큼이나 잘못된 이해와 해석의 희생자였는지는 확실히 파악할 수 없다.

네스토리우스의 추종자들은 페르시아로 도망하여 그곳에 네스토리우스 교회를 세웠는데 이들은 곧 왕성한 활동을 시작하였다. 엄격하고 왕성한 수도원 주의, 뛰어난 신학적 체계, 그리고 활발한 선교의 모습 등이 그 강점들로 알려져 있다. 그 선교사들은 말라바르(Malabar), 인도, 투르크스탄(Turkestan, 이전 소련의 남부)에까지 진출하였다. 780년과 823년 사이에는 네스토리우스파 신자들이 티벳과 중국 중앙부까지 침투하였다. 14세기 초 중앙 아시아의 네스토리우스파는 10개의 큰 교회들과 허다한 현지 출신 성직자들을 보유하고 있었다. 그런데 불행하게도 이러한 선교활동은 모슬렘 정복자 타메르레인(Tamerlane)의 혹독한 박해(1380)로 인해 진멸되고 말았다. 오늘날에도, 이라크, 이란, 시리아 등지에 80,000 가량, 인도에 5,000, 그리고 미국에 25,000 가량의 네스토리우스파 신자들이 남아있다.

네스토리우스는 그의 자서전 속에서 자기가 "하나님을 낳은 여자"라는 표현을 반대한 이유는 그리스도의 하나님이심을 부인했기 때문이 아니라 예수께서는 진정한 몸과 영혼을 가진 인간임을 강조하기 위해서였다고 기록하고 있다. 사실 그의 이러한 우려는 근거가 있는 것이었다.

진리의 영역을 확정하다

에베소 회의(431) 얼마후 제3의 "이단"이 출현하였다. 콘스탄티노플 근처 수도원의 정신적 지도자였던 유티케스(Eutyches)는 그리스도 안의 한 본질(단성론, monophysitism)을 주장하였다. 그는 그리스도의 두 성질을 너무나 밀접하게 한데 조합하여 그의 인성이 마치 완전히 신성 속으로 포함되어버린듯이 설명하였다. 마치 "바다 속에 떨어진 한방울의 꿀이 그 속에 흔적도 없이 녹아버리듯이" 그리스도의 인성은 그의 웅대한 신성 속으로 용해되어 버렸다는 이론이었다. 그리하여 유티케스는 그리스도께서 구세주로서 대속주로서 반드시 미리 갖추어야만 할 조건과 그 신비의 중심을 부인해버린 셈이었다. 기독교 대속의 교리 전체가 위험에 처하게 된 모습이었다.

콘스탄티노플의 총대주교 플라비안(Flavian)은 유티케스를 회의에 소집하였으며, 이곳에서 그가 자기의 주장을 철회하기를 거부하자, 유티케스를 정죄하였다. 그러나 유티케스는, 키릴의 의견을 충실히 좇았던 알렉산드리아의 총대주교 디오스코루스(Dioscorus)의 지지를 받는데 성공하였다. 디오스코루스의 진언에 따라 테오도시우스 2세는 다시 한번 "제국 회의"를 소집하였다. 회의는 디오스코루스의 주재 아래 에베소에서 열렸는데(449), 여기서 유티케스의 위치를 복원시켰으나, 전체 교회는 이 조처를 받아들이지 않았다. 교황 레오 1세(440-461)는 이 회의를 "강도들의 회의"라고 불렀다. 그는 콘스탄티노플 총대주교의 입장을 지지하여 황제에게 회의를 다시 소집할 것을 제안하였다. 테오도시우스의 후계자 마르시안(Marcian, 450-457) 황제는 이에 따라 451년 칼케돈(Chalcedon)에서 제4차 공의회를 소집하였다.

콘스탄티노플에서 그다지 멀지않은 이 도시에 모인 400명의 감독들은 "강도 회의"에서의 조처를 비난하고 디오스코루스를 고발하였다. 그후 대표들은, 비록 일부에서 니케아 신경에 무엇인가를 첨가한다는데 상당한 주저를 표하는 이들도 있었으나, 다음과 같이 새로운 신앙과 신학적 정의를 표명하였다.

> 우리들은 한 목소리로 우리 주님 예수 그리스도를 유일하시고 동일하신 성자로서 고백한다. 그는 신성과 인성에 완전하시어, 진정한 하나님이시며, 진정한 인간이시다 … . 혼란과 변화와 분열과 분리가 없는 두 개의 본질로 존재하신다. 연합의 사건으로 인하여, 본질들 사이의 구별이 전혀 훼손되지 않았으며, 각 본질들의 특성은 계속 보전되었고, 한데 합하여 한 위격을 형성하였다.

그리하여 교회는 아리우스에 대항하여 예수님께서 진정한 하나님이심을 확인하였으며, 아폴리나리우스에 대항하여서는 진정한 인간이심을 확증하였다. 유티케스에 대항하여서는 예수님의 신성과 인성이 한데 연합하였을 때 무언가 또 다른 제3의 본질로 변화해 버리지 않았음을 고백하였고, 네스토리우스에 대항하여서는 예수님께서 분리, 분열되지 않으신 한 위격이심을 주장하였다.

주요 공의회에서의 기독론

이때부터 로마 가톨릭과 프로테스탄트, 그리고 정교회들에 속한 대부분의 신자들은 특별하신 신-인, 예수 그리스도에 관한 구원의 기본적 토대를 위하여 칼케돈의 신앙고백에 의존하기 시작하였다.

그러나 근동의 일부 기독교 신자들은 이러한 칼케돈의 정의를 부인하였다. 이들은 신성과 인성이 예수 속에서 한 위격을 이루었음을 부인하고, 그는 신성과 인성으로 더 이상 구별되지 않는 하나의 성질만을 소유하고 있다고 주장하였다. 이러한 단성론자들은 결국 이 때문에 동방 정교회로부터 분리되어 나가게 된다. 동방 제국의 변경에서의 제국 세력의 약화와 함께, 단성론적인 교리를 신봉하는 이들은 현재 이집트에서 가장 큰 기독교 세력인 콥트 (Coptic)교회를 조직하였는데, 에티오피아에도 그 세력을 가지고 있다. 이들은 또한 시리아에 야곱파 교회를 세웠는데 그 신도들의 대부분이 오늘날은 남부 인도에 자리잡고 있다.

물론 과연 어떻게 신성과 인성이 한 위격 속에서 연합될 수 있는가 하는 문제가 칼케돈에서 "해결"된 것은 아니다. 인간의 논리나 언어의 한계에서는 이를 설명할 수 없다. 성경 자체가 이 사건을 예외적이며 특별한 것으로 취급하고 있다. 칼케돈 신경의 중요성은 진리의 경계를 확정했다는 데 있다.

이들은 마치 울타리를 세우고, "바로 이 범위 안에 신-인의 신비가 내재하고 있다."고 선포한 효과를 가지고 있다. 1500년이 흐른 지금 우리들은 당연히 보다 더 이해하기 쉬운 용어로 된 설명을 요구할지도 모른다. 그러나 우리들은 또한 그때 교회가 선포한 것 이하의 고백을 감히 발하고자 하지도 않는다.

참고도서

Bevan, Edwin. *Christianity*. New York: Henry Holt & Co., 1932.

Hardy, Edward R., Ed., *Christology of the Later Fathers*. Philadelphia: The Westminster Press, 1954.

Kelly, J.N.D. *Early Christian Doctrine*. New York: Harper, 1978.

Prestige, G. L. *Fathers and Heretics*. London: S.P.C.K., 1963.

Wand, J. W. C. *Four Great Heresies*. London: A. R. Mowbray, 1955

12

삶으로부터의 유배
:수도원 운동의 시작

4세기 초의 어느날 밤, 사람들에게 크게 존경을 받던 이집트의 수도사 안토니(Anthony)는 사막의 한 가운데서 기도에 열중하고 있었다. 사탄은 이 기회를 타서 주위의 야수들을 한데 모아 안토니에게 보내었다. 이 짐승들이 안토니를 둘러싸고, "흉칙한 눈길들을 번쩍이며, 그에게 달려들고자 하는 찰나에, 그는 용감하게 짐승들을 직시하면서 소리를 질렀다. '만약 너희들이 주님으로부터 나를 해쳐도 좋다는 허락을 받고 온 것이라면 더 이상 지체치 말고 가까이 오라. 나는 이미 준비가 다 되어있다. 그러나 너희들이 만약 사탄의 사주를 받아 나를 해치고자 한다면, 지체말고 너희들의 굴혈로 물러가라. 왜냐하면 나는 정복자 예수의 종이기 때문이다.' 이 축복받은 이가 이 말을 마치자 마자 사탄은 예수의 이름에 마치 독수리 앞에서 도망가는 참새처럼 즉각 물러나고 말았다."

바로 이러한 장면들이 사람들을 감동시켜 하나의 사상이나 운동을 일으키게 한다. 이 기록은 아타나시우스가 저술한 「성 안토니의 생애」에서 발췌한 것이다. 그러나 이 모습은 4세기에 수 천명의 설교자들에 의해 묘사되었을 것이다.

기독교인들의 모범은 더 이상 원형 경기장에서 야수들 앞에 나선 용기있는 감독들이 아니었다. 이제 신자들의 영웅은 험악한 이집트의 광야에서 사탄에게 대적하는 외로운 은자의 모습으로 제시되었다. 이러한 장면들이 뜻하는 교훈은 미 서부극에서 흔히 볼 수 있는 결투의 장면들만큼이나 명백하다. 사탄과 그리스도가 분명히 존재하는데, 이들은 인간의 영혼을 사이에 두고 생사의 싸움을 벌이고 있다.

현대인들은 도대체 수도사들을 어떻게 해석해야 할지 몰라 당황한다. 대부분의 사람들은 수도사들을 가리켜, "어둡고 알 수 없는 미신의 계교에 빠져, 사회 생활로부터 도피하고자 했던 행복하지 못했던 사람들"이라고 멸시했던 에드워드 기번의 평가에 동의하고 싶은 심정일지도 모른다. 도대체 왜 그 좋은 섹스를 포기하고 싶은 마음이 생길까? 만약 현대인들이 신봉하는 교훈이라면 다음과 같은 것이리라. 행복한 생활이란 넓은 주택과 각종 문명의 이기들을 소유하는데 있다.

기독교 신자들 — 가톨릭과 프로테스탄트들 — 까지도 수도원주의에 대해 의견의 일치를 보지 못하고 있다. 로마 가톨릭 신자들은 대개, 교회는 영적 완전 상태를 이루고자 하는 금욕주의자들과, 아울러 거의 하나님의 은혜를 받은 징조를 보이지 않는 약한 죄인들을 모두 포용할 수 있고 또한 포용해야 한다고 주장한다. 즉 교회는 그 도덕적 혹은 영적 상태를 막론하고 모든 이들을 위한 조직이라는 것이다.

프로테스탄트 측은 이와는 다른 경향을 보인다. 16세기의 종교개혁은 특히 수도원 운동에 큰 타격을 주었다. 자기 자신 수도사 출신이었던 마틴 루터 (Martin Luther)는 수도원에 대하여 선전포고하였다. 루터 및 다른 개혁가들은 모두, 수도원의 존재가 하나님께 나아가는 데 높고 낮은 두 개의 길이 있는 것처럼 보이게 한다고 비판하였다. 그러나 진정한 복음은 여기에 오직 한 길이 있음을 가르치는데 이는 곧 예수 그리스도에 대한 신앙뿐 인 것이다. 그런데 이 신앙은 죽은 신앙이 아니라, 하나님과 그 이웃을 위한 사랑 속에서 살아 행동하는 믿음이라 하였다.

이처럼 교회 안에서의 수도원주의 혹은 수도원 운동에 대한 서로 다른 의견들은 이 운동의 역사를 통해 서로 상치되는 해석을 낳아 왔다. 모두가 수도사들이 금욕주의자들이라는 데에는 일치한다. 그들은 인간 사회가 제공하는 여러 가지 쾌락을 포기하고 극기를 통한 영적인 상급을 바라 보았다. 이들은 육체의 쾌락을 부인하는 것이 곧 영혼를 자유롭게 하여 하나님과의 교제를 보다 올바르게 해준다고 생각하였다. 중요한 문제는 과연 이러한 자기 부정이 복음과 어떤 관계가 있는가 하는 것이다. 이는 자기 구원의 한 가지 형태인가? 이는 행위를 통해 구원을 이루고자 하는 모습인가? 스스로를 부인함을 통해 죄를 대속하고자 하는 노력인가? 그렇지 않다면, 합당한 회개의 한 모습으로서, 하나님의 구원의 복된 소식 속에서의 기쁨을 위한 주요한 준비인가?

수도주의적 이상

사도 시대의 설교자들을 보아도 금욕주의적인 모습은 있었다. 유대의 광야를 헤매며 험한 옷을 입고 회개를 외치던 세례 요한은 금욕주의자의 모습이다. 예수님께서도 적어도 한 청년에게 만약 영생을 얻기 원한다면 그의 재산을 처리해버리고 자기를 좇으라고 명하신 일이 있었다. 사도 바울도 말씀하기를 "육체는 성령을 거스리고, 성령은 육체를 거스리니, 이 둘은 서로 대적한다 …"(갈 5:17)고 말씀하신 일이 있었다.

사도시대 직후 서로 높고 낮은 두 가지 도덕이 있다는 생각이 출현하기 시작하였다. 140년 경 씌어진 것으로 보이는 「헤르마스의 목자」(*The Sheperd of Hermas*)라는 저술 속에서 이를 발견할 수 있다. 이 「목자」라는 책자는 신약 성경이 믿음, 소망, 사랑의 세 가지 기독교 덕목을 신자들에게 요구하고 있다고 밝힌다. 그러나 이러한 일반적인 요구 사항보다도 더 높은 경지에 도달하고자 하는 이들에게 주는 권면이 따로 나타나고 있다.

기독교 신자들은 곧 자기 부정의 모습들, 특히 결혼 생활을 포기한 독신주의의 모습을 찬양하기 시작하였다. 일단 이러한 모습이 사람들에게 소개된 후에는 고행의 시행이, 죄를 용서받기 위한 수단으로 특수하고 예외적인 덕들을 찬양하기 시작하였다. 그리하여 터툴리안, 오리겐, 키프리안 등과 기타 다른 기독교 지도자들도 보다 더 높은 차원의 성결함을 이룬다는 사상을 지원하기 시작하였다. 콘스탄티누스의 개종 이전부터도 신자들 가운데 상당수가 금욕의 생활을 서원하는 모습을 보였는데, 이들은 아직 일반적인 도시사회를 벗어나 따로 생활하지는 않았다.

수도 생활의 처음 형태는 고독한 은자들이었다. 이 은자(hermit)라는 단어가 원래 사막이나 광야를 뜻하는 헬라어에서 온 데서도 알 수 있듯이, 세상으로부터 수도생활로의 도피는 원래 좁은 나일 강 연안 지역을 약간만 벗어나면 황량한 광야로 들어가기가 쉬웠던 이집트에서 시작되었다.

많은 이들이 최초의 수도사라고 생각하는 안토니(Anthony)는 250년 경 코마(Koma)라는 촌락에서 출생하였다. 예수께서 부자 청년에게 주셨던 명령 ─ "가서 네 재산을 팔아 가난한 자들에게 주라, 하늘에서 너의 보물을 소유하게 되리라. 그리고 와서 나를 따르라" ─ 을 좇아 안토니는 20세 되던 해에 그의 재산을 나누어 주고, 무덤들 사이에서 혼자 사는 생활을 시작하였다. 후에 전해지는 전설들은 이때 그가, 악마들, 여인들, 짐승들의 모습으로 그를 괴롭히고 유혹하였던 존재들과의 싸움을 묘사하고 있다. 이러한 고통들에도 불구하고 그는 장수하여 105세까지 살았다.

이러한 안토니의 모습은 곧 많은 이들에게 전염되었다. 그를 흉내내는 자들이 수 백명 씩이나 나타나게 되었다. 그의 친구 아타나시우스는 다음과 같이 썼다. "고독한 금욕주의자들의 모습이 사방 천지에 가득하였다." 이러한 자기 부정의 갑작스런 발흥은 거의 시기적으로 기독교가 급격하게 유행하기 시작했던 때와 일치함을 볼 수 있다. 콘스탄티누스가 기독교로 개종하였던 이유가 어떠했든, 그 결과 기독교 내의 신앙에 대한 각오가 약화되었던 것은 사실이다. 디오클레티안이 살해했던 강직한 신자들을 대체하였던 것은 대부분 반 쯤 개종한 이교도 신자들이었다. 한때 진리를 위해 목숨을 기꺼이 내놓았던 신자들이 이제는 자기들끼리 싸움을 벌이고 있었다. 나지안주스의 그레고리는 다음과 같이 불평하였다. "교회의 중요한 자리들은 덕있는 자들이 아니라 악한 자들이 차지하고 있다. 교구들은 진정 이를 돌볼 인물들이 아니라, 보다 더 권력을 사랑하는 자들이 차지하고 있다."

그리하여 은자들은 실상 단지 세상 자체로부터 뿐만이 아니라, 교회 안에까지 파고 들어왔던 세속주의로부터 도피해 나간 것이었다. 이들은 부패한 조직을 혐오하여, 극단적인 개인주의의 위험으로 빠져 들어갔던 것이다. 하나님의 은혜의 통로가 제국의 기존 조직으로 변하자, 초대 수도사들은 영혼을 위해 하나님과 직접 대면하는 길을 택하였다.

그리하여 외부 세계로부터의 유혹들은, 교만, 경쟁심, 인기욕 등 내심의 유혹들로 변화하게 되었다. 이집트와 시리아의 수도사들은 고통과 고생을 견디고 인내하는데 극단적인 모습을 보였다. 어떤 이들은 풀들만 뜯어 먹고 살았으며, 나무 위에서 살기도 했고, 혹은 목욕을 전혀 하지 않고 견디는 모습도 보였다.

일부 은자들의 명성을 듣고 많은 이들이 도시들로부터 이들을 찾아오기도

했다. 이 중 하나였던 주상(柱上) 성자(Stylites) 시므온(Simeon)은 자기가 거주하던 동굴 어귀에 사람들이 너무 많이 모여 들자, 이를 피하여 높은 기둥을 짓고 그 위에서 30년을 살기도 하였다. 그의 음식은 제자들이 바구니에 담아 줄로 매어 올렸다. 그는 가끔 아래에 있는 군중들을 향해 설교하기도 했는데, 전해지는 이야기에 의하면, 이를 통해 수 천명 씩이나 개종하기도 했다고 한다.

공동 생활에로의 변화

은자들의 인기가 이집트에서 계속되는 동안, 320년 경, 원래 군인 출신이었던 파코미우스(Pachomius)가 최초의 기독교 수도원을 조직함으로써, 수도 운동은 새로운 전기를 맞게 되었다. 수도사들이 혼자 살거나, 혹은 몇몇이서 한데 모여, 아무런 규칙도 없이 생활하는 대신 파코미우스는 규율에 따르는 생활 공동체를 조직하였다. 이 공동체 속에서 이제 수도사들은 함께 먹고, 노동하고, 예배를 드렸다. 그는 규칙적인 시간표를 정했으며, 육체 노동을 하도록 했고, 일정한 제복을 입고, 엄격한 규율들을 준수하도록 하였다. 이는 헬라어로 공동 생활을 의미하는 구절(koinos bios)을 좇아 공동 생활 수도주의(coenobitic monasticism)라고 불린다.

이러한 개혁은 혼자 살면서 나태와 괴이한 모습으로 빠지기 쉬웠던 과거에 비할 때 상당한 발전이라 할 수 있다. 이러한 발전은 특히 혼자 사는 은자의 생활을 하기는 거의 불가능했던 여성들도 수도 생활을 할 수 있도록 해 주었다. 그리고 수도운동을 어떻게든 통제할 수 있는 길을 마련해 주었다. 파코미우스는 "영혼들을 구하기 위해선 이들을 한데 모아야 한다"고 믿었다.

이러한 모습으로 시작되었던 이집트의 금욕주의 운동은 시리아와 소 아시아, 그리고 결국은 서부 유럽으로까지 퍼져 나갔다. 소 아시아는 특히, 바질, 나지안주스의 그레고리, 닛사의 그레고리 등 아타나시우스 다음 세대로서 니케아 신앙을 계승하였던 인물들에 의해 수도원 운동의 이상을 받아 수용하게 되었다. 379년에 세상을 떠난 바질은 특히 오늘날까지도 희랍 정교회의 수도원들을 운용하는 데 있어 사용되고 있는 기본적인 규율들을 정한 인물로서 매우 중요한 영향을 남겼다.

수도원주의의 이상은 제국적 기독교를 이전에 볼 수 없었던 위력으로 강타했으며, 4, 5세기 중에는 기독교 인구의 모든 계층에 영향을 미치는 운동으로 성장하였다. 많은 이들은 금욕 생활 속에서, 이전 박해 시절 순교자들에게서 찾아볼 수 있었던 기독교 영웅의 모습을 발견하였다. 수도사들은 그 이전보다 힘들었던 시절의 열정적인 태도와 말세적 경건을 부활시켰다. 이들은 순교의 정신을 하나님을 향한 전적인 헌신과 그리스도에 대한 금욕적 본받음으로 바꾸어 놓았다.

그리스도를 본받는 목적은 오직 하나님만을 위해 존재하고, 그의 은혜에만 의지하여 사는 것이다. 일체의 방해를 받음이 없이 이러한 목표에 도달하기 위해, 수도사들은 청빈(poverty), 순결(chastity), 순종(obedience)의 세 가지 서약을 하였다. 이를 통해 영적 투사들은 그들의 재산과 결혼 생활의 행복과 선택의 자유를 벗어버리고자 했던 것이다. 현대인들은 오늘날 이것들을 가리켜 인간의 기본적 권리라 부른다. 수도사들은 이것들이 이기심의 근원이요, 하나님과의 교제에 방해물이라 생각하였다.

일단 초기의 지나친 모습들이 사라지고, 수도사들이 보다 안정되고 인간적인 규율들 아래 살기 시작하면서 수도원들은 교회와 세상을 위해 막대한 도움과 유익을 제공했던 일들을 이루기 시작했다. 5, 6세기에는 교회의 모든 지도자들이 수도사 출신이었거나 혹은 수도원과 밀접한 관련을 맺고 있었다. 수도원의 좁은 방들은 서재가 되었으며, 수도사들은 학자들이 되었다.

롤란드 베인턴(Roland Bainton)이 말했듯이, "수도사 출신 학자들의 시조는 제롬(Jerome, 340-420)이라 할 수 있다. 그는 시리아 사막에서 은자로서 그의 수도 생활을 시작하였다. 그러나 오직 난이한 학문적 문제들과 깊이 씨름하여, 여기에 정신을 집중할 때만 자신의 성욕을 억제할 수 있음을 발견하였다. 그는 히브리어를 공부하기 시작하였는데, 이 방법이 얼마나 좋았는지, 다시 자신있게 세상으로 돌아올 수 있을 정도였다. 그는 로마에서 다마수스(Damasus)감독과 몇몇 상류층 부인들을 위한 교사가 되었다." 이들은 특히 성경 해석에 관한 문제들을 연구하였다. 그러나 얼마후 로마 — 제롬은 이 도시가 아직도 바벨론에 흡사하다고 생각하고 있었다 — 에서는 수도사들에 대한 적개심이 심화됨으로써, 제롬은 베들레헴에 있는 수도원으로 은거하게 되었다. 제롬은 이곳에서 그의 언어에 뛰어난 재능을 이용하여, 성경을 히브리어와 헬라어 등 원어로부터 라틴어로 번역하였다. 그 결과가 바로 '불가타(Vulgate)'인데, 이 성경은 최근까지도 로마 가톨릭 교회의 '공인본'으로 통용되어 왔다.

서방에 최초로 수도원 운동을 소개했던 인물은 아타나시우스이다. 355년 그가 트리에르(Trier, 현재의 독일)로 유배되었을 때, 그를 수행했던 사람도 두 명의 수도사들이었다. 그가 저술한 「안토니의 생애」가 널리 읽힌 것도 서방에 이러한 사상이 널리 퍼지는데 도움을 주었다. 밀라노의 암브로시우스 감독과 히포의 어거스틴도 수도원주의의 지지자들이었다. 어거스틴은 히포와 타가스테에 있는 그의 성직자들의 공동체를 위하여 서방 교회 최초의 수도원 규율을 저술하였다. 얼마 후에, 이집트를 방문한 일이 있었던 수도사 요한 카씨안(John Cassian)은 마르세이유(Marseille) 근처의 생 빅토르(St. Victor)에 수도원을 세우고 이를 위해 명상에 관한 두 권의 중요한 책들을 적술했는데, 이 역시 수도원을 위한 규칙이라 볼 수 있을 것이다. 그러나 그 누구보다도 서방 교회를 위한 수도원 운동의 기본 토대를 세운 인물은 누르시아의 베네딕트(Benedict of Nursia)라 할 수 있다.

서방 교회의 천재

베네딕트는 5세기 말 경, 로마 동북방 85 마일 지점의 누르시아에서 출생하였다. 그는 로마에서 수학하던 중 가장 극단적 형태의 금욕주의에 입각한 생활을 시작하였으며, 로마 남쪽의 광야에 있던 동굴 속에서 은자로서 살기 시작하였다. 그는 그곳에서 3년 간 성경을 연구하였으며, 극심한 자기 부정의 삶을 살았다. 이때 주위 "수도원의 수도사들이 그를 뽑아 자기들의 영적 지도자인 수도원장으로 추대하였다." 베네딕트의 혹심한 규율은 일부 수도사들의 분노를 자아내게 되었으며, 아슬아슬하게 독살의 위험을 피해 살아 남았다. 한동안 다시 근처의 동굴 속에서 생활하였는데, 그를 시기하는 이들이 그를 이곳에서도 몰아내었다. 이러한 경험을 통해 그는 점차 지혜로워져 갔다.

529년 로마로부터 남동쪽으로 85 마일 정도 떨어진 몬테 카시노(Monte Cassino) 산정에서, 베네딕트는 그후 유럽에서 가장 유명해진 베네딕트파 수도회의 모 수도원을 위한 기초를 마련하였다. 즉 몬테 카시노 수도원 규칙이 그것이다. 그는 이곳에서 542년 소천하기까지 수도원적 경건의 모범으로서 함께 살며, 가르치고, 설교하였다.

윌리스턴 워커가 기록했듯이 "베네딕트는 학자는 못 되었다. 그러나 그는

로마인 특유의 장점대로, 행정에 뛰어났으며, 수도 생활이야말로 기독교인의
이상적인 모습이라는 확신이 있었으며, 인간성에 대한 깊은 이해를 가지고
있었다." 그는 흔히 성 베네딕트의 규율이라 불리고 있는 일련의 규칙들을
작성하면서, 앞서 간 수도 운동 지도자들의 교훈을 많이 참고하였다. 그러나
동시에 그가 직접 인간들을 관찰하고, 느낀 데서 비롯된 지혜와 통찰을 이
가운데 포함시켰다. 그는 수도 운동이 가지는 위험들이 있음을 깨닫고 있었
다. 많은 수도사들은 받은 소명에 걸맞는 생활을 하지 않고 있었다. "어떤 자
들은 방랑 걸인들과 별로 다름이 없는 생활을 하였다." 베네딕트는 이러한
악한 현상은 다름아닌 규칙적인 생활과 다스리는 권위가 없기 때문이라고
파악하였다. 따라서 그는 이를 위한 권징을 수도원의 기초로 생각하였다. 그
러나 동시에 이 권징은 보통 사람들이 감당할 수 없을 만큼 지나친 것이어
서는 안된다. 바로 이러한 "제약과 자유의 기막힌 조화"가 베네딕트의 규율
을 우수하게 만들어 주었다.

이 성인(聖人)은 수도 생활을 이 적대적인 세상 속에서 그리스도를 위한
영적 요새로 생각하였다. 따라서 엄격한 규칙은 필수적인 것이었다. 누구든
지 최소한 일년 간은 과연 자기가 이러한 생활을 감당할 수 있을지 시험해
보는 것이 필요하다고 생각하였다. 이 기간 동안에 견습생들은 자기가 원하
기만 하면 언제든지 수도원을 떠날 수 있었다. 이러한 시험 기간이 지난 후
에야 정식 수도사가 되기 원하는 이들은 삼중의 서약을 맹세하여, 스스로를
세상으로부터 단절시키고 영원히 수도원에 머물기를 약속하는 것이다. 삼중
서약이란 곧, 청빈, 순결과 수도원 규율과 지도자들에 대한 순종이었다.

수도원을 운영하고 치리하는 권한은 수도원장(abbot)의 수중에 주어졌다.
그런데 이렇게 권위의 시행을 규정한 모습 속에 베네딕트의 지혜가 잘 드러
나고 있다. 각 수도사들은 비록 아무리 힘든 명령이라 할지라도, 원장에게
절대 순종할 것을 서약하는 동시에, 수도원장은 수도사들 자신들에 의해 선
출되며, 중요한 문제들은 전체 수도사들이 참여한 회의와 의논한 후에만 결
정하도록 하였다. "베네딕트는, 이론적으로는 절대적인 권위를 부여하면서도,
중요한 사항들에 관하여는 다른 이들의 의견들은 절대 무시할 수 없도록 하
는 지혜를 보여주었던 것이다."

워커가 설명한 바와 같이, 이 영적인 성채를 세상으로부터 격리시켜도 계
속 유지될 수 있도록, "베네딕트는 가능한 한 인간 생활을 영위하는데 필요

한 모든 설비들을 수도원들이 갖추도록 조처하였다." 수도사들은 자기들의
의복을 직접 짰으며, 포도주도 담그고, 목공과 석수일들도 하였다. 베네딕트
는 수도사들이 수도원 밖을 헤매는 것이야말로 영적으로 굉장히 위험한 일
로 간주하였다.

예배가 수도생활의 중요한 부분이었으므로, 이를 엄중하게 지킬 수 있도록
베네딕트의 규율은 조처하고 있었다. 베네딕트는 하루 24시간 동안 7번의 예
배 외에도 새벽 두시에 "비질(vigil, 철야)"이라는 예배를 첨가하였다. 그러
나 다른 여러 수도원 규율들과는 달리, 비질만을 제외하고는 베네딕트의 예
배들은 매우 간단하고 짧게 되어 있었다. 이들은 겨우 20분 가량이며, 그 내
용은 주로 시편의 낭독이었다.

워커에 의하면, 베네딕트의 가장 유익한 규율은 노동에 관한 규정이었다.
"나태는 영혼의 적이다. 따라서 수도사들은 일정한 시간 동안 육체 노동에
종사해야 한다. 그리고 일정한 시간은 종교적인 독서에 보내야 한다." 그는
노동이 가지는 도덕적 가치를 깊이 인식하고 있었다. 그리고 손으로 하는 노
동과 아울러 머리로 하는 노동도 함께 병행해야 할 것을 생각하였다. 양자의
비율은 물론 계절에 따라 차이가 있었다. 여름이나 수확기에는 육체 노동의
시간이 많아졌으며, 겨울철, 특히 사순절(Lent) 기간 중에는 독서의 시간을
더 늘리도록 하였다.

그리하여 그 설립자의 원래 의도에 충실한 베네딕트 수도원은 "그 자체로
서 하나의 작은 세계였으며, 그 속에서 수도사들은 부지런하지만 너무 감당
하기 어렵지는 않은 생활을 영위하였으며, 이들의 생활은 예배, 제작실과 들
에서의 땀흘리는 노동, 진지한 독서 등으로 이루어져 있었다." 모든 베네딕
트 파의 수도원은 도서관을 설치하였다. 비록 베네딕트 자신은 고전 문학에
관하여 아무런 언급을 한 일도 없었으나, 곧 이들 수도사들은 방대한 양의
라틴 문학들을 섭렵하기 시작하였다. 바로 우리들인 후손들을 위하여, 라틴
교부들의 저술들과 로마 문학의 걸작들을 보존한 것은 이들의 공헌이다.

수도원주의에 대한 찬반

베네딕트 규율은 이탈리아로부터 급속히 서부 유럽으로 퍼져 나갔다. 옛날
로마 문명의 멸망과 그 후 독일 정복자들의 새로운 국가들이 생겨나기 시작
했던 시기에 있어서 이들이 남긴 공헌은 아무리 강조해도 지나침이 없을 것

이다. 바로 베네딕트 수도원들이 유럽 각국에 널리 설립되어 있었기 때문에 중세 시대는 고대 교회의 가장 뛰어난 작품들을 보존해내는 데 성공했던 것이다. 계속되는 전쟁 속에서 학문과 휴식의 공간을 제공하였던 유일한 기관이라 할 수 있었다. 이들 가운데 많은 선교사들이 배출되어 오지에 복음을 전파하였으며, 당시의 대다수 일반 주민들에게 인간은 빵만으로 살 수 없음을 계속 상기시켜 주는 역할도 하였다.

윌리스턴 워커가 말했듯이, 수도원 운동의 결점을 지적하는 것은 쉬운 일이다. 수도사 개인들은 청빈의 서약을 하였으나, 신도들의 헌금과 유산, 특히 토지의 증여로 수도원들은 곧 상당한 부를 축적하게 되었으며, 이에 따라 수도사들은 나태해지기 시작하고 원래의 엄격한 모습은 자취를 감추게 되었다. 중세의 역사를 살펴보면 이러한 면을 개혁하고 원래의 모습을 되찾고자 하였던 노력들이 계속되었음을 알 수 있다. 또한 부패한 수도원들로부터 갈라져 나와 새로운 수도원들을 다시 건설했던 모습들도 많이 볼 수 있다.

그러나 무엇보다도 근본적인 것은 이러한 베네딕트파가 이루고자 했던 기독교인의 생활은 자연에 어긋난다는 것이다. "수도원에 들어간다는 것은 스스로 정상적인 세상의 관계로부터 절연함을 의미하였다. 이들은 결혼을 포기하고, 기독교 가정이 가지는 일체의 아름다운 모습을 회피하는 것이었다." 또한 이러한 수도원주의의 근간에는 인간에 대한 근본적으로 잘못된 이해가 자리잡고 있다. 수도사들은 영혼이 마치 죄수가 시체에 매여 있듯이, 육체에 억매여 있다고 생각하였다. 이는 전혀 인간에 대한 성경적 이해가 아니며, 결국 수도원주의의 가장 근본적인 결점으로 남게 되었다.

그러나 이러한 결점들을 오늘날 우리들이 볼 수 있다고 해서, 이들을 로마 제국 멸망기의 사람들, 혹은 중세인들도 쉽사리 볼 수 있었으리라고 생각해서는 안된다. 일반적으로 당시 사람들은 수도사로서의 소명이야말로 기독교인의 생활의 가장 진정한 모습이라고 생각하였다. 또한 수도원주의의 결점들을 지적함에 있어서, 유럽 문명의 가장 절박했던 시대에 수도사들이 기독교와 문명의 전파와 발전을 위해 바쳤던 그 위대한 공헌을 평가 절하시켜서는 올바른 태도라 할 수 없다.

참고도서

Deferrari, Roy J., Ed., *Early Christian Biographies*. Washington, DC.: Catholic University Press, 1952.

Dowley, Tim, Ed., *Eerdmans' Handbook to the History of Christianity*. Grand Rapids: Eerdmans, 1977.

Waddell, Helen. *The Desert Fathers*. London: Constable, 1936.

Walker, Williston. *Great Men of the Christian Church*. Chicago: The University of Chicago Press, 1908.

Workman, Herbert B. *The Evolution of the Monastic Ideal*. Boston: Beacon Press, 1962.

13

시대의 교사
:어거스틴

세 인들은 로마를 영원의 도시라 불렀다. 한니발(Hannibal) 이후 620년 동안 로마는 감히 그들의 성벽 밖까지 접근한 침입자들을 본 일이 없었다. 그러나, 410년 갑자기, 비시고트(Visigoth) 족의 족장이었던 알라릭(Alaric)이 그의 아리우스파였던 유목민 집단을 거느리고 이 도시를 포위하였다. 곧 로마가 함락하리라는 것은 누구의 눈에 보아도 명약관화하였다. 단지 시간 문제였다.

평화를 협상하기 위한 사절들이 파견되었다. 이들은 자비를 구하고, 협상 조건들을 의논하고자 하였다. 응답은 한결 같았다. 모든 금, 은과, 무엇보다도 일체의 독일 출신 노예들을 다 내놓으라는 것이었다. 성내의 사정이 계속 악화되어 가는 동안에도, 로마인들은 계속 협상을 시도하였다.

마침내 비시고트인들은 성문들을 깨고 들어와 시내의 모든 저택들을 남기지 않고 약탈하였다. 단지 교회당들만을 제외하고는 도시가 완전히 파괴된 상태였다. 스스로 기독교 신자임을 자처하였던 알라릭은 약탈품들을 검사하고, 교회 재산들은 따로 구분하여 두었으며, 병사들은 거룩한 기명들은 날라다가 베도로와 바울의 이름으로 세워진 교회당들 앞에 두었다.

비시고트 족과 그 병사들은 얼마 후 로마에서 철수하였으나, 이들이 남긴 충격은 너무나 엄청난 것이었다. "모든 도시들의 여왕"이 누리던 영광은 사라졌다. "나는 목이 메어 무어라 말할 수가 없다. 전 세계를 사로잡았던 도시가 이제 포로의 신세가 되었구나." 하고 제롬은 한탄하였다. 그는 전체 기독교 신자들뿐만 아니라 이교도들의 심정까지도 한데 표현한 것이었다.

로마인들은 일찍이 로마인들이 섬겼던 신들의 동상들이 서 있던 자리들을 가리켰다. 이 옛신들은 로마를 위대하게 만든 바 있었다. 아마 이들은 로마를 구원해 내었을지도 모른다. 황제가 이들을 버리고 기독교로 개종하였기 때문에 이들이 분노한 것은 아니었을까?

로마로부터의 난민들이 전세계로 흩어졌다. 북 아프리카의 한 항구인 히포에서는 머리는 완전히 깍아 버리고, 수염은 기르지 않고, 날카로운 인상을 주는 마른 체구의 한 남자가 고생에 찌든 피난민들이 도착하는 모습을 바라보고 있었다. 그는 이들의 질문들과 의혹들을 잘 알고 있었다. 누군가가 로마의 멸망에 관한 해답을 제공하여야만 했다. 바로 그 자리에서 히포의 감독 아우렐리우스 아우구스티누스(Aurelius Augustinus)는 이러한 해답을 추구하기로 결정하였다. 로마는 왜 멸망하였는가? 이 영원한 도시의 멸망은 곧 기독교의 멸망을 의미하는 것인가? 세계의 종말이 과연 이와 함께 임박하였는가?

이러한 질문들에 대한 어거스틴의 대답들은 바로 그 당대의 암흑기를 위한 광명을 마련해 주었을 뿐만 아니라, 기독교권 전체의 기반이 되는 철학을 제공하였던 것이다. 오늘날까지도 기독교인들은 그의 지성과 신앙에 덕을 입고 있다. 로마 가톨릭은 그의 교회론을, 그리고 프로테스탄트 교회는 죄와 은혜에 관한 그의 교리를 신봉하고 있다.

위대한 생애의 준비

이 위대한 북 아프리카인은 354년 11월 13일 누미디아(Numidia)의 산악지대에 위치한 소읍이었던 타가스테(Tagaste)에서 출생하였다. 이 지역은 현재의 알제리아(Algeria)지방이다. 그의 아버지 파트리키우스(Patricius)는 인생의 쾌락을 즐기는데 마음을 빼앗겼던 이교도였다. 반면 그의 어머니 모니카(Monica)는 매우 열성적인 기독교 신자였다. 이들은 비록 부유하지 못했으나 지능이 뛰어났던 어거스틴에게 당시 최고의 교육을 시키고자 결심하였다. 그리하여 그는 자기 동네의 학교를 거쳐, 북아프리카의 수도 카르타고(Cathage)의 학교에 진학하였다. 그는 이 대도시에서 성적인 유혹을 이길 수 없는 자신의 모습을 발견하였다. 그는 한 소녀와 사랑에 빠져 아들 아데오다투스(Adeodatus)를 얻게 되었다. 이들은 13년 동안이나 동거하였는데, 어거스틴은 항상 섹스야말로 자기를 더럽히는 정욕으로 생각하였다. 이는 죄에 관한 그의 관념을 결정지었으며, 후에 하나님의 은혜에 의해서야 이러한 욕망으로부터 벗어나게 되었다고 생각하였다.

그러나 그의 보다 고결한 성품이 계속하여 그 모습을 드러내고 있었다. 그가 19살 때 손에 넣게 되었던 라틴 문필가 키케로(Cicero)의 글은 어거스틴의 지성을 자극하여, 진리의 탐구를 그의 평생의 과업으로 삼도록 결단하게 만들었다. 그럼에도 불구하고 옛 정욕은 계속 그를 괴롭혔다. 그리하여 그는 마치 바울 사도처럼 좀더 고상하고, 좀더 저속한 두 존재가 그의 내부에서 투쟁하는 모습을 절실히 체험하였다. 이러한 고민의 와중에서 그는 성경도 읽었으나, 별 도움은 되지 못했다. 성경의 스타일이 너무도 세련되지 못하고 야만적으로까지 느껴졌기 때문이었다.

어거스틴은 한동안 마니교(Manicheanism)에 심취하기도 하였다. 마니교는 당시 로마에서 박해를 받던 종교였으나, 어거스틴처럼 그의 속에서 두개의 대립하는 세력이 대결하는 체험을 한 정열적 인간들에게는 특히 매력적이라 할 수 있는 측면을 가지고 있었다. 그 창시자 마니는 페르시아에서 가르쳤으며, 그곳에서 276년 혹은 277년 십자가에 매달려 순교하였다. 이 종교는 근본적으로 이 우주를 선과 악의 두 세력이 영원히 싸움을 벌이고 있는 전장으로 파악하였다. 인간은 혼합된 합성품이다. 그의 본질 중 영적인 부분은 선한 요소로 구성되어 있으며, 육체적인 부분은 악한 요소이다. 따라서 인간의 사명은 자신 속의 선성을 악한 요소로부터 해방시키는 것이다. 이 모습은 기도를 통해서도 이루어질 수 있으나, 무엇보다도 정욕, 술, 부유함, 고기, 사치 등의 악한 쾌락들을 금함이 가장 중요하다.

마니교는 마치 이전의 영지주의처럼 진정한 예수는 육체를 가지지 않았으며, 실제로 죽지도 않았다고 가르쳤다. 그의 목표는 인간들을 암흑의 영역으로부터 광명의 세계로 인도해 주는 것이었다고 하였다. 또한 영지주의자들과 마찬가지로 마니교에서도 신약 성경의 대부분은 신봉하였으나, 그리스도의 진정한 고난을 시사하는 부분은 부인하였으며, 구약은 전체를 다 부정하였다.

어거스틴은 374년부터 383년까지, 그의 마음 속에 의심이 일어나기까지, 9

년 동안이나 마니교에 헌신하였다. 이 세월 동안 그는 고향 타가스테에서 문법을 가르치기도 하고 카르타고에서 수사학을 교수하기도 하다가, 비록 내심으로는 마니교 철학의 진실 여부에 회의를 느끼면서도 383년 마니교에서 사귄 친구들의 권유를 좇아 로마로 이주하였다.

수도에 도착한지 얼마 안되어 그는 밀라노의 국립대학에서 교수 자리를 얻게 되어 이 북쪽의 도시로 다시 이주하였다. 이미 과부가 되었던 그의 어머니와 아프리카에서 온 몇몇 친구들이 곧 그와 합류하였다. 이제 30세였던 그는 찬란한 미래를 꿈꿀 수 있는 위치에 서게 된 것이다. 그러나 그 어느 때보다도 그의 내심은 평안을 알지 못하고 깊은 불안과 불만과 번민에 시달리고 있었다. 그는 문벌이 좋고 부유한 젊은 여자와 결합하기 위하여 그의 정부이자, 아데오다투스를 낳은 여인을 저버렸다. 그러나 그는 역시 그의 정욕을 이길 수 없었다. 그는 "수를 셀 수 없이 거친 섹스의 소용돌이 속에 빠져있는" 자신의 모습을 발견하였다. 그는 후에 당시의 모습을 이렇게 회고하였다. "여성들의 애무보다 더 강력하게 남자의 영혼을 아래로 끌어 내리는 것은 없다." 그는 이러한 내심의 갈등을 더 이상 참을 수 없는 상태에 처하게 되었다.

그런데 밀라노에 사는 동안 어거스틴은 암브로시우스 감독의 힘있는 설교에 접하게 되었다. 처음에는 감독의 유명한 설교 스타일을 연구하려는 마음으로 교회에 갔었으나, 얼마 안되어 그의 설교 내용이 그의 영혼을 두드리는 것을 느끼게 되었다. 그는 암브로시우스를 통하여, 기독교가 유려하면서도 지성적일 수 있음을 발견하게 되었으며, 그가 이해할 수 없었던 구약의 여러 사건들과 이야기들이 알레고리(Allegory, 비유, 풍유 혹은 상징)로 설명될 수 있음을 깨닫게 되었다.

어거스틴이 개종하는 데 최종적으로 중요한 역할을 했던 것은 수도사들의 개인적인 모범들이었던 것으로 보인다. 어느 친구가 그에게, 안토니와 기타 이집트의 수도사들이 어떻게 이 세상의 유혹을 견뎌내는가를 얘기해 주었을 때, 어거스틴은 깊은 수치감을 느끼지 않을 수 없었다. 이처럼 무식한 자들도 영적인 승리를 거두고 있는데, 당시 최고, 최상의 교육을 받은 그는 항상 패배하는가? 그의 죄의식과 무력감은 한없이 깊어질 수밖에 없었다.

그가 고민에 빠져 정원을 거닐고 있었을 때, 결단의 시간이 왔다. 그는 다음과 같이 어린이들이 노래하는 소리를 듣게 되었다. "들고 읽으라, 들고 읽

으라." 그는 신약 성경을 집어 들었다. 그의 시선은 당시 그의 심정을 너무나
잘 이해하고 있는 듯한 구절 위에 멈추게 되었다. "방탕과 술 취하지 말며
음란과 호색하지 말며 쟁투와 시기하지 말고 주 예수 그리스도로 옷입고 정
욕을 위하여 육신의 일을 도모하지 말라"(롬 13:13-14). 어거스틴은 당시의
광경을 다음과 같이 묘사하였다. "이 구절의 끝에 도달하는 순간 마치 평화
의 빛이 나의 가슴 속으로 쏟아져 들어와 충만한 듯하였다. 그리고 일체의
의심이 희미하게 사라지는 것이었다."

그 다음 해, 387년 부활절 저녁, 어거스틴과 그의 아들 아데오다투스, 그리
고 친구 알리피우스(Alypius)는 밀라노에서 암브로시우스의 손에 세례를 받
았다. "우리 과거의 불안들은 영원히 사라져 갔다." 수 개월 후, 그는 완전히
변화된 모습으로 그의 어머니와 함께 북 아프리카를 향하여 떠났다. 그러나
여행 도중 그의 어머니는 로마 근처에서 소천하였다. 그리고 388년, 다시 타
가스테에 정착한지 얼마 안되어 그의 아들마저 잃게 되었다. 이제 어거스틴
은 그가 한때 그토록 집착했던 정도만큼이나, 세상을 등지고 싶은 심정에 싸
이게 되었다. 그러나 이러한 그의 뜻대로 이루어질 수는 없었다. 그의 능력
은 이미 사람들에게 널리 알려진 바 되었으며, 교회 내에서는 그와 같은 지
도자를 절실히 요구하고 있었으므로, 그가 편히 고요한 여생을 보낼 수는 없
는 형편이었다.

3년 후, 그는 본인의 거절에도 불구하고, 여러 사람들의 요구로 히포
(Hippo)에서 사제에 임명되었다. 얼마 후 그는 발레리우스(Valerius)감독의
요구에 따라 교회의 조감독에 임명되었다가, 발레리우스가 죽은 후에는 히포
교회를 이끌게 되었다. 그는 이 당시 마흔 세 살이었는데, 그후 430년에 소천
하기까지 33년 간 그 당시 교계의 여러 문제의 중심에 서서 이들을 감당해
내야만 했다.

도나투스파 논쟁

북 아프리카의 기독교는 가톨릭 교회와 도나투스주의(Donatism)라 불리던
분파 사이의 분쟁으로 깊이 분열되어 있었다. 이러한 양자 사이의 싸움은 그
뿌리가 깊은 것이었다. 히포의 감독으로서는 이 문제에 관하여 그의 입장을
밝히지 않을 수 없었다. 어거스틴이 교회 지도자로서의 생애를 시작했을 때,
도나투스주의의 역사는 이미 백년 가까이 되었었다. 이 운동은 교회의 성결

성과 엄격한 권징, 그리고 자격없는 감독들에 대한 가차없는 저항을 그 특색
으로 하고 있었다. 도나투스파는 가톨릭 측이 이러한 교회의 필수적인 요소
들을 부도덕한 사제들과 감독들을 임명함으로써 다 포기했다고 주장하고 있
었다.

이들은 일찍이 가톨릭 교회에 저항하였던 지도자, 카르타고의 감독(313-
355)이었던 도나투스(Donatus)로부터 연유하였다. 도나투스파는 특히 디오클
레티안의 박해시 일부 감독들이 성경을 불사르도록 내어주었다는 사실을 집
중적으로 공격하였다. 도나투스파는 이러한 행위는 배교에 해당한다고 주장
하였다. 그런데 가톨릭 성직자들은 이처럼 큰 죄를 범한 감독들에 의해 임명
되었으므로, 교회는 오염되었고, 따라서 가톨릭 파가 아니라 도나투스파 자
기들만이 진정한 교회라고 주장하였다. 어거스틴의 감독 재직시 이들의 세력
은 매우 강성하여, 북 아프리카 일부 지역에서는 이들이 다수를 점하고 있는
모습도 흔히 볼 수 있었다.

어거스틴은 이들이 주장하는 순결한 교회의 관념에 찬성하지 않았다. 최후
의 심판 때까지는 교회 안에 좋고 나쁜 사람들이 섞여 있는 것이 당연하다
는 의견이었다. 그는 자기의 이론을 뒷받침하기 위하여, 알곡과 가라지에 관
한 예수님의 비유(마 13:24-30)를 예로 들었는데, 사실 이는 정확한 논증은
되지 못하였다. 왜냐하면 이 비유는 교회가 아니라 세상 전체의 모습에 관한
설명이기 때문이다.

어거스틴은 또한 성례에 관하여 이들과는 다른 이해의 모습을 보여주고
있다. 도나투스파는 성례의 효력은 이를 집례하는 성직자의 도덕적 성결성에
달려 있다고 주장하였다. 어거스틴은 이 의견에 반론을 가하였다. 성례는 성
직자가 아니라 그리스도에게 속한 것이다. 사제들의 행위는 기실 그리스도의
행위이다. 왜냐하면 바로 그가 정해진 절차를 거쳐 임명된 성직자들의 손에
성례를 위임하셨기 때문이다. 사제에게 요구되는 유일한 조건은 그가 전체
교회를 위하여 하나님의 은혜를 집전하고 있다는 의식이다.

이러한 입장은 사제를 교회의 구성원들을 위한 은혜의 통로로 만들게 된
다. 그리하여 어거스틴은 결론적으로 사제 중심적 교회의 모습(sacedotal view
of the church)을 주장하게 된 셈인데, 이는 불행히도 중세 가톨릭 교회에서
극단적으로 흐르는 경향을 보이게 된다.

도나투스 논쟁을 둘러싼 어거스틴의 가톨릭 교회 변호는 또한 교회의 적

수들에 대해선 무력을 사용해도 좋다는 주장까지도 포함하게 되었다. 그는 처음에는 무력이나 강제력 사용을 반대하는 편이었다. 그러나 점차로 이러한 그의 주장은 변화를 보이게 된다. 그는 도나투스파가 점증하는 정부의 압력에 대응하여 오히려 저항을 가열하는 것을 보고는 종교 문제에 있어서도 강제력을 사용할 수 있다는 주장을 펴게 된다. 그는 말하기를 언뜻 보기에는 지나친 것 같은 행위를 통해서도, 법을 어겼던 자들이 자기들의 오류를 깨달을 수가 있다고 하였다. 주님 자신께서도 그의 비유 가운데서 "사람들을 강권하여 불러 들여 오라"(눅 14:23)고 하지 않으셨던가? 그리하여 후대에 종교재판을 통해 잔인하게 기독교내 분파들을 박해했던 이들은 어거스틴의 이름을 이용할 수 있게 되었다.

죄와 은혜에 관하여

도나투스 논쟁이 교회 정치가로서의 어거스틴의 모습을 드러냈다고 한다면, 펠라기우스 논쟁은 오직 은혜에 의한 구원을 주장하였던 신학자 어거스틴의 모습을 우리들에게 밝히 보여주고 있다.

펠라기우스(Pelagius)는 브리튼 출신의 수도사로서 로마를 거쳐 북 아프리카에 도달하였다. 그를 동행하였던 제자 코엘레스티우스(Coelestius)는 카르타고에서 성직에 임명되기를 원했으나, 어거스틴의 영향력이 막강하였던 이곳에서 별로 사람들의 지지를 얻을 수 없었다. 코엘레스티우스의 신학적 입장이 카르타고에 알려지자마자 거센 비판의 대상이 되었기 때문이다.

그 결과 코엘레스티우스는 펠라기우스를 좇아 동부로 향하게 되었다. 이곳의 교회들은 펠라기우스의 교훈에 대하여 보다 우호적인 태도를 보이고 있었다. 그러나 어거스틴은 펠라기우스주의에 대하여 맹렬한 비판을 가하기 시작하였다.

419년 펠라기우스파는 호노리우스(Honorius) 황제에 의해 추방당했으며, 그의 교훈들은 431년 에베소의 공의회에서 정죄 받았다.

그 이유는 무엇이었는가? 과연 어떤 점들이 어거스틴의 매서운 공격의 대상이 되었을까? 이 수도사는 인간의 죄가 아담으로부터 유전되었다는 사실을 부인하였다. 그는 인간에게는 의롭게, 혹은 불의하게 행동하도록 결정할 수 있는 자유의지와 능력이 있다고 하였다. 그뿐 아니라 죽음도 아담의 불순종의 결과는 아니라고 하였다. 아담은 물론 이 세상에 죄를 소개한 존재이다. 그러나 이는 단순히 그의 못된 모범을 보인데 불과한 것이다. 그의 죄와 인류의 도덕적 상황 사이에는 아무런 직접적 연관이 없다. 거의 모든 인간들은 죄를 지은 적이 있다. 그러나 역시 전혀 죄를 짓지 않고 사는 것은 가능하다. 실제로 평생 아무 죄도 짓지 않고 살았던 사람들도 있다는 것이 펠라기우스의 주장이었다. 하나님께서는 아무의 운명도 미리 예정하시지 않으신다. 단지 그는 과연 누가 신앙을 갖게 되고, 누가 그의 은혜스런 영향력을 거절해 버릴지 미리 예견하실 뿐이다. 누구든 "신앙만에 의지하여" 사는 모든 이들에게는 하나님의 용서가 임한다. 그러나 일단 용서받게 되면 인간들에게는 하나님께서 기뻐하실 생활을 할 수 있는 능력이 스스로에게 생기게 된다. 그리하여 펠라기우스의 가르침을 따르면, 성령의 특별하신 능력이 인간들에게 반드시 필요하지는 않게 된다. 결국 기독교인의 생활에 관한 그의 주장은 스토아 학파의 금욕적인 자기 절제와 별로 차이가 없었다.

이러한 모든 이론들은 어거스틴 자신의 경험과 정반대의 모습들이었다. 그는 자신의 죄와 죄성의 깊이를 너무나 뼈저리게 깨닫고 있었으므로, 하나님의 구원의 위대하심을 체험한 사람이었다. 그는 오직 하나님의 저항 불가능한 능력(은혜)만이 그를 죄 속에서 구원해 낼 수 있었음을 알고 있었으며, 계속 흘러 주어지는 하나님의 은혜만이 그의 신자로서의 삶을 가능케 함을 깨닫고 있었다. 그의 기독교적 이상의 모습은 스토아 철학의 극기나 절제가 아니라, 하나님의 영에 의하여 주입되어진 의로움을 향한 사랑이었다.

어거스틴이 깨달아 아는 바로는, 아담의 죄는 거대한 결과를 초래했었다. 그는 더 이상 옳은 행위를 할 수 있는 능력을 상실하였다. 한마디로 그는 사망하였는데, 우선 영적으로, 그리고 곧 육체적으로 죽어버렸던 것이다. 그런데 이러한 멸망 상태는 비단 아담에게만 미쳤던 것이 아니다. 어거스틴은 전체 인류가 "아담 속에" 있었으며, 그의 타락에 참여하였다고 가르쳤다. 인류는 일체의 선행(구원의 행위)이 불능한 "타락의 집단"으로 화하였다. 각 개인은 그 유아 때부터 노령에 이르기까지 저주 외에는 받을 자격이 없는 존재이다.

인간 자신은 아무런 선행도 불가능함으로, 무언가 선행을 할 수 있는 일체의 능력은 하나님으로부터의 값없이 주시는 선물, 즉 "은혜"가 아니면 안된다. 하나님은 그의 은혜를 받도록 타락한 인류의 일부를 선택하셨다. 이 은혜는 그리스도의 사역으로부터 오는데, 보통 교회를 통하여, 특히 성례를 통하여 임하게 된다. 세례를 받는 모든 이들은 하나님을 섬길 수 있는 자유를 부여하는 중생의 은혜를 받게 된다. 인간의 섬김이란 아무리 최선의 것이라 해도 완전치는 못하며, 이 역시 계속적으로 은혜가 주어질 때에만 유지될 수 있다.

윌리스턴 워커가 설명하였듯이, "하나님께서 그의 은혜를 주시지 않는 자들은 상실될 수밖에 없다. 또한 설혹 지금 현재는 하나님의 은혜를 누리고 있다 할지라도, 그가 궁극적으로 구원을 받으리라고는 아무도 확신할 수 없다. 하나님께서 견인의 은혜를 추가로 주시는 자들, 즉 생애의 마지막까지 하나님의 도움 속에 있는 자들만이 구속될 것이다." 따라서 인간은 내세울 만한 아무런 가치가 없는 것이다. 그의 구원은 일체 하나님으로부터 주어진 것이기 때문이다.

어거스틴은 바울과 같이 하나님의 은혜에 "경악"한 체험이 있는 사람이었다. 그는 재난들을 통하여 기독교 신앙에 도달했던 사람이었다. 그의 가장 큰 재난은 그의 탄생시의 상황, 죄악에 의해 하나님으로부터 유리된 상황이었다. 그리고 그 재난으로부터의 자유만이 새로운 탄생을 의미하였다.

어거스틴은 은혜의 수용을 눈에 보이는 가시적 교회에 소속된 여부와 결부시켰다. 그러나 동시에 하나님은 그의 기쁘신 뜻에 따라서 원하시는 이를 선택하시며, 자기를 섬길 수 있는 능력을 주신다는 교리를 주장하기도 했다. 그리하여 구원의 문제를 하나님과 개인 사이의 문제로서 파악하였던 것이다. 이 교리가 프로테스탄트 종교개혁시 다시 새로이 회복되었으며, 종교개혁가들은 이를 이용하여, 영혼과 창조주 사이는 그 어떤 교회도 가로막을 수 없다고 주장하였다.

로마의 폐허 위에 선 하나님의 도성

로마가 함락되었다는 소식을 들었을 때, 어거스틴의 나이는 56세였다. 이는 그의 생애에 있어서 가장 극적인 사건들 가운데 하나였을 것이 틀림없다. 그는 로마로부터 몰려온 피난민들을 영접하고, 이들을 위한 거처를 마련하고, 위로하는 데 많은 노력을 기울였다. 당시에 행했던 한 설교를 통하여, 그는 로마의 함락을 소돔의 멸망과 비교하였다. 그는 말하기를 역사상 이와 같은 참극들이 많이 있었으나, 도시들은 성벽들이 아니라 시민들에 의해 구성되는 것이라고 말했다. 소돔과는 달리, 로마가 비록 징벌은 받았으나 파괴된 것은 아니라고 하였다.

곧 그는 보다 더 깊은 문제, 로마처럼 흥망성쇠가 있는 지상의 도성들과, 반면에 그 존재가 영원한 천상의 도성, 혹은 하나님의 도성과의 관계를 논하기 시작했다. 그는 이 문제와 거의 16년간을 씨름하였으니, 생애의 말엽까지도 계속 연구하여 결국 「하나님의 도성」이라는 걸작을 남기게 되었고, 이 작품은 직·간접적으로 그후 계속하여 지금까지도, 기독교인들이 하나님과 세상의 권력들 사이의 관계를 논하는데 있어서 지대한 영향을 미쳐 왔다.

어거스틴은 아담 이후 세상의 종말 때까지 인류가 두 개의 도성 가운데 하나에 속하게 된다고 진술하였다. 하나는 하나님 없이 지상의 생활만을 영위하는 대부분의 대중들이다. 다른 하나는 은혜 속에 태어나 영원토록 하나님의 도성에 부르심을 받은 일단의 사람들이다. 어거스틴은 말하기를 세상의 도성(The Worldly City)은 일시적인 것들을 향한 공통의 사랑으로 한데 연대되어 있다고 하였다. 하나님의 도성은 하나님을 향한 사랑으로 한데 묶여 있다.

로마인들로 하여금 그토록 위대한 업적을 이루게 하였던 것은 결국 인간들의 찬사가 아니고 무엇이었는가? "이들이 궁극적으로 사랑하는 것은 결국 영광 외에 무엇이 있단 말인가? 왜냐하면 이들은 자기들을 기억하고 칭송하는 자들의 입술들을 통하여 죽음 후에도 일종의 영생을 누리고 싶어하기 때문이다 … .

"그러나 천상의 도성은 로마와 비교할 수 없도록 그 광채가 찬란하다. 이곳에는 승리를 탐함 대신에 진리가 있다. 계급 대신에 성스러움이, 단순한 안전 대신에 행복이, 생명 대신에 영원이 있다."

그렇다면 교회와 국가의 관계는 어떠한가? 어거스틴은 우선 교회란 하나님의 도성을 이룩하기 위해 노력하는 인간들의 공동체에 불과하다고 생각하였다. 국가는 범죄를 다스리고 평화를 유지하는 긍정적인 기능이 있다. 그러나 국가란 결국 죄의 위력 위에 건설되었으므로 기독교회의 규율들에 복종하여야 한다.

이러한 영적 시각의 위대성으로 말미암아 「하나님의 도성」은 중세 전체에 걸쳐 어거스틴의 작품들 가운데 가장 사랑을 받았다. 이 책은 세상이 당하고 있는 재해들에 대한 영적인 해석을 제공하였다. 현 상태는 나쁠지 모른다. 그러나 보다 더 좋은 시대가 도래하고 있다. 황금 시대 — 하나님의 왕국 —

는 미래에 있는 것이지, 성쇠를 겪기 마련인 이 세상 왕국들의 사라져가는 영광에 있는 것은 아니다.

어거스틴이 늙어 갈수록 시대는 점점 더 험악해졌다. 그가 76세 되었을 때, 야만 반달족이 지브랄타 해협을 건너 히포를 향해 동쪽으로 휩쓸어 오고 있었다. 그는 임종이 가까워지자, 양피지에 참회의 시편들을 적어 벽위에 걸어 놓아, 침대에 누워서도 읽을 수 있도록 하였다. 어거스틴은 죽어가면서 이 세상의 종말도 임박하였다고 생각하였다. 어거스틴은 430년 8월 28일 마침내 그리스도 안에서 영원한 평화를 발견하였다.

반달족은 무려 14개월이나 히포성을 포위하였다. 그들이 마침내 431년 8월 성벽을 넘어 침입하였을 때, 대부분의 성민들은 이미 아사했거나, 혹은 기아로 죽어가고 있었다.

참고도서

Hansel, Robert R. *The Life of Saint Augustine*. New York: Franklin Watts, 1969.
O'Meara, John J. *The Young Augustine*. Staten Island, N.Y.: Alba House, 1965.
Outler, Albert C., Ed. *Augustine: Confessions and Enchiridion*. Philadelphia: Westminster, 1955.
Willis, Geoffrey Grimshaw. *Saint Augustine and the Donatist Controversy*. London: S.P.C.K., 1950.

14

대사제로서의 베드로
:교황제도의 시작

"**당**신은 하나님이 보내신 징계의 채찍입니다."고 한 은자는 소리쳤다.
이는 당시 중앙 아시아의 끝없는 평원으로부터 기병과 보병들을 거느리고 로마 제국의 서반부를 맹렬한 기세로 침노해 오던 훈족(Hun, 흉노족)의 족장 아틸라(Attila)를 향해 한 말이었다. 제5세기, 다뉴브강까지 밀고 들어온 훈족으로 말미암아, 이곳 주민들은 피난을 떠나야 했으며, 아틸라는 로마군과 고트족의 동맹군을 중앙 아시아에서 만나 대치하게 되었다. "그렇습니다. 당신은 하나님의 채찍입니다. 그러나 하나님은 그의 복수의 수단을 또한 저버리실 것입니다. 당신은 패배할 것을 각오하십시오."라고 그 은자는 예언하였다.

452년 6월, "하나님의 채찍"은 로마로 진격하였다. 그는 알프스를 공략하여 북부 이탈리아로 침입하였는데, 이곳에서는 거의 아무런 저항도 받지 않았다. 약화된 로마군은 전투를 회피하였으며, 주민들은 도망하였다. 전염병과 내부의 반란을 무릅쓰고, 아틸라는 그의 군대를 계속 진군시켰다.

도강이 가능했던 포(Po)강의 강변 지점에서 그는 로마로부터의 평화 사절들을 만나게 되었다. 이 가운데 로마 황제의 사절로서 레오(Leo) 감독이 포함되어 있었다.

레오는 전란을 피하기 위하여, 당시 세상에서 가장 흉포하다고 알려졌던

인물과 대좌하였다. 그는 아직 완전히 파괴되지 않고 남은 부분들이나마 구
원해보려는 노력을 기울여야 했다. 당시 로마 황제는 이 옛 수도와 그 주변
을 구원하기 위해 아무런 시도도 하지 않았다. 그리하여 이제 베드로의 후계
자가 황제의 이름으로 단독 아틸라와 대좌해야 했다.

　인간과 인간의 모습으로만 볼 때에는 이처럼 대조적인 만남도 없었을 것
이다. 정복자와 신앙인, 사자와 부상자들을 딛고 일어선 승리자와 교회의 신
적 신비의 수호자, 외국의 왕과 교황의 모습이었다.

　로마로부터의 사절들이 도착하기 훨씬 전부터 이미 아틸라는 장래 군사
계획을 이미 완료해 놓고 있었는지도 모른다. 계속된 식량 부족에다가 전염
병이 돌아서 사실 계속 진군할 수는 없는 실정이었다. 그러나 로마에서는 이
러한 사정을 알지 못했다. 그리하여 그는 기꺼이 황제의 사절들과 접견하기
를 허락하였으며, 회담을 통해 로마를 파괴하지 말아달라는 교황의 간원을
승락하였다. 그는 자기가 이탈리아 반도 전체에서 퇴각하겠다고까지 약속하
였으며, 이 약속도 지켜주었다. 로마의 감독이 새로운 역할을 맡게 되었으며,
미래에 대한 권위를 추가하게 된 사건이었다.

　이 교황제는 매우 논란의 대상이 되는 문제이다. 그 어떤 제도도 이처럼
동시에 사랑과 증오의 대상이 되었던 예는 찾아볼 수 없다. 일부 기독교인들
은 그를 "그리스도의 대리인(Vicar of Christ)"으로 숭앙했는가 하면, 어떤 신
자들은 그를 가리켜 "적 그리스도(Anti-Christ)"로 취급하였다.

　그러나 식자들은 모두 이 특이한 제도의 발전 단계에 있어서 레오가 중요
한 위치를 차지한다는 점에는 동의하고 있다. 그는 오랜 역사 속에서 교황청
이 서로 다른 환경들에 능히 적응할 능력이 있음을 보여준 인물이다. 로마
제국, 중세의 독일 제국들, 현대의 민족주의 국가들, 오늘날 아시아, 아프리카
의 제3세계 국가들의 흥망 속에서도 교황제도는 생존하고 발전해 왔다. 과연
교황직의 근거는 어디 있으며, 그 기반은 언제 마련되었는가?

로마 가톨릭의 주장

　제1차 바티칸 공의회(1870)에서 정의되었던 로마 가톨릭 교회의 공식적인
주장에 따르면, 예수 그리스도께서는 베드로 사도를 통하여 교황 제도를 수
립하셨다. 그리하여 로마 감독은 베드로의 후계자로서 전체 교회 위에 최고
의 권위(primacy, 수위권)를 가지게 된다. 물론 동방 정교회와 프로테스탄트

측은 이러한 주장을 부인해 왔다. 바로 이러한 이유 때문에 교황제도의 역사의 연구는 논쟁을 불러 일으키며, 마치 손을 벌집 속에 집어넣는 듯한 위험이 따르고 있다.

그러나 여기서 다루고자 하는 것은 교황제의 옳고 그름이 아니다. 기독교 역사의 개관이다. 로마 교회 당국자들의 주장은 어떠하든지, 역사적으로 볼 때, 전체 교회 위에 미치는 교황의 통치는 여러 단계들을 거쳐, 서서히 이루어졌던 것이 사실이다. 레오는 이 과정에서 중요한 위치를 차지한다. 왜냐하면 그가 교황의 권위를 주장하는 성경적, 신학적 근거와 이론을 제시하였던 최초의 인물이기 때문이다. 바로 그러한 이유 때문에 레오 이전 시대에선 교황제에 관하여 논할 수 없다.

교황(pope, 포프)이란 명칭 자체는 교황 수위권의 출현을 논할 때 그다지 주요한 문제가 아니다. 원래 "파파(papa)"라는 명칭은 모든 감독들이 그의 회중을 위하여 베푸는 아버지와 같은 인도와 돌봄을 표현하기 위하여 감독들을 부르는데 사용되었다. 이 명칭이 오직 로마 감독을 부르는 독특한 명칭으로서 지정되기 시작했던 것은 수위권 주장이 제창된지 오랜 후인 6세기경 부터였다.

우리들은 또한 로마 교회의 명예를 그 지도자의 권위와는 구별하여야 한다. 초대 기독교 역사를 살펴보면 로마 교회가 서방에 소재한 여러 교회들 사이에서 특별한 권위와 위치를 누려왔음을 쉽사리 알 수 있다. 이렇게 된 데에는 몇 가지 이유가 있다. 첫째, 로마는 제국의 수도였고, 영원의 도시였다. 로마 교회는 정통 교리를 수호하고, 자선에 힘썼던 가장 크고 부유한 교회이기도 했다. 서방에서는 이에 필적할 만한 존재가 없었다.

둘째로, 각종 어려운 박해에도 불구하고 로마 교회는 계속하여 성장을 거듭하였다. 3세기 중엽, 교인 숫자가 이미 30,000명에 달했다. 150명의 성직자들이 섬겼으며 1500명의 과부와 빈자들을 돌보았다. 그때도 지금과 마찬가지로 규모는 영향력을 의미하였다.

셋째로, 2세기의 이레내우스를 비롯하여, 몇몇 기독교 저술가들이 베드로와 바울을 로마 교회의 설립자들로 취급하였으며, 그뒤를 이은 이곳의 감독들을 사도들의 후계자들로서 언급하였다. 이처럼 사도들까지 거슬러 올라가는 계보는 영지주의자들이 그리스도로부터의 비밀스런 지식들의 전수를 주장하던 시대에는 매우 중요한 것이었다. 많은 가톨릭 신자들은 베드로와 바울까지 추적될 수 있는 감독들의 계통이야말로 사도들의 교훈을 수호할 수 있는 가장 효과적인 방법이라고 생각하였다.

그러나 이러한 로마교회의 전통에 대한 존경에도 불구하고 이레내우스나 키프리안 등 유능한 교회 지도자들은 로마 감독들이 오류를 범했다고 생각될 때에는 가차없이 이들과 의견을 달리 하였다. 콘스탄티누스 이전까지는 로마 교회가 로마시 경계 밖에서 사법권을 시행했다는 기록은 전혀 찾아볼 수 없다. 명예와 존경은 누렸으나, 실질적인 지배권은 없었던 것이다.

로마의 점증하는 영향력은 3, 4세기에 점차 복잡해지던 교회 구조의 출현의 일부로서도 이해할 수 있겠다. 교회 조직은 두 가지의 중요한 경로를 통해 발전해 갔다. 하나는 교회회의의 권위요, 다른 하나는 다른 감독들 위로 행사되기 시작한 일부 감독들의 권위이다.

교회회의, 혹은 종교회의는 일정 지역의 목회자들이 한데 모여 어려운 문제들을 의논하기 시작했을 때 자연스럽게 시작되었다. 이러한 모임들이 처음에는 부정기적이었으나, 3세기부터는 매년 모이기 시작하였다. 이론적으로는 각 교회의 감독들은 모두 그 권위가 동일하였으나 실제로 그대로 되는 경우가 드물었다. 특히 사도들에 의해 세워진 교회들의 감독들은 다른 교회 출신들이 가지지 못하는 특별한 눈에 보이지 않는 권위를 소유하고 있었으며, 큰 도시 출신의 감독들은 일부 문제들에 있어서 시골 출신들은 행사할 수 없었던 권위들을 행사하였다.

교회가 성장함에 따라서 자연스레 제국의 구조를 채용하게 되었다. 이는 곧 제국의 지방 수도들이 교회의 감독 교구가 됨을 의미하였다. 제국의 행정 체계에 의하면, 각 지방 위에는 메트로폴리스(Metropolis)가 존재하였다. 따라서 이 대도시 교회들의 감독은 또한 인근 지역을 관할하였다. 마지막으로 제국은 또한 수개의 큰 지방으로 나누어져 있었다. 그리하여 교회의 신자들은 이탈리아는 로마, 북 아프리카는 카르타고, 이집트는 알렉산드리아, 시리아는 안디옥 등의 교회가 권위를 행사하는 지역으로 생각하였다.

각 지방의 교회들이 주로 감독들의 설교 여행 등을 통해 변경에까지 진출하게 됨에 따라 새로운 개종자들을 위한 교회들이 개척되었다. 이러한 교회들의 목회자들은 주로 도시들로부터 파견되었다. 처음 이 교회들을 담당한 이들은 정식 감독들은 아니었다. 이들은 "장로(elder)"를 의미하는 헬라어인 프레스비터(presbyter)에서 파생된 단어인 "프리스트(Priests)"라 불리었다. 이들 지방의 사제들은 감독들에 의해 임명되고 지시를 받았으나 성례를 집례하는 권한은 가지고 있었다.

그리하여 4세기가 시작되었을 때, 가톨릭 교회는 감독들의 정기적 지역회의들을 통하여 일반적인 정책들을 결정하고, 각 지방 감독들의 지휘 아래 일상 행정들을 집행하는 체제를 갖추고 있었다.

교회 전체의 회의인 공의회(general council)가 나타난 것은 콘스탄티누스의 개종 이후였다. 교회들을 괴롭히고 있었던 중요 문제들을 의논하고 결정하기 위하여 황제는 보다 광범위한 지역들을 포괄하는 감독들의 회의를 소집하였다. 314년 아를(Arles)에서 최초의 서부 지역 교회들의 회의가, 325년 니케아에서 최초의 전체 교회를 위한 회의가 소집되었다. 이들과 그후 종교 회의들의 결의사항들은 교회의 법으로 통용되었다.

이러한 변화와 발전에 힘입어 로마 감독의 위치는 엄청나게 격상되었다. 니케아 회의는 알렉산드리아, 안디옥, 로마 감독들이 각 지역에서 최고의 권위를 가짐을 공식적으로 인정하였다. 예루살렘 감독에게는 명예상의 최고 권위가 부여되었다. 그리하여 325년에 총대주교 정치제도, 즉 교회 문제를 3, 4개의 대도시 감독들에 의해 결정짓는다는 형태가 교회 회의를 통해 추인되었던 것이다.

제국의 동천

330년 다른 주요한 요인이 등장하였다. 콘스탄티누스가 그의 황궁을 새로운 로마, 보스포로스 인근의 고도인 비잔티움으로 옮겼다. 콘스탄티누스의 도시(콘스탄티노플)의 출현은 제국의 정치적 중심을 동부로 옮겨갔으며, 콘스탄티노플의 영향력이 강성해짐에 반비례하여, 로마의 권위는 점차 약화되었다. 그리하여 교회들은 곧 콘스탄티노플 감독에게 다른 주요 도시들이나 다름없는 영적, 교리적 지도를 기대하게 되었다.

테오도시우스 황제는 콘스탄티노플에 입성한지 얼마 지나지 않아 기독교를 국교로 지정하였다. 이교도들의 제사는 금지되었고, 이들의 신전들은 폐쇄되었으며, 일부는 열광적 기독교 신자들의 손에 파괴되기도 하였다.

이 새 황제는 381년 5월 콘스탄티노플에 종교회의를 소집하였다. 60년 전에 콘스탄티누스가 그러하였듯이 테오도시우스도 직접 회의의 개회식에 참여하였다. 그는 그의 교회에 질서를 가져오고자 하였다. 그런데 이때 테오도시우스는 단지 제국 동부 지역의 감독들만을 초청하였다. 이탈리아인들은 일체 참석하지 않았으며, 특히 로마 감독 다마수스는 대리인조차 참석시키지 않았다.

당시 황제는 무엇을 원했는가? 그는 니케아 신경의 재확인과 갱신을 얻고자 하였다. 이것이 회의의 가장 기본적인 결정이었다. 그러나 동시에 그 결정 사항들 가운데는 다음과 같은 내용이 포함되어 있었다. "콘스탄티노플 감독은 로마 감독 바로 다음의 위치를 차지한다. 왜냐하면 그의 도시(콘스탄티노플)가 새로운 로마이기 때문이다."

서방 교회들은 이러한 옛로마와 새로마 사이의 대치와 콘스탄티노플 감독의 승급이 시사하는 바의 중대성을 깨달았다. 이는 분명히 동부 교회의 정치적 세력을 고양시키려는 움직임이었다. 이제 로마의 상대적 위치는 앞으로 어떻게 될 것인가?

로마 감독 다마수스는 이러한 회의의 결정에 불복하였다. 과연 교회와 그 감독들의 위치가 제국의 일개 도시의 위치에 따라 결정되어야 하는가? 그는 로마의 우월성은 어떤 역사적 사건이나, 회의의 결정에 의해 좌우되지 않는 것이라고 주장하였다.

다음 해 로마에서 모인 회의에서, 서방의 감독들은 주장하였다. "거룩한 로마 교회는 다른 교회들에 비해 우월하다. 이는 어떤 교회 회의의 결정의 결과가 아니다. 이는 복음서에서 다음과 같이 말씀하셨던 우리 주 예수 그리스도의 뜻에 따른 것이다. '너는 베드로라, 그리고 이 반석 위에 나의 교회를 세우리라.'" 그리하여 우리들은 여기서 "로마 교회의 수위권"에 관한 최초의 언급을 발견한다.

콘스탄티노플 교회와 로마 교회는 서로 다른 방향을 향하고 있었다. 4세기 말 경엔 이러한 모습이 분명해지고 있었다. 결국 동·서양 교회를 완전히 갈라놓은 긴장관계가 이미 시작되어 있었다.

콘스탄티노플은 점차 더 제국 정치에 의존하면서, 불가피하게 그 영향 아래 놓이게 되었다. 동방에서 종교와 정치가 유착되면 될수록 수도의 감독은 더욱 더 그 독립성을 상실해 갔다.

그러나 로마의 경우는 그 모습이 판이하게 달랐다. 서방 로마 제국의 약화는 이곳의 총대주교인 로마 감독의 위치가 더욱 더 독립할 수 있게 만들었다. 교황에게는 맞설 만한 적수가 없었다. 제국의 수도로서의 위치를 상실하게 된 만큼 로마 감독들은 더욱 더 성경과 전통을 이용하여 베드로의 수위권을 주장하였다.

다마수스 감독(366-384)이 옛 로마를 위한 새 시대를 여는데 크게 공헌하였다. 그는 옛날 로마의 정치적, 제국적 자존심을 기독교와 혼합시키는데 성공하였다. 그는 베드로와 바울의 무덤 위에 건축되었다는 장려한 교회당을 가리켰다. 이 교회당은 다름아닌 콘스탄티누스가 지어준 것이었다. "비록 이 사도들은 동부에서 오셨으나, 그들의 순교의 사실로 말미암아, 로마는 이들을 이곳의 시민들로서 요구할 권한이 있는 것이다." 이것이 레오의 출현을 위한 서곡이라 할 수 있었다.

수위권을 위한 레오의 주장

로마 북부의 귀족 출신인 레오는 교황직에 오르기 전, 황제의 사절로서 분쟁을 중재하기 위해 고올 지방에 파견된 일이 있었다. 로마 감독이 이때 마침 사망하자 성직자들은 레오에게 사자를 보내 그가 감독에 선출되었음을 전했다.

그는 감독직에 임명되던 날, "복되신 사도 베드로의 영광"을 찬양하고 "그의 보좌 가운데 그의 능력이 살아있으며, 그의 권위가 빛을 발하며 세상을 비춘다."는 설교를 행하였다. 한때 제국의 수도로서의 영광을 누렸으며, 베드로와 바울의 순교지가 이제 강력한 새 지도자를 얻은 셈이었다. 레오는 전체 기독교권의 가장 높은 수장을 자처하며 역사의 무대에 등장하였다. 복음서의 삼중 증거(마 16:13-19; 눅 22:31, 32; 요 21:15-17)를 근거로 이 새 교황은 교황의 우월권을 위한 이론의 토대를 마련하였다. 그리스도께서는 만세의 반석인 베드로 위에 그의 교회를 세우시기로 약속하셨다. 그리고 로마 감독들은 바로 이러한 권위의 후계자들이다.

이는 기독교를 수단으로 사용하였던 콘스탄티누스 정책의 완전한 역전이었다. 그는 니케아 회의에서 교회의 통일을 유지하기 위하여 감독들에게 정치적, 종교적 압력을 가하였다. 그는 교회의 통일이 제국을 한데 엮는 시멘트의 역할을 한다고 생각하였다. 그로부터 일 세기 후, 레오는 로마 교회 감독의 위상을 확고하게 고양시켰다. 그는 이론적으로 가능한 한계까지 교황제도의 위치를 밀고 나갔다. 교회의 왕자(Prince of the Church) 베드로의 왕조가 엄숙하고 확고하게 수립된 셈이었다.

　그러나 사실 이처럼 레오가 베드로의 수위권을 수립하기 위해 복음서의 구절들을 인용한 데에는 몇 가지 문제점들이 있다. 우선 복음서들을 읽어보면, 그리스도의 추종자들의 계급의 의미는, 남들을 통치하고 다스리는 것으로 나타나는 이 세상 권세자들의 모습과는 판이한 것을 알 수 있다. 그리스도의 제자들은 겸손한 봉사를 통해 남들을 이끌고 지도해야 한다. 둘째로, 베드로는 그후에도 매우 안정되지 못한 모습을 거듭하여 우리들에게 보여주고 있다. 마태복음 16:23에도 보면, 그가 "하나님의 일들"을 제대로 이해하지 못했기 때문에 예수님으로부터 꾸지람을 받고, "사탄"이라는 욕까지 얻어먹는 참상을 볼 수 있다. 그는 또한 위기 시 예수님을 배반하였으며, 바울로부터도 믿고 의지할 수 없는 존재라는 비판을 받아야만 했다. 셋째로, 이 이론은 문제의 권위가 베드로 개인에게 주어진 것이 아니라 로마 감독으로서의 그의 직위에 주어진 것으로서 전제하고 있다. 그러나 성경 어느 곳에서도 이러한 특정 직위를 위한 권한이나 권위의 부여의 근거를 전혀 찾아볼 수 없다.

　그러나 이러한 레오의 주장은 로마 교회가 혼란에 처해 있던 당시의 상황에서 볼 때는 마치 하나님께서 보내신 것처럼이나 반가운 소식이었다. 이탈리아에 밀려 들어온 야만족들의 침략은 라벤나(Ravenna)의 황실로 하여금 서방 제국의 안정을 유지하기 위해 도움이 된다면 무슨 조건이라도 받아 들일 수 있게끔 만들었다. 그리하여 445년 발렌티니안 3세(Valentinian III) 황제는 고올에 주둔하였던 군 사령관 아이티우스(Aetius)에게 명령하여 레오의 교황청에 출석하기를 거부하는 감독들은 강제로라도 데려오도록 하였다. 레오의 주장을 황제의 칙령이 이제 법률로 만든 셈이었다.

　당시 칙령의 내용은 다음과 같다. "사도 교구의 수위권은, 교회 권위의 왕자인 베드로의 칭호와, 도시 로마의 명예와, 거룩한 교회 회의의 결의에 기초하고 있다. 따라서 동 교구의 권위를 실추시키려는 그 어떤 불법적인 행위도 용납될 수 없다. 왜냐하면 방방곡곡에 산재한 교회들 사이의 평화와 질서를 유지하는 유일한 방법은 그 지도권을 어디서나 공인하는 것이기 때문이다." 여기서 의미하는 베드로의 칭호나, 그 도시의 명예가 의미하는 바는 명백하다. 그러나 그가 대체 어떤 교회 회의의 결의를 마음에 두고 있었는지는 확실하지 않다.

　레오의 교황권 주장은 황제뿐만 아니라, 칼케돈에 소집되었던 교회 지도자들로부터도 지지를 받았던 듯하다. 아틸라와의 대치 1년전, 350명의 감독들이 예수 그리스도의 생애에 관한 잘못된 해석들로부터 진정한 신앙을 수호하기 위하여, 보스포로스의 아시아 쪽 해안, 콘스탄티노플의 교외에서 회집하였다.

비록 황제가 이 칼케돈 회의를 소집하였고, 친히 이곳을 방문하기도 하였으나, 이 회의를 주도했던 것은 바로 레오의 의견과 영향력이었다. 그의 서신, 의견, 결정들이 너무나 자주 인용되었으므로, 어떤 경우들은 그의 이름을 단지 언급만 해도 다수 감독들이 다음과 같이 소리질렀다. "그것이 교부들의 신앙이었다. 그것이 사도들의 신앙이었다 … 베드로가 레오를 통해 말씀하셨다."

그런데 바로 이 회의는 451년 10월 30일의 역사적인 회기에서, 새 로마로서 콘스탄티노플 감독에게 레오와 동일한 권위를 부여하였다. 이제 콘스탄티노플은 로마가 서방에서 차지하는 위치를 동방에서 누리게 된 것이었다. 콘스탄티노플 총대주교의 동방 교회에 대한 유일하고 독립적인 통치가 공인된 셈이다.

회의에 참석했던 레오의 사절들은 즉각 이 결정에 반론을 제기하였으나, 회의 참석자들은 그들의 입장을 바꾸려하지 않았다. 이는 명백한 레오의 입장의 약화였다. 이제 기독교에는 하나가 아닌 두 개의 수장이 생기게 된 셈이다. 서방 제국을 위해선 로마 교회가, 동방 제국을 위해선 헬라 교회가 있었다.

폐허 속의 지도자

서방 제국은 그 옛날의 영화와 권위를 유지하지 못하였다. 레오가 아틸라를 상대로 성공적인 외교 수완을 발휘한지 3년 후, 그는 또 다른 대적을 상대하여야만 했다. 새로운 침입자가 로마를 위협하였다.

이들은 반달족이었다. 스칸디나비아에서 남하한 종족들로서, 헝가리로부터 고올과 스페인을 통과하여 남서쪽으로 진군하였던 고트족들에 의해 쫓겨나, 로마 제국의 영내에서 가장 취약했던 북 아프리카에 주둔하여, 수년간 로마를 공략할 시기만 엿보고 있었던 야만족이었다.

455년 봄, 반달족의 왕 가이세릭(Gaiseric)은 카르타고 출신 선원들이 조종하는 백척의 배에 그의 병사들을 싣고 지중해를 건넜다. 티베르 강 북부에 상륙한 이들은 로마 시민들을 공포에 몰아 넣었다. 가이세릭은 로마 전체를 방화하려는 계획을 세우고 있다는 소문이 돌았다. 많은 이들이 피난을 떠났으며, 제국군은 반란을 일으켰다. 황제 막시무스는 도주하는 길에 그의 경호원에 의해 살해되었다. 그의 시체는 거리로 끌려 다니다가, 남은 부분들은 강물에 버려졌다. 군대들은 뿔뿔이 흩어졌으며, 이들을 통솔할 수 있는 장군은 아무도 없었다. 455년 6월 2일, 반달족은 아무런 저항도 받지 않고 로마로 입성하였다.

레오는 성문에서 가이세릭을 만났다. 교황은 물론 병사들이 아니라, 사제들을 거느리고 있었다. 당시 가이세릭은 65세 정도로서 레오와 비슷한 나이였다. 옛 독일 출신의 가문과 투스카니 출신 귀족 사이의 사생아로 태어난 가이세릭은 일찍이 말에서 떨어지면서 다리를 절게 되었으나, 서부 지중해의 지배자로서의 명성을 누리고 있었다.

서로 대면하게 되었을 때, 레오는 자비를 빌었다. 그는 왕에게 병사들을 제어해주고 로마를 불지르지 말도록 애원하였다. 가이세릭은 아무말 없이 고개만 끄덕이고 있다가, 말에 채찍질해 떠나며 소리질렀다. "14일 간 약탈하겠다."

반달족은 저택 한 채, 한 채를 빼놓지 않고 조직적으로 노략하였다. 금, 은, 휘장, 각종 장식품 등 황제에게 속했던 모든 것은 약탈의 대상이었다. 신전들은 하나도 빼지 않고 습격하였다. 찬란하게 도금한 지붕들과, 솔로몬의 성전에서 가져온 기명들도 강탈해 갔다. 각종 조각들과 조상들, 대리석이나 구리로 된 기둥들, 신전의 신상들도 모두 반달족의 배에 실려 가게 되었다.

반달족들은 또한 사람들도 잡아갔다. 우선 황비와 그 공주들, 그리고 원로원 의원들과 가족 등이 몸값을 위한 인질들로 잡혔다. 이들은 14일간 로마를 점령하였다. 그후에는 배에 약탈품을 가득 채우고 원정군들은 카르타고로 물러갔다.

반달족이 물러간 후 로마인들은 엄숙하게 감사 예배를 올렸다. 어쨌든 로마가 방화되는 것은 면했으며, 학살극도 없었고, 습격 당한 교회당들은 몇 되지 않았다.

모든 로마 시민들은 감독의 역할을 잘 알고 있었다. 그러나 예배에 참석한 신자들은 몇 되지 않았다. 그들은 아직도 외국 병사들의 공포와 계속적인 약탈의 공포에서 헤어나지 못하고 있었다. 피해를 보지 않은 집은 하나도 없는 정도였다. 과연 로마가 이러한 재난으로부터 재기할 수 있을 것인가?

레오는 모인 회중들에게, "우리의 징벌과 해방의 날들을 기억하라"고 상기시켰다. 그는 그의 목소리가 교회의 벽을 넘어, 거리를 헤매는 이들의 귀에까지 들리기를 고대하였다.

"누구든 감히 이런 소리를 하지 않으려 한다. 그러나 감히 침묵만을 지킬 수도 없다. 너희들은 사탄을 사도들보다도 더 높이 여겼다. 과연 누가 도시의 안전을 회복시켰는가? 누가 이를 해방시키고, 학살극으로부터 보호하였는가? 하나님께로 돌아오라. 우리들을 위해 그가 베푸신 기적들을 인정하고, 우리들의 생존과 자유를 불신자들처럼 별들의 덕분으로 돌리지 말고, 전능자의 신비스런 자비의 결과임을 인정하라. 바로 그가 야만인들의 분노를 약화시키시었다."

비록 그가 로마를 두 번이나 구원했음에도 불구하고 레오는 자기의 이름을 언급하지 않았다. 그렇게 할 필요도 없었다. 그는 이제 폰티펙스 막시무스(Pontifex Maximus), 즉 이교도로 말하면, 대사제의 위치를 차지한 것이었으며, 제국 전체에 걸쳐 이를 알지 못하는 자 없었다. 황제가 아니라 레오가 영원의 도시를 위한 책임을 감당해냈던 것이다. 이제 베드로의 권위는 확고하게 수립되었다.

참고도서

Barraclough, Geoffrey, *The Medieval Papacy*. New York: Harcourt, Brace & World, 1968.

Hollis, Christopher, Ed., *The Papacy*. New York: Macmillan, 1964.

Jalland, T.G. *The Church and the Papacy*. London: S.P.C.K., 1944.

Kidd, B.J. *The Roman Papacy to A.D. 461*. London: S.P.C.K., 1936.

Ullman Walter. *A Short History of the Papacy in the Middle Ages*. London: Methuen, 1972.

15

천국과 지상의 사이 어딘가에
:동방 정교회

1054 년의 어느 여름날, 콘스탄티노플의 성지(Holy Wisdom)교회의 거대한 예배당에서 막 예배가 시작되려는 찰나였다. 교황 레오 9세의 사절들인 훔버트(Humbert) 추기경과 다른 두 사람의 사제들이 교회당에 들어와 예배실을 향해 갔다. 그러나 이들은 기도하기 위해 이곳을 찾은 것이 아니었다. 이들은 교황이 발행한 파문장을 제단 위에 얹어놓고는 그곳을 나갔다. 이들이 서쪽 문을 빠져나갈 때, 추기경은 발의 먼지를 떨면서 다음과 같이 말했다. "하나님께서 굽어 살피시고, 심판하시기 바라노라." 이때 한 집사가 이들 뒤를 따라 나가며 파문장을 도로 가져가도록 애원하였다. 그러나 훔버트는 이를 거부했으며, 파문장은 거리에 뒹굴게 되었다.

기독교인들은 이 사건을 동방 정교와 로마 가톨릭사이의 대분열의 시작으로 생각하였다. 그후 이에 상대될 만한 사건이라면, 16세기에 마틴 루터가 독일 비텐베르크 교회의 정문에 95개 신조문을 게시한 것이라고나 할 수 있겠다. 이 사건은 물론 프로테스탄트와 로마 가톨릭 사이의 분열을 보여주는 상징적인 사건이었다. 그러나 우리들은 이제 콘스탄티노플에서의 대결이 길고 복잡한 과정의 결과임을 알고 있다.

오늘날 기독교의 3대 집단들 — 로마 가톨릭, 동방 정교회(Eastern Orthodoxy), 프로테스탄트 — 가운데 유럽이나 아시아에 가장 잘 알려지지 못한 것은 동방 정교회라 하겠다. 유럽과 북 아메리카의 대부분 신자들은 정교회를 단지 교황이 없는 로마 가톨릭의 일종 정도로 알고 있는 경우들도 볼 수 있다.

이처럼 무지한 것도 무리는 아니다. 프로테스탄트와 로마 가톨릭을 막론하고 서양의 신자들은 대개 다음과 같은 질문을 던지는 것으로 시작한다. 인간은 어떻게 구원 받는가? 교회란 무엇인가? 종교의 권위는 어디서 근원되는가? 프로테스탄트와 가톨릭은 단지 그 해답들이 다를 뿐이다. 그러나 정교회의 경우 해답들만 다른 것이 아니다. 이들의 질문들 자체부터가 차이가 있다. 정교회는 독특한 역사와 특이한 문화를 반영하고 있다.

정교회의 이해

정교회란 무엇인가? 오늘날 이들은 공통의 역사와 신조를 가진 약 15개 교파로 구성되어 주로 동부 유럽에 소재하고 있다. 그런데 이들을 이해할 수 있는 가장 좋은 방법은 그 근본적인 교리들을 파악하기보다 오히려, 성상(icon)이라 불리는 각종 조상들이나 그림들을 살펴보는 것이다. 우리들은 모두 머리 둘레로 성스런 원광(nimbus)가 둘려 있는 성인들의 초상들을 본 일이 있을 것이다. 정교회를 이해하기 위해선 이들을 이해해야 한다. 예배를 드리기 위해 교회에 들어가는 정교회 신자들은 먼저, 성소와 회중석을 분리시키고 있는 벽을 향해 간다. 성상벽(iconostasis)라 불리는 이곳에는 성자들의 모습들이 그려져 있다. 그는 회중석에 자리잡고 앉기 전 먼저 여기의 그림에 입을 맞춘다. 또한 정교회 신자들의 가정을 방문하는 이들은, 그들의 거실이나 침실의 동쪽 벽에 성상이 걸려 있는 것을 볼 수 있을 것이다. 만약 방문객 자신이 정교회 신자라면 그는 집주인에게 인사하기 전에 우선 십자가를 그리고 절을 하여 성상에게 먼저 인사를 드린다. 그 뒤에야 비로소 그는 주인과 인사를 나눈다.

정교회 신자들은 이러한 예수님이나 성자들의 형상들은 인간의 작품들이 아니라 천상적인 이상의 표현이요, 나타남이라 생각한다. 이들은 마치 지상과 천상 세계 사이의 창문들과 같은 것이다. 성상들을 통하여 천상의 존재들이 예배드리는 회중에게 나타나고, 이들과 연합하는 것이다. 따라서 성상들과 분리시켜서 동방 정교회를 이해할 수는 없다.

정교회에 있어서, 성상의 개념은 하나님과 인간 사이의 관계에 관한 관념을 이해하는데 가장 중요하다. 인간은 "하나님의 형상"을 따라 창조되었다. 즉 그는 자신 속에 하나님의 성상을 간직하고 있다.

그리하여 동방 정교회와 서방 기독교(로마 가톨릭과 프로테스탄트) 사이의 차이점이 분명하게 드러난다. 서양 기독교 신자들은 기본적으로 법적 관계를 통하여 하나님과 인간들 사이의 관계를 파악하고 이해한다. 즉, 인간은 공의로우신 하나님의 요구를 충족시켜야 한다. 특히 로마 가톨릭은 각종 사죄의 체제를 통하여 이를 복잡하게 발전시켜 놓았다. 신자가 죄를 범하면 신부는 그가 하나님께 얼마나 그 값을 지불해야 할까를 결정한다. 만약 이생에서 충분한 대가를 지불하지 못하는 경우엔 죽은 후 연옥에서 남은 보상을 완전히 치러야 한다.

교황 제도를 보아도, 이와 같은 로마인들의 법률의식이 드러나고 있음을 알 수 있다. 로마의 주장에 의하면 예수 그리스도께서는 베드로를 전체 교회를 위한 사법적인 수장의 존재로 세우셨던 것이다. 그리하여 우리가 앞으로 살펴볼 것처럼 그 권력의 절정기에는 이 이론을 따라 교황이 전 세계의 최고 지도자로서 행세하였다.

그러나 정교회는 이러한 로마 가톨릭과는 흥미로운 대조를 이루고 있다. 정교회 신학의 가장 중요한 주제는 하나님의 성육신과 인간의 재창조이다. 정교회에 의하면 인간이 범죄할 때, 그는 하나님과 인간 사이에 신에 의하여 성립된 법률적 관계를 훼손시키는 것이 아니다. 그는 하나님의 형상을 감소시키는 것이다. 즉, 원래 하나님의 형상에 상처를 입히는 것이다.

따라서 구원이란 원래의 완전했던 형상을 복원시키는 것으로서 파악된다. 성육신하신 하나님, 예수 그리스도께서는 인간 속에 있는 하나님의 성상을 복원시키려고 오셨다. 그리하여 정교회 신학의 주요한 주제들은, 인간의 중생(rebirth), 재창조(re-creation), 형상의 변화(transfiguration) 등이다. 교회는 형식적인 조직체나 기관이 아니라, 그속에서 계속 운행하시는 성령의 사역에 의해 계속 새로워지는 그리스도의 신비스런 몸인 것이다. 그리하여 이러한 사랑의 공동체 속에서 인간은 하나님의 형상으로 복원되어 가는 것이다.

복음이 고린도와 로마에 도착하자마자 이러한 근본적인 차이점은 이미 나타나고 있었다. 그러나 동방 기독교 신앙의 특색이 본격적으로 드러나기 시작한 것은 콘스탄티누스의 치하에서부터였다.

콘스탄티누스의 개종은 정교회의 발전에 있어 매우 중대한 사건이었다. 왜냐하면 그는 역사상 최초로 국가와 교회 사이의 동맹을 마련하였으며, 기독교 교리의 순수성을 제국의 가장 중요한 관심사로 생각하였기 때문이다. 교회를 위해 이보다 더 큰 변화는 없었다.

서방의 기독교 신자들은 이러한 변화들을 교회가 국가에 의해 노예화되어 가기 시작하는 것으로 생각하였다. 혹은 원시 기독교의 순수한 자유의 상태로부터의 타락으로 표현하기도 한다. 그러나 동방 기독교 신자들에게 있어서 콘스탄티누스는 변함없이 기독교 세계를 이룩한 인물이요, 무수한 순교자들을 낸 암흑의 세력에 대항하여 승리를 거둔 인물로 남아있다.

정교에서는 콘스탄티누스의 치세를 로마 제국의 발전의 절정으로 보는 경향이 있다. 로마는 점차 종교적인 왕조가 되어 왔다. 황제는 신과 이 세상 사이를 연결해 주는 고리의 역할을 하며, 국가란 하나님의 법의 이 세상에서의 반영이다. 아우렐리우스 황제가 3세기 중엽 제국의 국교로 만들었던 '무적의 태양'의 종교가 콘스탄티누스의 시대에는 이 왕조의 새로운 종교관과 밀접한 관련을 맺게 되었다. 이 세상에서 황제는 마치 하늘의 태양과 같은 위치를 갖는다. 그는 이 영광에 참여하는 자이며, 지구에서 그 영광을 반영하는 인물이기도 하다. 그러한 그가 기독교의 하나님께 돌아섰을 때, 대적들을 상대로 승리를 거두었다. 다름아닌 하나님 자신께서 직접 황제를 십자가 아래 보호 받게 하셨으며, 그리스도에게 순종토록 하셨다.

인간 사회 속에서의 하나님의 뜻

그런데 이는 곧 콘스탄티누스가 개인으로서가 아니고, 황제로서 개종하였음을 의미한다. 그리스도 자신께서 황제의 권력을 인정하시고, 그를 신적 대변인으로 만드셨다. 콘스탄티누스를 통해 하나님께서는 특별한 의미에서 제국을 자기에게 연결시키셨다. 바로 이것이 적어도 동방 기독교의 일반적인 입장이었다.

기독교 신자들은 콘스탄티누스의 개종을 목격하면서 감격하지 않을 수 없었다. 이러한 분위기는 복음적 측면에서 제국의 절대주의를 변형시키지 못하게 했을 뿐 아니라, 절대주의 자체가 기독교적인 세계관과 분리될 수 없는 일부가 되게 만들었다. 콘스탄티누스는 국가가 교회를 등에 지고 가는 기관으로 보았다. 왜냐하면 다름아닌 국가가 인간 사회 속에서 하나님의 뜻을 직접 반영하고 표현하고 있기 때문이다. 콘스탄티누스가 사라진 후에도 오랫동안 이러한 확신은 동방 기독교의 입장으로 남게 되었다. 수 백년이 지나서야, 거의 현대에 이르러 복음서로부터 추출된 개인들의 권리에 관한 이론이 정리되면서, 개인들의 불가침한 인권을 침해할 수 없는 국가 공권력의 개념이 나타나는 것이다.

이러한 사회 속에서의 교회의 새로운 시대를 상징하는 것은 무엇보다도 제국의 새로운 수도였던 콘스탄티노플이다. 그 길고 찬란한 역사를 통하여, 번영했던 문명과 경제적·정치적 영향력의 중심지로서, 콘스탄티노플은 동방 기독교 전통의 본거지이자 새로운 비잔틴 문명의 본부였다. 이 도시는 역사 속에 무려 천년의 이야기를 남겼다.

수 세기를 두고, 성스런 도시로서의 콘스탄티노플의 신비스런 모습은 그 넓이와 깊이를 더해갔으나, 이를 처음 시작했던 것은 의심할 나위없이 첫번째 황제이다. 처음부터 이 도시는 제국의 기독교 중심지로서 건설되었다. 황제가 지은 12사도 교회당에는 사도들을 위해 상징적으로 만들어진 12개의 무덤들 가운데 13번 째의 무덤이 자리잡고 있었다. 이는 콘스탄티누스 자신의 무덤이었다. 제국의 개종이야말로 사도들의 예언의 성취가 아닌가? 이러한 13번째의 무덤의 존재는 황제로 하여금 "사도들과 동격"이라는 칭호를 얻게 하였다.

이 도시가 건설된지 50년 후에, 이 새 로마의 종교적인 중요성은 모든 이들에게 명백하게 드러나게 되었다. 제2차 공의회의 참석자들은 콘스탄티노플 감독의 위치는 로마 감독에 버금하는 것이라고 공인하였다. 왜냐하면 콘스탄티노플은 "새로운 로마요, 황제와 원로원의 도시"이기 때문이었다.

그러나 콘스탄티누스는 기독교 자체가 신조와 행위의 서로 다른 전통들에 의해 분열되어 있음을 발견하게 되었다. 그는 하나님께서 자기에게 이러한 신자들 사이의 분쟁과 분열을 해결해야 할 책임을 물으실 것이라 생각하였다. 만약 기독교에 통일성도 단결심도 없다면 어떻게 제대로 제국을 위한 종교로서의 역할을 해낼 수 있겠는가? 그리하여 콘스탄티누스와 그 후계자들은 모두 기독교 신앙의 통일을 이룩하기 위해 혼신의 노력을 기울였다.

콘스탄티누스는 이미 각 지역이나 지방에서의 이견을 조정하기 위해 발전되었던 방도를 채택하였다. 그는 전체 교회의 지도자들을 한데 모아 그가 직접 보는 앞에서 이견들을 조정하고, 정확한 교리들을 정의하도록 하였다. 이러한 과정 자체가 동방 교회 전통의 일부가 되었다. 니케아에서 개최되었던 최초의 공의회(325년)로부터 역시 니케아에서 열렸던 제7차 공의회(787년)에 이르기까지 이들을 소집하고 (경우에 따라선 대리인을 통해) 진행했던 것은 다름아닌 황제들이었다. 동방 기독교는 오늘날 바로 이 일곱 공의회들의 존재를 강조하고 있다. 이들은 자기들을 가리켜 "일곱 공의회의 교회"라고도 부른다.

이처럼 5세기 이상에 걸친 공의회의 역사는 우리들에게 교부들의 저술과 신앙고백, 신경들의 기록 등 뛰어난 유산들을 물려주고 있다. 그러나 이처럼 진리를 추구했던 노력들은 동시에 국가 권력을 고양시키는 결과도 함께 가져 왔다. 이러한 신학 논쟁들이 더 이상 순수한 교회의 문제만은 아니게 되었다. 새로운 정치적 차원의 과제가 된 것이다. 그리하여 이러한 교리 논쟁의 시대를 통하여 동방 정교회 기독교는 가슴아픈 열매를 맺었던 것이다.

서방과 동방이 서로 다른 방향을 향하고 있다는 사실은 395년 테오도시우스 황제가 임종시 제국을 그의 두 아들들에게 나누어줌으로써 좀 더 명백하게 드러나게 되었다. 호노리우스(Honorious)가 서부를, 알카디우스(Arcadius)가 동부를 각각 차지하게 되었다. 이론적으로 볼 때에는 하나의 제국 속에 두 사람의 황제가 존재하는 형태였다. 그러나 실질적으로는 이때부터 동방과 서방의 진로는 서로 달라 만나지 않는 것이었다.

유스티니아누스과 경계의 소멸

동방 기독교의 비잔틴적 성격은 527년 제위에 올랐던 탁월한 황제 유스티니아누스(Justinian) 아래서 더욱 뚜렷해졌다. 유스티니아누스 시대(527-565)에 로마의 법률, 기독교 신앙, 헬라의 철학, 그리고 약간의 동양적 취미를 한데 조화시켰던 비잔틴 특유의 문화가 가장 뛰어난 모습을 자랑하게 된다. 유스티니아누스가 후원했던 비잔틴 예술 가운데 기독교는 특별히 동양적인 스타일을 발전시켰다. 우리에게 익숙한 인간 경험의 물리적 세계는 초자연적이요, 초월적인 세계에 복속된다. 그리고 제국 심장부의 교회당들보다도 천국의 광경을 더 실감있게 나타낸 모습들은 아무데서도 볼 수 없었다.

유스티니아누스가 538년 콘스탄티누스의 성지 교회(Church of Holy Wisdom, 하기아 소피아 Hagia Sophia)를 중건하여 헌당하였을 때, 그는 자기가 솔로몬을 능가했다고 감탄하였다. 당시인들의 기록에 의하면 원형 천정(dome)은 마치 황금의 사슬에 의해 하늘에 매어 있는 듯하였다. 유한으로부터 무한을 향하여 오르고, 창조주로부터 피조물을 향해 내려오는 그 연결을 이루는 듯하였다. 이는 마치 하늘처럼 그 깊이를 알 수 없는 모습이었다. 그 아래에선 모자이크가 눈부신 광채를 발하고 있었다. 이 속에 콘스탄티누스와 유스티니아누스의 모습들이 나타나고 있었다. 콘스탄티누스는 하나님의 어머니께 새 로마 콘스탄티노플을 드리고, 유스티니아누스는 성지 교회의 모형을 헌정하는 형상이었다.

이 두 사람들 사이의 연관은 당연하였다. 왜냐하면 유스티니아누스야말로 콘스탄티누스의 계획을 그 논리적인 결론으로 맺은 인물이기 때문이다. 그리고 그는 이를 통하여 동방 정교회의 미래의 진로를 결정했던 것이다.

유스티니아누스는 로마의 국가적 전통과 기독교를 전혀 구별하지 않았다. 그는 자신이 완전한 로마 황제이자 기독교 황제라고 생각하였다. 제국과 기독교의 완전한 합일 속에 그의 이론의 근거가 있다. 그는 경건한 황제의 사명을 "기독교 신앙을 순수하게 보존하고, 일체의 무질서로부터 거룩한 보편적 사도교회를 보호하는 것"이라고 정의하였다.

유스티니아누스는 항상 스스로를 하나님의 종이요, 하나님의 뜻을 집행하는 자라고 간주하였고, 제국은 이 땅 위에서 하나님의 계획을 실행시키는 수단이요, 통로라고 생각하였다. 제국은 이제 스스로를 십자가 아래 위치시켜, 그 존재 목적을 인간들 사이에 기독교를 전하고 보호하는 것으로 삼았던 것이다. 초대 교회와 비교해 볼 때 참으로 놀라운 변화였다.

초대 교회는 스스로를 생명체, 유기체, 새로운 인간들, 다른 어느 인간 집단과도 완전히 다른 존재로 파악해 왔다. 이론적으로 보면 제국의 모든 신민들이 다 이 유기체의 일원이 될 수 있다. 그러나 이 경우에도 세상이 교회가 될 수는 없다. 왜냐하면 하나님의 가족 속에서 그리고 이를 통하여 인간은 오직 이 시대가 끝난 후에야 영광 속에 도래하는 다른 세계, 다른 생명과 교제할 수 있기 때문이다.

그러나 공식적인 비잔틴 교리 속에서, 국가는 이러한 초대 교회적인 의미에서의 생명체에 비유되지는 않았다. 이는 단지 제국의 모든 신민들이 진정한 신자가 되지 않았기 때문만은 아니었다. 이 경우 제국을 하나의 생명체로서 파악한 것은 이교도적인 사고의 결과였다. 국가만이 유일하게 신에 의해 성립된 공동체라고 생각되었다. 그리고 국가는 인간의 전 생활을 포용하는 범주를 장악하고 있었다. 그리고 이 속에서 눈에 보이는 하나님의 대리자로서 그의 뜻을 이루고 그의 축복을 나누어 주는 이는 다름아닌 황제였다. 그리하여 고래의 교회의 경계는 점차 희미해지게 되었다. 기독교 공동체는 점점 전체 비잔틴 사회와 유착되었다.

유스티니아누스의 이론에 의하면, 교회는 거의 기독교 사회 속에서 녹아버리게 된다. 교회는 이 세상과 제국과는 판이한 존재라는 의식은 국가관으로부터 완전히 사라지게 된다.

그런데 동방 기독교 속에서 연약한 균형을 이루고 있는 이러한 요소들은 매우 쉽게 흔들릴 수 있는 것들이었다. 기독교 황제의 권력, 교리의 순수성에 관한 국가의 관심, 눈에 보이지 않는 세계로 향한 통로로서의 성상들에 관한 믿음 — 이들은 모두 그 유명한(혹은 악명높은) 성상 파괴 논쟁의 물결 속에서 큰 혼란을 겪게 된다.

성상에 관한 논쟁

표면적으로 볼 때, 일세기 이상이나 계속된 이 논쟁은 성상 사용 여부에 관한 의견 충돌에서 야기되었다. 그러나 보다 깊은 차원에서 보면 이는 과연 숭배나 예배를 받기에 충분할 만큼 거룩하고 성스런 대상들은 무엇인가를 결정하는 문제였다. 어떤 이들은 기독교회의 성직자들은 안수를 통해 구별되므로 성스럽다고 말한다. 교회 건물들은 봉헌식을 통해 구별되므로 이들도 성스럽다고 말한다. 순교자들을 비롯한 신앙의 영웅들은 이들의 행위에 의해 구별되므로 또한 성스럽다고 한다. 그리하여 이들은 보통 성자들로 일컬음을 받는다. 이들도 성직자들만큼의 존경과 대접을 받아야 하지 않겠는가?

6세기 이후 교회와 제국 정부는 기독교의 성상 제조와 수도원 출신의 성자들을 숭상하는 행위를 조장해 왔다. 이들은 이처럼 성상들과 성자들의 숫자가 증가할 경우 신자들이 각 지역의 성소와 성인들에 제한하여 경배의 대상으로 삼으리라는 것은 미처 고려하지 못했던 것이다. 대부분의 보통 신자들은 성물이자 성자들과, 이들이 대표하고 있는 영적 실재를 구별하지 못하였다. 그리하여 이들은 우상 숭배에 빠지게 되었다.

이러한 우상숭배의 모습은 전례가 있었다. 고대 로마에서도 황제의 동상은 마치 황제 자신처럼 숭모를 받았다. 황제들이 기독교 신자가 된 후에도 이들의 동상들은 계속하여 병영, 법원, 주요 도시들의 주요 건물들에 계속 배치되어 있었다. 또한 화폐들에도 그 진품임을 증거하는 표지로 황제들의 모습을 그려 넣었다.

유스티니아누스의 재위 기간 중 콘스탄티노플 황궁의 정문이었던 청동의 문(The Bronze Gate) 위로 거대한 그리스도의 동상을 세웠다. 6세기 말 경에는 황제들 대신 예수님과 마리아의 조각들이 나타나기 시작하였다. 결국, 동전의 이면에까지 그리스도의 모습이 찍혀지게 되었다.

그러나 8세기 초부터 황제 레오 3세(717-41)는 성상들에 대한 반대 운동을 펴기 시작하였다. 아마도 그는 제국을 대표하여 죄의식을 느끼고 있었는지도 모른다. 기독교는 이미 하나님께서 우상숭배 때문에 이스라엘 백성들을 벌하셨음을 가르쳤다. 레오 황제의 재위 초기에 발생했던 지진이나, 혹은 전 세기의 수치스런 패배들은 모두 "하나님의 택하신 백성들"의 주의를 환기시키기 위해 하나님께서 보내신 경고들인지도 모른다고 많은 이들이 느끼고 있었다. 어쨌든 7세기가 끝나기 전에 성상들을 향한 비판이 거세게 일고 있었다.

콘스탄티노플에 대한 모슬렘 교도들의 제2차 공격(717-18)을 성공적으로 물리친 후 레오는 처음으로 성상들을 반대하는 자신의 입장을 공식적으로 밝혔다. 분노에 찬 폭도들이 청동의 문에 있는 그리스도의 동상을 십자가로 대치하기 위해 파견된 관리를 살해하였다. 제국 전체가 이 문제로 소용돌이에 휩쓸렸다. 벽들에 장식되었던 모자이크들을 파내었으며, 성화 위를 하얀 물감으로 덧입혀 버리기도 하였다. 레오는 자기 입장을 지지하는 인물로 콘스탄티노플 총대주교를 대치시켰다.

성상 파괴론자들은 모든 종교적 성상들을 십자가, 성경책, 성찬의 예품 등 전통적인 기독교의 상징들로 대체시키고자 하였다. 이들만이 거룩한 대상들이 된다고 하였다. 그외에는 성직자들과 봉헌된 교회 건물들만이 일종의 거룩함을 지닌다는 주장이었다.

할리 케이 겔러틴(Harlie Kay Gallatin)은 다음과 같이 당시의 상황을 설명하고 있다. "성상 지지론자들은 주로 수도사들과, 금욕주의자들, 그리고 일반 대중들 가운데 교육받지 못하고, 미신적이었던 자들로 구성되어 있었다. 물론 모든 수도사들이 다 성상을 지지한 것은 아니었으나, 일부 수도원들은 성상들을 제작 판매하여 운영비를 충당하고 있었다. 이러한 그들의 입장을 가장 잘 변호한 인물은 아랍인들에 의해 점령되어있던 팔레스타인 지방의 한 수도원 출신인 요한 만수르(John Mansour, 730-60으로 추정)였다. 그의 이론이 종교적 성상들의 사용을 정당화하는데 가장 널리 사용되었다. 흔히 다마스쿠스의 요한(John of Damascus)이라는 이름으로 좀 더 널리 알려져 있는 그는 8세기에 가장 뛰어났던 신학자였다. 그는 오늘날 동방 교회에 의해 초대 교회 최후의 위대한 스승, 즉 최후의 교부로 추앙되고 있다.

"요한은, 성상들은 그 원형(original)과는 동일한 본질이 될 수 없으며, 항상 그 모방에 불과하다고 하였다. 성상의 중요성은 오직 모형으로써 그 원형을 상기시키는 데 있을 뿐이라 하였다. 그의 이론은, 우리가 이 세상에서 감각으로 경험하는 일체는 모두가 영원한 실재인 원형의 형상(form)의 모방에 불과하다는 플라톤의 관념에 근거한 것이다. 이러한 형상은 오직 비물질적인 세계 속에서 영혼에 의해서만 파악될 수 있다.

"성상 파괴론자들이 주장하듯이, 이러한 동상들이 그리스도를 표현할 수 있음을 부인하는 것은 성육신의 가능성을 부인하는 것이다. 물론 동상들을 예배하는 것은 잘못이지만, 그리스도의 성상의 존재는 진정한 그리스도를 가르치고 예배하는 것을 도울 수 있다. 성경책이나 십자가의 상징이나 마찬가지로 이러한 조상들은 경애와 존경의 대상이 되어야 한다." 그리하여 요한은 마리아, 열두 사도들, 성자들, 천사들의 성상들까지도 받아들일 수 있는 기반을 마련하여 주었다. 그러나 이러한 조각이나 그림들은 신자들이 정당한 존경과 앙모를 드리는데 도움을 주는 보조적 역할만을 하도록 하였다.

이러한 성상 파괴론의 그후 경과들은 복잡하고 장기간에 걸친 것이다. 총대주교 타라시우스(Tarasius, 784-806)의 도움 아래 350명의 감독들이 모였던 제7차 공의회가 787년 니케아에 소집되었다. 이 회의는 성상 파괴 운동 전체를 부정하고, 다마스쿠스의 요한의 입장을 지지하였다.

그러나 우상 파괴론은 쉽사리 그 종적을 감추지 않았다. 소 아시아 지역 및 직업 군인들 사이에는 강한 성상 파괴론적 경향이 계속 남아 있었다. 9세기에 가서야 이러한 성상 파괴론이 고개를 숙이게 되었다. 843년 초에 모인 교회 회의는 요한 그람마티쿠스(John Grammaticus)를 퇴위시키고, 메토디우스(Methodius)를 총대주교로 선출하였으며, 일체의 성상 파괴론을 정죄하고, 제7차 공의회의 입장을 옳은 것으로 재확인하였다. 동방 정교회는 아직도 사순절중 첫번째 주일을 정통절(the Feast of Orthodoxy)로 지정하여, 성상들의 승리를 기념하고 있다.

동방 대 서방

이러한 유스티니아누스의 치세와 성상 파괴 논쟁 기간 등을 통하여 동방 정교회와 서방의 가톨릭 교회 사이의 간격은 점점 더 벌어져 가고 있었다. 양쪽 기독교회들의 교리 및 의식들은 시간의 흐름에 따라 더 큰 차이를 보였다. 이들은 신경의 단어 하나를 두고도 논쟁을 그치지 않았다. 이들은 서로 다른 사순절 일자를 주장하였다. 성찬 때 사용하는 빵의 종류를 두고도 대립하였다. 서로 상이한 문화와 역사의 배경을 고려해 볼 때, 야심만만한 두 종교 지도자들의 등장은 이 두 교회들을 완전히, 그리고 영속적으로 분열시키기에 충분하였다.

1054년 교황은 성질이 화급하기로 유명했던 훔버트 추기경을 콘스탄티노플로 보내어 황제와 합의하고자 하였다. 황제는 기꺼이 이에 응했으나, 훔버트에 못지 않게 관용심이 부족했던 콘스탄티노플 총대주교 미카엘 케룰라리우스(Michael Cerularius)는 교황 사절들을 모욕하였으며, 이 때문에 그 악명 높은 교황의 파문장이 성지 교회에 던져지게 되었던 것이다.

시간이 흐름에 따라, 이단의 성행과 군사적 약화 등으로 인하여, 콘스탄티누스와 유스티니아누스의 위대한 제국이 퇴색하기 시작하였다. 여러 야만족들이 이슬람 민족들에 뒤이어 침입해 왔다. 중세 말에 들어서자, 그리스 정교의 영역은 서부 터키, 발칸 반도, 키프로스 정도로 축소되었다. 황제가 사라진 후에는 주민들은 총대주교를 정치적 지도자로 생각하였다. 모슬렘들은 기독교의 지도를 따르는 경향이 있었으며, 또한 총대주교를 기독교권의 지도자로 간주하였다.

콘스탄티누스의 영도 아래 기독교화 되었던 거대한 영토 가운데 오늘날은 겨우 그리스와 일부 키프로스 지방만이 그리스 정교회에 속해 있다. 그러나 정교회는 새로운 지역으로 진출하였다. 서방으로부터의 로마 가톨릭과 동방의 이슬람으로부터의 압력에도 불구하고 이들은 그 사이의 좁은 통로를 열고 선교에 나섰다. 9세기엔 불가리아 왕 보리스(Boris)가 개종하였으며, 10세기에는 전체 러시아의 키에프(Kiev) 대공 블라디미르(Vladimir)가 개종하였다.

사람의 눈을 압도하는 콘스탄티노플의 장관과 이들의 화려한 예배의식이 새 로마의 기독교를 탐색하도록 파견되었던 블라디미르의 사절들을 사로잡았던 것이다.

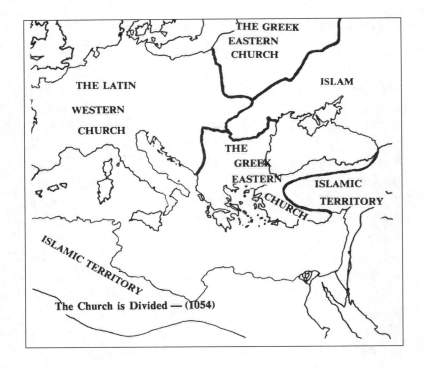

이들은 성지 교회의 예배를 참관한 후 다음과 같이 대공에게 보고하였다. "우리들은 도대체 우리가 천당에 있는지, 지상에 있었는지도 모를 지경이었습니다. 아마도 지구상 그 어디에도 그러한 장려하고 웅장한 광경은 다시 없을 것입니다. 우리들은 그 모습을 도저히 묘사할 수도 없습니다. 다만 확실한 것은 하나님께선 그곳에서 인간들 사이에 거하시며, 그들의 예배는 다른 어느 곳들의 예배에도 비교할 수 없다는 것입니다. 우리들은 도저히 그 아름다움을 잊을 수 없습니다."

세월이 흐름에 따라 러시아는 바로 이러한 정교회의 아름다움을 자기 자신들의 것으로 만들어갔다. 점차 모스크바는 스스로를 정교회 세계의 지도자로 자처하기 시작하였다. 처음 이탈리아에 건설되었던 원래의 로마는 야만족들과 로마 가톨릭 이단에 의해 멸망하였고, 콘스탄티노플의 제2의 로마는 터키에게 멸망했으며, 이제 제3의 로마인 모스크바의 시대가 도래했다는 이론이 발전되기 시작하였다. 황제는 그가 제2의 로마에서 종교를 가져왔듯이, 그의 칭호를 원래의 로마로부터 차용해 왔다. 러시아 황제의 명칭인 짜르 (Tzar)는 로마 제국의 카이사르를 그대로 옮긴 것이다.

공산주의자들이 석권하고 있었던 20세기의 크레믈린에도 이처럼 화려하고 영감있는 과거로부터의 유산은 남아 있었다. 양파 모양의 원형 천정들은 아직도 우뚝 서서 하늘을 가리키고 있다.

참고도서

Benz, Ernst. *The Eastern Orthodox Church. Its Thought and Life.* Garden City: Doubleday, 1957.

Pelikan, Jaroslav. *The Spirit of Eastern Christern Christendom (600-!700).* Chicago: The University of Chicago Press, 1974.

Runciman, Steven. *Byzantine Civilization.* New York: Meridian Books, 1956.

Sherrard, Philip. *Byzantium.* New York: Time, 1966.

Ware, Timothy. *The Orthodox Church.* Baltimore: Penguin, 1963.

16

정복자들의 목을 꺾다
:야만족을 향한 선교

북부 유럽의 울창한 삼림 지대에는 나무나 강의 귀신들을 숭배하며, 짐승들을 제물로 바치던 야만족들이 살고 있었다. 이들에게 전도하려는 이들, 이들을 개종시키려는 이들은 기독교의 더욱 위대한 힘을 보여주어야만 했다.

이들 가운데 8세기의 유명한 선교사 보니파키우스(Boniface)의 이야기가 있다. 그는 독일 지방에서 천둥의 신인 토르(Thor)의 신전으로 들어갔다. 이들은 거대한 참나무를 섬기고 있었다. 전해지는 이야기에 의하면, 보니파키우스가 이 나무를 찍어 넘기고자 도끼로 내리쳤을 때, 하나님께서 보내신 강풍이 불어와 문제의 나무를 쓰러뜨렸다. 이 광경을 본 이교도들은 경악에 차서 기독교로 개종하였다. 보니파키우스는 이 나무에서 나온 재목으로 성 베드로를 위한 교회를 건축하였다.

바로 이러한 사건들을 통해 유럽은 기독교화 하였다. 선교에 나선 수도사들은 보다 위대한 능력을 불러내어 야만족들의 마술들을 패퇴시켰다. 하나님이 보내신 바람 앞에서 이교신들의 나무들은 쓰러져 갔다. 여기저기서 기적의 소식들이 전해졌으며, 기독교는 영적 전투의 승리를 거두었다. 그리하여 게르만인들은 세례를 받을 준비가 되어갔던 것이다.

그런데 중요한 점은 이 게르만족들이 라인 강과 다뉴브 강을 건너 로마 제국에 침입하여 이를 함락시켰을 때, 기독교는 새로운 도전에 직면하게 되었다는 사실이다. 이러한 폐허로부터 새로 일어난 문명은 기독교 문명이었다. 왜냐하면 침입자들이 무력의 전쟁에서는 승리를 거두었으나, 신들의 전쟁에서는 기독교에 승복했기 때문이었다.

과연 야만족들은 한때 토르의 거룩한 참나무가 서 있었던 자리에서 성 베드로에게 헌정된 예배당을 어떻게 받아들였는가? 왜 게르만인들은 자기들에게 패배한 자들의 하나님에게 예배드리게 되었는가?

야만족들의 침입

서방에서는 476년을 기독교 로마 제국이 멸망한 연도로 잡고 있다. 아우구스투스(Augustus, 27 BC-AD 14)에 의해 시작되어 오랜 역사를 자랑하던 황조가 바로 이 해에 종말을 고하고 게르만인들에 의한 통치가 시작되었던 것이다.

그러나 사실 이 사건은 많은 이들이 상상하듯이 극적인 것이 되지 못하였다. 이미 황제의 이름으로 실제 권력을 휘두르고 있던 용병들과 그 장군들은 대개가 게르만 지방 출신들이었다. 따라서 이는 게르만족들 사이의 살육극이라고도 할 수 있었다.

475년 제국군의 야만족 사령관이었던 오레스테스(Orestes)는 원로원이 그의 어린 아들 로물루스 아우구스툴루스(Romulus Augustulus)를 서방의 황제로 선출하도록 강요하였다. 그러나 다음 해에 또 다른 게르만 출신의 무장 오도아케르(Odovacar)가 오레스테스를 살해하고는 더 이상 명목상의 황제들을 모시는 연극을 해야할 이유를 찾지 못하고, 로물루스 아우구스툴루스를 폐위시켜버린 후 스스로 등극하였다. 이것이 로마 제국의 종말이었는데, 기실 아무도 그다지 놀라거나 충격받은 이들도 없었다. 이미 이들은 한 세대 전 알라릭과 가이세릭, 그리고 아틸라 등의 침입을 통해 심한 충격을 받은 후 언젠가 이러한 사태가 발생할 것을 예기하고 있었다.

과연 유럽의 새 주인이었던 이들은 어떤 인물들이었는가? 이들은 처음 로마와 접촉하던 당시 라틴어도 헬라어도 말할 줄 몰랐으므로, 로마인들은 이들을 알아들을 수 없는 언어를 사용하는 이들이란 원래 의미의 바바리안(barbarians, 야만인들)이라고 불렀다. 이들 대부분은 원래 북부, 스칸디나비아 반도나 그 인근 지방에서 온 부족들이었다. 즉, 반달족, 프랑크족, 앵글족,

색슨족, 고트족, 롬바르드족, 부르군트족, 기타 등등이다.

이들이 3세기 로마 제국에 고민거리로 등장할 즈음, 이들은 사실 유목 경제 시대로부터 농경 경제 시대로 옮아가는 전환기에 있었다. 거의 상업이나 교역에는 종사하지 않았으므로, 화폐가 아니라 가축들의 숫자로 부와 세력을 측정하던 실정이었다.

로마의 역사가 타키투스에 의하면 게르만인들은 술과 도박을 지나치게 즐기는 악습을 가지고 있었다. 반면 타키투스는 또한 이들이 용감하고, 여성들을 존중하며, 로마의 여러 가지 악덕들에 물들지 않았던 면들을 칭송하고 있다. 이들이 가장 좋아하던 오락은 각 촌락의 서정 시인들이 음송하는 고대 영웅들과 신들의 이야기를 듣는 것이었다. 이들의 신화와 전설들은 오늘날까지 전해지지 않는다. 그러나 이들이 섬기던 신들의 이름은 토르의 목요일(Thursday)과 오딘(Wodin)신의 수요일(Wednesday)에 현재까지 남아 전해 내려오고 있다. 게르만 족들은 전투를 생의 목적으로 삼았다. 각 장군들마다 일단의 전사들을 거느리고 있었는데, 이들 전사들은 지도자들에게 개인적으로 충성을 맹세하고 있었다. 타키투스에 의하면 그의 족장이 죽은 후 살아서 전장을 떠난 전사들은 평생을 불명예와 수치 속에 살아야 했다. "족장은 승리를 위해 싸우고, 그의 병사들은 족장을 위해 싸운다."

라인-다뉴브 국경을 사이에 두고 로마인들과 게르만인들이 대치했던 수세기 동안 이들간에는 여러 가지 접촉들이 이루어 질 수밖에 없었다. 이러한 접촉은 호의적일 때도, 적의에 찬 때도 있었다. 로마인들은 게르만 국경 안으로 교역로를 개척하였으며, 게르만인들은 노예로서 로마 사회에 들어왔다. 혼란이 극심했던 3세기에 수많은 야만족들이 로마 경내의 빈 땅들에 정착하거나, 혹은 용병으로서 로마군에 편입되었다. 그리하여 4세기 말경엔 서방 제국군대의 장군들과 병사들은 거의가 게르만인들이었다.

그런데 이들의 대량 이주가 야기한 위기는, 훈(흉노)족의 갑작스런 침입으로 발생하였다. 4세기 말경 이들 아시아인들은 마치 성난 파도처럼 볼가(Volga) 강을 건너 침입하여 가장 동쪽에 거주하고 있던 오스트라고트(Ostragoths, 동고트)족을 굴종시켰다. 훈족에 의해 점령당할 가능성으로 공포에 질린 비시고트(Visigoths, 서고트)족은 동맹군으로서 로마 제국의 영내에 정착할 수 있게 해달라고 청원하였다. 로마 정부는 이들의 청을 허락하여 이들은 376년 다뉴브 강을 건너 제국 영내로 들어 왔다. 그러나 그후 얼마 안되어 부패한 로마 관리들이 이들을 학대함으로써 자존심이 강한 비시고트족은 반란을 일으키게 되었다. 무능했던 동로마 제국의 황제 발렌스(Valens)는 이들을 진압하려 했으나, 378년 아드리아노플(오늘날의 터키)전투에서 패전하였고, 자신도 전사하고 말았다.

일부 역사가들은 이 아드리아노플 전투를 역사상 가장 중요한 전투들 가운데 하나로 꼽고 있다. 이 전투에서 로마군의 무패의 신화가 깨어졌고, 그 후 한세기 반에 걸친 혼란기가 계속된다. 유능한 황제 테오도시우스 1세가 수년간 비시고트족을 막아냈으나 그가 사망한 후 비시고트족은 지도자 알라릭의 영도 아래 재침하여 약탈을 자행하였다. 그는 이탈리아에 진군하여 410년 로마를 함락시켰다.

로마인들은 알라릭으로부터 이탈리아를 방어할 심산으로 406년에는 라인 국경으로부터, 그리고 다음해에는 브리튼으로부터 군대를 철수시켰다. 그러나 그 결과 게르만족들은 무방비 상태의 국경을 건너 대규모로 진입을 개시하였다. 반달족은 고올 지방을 경유 스페인으로 밀려 들었다가 고트족에 쫓겨 다시 북 아프리카로 옮겨갔다. 455년 반달족은 아프리카로부터 지중해를 건너 로마를 함락시켰다.

한편 부르군트 족은 로온(Rhone) 계곡 지방에 정착하였고, 프랑크족은 점차 고올 북부 지방을 점령하였으며, 앵글, 색슨, 유트족들은 브리튼에 침입하였다. 이들 각 부족들은 모두 게르만족의 왕국들을 제국 영내에 건설하였으나, 고올 지방의 프랑크족과 브리튼의 앵글, 색슨족들을 제외하고는 수십년을 넘기지 못한 채 사라지게 되었다.

오늘날 우리들의 눈으로 판단할 때, 이러한 게르만족의 대이동은 기실 한때 사람들이 흔히 생각했듯이 그렇게 처참한 모습은 아니었음을 알 수 있다. 침입자들은 막대한 토지를 차지하였으나, 대부분은 사람이 살지 않았거나 혹은 황제의 사유지들이었다. 개인적으로 토지를 상실한 지주들은 별로 많지 않았다. 대부분의 지역들에서 게르만족들은 아직도 소수였으며, 이들과 다른 주민들 사이의 문화 및 혈통의 혼합이 시작되었다. 그리하여 시간이 흐름에 따라 이 야만족들은 고유한 관습과 전통과 언어를 상실하기 시작하였다. 바로 이러한 이유 때문에 이탈리아, 프랑스, 스페인 등에서 게르만 언어의 흔적을 거의 찾아볼 수 없다.

북부에로의 선교

이러한 북부인들을 개종시키는 작업은 거대한 것이었다. 이들을 명목상 기독교 신자로 만드는 것은 그다지 어려운 일이 아니었다. 왜냐하면 이들은 스스로 로마의 찬란한 전통의 일원이 되고 싶어했기 때문이다. 그들의 눈으로 볼 때 기독교는 로마의 종교였다. 그러나 이들을 교육시키고, 문화적으로 세련되게 훈련시키는 것은 완전히 다른 문제였다. 이들에게 고대 문화의 뛰어난 부분들을 전수하고, 기독교 신조를 가르치고, 무엇보다도 기독교인으로서 생활하도록 변화시키는 것은 어려운 작업이었다.

야만인들은 두 가지 경로를 통하여, 기독교 정통 신앙에 접하게 되었다. 하나는 직접 접촉한 경우가 있었고, 다른 하나는 하나님의 아들로서의 예수 그리스도를 부인하였던 아리우스주의를 중간에 통해서 였다. 아리우스주의는 이 이론이 로마 제국 영내에서 강세를 보였던 4세기 때부터 이들 사이에 전파되었다. 그러나 이 아리우스주의는 신학적이라기보다는 교회적인 문제였다. 왜냐하면 게르만 족들은 추상적 신학의 세미한 이론들에는 별로 관심이 없었기 때문이었다. 그들에게 있어서 그리스도는 피조물 가운데 최초의 존재였다. 그들은 그리스도를 보다 영광스런 무장처럼 생각하는 경향을 가지고 있었다. 그러나 서방에서 아리우스주의와 정통주의의 가장 큰 차이는 교회의 조직에 관련된 것이었다. 아리우스파에게는 조직의 중심이 없었다. 이들은 정통 로마를 인정하지 않았는데, 로마에 비교될 만한 중심체가 없었던 것이다. 이들의 교회는 부족에 속해 있었다. 이들 아리우스주의 게르만인들은 정통 신앙으로 개종한 후에도 로마의 중앙 집권 체제를 받아들이기를 혐오하였다.

아리우스주의의 영향은 비시고트족들 속의 선교활동으로부터 시작된 것이 확실한 듯하다. 니케아 공의회(325) 이후 반세기 만에 울필라스(Ulfilas, 혹은 Wulfila)가 다뉴브 강을 건너 이들 사이에서 40년을 사역하였다. 이름이 알려지지 않은 다른 선교사들의 도움을 받아, 울필라스는 아리우스가 주장했던 형태의 신앙으로 이들을 이끌었다. 이러한 고트족의 개종은 단순한 사회적 압력 이상의 영향으로 이루어진 것이었다. 우리들은 울필라스가 성경을 고트어로 번역한 사실을 알고 있다. 그는 이때 열왕기는 번역하지 않았는데, 그 이유는 이미 지나치게 호전적인 이들에게, 전쟁으로 가득찬 내용이 별로 덕스러울 것이 없다고 생각한 때문이었다. 그리하여 아리우스파 기독교는 고트족으로부터 다른 게르만 민족들에게 전파되었다.

북부인들 가운데 가장 일찍이 신앙을 가지게 된 이들은 제국 국경 밖에 거주하고 있었다. 이들은 게르만인들이 아니었다. 아일랜드인들은 원래 켈트족으로서 이들은 5세기 초 패트릭(Patrick)이 사역한 열매였다. 그의 간단한 자서전을 볼 것 같으면, 대륙을 방어하기 위해 로마군이 철수하게 되자, 당시 스코트족(Scots)이라 불리던 아일랜드인들이 영국 해안을 침입하여, 강을 거슬러 올라 정착민들을 습격하고 재산과 노예들을 약탈해 갔다. 이 포로들 가운데 패트릭이 끼어 있었다. 따라서 아일랜드의 수호 성자는 아일랜드인이 아닌 셈이다. 그는 원래 기독교 가정에서 성장했으며, 부친은 집사였다. 그러나 그가 잡혀가서 돼지 떼를 돌보며, 자유를 얻기 위해 간절하게 기도하기 전까지는 그다지 독실한 신앙인은 아니었다고 한다. 그는 탈주에 성공하여 해안에 닿아 마침 사냥개들을 싣고 프랑스를 향해 떠나는 배를 만나게 되었다. 그는 개들을 돌보는 하인으로서 배를 얻어 타게 되었다. 프랑스에 도착해서는 다시 지중해의 섬에 있는 한 수도원으로 가게 되었다. 거기 머물 수도 있었으나 그는 가족들을 그려 많은 어려움을 겪은 끝에 다시 고향에 도착하였다.

만약 어느 날 밤 꿈에 아일랜드의 어린 아기들이 나타나 자기들의 나라에 다시 와서 그리스도에 관하여 이야기해달라고 간청하지 않았다면 그는 그냥 잉글랜드에 머물렀을지도 모른다. 패트릭은 다시 아일랜드로 돌아가기로 결단하였다. 그러나 그는 우선 스스로가 기독교에 관하여 배울 필요가 있었다. 이 때문에 그는 다시 프랑스로 가서 수도원에서 몇년을 공부하였다. 마침내 그는 선교의 장도에 오르게 되었다. 아마도 그는 이때 교황의 허가를 받았던 것으로 보인다. 그리하여 그는 그를 한때 노예로 삼았던 사람들에게 복음을 전하게 되었다.

바로 이 시점에서 그의 기록은 끝난다. 그후의 이야기는 전해지는 전설일 뿐이다. 그러나 한 가지 확실한 것은 일세기 후 아일랜드 교회의 전체 구조가 수도원의 형태로 되어 있었다는 것이다. 아마도 토지에 그 조직을 의지하고 있었던 수도원의 형태가 당시 로마에 널리 퍼져 있었던 교구식의 교회 제도 보다는 농경사회였던 켈트족에게 더 잘 맞았는지도 모른다.

또한 우리들은 아일랜드가 브리튼 전체를 위한 선교 기지의 역할을 했다는 사실도 알고 있다. 아일랜드인들은 기회만 있으면 자기들의 섬을 떠나고자 하였다. 그리고 선교활동에 종사했던 수도사들도 그 예외는 아니었다. 우리가 본 바와 같이 패트릭 이전에도 브리튼에는 기독교 교회들이 자리잡고 있었다. 그러나 패트릭 이후 1세기 가량이 지난 후 콜롬바라는 이름의 아일랜드 수도사가 스코틀랜드에서 약간 떨어진 이오나 섬에 수도원을 세웠다. 이오나는 브리튼에 복음을 전파하는데 새로운 활력을 제공하였다.

놀라운 사실은 아일랜드와 브리튼 출신의 켈트족 수도사들이 또한 대륙을 향한 선교사들로 나섰다는 것이다. 여행을 좋아하는 민족성 탓인지 이들의 선교 반경은 매우 넓었다. 이들은 독일과 스위스, 북부 이탈리아에까지 수도원을 세웠다. 이들은 다시 학문과 선교의 중심지로서의 역할을 담당하였다. 콜롬바누스는 여러 선교사들 가운데 하나였으나 아직도 선교 역사에서 중요한 인물로 남고 있다. 켈트족들의 수도원들 가운데는 세인트 갈(St. Gall)과 보비오(Bobbio)가 가장 유명하다. 이는 모두 로마의 감독이 교황으로서의 위치를 확립하기 이전에 이루어 진 일들이다. 그리하여 대륙에 미친 켈트 족들의 영향과 아일랜드와 브리튼 수도사들의 독립적인 정신은 로마 기독교에 교황의 세력과는 또 다른 요소로 작용하게 되었다.

프랑크 족에의 전도

로마 가톨릭의 영향은 고올 지방의 북부, 프랑크 족들로부터 퍼졌는데, 바로 이 종족이 기독교 유럽의 모습을 결정짓는데 가장 중요한 역할을 감당하게 된다. 이 부족의 창시자는 클로비스(Clovis, 481-511)였는데, 그는 정통 기독교로 귀의하였던 최초의 주요한 야만족장이었다. 그 연유는 그가 기독교 신자였던 부르군트 출신의 공주와 혼인했기 때문이었다. 클로틸다(Clothilda) 공주는 클로비스에게 무로부터 하늘과 땅을 창조하시고, 인간을 지으신 유일한 신에 관하여 자주 이야기했다. 그러나 클로비스는 전혀 귀를 기울이지 않았다. 그러나 처음 태어난 자녀가 세례 받는 것은 허락하였다. 유아는 세례 복에 싸인 채로 죽었다. 클로비스는 세례 때문에 아기가 죽었다고 생각하였으나, 클로틸다는 하나님께서 아기의 영혼을 바로 천국과 영복으로 이끌어 가신 사실 때문에 기뻐하였다.

둘째 아들이 태어나서 다시 세례를 받게 했는데, 또 병에 걸렸다. 클로비스는 다시 세례 때문에 아이가 죽을 것이라 했으나, 클로틸다가 기도하였더니 회복되었다. 그후 알라만니(Alamanni)족과의 전투에서 클로비스는 대패할 지경에 처했다. 이때 클로비스는 소리질렀다. "예수 그리스도시여, 클로틸다가 당신은 살아계신 하나님의 아들이라 합니다. 그리고 당신에게 소망을 두는 자들에겐 승리를 준다 했습니다. 제가 승리하도록만 해 주시면 세례를 받겠습니다. 조상 전래의 신들을 섬겼으나 이들은 나를 버렸습니다. 이제 당신께 기도드리오니, 제발 저를 구해 주시옵소서." 이때 알라만니 족장이 전사하면서 적군들은 흩어져 갔다. 클로비스는 귀환하여 클로틸다에게 이 이야기를 전했다.

그녀는 렝스(Rheims) 감독을 불렀고, 감독은 클로비스에게 이들의 신들을 이제 버리도록 권유하였다. "그렇게 하겠습니다. 그러나 제 백성들이 이말을 따르지 않을 것입니다. 그러나 어쨌든 얘기해 보겠습니다." 그런데 클로비스가 막상 말을 꺼냈더니 이들은 자기들의 게르만 신들을 버리는데 함께 동의하였다. 세례통 주위는 아름다운 휘장으로 치장하였고, 향그런 촛불들을 주위에 배치하였다. 여기서 발하는 향내로 많은 이들은 마치 낙원의 향기 속에 있다고 생각하였다. 클로비스는 마치 또 다른 콘스탄티누스처럼 세례를 받으러 나왔고, 감독은 그에게 다음과 같이 말했다. "고개를 숙이라. 이제까지 그대가 불태웠던 것들을 예배하고, 예배했던 것들을 불태우라." 그리하여 왕이 성부와 성자와 성령의 이름으로 세례를 받았다. 그의 장병 3,000명이 그의 뒤를 이었다.

이 중세 최초의 집단 개종은 기독교의 이교화에 관한 중요한 문제를 던진다. 선교는 두 가지 방법으로 진행될 수 있다. 하나는 세례 이전에 교육을 선행하는 개인적 개종의 방법이다. 이것이 19세기의 복음 운동 아래 프로테스탄트들이 사용했던 방법이었다. 이들은 개인들의 심령의 변화를 강조하였다. 그런데 이 방법의 결점은 이교 문화 속에서의 새신자들이 그들의 신앙의 변화로 말미암아 그들이 속한 문화와 사회로부터 유리되어 국외자적으로 소외된 집단 속으로 들어가게 된다는 것이다.

또 하나는 **집단 개종**인데, 바로 이것이 유럽 교화의 모습이었다. 클로비스처럼 왕들이 개종하게 되면서 이들의 신민들이 지도자들을 따라 지상의 도시로 입성하듯이 천성의 도시로 들어가게 되는 것이다. 이런 경우 개인들이 원래의 문화로부터 갑자기 유리되는 일은 없으나 교회 안으로 그들의 미신들과 이교적 생활 태도를 그대로 가지고 들어오게 된다.

이러한 모습은 클로비스를 비롯하여 많은 경우들에서 분명하게 드러나고 있다. 이들에게 있어서 예수는 자기 부족의 전쟁의 신처럼 되었다. 프랑크족들은 특히 성 베드로를 좋아 했는데, 그 이유는 주 예수를 위해 칼을 뽑아 대 제사장의 하인의 귀를 베어버리는 모습이 매력적이었기 때문이었다. 이러한 전투적 종교에 대한 경외는 잉글랜드의 수호신이 되었던 투사 성자 성 조지(St. George)와 이슬람과의 투쟁에서 기독교 스페인의 수호신이었던 성 야고보의 모습에 반영되고 있다.

각각 분담 기능이 달랐던 이러한 성자들은 아마 그리스도의 교훈보다는 인간들의 욕구를 더 분명하게 반영하고 있을 것이다. 성 안토니는 돼지들을, 성 골(St. Gaul)은 암탉들을 돌보는 역할이었다. 박해시에 턱이 부러진 성 아폴로니아는 치통을 고치는 기능이었고, 성 제느비에브는 고열을, 성 블레이즈는 목이 막힌 것을 치유하는 역할이었다. 거의 모든 인간들의 필요를 위하여 막 개종한 게르만인들은 이에 맞는 성자들을 만들어 내는데 성공하였다.

성자들의 기적적인 능력에 관하여 많은 이야기들이 유포되었다. 이중 하나로 하나는 앉은뱅이고, 하나는 소경이었던 두 거지들의 이야기가 있다. 이들은 성 마틴의 유물을 대동한 행렬을 만나게 되었다. 이들은 혹시 기적으로 말미암아 병이 고쳐지면 더 이상 구걸을 할 수 없을까봐 염려하였다. 그리하여 앉은뱅이가 소경의 어깨에 올라타고 가능한 한 빨리 그곳을 벗어나 도망치고자 하였다. 그러나 불행하게도 이들이 멀리 가기 전 기적의 능력이 역사하여 이들의 질병들은 고쳐지고야 말았다.

잉글랜드에로의 통로

비록 프랑크족에게 미쳤던 복음의 영향이 대단한 것은 아니었지만 이들의 개종으로 말미암아 고올 지방을 통하여 브리튼으로 가는 길이 열리게 되었다. 앵글로 색슨의 브리튼 침입으로 말미암아 발생한 적개심이 너무나 대단했으므로 브리튼인들이 게르만족을 전도한다는 것은 생각할 수도 없는 일이었다. 영국인(English)들을 개종시킨다는 계획은 로마로부터 왔다. 596년 교황 대 그레고리(Gregory the Great, 596-604)는 어거스틴의 인도하에 일단의 베네딕트파 수도사들을 당시에는 미개척지였던 잉글랜드로 보냈다. 이 어거스틴 역시 성 어거스틴으로 불리게 되는데, 이는 캔터베리의 성 어거스틴이다.

어거스틴과 그의 수도사들은 잉글랜드에 침입한 앵글로-색슨 족들이 다스리던 열두 지역 가운데 하나였던 켄트(Kent)지방에 정착하였다. 불신자 남편을 전도하는데 열심이던 여성 가운데 하나였던 왕비 버타(Bertha)의 호의로 어거스틴은 에텔버트(Ethelbert) 왕을 만나게 되었다. 그런데 어거스틴이 요술을 쓴다는 소문이 돌았으므로, 그의 신통력이 잘 통하지 못하도록 옥외에서 만나게 되었다. 사람들 가운데는 어거스틴이 자기 마음에 들지 않는 자들의 등에서 꼬리가 자라나게 한다는 이야기가 돌고 있었다. 그러나 어거스틴의 말에 완전히 설복된 왕은 캔터베리(Canterbury)에 수도원을 세울 부지를 주었고, 이때부터 이곳은 영국 교회의 본부가 되었다. 그레고리는 어거스틴을 초대 캔터베리 대주교로 임명하였다.

어거스틴의 뒤를 이은 선교사들은 보다 북부로 진출하였다. 7세기 말 오스위(Oswy)왕의 시대에는 두 선교집단의 행로가 서로 겹치게 되었다. 콜룸바의 켈트족 추종자들은 보다 남부로 진출하였으며, 어거스틴의 일파는 북쪽을 향해 올라갔다. 오스위의 왕비는 남부 출신으로서 로마식 기독교를 따랐으나, 오스위 자신은 북쪽으로부터 신앙을 받았으므로, 켈트식의 신앙을 따르고 있었다. 이 양자들간의 논쟁 문제 가운데 하나는 부활절의 일자였다. 왕이 사순절을 다 지내고 부활절을 지키고 있을 때, 왕비와 가족들은 아직도 금식 중이었으니, 가정내의 문제들이 일어날 만도 하였다.

664년의 휘트비(Whitby)종교회의에서 왕은 이 문제를 해결하고자 하였다. 켈트측은 콜룸바의 권위를 내세웠으며, 로마측은 그리스도로부터 열쇠를 받은 베드로를 내세웠다. "이게 정말인가? 베드로가 천국의 문을 지킨다는 것이?" 오스위는 켈트측 대표에게 물었다. 그는 물론 동의할 수밖에 없었다. 오스위는 즉각 이 문제에 관한 결정을 내렸다. 그는 감히 천국의 문지기의 비위를 거슬리고 싶지는 않았다. 그는 로마의 방침을 좇기로 결정하였다. 그리하여 휘트비 종교회의 이후 브리튼은 점차 로마의 권위 아래 복속하게 되었다.

일단 앵글로 색슨의 잉글랜드에 확고히 뿌리를 박게 되자, 기독교는 다시 이곳으로부터 대륙을 향하여 새로운 활력으로 진출하였다. 중세 시대 브리튼 출신의 가장 유명한 선교사는 윈프리드(Wynfrid)이다. 그는 보니파키우스(Boniface)라는 이름으로 더 잘 알려져있다. 데본셔 출생인 보니파키우스는 729년 교황 그레고리 2세에 의하여 독일을 복음화하라는 명령을 받게 되었다. 그의 제1차적인 임무는 이교도들을 교화하는 것이었으며, 그는 이 임무에 큰 성공을 거두었다. 그뿐 아니라 그는 브리튼과 아일랜드의 선교사들과 이들의 교인들을 로마 감독과 보다 밀접한 관계를 맺도록 하였다.

보니파키우스는 자기의 임무에 헌신했던 사람이었다. 그는, 두려워 떠는 대중들이 그가 하늘로부터 내려오는 불에 타죽을 것이라고 생각하는 가운데, 거룩한 나무를 잘라버렸다. 또한 그들을 신앙으로 인도하고, 교구를 만들어 로마의 권위를 인정하는 교회 조직을 만들어 놓았다.

보니파키우스는 마인츠의 대주교가 되었다. 그리고, 프리지아(네덜란드)에서의 초기 시도의 실패로 말미암은 자책 때문에 아직도 이교도 지역인 그곳에 가지 않았더라면, 마인츠에서 평화롭게 그의 화려한 경력을 마감하였을 것이다. 그는 프리지아에서 순교하였다. 754년 경이었는데, 나중에 새로운 기독교 유럽의 건설자인 샤를마뉴는 그 당시 12살이었다.

참고도서

Davis, R. H. C. *A History of Medieval Europe*, London: Longmans, 1957.

Deanesley, Margaret. *A History of the Medieval Church 590-1500*, London: Methuen, 1969.

Latourette, Kenneth Scott. *A History of Christianity*, New York: Harper & Row, 1953.

Neill, Stephen. *A History of Christian Missions,* Middlesex: Penguin, 1964.

Pirenne, Henri, *A History of Europe* From the Invasions to the XVI Century. New York: The Murray Printion Company, 1938.

중세 기독교 시대

590 — 1517

유럽은 많은 이들이 생각하는 이상으로 기독교의 혜택을 입은 바 있다. 야만족들이 서방의 로마 제국을 파괴하였을 때, 오늘날 우리들이 유럽이라 일컫는 새로운 질서를 마련한 것은 다름아닌 기독교회였다. 교회는 법에 의한 통치, 지식과 학문의 추구, 문화의 창달을 위해 지도적인 역할을 담당하였다. 그 기반이 되었던 개념은 기독교권, 즉 제국과 교회의 연합이라 할 수 있다. 이러한 과정은 샤를마뉴(Charlemagne)치하에서 8세기에 시작되었으나, 곧 교황들의 영향력이 점증하여, 인노켄티우스 3세 (Innocent III, 1198-1216) 때에는 유럽인들이 교황을 세계의 지배자로 생각하게 되었다. 그러나 그후 시간이 흐름에 따라 사람들은 교황들이 부정, 부패에 젖은 사실을 깨닫게 되었고, 교회의 변화와 개혁을 부르짖는 전투적인 개혁가들의 숫자가 증가하게 되었다.

17

하나님의 집정관
:대 그레고리

서 기 590년 초 로마는 고민하고 있었다. 이 도시는 홍수 및 전쟁에 시달 렸을 뿐 아니라, 가차없이 퍼지는 전염병(흑사병, plague)으로 기력을 가누지 못하고 있었다. 증세를 보면, 처음에는 목 부분이 약간 걸리는 것 같은 느낌을 받다가, 갑자기 온 몸에 헌데가 나면서 죽음에 이르는 것이었다. 거리마다 시체를 가득 담은 수레들이 줄을 잇고 있었다. 이 광경을 보면서 많은 이들은 정신을 잃고 미쳐 갔다. 로마는 마치 황무지를 연상시켰으며, 교황 펠라기우스 2세(Pelagius II)도 고통에 몸부림치면서 죽어갔다.

그의 죽음 후 6개월 동안은 후임자도 선출하지 못했다. 교회 지도자들이 그레고리라는 이름의 수도사를 선임하였을 때, 그는 이를 피하여 로마를 떠나 숲속에 숨어있다가, 사람들의 손에 강제적으로 끌려 왔다. 교회 직원들은 콘스탄티노플에 통지한 후 590년 9월 3일 그를 성 베드로의 후계자로 정식 임명하였다.

언뜻 볼 때, 그레고리야말로 위대한 기품이 전혀 없는 인물이었다. 그는 50세의 나이에, 머리는 벗겨지고 있었으며, 몸이 약했으며, 고위직에 대한 명예욕이라고는 없는 인물이었다. 그는 임직식에 즈음하여, "너무나 공포에 젖어, 무어라 말할 기력조차 없다"고 불평하였다. 그는 그의 선임자를 앗아간 흑사병을 하나님의 징벌로 보고, 공적인 회개의 모습으로 그의 직무 수행을 시작하였다. 3일 동안 7 차례의 참회 행렬이 거리를 행진하였다. 공중 기도와 함께 하나님을 향한 찬양이 올려졌다. 그러나 아무런 효력도 없는 듯 하였다. 흑사병은 그후에도 한동안 기승을 부리다가는 결국 멈추었다.

후세의 전설들은 이러한 전염병의 멈춤을 그레고리의 회개 때문으로 해석하였다. 어떤 이들은 천사장 미가엘(Michael)이 나타나 하드리안 황제의 납골당 위에서 그의 칼을 칼집에 꽂는 모습을 보았다고 하였다. 그때 이후 로마인들은 이곳을 가리켜 성 안젤로(St. Angelo) 성채라 부른다. 시민들은 이곳에 천사의 조각을 세워 이 전설을 기념하였다. 오늘날에도 이곳을 찾는 관광객들은 티베르 강변에 세워진 이 기념관을 볼 수 있다.

로마는 곧 대륙을 대표하는 상징이었다. 오늘날 우리들이 유럽이라 부르는 존재가 마치 불사조 피닉스처럼 제국의 폐허 속에서 날아 올랐다. 그리고 그 누구, 어느 것보다도 기독교야말로 혼란 가운데 생명과 질서를 불러일으켜 준 장본인이었다.

과연 어떠한 경로로 이러한 작업은 이루어졌는가? 과연 기독교 유럽이라 불리는 새로운 질서를 이룩하기 위하여 교회는 무슨 역할을 해 냈던가?

역사 속에서의 그레고리의 위치

교회는 야만족들을 기독교 신앙으로 귀의시키기 위한 영적 군대로서 켈트족과 베네딕트파 수도사들을 조직하고 동원하였다. 교회는 또한 무언가 안정된 생활을 위한 구조를 제공하는 근원으로서 교황에게 의지하였다. 교회는 또한 영적인 의미의 근본 골격을 발견하기 위하여 어거스틴 신학을 연구하고 응용하였다. 그런데 아무도 그레고리처럼 미래를 위하여 이러한 도구들을 효과적으로 파악하고 사용한 인물들은 없었다.

그레고리는 그의 저서 「목회 사역」(*Pastoral Care*) 가운데서 영적인 지도자들은 외부적 임무에 너무 사로잡혀, 내부적인 영적 생활을 소홀히 해서는 안 되는 동시에, 자신의 영적·내부적 신앙 생활 때문에 그가 담당한 외부적 임무도 소홀히 해서는 안된다고 하였다. "우리 주님께서는 산 위에서 기도하시는 동시에, 도시에서는 기적들을 베푸시었다. 이는 곧 목회자들이 가장 높은 영적인 경지에 도달하고자 노력하는 동시에 낮고 천한 자들에 대한 동정과 사랑을 잊어서는 안됨을 상기시키는 것이다. 가장 낮은 곳으로 사랑이 흘러가면 갈수록, 이는 가장 높은 곳을 향하여 솟구쳐 올라가는 것이다." 이러한 그의 말들은 거의 자서전적인 기록이라 할 수 있다.

그가 604년, 30년에 걸친 산상에서의 기도와 도시에서의 기적들의 생활 후에 소천하였을 때, 세인들은 그의 묘비에 그를 가리켜, "하나님의 집정관(Consul of God)"이라 새겼다. 이는 오직 하나님을 위하여 스스로의 모든 것을 다 바쳤던 동시에, 교회와 세상을 마치 정치가처럼 다스리고 관리하였던 인물에게 주는 가장 적절한 표현이었다고 할 수 있다.

그의 사후 얼마 안되어 교회는 그를 가리켜 "대 그레고리(Gregory the Great)" 즉 위대한 그레고리라고 칭하기 시작하였다. 그리고 시간이 흐름에 따라 교회는 그의 이름을 어거스틴, 암브로시우스, 제롬과 나란히 "교회의 라틴 교부들" 속에 포함시켰다. 물론 그 지성적인 능력만을 따진다면 그레고리는 다른 이들과 같은 수준에는 도저히 미치지 못할지도 모른다. 그러나 그는 뛰어난 행정능력과 인간에 대한 따스한 사랑을 겸비하였던 인물이었다. 그리고 만일 착함, 혹은 선함(Goodness)이 인간의 가장 뛰어난 덕목임에 틀림없다면 교회가 그를 가리켜 "위대하다" 한 것이 옳은 행동임에 틀림없었다. 그보다도 초대 중세 시대를 더 잘 대표하는 인물이 없다는 것은 분명한 일이다.

그레고리는 서기 540년 경, 부유한 원로원 출신 가문에서 태어나 정부 관직을 감당하기 위한 교육과 훈련을 받았다. 그러나 그는 역사의 격동기에 나타난 인물이었다. 그가 아직 소년 시절 로마는 계속 지도자가 바뀌는 모습을 경험해야 했다. 그가 열 네살 나던 554년 나르세스(Narces)가 콘스탄티노플에 자리잡은 유스티니아누스 황제 아래 이탈리아 총독 자리를 차지하였다. 그후 비시고트족이 파괴된 이탈리아를 한동안 지배하였다. 몇 년의 평화기가 지난 후에는 롬바르드족이 교회당들을 불태우고, 감독들을 살해하며, 수도원들을 약탈하고, 농지들을 파괴해버리는 전쟁을 시작하였다. 로마는 더 이상 암브로시우스나 어거스틴이 알고 있던 장려한 문화의 중심지가 아니었다. 이제 황제들의 도시가 교황들의 도시로 급속히 변모하고 있었다. 바로 이러한 전환기에 나타나야 했던 것이 그레고리의 운명이었다.

그레고리는 33세의 젊은 나이에 황제 유스티누스(Justin)에 의해 로마 시장에 임명 받았다. 이는 로마시 뿐만 아니라 그 인근에서 가장 고위의 관직이었다. 그리하여 그레고리는, 시민들을 위한 식량의 공급, 빈자들의 구제, 각종 건물들과 공공 시설들의 건축 등, 거대한 도시의 살림 일체를 책임지게 되었다. 이러한 책임은 마침 그가 임명되던 573년 교황과 나르세스가 모두 사망했으므로 더욱 심중해지지 않을 수 없었다.

그러나 그레고리는 결코 세속 권력을 즐기고 탐하는 인물이 아니었다. 그는 차라리 고적한 수도원의 독방을 더 좋아하는 인물이었다. 그는 수년 후 관직에서 물러나 세상과 인연을 끊고자 하였다. 그의 부친이 돌아가시자, 상속한 재산의 대부분을 풀어 일곱 개의 수도원들을 건축하였다. 남은 재산으로는 가난한 자들을 구제하였으며, 거대한 부친의 유택을 성 안드레에게 바치는 수도원으로 전환시켰다. 그는 자주빛 제복대신 수도사의 거친 의복을 걸치고, 철저한 금욕생활에 들어가 단지 채소와 과실들만을 먹고, 잠을 줄이고 철야 기도에 힘썼으며, 일부러 불편하게 머리털로 짠 샤츠를 입고, 베네딕트파의 많은 규칙들을 준수하였다. 원래 몸이 건강한 편이 못되었던 그는 거듭되는 금식으로 소화 불량에 걸렸고, 심장병까지 얻게 되었다. 그러나 그레고리는 이 시절을 생애의 가장 행복했던 시기로 기억하였다.

그러나 교회는 그레고리의 능력을 필요로 하였다. 579년 교황 펠라기우스 2세는 그레고리를 로마 교회 일곱 집사들 중 하나에 임명하였을 뿐만 아니라 그를 콘스탄티노플의 황궁에 대사로 파견하였다. 그의 정치 경험과 행정 능력은 이 직분을 훌륭히 감당하게 해주었다. 585년 귀환한 그는 성 안드레 수도원의 원장에 임명되었다. 그러나 중요한 일이 있을 때에는 다시 세상에 나와 봉사한다는 조건이었다.

그레고리는 수도원장으로서의 생활에 만족하였다. 만약 로마를 휩쓴 흑사병이 교황 펠라기우스 2세(579-590)의 생명을 앗아가지만 않았다면, 그는 계속하여 저 세상을 앙모하는 생활 속에서 이생을 떠날 수 있었으리라.

파괴된 세상의 재건

그레고리의 교황 선임 얼마 후 롬바르드족이 로마시를 포위하였으며, 신임 교황은 다음과 같은 말로 에스겔서 설교를 중단하였다. "나는 사는 것 자체가 지쳤으므로, 계속하여 본문을 해석하고 설교할 수가 없다. 어떻게 유창한 설교를 계속할 수 있겠는가? 나의 하프는 통곡하고 있고, 나의 음성은 우는 자들과 합류하고자 한다."

유럽 전체가 혼란에 쌓여 있었으며, 그레고리를 비롯한 식자들은 세상의 종말이 임박했다고 생각하였다. "과연 이 시대에 그 무엇이 우리들에게 기쁨

을 줄 수 있겠는가? 우리에게 보이는 것이란 환난과 통곡뿐이다. 도시들은
파괴되었고, 성들은 무너졌으며, 토지들은 황폐하였고, 집들에는 사람들이 살
지 않는다. 촌락들은 비었고, 도시들에도 주민들은 별로 남지 않았다. 이들마
저 날로 그 숫자가 줄어들고 있다. 이러한 징계 아래서도 회개는 제대로 시
행되지 않으므로, 하나님의 채찍은 멈추지 않고 있다. 사람들은 포로로 잡혀
가고, 이리저리 헤매다 맞아 죽고 상처를 입는다. 형제들이여, 과연 우리가
어떻게 이러한 세상에서 낙을 찾을 수 있겠는가? 우리가 이러한 세상을 사
랑한다면 이는 기쁨을 사랑하는 것이 아니라 상처를 사랑하는 것이다."고 그
레고리는 그의 설교 가운데서 외쳤다.

　로마 교회는 이러한 폐허 속에서 생존해 남았는데, 이는 서방에서 살아남
은 거의 유일한 문명의 흔적이었다. 그레고리는 자신의 교황 임명을 징벌로
생각하면서도 즉각 이러한 혼란 속에 질서를 되찾기 위한 노력을 경주하였
다.

　그는 시칠리아의 남은 재산을 돌보던 관리인들에게 시급한 서신들을 띄웠
다. "너는 내게 형편없는 말 한마리와 다섯 마리의 나귀들을 보내었다. 말은
도저히 탈 수가 없고, 나는 나귀는 타지 않는다."

　그는 또한 수하의 감독들에게도 많은 서신들을 보내었다. 그중 하나에는
"당신은 내가 마지막 보냈던 편지에 관해 아무런 조처도 취하지 않았구려."
라고 시작한다.

　그는 「목회 규율」(Pastoral Rule)이라는 저술을 통해 기독교 사역의 원칙들
을 제시하였다. "누구든지 그가 맡은 직책상 가장 고상한 말을 해야할 책임
이 있는 이들은 또한 그의 생활 속에서 가장 고상한 모습을 모범으로 보여
야 할 책임도 함께 지고 있다."

　중세 시대 교황직이 특권을 누렸던 가장 큰 이유는 이처럼 어려운 시대에
그레고리가 실제적으로 행정에 뛰어났었다는 사실에 있다. 그는 항상 바쁜
인물이었다. 너무 힘들거나 혹은 너무 하찮기에 그가 다루기 싫어하는 임무
란 없었다. 특히 그가 몸이 약한 인물로서 많은 시간을 병상에 누워 보내야
했다는 사실을 고려해 볼 때 이러한 그의 작업량은 더욱 놀라운 바 있다. 그
는 601년 한 친구에게 다음과 같이 편지하였다. "나는 오랫동안 병석에서 일
어나지 못하였다. 현재 통풍 때문에 특히 심한 고통을 겪고 있다. 온몸이 마
치 불덩이에 싸인 듯하다. 산다는 것 자체가 고통이다. 나는 죽음을 유일한

해결책으로 고대하고 있다." 다른 편지에서는 다음과 같이 썼다. "나는 매일 죽는다. 그러나 막상 죽음은 와주지 않는다."

그레고리 시대에 로마 교회는 로마 시의 교외와, 이탈리아 남부 지방, 그리고 시칠리아 섬 등에 많은 땅들을 소유하고 있었다. 이들은 흔히 "성 베드로의 유산"이라 불리었다. 이들을 한데 합치면 약 1,800 평방 마일에 이르러 교회는 유럽 최대의 지주였다. 그러므로 롬바르드족이 중부 이탈리아에 침입하여 제국의 행정기구를 마비시키자, 교회가 이를 대신하여 주민들에게 식량을 공급해 주고, 또한 토지세를 걷으려 했던 것은 자연스런 움직임이었는지도 모른다. 이러한 과세와 사회 보장제도의 수장은 물론 그레고리였다.

그뿐 아니라 롬바르드족이 로마에 점점 근접하자 그레고리는 중부 이탈리아 방어에 나섰다. 그는 군사 책임자를 임명하였을 뿐만 아니라, 두명의 롬바르드 족장들과 평화 조약을 체결하기도 하였다. 그 결과 595년 이후 롬바르드족은 교황을 황제의 대리인들보다도 정치적으로 더 중요하게 생각하였다.

이처럼 이탈리아 정치에 뛰어든 사실은 그후 수 백년 간 교황의 직책에 중요한 영향을 미치게 된다. 그레고리 이후 교황들은 단순한 교계의 지도자뿐 만이 아니었다. 그는 '하나님의 집정관'으로서 이탈리아 정치계에서 매우 중요한 존재가 되었다.

그레고리의 적극적인 지도자적 역할은 교황의 권위를 크게 고양시켰다. 그가 콘스탄티노플 총대주교와 충돌하던 사건을 살펴보면 그가 과연 교황의 직위를 어떻게 생각했었는지 알 수 있다. 총대주교 요한 4세는 그의 서신들 가운데 스스로를 가리켜 "우주적 감독(Universal Bishop)"이라는 칭호를 사용하였다. 이는 레오와 유스티니아누스 황제가 총대주교에게 하사하였고, 588년 콘스탄티노플의 교회회의에서 요한과 그의 계승자들에게 공식적으로 인정된 칭호였다.

그러나 그레고리는 그의 동방의 라이벌의 이러한 모습을 그냥 참고 보지 못하였다. 그는 각종 수단을 다해 그 칭호의 취소를 시도하였다. 그는 이러한 칭호가 건방지고, 교만하며, 우둔하고, 부정하고, 악하고, 신성모독적이라고 공격하면서 이런 칭호를 사용하는 자는 루시퍼(Luciper)에 비견된다고 하였다. 그는 총대주교와의 교제를 끊겠다고 위협했으며, 황제더러 이처럼 건방진 행위를 처벌하라고 요구하기도 하였다.

이처럼 찬란한 칭호와는 대조적으로 그레고리는 스스로를 가리켜 단지 "하나님의 종들의 종"이라고 불렀다. 이는 그후 교황들을 가리키는 공식 명칭들 가운데 하나로 정착하였는데, 물론 교황들이 사용한 다른 존엄한 공식 칭호들과 비교해 볼 때는 마치 아이러니, 즉 이율배반처럼 들리기도 한다. 어느 성직자가 그레고리를 가리켜 "우주적 교황(Universal Pope)"이라 불렀을 때, 그레고리는 다음과 같이 강한 어조로 답하였다. "나는 이미 나를 지칭해서나, 혹은 어느 누구를 가리켜서도 그처럼 교만하고 어처구니 없는 호칭을 사용해서는 안된다고 이미 밝힌 바 있다. 인간의 자고심을 높이고 겸손에 상처를 주는 그 따위 칭호들을 폐지하라."

반면, 이처럼 휘황한 칭호들을 거부했던 그레고리가, 실질적으로는 기회와 능력만 있으면, 그리스도의 교회 전체를 통솔하고자 애썼던 것 역시 사실이다.

따라서 그레고리의 후계자들 가운데 다음과 같이 그레고리가 경고를 발했던 것보다도 더욱 높고 엄청난 칭호들을 거리낌없이 사용하였던 자들이 속출했던 것은 당연한 일인지도 모른다. "하나님은 교만한 자를 벌하시며, 겸손한 자들에게 은혜를 베푸시느니라."

그레고리에게 있어서, 교만이야말로 그를 가장 괴롭혔던 약점이자, 부덕이었다. 그가 너무나 자주 이에 관해 언급한 사실을 볼 때 그가 이에 사로잡혀 있었던 것이 분명하다. 그는 여러 가지 면에서 교만의 다른 모습들을 발견하였다. 「모랄리아」(*Moralia*)라는 제목의 욥기 주석 가운데서 그는 다음과 같이 논하였다. "우리가 흔히 모든 악들의 근원이라 부르는 교만은 한가지 덕목만을 파괴하는데 그치지 않고 영혼의 모든 지체들에 피해를 준다. 이는 마치 치명적인 질병이 몸 전체에 영향을 미치는 모습과 같다."

그레고리 자신이 이 질병으로 고통을 당한 것이 분명하다. 그의 광기에 가까웠던 열정, 기독교권 전체에 끊임없이 발송되던 무수한 서신들, 단 한순간도 휴식하기를 거부하는 그의 결단 등은 아마도 스스로 그의 교만한 내심을 의식한 때문인 듯하며, 이를 직면하여 소멸시키고자 했던 필사적인 욕망의 발로였던 것같다. 그의 이러한 투쟁의 모습은 수도 운동에 바쳐진 그의 헌신과 완전한 조화를 이루고 있다.

선교 지도자

그레고리와 함께 수도원 운동은 최초로 교황의 수준에까지 올랐다. 그는 수도사로서의 단순 소박한 생활을 계속 유지하였으며, 항상 수도사들을 측근에 가까이 하였고, 이들을 감독들이나 교황 사절들에 임명하였으며, 로마 회의에서 성 베네딕트의 규칙을 공인하였고, 수도원의 자주권과 재산을 보장하였으며, 그의 삶과 영향력 자체가 수도원 운동에 크게 기여하였다.

그레고리가 교황직에 오르기 전 다음과 같은 사건이 있었다고 전해지는데, 물론 그 사실 여부는 확실치 않다. 그가 하루는 로마의 시장에 팔려온 세 사람의 잉글랜드 출신 소년들을 보게 되었다. 그레고리는 그들의 모습에 깊은 인상을 받았다.

"원 세상에, 저처럼 밝은 안색의 소년들이 내부로는 암흑의 노예가 되어있다니. 이들이 신체적으로는 아름다우나 마음은 병들고 하나님의 은혜를 모르고 있구나." 그레고리는 노예 주인에게 이 소년들이 어떤 종족인지 물었다.

"이들은 앵글족(Angles, 앤젤 즉 천사와 비슷한 발음) 입니다."고 주인이 대답하였다.

"참으로 그러하다. 이들은 천사들과 비슷한 모습을 가졌으니 또한 천국에서 천사들과 같은 후손들이 되어야 한다. 이들은 어느 지방에서 왔느냐?"

"데이라(Deira, 분노라는 라틴어와 비슷한 발음)에서 왔습니다."고 노예주는 옛날 노섬벌랜드(Northumberland)의 지명을 말하였다.

"데이라에서 왔다고? 그래 이들은 참으로 하나님의 분노에서 벗어나 그리스도의 자비로 부름받아야 한다. 이들의 왕은 누구냐?"

"아일라(Aella)입니다."

"그래, 아일라의 영토에서 알렐루야(Alleluia)의 찬양이 불려져야 한다."고 그레고리는 대답하였다.

그레고리는 자신이 수도사 선교사로서 잉글랜드로 가고자 하였으나, 하나님과 교황이 이를 허락지 아니하였다. 그러나 교황위에 오르자 베네딕트파의 어거스틴과 40명의 수도사들을 보내어 잉글랜드에 다시 복음의 씨를 뿌리게 하였다. 우리들이 이미 살펴본 바와 같이 켄트 지방에 자리잡은 이 선교 기지는 초대 교회와 앵글로-아메리칸 기독교 사이의 직접적인 연계를 마련하였다.

정통 신앙의 수호자

그는 먼 곳으로 복음을 전하는데 열심이었을 뿐만 아니라 정통 신앙의 수호자로 불린 자기의 사명을 진지하게 받아 들였다. 그는 암브로시우스, 어거스틴, 제롬 등을 자기의 스승으로 삼았으나, 그 지적 능력은 이들에게 미치지 못하였다. 그는 새로운 신학 사상을 제공하지 못했으며, 신학의 새로운 시대를 열지도 못했다. 그러나 그는 당대의 일반적인 신앙과 신학을 체계화하여 중세 가톨릭 기독교에 이를 전수해 주었다. 이러한 신앙은 단지 종교회의와 교부들의 교훈들을 포함하였을 뿐만 아니라, 조잡하고 미신적이었으며, 경우에 따라서는 이교적인 요소들까지도 있었던 일반 민중들의 관념들을 포함하고 있었다. 이러한 자료들에다가 그는 교황의 권위를 부여함으로써 그 결과 이들은 서방 교회 신앙의 필수적인 부분이 되었다. 이는 즉 감독들이나 신학자들뿐만 아니라 수도사들과 평신도들의 신앙들을 포용하는 것이었다. 그레고리의 안내 없이는 중세 사상을 파악할 수 없다.

인간론에 있어서 그레고리는 아담의 타락이 모든 후손들에게 영향을 미쳤음을 강조하였다. 즉 인간들의 자유의지를 비록 파괴한 정도는 아니지만 이를 약화시켰다는 것이다. 그리하여 인간이 일단 은혜의 영향을 받게 되면, 그는 은혜와 협력하여 그의 선행들을 통해 공로를 이루게 되는데, 이는 하나님의 은혜와 인간 의지의 공동 작품이라 하였다.

세례를 통해 하나님은 인간의 공로 없이 용서의 은혜를 값없이 내려 주신다. 그러나 세례 후에 지은 죄들은 인간들이 고행을 통해 이를 속함 받아야 한다. 고행은 하나님 대신 인간들 스스로가 행하는 형벌의 형태이다. "왜냐하면 인간 자신이 고행을 통해 자신들 속의 죄를 벌하지 않으면 하나님께서 그를 치시어 죄들을 제거하시는 까닭이다." 고행 속에는 내심으로부터 우러나오는 진실한 회개와 고백과 선행이 포함된다.

공로적 선행 없이는 회개가 완전하지 못하다. 그 선행이란 희생이나 고난을 동반하는 행위들이다. 즉, 자선, 금욕 행위, 그치지 않는 기도 등이다. 심각한 죄일수록 이를 속하기 위한 선행도 더 힘든 것이어야하며, 장래에 이를 피하기 위해 더 노력해야 한다. 과연 죄를 속하기 위해 충분한 선행을 했는지는 죽기 전에는 확실히 알 수 없다.

다행하게도 죄인들은 성자들의 도움을 받을 수가 있다. 물론 성자들의 중보를 구하고, 그리스도에게 미치는 이들의 영향력을 사용하기 위해 간구하는 관습이 그레고리로부터 시작된 것은 아니다. 이러한 사상과 시행은 그가 나타나기 전부터 존재하고 있었다. 그러나 그는 이들을 강조하여 기독교 경건의 중심으로 만들었다. 그는 다음과 같이 썼다. "보라, 엄격하신 재판장 그리스도께서 곧 오신다. 천사들과 천사장들의 준엄한 판결이 목전에 이르렀다. 그들의 모임 속에서 우리들이 판결을 받게 될 것이다. 그러나 우리들은 그때 가서야 비로소 우리들을 위하여 변호할 이들을 구하여야 할 필요는 없다. 우리들의 거룩하신 순교자들이 이미 우리들의 변호사들이 될 준비를 갖추고 계신다. 이들은 기꺼이 우리들을 위한 변론자가 되고 싶어 하신다. 실제로 내가 표현한다면, 이들께서는 우리들이 그들에게 간청해주기를 간청하고 계시는 것이다. 너희들의 기도의 돕는 자들로서 이들을 찾으라. 너희들의 죄 가운데서 너희들을 보호할 수 있도록 이들에게 의지하여라."

신자들의 경건과 헌신을 위한 또 다른 보조물은 성자들의 유물이었다. 그레고리는 성자들과 순교자들의 유물들을 모으고 경배하도록 신자들을 부추겼다. 이러한 성유물들에는 머리카락, 손발톱들, 옷조각들 등이 있었다. 그레고리는 이러한 물건들이 강한 능력들을 가지고 있다고 가르쳤으며, 그의 당대인들도 이미 그렇게 믿고 있었다.

그리고 만약, 성자들과 성유물로도 충분치 않을 경우에는 다시 연옥의 존재가 있다. 그 속에서 죄들이 사해질 수 있는 것이다. 이 장소는 정화 (purification)와 고난을 위한 곳인데, 매우 심각한 죄를 해결치 못하고 죽은 자들이 가는 곳이 아니라, 이들보다는 깨끗하지만 완전히 의롭지는 못한 이들을 위한 곳이다. 임종시 완전 성결한 자들은 바로 천국으로, 악한 자들은 지옥으로 간다. 그 중간에 있는 자들, 고행을 통해 해결되지 못한 소소한 죄가 남아 있는 자들은 연옥에서 일정기간을 보내게 된다.

그런데 물론, 가장 뛰어난 기적, 하나님의 능력의 다른 모든 표현들의 열쇠는 성만찬이다. 그레고리에 의하면 성찬은 그리스도와의 교제로서, 그의 피와 살이 실제로 빵과 포도주 속에 있다고 하였다. 이들을 취함으로써 우리들의 영적 생명에 영양을 얻고 이를 강화시키는 것이다.

성만찬의 기적적인 능력은 그것의 희생적인 성격 속에 있다. 이는 인간들의 죄를 위하여 사제들에 의해 드려진다. 그런데 십자가에선 모든 인간들의 죄를 위하여 희생되었으나, 성찬의 경우에는 이에 참여하는 자들, 혹은 특정한 대상으로서 지정된 자들만을 위해 효력이 있다. 이는 살아있는 자들뿐만 아니라 죽은 자들을 위해서도 효력이 있는데, 이 경우 죽은 자들이란 지옥이 아니라 연옥에 있는 자들을 의미한다. 만약 연옥에 있는 자들을 위하여 드려질 경우엔 이들의 연옥 체재 기간이 단축될 것이다.

그가 쓴 「대화」(*Dialogue*)라는 글을 보면 그레고리가 미사(mass)의 위력을 얼마나 신봉하였는지 잘 나타나고 있다. 이 이야기가 약간 길기는 하지만 중세 경건의 모습을 잘 보여주고 있다. 그레고리는 돈을 숨겨서 심한 처벌을 받았던 경력이 있는 한 수도사의 죽음에 관하여 기록한 후 다음과 같이 전하고 있다.

30일 후, 나는 죽은 저스투스에 대해 심각한 동정심을 느끼게 되었다. 그가 당하고 있을 고통을 생각해 보니 마음이 아팠고, 무언가 그를 돕기 위하여 할 수 있는 일은 없을까 하고 찾기 시작하였다. 이러한 생각으로 수도원장 프레티오수스(Pretiosus)를 불러 슬픈 음성으로 그에게 얘기하였다. "저스투스는 이미 오랫동안을 불 가운데서 고통을 당하고 있으니, 우리는 무언가 그를 해방시켜 주기 위한 조처를 취하도록 하여야 하겠다. 이것이 우리들의 사랑을 그에게 베푸는 방법이다. 오늘부터 시작하여 30일 동안 하루도 쉬지 말고 그의 영혼을 위해 미사를 드리도록 하라. 그가 연옥의 고통에서 벗어날 수 있도록 하루도 거르는 일이 있어서는 안되겠다." 수도원장은 기꺼이 순종하는 모습으로 지시를 받고 물러갔다.

그후 며칠이 흘러갔고, 다른 바쁜 일들에 쫓겨 나는 이 일을 잊고 있었다. 그러자 하룻밤에는 저스투스가 그의 형제 수도사 코피오수스(Copiosus)에게 나타났다. 코피오수스는 그가 어떻게 지내는가 물었다. 그의 대답은 다음과 같았다. "이때까지는 참으로 불쌍한 지경이었네. 그러나 지금은 괜찮다네. 오늘 아침에 성찬에 참여하는 것이 허락되었다네."

코피오수스는 곧 다른 수도사들에게 이 소식을 전하였다. 이들이 날짜를 계산해 보니 바로 그날이 저스투스를 위해 30일 째 계속 미사를 봉헌한 날이었다. 그러나 이 사건이 나기 전까지 코스피우스는 그의 친구들이 저스투스를 위해 미사를 드리고 있다는 사실을 알지 못하고 있었다. 또한 친구들은 코피오수스가 환상 중에 저스투스를 보았다는 사실도 모르고 있었다. 그리하여 그 순간 서로 무슨 일이 났는가 알게 되었을 때, 이들은 비로소 코피오수스의 환상이 30일 미사의 봉헌이 종료된 순간 발생한 것을 깨닫게 되었다. 그리하여 이들은 죽은 형제가 미사의 희생을 통하여 징벌로부터 벗어난 사실을 깨닫게 된 것이다.

이러한 교리는 그레고리의 시대 이후 서방 교회에서 널리 유포되었으며, 중세 기독교의 특유한 모습을 결정하게 되었다.

참고도서

Deansley, Margaret. *A History of the Medieval Church 590-1500*. London: Methuen, 1969.

Duckett, Eleanor Shipley. *The Gateway to the Middle Ages: Monasticism*. Ann Arbor: University of Michigan Press, 1961.

Gontard, Friedrich. *The Chair of Peter*. New York: Holt, Rinehart, and Winston, 1964.

Schaff, Philip. *History of the Christian Church*. Volume IV, Medieval Christianity, A.D. 590-1073. Grand Rapids: Eerdmans, 1910.

Zimmerman, Odo John, Trans., *Saint Gregory the Great: Dialogues*. New York: Fathers of the Church, 1959.

18

통일과 연합의 추구
:샤를마뉴와 기독교권

그 날은 799년 4월 25일이었으니, 성 마가 축일로서 전통적으로 회개와 기도에 바쳐진 날이었다. 그 해의 신자들은 특히 극심했던 흉년에 시달리고 있었다. 그리하여 교황 레오 3세(795-816)는 농지와 수확을 위한 하나님의 축복을 구하기 위해 로마 시내를 행진하는 행렬을 인도하였다.

이 행렬은 라테란(Lateran)궁으로부터 시작하여 시내 중심부를 거쳐 성 베드로 성당을 향하였다. 그런데 이 행렬이 성 스데반과 실베스터의 수도원 모퉁이를 돌아섰을 때 무장한 일단의 괴한들이 교황을 습격하였다. 이들은 교황의 경호원들을 물리치고, 그를 말에서 끌어내린 후 한 희랍 수도원으로 끌고 갔다.

이는 전임 교황 아드리안 1세에게 충성하고 있었던 고위 관리들과 귀족들에 의한 반란이었다. 당시 레오는 간통과 위증죄의 혐의를 받고 있었다. 그러나 밤의 어두움을 이용하여 교황의 지지자들은 그를 구출하여 성 베드로 성당에까지 다시 데려올 수 있었다. 그러나 거리에서는 양측의 싸움이 계속되었으며, 레오는 외부로부터의 도움을 받아야 하겠다는 생각을 굳히게 되었다. 그는 전통적으로 교황을 보호하고 지지하였던 인물, 프랑크족의 왕, 샤를 대제(Charles the Great)에게 구원을 청하였다.

다음 해, 샤를은 알프스 산을 넘어 일단의 군대를 이끌고 진군해 왔다. 12

월에 왕은 감독들, 귀족들, 외교관들, 왕족들을 한데 모아 회의를 소집하였다. 12월 23일 교황은 그의 교황직을 상징하는 반지를 낀 손에 복음서를 들고 자기가 받고 있는 혐의가 다 허위라는 사실을 맹세하였다. 이에 따라 반란은 일단 진압되었으나, 이 사건은 더 중요한 역사적 변천을 불러오게 되었다.

성탄절날 교황은 수많은 수행원들을 이끌고 성탄예배를 드리기 위해 성 베드로 성당으로 향했다. 레오가 미사를 집전하였으며, 샤를은 베드로의 무덤 앞에 무릎을 꿇었다. 그의 앞으로 나아오는 교황의 손에는 황금의 왕관이 들려 있었다. 레오는 왕관을 샤를의 머리 위에 씌워 주었으며, 회중은 다음과 같이 노래하였다. "가장 경건하며, 하나님에 의해 임명된 아우구스투스이신 샤를에게, 평화를 이루는 황제이신 샤를에게 만수무강과 아울러 승리가 있을지어다." 교황도 그 앞에 부복하였다. 샤를 대제, 프랑크 족의 왕이 기독교 로마 제국을 복원시키는 순간이었다.

현대인들은 물론 독립적이고, 주권적인 국가의 모습을 생각한다. 이러한 국가는 특정한 종교와 연계되지 않는 것이 원칙이다. 그리고 교회는 일반 사회와는 구별된, 자기 스스로 신앙의 결단을 내린 신자들이 자발적으로 모인 집단이다. 그러나 중세에는 이러한 사상들을 일반적으로 찾아볼 수 없었다.

샤를 대제는 어거스틴의 신국의 개념에 힘입어 보편적이고 가톨릭적인 교회의 개념을 로마의 전통적 제국의 개념과 연계시켰다. 그리하여 종교적(혹은 영원한) 관심과 세속적(혹은 일시적) 사건들과를 한데 결합시키는 종합적 사회의 모습이라 할 수있는 기독교권(Christendom)의 사상과 조직을 확립하였다.

과연 어떠한 경로로 이러한 사건이 실현되었는가? 예수께서 일찍이 이 세상의 것이 아니라고 파악하셨던 왕국인 교회가 어떻게 이토록 세속 권력과 긴밀한 관련을 맺게 되었는가?

그 해답은 꾸준히 사람들 가운데 계속 이어졌던 한 사상과 한 강력한 왕국의 건설 속에 자리잡고 있다.

사상은 유구하다.

로마의 서방 제국이 야만족들에게 멸망한지 수세기가 흐른 뒤에도, 제국의 모습은 계속 사람들의 상상력을 자극하고 있었다. 야만족들은 많은 왕국들을 건설하였으며, 각 왕국들 사이에는 전쟁이 그치지 않았다. 그러나 사람들은 계속 한때 제국이 이룩하였던 통일을 꿈꾸었으며, 새로운 로마 제국이 출현하기를 고대하였다. 그리스인들이 로마는 콘스탄티노플로 이전되었다고 생각하였듯이, 로마인들과 주위의 게르만 민족들은 제국이 다시 자기들 가운데 이루어질 것을 소망하였다.

로마인들과 게르만인들이 공존하며 문화의 교류와 혼합이 이루어지는 가운데, 프랑크인들이 가장 강력한 세력으로 등장하였으니, 이들이 바로 제국의 권위를 복구할 운명을 타고난 자들로 여겨지게 되었다. 클로비스는 가톨릭 교회의 후원을 등에 업고 프랑크족들의 왕국을 게르만인들 가운데 지도적 위치에 올려 놓았다.

그러나 클로비스의 사후 프랑크 왕국은 내부 분열로 약화되기 시작했다. 왕국을 개인재산으로 취급하여 친자들 가운데 나누어 상속시키는 게르만족의 전통은 후계자들 사이의 끝없는 내란과 권력투쟁을 불가피하게 하였다. 이들은 살인과 음모를 당연시하며 보다 유리한 고지를 점하기에 혈안이 되었다.

이와 동시에 지주 귀족들을 중심한 새로운 권력의 중심들이 나타나기 시작하였다. 점점 더 많은 권력들이 그들의 수중에 들게 되었다. 이러한 강력한 지주 귀족들 가운데 한 인물이 왕국내에서는 또한 가장 큰 세력을 모으게 되었다. 이 인물은 궁재(mayor of the palace)라 불리게 되었다.

샤를마뉴의 할아버지인 샤를 마르텔(Charles Martel)이 궁재직을 차지하게 되었던 714년 프랑크 왕국에는 새로운 역사가 시작되었던 셈이다. 마르텔은 메로빙가 왕조의 왕들이 명목상의 국왕 칭호를 계속 유지하는 것을 허락하였으나, 실권은 궁재가 장악하고 있었다.

많은 이들은 샤를이 유럽에 침입하였던 이슬람 교도들을 맞아 싸워 승리를 거둔 사실을 기억하고 있을 것이다. 이때의 승리로 샤를은 마르텔, 즉 '망치'라는 칭호를 얻게 되었다. 711년 이슬람군이 북아프리카로부터 스페인으로 침입해 왔으며, 718년에는 약화된 비시고트족 왕국이 그 앞에 무릎을 꿇었다. 스페인 반도 대부분을 수중에 넣은 이슬람인들은 이제 피레네 산맥을 넘어 침략을 개시하였다. 732년 샤를 마르텔은 프랑크 왕국의 내부 깊숙이 투르(Tour)에서 이들을 맞아 싸워 격퇴시켰다. 극심한 피해를 입은 이슬람인들은 밤을 도와 퇴각하였으며, 이들은 다시는 중앙 유럽을 위협하지 못하였다.

샤를 마르텔의 아들이었던 키작은 피핀(Pepin the Short, 741-768)은 그 아버지의 이름을 잇기에 부족함이 없는 인물이었다. 그런데 그는 드디어 이미 궁재들이 누리던 실권을 명목상으로도 합법화시켜야 할 때가 왔다고 생각하였다. 그의 소원대로, 게르만족들 사이에서 사역하고 있던 위대한 영국인 선교사 보니파키우스는 교황을 대신하여 751년 피핀을 프랑크족의 왕위에 임명하였다. 마지막 메로빙가 왕조의 왕은 한적한 수도원에 유폐시켰다. 3년 후에는 교황이 친히 알프스를 넘어, 구약의 모습대로 피핀을 하나님의 택하신 자로서 직접 기름부음으로써 그의 쿠데타를 완성시켰다.

한 역사가가 설명하였듯이, 이러한 교황의 행동 뒤에는 강력한 보호자를 필요로 하였던 교황의 입장이 있는 것이다. 751년에 롬바르드족이, 이탈리아 내 비잔틴 정부의 소재지 라벤나(Ravenna)의 황제 직할지를 정복하고, 교황에게 조공을 요구하면서 로마를 함락시키겠다고 위협하였다. 피핀을 대관시킨 후, 교황은 그에게 이탈리아로 무력 원조를 할 것과 일단 라벤나를 탈환한 후에는 이곳을 교황에게 주겠다는 약속을 받아내었다. 756년 프랑크군은 롬바르드 군으로부터 라벤나를 다시 받아 내었고, 피핀은 약속대로 라벤나를 교황에게 주었다. 흔히 "피핀의 증여"라고 불리는 이 사건을 통하여 교황은 이탈리아를 관통하는 일단의 토지를 손에 넣게 됨으로서 "교황령(Papal States)"을 통치하는 세속 군주의 역할을 겸해야 하게 되었다. 이제 베드로가 그의 검을 되찾은 셈이었다.

이러한 프랑크족과 교황청 사이의 동맹은 그후 수 세기를 두고 유럽 역사의 진로에 막대한 영향을 미치게 되었다. 그때까지는 롬바르드에 대항한 유일한 보호자였던 비잔틴 제국 대신 기댈 수 있는 동맹군이 제공됨으로써 라틴 교회와 희랍 교회의 분리를 더욱 가속화시켰다. 또한 19세기까지 이탈리아 정치사에 큰 변수로 작용하였던 교황령의 존재를 창조하였다. 더욱이 종교적인 임직식을 통하여 서방의 왕위에 기독교적인 의미를 부여하여 결국은 교황과 황제 사이의 경쟁을 낳게 하였다.

서방에 기독교 제국을 성립시키기 위하여는 이제 한 가지 단계가 더 남아 있었으니, 이는 곧 피핀의 위대한 아들이자 후계자인 샤를이 제위에 오르는 것이었다. 오늘날 우리는 그를 가리켜 샤를마뉴, 혹은 샤를 대제라 부른다.

768년 부친을 계승했던 샤를의 가슴 속에는 세 가지 큰 목표가 자리잡고 있었다. 이는 곧 그의 대적들을 패배시켜 버릴 수 있도록 군사력을 증강시키는 것과, 자기 백성들의 영혼을 위하여 종교를 고양시키는 것과, 학문과 지식을 배양하여 문화를 발전시키는 것들이었다. 이러한 분야들에서의 샤를의 성공은 새로운 정치적 질서였던 유럽을 천년 동안이나, 적어도 그 명목에 있어서는 기독교적인 지역으로 유지해 갔다.

제국의 건설자

"아인할트(Einhard)는 그의 유명한 샤를마뉴의 전기 속에서, 그의 왕을 타고난 백성들의 지도자로서 묘사하였다. 그는 키가 크고, 몸이 건강하며, 뛰어난 기수로서 항상 사냥을 즐기는 인물로서 그려졌다. 그는 매년 그의 군대를 거느리고 원정에 나섰던 투사형의 왕이었으나, 동시에 샤를마뉴는 그의 제국을 통치하기 위해 가장 효과적인 행정체계도 마련하였던 인물이었다."

그는 무력을 사용하여 4개의 지역을 자기의 제국 영토에 보태었다. 우선은 그의 남부 국경 지역이었다. 스페인 내 모슬렘들 사이의 내부 분란을 이용하여 샤를마뉴는 이곳에 그의 영역을 확장하고자 하였다. 그는 778년 피레네 산맥을 넘었으나 이때 거둔 군사적 승리는 이렇다할 것이 없었다. 그러나 그 후의 원정들을 통하여 그는 모슬렘들을 에브로(Ebro)강까지 내쫓고, 바르셀로나 주변에 스페니시 마크(Spanish Mark)라 알려진 변경 지역을 수립하였다.

두 번째로 샤를마뉴는 최후의 게르만 독립 부족들이었던 바바리안인들과 색손족을 정복하였다. "라인과 엘베 강 사이의 지역에 거주하고 있었던 이교도 색손족을 굴복시키기 위해선 32차례나 전쟁을 벌여야 했다. 샤를마뉴는 작센 지방을 감독구들로 나누고 수도원들을 건축하였으며, 엄한 법률로 이교도들을 다스렸다. 사순절 기간 동안에 고기를 먹거나, 시체를 화장시키거나, 거짓으로 세례를 받는 행위들은 모두 사형으로 다스렸다."

세 번째의 문제 지역은 슬라브족과 함께 훈족과 연관이 있는 아시아 출신의 유목민족이었던 아바르족(Avar)들이 계속 위협하였던 제국의 동부 국경이었다. "샤를마뉴는 6차례의 전쟁을 통하여 아바르족을 궤멸시켰으며, 다뉴브 지방에 군사 기지를 설치하였는데, 이를 방패로 동부 유목민족들에 의한 장래의 침략을 방지하고자 하였다. 당시 동부 마크(East Mark)라 불렸던 이곳은 그후 오스트리아가 되었다."

마지막으로 샤를마뉴는 그의 부친과 마찬가지로 이탈리아 정치에 간여하였다. 영토 확장을 꾀했던 롬바르드 왕이 교황령을 침범하였다. 교황의 부탁에 따라 샤를마뉴는 774년에 롬바르드를 굴복시키고 스스로 그들의 왕임을 선포하였다. 그는 이탈리아에 있는 동안 피핀의 증여를 재확인함으로서 자기 아버지와 교황청 사이에 맺어졌던 동맹을 더욱 강화하였다.

이러한 이탈리아에로의 최초의 원정은 결국 그를 황제위에 오르게 하였던 800년도 원정의 서곡이었다. 교황은 보호자가 필요하였고, 샤를마뉴는 그의 지위에 대한 신적인 공인이 필요하였다.

성탄절날의 대관식이 끝난 뒤 샤를마뉴는 자기가 미처 이를 예상하지 못했었다고 하였다. 그러나 그는 그의 새로운 영예에 걸맞는 생애를 살았다. 그는 제위에 오른 직후 다음과 같은 서신을 보내었다. "하나님의 뜻에 따라 로마의 황제가 된 샤를, 아우구스투스 ··· 제1대 집정관." 그는 성속을 막론하고 모든 관리와 성직자들에게 자기를 카이사르로 인정하는 맹세를 행하게 하였다. 그는 또한 콘스탄티노플 황제의 분노를 풀기 위해 대사를 파견하였으며, 812년에는 동방 황제도 그를 인정하게 되었다.

성 베드로 성당에서의 대관식은 유럽에서 로마 제국의 기억이 엄연한 전통으로서 사람들의 뇌리에 살아 있었으며, 그 옛날의 정치적인 통일을 다시 이룩하고자 하는 염원이 살아있었음을 보여준다. 그러나 이 대관식은 또한 제국과 교황청 사이의 뿌리깊은 경쟁 관계를 다시 불붙이는 순간이기도 하였다.

중세 이론에 의하면 제국과 교회는 하나의 기독교권의 양면에 불과하다. 하나는 영적인 축복을 보장하기 위해 조직된 기독교 사회를 대표하며, 다른 하나는 정의와 복리를 보전하기 위해 설립된 동일한 사회이다. 이론적으로는 교회와 국가는 조화 속에 서로 공존하며 인류의 복리를 그 목표로 하는 것이다.

그러나 실질적으로 볼 때, 황제와 교황은 또한 경쟁자의 관계에 있었다. 항상 떠나지 않는 질문은 물론 교회가 제국을 지배할 것인가, 아니면 국가가 교회를 통솔할 것인가 하는 것이었다. 이러한 경쟁은 중세 전체의 무수한 대소 사건들을 통하여 분명하게 살펴볼 수 있다. 무수한 예들이 기록되어 있다. 시간이란 영원에 의지하고 있듯이, 황제는 교황에게 의지하여 존재한다고 교황파에서는 주장하였다. 반면 황제파에서는 콘스탄티누스와 샤를마뉴를 통해 볼 수 있듯이 하나님께서 또한 기독교 국가도 설립하셨으므로 황제는 교황으로부터 독립되어 있다고 주장하였다. 그뿐 아니라 교황이 그의 영원의 직분을 시간 속에서 제대로 시행치 못하는 경우가 생긴다면 황제가 교황을 고치거나 혹은 통솔할 수도 있다고 하였다.

샤를마뉴는 그의 생전 제국을 철저하게 통치하였다. 그는 마치 유럽 전체의 아버지와 같은 모습을 심어 놓았다. 그의 영역내의 모든 이들은 직접 그에게 보고하고 지시와 감독을 받아야 했다. 이전에 모든 게르만 통치자들의 골칫거리였던 바, 각 지방 관리들을 어김없이 감독하기 위하여 그는 법령을 통해 미씨 도미니키(missi dominici), 즉 황제 대리 파견관 제도를 마련하였다. 대개 감독과 세속 귀족의 한 쌍으로 조직된 이들은 조별로 제국 전체를 순방하면서 각 지방 행정을 감독, 감시하였다. 교황까지도 황제의 날카로운 감시의 눈을 벗어날 수 없었다.

샤를마뉴는 또한 학문과 예술을 부흥시켰다. 그의 노력과 성과를 두고 후대 역사가들은 이 시대를 가리켜 "문화의 재생기"라고까지 부른다. 789년 샤를마뉴는 모든 수도원들은 각 지방의 소년들에게 "음악, 대수, 문법"들의 과목들을 가르칠 학교를 마련하도록 명령하였다. 황제는 또한 그의 수도 에익스-라-샤펠르(Aix-la Chapelle)에 황족들을 교육하고 제국 전역의 학문을 장려하기 위한 황립 학당을 세우기도 하였다. 이 학교의 책임을 맡은 앵글로색슨 출신의 학자 알쿠인(Alcuin)은 우선 문법, 맞춤법, 수사학, 논리학 등의 교과서들을 저술하는 것으로써 학문 증진의 발판을 마련하였다. 알쿠인은 그의 생도들에게 다음과 같이 권면하였다. "청년들이여, 아직 젊을 때 힘써 배우라. 세월은 물처럼 흘러가느니라. 배울 수 있는 날들을 게으르게 낭비치 말라."

샤를마뉴가 세계 역사에 미친 건설적인 공헌을 부인하는 이는 거의 없다. 이제 지중해가 아닌 북부에 자리를 잡고 샤를마뉴는 기독교 문명을 유럽 내에 정착시켰다. 수 세기에 걸친 무질서 뒤에 그는 상당한 법과 질서를 확립하였다. 그가 학문을 장려함으로써 후손들은 그 전통 위에 더 건축할 수 있었다. 그가 재생시킨 제국의 이상은 1806년까지 정치적인 세력으로 살아 남았다. 그 해에 또 다른 황제 나폴레옹 보나팔트(Napoleon Bonaparte)가 나타나 신성 로마 제국의 막을 내리게 했던 것이다.

232 현대인을 위한 교회사

봉건 제도로의 전락

그러나 불행하게도 샤를마뉴의 제국은 겨우 한동안 숨쉴 수 있는 여유를 마련했던 데 불과하였다. 일단 샤를마뉴가 사라진 후에 그 영역은 너무 넓고 각 지방의 귀족들의 세력은 강하여 제대로 통솔될 수가 없었다. 그의 나약한 후계자들 아래서 제국은 다시 내란과 외부의 침략에 시달려야만 했다. 북국들로부터 바이킹 침입이 본격화 되자 주민들은 토지와 생명까지도 백작들, 공작들 기타 지방 지주들에게 맡기면서 보호를 구하게 되었다. 이러한 지방 분권적인 현상은 교회와 유럽의 통일성에 새로운 도전을 불러오게 되었으니, 우리들은 이를 가리켜 봉건 제도라 부른다.

봉건주의란 지방의 정치권력이 중앙집권적 정부에 속한 관리에 의해 행사되는 대신 각 지방의 유력한 개인들의 수중에 있는 형태의 정부제도였다. 어떤 이는 다음과 같이 이러한 제도를 설명하고 있다. "온전하게 발전된 봉건 제도는 다음과 같은 세 가지 요소들이 한데 합쳐져 있다. (1) 인적 요소; 이는 영주와 봉신으로 이루어진다. 한 귀족(봉신)이 보다 강력한 귀족(영주)에게 충성을 맹세한다. (2) 재산적 요소; 이는 흔히 봉토, 혹은 영지(fief)라 불린다. 봉신은 자기의 의무와 책임을 감당할 수 있도록 영주로부터 봉토를 받아 가진다. 보통 관리는 봉신이 하지만 그 소유권은 계속 영주에게 있다. (3) 통치적 요소; 이는 영주가 봉신들과 봉토들에 대하여 정부로서의 기능을 행한다는 것이다. 이러한 세가지 요소들은 이미 로마 제국 말기와 게르만 족 초기에까지 그 근원이 거슬러 올라 간다."

이러한 봉건주의의 핵심이 되는 것은 영주와 봉신 사이의 연계관계이다. 흔히 신복의 예(homage)로 알려진 의식 속에서 봉신은 그의 영주 앞에 무릎을 꿇고 죽을 때까지 "영주의 사람"이 되겠다는 약속을 한다. 그 다음으로 "충성의 맹세"를 하는데, 이 순서에서는 성경이나 혹은 기타 성물에 손을 얹고 영주에 대한 충성을 맹세한다. 그후 서임(investiture)예식이 있다. 영주가 봉신에게 창검, 장갑, 혹은 볏짚 하나 등을 봉신에게 주어 봉토에 대한 통치권(소유권을 아님)을 수여함을 상징하게 된다.

이러한 영주와 봉신들 사이의 봉건 계약은 성스러운 것으로 여겨졌으며, 양 쪽 다 이를 지킬 책임이 있는 쌍무계약으로 간주되었다. 이러한 쌍방의 의무와 책임을 배반하고 저버리는 행위는 중죄(felony)로 분류되었다. 왜냐하면 이 관계야말로 초기 중세 사회를 지탱해 주었던 가장 근본적인 토대였기 때문이다. 영주는 봉신들을 보호하고 정의를 베풀어야 했으며, 봉신들은 영주의 명령과 필요에 따라 군사를 동원하고 전쟁에 나서야 했다. 그는 평화시에도 대개 일년에 40일 간은 아무런 대가없이 영주를 위해 바치도록 요구되고 있었다.

교회는 중세 생활의 중추적 요소의 하나였으니 만큼 이러한 봉건 제도의 영향에서 제외될 수 없었다. 새로운 침략자들 — 북쪽으로부터 온 바이킹들과 아시아 쪽으로부터의 마자르족들 — 에 의해 야기된 불안정한 상황은 교회로 하여금 당시 유일하게 도움을 받을 수 있었던 존재들인 프랑스의 봉건 제후들과 게르만족 왕들과 긴밀한 관계를 맺을 수밖에 없도록 하였다. 그리하여 감독들과 수도원장들은 봉신들이 될 수밖에 없었으니, 이로 인하여 봉토를 하사받은 입장에서 감당하여야 하는 의무를 이행해야만 했다. 이처럼 영주들과의 사이에서 생겨난 충성 관계는 교황을 하나님께서 지명하신 목자로서 대우해야 했던 감독들에게 이전에 볼 수 없었던 갈등을 강요하였다. 10세기와 11세기 초의 교황은 감히 아무에게도 도전할 수 없는 약한 처지에 놓여 있었다. 교황직은 지역 로마 귀족들이 탐하는 상급처럼 되어버린 후 급속히 퇴락의 길을 걸었다.

그러나 이 때문에 긍정적인 면들이 전혀 없었던 것은 아니었다. 교회는 시간의 흐름에 따라 영주들, 즉 봉건 제후들의 생활에 영향을 미치게 되었다. 흔히 기사도라 불리었던 기사들의 행동 규범 속에 기독교적인 정신을 주입시켰을 뿐만 아니라, 교회는 제후들 간의 전쟁도 제한하고자 하였다. 11세기에 감독들은 '하나님의 평화'와 '하나님의 휴전' 등의 운동을 시작하였다. 하나님의 평화 원칙에 따라 성스런 유적이나 성지들을 침범한 자들, 혹은 비전투원들을 살상한 자들에 대해서는 성찬을 금지시키도록 하였다. 하나님의 휴전에 의하여 일정기간 전투행위를 금지시키기도 하였다. 예를 들면 수요일 저녁부터 월요일까지, 그리고 사순절처럼 장기간 이를 시행하기도 하였다. 아쉬운 것은 이러한 휴전이 제대로 준수되는 경우들은 심히 드물었다는 점이다.

962년 게르만족의 왕 오토 대제(Otto the Great)가 서방 로마 제국을 복고시킨 후에야 일종의 평화상태가 유지되었다. 그러나 이러한 제국의 복고와 함께 교회와 제국 사이의 오랜 경쟁도 다시 불붙게 되었다. "오토는 비록 그의 세력이 단지 이탈리아와 게르만 지방들에 제한되어 있었음에도 불구하고, 스스로 아우구스투스, 콘스탄티누스, 샤를마뉴의 계승자임을 자처하였다. 처음에 교황청은 이러한 게르만 왕의 도움을 받아 흉포한 이탈리아 귀족들의 손에서 벗어나 보고자 하였다. 이들은 이미 일세기 이상이나 교황직을 마치 자기들의 사유재산인듯 취급하고 있었다. 그러나 교회의 입장에서 볼 때에는 이러한 조처가 별로 도움은 되지 못하였다. 왜냐하면 게르만 왕들이 계속하여 교회 내정 간섭을 멈추지 않았기 때문이었다. 이들은 교황의 선출에까지 간여 하고자 하였다."

11세기에 교회와 국가 사이의 분쟁의 초점이 되었던 것은 성직 수임 문제였다. 이론적으로 볼 때 감독이나 수도원장 직분을 맡는 것은 두 가지 서임을 거쳐야 함을 의미했다. 그의 영적 권위는 교직자에 의해 수여되며, 세속적 권위는 왕이나 혹은 귀족들에 의해 주어진다. 그러나 실제로는 봉건 영주들이나 왕들이 성직의 지명과 임직까지도 좌우하게 되었다. 이러한 모습은 독일에서 특히 심하였다. 여기서는 교회의 통솔이 왕의 권력의 기초를 이루고 있었다. 게르만 교회는 실질적으로는 국가의 교회였다.

하나님의 집의 질서를 잡다

교회는 왕들과 황제들에게 도전할 상태에 있지 못하였다. 우선 시급했던 것은 교회 내부의 영적 질서를 우선 확립하는 것이었다. 이러한 움직임은 910년에 창설된 개혁 베네딕트파 클뤼니(Cluny) 수도원의 부흥운동으로부터 시작되었다. 부르고뉴(부르군드) 지방의 본원으로부터 봉건제화한 교회를 개혁하기 위한 강력한 움직임이 시작되었다. 원래 클뤼니 개혁은 수도원 자체의 정화 운동이라 할 수 있었다. 그러나 시간이 경과함에 따라 성직자들의 독신 생활을 다시 강조하며, 성직 매매(Simony)를 금지시키자는 모습으로 발전되었다. (이 사이머니라는 용어는 사도들로부터 돈을 주고 성령의 능력을 구입하고자 하였던 마술사 시몬의 이름에서 연유하였다. 행 8:9-25) 클뤼니 개혁자들의 궁극적인 목표는 전체 교회를 세속 권력의 영향으로부터 해방시키고 교황의 권위를 고양시키고자 함이었다. 300개 이상의 클뤼니파 수도원들이 세속적 영향력에서 벗어나게 되었으며, 1059년에는 그후 교황을 선출하기 위한 추기경단(the College of Cardinals)을 조직함으로써 교황청 자체를 세속 권력의 수중에서 구출해내게 되었다.

　이러한 교황청 개혁을 배후에서 주도한 인물은 힐데브란트(Hildebrand)라는 이름의 부주교였다. 그는 1073년 교황으로 선출되어, 그레고리 7세(1073-1085)로서 전례없는 교황의 권위를 주장하였다. 그는 교황의 지도와 통솔하에 있는 기독교 연방의 창조를 이상으로 삼았다. 교회와 국가 사이의 평등을 인정하는 대신 그는 영적 권위가 일시적 세속 권력보다 우위에 있음을 주장하였다. 1075년에는 공식적으로 세속 권력자에 의한 성직 수임을 일체 금지시키고, 이를 시행하는 영주들이나, 이를 감수하는 성직자들은 모두 파문시킨다고 공포하였다. 당시 유럽 영주들의 대부분이 성직 수임을 실시하고 있었으므로, 이러한 극단적 조처는 유럽의 지도자들에 대한 선전 포고와 다름이 없었다. 이러한 투쟁의 절정은 그레고리와 하인리히 4세의 정면 충돌의 모습으로 나타났다.

　교황은 하인리히가 독단적으로 밀라노의 대주교를 임명한 사실을 세속 성직 수임이자 성직 매매로 규정하였다. 그레고리는 하인리히에게 로마로 와서 자신의 행위를 해명하도록 명령하였다. 그러나 하인리히는 이에 불복하여 1076년 독일 감독(주교)들을 모아 종교회의를 소집하고, 이곳에서 그레고리야말로 교황직을 불법으로 찬탈한 자이며, 로마 교구를 담당하기에 부적합자라고 규정하였다. "그리하여 우리들은 이제부터 영원토록 그대에 대한 일체의 충성을 거부한다." 이에 대한 보복으로 그레고리는 하인리히를 파문, 폐위시키고 그의 백성들이 하인리히에게 행한 일체의 충성의무를 해소시킨다고 발표하였다.

　독일 귀족들이 계속 일으키는 반란들에 견디지 못한 하인리히는 마침내 교황과의 화해를 구하지 않을 수 없었다. 그는 1077년 1월, 그레고리를 만나러 이탈리아의 산속에 자리잡은 고성 카놋사(Canossa)를 찾아 왔다. 그는 회개자의 의복으로 눈속에서 맨발로 사흘을 기다리며 용서를 애걸하였다. 결국 그레고리는 "우리는 이제 저주의 사슬을 풀고 … 마침내 그를 거룩한 어머니 교회의 품으로 받아들인다."는 판결을 내린다.

　한 역사가는 이 사건에 대해 다음과 같이 기술하였다. "이러한 황제의 극적인 수치는 양자 사이의 싸움을 근본적으로 해결한 것은 아니었으며, 또한 당대인들은 이에 대해 그다지 큰 중요성을 부여하지도 않았다. 당시 상황으로는 비록 왕이라 할지라도 이러한 공공연한 고행의 모습이 드문 일이 아니었다. 그러나 교황이 이를 통해 교회를 세속인들의 간섭으로부터 해방시키고 교황청의 권위와 특권을 고양시킨데 있어서는 많은 진보를 가져온 것이 사실이다. 성직 수임 논쟁이 실제로 해결된 것은 1122년의 보름스 정교협약 (Concordat of Worms)에서의 타협을 통해서였다. 그 타협안은 교회가 성직자를 선출하는 권한을 갖되, 황제나 혹은 그 대리인이 임석한 자리에서만 그렇게 한다는 것이었다."

후대의 교황들은 대부분 그레고리의 교황권 이론을 그대로 답습하였다. 즉 기독교 사회는 교황을 그 공식적인 머리로 하여 조직되고 성립하며, 베드로가 그의 후계자들인 로마의 감독들과 영속적으로 동행하는 까닭에 이들은 오류를 범할 가능성이 없다는 것이었다.

오늘날 우리들은 그레고리의 주장 가운데 많은 부분을 용납할 수 없을 것이다. 그러나 우리들은 그레고리와 그 후계자들이 중요한 두 가지 원칙들에 있어서는 분명한 입장을 취했음을 감사하여야 한다. 즉 1) 인간의 충성의 대상에 있어서, 영적인 것이 세속적인 것보다 우위에 있음. 2) 인류는 오직 그리스도와 하나님의 율법에 대한 순종 안에서만 진정한 통일을 찾을 수 있음.

중세 사회는 이상적 사회와는 물론 거리가 멀었다. 그러나 중세의 기간 동안 유럽은 신성 로마 제국의 막연한 경계를 초월하여 자기 자신의 통일성을 의식하게 되었다. 그리고 교회는 이전에 볼 수 없었던 정도로 인간들의 생활 위에 권위와 영향력을 행사하게 되었는데, 대부분의 경우 이를 유익하게 사용하고 행사하였다.

참고도서

Baldwin, Marshall W. *The Medieval Church*. Ithaca: Cornell University Press, 1953.

Barraclough, Geoffrey. *The Crucible of Europe*. Berkleley: University of California Press, 1976.

Barraclough, Geoffrey. *The Medieval Papacy*. New York: Harcourt, Brace & World, 1968.

Fremantle, Anne. *Age of Faith*. New York: Time-Life Books, 1968.

Russell, Jeffrey Burton. *A History of Medieval Christianity*. Prophecy and Order. Arlington Heights: AHM Publishing Corporation, 1968.

19

신비한 방법으로 들리우다
:교황제와 십자군 원정

파 리의 세느 강 속에 있는 작은 섬에는 오랜 풍상에 젖은 석조 건물, 고 딕 식의 성당인 노트르담(Notre Dame)이 서 있다. 하나님의 영광과 "우리들의 귀부인"(성모)의 앙모를 위해 바쳐진 이 성당은 기독교 중세 시대의 생활과 정신을 무엇보다도 잘 반영하는 상징이다.

노트르담은 1163년과 1235년 사이에 건축되었는데, 이는 서방 기독교에 있어서 가장 중요한 시기 가운데 하나였다. 석공들이 성당의 비각을 세우고, 거대한 창문들의 위치를 결정하는 동안에, 학생들은 좌편의 강둑으로 연결되는 쁘띠 퐁(Petit Pont) 다리에 기대어 십자군 원정의 최근 소식이나, 혹은 최신 신학 이론의 난제들에 관하여 열띤 논쟁들을 벌이고 있었다. 이들 학생들 가운데 일부는 곧 중요한 성직들을 차지할 것이었다. 그리고 특히 이들 중 하나는 그후 교황직의 세속적 위치를 역사상 그 절정에 올릴 인물이었으니, 곧 인노켄티우스 3세(Innocent III)였다.

노트르담은 당시 유럽 전체를 휩쓸고 있었던 경건한 신도들의 교회 건축 유행의 한 표현이었다고 할 수 있다. 1170년부터 1270년 사이에 프랑스에서만 무려 500개 이상의 거대한 고딕식 성당들이 건축되었다. 고딕식 건축 양식은 1137년에서 1144년까지 생 드니(St. Denis) 수도원장 슈거(Suger)가 이곳의 건물을 개축하면서 처음 고안되었다. 그는 이때 개축된 모습을 보면서 다음과 같이 이를 묘사하였는데, 이는 아직도 고딕 양식에 대한 최대의 찬사로 알려지고 있다. "나는 마치 이 세상도 아니고 천국도 아닌 우주의 그 어느 곳으로 옮겨진듯한 느낌을 받았다. 하나님의 은혜에 의하여 이 낮은 곳으로부터 보다 고상한 차원으로 신비한 방법으로 들리우는 기분이었다."

보다 높은 곳을 향한 갈구, 희구, 추구. 이들이 이 시대를 대변하는 단어들이다. 수 백개의 고딕식 교회당들이 충분히 얘기해 주고 있듯이 중세는 단지 암흑 시대만은 아니었다.

기독교 신자들은 인간 세상에서 무엇을 추구하고 소망할 수 있겠는가? 만약 하나님의 뜻이 천상에서 이루어지듯 이 땅에서도 이루어진다면, 이 지상은 과연 어떠한 모습이겠는가? 모든 시대의 신자들은 다 이러한 질문을 던져 왔었다. 그러나 중세 절정기만큼 저 먼 별들을 향하여 높이 솟아 올랐던 시대는 없었다.

그의 나라가 임하시고

12, 13세기에 교황청은 이 땅 위에 완전한 사회를 이루겠다는 시도에 사로잡혀 있었다. 교회는 전에 비할 수 없는 세력과 권위를 확보하였다. 마치 중세를 대표하는 고딕식 성당들처럼 저 먼 천성을 향해 솟아오르며, 지상의 모든 것들이 하나님의 영광을 향해 사용되도록 한데 불러 모으고자 하였다. 그러나 마치 이 성당들처럼 교황청은 이루어질 수 없는 목표를 추구한 것이었다. 그리하여 처음에는 금이 가고, 결국은 시간의 흐름에 따라 무너져 내릴 수밖에는 없었다.

이는 이미 교회당 건물들의 운명에서도 익히 볼 수 있는 바였다. 초기 고딕 건축자들은 당시에 손에 넣을 수 있는 자재들을 사용하여 가능한 한 높이 쌓아 올리고자 하였다. 예를 들어 샤르트르(Chartres) 성당은 현대 30층 마천루의 높이에 해당한다. 스트라스부르크(Strassburg) 성당은 무려 40층에 달한다. 이러한 노력들은 건축 도중 이미 많은 실패를 맛보아야 했다. 한 성당 건물에 관한 전문가는 이를 가리켜 여행 안내서에 써 넣어야할 질문은 "성당의 탑이 마지막으로 무너진 것은 언제인가?"라고 하였다.

가능한 한 높이 올라가기 위하여, 건축가들은 성당 건물이 용솟음치는 듯한 환상을 불러일으켜 보고자 시도하였다. 새로이 비각들을 사용함으로써 이전 교회들의 두껍던 벽들을 제거하였으며, 보다 늘씬한 기둥들 위에 다시 더 가느다란 기둥들을 연결함으로서 이들이 한데 모여 마치 무한을 향해 끝없이 솟아오르는 듯한 효과를 내었다. 또한 빈 공간들 속에 배치한 성인들이나, 천사들의 조각들까지도 보다 긴 모습으로 잡아 늘리도록 하였다. 이들의 목, 팔, 다리들까지도 모두 하늘을 향해 올라가고 싶어하는 듯한 모습을 하고 있다.

이것이 아마도 12, 13세기의 서방 기독교를 이해하는데 가장 큰 도움을 주는 예라고 생각된다. 교황청은 점차 퇴색해 가는 제국의 영광위에 우뚝 서서 유럽 사회 위로 높이 솟아 올르고 있었다. 통일 민족국가들의 출현은 이전 제국의 우주적 권세를 심히 약화시켰다. 황제들은 아직도 스스로를 가리켜 "영원한 로마 황제 폐하"라고 불렸으며, 대관식을 위해 계속 로마를 방문하기도 했으나, 이들은 기실 중세 말기 독일을 구성하였던 소소한 일단의 공화국들과 왕국들의 지배자에 불과하였다.

이와 대조적으로 교황청은 그레고리 7세의 개혁에 힘입어 유럽에서 가장 강력한 직위로 등장하였다. 교황이 이끄는 정부야말로 진정 우주적 차원과 범위를 가지고, 점차 완전한 중앙 집권적인 형태로 자라가고 있었다. 모든 주교들은 교황에게 절대적인 충성을 맹세하였고, 그의 허가없이는 어떤 종교 단체도 조직될 수 없었으며, 로마의 교황 법정은 전 유럽에서 상고된 소송들을 최종적으로 판단하였으며, 교황은 각국에 대사들을 파견하여 그의 명령이 원래 의도대로 실시되고 있는가를 감시하였다.

만약 지도력이 뛰어난 개인이 이 자리를 차지하기만 한다면 교황의 권위는 모든 세속 군주들의 권위를 쉽사리 능가해 버릴 수 있었다. 이러한 지도자가 곧 행정가 타입의 교황 인노켄티우스 3세(Innocent Ⅲ, 1198-1216)였다. 주로 수도사 출신이었던 그레고리 7세나, 혹은 이전의 개혁과 교황들과는 달리 인노켄티우스 및 기타 12, 13세기의 뛰어난 교황들은 교회 정치의 전문가인 교회법 학자들이었다. 그런데 인노켄티우스는 그레고리와 마찬가지로 교황의 권위를 매우 중시하는 입장을 견지하였다. 그는 다음과 같이 선포하였다. "베드로의 후계자는 그리스도의 대리인이다. 그는 하나님과 인간들 사이의 중재자로서 선택되었다. 그는 하나님보다 아래, 인간들보다는 위에 위치한다. 하나님 보다는 못하나, 인간들보다는 우월한 존재이다. 그는 만인을 심판하나 아무에게도 판단을 받지 않는다."

인노켄티우스 3세는 유럽의 군주들에게 교황은 태양과 같고, 왕들은 달과 같다고 하였다. 마치 달은 태양으로부터 그 빛을 받듯이, 왕들은 교황으로부터 그 권세를 받아 가진다는 것이다. 이러한 교황의 권위를 지탱하는 가장 중요한 무기는 영적인 처벌의 권한이었다. 당시엔 거의 모든 이들이 천당과 지옥의 존재를 믿었으며, 교황이 그의 뜻대로 하나님의 은혜를 배분할 수 있다고 생각하고 있었다.

그리하여 군주들과 농부들을 굴복시키는데 가장 먼저 사용되었던 무기는 파문의 협박이었다. 교회가 특정인에 대한 저주를 발하면, 그 대상인은 교회 밖으로 쫓겨나가게 된다. 그리하여 구원을 얻는데 필수적인 은혜의 통로에서 제외되는 것이었다. 주교가 파문을 알리는 선언문을 엄숙하게 선언한 후, 마치 장례식에서처럼 종이 울리고, 책을 덮고, 촛불을 끄는데, 이는 모두 죄인을 교회에서 분리시켰음을 알리는 상징적인 행동들이었다. 만약 그 대상인이 미사 중에 교회당에 들어오면 미사를 중단해 버리거나 혹은 그를 쫓아내어 버렸다.

파문 당한 처지에 있는 개인은 재판관, 배심원, 증인, 혹은 변호인으로서의 역할을 감당할 수 없다. 이들은 계약 당사자도 되지 못하며, 유산 집행이나 법정 대리인도 될 수 없었다. 죽은 후에는 교회의 예식에 의해 장사되지 못하고, 혹시 실수로 교회에서 인정한 묘지에 매장되었을 경우에도 사체를 다시 파내어 산야에 갖다 버렸다.

교황이 사용하였던 두 번째 무기는 금령(interdict)이었다. 어떤 이들은 이를 가리켜, 교회에서 행하는 동결령이라고 표현하기도 한다. 파문의 대상이 한 개인인데 반해, 금령은 전 국가를 상대로 하는 것이다. 이 조처에 의하여, 일체의 공공 예배가 중단되며, 세례와 종부성사를 제외한 일체의 성례도 금지된다. 즉, 교황에게 불복하는 영주나 군주들의 영토에서 성례를 행하지 않는 것이다. 인노켄티우스 3세 교황은 재위기간 중 그에게 비협조적인 군주들을 대상으로 85차례나 금령을 발하거나 혹은 그 발효를 위협하였다.

교황이 너무나 성공적으로 그의 영적, 혹은 세속적 수위권을 행사하였기 때문에 대소를 막론하고 많은 국가들은 교황을 자기들의 봉건영주로 공인하였다. 잉글랜드의 경우 존 왕이 캔터베리 대주교의 임명을 둘러싸고, 교황과 이견을 보인 일이 있었다. 교황은 잉글랜드에 금령을 발하고 존을 파문해 버렸다. 귀족들의 반란과 반항에 견디다 못한 존은 결국 인노켄티우스에게 굴복하고, 그의 봉신이 되었다. 잉글랜드를 다시 봉토로 받는 형식을 취하여,

매년 상당한 연공을 바쳐야 했다.

프랑스의 경우엔 필립 어거스투스 왕이 일찍이 자기 주교들의 동의 아래 이혼했던 여인을 인노켄티우스의 압력 때문에 다시 왕비로 맞아들여야만 했다.

그리고 신성 로마 제국(독일)의 경우엔 교황이 제위를 두고 경쟁을 벌이는 와중에 개입하여, 자기가 원하는 인물이 즉위하도록 공작하였다. 결국 그가 원했던 호헨슈타우펜(Hohenstaufen)가문의 젊은 왕자 프리드리히 2세(Fredrick II)가 그 자리를 차지하게 되었다. 그는 교황의 권위에 복종할 것과 아울러 십자군 원정에 참여하겠다고 약속하였다.

이러한 영적인 무기를 닥치는 대로 휘두르면서 인노켄티우스와 그의 후계자들은 13세기에 교황직을 정치적, 문화적 영향력의 최고봉에 올려 놓았다. 당시의 상황을 이해하지 않으면, 현대인들은 오늘날 교황이 차지하게 된 위치를 완전히 알 수 없다.

이 시대 교황의 솟구치는 환상들 — 또한 망상들 — 은 특히 십자군 원정과 스콜라 신학을 통해 표현되었다. 전자를 통해 교황은 역사 속에서의 성스런 목표를 위한 그의 세력을 주장하였으며, 후자를 통해선 영원까지 이르는 인간의 영혼을 장악하고자 하였다. 이 장에서는 우선 십자군 원정(Crusades)을 살펴보고, 다음 장에서는 스콜라 신학을 알아보도록 하자.

그리스도를 위한 십자가

십자군 원정이야말로 서방 기독교의 새로운 활력을 잘 나타내 보여주는 사건이었다. 종교적 열정, 모험심, 개인적 이익의 추구 등, 몇 가지 동기들이 한데 모여 서부 유럽의 십자군들은 200년 이상이나 성지(Holy Land)로부터 이슬람 교도들을 축출하고자 시도하였다. 이 시대를 대표하는 각양 각색의 인물들이 모두 이 사건들과 연관되어 있다. 제 1차 원정의 불을 붙인 은자 피터(Peter the Hermit)로부터 제6, 7차 원정을 주도했던 성자적 기품의 소유자, 프랑스 왕 루이(Louis) 9세에 이르기까지 그 이름들은 다양하다.

수세기를 두고 평화스런 순례자들은 유럽으로부터 그리스도의 탄생지에서 예배하기 위하여 여행해 왔다. 7세기 근동에서 이슬람교가 일어나 퍼졌을 때에도 이러한 모습은 변치 않았다. 10세기에는 주교들이 대규모 순례단을 조직하였다. 이들 가운데 가장 큰 규모였던 1065년, 독일에서 출발한 한 순례단

242 현대인을 위한 교회사

은 7,000명이나 포함하고 있었다.

그러나 11세기에 들어서자 기독교 순례자들은 핍박을 경험하기 시작하였다. 특히 새로이 일어난 광신적인 이슬람교도들이던 셀주크 터키(Seljuk Turkey)가 근동 지방을 휩쓸면서는 상황이 심히 심각하게 되었다. 셀주크인들은 다른 이슬람 교도들로부터 예루살렘을 정복해 버리고는 소 아시아 북방으로 밀고 올라 갔다.

동부 제국군은 이러한 침략자들을 막아 내기 위하여 필사적인 노력을 기울였으나 맨지커르트(Manzikert)전투(1071)에서 터키인들은 동방 황제를 사로잡고 그의 군대를 대패시켰다. 수년 후에는 비잔틴 제국의 세입과 군대의 가장 중요한 공급원이던 소 아시아를 빼앗겼으며, 황제는 상실한 영토를 회복하기 위하여, 서방의 영주들과 교황에게 원병을 구하는 서신들을 발송하고 있었다. 그뿐 아니라, 순례자들에 대한 터키인들의 잔학행위의 소문들이 유럽 전체에 유포되었다. 이러한 이야기들은 날조되었다는 증거들이 이제 밝혀지고 있으나, 이러한 헛소문들만으로도 세인들의 심정은 매우 고조되었다.

1095년, 동방 황제 알렉시스(Alexis) 1세가 도움을 요청하는 급박한 서신을 보낸 후, 교황 우르반(Urban) 2세는 성지 수복을 위한 원정을 선포하였다. 프랑스 서남부의 클레르몽(Clermont)에서 열린 종교회의에서, 교황은 기독교인들에게 단지 영적인 상급뿐만이 아니라, 물질적인 보상도 받을 수 있는 목표를 위하여 십자가를 지고 나설 것을 호소하였다. "그대들이 현재 거주하고 있는 이 지역은, 이처럼 많은 인구를 지탱하기엔 너무 좁다 … 또한 토양이 비옥한 것도 아니다. 아무리 농사를 힘들게 지어도 겨우 식량을 얻을 뿐이다. 이 때문에 당신들은 서로 죽이고, 뜯고 있다 … 그리스도의 성묘(Holy Sepulchre)를 향해 길을 떠나라. 그 땅을 흉악한 족속들로부터 빼앗아 그대들이 차지하라."

우르반이 그의 열정적인 연설을 마칠 즈음, 군중들은 다음과 같이 소리지르기 시작하였다. 데우스 볼트(Deus Volt)! 즉 하나님이 원하신다는 의미였다. 그리하여 즉석에서 우르반은 바로 이 '데우스 볼트'라는 구절을 이슬람교도에게 대항한 십자군들의 구호로 삼도록 결정하였다.

그후 7세기 동안 기독교 신자들은 십자군 원정의 창피스런 역사를 잊고자 노력해 왔다. 그러나 유대인들이나 이슬람교도들은 이러한 망각을 용납치 않을 것이다. 현대인들은 이 사건의 배경을 제대로 살펴보지도 않는 채, 이는 단순히 종교적 광신이 빚어낸 불행으로 치부해 버리고자 한다.

그러나 십자군들은 역시 인간들이었으며, 따라서 이들의 동기 역시 우리들과 마찬가지로 복합적인 것이었으며, 서로 모순되는 점들도 많이 있었다. 십자군, 즉 크루세이드(crusade)라는 단어 자체는 그리스도의 모범을 좇아 십자가를 진다는 의미에서 나온 것이다. 그리하여 성지를 향해 가는 십자군들은 그들의 가슴에, 그리고 귀환하는 자들은 그들의 등에 십자가를 그려 넣었었다.

십자군 병사들은 우르반 교황이 약속하였던 바, 과거 모든 죄들의 용서를 포함한 영적 상급들을 십분 의식하고 있었다. 그리고 이들 대부분은 일찍이 그리스도가 걸었던 땅에 대한 깊은 존경심을 진실로 간직하고 있었다. 이러한 감정이 얼마나 강렬하였는가를 그후 셰익스피어가 호전적인 영국왕 헨리 4세의 입을 통하여 잘 표현한 바 있다.

> 우리들은 감격하여 싸우기로 결심하였다
> 거룩한 땅에서 이교도들을 몰아 내리라
> 그 땅 위로 거룩하신 발께서 걸으셨으니
> 이는 천 사 백년 전 못 박히셨던 발
> 바로 우리 위해 지신 쓰라린 십자가였네.

우르반과 그 뒤를 이은 교황들에게 있어서 십자군 원정은 새로운 형태의 전쟁, 즉 성전(Holy War)이었다. 어거스틴은 이미 "정당한 전쟁(just war)"에 관하여 설명한 바 있었다. 정당한 전쟁은 국가에 의해 수행되어야 한다. 그 목적은 정의를 수립하기 위한 것이니, 즉 생명과 재산을 보호하는 목적이 있어야 한다. 또한 비 전투원, 포로, 인질들의 생명을 존중해야 한다는 등이었다. 그러나 이러한 요건들이 성전의 열정 속에서 제대로 지켜질 리 없었다. 우르반은 교회의 이름으로 병사들에게 호소하였다. 원정의 목표는 성지에 있는 이교도들을 정복하는 것이었다. 그런데 이처럼 고상한 목적이 비 전투원이나 죄수들의 생명을 전혀 돌보지 않는 것으로 나타났다.

원정 초기부터 유대인들은 무자비한 학살의 대상이 되었고, 기독교 신자들마저도 강간과 약탈의 예외가 되지는 못 하였다. 특히 이슬람 교도들은 각종 잔학행위의 좋은 표적이었다. 십자군 병사들은 금,은 등을 찾기 위해서 시체들을 톱으로 썰기도 했으며, 인육을 요리해 먹기도 하였다. 한 목격자는 이를 "양념한 공작보다" 더 맛있는 음식이었다고 기록하였다.

주요 십자군 원정의 모습들

11세기 말부터 13세기 초에 이르기까지 유럽은, 교황들의 주도하에 모두 7차례에 걸쳐 주요한 원정을 실시하였으며, 그외에도 작은 규모는 많이 있었다.

제1차 원정은 노르만(바이킹) 침략자들이 정착하였던 프랑스, 일부 독일 지방, 남부 이탈리아의 봉건 영주들로 구성되었다. 이들은 육로로 콘스탄티노플로 향했다. 원래 셀주크인들에 대항하여 싸울 용병들을 기대하였던 알렉시스 콤네누스(Alexis Comnenus)는, 교황 우르반 자신조차도 "전직 강도들"이라 표현하였던 무질서한 폭도들의 모습에 질리지 않을 수 없었다. 황제는 시급히 원정군들을 콘스탄티노플에서 내보내어 터키인들과 싸움을 붙였다.

제1차 원정이 그래도 가장 성공적이었던 작전으로 꼽힌다. 5,000명도 채 안 되는 기병과 보병으로 이들은 당시 분열상태에 있었던 터키인들을 격파하였다. 무엇보다도 이들은 거룩한 성 예루살렘을 탈환하였다. 당시의 한 기록은 예루살렘 입성을 다음과 같이 전한다. "우리 병사들은 적군들의 머리를 잘랐다. 또한 화살로 맞추어 적병들이 성벽에서 떨어지도록 하였다. 어떤 적들은 불 속에 떨어져 더 고통을 당하다가 죽기도 했다 … 죽은 병사들과 말들의 시체가 너무 쌓여, 진격하기가 힘들 정도였다. 그러나 이러한 모습은 솔로몬의 성전의 광경에 비하면 아무것도 아니었다 … 무릎과 말고삐 높이까지 피가 넘쳐 흐르고 있었다. 이 장소가 그토록 오랫동안 불신자들에게 점령되어 신성모독의 터가 되었던 점을 생각한다면, 이곳이 이처럼 피에 넘쳐 흐르는 모습이야말로 정당하고 준엄한 하나님의 심판이라 할 것이다." 저녁 무렵 십자군 병사들은 성묘 교회에 모여, 아직도 피에 젖은 손들을 한데 모아 무릎을 꿇고 기도를 드렸다. "이들은 감격에 넘쳐 눈물을 참지 못하였다."

제1차 십자군은 지중해 동해안의 긴 지역을 정복하여 이곳에 봉건적인 라틴 예루살렘 왕국을 건설하였다. 동 왕국은 1291년 마지막 남은 주민들이 이슬람교도들에게 함락될 때까지 유지되었다.

1147년 예루살렘 왕국이 최초의 위기를 맞아 멸망 직전에 이르렀을 때 클레르보의 영향력 있는 신비주의자 베르나르(Bernard)가 제2차 원정을 주창하였다. 베르나르의 감동적인 연설과 왕족들의 참가에도 불구하고 이 원정은 별다른 성과를 거두지 못하였다. 2년 후 원정군은 저절로 자취를 감추어 버렸다.

원래의 순수한 열정이 사라지고 성스런 이념이 퇴색해간다는 사실이 점차 명백해져 갔다. 교황들은 동방의 새로운 기독교 영토에 사절들을 보내기 위해선 새로운 자금이 필요하였다. 그리하여 이들은 영적인 혜택을 돈을 조달하기 위한 수단으로 사용하기 시작하였다.

중세 교회는 죄를 사함 받기 위해선 이들을 반드시 고해해야만 한다고 가르쳤다. 죄를 고백 받은 신부는 (그리스도의 공로 때문에) 회개하는 이들의 죄가 속해 졌음을 알리는 동시에, 회개자의 신실성의 표지로서 징벌, "보속 (satisfaction)" ― 일종의 "고행의 행위" ― 을 요구하였다. 만약 회개하는 자들이 이러한 고행을 다 하지 못하고 죽을 것 같으면, 죽음 후에 연옥에서 또 다른 기회가 주어진다. 이생이나 연옥에서의 이러한 고행은 "잠정적 형벌"이라고 불리어졌다.

이미 수년 동안 교회는 이러한 잠정적 형벌을 감해 줄 권세를 가지고 있다고 주장해 왔으나, 전면적인 면죄는 우르반 2세가 클레르몽에서 "순수한 경건과 헌신"으로 예루살렘을 향해 가는 군병들에게 베풀었던 것이 최초의 경우였다.

따라서 직접 이에 참전하지는 못하지만 이를 위해 다른 방법으로 헌신하는 이들에게 유사한 혜택을 주는 것은 시간 문제라 할 수 있었다. 사람들은 당시에 돈을 주고 대신 참전할 인물을 쉽게 구할 수 있었다. 그리하여 병원들이나, 성당들의 건축 등 자금 마련의 가능성이 여러 방면에서 열리게 되었다.

1187년, 이집트와 시리아의 술탄이 된 살라딘(Saladin)은 이슬람교도들을 위한 새롭고 강력한 지도력을 발휘하였다. 예루살렘이 이들의 손에 함락되자 기독교 신자들은 소극적인 모습이기는 했으나, 제3차 십자군 원정(1189)을 일으키게 되었다. 이를 이끈 것은 중세기 가장 유명한 세 사람의 군주들이었다. 독일의 프리드리히 바바로사(Frederick Barbarossa), 영국왕 사자 심장의 리처드(Richard the Lion-Hearted), 프랑스의 필립 어거스터스 등이었다. 프리드리히는 소 아시아에서 강을 건너다가 익사하게 되었으며, 필립은 리처드와 많은 언쟁을 벌인 끝에 귀환해 버렸다. 결국 리처드와 살라딘이 중요한 적수로서 남게 되었다.

246 현대인을 위한 교회사

이슬람 교인들을 연합시키기 위해 살라딘은 기독교에 대항한 지하드
(jihad), 즉 성전을 선포하였으나, 계속 인내심있는 정치가와 용감한 전사의
모습을 잃지 않았다. 그는 "피 흘리기를 피하라, 한번 흐른 피는 잠들지 않는
다."고 말하는 인물이었다. 이러한 그의 상식을 존중하는 정책가로서의 모습
은 리처드더러 자기 누이와 결혼하도록 제의하면서, 그러면 팔레스타인을 결
혼 선물로 주겠다고 한데서도 잘 드러나고 있다. 물론 이러한 제안에 유럽인
들은 경악을 금치 못하였다.

리처드와 살라딘은 결국 3년 간의 휴전과, 순례자들의 자유스런 예루살렘
통행에 동의하였다. 실제로 살라딘은 처음부터 이러한 타협을 볼 용의가 있
었으므로, 제3차 원정은 막대한 재정 낭비라 할 수 있었다.

제4차 원정을 통해선 동방을 향한 교황들의 꿈이 얼마나 비현실적인가 하
는 점과 십자군 원정의 원래 의미가 얼마나 타락했는가가 드러난다. 1198년
교황위에 오른 인노켄티우스 3세는 십자군 원정의 열정을 다시금 부활시키
고자 하였다. 그러나 이에 응하여 모여든 몇 안되는 기사들은 베네치아인들
이 요구하는 엄청난 뱃삯을 지불할 수가 없었다. 이 뱃삯을 면제하는 조건으
로 상인들은 기사들에게 아드리아 해안의 기독교 도시 자라(Zara)를 공략하
도록 설복시켰다. 이 도시는 오랜 동안 베네치아 인들에게는 성가신 존재였
다. 그리하여 십자군은 1202년 자라를 함락시켰다. 인노켄티우스는 이 흉계는
다름아닌 사탄의 역사라고 규정하고, 모든 관련자들을 파문시켜 버렸다.

그러나 베네치아인들은 계속하여 십자군들에게 다름아닌 콘스탄티노플까
지도 함락시켜버리도록 종용하였다. 내부 분열 때문에 무력해졌던 콘스탄티
노플은 맥없이 십자군의 공격 앞에 무릎을 꿇었다. 도시를 약탈한 후 십자군
은 1204년 이곳에 콘스탄티노플 라틴 제국을 건설하고 "성지 회복의 계획"은
망각해 버렸다.

이 소식에 접한 인노켄티우스는 분노에 차서 다음과 같은 편지를 띄웠다.
"그대들은 남녀노소를 막론하고 학살하였으며, 성스러운 것은 아무 것도 남
겨 놓지 않았다. 너희들은 세상 만민이 보는 가운데서, 매춘과 학살과 악덕
에 탐닉하였다." 그러나 동시에 정치적 이해 관계에 밝았던 인노켄티우스는
멀지않아 그곳에서 로마의 이익을 대변할 콘스탄티노플 대주교를 임명하였
다.

콘스탄티노플 라틴 제국은 1261년까지 존속하였으나, 옛날의 영광을 회복

하지는 못하였다. 이 점령은 헬라와 라틴 교회들 사이의 불화를 더욱 가속시
켰으며, 1453년 터키인들에게 이 도시가 멸망되는 것을 부채질한 셈이었다.

물론 이 시대에 다른 십자군 원정들도 조직되고 파견되었으나, 성지가 결
국 이슬람교도들의 손으로 떨어지는 것은 시간 문제였다. 1291년 예수님이
걸었던 땅에 마지막 기독교인들의 보루로 남아 있던 아크레(Acre)가 이슬람
의 손에 함락되었을 때에 십자군 원정의 시대는 막을 내린 셈이었다.

원정의 결과들

2세기에 걸쳤던 십자군 원정 사건의 장기적 결과들은 그다지 인상적인 것
들이 되지 못한다. 만약 원정의 주요 목표들이 성지를 회복하고, 이슬람교의
파급을 방지하고, 동서방 교회의 분열을 치유하는 것이었다면 십자군 원정은
참담하게 실패한 사건이다.

한동안 예루살렘을 맹주로 이스라엘의 지중해 동부 해안선을 따라 4개의
왕국들이 건설되었다. 이곳들에 십자군은 3개의 반(半) 수도원적인 무장 기
사단들을 설치하였다.

이들 가운데 성전기사단(Templars, Knights of the Temple)은 처음 본부를
옛날 예루살렘 성전 터에 두고 있었다. 구호기사단(Hospitalers, Knights of
the St. John of Jerusalem, 예루살렘의 성 요한 기사단)은 원래 병자들과 부
상자들을 구완하기 위하여 설립되었다. 튜톤 기사단(Teutonic Knights)은 오
직 독일인들로만 구성되어 있었다.

수도원 운동과 중세 기사도를 한데 합친 이들 무장 집단은 모든 순례자들
을 보호하고 이슬람교도들에 대항하여 영원한 전쟁을 벌이는 것을 그 존재
목적으로 삼고 있었다. 이들은 한번에 500명의 기사들을 전투에 동원할 수
있었으며, 이들의 성채들은 이슬람교도들의 공격으로부터 도로와 통로들을
보호하였다. 2세기 동안 성전 기사단들은 하얀 제복에 붉은 십자가를, 구호
기사단들은 검은 제복에 흰 십자가, 튜톤 기사단은 하얀 제복에 검은 십자가
를 그려 넣었는데, 십자군들이 세운 왕국들에서는 이들이 말을 타고 달리는
모습들을 흔히 볼 수 있었다.

아마도 십자군 원정의 가장 중요한 결과는 교황청의 권위가 이 때문에 더
욱 높아졌다는 점일 것이다. 제1차 원정을 주도한 것도 교황 — 우르반 2세
— 이었을 뿐만 아니라, 이 시대 전체를 두고 계속 새로운 원정을 일으키도

록 영감을 제공한 인물들은 다름아닌 교황들이었다. 황제가 아닌 교황들이 이슬람에 대항하여 기독교권을 통일시켰던 것이다.

성지와 콘스탄티노플의 새로운 기사단들과 주교들은 한동안 교황의 보호를 받으며, 그에게 충성을 서약하고 있었다. 성전은 결국 교황이 우주적인 주권의 장악을 시도하고, 서방과 동방의 통일된 교회를 이룩하려는 시도였다.

그러나 교회의 첨탑을 높게, 더 높게 지어 올려, 결국은 금이 가고 무너지게 하였던 고딕식 건축가들처럼 교황들은 불가능을 시도한 것이었다. 기독교 유럽은 결코 시리아나 예루살렘을 필요로 하지 않았다. 유럽은 이 지역들을 한때의 흥분에서 정복하고는 제대로 유지할 수 없었다. 무역과 도시들의 출현으로 영주와 백성들의 관심이 다시 고향으로 돌아선 후에도 교황들은 계속, 성지는 기독교가 통괄해야 한다는 옛날의 이상에 사로잡혀 있었다. 이는 그들의 포기할 수 없는 계속적인 고정관념이었다.

그러나 불행하게도 교황들은 우리들이 익히 깨닫고 있는 두 가지 기본적 진리들을 소유하지 못하였다. 즉, 기독교의 가장 위대한 만족은 어느 특별한 지리적 장소를 확보함으로써 보장되는게 아니라는 것과, 칼은 절대로 하나님께서 그의 교회를 확장시키는 방법이 될 수 없다는 단순하지만 명백한 진리이다. 이러한 무지의 약점은 결국 전체 구조의 종교적 몰락을 초래하게 되었다.

참고도서

Barraclough, Geoffrey. *The Medieval Papacy*. New York: Harcourt, Brace & World, 1968.

Fremantle, Ann. *Age of Faith*. New York: Time-Life Books, 1968.

Gontard, Friedrich. *The Chair of Peter*. New York: Holt, Reinhart, and Winston, 1964.

Russell, Jeffrey Burton. *A History of Medieval Christianity*. Arlington Heights: AHM, 1968.

Packard, Sidney R. *Europe and the Church Under Innocent III*. New York: Russell & Russell, 1968.

Prawer, Joshua. *The World of Crusaders*. New York: Quadrangle, 1972.

The Age of Crusades

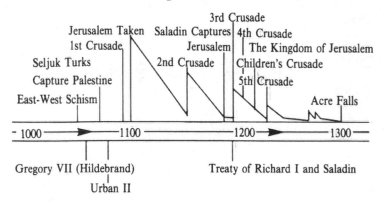

High Middle Ages

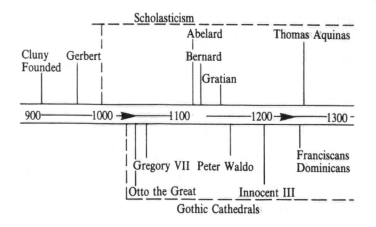

20

학문의 신주(神酒)

:스콜라 신학

8 세기에 걸쳐 유럽 전역의 고딕식 성당들은 신도들에게 영감을 주고, 여행객들의 감탄을 자아냈다. 중세 고딕 스타일의 거장들은 돌과 유리들을 통하여 인간 중심에 내재한 종교적 탐구심을 표현하고자 시도하였다. 이들은 하나의 긴장 관계를 표현해내고자 하였다. 한편으로는 인간들이 하늘에까지 닿고자 시도하고 있다. 다른 한편으로는 하나님께서 인간 가운데 가장 낮은 자에게까지 내려와 교통하고자 하신다.

따라서 고딕식 건축이 표현하는 움직임은 쌍방 통행이다. 기둥들, 아치들, 첨탑들은 일렬로 선 로켓들처럼 하늘을 향하여 찌를 듯한 자세를 하고 있다. 그러나 하나님의 빛은 동시에 채색 유리들을 통하여 이 땅으로 내려와 낮은 인간들을 만나신다. 이는 인간의 이성과 하나님의 계시를 표현하는 건축가의 비젼이었다.

외부의 비각들과 기둥들을 사용하여 두터운 벽을 세울 필요가 없어졌으므로 고딕 건축물들의 창문들은 그 숫자도 많았으며, 또한 면적도 넓을 수가 있었다. 날씬한 석조 기둥들 사이로 건축가들은 마음놓고 채색유리(stained glass)의 창문들을 배치할 수 있었다. 예술가들은 선명한 색깔들 — 진홍, 청색, 자주, 선홍 등 — 을 사용하여 창조로부터 최후의 심판에까지 이르는 인류 구속의 역사를 이야기하였다. 그리하여 예배에 참여하는 회중들은 이삭의 희생, 모세의 홍해 건너기, 예수님의 탄생, 악마와 투쟁하는 성 안토니 등등의 사건들에 관하여 생각하게 되었다.

빛과 색깔이 어우러진 효과는 숨막히는 것이었다. 저녁 해가 그 노을 빛을 차가운 회색의 돌 위에 던질 때, 회중석에 앉은 가장 무식한 목공들, 제화공들까지도 모세, 이사야, 예수, 바울, 어거스틴, 베네딕트 등과 친밀감을 느낄 수가 있었다.

이처럼 여러 가지 색깔의 창문들 위에 넘실거리는 빛은 이미 오랫동안 하나님 자신과 하나님께서 인간들과 교제하시는 모습을 상징하는 수단으로 사용되어 왔다. "하나님은 빛이시다. 그 속에는 어두움이 전혀 없다(요일 1:5)"고 한 사도는 기록하였다. 그리고 예수님께서도 그의 성육신 사건을 바로 이 상징을 사용하여 표현하셨다. "나는 세상의 빛이다."

그리하여 고딕식 성당들은 기독교 드라마의 영적 긴장 관계를 여실히 보여주고 있었다. 인간의 가장 고상한 추구와 낮은 데로 임하시는 하나님의 빛의 대조였다. 인간은 높은 곳을 향해 나아가고, 하나님은 이곳으로 내려 오신다. 물론 이러한 용어들 자체가 상징적인 것이다. 하나님께서는 그 어떤 공간적인 의미에서 높거나 낮지 않으시다. 그러나 인간은 항상 그의 욕구를 어떤 높은 곳을 향한 추구의 모습으로, 그리고 하나님의 진리를 내려오는 강림의 모습으로 표현하여 왔다.

대학의 발흥

따라서 이러한 성당들에 부속되었던 학당들이 중세 대학들을 낳은 것은 자연스런 발전인지도 모른다. 왜냐하면 대학의 가장 중요한 임무는 하나님의 계시된 진리의 빛을 이해하고 설명하는 것이기 때문이다. 마치 십자군 원정이 하나님의 권위를 이슬람교의 영역에까지 확장시키고자 하였던 대중들의 욕구를 반영하듯, 대학들의 존재는 인간 세상에 닿은 하나님의 진리를 이해하고자 하는 애타는 갈구를 나타낸다.

그러나 과연 어떻게 하여 사상의 세계가 하나님의 통치에 굴복하게 되었는가? 어떻게 이성이 계시의 종복이 되었는가? 우리들은 기독교 사상사에 있어서 이 시대를 가리켜 "스콜라주의(Scholasticism)"의 시대라 부른다. 왜냐하면 특이한 신학 연구의 방법이 출현했으며, 중세 특유의 신학이 또한 나타났기 때문이다. 이때의 학자들(schoolmen)의 목표는 두 가지였다. 기독교 교리와 인간 이성을 조화시키고, 교회의 가르침을 질서있는 체계로 정리하는 것이었다.

이미 중추적인 기독교 신앙의 교리들은 확정되어 있는 것으로 간주되었으므로 진리를 향한 완전 개방적이고 자유스런 탐구란 이들의 심중에 없었다. 토론의 목적은 교리들의 합리성을 증명하고 그 시사하는 바를 설명하려는데 있었다.

이러한 작업 전체는 지성적 호기심의 물결을 타고 전진하였다. 다음과 같은 11세기 리주(Liege) 출신 학자의 말은 다른 여러 사람들의 심정을 잘 대변하고 있다. "올버트는 학문을 향한 그의 목마름을 충족시킬 수 없었다. 누군가 뛰어난 교사가 있다는 소문만 들리면 그는 즉시 그곳을 향해 갔다. 갈증이 심하면 심할수록 그는 각 교사들로부터 각양 좋은 것들을 열심히 받아마셨다 … 그후, 그는 마치 꽃들 사이의 꿀벌처럼, 학문의 신주(神酒)를 실컷 섭취한 뒤엔, 자기의 집으로 다시 돌아가 종교적으로 학문을 연구하며 살았고, 학문을 연구하는 태도로 열심히 신앙 생활을 하였다."

"학문을 연구하는 태도로 열심히 신앙에 따라 사는 삶," 이것이 곧 중세 교육의 특색이었다. 그 중심적 목표는 영원한 구원에 있었다. 그런데 원래 학문은 주로 성직자들을 위한 것으로 제한되어 있었다. 누르시아의 베네딕트도 그의 수도사들에게 자신들의 영적 발전을 위하여 독서하고 연구하라고 지시하였다. 그 결과 베네딕트파 수도원들은 라틴어로 일종의 기초적 교육들을 실시하였다.

그후 8세기에 들어와 기독교 제국을 꿈꾸던 샤를마뉴 대제는 모든 수도원들은 "하나님의 도움으로 배울 능력이 있는 모든 자들"을 위해 학교들을 설치하라는 칙령을 내렸다. 황제 자신도 자기와 궁신들의 자녀를 위해 궁정학교을 설치하여 그 모범을 보였다.

일반 신도들이 교육받을 가장 좋은 기회는 성당 부속 학교들이었다. 왜냐하면 주교들의 교회인 성당(Cathedral)들은 도시에 자리잡고 있었으므로, 원래 교구 사제들을 훈련시키기 위해 설치되었던 학교들이 시간이 흐름에 따라 모든 이들에게 문을 열고 교육의 기회를 제공하였다.

이러한 성당 부속 학교들의 교육 과목은 문법, 수사학, 논리학, 대수, 기하, 음악 및 천문학들에 불과하였다. 이들은 흔히 7개의 인문학이라 불렸다. 영어로는 이들을 가리켜 리버럴 아트(liberal art)라 하는데 그 이유는 고대 로마에서는 자유인(liberi, freemen)들에게만 이를 공부하는 것이 허락되었기 때문이다. 당시 몇 안되는 교과서들은 모두 중세 초기 소수의 학자들에 의해 씌어졌던 것들이다. 이들 중 하나는 6세기의 로마인 카시오도루스(Cassiodorus)였다. 그의 저술「종교 및 세속학문을 위한 편람」(*Handbook of Sacred and Secular Learning*)은 성경을 해석하고, 인문 과목들을 정의하였다. 또 하나는 카시오도루스의 동시대인이던 보에티우스(Boethius)였다. 그가 야만족의 왕 테오도릭에 대한 반역 혐의로 옥에 갇혀 있는 동안에 쓴「철학의 위안」(*Consolation of Philosophy*)은 인간의 불행과 선하고 전능하신 하나님의 관념을 서로 조화시켜 보고자 시도한 작품이다. 이들은 어거스틴, 대 그레고리 교황, 그리고 몇몇 다른 교부들과 아울러 '아욱토레스(auctores), 즉 권위라 불리었으니, 중세 학도들은 이들의 의견에 반대해서는 안되는 것으로 훈련받았다.

유능한 교사들의 매력

그러나 위대한 교사들의 출현과 함께 새로운 시대가 도래하고 있었다. 우리는 대학의 성립들을 특정 교사들의 영향력에서 파악할 수 있다. 이들의 학문에 대한 정열과 존경은 여러 곳으로부터 학생과 제자들을 끌어 모았다.

앤 프리맨틀(Anne Fremantle)이 묘사하는 바처럼 이러한 새로운 모습의 교사들 가운데 최초의 인물은 10세기 후반 렝스(Rheims) 성당 학교의 교장이던 게르버트(Gerbert)였다. 게르버트는 농노의 아들로 태어나 후에 교황 실베스터 2세(Sylvester II, 999-1003)가 되었던 인물이다. 그러나 그는 오히려 학자로서 역사에 더 중요한 족적을 남겼다. "젊은 수도사로서 게르버트가 너무나 뛰어난 모습을 보였으므로, 수도원장은 그를 스페인까지 유학시켜 수학을 공부하게 하였다. 이곳에서 게르버트를 가르쳤던 이는 기독교 주교였으나, 그는 또한 보다 개방적인 이슬람 문화의 영향을 받고 있었다." 바로 이것이 교회의 지적 각성을 위한 이슬람의 몇몇 주요한 공헌들 가운데 최초의 모습이다.

게르버트는 사물에 대한 호기심으로 계속 질문을 던지는 이슬람 학자들의 학문 추구의 방법에 깊은 인상을 받고 렝스로 돌아왔다. 그는 렝스에서 교수하기 시작하면서, 이제 단순히 전통적인 교회의 '권위자'들을 인용하기만 하는 것은 충분치 않다고 선언하였다. 이제부터 그의 제자들은 고전 로마 원전

254 현대인을 위한 교회사

들을 직접 연구해야 한다는 것이었다. "이를 위하여 게르버트는 가능한 대로 고대 사본들을 수집하여, 곧 상당한 장서를 마련할 수 있었다. 이는 사본 하나를 완성하는데 보통 일년이 소요되며, 그 가격이 성직자의 일년 수입에 달했던 당시로서는 특기할 만한 작업이었다."

이러한 지적 혁명의 초기 단계에서 가장 흥미로운 인물은 피터 아벨라르 (Peter Abelard, 1079-1142)이다. 그는 브리타니(Brittany, 프랑스 북서부)에서 소귀족의 장남으로 태어났다. "아벨라르는 학문에 대한 애착 때문에 유산 상속권을 동생들에게 넘겨주고는 저명한 스승들에게 배우기 위하여 프랑스 전역을 방랑하였다. 그는 잘 듣기만 할 뿐 아니라, 경우에 따라선 교사에게 공공연히 도전하기를 마지 않았다." 시간이 지남에 따라 아벨라르는 교사로서 이름을 얻게되어, 파리에서 강의를 시작하였으며, 책도 저술하였다.

그는 '시 에 농(Sic et Non, Yes and No, 긍정과 부정)'이라는 논문 속에서 기독교 신학에 나타난 158개의 질문들을 내세운 후 성경 및 교부들과 이교 학자들로부터 서로 상충되는 해답들을 인용하여 열거하였다. "지혜에 이르는 첫번째 열쇠는 열심히 숙고하며, 질문을 던지는 것이다 … 왜냐하면 의심을 통해 탐구에 이르며, 탐구를 통해 진리에 도달하기 때문이다." 헬라인들에게는 당연시되었던 이러한 태도가 중세 유럽인들에게는 아직 그러하지 못하였다. 회의와 의심을 중시하는 아벨라르의 방법을 좋아했던 이들도 있으나, 이를 못마땅하게 여기는 이들도 당연히 많았다. 삼위일체의 본질을 논한 저서 때문에 아벨라르는 1121년의 소아쏭(Soissons)회의에서 교회의 정죄를 받아, 이 날카로운 예지의 학자는 수도원에 갇히는 몸이 되었다.

그러나 일년 후에는 수도원 측을 설복하여 파리 남서부의 광야 지대에 거하는 것을 허락받았다. "학생들이 그의 곁으로 모여들었다. 그들은 아벨라르를 위해 오두막을 짓고, 밭을 갈며, 다시 한번 가르칠 것을 간청하였다. 이성의 진로를 충실하게 따른다고 생각하였던 아벨라르는 교회내의 보수적 인사들과 계속 충돌할 수밖에 없었다. 특히 당시 교회의 가장 영향력있는 인물이었던 클레르보 수도원장 베르나르의 비판을 받게 되었다. 베르나르는 그가 제 2차 십자군 원정을 설교했던 정도의 열심으로 아벨라르를 판단하였다. "경건한 이들의 신앙이란 믿고 의지하는 것이지, 의심하고 논쟁하는 것이 아니다."고 베르나르는 말하였다. 베르나르의 지도 아래 1140년의 상스(Sens)회의는 아벨라르를 이단으로 정죄하였다. 아벨라르는 클뤼니 수도원으로 은퇴하여 남은 2년의 여생을 보냈다.

그러나 아무도 그가 뿌려놓은 씨앗들이 싹트는 것을 막을 수는 없었다. 대륙 전체에 걸쳐 학교들이 생겨나기 시작하였다. 그의 사후 채 100년이 지나지 않아, 프랑스의 파리, 오를레앙, 몽펠리에 등과, 영국 해협을 건너 옥스퍼드와 케임브리지, 이탈리아의 볼로냐와 파두아 등지에 대학교들이 건립되었다.

이처럼 대학교들이 각처에 생겨났던 이유들 가운데 하나는 학생들과 교수들이 한데 모여 길드(Guild)들을 조직하였기 때문이었다. 프리맨틀이 설명하는 대로, "마치 이전의 장인들이 하였듯이," 학자들은 상호 이익과 보호를 위해 한데 모여 집단으로 뭉치고 이를 가리켜, 우니베르시타스(universitas)라 불렀다. 이는 중세의 조직 집단을 가리키는 일반적인 명칭이었다.

"생도들의 대부분이 이미 나이많고, 법률과 의학 등 고도 학문을 추구했던 경우에는 이들의 길드들이 굉장한 영향력을 발휘하였다. 학생들이 교수들을 고용하고 봉급을 주었으며, 과목들까지도 결정하였다. 그리고 제대로 시간표를 지키지 않는 교수들에게는 벌금도 부과하였다."

그러나 학생들이 보다 어리던 영국과 프랑스의 경우엔, 교수들의 길드가 더 힘을 가졌다. 이들은 학생들의 욕설, 도박들을 금지시키고, 귀가 시간을 어길 때는 벌금도 부과했으며, 식사 예법까지도 가르쳤다. 한 규칙은 다음과 같다. "당신과 함께 식사하는 이들을 고려하여, 날카롭게 간 강철로 이빨을 청소하지 말것."

우리들은 "대학"이라 하면 담쟁이 넝쿨로 싸인 석조 건물들과, 넓은 잔디 운동장들을 먼저 생각하게 된다. 그러나 중세의 대학들은 이처럼 영속적인 건물들을 제대로 갖추고 있는 것이 아니었다. 강의들은 옥스퍼드나 케임브리지의 경우 나무 아래서 행해졌고, 파리의 경우엔 성당의 부속 교실에서, 이탈리아에선 광장에서 흔히 시행되었다. 그러다가 교수들이 방을 빌리고, 학생들은 맨 바닥에 앉았는데, 습기를 피하기 위해 바닥에는 짚을 깔기도 했다. 웅장한 체육관이나, 도서관, 기타 부대 건물들이 없었으므로, 대학들은 지역 주민들과의 사이가 나빠지면 쉽사리 다른 곳으로 옮겨가곤 하였다.

교육 방법은 강의 외에도 논쟁(disputation)을 흔히 사용하였다. 아벨라르의 질의 응답 방식을 좇아, 두 사람 이상의 교사들, 혹은 경우에 따라서는 학생들이 한데 참여하여 토론을 벌이는 것이다. 이러한 맥락 속에서 "스콜라 신학"이 발전하였다. 즉, 질문, 확인, 증명, 토론들을 통하여, 세부적인 사항들을 논리적인 체계로 정리해 나가는 학문 연구의 방법을 시사하는 것이다. 이러한 스콜라적 논쟁들은 열기 찬 의견 충돌들을 불러 일으켰으며, 서로 감정들이 상하는 경우들도 많이 있었다. 교수들과 교수들 사이에는 수년을 두고 논리적인 싸움을 지속하는 수가 많았다. 어느 한 쪽을 지지하는 학생들은 자기 파의 교수가 우세할 때엔 손뼉을 치고, 발을 구르며, 환호성을 지르는 등 분위기를 돋우었다. 이러한 일견 무질서한 상황 속에서 무언가 중요한 사건이 벌어지고 있었다. 학생들이 스스로 생각하는 것을 배우고 있었던 것이다. 이제 더 이상 전통이나 권위자들을 무조건 인용하고 수용하지 않았다. 그러나 이들이 도달하는 결론들이 전통적 기독교 교리들과는 들어맞지 않는 경우들도 있었다.

교황 군주제의 지지

이러한 학문의 발전을 교황청은 예의 주시하고 있었다. 어떤 논쟁들은 수 세대를 끄는 수도 있었으나, 교황은 어쨌든 그 결과가 교황의 절대적인 권위를 옹호하는데 도움이 되는 새로운 철학적 체계의 모습으로 확정되도록 유도하였다. 이를 위해 한편으로는 교회법(Canon Law)을 재정비하였고, 다른 한편으로는 기독교 신학의 체계적 정리를 시도하였다.

12세기 말엽 로마의 국가법과 교회법 연구의 중심지로서 등장한 것은 이탈리아의 볼로냐 대학이었다.

교회법(Canon Law)은 시민법(civil law)이 세속 정부를 유지하듯이, 교회의 유지와 통솔을 위한 법이다. 동 법은 교회내의 일체 사제들과 직원들, 그리고 모든 신자들의 권리, 의무, 권위를 정의하고 있다. 교회내의 모든 법정들, 주교들로부터 교황에 이르기까지 모두 이 법에 의하여 사건들을 심리한다.

1140년경 볼로냐의 성 펠릭스(St. Felix) 수도원의 수도사였던 그라티안(Gratian)이 「부조화한 교회법 조화」(Harmony of Discordant Canons)를 발행하였다. 이는 이전의 모든 교회법들을 한데 모아 조정해 보려는 노력이었다. 그는 각 주제와 제목들에 따라 권위있는 문헌들을 인용하고 정리하였으므로, 그의 「조화」는 곧 교회내의 모든 교사들과 판관들의 유일한 요람의 위치를 차지하게 되었다.

이에 기초하여 후에 「교회 법전」(*Body of Canon Law*)도 집필되었다. 그리하여 로마 교회는 14세기엔 이미 신자들의 생활을 통솔하고 감독할 수 있는 권위있는 법령집을 가지고 있었다. 1918년에야 이의 개정 작업이 있었다.

교회법의 내용 속에는 전쟁과 아울러 과부를 돌보는 법까지도 들어 있었다. 또한 교회법은 금식과 축일들에 관하여도 규정하고 있었다. 일년에 최소한 한번은 신부에게 고해하고 성찬식에 참여할 것도 들어 있었다. 기독교 신자의 파문 요건도 바로 이 속에 규정되어 있었다.

그뿐 아니라, 인간들의 가장 은밀한 생활까지도 규정하였다. 세례에 관한 사항들을 정하기 위해선 인간의 탄생의 기준을 정립해야 했고, 탄생에 이르는 모든 요소들도 정의되어야 했다. 남녀가 처음 나누는 눈짓부터 교회의 관심사가 된 것이다. 간음과 간통에 관한 고행을 규정하였고, 결혼 생활이 존재할 수 있는 상황도 정의하였다.

쉽게 말해서 교회법은 성직자들 뿐만 아니라, 성속, 귀천을 막론하고 모든 인간들에 적용되는 것이었다. 또한 스스로 밝히고 있듯이, 그 다루는 주제는 구원에 필요한 경로뿐만이 아니라 남자와 여자의 가장 내밀한 기관들의 본질과 의미에 관해서도 논했다.

그러나 이러한 통솔욕, 인생의 모든 측면을 한치도 남기지 않고 간섭하려는 모습은 법률의 미명 아래 기독교의 근본에 어긋나는 가장 치명적인 실수를 저지른 것인지도 모른다. 교회법은 인간의 자유를 비참하게 극소화시켰으며, 하나님께서는 진정한 신앙의 선도자로서 인간에게 자유를 주셨음을 망각하고 있었다.

그러나 교회법은 어쨌든 교황에게 합리적인 법적 근거를 마련하여 주었는데 이는 중세 국가들이 결여하고 있었던 사항이었다. 그 결과 교황청은 유럽의 공공 생활에서 가장 최우선적인 위치를 차지하게 되었으며 어느 봉건 국가도 갖지 못했던 국제적인 특권을 차지하게 되었다.

인노켄티우스 3세는 그의 교황 즉위식 날 예레미야서 1장 10절을 그의 설교를 위한 본문으로 채택하였다. "보라 내가 오늘날 너를 열방 만국 위에 세우고 너로 뽑으며 파괴하며 파멸하며 넘어뜨리며 건설하며 심게 하였느니라." 그는 30년 동안을 이렇게 하였다. 그는 명실상부하게 지상에서의 "그리스도의 대리인"으로 군림하였다. 그 이론적 근거는 상당 부분이 교황에게 보편적 권위를 부여하였던 교회법에서 비롯된 것이었다.

대학들이 이처럼 보편적이요, 우주적인 교황의 권위를 세워준 두 번째 길은 기독교 사회를 위한 부동의 합리적인 신학적 체계를 통한 뒷받침이었다. 13세기에 들어서자 고대 헬라의 고전들이 유럽으로 물밀듯 밀려들어 왔다. 그리하여 신앙을 흔들고 이단을 부추겼다. 식자들은 아리스토텔레스의 주요 저술들을 읽을 수 있었으며, 이 가운데 나타난 우주의 본질에 관한 그의 이론들은 사람들에게 성경의 계시를 의심하게 만들었다. 스페인으로부터 들어온 이슬람 철학자 아베로에즈(Averroese)와 유대인 철학자 마이모니데스 (Maimonides)의 사상들은 회의론을 퍼뜨리고 있었는데, 이러한 경향은 특히 파리 대학에서 심하였다.

합리적 추구의 절정

교회는 이러한 현상들을 언제까지나 무시하고 있을 수만은 없었다. 로마는 토마스 아퀴나스(Thomas Aquinas)를 파리로 급파하였다. 토마스는 귀족 출신으로, 명석한 지성과 부드러운 심성을 갖춘 도미니쿠스회 수도사였다. 아벨라르와 마찬가지로 그도 역시 인간의 본성 가운데 이성을 가장 높이 평가하였다. 그러나 그는 학문에 뛰어났을 뿐만 아니라, 교회에 대한 충성심에도 뛰어난 이였다. 그는 아베로에즈, 마이모니데스, 아리스토텔레스 등의 주장들을 무조건 부인하는 대신 그들의 저술들을 점검하면서 요점들을 하나 하나 정리하고, 이들 중 일부는 반박하고 일부는 기독교와 조화시켰다. 그 결과가 유명한 「신학 대전」(*Summa Theologica*, 신학적 지식의 요약이라는 의미)이었다.

그의 신학 대전은 온 우주를 염두에 두고 있었다. 토마스는 그 서두에 이렇게 썼다. "거룩한 교리(신학)에서는 만물을 하나님의 관점에서 취급한다. 그리고 신학의 내용은 그 일부는 하나님 자신이며, 또 다른 일부는 하나님에 의한 다른 존재들이다."

아퀴나스는 신학과 철학, 이성과 계시를 명백히 구분하였으나, 양자 사이에 모순은 없다고 하였다. 양자 모두 지식의 원천이며, 양자 모두 동일한 하나님으로부터 비롯되는 것이다.

그런데 이 둘은 진리를 찾아 추구하는 방법은 다르다. 이성은 눈에 보이는 피조세계에 근거하고 있으며 "신앙의 현관"에 관련된 사상들에까지 겨우 미칠 수 있다. 그러나 계시는 하나님을 그 자체로서 바라보기 때문에 그 명백성이나 그 다루는 내용에 있어 이성보다 우월하다.

예를 들어, 이성은 하나님의 존재를 증명할 수 있다. 그는 모든 결과는 원인이 있으며, 이러한 원인들은 다시 더 먼저의 원인을 가지고 있다는 아리스토텔레스의 원칙을 받아들여 최초의 원인에까지 추구해 갔다. 그리하여 피조세계를 통하여 최초의 동인(the First Cause)이신 창조주를 증명할 수 있다는 이론이었다.

그러나 하나님에 관한 보다 풍성하고 완전한 지식, 예를 들자면 삼위일체 같은 것은 오직 계시를 통해서만 주어진다 하였다. 우리들은 이 지식을 통하여 인간의 근원과 운명을 깨달을 수 있다.

인간은 죄인이며 하나님으로부터의 특별한 은혜가 필요한 상태에 있다. 예수 그리스도는 그의 희생을 통하여 인간과 하나님 사이의 화해를 이루셨다. 그리스도의 사역의 혜택을 입는 모든 이들은 의롭다 하심을 얻는다. 그러나 중요한 것은, 전통적인 가톨릭 교회의 가르침과 마찬가지로, 그리스도의 사역의 은택이 어떠한 방법으로 적용되는가의 문제이다. 그리스도가 은혜를 이루셨는데, 이를 배분하는 것은 교회라는 이론이었다. 아퀴나스는 계속적으로 "협력의 은혜(cooperating grace)"가 신자들에게 주입되는 것이 중요하다고 가르쳤는데, 이를 통하여, 특히 사랑을 포함한, 각종 기독교적 덕성들이 영혼 속에서 자극을 받는다고 하였다. 이러한 협력의 은혜의 도움을 입어 신자들은 하나님을 기쁘시게 하는 선행을 이룰 수 있고, 하나님께서 보실 때 특별한 공로를 이룬다는 것이다.

아퀴나스는 이러한 구원하시는 은혜가 오직 교회에만 있는데, 하나님께서 지정하신 은혜의 통로인 성례를 통해서만 인간들에게 닿는다고 가르쳤다. 그런데 그가 의미한 교회란 물론 눈에 보이는 가시적 교회, 교황이 지도하는 로마 가톨릭 교회조직을 의미하였다. 아퀴나스는 교황제가 하나님에 의해 수립되었음을 너무나 확신하였으므로, 교황에게 복종하는 것이 구원을 받는데 필요하다고 주장할 정도였다.

아퀴나스는 그 이전의 신학자 피터 롬바르드(Peter Lombard)의 뒤를 좇아 7개의 성례를 주장하였다. 즉, 세례, 견신례, 성찬, 고해, 종부 성사, 혼인, 서품 등이 그것이다.

그러나 성례 중의 성례는 성찬이었다. 이는 초대 교회에서 가르쳤던 성찬의 모습과도 또 다른 것이었다. 이미 로마 교회가 수 백년을 가르쳐 왔던 대

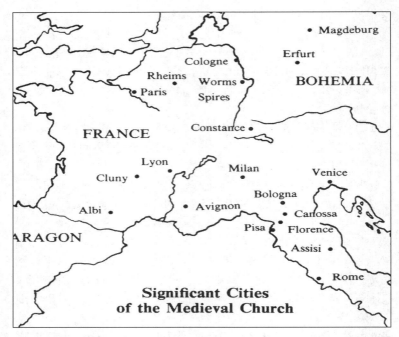

Significant Cities
of the Medieval Church

로, 아퀴나스는 성찬이 진정한 희생이라고 주장하였다. 십자가의 그리스도의
죽음을 계속하는 것이며, 이를 통해 성찬에 참여하는 자들에게는 하나님께서
보다 더 은혜를 베푸시도록 유도하는 효력이 있다 하였다. 성찬식 가운데서
빵과 포도주는 기적적으로 실제 그리스도의 몸과 피로 변화한다. 이는 흔히
"화체설(Transubstantiation)"이라 불리는 교리인데, 아퀴나스는 이 교리를 전
통 그대로 정리하였다.

세례받은 신자들에게도 계속 죄의 문제가 있으므로, 하나님께서는 영적 치
유를 위한 성례라 할 수 있는, 고해(penance)를 마련하셨다. 토마스에 의하면
고해에는 3가지 요소가 있어야 한다. 즉, 죄에 대한 슬픔이나 회오
(contrition), 합당한 해결책을 처방하고 사죄를 선고할 수 있는 영적 의사인
신부에게의 고백, 그리고 신자가 죄의 악한 영향을 해소시키는 보속
(satisfaction)의 행위들이다.

토마스는 또한 십자군 원정 시대부터 유행하기 시작한 면죄부의 사용을
조심스럽게 인정하였다. 아퀴나스는 그리스도와 기타 성인들의 선행들 때문

에, 교회는 마치 거대한 영적 저수지를 연상시키는 "선행 저장고(treasury of merit)"를 사용할 수가 있다고 하였다. 그래서 신부들은 필요하면 자신들의 선행이 부족한 신자들을 돕기 위하여 여기의 잉여 선행들을 나누어 줄 수 있는 것이다.

물론 죽음이 중요한 분기점이다. 악한 자들은 직접 지옥으로 간다. 은혜의 여러 수단들을 지혜롭게 사용한 신자들은 바로 천국으로 간다. 그러나 인류의 대부분, 신자의 생활을 하려고 노력했으며, 성례에도 참여하였으나, 제대로 그리스도를 따르지 못한 이들은 연옥에서 다시 정화의 기간을 거쳐야만 천국의 희락을 맛볼 수 있다. 그러나 다행히 연옥에 있는 영혼들도 지상의 교회가 도울 수 있는 길은 있다. 천국에 있는 성자들에게 드리는 기도는 연옥에 갇힌 영혼들의 고통을 경감해 줄 수 있는 효력이 있는 것이다.

이러한 토마스의 가르침에 별로 새로운 점들은 없었다. 이러한 교리들은 이미 교회에 의해 주장되어 왔다. 그러나 토마스는 이러한 교회의 전통적 교훈들을 거대한, 거의 우주적이라고까지 할 수 있는 체계 속에 정리해 넣었던 것이다. 마치 고딕식 성당처럼 그의 신학 체계는 인간의 노력과 하나님의 진리의 빛 사이에 절묘한 조화를 이룩하였다. 그의 이론은 교황의 왕권주의에 이 세상과 아울러 내세까지도 통솔할 수 있다는 근거를 보강해 주었다.

그러나 마치 십자군 원정의 사건과 마찬가지로, 스콜라 신학은 너무 지나치게 뻗어 나갔으며, 스스로와 교회의 유익이 되기에는 지나치게 많은 것을 요구했는지도 모른다. 이러한 교만이 얼마나 자심하였나 하는 것은, 교황이야말로 "하나님과 인간 사이에, 하나님보다는 낮으나 인간들보다는 높은" 위치에서 세상을 심판하는 존재라는 교황 인노켄티우스 3세의 주장에서 엿볼 수 있는 것이다. 그러나 이러한 주장은 곧 도전을 받아야 했다. 점차 많은 평신도들이 다음과 같은 사도들의 가르침을 기억해 내고 있었다. "하나님은 한 분이시며, 중보자도 한 분이시다."

참고도서

Daniel-Rops, H. *Cathedral and Crusade*. London: J.M.Dent, 1957.
Frementle, Anne. *Age of Faith*. New York: Time-Life Books, 1968.
Haskins, Charles Homer. *The Rise of the Universities*. Ithaca, N.Y.: Cornell University

Press, 1957.

McGiffert, Arthur C. *A History of Christian Thought: From Tertullian to Erasmus*. New York: Scribner's, 1954.

Walker, Williston. *Great men of the Christian Church*. Chicago: University of Chicago Press, 1908.

21

청빈이라는 귀부인에게 바친 송가

:사도적 생활 태도의 복구

우 리들이 아는 대로 사람들은 누구나 정인(lover)을 사랑한다. 그리하여 사랑은 영원한 예술의 주제이다. 12세기에도 음유 시인들의 발라드가 각처의 촌락들과 거리들을 채웠다. 이 노래들은 대부분 남녀의 사랑을 읊은 것들이었다. 용감한 기사들과, 음흉한 마술사들, 신비에 싸인 성채들과, 사람의 말을 하는 동물들, 그리고 항상 빠질 수 없는 인물로 아름답고 착한 미녀들이 등장하였다.

아시시의 성 프란체스코(St. Francis of Assisi)가 세인들의 매력을 끈 것도 아마 이러한 이유에서인지도 모른다. 그의 노래들은 진정한 기독교의 이상이자 개인적 성결의 표상인 청빈이라는 이름의 귀부인(Lady Poverty)에게 바쳐진 것들이었다. 그의 처음 전기 작가가 "그리스도의 매우 용감한 기사"라고 묘사했던 프란체스코는 그의 공적 사역의 초기에 스스로를 전적으로 청빈의 생활에 헌신하였다.

그에 관하여 전해지는 많은 전설 가운데 하나에 의하면, 프란체스코는 친구 몇몇과 함께 '청빈'을 찾아 길을 나섰다. 두 사람의 노인들이 그녀는 높은 산정에 살고 있다고 말해 주었다. 산봉우리마다 헤매던 프란체스코는 드디어 "빈곤의 왕좌에 앉아 있는" 그녀를 만나게 되었다. 그녀는 지친 여행객들을 반가이 맞았으며, 프란체스코는 그녀야말로 모든 덕목들 가운데 여왕이

시라고 칭송하기 시작하였다. 그녀는 자기가 실제로 아담과 함께 낙원에도 있었으나, 그가 타락한 후에는 일정한 거처도 없이 헤매기 시작했다고 하였다. 그러자 예수님께서 오셨다. 그는 그녀를 택하였으며, 그녀를 통하여 많은 이들이 신앙에 이르게 되었다. 특히 많은 수도사들이 그녀를 따르기 시작하였으나, 그녀의 대적인 '탐욕'이 이들을 부유하게 그리고 세속적으로 만들어 버렸다. 그리하여 그녀는 더 이상 수도원에도 머물지 못하게 되었다. 이러한 청빈의 이야기를 듣고, 프란체스코는 자기만은 그녀에게 충실할 것을 서원하였다. 그는 그녀를 자기의 신부로 맞아 함께 산을 내려오게 되었다.

청빈 부인에게 헌신한 것은 단지 프란체스코만은 아니었다. 12, 13세기에도 많은 숫자의 구애자들이 있었다. 순회 전도와 자발적인 청빈의 생활들은 많은 기독교인들의 상상력과 양심에 호소하는 바 있었다. 점차 많은 숫자의 평신도들이 수도사들이나 주교들의 기도에 의지하는 대신 직접 일상어로 번역된 성경을 읽고 다음과 같은 복음서의 명령을 따르기로 결심하고 있었다. "너의 재산을 팔아 가난한 자들에게 주고 와서 나를 좇으라." 이들 신자들 가운데 일부는 계속 정통 교회에 남았으나, 일부는 흔히 이단으로 정죄된 길을 택하였다. 그러나 이 경우 정통과 이단의 차이는 때때로 종이 한장 차이에 불과하였다.

단지 한 가지는 분명하였다. 인노켄티우스 3세가 제시하였던 바 그의 대리인을 통하여 이승과 저승의 모든 국가들과 모든 학문들과 모든 은혜들을 통솔하려는 승천한 그리스도의 모습은, 새들에게도 깃들일 곳이 있고 여우에게도 돌아갈 굴이 있으나 인자는 머리둘 곳이 없다 하셨던 구세주의 모습으로부터 심각한 도전을 받고 있었다. 결국 문제는 진정한 교회는 어디에 존재하는가 이다. 기독교는 성례를 집전하는 조직체에 있는가, 아니면 스스로를 부인하는 신자의 생활 속에 있는 것인가?

청빈, 이단, 그리고 폭력

중세의 청빈 운동은 결국 정치적 기독교는 기독교의 일부에 불과함을 사람들에게 일깨워 주는 효과를 가지고 있다. 기독교 신앙은 교황의 권위보다는 훨씬 더 엄청난 것이다. 만약 전 세계를 얻는다 하여도, 그 과정 속에서 자기의 영혼을 상실한다면 무슨 소용이 있겠는가? 일반 신자들이 빵을 구했을 때, 돌덩이밖에 얻지 못한다면, 그 모든 교회법령들과 십자군 원정들과 성직자들의 임명과 신학적 논쟁들이 무슨 소용이 있단 말인가?

자발적 청빈 운동은 부패하고 진실치 못한 성직자들에 대한 깊은 불신과 실망으로부터 그 힘을 얻고 있었다. 급격히 변화하고 확장되는 사회 속에서 사도시대로 돌아가자는 운동은 대개 정치적·경제적 불안과 동맹 관계에 있다. 그러나 본질적으로 가장 핵심은 사람들의 영적 목마름이다.

당시 신자들이 가장 애타게 바라고 있던 순간에 진정한 목양의 모습은 매우 드물었다. 잉글랜드 링컨의 유능한 주교였던 로버트 그로스테스트(Robert Grosseteste)는 당시 성직자들의 탐욕, 부도덕을 다음과 같이 한탄하였다. "성직자들의 생활은 평신도들의 성경에 해당하는데도, 이들의 생활은 모든 악함과 오류들로 가득차 있다." 그리고 이러한 불행의 기반에는 다름아닌 교황청이 자리하고 있다고 그로스테스트는 말하였다. 교황청은 신자들을 위한 목양자가 아니라, 파괴자들을 임명하고 있다는 것이었다.

이러한 그로스테스트의 불평은 새로운 것이 아니었다. 이미 10세기부터 수도원 운동 개혁자들은 교회가 원래의 가난한 모습으로 돌아갈 것을 외친 바 있었다. 모든 열정적인 설교가들은, 만약 "사도적 청빈(Apostolic Poverty)"이 기독교의 이상이라 한다면, 장려한 저택에 사는 주교들과 부유해진 수도원에 거하는 수도사들은 진정한 기독교인의 생활을 하지 못하고 있음을 깨닫고 있었다.

그런데 이전에는 이러한 개혁의 주장들이 새로운 수도원 개혁운동의 모습으로 합류될 수 있었다. 그리고 교회내의 모습은 별 다름없이 그대로 진행되었다. 그러나 12, 13세기는 이와는 다른 형태를 보이기 시작하였다. 사도적 청빈의 모습을 주장하였던 설교자들 가운데는 이처럼 교회가 이미 정해 놓은 경계 속에 갇히기를 거부하는 이들이 나타나기 시작하였다. 그리하여 이들이 교회에 본격적으로 대항하기 시작하였을 때 이들은 이단으로 몰리기 시작했던 것이다.

현대 신자들은 이단에 대한 중세인들의 태도를 전혀 이해할 수가 없다. 현대인들은 대부분 종교적 신앙은 개인적인 선택 문제라고 생각하며, 이를 생사가 걸린 심각한 문제로 받아들이지 않는 경우가 태반이다. 그러니 왜 신앙을 위해 죽거나, 혹은 신앙 문제로 남을 죽여야 할 필요가 있겠는가?

그러나 중세인들은 신앙을 엄격하게 개인적인 차원의 문제라고 생각하지 않았다. 기독교적 신념이 사회를 한데 유지하는 시멘트와 같은 요소였으며,

어떤 한 신앙의 교리를 부인하는 것은 곧 반역에 해당하는 행위였다. 기독교권의 성립은 사회 정치적인 집단의 성립을 의미하였으며, 기독교 신앙은 곧 이에 생명을 불어 넣어주는 정신이었다. 그리하여 기독교권내의 이단은 육체의 암과 같은 존재였다.

그런데 이단이란 과연 무엇을 의미하는가? 12세기에는, 세례를 받은 신자가 기독교 신앙의 계시된 교리를 어느 하나라고 부정하는 것을 의미하였다. 이러한 진리들 가운데는 교회의 통일성과 하나님에 의해 임명된 교회의 수장으로서의 교황의 위치가 포함되어 있었다. 따라서 기존 권위 체제에 대항한 불복종은 이단으로 분류되었다.

물론 이러한 정의는 사도 바울이 원래 이 용어를 사용했을 때의 의미와는 거리가 멀다. 그러나 이미 성립된 집단을 유지하는데는 효과적이었다. 기독교권은 원래 의미의 신앙을 요구한다기보다는 신조에 대한 신앙을 요구하였다.

그리하여 이단들을 취급함에 있어서 교회는 두 가지의 목표가 있었다. 하나는 이단자들의 개종이요, 두 번째는 기독교 사회의 보호였다. 그러나 사회를 보호하기 위해 교회는 얼마나 극단적인 조처를 취할 수 있는가? 사회내의 생명들을 보호하기 위하여 다른 생명들을 앗을 수도 있는가?

이단의 존재와 이에 대한 대응에 관한 논란은 교회 내에 심각한 이견들을 불러 일으켰다. 평화로운 사회를 유지시키기 위해 교회는 폭력을 사용할 수 있을까? 이에 대한 해답으로 결국 교회가 선택한 방도는 교회가 추구하여야 하는 영원한 왕국의 이상과는 너무나 동떨어진 길이었다. 교회는 이단들을 처형하기 위해서 뿐만 아니라, 이들에게 고통스럽고 비인간적인 고문을 가하기 위한 종교재판소(Inquisition)를 설치하였다. 즉 한 악마를 쫓아내기 위하여, 7개의 다른 악마들을 불러들인 형국이었다.

이러한 모순이 당시에는 그다지 확실하게 눈에 드러나지는 않았다. 이교도들에 대항하여 십자군들을 파견했던 교회는 이단자들의 처형을 또한 명령할 수 있었다. 거의 모든 이들은 다 순수한 교회의 모습이 하나님의 뜻이라는데 동의하였다.

천국의 가난한 자들

그러나 과연 어디에 하나의 순수한 교회는 존재하는가? 이는 로마의 교황청에 소재하는가? 십자군들의 피비린내 나는 전투인가? 혹은 가난한 자들에게 팔려가는 면죄부인가? 만약 위의 그 어느 것들도 아니라면, 먹을 것을 찾는 굶주린 자들과 헐벗은 자들에게 옷을 입히는 구제 속인가, 혹은 피곤한 자들이 찾는 휴식 속인가? 만약 천국이란 심령이 가난한 자들에게 속한 것이라면 교회는 이를 어떻게 해야 할까? 바로 이것들이 청빈이라는 귀부인에 의해 던져진 질문들이었다.

가톨릭 교회의 세속성에 대해 최초로 항의를 발했던 인물들 중에 하나는 북부 이탈리아 브레스치아(Brescia) 수도원장이던 아놀드(Arnold)였다. 아놀드는 성직자들의 악덕들은 교회가 세상을 통솔하려 한데 그 원인이 있다고 주장하였다. 그는 교회가 그 재산과 세속적 권력을 국가에게 돌려주고 초대 교회의 소박하고 가난한 모습으로 돌아가야 한다고 주장하였다. 그는 진정한 교회와 그 목회자들은 부와 재산을 회피해야 한다고 하였다. 왜냐하면 부는 구원을 위태롭게 하기 때문이다.

1139년, 아놀드는 신자들을 주교로부터 유리 내지는 그와 대적시키는데 성공하였다. 이 때문에 교황 인노켄티우스 2세는 아놀드를 이탈리아에서 추방시켰다. 그는 파리로 도주하여, 아벨라르 아래서 수학했는데, 그의 스승과 마찬가지로 클레르보의 베르나르의 분노를 사게 되었다. 베르나르는 아놀드를 가리켜, "양가죽을 쓴 또 한 마리의 포효하는 이리"라 불렀다.

5년 후 로마에 나타난 아놀드는 즉각 교황의 권세를 둘러 엎으려는 운동에 가담하였다. 그 옛날 로마 공화정치의 꿈에 불타던 로마 시민들은 교황이 제2차 십자군 원정을 위한 설교 여행에 간 틈을 타서 권력을 잡았으며, 아놀드는 완전 세속 정부의 새로운 지도자의 자리를 차지하였다. 그는 성직자들은 사도들과 같이 빈곤한 생활을 해야한다고 설교했으며, 추기경단을 가리켜서는 강도들의 굴혈이라는 비난을 서슴치 않았다.

이러한 새로운 실험은 십년이나 계속되었으나, 결국 하드리안(Hadrian) 4세 교황이 로마에 금령을 내리고 황제 프리드리히 바바로싸(Frederick Barbarossa)의 도움 아래 아놀드를 체포하였다. 1155년 아놀드는 화형에 처해져서 그 시체를 태운 재는 티베르 강에 버려졌다.

그러나 그후 얼마 안되어 동부 프랑스에서 청빈을 외치는 또 다른 목소리가 나타났으니, 곧 부유한 리용의 상인출신이었던 피에르 발도(Peter Waldo, c. 1140-1218)였다.

어느날 발도는 방랑 시인이 수도생활의 덕을 칭송하는 노래를 듣게 되었다. 이 발라드는 로마의 고귀한 귀족출신 알렉시스라는 젊은이가 부모에 의해 강제로 결혼하게 된 내용을 담고 있었다. 그러나 이 신랑은 이미 정절의 서원을 한바 있었으므로, 초야에 그의 신부와 서로 동정을 지킬 것을 함께 맹세한 후 성지를 향해 떠나 버렸다.

알렉시스의 부모는 아무데서도 그를 찾을 수 없었다. 수년이 지난 후 그는 거지가 되어 돌아왔으나, 너무나 변한 모습에 아무도 그를 알아보지 못하였다. 그는 자기 집의 뜰에서, 가족들의 상에서 나오는 찌꺼기를 먹고 살았다. 그는 임종시에야 자기의 정체를 밝혔다.

이 이야기가 의도하는 주제는 명백하다. 기독교 신자는 내세를 위하여, 이 생의 쾌락을 부인해야 한다는 것이다.

발도는 깊은 충격을 받고, 신부에게 어떻게 하면 그리스도와 같이 살 수 있는가를 물었다. 신부는 예수께서 젊은 부자 청년에게 준 대답을 지적하였다. "만약 완전하고자 한다면, 가서 너의 재산을 팔아 가난한 이들에게 주라. 그리하면 천국에서 보물을 가질 것이다. 그리고 와서 나를 좇으라"(마 19:21). 바로 9세기 전 이집트의 안토니로 하여금 수도운동을 시작하게 했던 바로 그 구절이었다.

발도는 이 명령을 좇기로 하였다. 그는 아내를 위해 적절한 수입원을 마련하고, 그의 두 딸들을 수도원에 넣은 후, 나머지 재산들은 가난한 이들에게 나누어 주었다.

가난한 이들을 위한 사역을 위하여 발도는 성경의 필요한 부분들을 프랑스어로 번역하도록 두 사람의 신부들을 채용하였다. 성경의 긴 구절들을 암송한 후 발도는 자발적으로 가난한 자의 생활을 함으로써, 그리스도의 삶을 본받도록 일반인들에게 가르치기 시작하였다. 그리하여 그의 개혁은 비단 수도사들뿐만이 아니라 모든 신자들에게 청빈과 제자도의 길을 가도록 하는 것이었다.

그를 따르는 추종자들이 생김에 따라 발도는 사도들의 모습을 따라 이들을 둘씩 짝을 지어 내보냈다. 이들은 촌락과 시장들을 방문하여 성경을 가르치고 설명하였다. 이들은 스스로를 가리켜 "심령이 가난한 자들"이라 자칭하였고, 우리들은 이들을 "발덴시" 즉 발도파라 부른다.

이러한 발도파의 공인받지 않은 설교 행위는 곧 이들에게 중지를 명령하였던 리용 대주교의 강력한 반대를 맞게 되었다. 발도는 "우리는 인간들보다는 하나님께 순종해야 한다"(행 5:29)는 베드로의 말을 인용하여 이에 불복하였다. 대주교는 곧 발도를 파문하였다.

발도와 그의 추종자들은 교황에게 항소하기로 하였다. 이들이 로마에 도착해 보니, 그곳은 마침 제3차 라테란 회의(1179)에 참석한 성직자들로 법석이었다. 이들은 이 회의에 참석하여 자기들의 입장을 밝힐 수 있는 기회는 얻었으나, 월터 맵(Walter Map)이라는 달변가에게 조롱의 대상이 되었을 뿐이었다.

교황 알렉산더 3세는 이들에게서 아무런 이단의 증거를 찾지 못했으며, 오히려 그들의 청빈한 생활에 깊은 인상을 받았다. 그러나 이들은 역시 평신도의 입장이므로 주교들이 초청할 때에만 설교할 수 있다고 판결하였다. 물론 실제로 주교들이 이들을 설교하도록 초청할 가능성은 거의 없었다.

발도는 주교들의 동의여부를 막론하고 성경이 자기에게 가난한 이들에게 설교할 것을 명령하고 있다고 확신하였다. 그는 점차 증가하는 추종자들과 함께 계속하여 설교하며 사도적 청빈의 생활을 계속하였다. 이들의 운동은 남부 프랑스와 아울러 알프스 산맥을 넘어 이탈리아에까지 전파되었다. 이러한 불복종으로 말미암아 교황 루키우스(Lucius) 3세는 1184년 이들을 파문하였다.

이러한 충돌은 우리가 능히 이해할 수 있는 바였다. 발도파들은 사도들의 소박한 삶으로 돌아감으로써 교회를 정화시키고자 하였다. 이는 곧 세속적 권세를 포기함을 의미하였다. 이들의 목표는 로마 교회와 마찬가지로 인간의 구원이었다. 그러나 이를 이루기 위한 이들의 수단은 매우 달랐다. 교황청은 자기들이 주관하는 성례나 사제제도를 포기할 수 없었다. 또한 신앙의 내용이 로마교회의 명령과는 다를 수도 있다는 사실을 인정할 수 없었다. 그러나 이와 동시에 발도파들은 점점 그리스도의 교훈 외에는 따라야 할 필요가 없다고 느끼게 되었다. 성경이 삶을 주관해야 한다. 그러나 만약 모든 이들이 사도적 청빈의 생활을 한다면 자기들의 목표를 위한 사역의 후원자들은 어디서 구할 수 있겠는가? 이들은 점차, 마치 이전의 수도원 운동이 그러하였듯이, 두 계층의 기독교 신자가 있음을 인정하게 되었다. 소위 "심령이 가난한 자(Poor in Spirit)"들은 발도파의 정식 회원으로 특수한 서원을 지키며, 함께 단순한 의식의 예배를 드렸다. 이들 외에 "친구들(friends)"이라는 집단이 있어서 이들은 가톨릭 교회내에 계속 머물면서 이 운동을 지원하고, 이 운동에 동조하고 참여할 이들을 계속 공급하였다.

이러한 발도파의 모습은 성경으로 돌아가자는 경향이 너무나 뚜렷했으므로, 오랫동안 복음주의적 기독교인들은 이들을 "종교개혁 이전의 종교개혁가들"로서 표현해 왔다. 교황의 권한에 관한 가톨릭 교회의 교리와 비교해 보건대, 성경의 권위를 고양하였던 이들의 주장은 실제로 루터나 칼빈처럼 들리기도 한다. 그러나 역시 구원에 관한 교리나, 고행과 청빈의 생활 등은 개혁가들의 가장 뚜렷한 특징이라 할 수 있는 하나님의 은혜에 관한 요소를 분명 결여하고 있다.

새로운 이단들의 위험

가톨릭 교회의 가장 큰 골칫거리였던 제3의 분파 운동은 흔히 "순수한 자들"이라는 의미로 불렸던 카타리(Cathari)라는 집단이었다. 이들은 특히 남부 프랑스의 알비(Albi)라는 촌락을 중심하여 번성하였으므로, 어떤 이들은 이들을 가리켜 알비파(Albigenses)라 부르기도 했다.

그들에 관한 대부분의 기록들은 이들의 적들의 손에 의한 비판의 형태로 남아 있다. 찰스 윌리엄스(Charles Williams)가 설파했듯이, 그의 대적의 말을 정확하게 묘사하는 이는 천에 하나도 찾아보기 힘들다. 특히 내심의 생각에 관한 묘사는 말할 필요도 없다.

어쨌든 카타리파는 불가리아 지방으로부터 유럽으로 침투해 들어온 것은 거의 확실하다. 초대 교회의 영지주의파처럼 카타리들은 우주가 선과 악의 양대 세력의 영원한 전장이라 하였다. 인간의 육체를 포함한 모든 물질 세계는 구약의 신인 악한 세력의 소산이다. 카타리들은 바로 이 악한 신이 인간의 영혼을 지상의 육체에 가두었다고 주장하였다.

이러한 악한 육체의 세력으로부터 벗어나기 위하여, 진정한 카타리파는 결혼을 금하고, 육체 관계와 육식과 재산 소유를 금하였다. 여기에서도 청빈을 이상화하는 모습이 나타나는데 이는 그리스도의 모범을 따른다기보다는 이원론적 우주관에 기초한 것이었다. 물질과 영혼 사이에는 우주적 차원의 전쟁이 벌어지고 있었고, 카타리파는 영혼의 편에 선 것이었다.

이들은 선한 신의 편에서 인간들에게 구원의 길을 보여주기 위해 그리스도를 보냈다고 가르쳤다. 그런데 카타리파에게 있어서 그리스도는 인간이 아니라 생명을 주는 영이었다. 인간인 그리스도는 생각할 수도 없었으며, 십자가에 달려 죽음으로써 구원을 이룬다는 것은 상상할 수도 없는 일이었다. 그리하여 이들의 주장을 보면 그리스도가 기독교적인 신-인으로서가 아니라 마치 부처처럼 길을 보여준 듯하다.

분명히 이들 카타리파에게는 브레스치아의 아놀드나 피에르 발도와는 또 달리 이단적인 면이 있었다. 아놀드와 발도파는 교회의 권위에 복속하기를 거부하였지만, 카타리파는 교황이나 주교들뿐만 아니라, 기본적인 기독교 자체를 부인했던 것이다. 이들은 회개와 신앙을 통해서가 아니라, 자아를 양분함으로써 악으로부터 도주하고자 하였다.

이런 카타리는 로마 교회에게 심각한 위협이었다. 이들은 단지 고대의 이원론적 이단사상을 부활시켰을 뿐만 아니라, 1200년 경에는 남부 프랑스 문화의 중심지였던 툴루즈(Toulouse) 영주의 보호를 획득하여 놀라운 속도로 번져가고 있었다. 이때 가톨릭 교회는 세가지 무기를 사용할 수 있었다. 이들에게 설교하여 진리로 돌아오도록 하는 것과, 이들의 저항을 파괴할 무력의 사용과, 이러한 이단을 완전히 뿌리뽑을 종교재판의 적용이었다.

도미니쿠스 수도회의 시작

교황들은 카타리파에 많은 설교자들을 파견하였으나 이들은 별로 성과를 거두지 못하였다. 한 예외적인 인물은 도미니쿠스 구즈만(Dominic Guzman, 1170-1221)이라는 스페인인이었다. 도미니쿠스는 1206년 알비파들을 개종시키는 사역에 종사하던 중 교황이 파견한 설교자들이 효과적이지 못한 이유는 이들이 주로 권위와 계급에만 의존하기 때문임을 깨닫게 되었다. 알비파들은 이러한 모습이야말로 전형적인 거짓 종교의 특색으로 간주하고 있었다. 도미니쿠스는 만약 설교자들 자신이 청빈의 모범을 보인다면 이단들이 귀를 기울이리라고 생각하였다. 이단들을 얻기 위하여 도미니쿠스는 스스로 가난한 자의 모습으로, 맨발에 구걸하는 모습으로 이들 속으로 들어갔다.

그러나 도미니쿠스가 남부 프랑스에서 이러한 사역을 시작한지 2년 만에 인노켄티우스 3세는 강경책을 쓰기 시작하였다. 그러나 어쨌든 도미니쿠스는 설교와 청빈의 생활은 동반해야 한다고 확신하였다. 그는 자기의 생각에 동조하는 이들을 모아 다른 지역의 이단들을 위해 계속 사역하였다. 1220년 도미니쿠스파의 사역과 생활 태도는 공식적으로 인정받게 되었다. 이들이 오늘

날 우리가 알고 있는 도미니쿠스 수도회이다. 이들은 탁발(mendicant) 수도
회라 불리었는데 그 이유는 물론 걸식하였기 때문이었다. 그리고 이들은 또
한 수사(friar, 형제들)라고 불리었다. 이들은 종래의 수도회와는 달리 사람들
사이에 살며 설교하고 가르쳤다. 마치 수도원들이 변경 주민들에게 사역하였
듯이, 이들 탁발 형제단은 도시에 사는 이들의 영적 욕구를 충족시키기 위해
나타났다.

한편 인노켄티우스 3세는 기어코 알비파들을 뿌리뽑고자 결심하였다. 당시
북부 프랑스는 별개 국가였던 남부 프랑스를 잠식할 기회만 노리고 있었다.
인노켄티우스가, 이번에는 모슬렘 터키인들을 대상으로가 아니라 기독교 이
단들을 향한 전투를 포고하자, 북부 프랑스인들은 약탈과 살인을 자행하며
밀고 내려왔다. 올바른 기독교 신자의 입장에서 살인과 악행을 마음대로 행
하는 동시에 자기들의 왕국을 확장할 수 있는 좋은 기회였기 때문이다. 인노
켄티우스 자신까지도 이들의 잔인성에 경악했을 정도엿다. 그러나 이단 축출
은 성공적이었다. 1215년까지는 툴루즈에서 알비파들이 근절되었으며, 북 프
랑스는 폐허화한 남부 프랑스를 차지하였다.

종교 재판관의 등장

숨어있는 이단들까지도 잡아 처벌해야 했다. 이것이 바로 종교재판소
(Inquisition)의 목적이었다. 이러한 종교 재판은 각 지역의 많은 이들에게 참
혹한 기억으로 남게 되었다. 우리들은 이를 정의의 잔인한 오용으로 평가한
다.

종교재판의 초기 형태는 1184년 교황 루키우스 3세가 주교들에게 담당 교
인들의 신앙 상태를 점검(inquire)하도록 명령함으로 시작되었다. 그리하여
주교들은 이러한 검사 혹은 사찰을 시작하였다. 이단자들이나 이들을 은닉한
자들은 즉각 파문시켰다.

그러나 발도파들과 알비파들의 파급을 막기 위해선 보다 엄중한 조처가
필요하였다. 1215년의 제4차 라테란 회의는 인노켄티우스 3세의 주도하에 국
가에게 이단자들을 처벌할 수 있는 권한을 주었으며, 이들의 재산 몰수와,
이단들의 처벌에 소극적인 자들의 파문, 그리고 이단 박멸에 협력하는 자들
에 대한 전면 사죄를 결의하였다.

1220년 교황은 종교재판의 관할을 주교들로부터 새로이 결성된 도미니쿠

스 수도회로 이전하였고, 9년 후의 툴루즈 회의에서는 종교재판의 정책을 일관화하여, 이단의 혐의를 받는 자들로부터는 일체의 권리를 박탈하였다. 종교재판관은 오직 교황의 감독만을 받았으며, 그외에는 아무의 명령도 받을 필요가 없도록 하였다. 재판관은 검사인 동시에 판결권까지 갖게 되었다. 소위 "재판"은 비밀리에 진행되었고, 로마법을 따르는 다른 법정들과 같이 피고는 고발자의 정체도 모르고, 전문 변호사의 도움도 받지 못한 채 자기의 무죄를 증명하여야만 했다.

최후의 중요한 단계는 1252년에 왔다. 교황 인노켄티우스 4세는 이단들에 관한 정보를 수집하고, 이들로부터 자백을 받아내는 방법으로 고문을 인정하였다. 과거의 교황들, 성자들, 주교들은 모두 한 목소리로 고문의 존재 자체를 반대해 왔다. 그러나 인노켄티우스 3세가 교황직을 차지한 후에는 정책을 바꾸기 시작했으며, 가톨릭 교회는 드디어 강력한 통일을 이룩한 것이다.

물론 교회법(Canon Law)는 성직자들이 피를 흘리는 것을 금하였다. 성찬을 행하는 손으로 인간들을 희생해서는 안된다는 생각이었다. 그는 단지 죄수들을 체포하고, 취조하고, 고문할 수 있을 뿐이었다. 만약 이 불운한 피고가 유죄로 판명될 때에는 그를 세속 당국에 넘기게 되는데, 이 경우 대개 화형에 처해지는 것이 보통이었다.

이는 참으로 흉한 작업이었다. 그러나 어거스틴 이후 거의 대부분 사람들은 썩어가는 지체를 절단하고라도 몸 전체를 구해내는 것이 옳다고 생각하고 있었다. 그리고 이들의 눈에는 물론 로마 교회가 몸이요, 이단들은 절단되어야 할 썩어가는 지체였다.

13세기가 끝나기 전, 툴루즈에 대한 철저한 사찰과 종교재판은 카타리파를 근절시키는데 성공하였다. 그리하여 다시 메리 베이커 에디(Mary Baker Eddy, 크리스챤 사이언스의 창시자)가 출현하기 전에는 물질계는 구원받을 수 없다는 사상은 과거의 이단으로 남게 되었다. 한편, 역시 종교재판의 대상이었던 발도파들은 이탈리아의 산악지대에 살아남아서 16세기에 종교개혁이 발생하였을 때, 이와 합류하였다.

그 심각한 결점들에도 불구하고, 종교재판 역시 살아 남았다. 이들은 비록 절단하는 데는 능하지만 상처를 치유할 수 있는 권능은 갖지 못하고 있었다. 이러한 치유의 사역은 로마 북방 85마일 지점에서 일어났다. 아시시는 우리가 흔히 아시시의 성 프란체스코라는 이름으로 더 잘 알고 있는 조반니 베르나도네(Giovanni Bernardonne)의 고향이었다.

프란체스코(1182-1226)는 부유한 이탈리아 직물상 집안 출신이었다. 프란체스코의 부친은 그를 기사로 만들려는 꿈을 가지고 있었다. 그러나 전투에 단 한번 참전했던 것만으로도 프란체스코의 마음을 돌리기에는 충분하였다. 아마도 감옥에서 열병에 걸려 인생의 의미에 대해 깊이 생각하던 중이었던 듯한데, 프란체스코는 세속과 부친의 계획에 등을 돌리기로 결심하였다.

넝마를 걸치고, 허리에는 허수아비에게서 취한 끈을 허리띠 대신 묶고서, 그는 몇몇 추종자들과 함께 이리저리 촌락들을 헤매고 다녔다. 이들은 부유한 자들에게 구걸하여, 가난한 자들에게 나누어 주며, "사도적 청빈"의 기쁨을 설교하였다.

프란체스코 수도회의 창설

1209년 프란체스코는 그의 소규모 형제단을 위한 소박한 '규율'을 마련하였다. 이는 주로 십자가를 지라는 그리스도의 명령, 젊은 부자 청년에게 주어졌던 충고, 그리고 사도들을 내보내실 때 주신 지시들로 구성되어 있었다. 이러한 '규율'을 가지고 프란체스코와 추종자들은 교황 인노켄티우스 3세의 공인을 받으러 갔다. 이는 마치 1179년 발도가 알렉산더 3세 앞에 나섰을 때와 비슷한 광경이었다. 그러나 시대가 변하고 있었다. 그의 전임자들이 범한 실수를 깨달았던 인노켄티우스는 이 작은 설교자들의 집단을 인정해 주었다. 프란체스코는 그의 집단을 소수사회(Friars Minor, 소 형제단)라 명명하였다. 우리들은 이들을 프란체스코회라 부른다.

처음부터 프란체스코의 비전은 세상을 구원하고자 하는 것이었다. 그는 시리아와 모로코를 향해 가고자 하였으나, 사정이 여의치 못하였다. 1219년 드디어, 원정군들을 따라 이집트를 향하였다. 그는 11명의 동지들과 함께 근동 지방으로 가서, 이집트의 술탄을 개종시키고자 하였다가 실패하였다. 그는 이집트로부터 팔레스타인의 성지들을 순례하였으며, 일년이상이 지나서야 비로소 이탈리아로 귀환하였다.

그가 없는 동안 형제들 사이엔 의견 차이가 발생하였다. 일부는 이들의 숫자가 급격히 증가함에 따라 더 많은 조직, 규칙들, 더 엄격한 감독이 필요하다고 생각하였다. 다른 이들은 원래의 모습대로 단순 소박한 그리스도의 청빈의 원칙을 고수하고자 하였다.

이탈리아로 돌아온 프란체스코는 이러한 분쟁을 해결할 능력이 자기에게 없음을 깨달았다. 그는 모범을 보이고 사는 사람이었지, 경영자는 못되었다. 그리하여 그는 교황에게 우골리노(Ugolino) 추기경을 자기의 고문으로 임명해 주도록 청원하였고, 그후 얼마 안되어 수도회의 통솔을 동료였던 피터 드 카타네오(Peter de Cataneo)에게 넘겨주었다. 그는 기도하였다. "주님, 제게 맡겨 주셨던 가족들을 다시 돌려 드립니다. 제게는 이들을 돌볼 수 있는 능력도 힘도 없는 줄 알고 계시나이다." 이는 기독교 단체들의 역사 속에서 흔히 볼 수 있는 모습이다. 한 사람은 창설하고, 다른 사람이 이를 돌본다. 하나님에게서 받은 은사들은 모두 다르다.

후에 교황 그레고리 9세가 되었던 우골리노는 프란체스코를 깊이 존경하였으나, 그는 무엇보다도 교회 지도자였다. 그는 이 운동에서 로마 교회의 세력을 널리 전파할 수 있는 수단으로서의 가능성을 발견하였다. 특히 아놀드, 발도, 카타리 등에 의해 그 권위가 침해된 지역에서의 활동을 기대하게 되었다. 그는 프란체스코 수사들에게 권위를 주어서 교회를 개혁하고자 하였고, 그들은 그리스도의 겸손을 설교하여 세상을 변화시키고자 하였다.

1223년 교황 호노리우스 3세는 좀 더 복잡한 조직을 허락하고, 구걸을 동 수도회의 기본적인 특징으로 삼도록 하는 새 '규율'을 인정하였다. 그리하여, 프란체스코회는 설교, 교리, 헌신을 통하여 도미니쿠스회와 아울러 교회의 대반격 전술의 선봉에 서게 되었다.

프란체스코는 결국 생전에 그의 이상이 변모되는 모습을 보게 되었다. 그는 세속적 영향이 수도회 안으로 침투하는 경향을 염려하였다. 지나치게 학문이 발전하는 것도 염려하였다. 가난한 이들에 대한 봉사가 소홀해 질 것 같아서 였다. 임종이 가까워지자, 사람들은 그를 고향 아시시로 옮겨 갔다. 그는 겸손한 모습으로 찬양이 울리는 가운데 1226년 10월 3일 이 세상을 떠났다.

프란체스코는 물론 청빈 부인을 사랑하였던 그 시대의 산물이다. 그러나 그의 이상적인 모습은 시대를 초월하여 모든 기독교 신자들에게 속해 있다. 허버트 워크맨(Herbert Workman)은 다음과 같이 기록하였다. "수 년 동안 산상보훈이 하나의 현실로서 우리 가운데 실현되었다. 그러나 이러한 꿈 같은 사실이 지속될 수는 없었다." 이러한 꿈을 끝내 포기치 않는 이들이 전혀 남지 않았던 것은 아니다.

프란체스코회는 그후 수도회의 사용을 위해 교회의 재산 소유를 인정하자
는 꼰벤투알파(Conventual)와, 진정한 교회의 표지는 곧 완전한 청빈이라고
주장하는 신령파(Spiritual)로 나뉘게 되었다.

그리하여 청빈이라는 귀부인은 부와 권력을 장악하였던 교회에 위대한 도
전을 던져주었다. 그러나 인노켄티우스 3세의 우주적 통치의 환상처럼, 완전
한 청빈, 혹은 사도적 청빈의 생활은 모든 교회가 항상 지킬 수 있는 이상은
아님이 확실해지고 있었다.

참고도서

Baldwin, Marshall W. *The Medieval Church*. Ithaca: Cornell University Press, 1953.

Lambert, Malcolm. *Medieval Heresy*. New York: Holms & Meier, 1976.

Runciman, Steven. *The Medieval Manichee*. London: Cambridge University Press,
    1955.

Tuberville, A. S. *Medieval Heresy and the Inquisition*. London: Archon, 1964.

Westin, Gunner. *The Free Church Through the Ages*. Nashville: Broadman, 1958.

Workman, Herbert B. *The Evolution of the Monastic Ideal*. Boston: Beacon Press,
    1962.

22

잠자는 인간들과 필요의 법칙

:교황제의 타락

유 럽의 14세기는 전례없이 낙관적인 분위기 속에서 시작되었다. 1300년 2
월 22일, 교황 보니파키우스 8세는 그리스도 탄생의 새로운 세기를 기
념하기 위하여 희년(Jubilee)을 선포하였다. 이는 역사상 볼 수 없었던 최초
의 조처였다. 공식 교황 칙령은 이 희년 동안에 성 베드로와 성 바울 성당을
경건한 마음으로 방문하는 모든 이들에게 "일체의 모든 죄를 아무런 보류사
항도 없이" 사해 줄 것을 약속하고 있었다.

675년 후 교황 바울 4세는 1975년을 또 다른 성년(Holy Year)으로 선포함
으로써 보니파키우스의 뒤를 따랐다. 바울 4세는 이를 "전면 사죄부(Plenary
Indulgence)의 선물이라 표현하였다. 최초의 희년 때와 마찬가지로 로마는 이
곳을 향해 모여드는 모든 이들을 쌍수를 들고 환영하였다.

이러한 성년의 창시자라 할 수 있는 보니파키우스 8세 (1294-1303)는 화려
한 예식을 좋아하며 분위기에 쉽사리 휩쓸리는 인물이었다. 그는 황제의 화
려한 제복을 걸치고 몇차례나 순례자들 앞에 나타나서는 "내가 카이사르로
다. 내가 황제로다"라고 외치곤 하였다. 공식 기록에 따르면 그의 교황관에
는 48개의 루비, 72개의 사파이어, 45개의 에메랄드, 66개의 커다란 진주들이
박혀 있었다고 한다. 그는 순례자들에게 관대할 이유가 충분히 있었다. 당시
역사가의 기록에 의하면, 성 바울 성당의 경우 부유한 신자들이 밤낮을 가리

지 않고, 두사람의 신부들을 정신차리지 못하도록 바쁘게 하였으며, 미사 때마다 "무한한 액수의 돈을 헌금으로 바쳤다"는 것이다.

이미 2세기에 걸쳐 교황청은 정치적으로나, 종교적으로 그 권세의 절정에 있었던 만큼 보니파키우스는 앞으로의 세월을 낙관적으로 바라볼 수밖에 없었다. 그의 전임자 가운데는 교묘한 정치적 수단으로 자기의 뜻을 황제들과 군왕들 위에 성취시켰던 인노켄티우스 3세의 빛나는 본보기가 있었다. 보니파키우스는 물론 자기도 이러한 행로를 따라 가리라고 믿어 의심치 않았다.

그러나 희년 후 채 3년이 지나지 않아 보니파키우스는 역대 교황 가운데 최대의 개인적 치욕을 당하고 그 충격으로 숨을 거두었다. 희년 축하객들이 기쁨에 들떠 있는 중에 이미 중세 교황의 절대권의 종말을 가져올 세력들은 이미 나타나고 있었다.

과연 어떤 이유와 경로로 이러한 상황이 벌어졌는가? 왜 신자들과 국가들이 교황들의 세속 권력에 도전하게 되었는가?

왕국의 깊은 잠과 변화

예수님은 언젠가 땅에 씨앗을 뿌린 사람의 비유를 말씀하신 적이 있었다 (막 4:26-29). 이 사람이 자고 있든지, 깨어 있든지에 상관없이 씨앗은 싹이 나고 자라나기 시작하였다. 이 사람은 도대체 씨앗이 어떻게 자라나는지 아무 의식도 없을 때가 많았다. 그러나 토지는 줄기를 키우고, 마침내 머리에는 다시 곡식들이 맺게 되었다. 다 자연스레 되어진 일이었다. 예수님은 말씀하셨다. 하나님의 나라가 바로 이러한 모습이라고.

도대체 어떤 일들이 발생하고 있는지 인간들은 도대체 알지 못하는 사이에 교회와 세상에는 중요한 사건들이 벌어지고 있는 경우들이 많다. 바로 14세기가 이러한 시대였다. 중요한 사상들과 사회적 동인들이 기독교의 모습을 변화시키고 있는데도 교황청은 이에 대한 아무런 의식도 없이 구태의연한 태도로 교회를 운영하고 있었다. 우리들은 1300-1500년 사이를 "중세의 몰락기"라 부른다. 왜냐하면 4세기로부터 14세기까지의 천년을 이끌어 왔던 기독교권의 관념이 심각한 공격을 받고 있었기 때문이다.

기독교권은 기실 기독교 제국과 가톨릭 교회라는 두 가지 이념이 조화되었기에 성립할 수 있었다. 7, 8세기 유럽을 통일시키는데 유용하였던 기독교 제국의 중요성은, 12, 13세기에 교황의 권력이 강성해짐에 따라 이에 반비례하여 점차 약화되고 있었다. 인노켄티우스 3세는 십자군 원정을 위해 군주들을 모은다든지, 이단에 대적하여 신앙을 수호하는데 있어서 교황의 절대권이 훨씬 더 효과적임을 과시한 바 있었다.

14, 15세기의 중요성은 제국의 약화뿐만 아니라 교황의 권세가 극적으로 몰락했다는데 있다.

14세기에 들어서면서, 아직도 현대적인 의미에서의 "국가(nation)"라는 개념은 아직 완전히 성립되지 못했으나, 점차 많은 이들이 종교를 떠나서는, 스스로들을 "영국인" 혹은 "프랑스인"이라는 틀 속에서 파악하기 시작하였다. 또한 보다 중요하게는 이들이 자기들의 "나라(state)"들이 교황의 직접 통제없이 기능을 충분히 발할 수 있음을 발견하기 시작하였다는 점이다. 현대적인 용어를 쓰자면, 이들은 성속을 구별하여, 국가의 영역과 교회의 영역의 차이를 의식하기 시작했던 것이다. 이처럼 세상을 바라보는 새로운 관점은 특히 교황을 둘러싼 사건들을 통해 확실하게 드러나고 있었다.

유럽은 점차 봉건적인 과거에서 벗어나고 있었다. 이제 토지 대신에 현금이 더욱 중요한 시대가 도래하고 있었다. 중세 권력 구조의 최상층에 위치하였던 이들은 매년 재정 수입을 증가시켜야만 권력을 유지하고 관리할 수 있음을 깨닫게 되었다. 이를 위해서는 과세 수입을 늘려야만 했다. 그리하여 교회와, 영국과 프랑스의 과감했던 국왕들과의 투쟁이 14세기의 혼란과 투쟁을 자아내게 되었다.

당시 영국왕은 에드워드(Edward) 1세, 프랑스왕은 미남 필립(Phillip the Fair)이었다. 양자 모두 강력하고 자신감에 넘치는 군주들로서, 프랑스 내에 위치하였던 영국령 토지를 두고 분쟁 상태에 있었다. 막대한 자금이 소요되는 전쟁을 계속하기 위하여 이들은 동일한 해결책을 생각해 냈으니, 곧 자기 영역내의 성직자들에게다 세금을 부과하자는 것이었다. 그러나 교황의 입장에서 생각할 때 교회 수입은 과세대상이 될 수 없었으며, 교회만이 이를 관여할 수 있어야 했다.

보니파키우스 8세는 1296년 클레리키스 라이코스(Clericis laicos) 대칙서를 발하여 성직자에게 과세하는 군주들이나, 교황의 허락없이 이러한 세금을 납부하는 성직자 등 양측 모두를 파문시킬 것을 선언하였다. 그러나 에드워드나 필립은 로마의 협박에 그다지 신경도 쓰지 않는 새로운 종류의 군주들이었다. 에드워드는 세금을 내지않는 성직자에게서는 모든 법적 보호를 박탈하

며, 이들의 막대한 재산들은 왕의 직속 행정관들이 압류하겠다는 왕명을 발
했다. 한편 필립은 일체의 금, 은, 보석, 귀금속들의 동결령을 내려, 이들이
자기의 영역으로부터 유출되지 못하게 하였다. 이는 물론 교황청으로 들어가
던 헌금의 출처를 묶어버리는 조처였다.

미처 예상치 못했던 강경한 반발에 부딪친 보니파키우스는 자기의 의도는
국방을 위하여 시급한 필요가 있을 시에 성직자들이 이를 위해 헌금하는 것
을 막고자 한 것은 아니었다고 설명하였다. 물론 왕들이 "국방"이나 "시급한
필요"를 정의하는 만큼 에드워드와 필립이 승리를 거둔 것은 분명하였다.

기독교권의 새 음성

그러나 국왕들의 이러한 승리가 완전한 것은 결코 못되었다. 희년 선포의
빛나는 성공의 여세를 몰아 보니파키우스는 기독교권의 모든 영역에서 자기
에게 베풀어졌던 영적인 존경이 세속적 영역에까지도 연장되어야 한다고 주
장하였다. 그는 자기의 세속적 권력의 상징으로서 교황관에 원 하나를 더 추
가하였다. 그는 우선 필립에게 버릇을 가르쳐주기로 결심하였다. 그러나 필
립은 기독교권내의 새로운 세대를 대표하는 인물이었다. 그는 예수 그리스도
께서는 교회에 세속권력을 부여하신 일이 없다고 주장하였다.

1301년 왕은 한 프랑스 주교를 반역 혐의로 체포하였다. 보니파키우스는
해당 인물을 석방하도록 공식적으로 명령하는 한편 교회 토지에 관한 과세
조처에 대한 양보를 취소하였다. 다음해 필립은 이에 대응하여 귀족들, 성직
자들, 부르조아(bourgeoisie, 유산 계급)들의 대표들로 구성된 국가 의회를 소
집하였으니, 이것이 곧 유명한 삼부회이다. 동 회의는 만장일치로 교황에 대
항한 왕의 입장을 지지하였다. 필립의 재상들 가운데 하나는 당시의 상황을
다음과 같이 표현하였다. "국왕 폐하의 칼은 강철로 만들어져 있다. 그러나
교황의 칼은 말뿐이다."

수 개월 후 보니파키우스는 기독교 역사상 교황권을 가장 극단적으로 주
장한 것이라 볼 수 있는 칙령 "우남 상탐(Unam Sanctam)"을 반포하였다. 그
는 자기의 의도를 확실하게 주장하였다. "모든 인간들이, 일체의 예외가 없
이 로마 교황에게 복종하는 것이 당연하고 필요하다." 이에 대한 왕의 반응
도 극적인 바 있었다. 그는 보니파키우스가 교황직을 차지했던 과정 자체가
잘못되었다고 들고 일어섰다. 그는 자기의 계획을 수행하기 위하여, 그의 왕

국의 토대를 닦는데 크게 공헌하고 있었던 약삭빠른 법률가 노가레의 윌리엄(William of Nogaret)을 채용하였다.

노가레는 특히 근거없는 혐의로 사람들을 모함하는데 능숙한 인물이었다. 그는 각종 잔악한 고문을 사용하여 "자발적 자백"을 받아내는데 명수였다. 한 가지 예를 들어 사람의 벌거벗긴 몸에 꿀을 바르고 벌집들 위에 거꾸로 매달고 자백을 받는 것도 그가 즐겨 썼던 방법이었다. 그가 보니파키우스를 고발한 혐의들은 단지 교황 선출과정의 불법성 뿐만 아니라, 이단, 성직 매매, 부도덕들도 포함되어 있었다. 그는 프랑스 성직자들과 귀족들의 지시를 받아 내어, 교황을 체포해다가 프랑스의 특별 법정에서 재판하기로 계획하고 이탈리아로 침입하였다.

당시 86세였던 보니파키우스는 무더운 이탈리아의 여름을 피하여, 그의 고향이었던 아페닌 산맥 기슭에 소재한 아나그니(Anagni)에 머물고 있었다. 노가레와 그의 병사들은 노령의 보니파키우스가 쉬고 있던 침실로 밀어 닥쳤다. 이들이 실제로 교황을 구타했는지는 확실치 않다. 그러나 몹시 거칠게 다루었던 것만은 분명하다. 그들은 교황을 며칠동안 감금하였다. 이러한 사태를 뒤늦게 깨달은 아나그니 주민들이 일어나 보니파키우스를 구출하였다. 충격과 수치에 얼이 빠진 보니파키우스는 수주 후 숨을 거두었다. 당시의 한 사람은 이렇게 말했다. "그는 마치 여우처럼 자리를 차지하고, 사자처럼 군림하다가 개같이 죽었도다."

이러한 아나그니 사건의 중요성은 어디 있겠는가? 이는 유럽 기독교 신자들이 더 이상 순수한 정치적 문제에 교황이 개입하는 것을 용납치 않음을 보여주는 것이다. 물론 아무도 순수한 정치적 문제의 범위가 어떤 것인지는 확실하게 설명할 수 없었다. 그러나 자기 국가 영역내에서의 왕의 권한은 당연한 사실로서 받아들여지고 있었다. 하지만 동시에, 아무리 인기없는 교황이기는 하지만 교황에 대한 험한 취급 역시 세인들은 혐오하였다. 보니파키우스는 사람들에게 널리 사랑 받았던 인물은 못되었다. 그는 많은 이들의 비판의 표적이었다. 「신곡」(*The Divine Comedy*)의 저자였던 이탈리아의 천재 단테(Dante)는 보니파키우스가 지옥에 간 것으로 묘사하였다. 그러나 그는 역시 그리스도의 대리인이었다. 당시에는 아직 아무도 교황 없는 기독교를 상상도 하지 못하였다.

그리하여 아직 이를 위한 정확한 정치적 술어들도 만들어지지 못했을 때였으나, 14세기 초에 유럽인들은 세속과 종교적 권위들을 구별하기 시작하였으며, 각 범주내에서의 독자적 권리를 인정하기 시작하였으니, 이는 새로운 현상이었다.

2세기 전 카놋사가 교황 권력의 상승을 의미하였듯이 아나그니는 또한 교황 권력의 쇠약을 상징하는 사건이다. 보니파키우스의 후계자가 재위한지 얼마 안되어 뚜렷한 업적도 없이 사망한 후, 필립의 뜻이 드디어 이루어졌다. 1305년 추기경단은 프랑스인이던 보르도 대주교를 클레멘트 5세 교황으로 선출하였다. 클레멘트는 재위 중 한번도 로마에 머물지 않았다. 그는 항상 국왕의 명령을 쉽게 받을 수 있도록 출신지에 가까이 머물고자 하였다.

교황의 포로시대

클레멘트의 선임은 역사에서 흔히 일컫는 바 72년에 걸친 교황의 바빌론 포로 시대 — 이는 물론 구약의 이스라엘 백성의 바빌론 포로 사건에서 연유된 명칭이다 — 의 시작을 의미하였다. 클레멘트 이후, 모두가 프랑스 출신이었던 6명의 교황들은 로마대신 아비뇽이라는 작은 촌락에 머물 것을 선택하였다. 아비뇽은 필립의 영역에서 론(Rhone)을 건너면 바로 닿는 위치에 있었다. 교황들 아래서 이 촌락은 인구 80,000명에 거대한 성직자 조직과 화려한 교황궁이 자리잡은 대도시로 변모하였다.

교황청이 아비뇽으로 이전한 것은 단지 지리적인 문제가 아니었다. 유럽인들의 생각 속에서 영원한 도시 로마는 단지 성 베드로의 순교에 따른 사도 전승의 사상위에 서 있을 뿐만 아니라, 유럽 우주성의 관념인 로마 제국권(Roman imperium)을 상징하는 도시였다. 반면 아비뇽은 사방이 프랑스 영역으로 둘러싸여, 권력욕에 사로잡힌 프랑스인들의 수중에 있는 도구에 불과하였다.

독일에서는 이러한 교황의 아비뇽 소재를 매우 혐오하였다. 1324년 황제 바바리아인 루이(1314-1347)는 공의회의 소집을 요구하여 교황 요한 22세에게 대항하였다. 이러한 움직임을 지원했던 학자들 가운데는 파리 대학에서 도망쳤던 파두아의 마르실리우스(Marsilius of Padua)가 있었다. 1326년 마르실리우스와 그의 동료 잔둔의 요한(John of Jandun)은 교회의 교황 중심적 체제 자체에 반대하여 보다 민주주의적 개혁을 요구하는 내용의「평화의 수호자」(*Defender of the Peace*)라는 책을 루이에게 선물하였다. 이「평화의 수호자」는 교회란 모든 신자들의 공동체이며 성직자들이 결코 평신도들보다 우월한 존재가 아니라고 주장하고 있었다. 교황이나 주교들이나 사제들이 그리스도로부터 무슨 특별한 기능을 받은 적은 없다. 이들은 단지 신자들의 공동체의 대리기관으로서 섬기는 것뿐이며, 이러한 신자들의 공동체를 대표하는 것은 전체 공의회인 것이다.

이처럼 급진적이요 혁명적인 교회관은 교황청을 공의회의 행정기관으로 만들었고 교황의 권위를 공의회의 권위보다 열등하게 분류하고 있었다. 공의회주의(conciliarism)라고 불린 이 이론은 곧 단순한 이론으로서가 아니라 사실로 등장하게 되었다.

아비뇽 교황청을 향한 분노와 불평의 대부분은 금전의 오용에 관한 것이었다. 이탈리아내 교황령으로부터의 수입 감소는 교황 청원을 파산상태로 몰고 갔다. 이러한 자금을 대치하고 또 새로운 자금원을 창출하기 위해 교황청은 수단 방법을 가리지 않았다. 각종 교회의 임무와 기능에 요금을 붙이기 시작하였다. 예를 들어 교황청은 새로운 주교가 임명되면 그 첫해 수입은 교황이 차지한다고 규정하였다. 공석이 생길 때면 교황은 주교들을 이리저리 전임시켜서 이러한 수입이 많아 지도록 조정하였다. 또한 교황은 이러한 임명을 지연시켜, 이 공백기간 동안의 수입 전체를 차지하기도 하였다. 이러한 모습을 가리켜서 교황 보류권(reservation)이라 불렀다.

그러나 가장 큰 수입원은 면죄부 판매였다. 가장 하잘것없는 명목 — 교량의 건축이나 전쟁 — 으로도 면죄부들이 발행되었으며, 시간이 갈수록 면죄부의 효력에 대한 선전은 과대화하기 시작하였다. 특히 교황들이 이런 저런 이유로 파문 조처를 내릴 것을 위협하며 세금과 각종 납부금을 요구할 때마다 교황제 자체에 대한 적개심은 증가해 갔다.

1360년 교황 영지를 둘러싼 분쟁이 생기고 교황청에 대한 프랑스인들의 독점에 대한 불만이 고조됨에 따라 아비뇽 교황 주재가 무한정 계속될 수는 없음이 점차 확실해져 갔다. 그러나 아무도, 교황청이 로마로 귀환했을 때 발생하였던 어처구니 없는 사건들을 예상치는 못하였다.

1377년 교황 그레고리 11세가 로마로 재입성하였다. 그러나 이 영원한 도시에의 교황 귀환이 가져온 기쁨은 얼마 가지 못했다. 채 일년이 안되어 그레고리가 사망함으로써 새 교황을 임명하여야 했다. 아직도 프랑스인들이 다수를 점했던 추기경단은 로마 군중들의 압력에 따라 이탈리아인을 교황으로 선출하였다. 부활절이었던 4월 18일 새 교황 우르반 6세가 즉위하였다. 이 자리에는 모든 추기경들이 참석하였다. 그러나 그 해 여름부터 새교황의 독재적 태도는 많은 이들로 하여금 작금의 선출에 관해 다시 생각하도록 만들었다. 8월에 추기경들은 갑자기, 로마 시민들의 위협 아래 배교자가 교황에 선출되었으므로 지난 선거는 무효라고 전 유럽에 선언하였다.

한달 후 이 배교자는 새로운 추기경단을 자기가 임명함으로써 이에 대응하였다. 프랑스 출신 추기경들은 자기들 가운데서 다른 교황 클레멘트 7세를 선출하고 이 사실을 여러 정부들과 교회에 통지하였다. 클레멘트는 이탈리아 내를 여기저기 유리하다가 결국 배를 타고 프랑스의 아비뇽으로 향했다.

교황 대분열

그리하여 로마에서는 우르반이, 아비뇽에서는 클레멘트가 다스리는 가운데 흔히 교황청의 대분열(the Great Papal Schism)이라 불리는 수치의 역사가 시작된다. 이는 무려 39년 동안이나 계속되었다. 두 교황들은 수하에 각자의 추기경단을 거느리고 있었으므로 자기들이 택하는 후계자들을 통하여 이러한 분열은 영속화될 조짐이었다. 이들은 물론 각각 자기가 진정한 그리스도의 대리인이므로, 자기의 권위에 순복치 않는 자들은 파문시킬 권한이 있음을 주장하였다.

물론 교회 안에 내분들은 전에도 있었다. 그리하여 많은 경건한 이들이 로마 교회의 명령을 무시했던 일들도 있었다. 그러나 이처럼 교황들이 대결하는 기막힌 모습은 처음이었다.

과연 어느 쪽이 진정한 교황인가 하는 것은 기독교권에 있어서 상당히 중요한 문제였다. 그러나 불행히도 이 문제를 해결할 유일한 증인들이던 추기경들끼리도 정면 충돌의 양상이 벌어지고 있었다. 만약 이들이 4월에 한 말이 사실이라면, 이들이 9월에 한 말은 사실이 될 수 없었다. 만약 이들이 9월에 한 말이 정확하다면, 4월의 조처는 진실이 아니었다. 그리하여 이제, 대학들과 왕들과 주교들과 공작들이 과연 누가 진정한 교황인지를 판단해야 할 형편이었다.

프랑스와 스코틀랜드는 클레멘트를 지지하였다. 이탈리아, 제국, 잉글랜드 등은 우르반 편이었다. 그러나 각국에는 또한 소수파들이 내재하고 있었다. 각종 혼란과 난동이 발생하였다. 재산이 파괴되고 전쟁의 소문들이 만발하였다. 안에서 갈라진 집은 제대로 설 수 없다.

1395년 파리 대학의 주요 교수들은 이러한 분쟁을 치유하기 위해 전체 교회를 대표할 수 있는 공의회를 소집할 것을 제의하였다. 그러나 곧 이에 대한 문제점들이 대두되기 시작하였다. 교회법에 의하면 오직 교황만이 회의를 소집할 수 있었다. 또한 회의의 결정을 추인하고 확정시킬 수 있는 권한을 가진 이도 교황 밖에는 없었다. 그런데 과연 어느 쪽 교황에게 이러한 권한을 인정할 것인가? 실질적으로 교회법이 기독교권의 재통일을 가로막고 있는 셈이었다. 이제 이보다 더 높은 법이 필요할 때가 되었는가?

새 교황의 선출

1409년 경에는 양측 추기경들의 다수가 그렇다고 동의하였다. 이들은 이탈리아 서해안의 피사에서 공의회로 모였다. 이들은 당시의 교황들을 둘 다 폐위시켜 버리고 제3의 인물을 알렉산더 5세로 임명하였다. 그러나 문제는 기존의 교황들 중 어느 한쪽도 이러한 결정에 승복지 않았다는 것이다. 그리하여 이제 교회는 무려 세 교황을 가지게 되었다.

한꺼번에 세 사람의 교황들이라는 것은 누가 생각해 보아도 좀 과한 모습이었다. 특히 이들이 서로를 물리치기 위해 전쟁을 꾀하고, 이 전비를 마련하기 위해 면죄부를 마구 남발할 때에는 더욱 그러하였다. 이러한 기괴한 모습을 견디지 못한 유럽인들은 지도자들에게 무언가 해결책을 강구하도록 강력히 촉구하였다. 1414년 신성 로마제국 황제는 독일의 콘스탄스(Constance)시에 이 시대 최대 규모의 공의회를 소집하였다. 그리스 정교회에서까지도 대표를 파견하였다.

역사상 최초로 국가별 투표가 실시되었다. 주교들만이 참석하였던 전통적 모습과는 달리 동 회의에는 평신도 대표들이 참석하였으며, "국가들"의 회의로서 조직되었다(참가 국가들은 독일, 이탈리아, 영국, 프랑스 등이었고, 후에 스페인도 참석했다). 각 국가들은 한표씩을 가지고 있었다. 이러한 회의의 국가적 구조는 매우 중요하다. 이는 즉 교회가 점차 새로운 형태의 국가별 권력 구조의 성립을 인정한다는 의미였다.

그리하여 이들은 한 교황을 사임시키고, 다른 둘은 폐위시키고, 마틴 5세를 새로운 교황으로 선출하였다. 폐위 당한 인물 가운데 하나였던 아비뇽의 베네딕트 13세는 끝까지 자기의 지위에 매달리고자 하였다. 그러나 실질적 의미에서 콘스탄스 공의회는 대분열을 종식시켰던 것이다.

　마틴은 공의회 덕분에 교황직을 차지했던 인물이었으나, 교황직에 취임하자 마자, 자신의 선출 과정만을 예외로 하고는 나머지 동 회의의 의결 사항들을 일체 무효라고 선언하였다. 로마 교회는 이러한 실질적인 법적 모순들을 경험해 본 적이 일찍이 없었다.

　그러나 마틴에게는 공의회의 결의를 무효화해야 할 필요가 있었다. 왜냐하면 매우 중대한 문제가 제기되고 있었기 때문이다. 즉, 누가 더 우위에 있는가? 교황을 창출해낸 공의회인가, 아니면 모든 공의회들 위에 우월권을 주장하는 교황인가 하는 것이었다.

　공의회 운동은 교황제를 제한 군주 정체에 흡사한 모습으로 변화시키기를 시도하였다고 할 수 있다. 콘스탄스 회의는 공의회는 교황들보다 우월하며, 장래엔 이러한 회의가 정기적으로 모여야 한다고 결의한 바 있었다. 교황은 이러한 결정은 이단적이라 판단하였다. 이러한 교황이 그 권세를 복구한 것과 아울러 그후의 공의회들이 시급히 요구되고 있던 교회의 개혁을 제대로 수행해 내지 못했기 때문에 교황들은 1450년 경에는 공의회 운동을 말살시켜 버릴 수가 있었다. 그러나 교황들은 교회의 문제가 아니라 이탈리아 정치에 관여하고, 예술을 후원하는데만 정신들을 쏟고 있었다. 교황들은 도대체 자기들이 베드로의 후예인지, 카이사르의 후예인지 당황하는 모습들을 보였다. 알렉산더 6세(1492-1503)로서 교황위에 오른 로데리고 보르지아(Roderigo Borgia) 아래서 바티칸의 정치적 부패와 도덕적 타락은 최고조에 달하였다. 그는 매우 패덕한 인간이었고, 그의 자녀들을 위한 재산과 권력을 마련해 주기에 혈안이 되었던 자였다.

　그리하여 콘스탄스 공의회의 의결들은 부인되었으나, 그 기억은 사람들의 뇌리에 계속 남게 되었다. 교황에 대한 불만과 분노는 날이 갈수록 고조되고 있었다. 신자들은 "국가 교회" 혹은 국교의 개념을 논하기 시작하였으며, 대의 정치에 의해 운영되는 교회를 상상하기 시작하였다. 즉 프로테스탄트 종교개혁의 도전이 이미 준비되고 있었다.

참고도서

Baldwin, Marshall W. *The Medieval Church*. Ithaca: Cornell University Press, 1953.

Deansley Margaret. *A History of the Medieval Church 590-1500*. London: Methuen, 1969.

Elliott-Binns, Leonard. *The History of the Decline and Fall of the Medieval Papacy*. London: Methuen, 1934.

Hollis, Christopher, Ed., *The Papacy*. New York: Mcmillan, 1964.

Schaff, Philip. *History of the Christian Church*. Volume V, The Middle Ages (Part I) A.D. 1049-1294. Grand Rapids: Eerdmans, 1957.

23

역사 과정의 심판

:위클리프와 후스

인간들의 업적은 시간의 심판을 받기 마련이다. 인간들은 자기들의 사회적 정치적 체제들을 고안하였으며, 이들은 수세기에 걸쳐 자신들이 가진 체제야 말로 최선의 것이라고 생각하여 왔다.

이들은 자기들의 체제를 지키기 위하여 기꺼이 전장에 나아갔으며, 목숨을 바쳐왔다. 왜냐하면 이것이 무너지면 자신들이나 후손들의 세대를 가치있게 만들 수 있는 것은 아무것도 없다고 확신하였기 때문이다. 그러나 시간의 강가에는 과거의 유물인 각종 체제들이 널려 있다. 도시 국가 제도, 독재 정체, 제국들, 왕조들이 그것이다. 이러한 모습들을 바라보면서 현대인들은 왜 과거의 인물들이 목숨을 걸고 이처럼 별것 아닌 체제들을 수호하고자 했는지 하는 의문을 던진다.

허버트 버터필드(**Herbert Butterfield**)는 그의 뛰어난 통찰력을 보여주는 소책자 「기독교와 역사」(*Christianity and History*) 속에서 인간이 고안해낸 모든 체제는 발흥하고 번성하다가는 반드시 노쇠하고 멸망하는 단계에 접어들 수밖에는 없다고 하였다. 왜냐하면 시간이 경과함에 따라 체제 자체 속에 들어 있는 결점들이 반드시 "심판"을 받기 때문이라 하였다. 언뜻 보기엔 상당히 뛰어난 기관들, 조직체들이라 할지라도, 언젠가는 반드시 멸망하고 만다. 내재하는 결점들, 약점들의 비중이 수세기를 경과하면서 점차 더 커져가기 때문이다.

물론 여기서 심판의 대상이 되는 것은 특정 개인이 아니라, 체제 자체이다. 결국은 인간의 불가피한 본질적인 약점들이 심판을 받는 것이라 할 수 있다. 그 이유는 시간의 경과에 따라 아무리 좋고 선한 것도 오용하고 남용하는 것이 인간의 본성이기 때문이다.

중세 이후 교황제가 바로 이러한 심판의 대상이 된 체제였다. 아비뇽의 바빌론 포로사건과 바로 그뒤를 이었던 대분열은 권력 남용의 모습을 너무나 확실하게 드러내 보여주었다. 기본적인 개혁이 절실히 요구되고 있었으나, 공의회 운동이 실패한 후에는 로마 교회내에서 이렇다할 개혁 움직임이 보이지 않았다. 교황직이야말로 하나님의 뜻이 나타나는 통로라는 개념은 쉽게 사라지지 않았다. 사람들은 교황의 존재가 인간의 종교적 생활뿐만이 아니라 정치적 통치를 후원하기 위해서도 필수적이라고 생각하였다. 유럽인들은 교황의 존재와 행위들을 놓고 이의 취급을 위해 고민하면서도, 교황은 그 모든 약점들과 이기적 행위에도 불구하고 기독교 사회의 토대가 된다는 사상을 쉽게 떨쳐버리지 못하였다.

그러나 드디어 두사람의 용기있는 신자들, 영국인 존 위클리프(John Wycliff)와 체코인 존 후스(John Hus)가, 기독교회는 교황이 수장으로서 이끄는 바 우리들의 눈으로 볼 수 있는 지상의 조직체 이상의 것이라는 사상을 감히 도전하기 시작하였다. 이들은 물론 자기들의 신념을 위하여 비싼 값을 치러야 했다. 그러나 드디어 하나님의 집을 청소해야 할 시기가 도래하였음을 감지하고 있었다. 과연 이들은 누구였는가? 그리고 이들은 어떻게 미래를 향한 방향을 가리키고 있었는가?

잉글랜드의 열심당, 위클리프

존 위클리프는 열심당(zealot, 열정적 성품의 이상주의자)이라 할 수 있는 인물이었다. 그는 대부분의 열심당처럼 중립이나 온건 노선을 경멸하였다. 후세인들은 그를 마치 천국의 사자인양 칭송하거나, 혹은 암흑의 화신인양 비난하였다.

과연 위클리프가 어떤 인물인가 하는데 대한 이러한 혼란을 당연한 것인지도 모른다. 실제로 그에 관해 아는 바가 거의 없기 때문이다. 그는 학문적이고 지루한 토론의 이면으로 스스로의 모습을 감추었으며, 역사가들이 비록 그의 사상은 많이 이해하였으나, 그의 인간에 대해서는 제대로 파악할 수가 없었다.

위클리프의 초기 생애는 그의 성품만큼이나 신비에 싸여 있다. 우리들은 그의 생일까지도 확실히 알지 못한다. 그는 북부 잉글랜드 지방에서 성장하였으며, 옥스퍼드에서 수학하였다. 그는 1372년 박사학위를 받자 마자 대학의 지도적인 교수로서 이름을 얻게 되었다.

당시의 가장 중요한 문제는 인간의 "지배권(dominion)" 혹은 "통솔권(lordship)"의 소재 문제였다. 모든 학자들은 지배권이 하나님으로부터 온다는 데에는 의견의 일치를 보고 있었다. 그러나 이러한 지배와 통솔의 권한이 어떠한 경로를 통하여 하나님으로부터 지상의 통치자들에게 전달되는 것인가? 널리 유포되었던 한 이론은 지배권은 오직 로마 교회에 의해 행사될 때에만 정당성을 갖는다고 하였다. 하나님께서 일체의 사물과 인간들에 대한 지배권을 교황에게 주셨다는 주장이었다. 따라서 죄인인 통치자들이 행사하는 다른 권력들은 비합법적이라 하였다.

다른 학자들은 통치권이 교회의 중보 여부보다도 이를 행사하는 자가 은혜의 상태, 즉 심각한 죄를 범치 않은 상태에 있는 것이 보다 중요하다고 하였다. 위클리프의 스승 가운데 하나였던 리처드 피츠랄프(Richard Fitz Ralph)는 다음과 같은 주장을 폈다. "왜 세속 통치자에게만 은혜의 상태에 거할 것을 요구하는가? 성직자들은 심각한 범죄 상태에 있을 때에도 통치할 권한이 있단 말인가?" 즉, 세속 통치자들이 은혜의 상태에 있어야 한다면, 교직자들은 더욱 그래야 한다는 것이 피츠랄프의 주장이었다.

그의 스승의 영향을 받아 위클리프도 이 논쟁에 뛰어들었을 뿐만 아니라, 이에 중대한 개념을 추가하였다. 그는 영국 정부가 하나님으로부터 국가 영역 안에 있는 교회의 부정을 고치고, 계속 죄를 범하는 성직자들을 사임시켜야 할 책임을 부여받았다고 주장하였다. 또한 정부는 부패한 성직자의 재산을 압수할 책임까지도 있다고 하였다.

따라서 1377년 교황이 이 옥스퍼드 개혁가의 주장을 정죄한 것은 당연한 조처였다. 만약 영향력 있는 친구들의 지원과 도움이 아니었다면 교회는 당시 위클리프에게 심한 벌을 가했을 것이었다.

통치권에 관한 위클리프의 가르침의 중요성은 이것이 종교개혁 운동과 연계되었다는데 있다. 이는 특히 위클리프가 의인의 영적 자유를 특히 강조한

데 있다. 의인은 "은혜에 기초한 통치권"의 소유자이다. "하나님께서는 먼저
스스로를 주신 후에야 그의 종들에게 지배의 권세를 주신다." 따라서 성직자
나 평신도를 막론하고 하나님의 눈으로 볼 때에는 동일한 위치를 차지한다.
이러한 하나님과 인간 사이의 개인적 관계가 가장 중요한 것이다. 즉 성품이
직분의 기초가 된다. 중세 교회의 중보적 역할의 사제제도나 혹은 희생의 미
사가 더 이상 필수적이지 않다는 주장이었다. 그리하여 위클리프는 루터가
주창한 오직 은혜에 의한 의롭다 하심, 즉 이신칭의의 교리의 출현을 예상시
키고 있었다. 이 둘은 모두 개인과 하나님 사이의 중세의 장벽을 허물었던
것이었다.

　이러한 "은혜에 기초한 지배권"의 이론은 위클리프의 여러 충격적 가르침
들 가운데 최초의 것에 불과하였다. 그의 개혁가로서의 생애 중 주요한 해
는, 교황청의 대분열이 발생하였던 1378년이었다. 로마의 교황이 아비뇽의 교
황을 파문시키는 희극적 비극을 보면서 위클리프는 교회가 처한 상태의 평
가와 이를 위한 개혁의 필요에 관하여 더욱 극단적인 입장을 취하게 되었다.

　교황제에 관한 위클리프의 초기 사상은 그가 강조하였던 사도적 청빈의
관점에서 결정되었다. 그는 누구든 성 베드로의 보좌에 앉는 자는 베드로 자
신과 같은 삶, 즉 금은을 소유하지도 탐하지도 않는 삶을 살아야 한다고 주
장하였다. 위클리프에 의하면 "성경적 교황제"는 교회를 섬기는데 전심하고,
하나님의 백성들에게 그리스도의 선한 모범을 보여주는 가난하고 겸손한 생
활로 이루어진다는 것이었다. 교황은 양떼를 이끄는 목자이어야 하며 사람들
을 그리스도에게 안내하는 설교자이어야 한다.

　이러한 입장은 물론 교황이 세속적 권세를 포기해야함을 의미하였다. 위클
리프에게 있어서 정치적 수단을 이용하여 인간들을 통솔하고 이용하고자 하
는데만 정신이 팔린 정치권력으로서의 교황제는 위클리프로서는 인정할 수
없는 것이었다. 그는 권력의 각종 치장들을 경멸하였다. 그는 교황들의 세속
적인 모습과 사치를 비난하였다.

　어떤 의미에서 위클리프는 대분열을 환영하였다. 두 명의 교황들이 경쟁적
으로 서로를 파문시키는 기막힌 모습은 바로 이 직책의 영적 타락을 세인들
에게 여실히 증명하는 것이었고, 이 대신 무언가 새로운 조처를 마련해야 할
필요를 만인에게 보여주는 효과를 가져 왔다. 그러나 분열 상태가 계속됨에
따라 위클리프의 입장은 한층 더 강경해졌다. 그는 교황이야말로 적 그리스

도라고 생각하였다. 만약 교황직을 가졌다고 주장하는 이들이 둘 있다면, 둘 다 적 그리스도임이 분명하였다.

위클리프는 계속 글을 써서 교황제가 원래 그리스도와 그 제자들의 소박한 신앙과 삶으로부터 얼마나 멀어졌는가를 보여주었다. "그리스도는 진리이시다. 교황은 허위의 괴수다. 그리스도는 빈곤 속에 사셨다. 교황은 세상의 화려함을 위해서만 힘을 쓴다. 그리스도는 세속 권력을 사양하셨다. 교황은 이를 추구한다."

이 옥스퍼드 개혁가는 베드로가 로마에서 죽었으므로 모든 로마의 주교들은 기독교권 전체의 수장이라는 주장에 코웃음을 쳤다. 이러한 이론을 좇는다면 그리스도께서 돌아가신 예루살렘의 최고 성직자야말로 교황보다 우월하다고 이슬람교는 주장할 수 있지 않겠는가. 위클리프는 오직 그리스도만이 교회의 유일한 머리이시라고 주장하였다. 교황청은 각종 "악과 독"으로 가득 차 있다. 그는 스스로를 하나님보다 더 높이는 바로 적 그리스도인 것이다. 위클리프는 이들에게 하나님의 심판이 떨어지기를 기도하였다.

개혁가로부터 프로테스탄트로

그리하여 이 개혁가는 그의 생애에 있어서 매우 중요한 걸음을 내딛었다. 그는 기존 로마 교회의 개혁을 부르짖는 입장으로부터 프로테스탄트로 변화해 갔던 것이다.

이러한 위클리프의 변신을 가능케 한 것은 그가 새로운 교회론을 신봉하기 시작하였기 때문이었다. 그는 교회를 삼분하였던 전통을 그냥 수용하였으니, 곧 "천국에 있는 승리한 교회, 이 세상의 투쟁하는 교회, 그리고 연옥에서 잠든 상태에 있는 교회들"이었다. 그러나 그는 이 세상의 교회를 오직 "구원에 참여하게 될" 택자들로서만 정의하였다. 그의 예정에 대한 신념은 너무나 강렬하여, 아무도 — 비록 교황이라 할지라도 — 그가 과연 진정 교회에 속해 있는지, 아니면 "마귀의 지체"인지 확실히 알 수 없다고 하였다. 동시에 위클리프는 다음과 같은 단서를 붙여 자기의 교리가 가질 수 있는 위험을 방지해 보고자 하였다. "그러나 각자는 복된 상태에 있기를 바라는 만큼 자기가 거룩한 교회의 일부임을 전제하여야 한다." 또한 그는 "저주받는 모든 자는 자기 자신의 죄때문에 저주를 받는 것이며, 구원받는 모든 자는 자기의 공로로 구원을 얻는 것이다."

이처럼 택자들로 구성된 불가시적 교회의 교리로부터 위클리프는 몇 가지 실제적인 결론들을 유도하였다. 교회는 교황의 지존권이나 계급제도, 수도사들, 사제들의 분파들과는 아무 상관도 없는 연합체이며, 동시에 택자들의 구원은 미사, 면죄부, 고행 기타 사제들이 조작해낸 각종 제도들과는 아무 상관도 없다고 하였다.

시간이 지남에 따라 위클리프는 중세 교회의 모든 신조와 제도들에 도전하였다. 면죄부, 사제에 의한 사죄, 순례, 성상 숭배, 성유물 숭배, 성자 숭배, 성인들의 선행이 모여 있어서 교황의 조치에 따라 이들을 배급해 줄 수 있다는 주장, 그리고, 소죄(venial sins, 용서 받을 수 있는 가벼운 죄)와 사죄(死罪, mortal sins)의 구별 등을 모두 부인하게 되었다. 그는 단지 연옥과 종부성사에 대한 신조는 인정하였으나, 동시에 자기는 성경을 아무리 찾아보아도 종부성사에 관한 구절은 없더라고 하였다. 성상들이 만약 신자들의 경건심을 돋우는데 도움이 된다면 이를 구태여 폐지시킬 필요는 없다고 하였다. 성자들에 대한 기도도 반드시 오류라고 할 순 없다고 하였다. 죄의 고백은 만약 합당한 대상에게, 그리고 최선으로는 공개적으로 행해진다면 유용하다고 하였다. 강제적인 고해는 "적 그리스도의 잔재"라고 취급하였다. 이처럼 저항적인 그의 태도는 "그 어떤 성례의 집행보다도 설교가 더 유용하다"는 말에서 엿볼 수 있다.

위클리프가 로마 교회를 판단하는데 사용하였던 기준은 다름아닌 성경의 교훈이었다. "어거스틴이나 제롬, 그 어떤 성인의 주장이라 할지라도 성경에 기초하지 않은 것은 받아들일 수 없다."고 그는 단언하였다. "그리스도의 법이 최선이며, 이것으로 충분하다. 다른 법들은 하나님의 법의 일부로서 받아들여질 수 없다."

또한 이 옥스퍼드 개혁가는 모든 개인들은 성경을 직접 읽고 점검할 수 있는 권리가 있다고 주장하였다. "신약 성경은 권위로 충만해 있다. 그리고 구원에 필요한 기본적인 요점들은 단순한 자라도 이해할 수 있다 … 겸손하고 사랑이 있는 자는 모든 성경을 올바르게 그리고 완전하게 이해할 수 있다. 왜냐하면 그리스도께서 그의 율법을 석판이나, 짐승들의 가죽이 아니라, 인간들의 심장에 쓰셨기 때문이다."

이처럼 그후에 일어난 청교도(puritan)를 연상시키는 위클리프의 주장들 가운데 가장 크게 사람들의 반감을 산 것은 특히 화체설(transubstan-

John Wyclif

John Hus

tiation)에 대한 그의 비판이었다. 그는 1380년 여름에 성찬식의 빵과 포도주가 그리스도의 물리적인 피와 살로 변화한다는 사상에 반대하는 12 가지의 이유를 저술하여 출판하였다.그는 초대교회에서 성화된 빵과 포도주의 예품들이 그리스도의 살과 피에 대한 효과적인 상징들이었다고 주장하였다. 따라서 그리스도께서는 이러한 예품들 속에, 물질적으로가 아니라 성례적으로 임재하시는 것이다. 성례의 목적은 그리스도께서 영혼 속에 임재하시는 것이다.

화체론에 대한 위클리프의 비판은 이제 그의 적들에게 절호의 기회를 제공한 셈이었다. 그에 대한 옥스퍼드 내의 지지자도 이제 소수로 변화하였다. 우선 총장과 소위원회가 그의 교리를 정죄하고 강의를 금지시켰다. 그뒤를 좇아 캔터베리 대주교 윌리엄 코티네이(William Courtenay)와 다른 회의가 위클리프의 주장 가운데 열가지가 이단적이라고 정죄하였다. 1382년 이후 위클리프는 옥스퍼드에서 자기의 의견을 주장할 수 없게 되었다.

그러나 위클리프는 대학에서 패퇴하기 이전 일반 대중들의 지지를 얻고자 하였다. 이를 위해선 평범한 농부들이나 장인들이 성경을 읽을 수 있도록 해야 했으므로 옥스퍼드의 몇몇 학자들을 동원하여 라틴 성경을 영어로 번역시켰으며, 이를 널리 반포하기 위해선 성 프란체스코와 그의 수사들의 방법을 사용하였다.

위클리프는 옥스퍼드로부터, 마치 2세기전 아시시에서 그러했듯이, "가난한 신부들(poor priests)"들을 전국 각처로 파견하였다. 이들은 제대로 교회가 돌보지 않고 있었던 심령들을 위하여 농어촌들과 교회들까지도 찾아갔다. 황갈색의 수직천으로 된 의복을 걸치고, 신발이나 지갑이나 보따리도 없이, 긴 지팡이 하나만을 손에 든채, 사람들이 거저 주는 음식과 잠자리에 의지하였던 위클리프의 신부들은 곧 무시할 수 없는 영향력을 끼치기 시작하였다. 대적들은 그들을 가리켜 "중얼거리는 자들"이라는 의미의 "롤라드(Lollards)"라 칭하였다. 이들은 위클리프의 성경 일부와 책자와 설교문들만을 가지고 하나님의 말씀을 외치며 방방곡곡을 헤매었다. 당시의 한 관찰자는 자기가 노상에서 만나는 사람들의 반은 롤라드였다고 기록하였다.

위클리프는 상당한 지지를 받게 되었으므로, 교회는 지혜롭게도 그에게 아무런 처벌이나 위해를 가하지 않았다. 그의 추종자들은 조사를 받고, 옥스퍼드에서 축출되었으며, 강제로 자기의 의견들을 포기해야만 했다. 그러나 위클리프는 비록 대학은 떠나야 했으나 그의 교구 러터워스(Lutterworth)에서 평화스러운 말년을 보낼 수 있었다. 그는 이곳에서 1384년 임종하였다.

보헤미아에로의 통로

위클리프가 영국에서 시작한 운동은 제한된 범위에서나마 계속되었으나, 특히 보헤미아에 더 큰 영향을 미치게 되었다. 양국은 1383년 보헤미아의 앤과 잉글랜드의 왕 리처드 2세의 혼인으로 밀접한 관계를 맺게 되었다. 그리하여 양국의 학생들은 옥스퍼드와 프라하를 자유스레 왕래하였다.

위클리프의 반항은 보헤미아에서 성공을 거두게 되었는데 그 이유는 존 후스가 이끌던 강한 민족주의적 집단이 이러한 운동에 참여하였기 때문이다. 이 체코 개혁가는 남부 보헤미아의 작은 촌락 후시네츠(Husinetz)에서 농노였던 부모에게서 태어났다. 그는 프라하 대학에서 학사(1394)와 석사 학위를 받은 후 이곳에서 가르치기 시작하였으며, 교회 개혁의 운동에도 뛰어들게 되었다.

그는 학창시절에 위클리프의 철학적 작품들을 읽었으나, 안수 받고 베들레헴 교회의 설교자로서 봉직하기 시작하면서 비로소 위클리프의 종교적 저술들에 접하게 되었다. 그는 즉시 이 영국 개혁가의 교회론, 즉 교회란 교황이 아니라 그리스도를 그 머리로 하는 택함 받는 백성들의 모임이라는 이론을 받아들이게 되었다.

대학 근처에 있던 베들레헴 교회당은 후스로 하여금 교황의 권력 남용에 대한 비판을 비롯한 위클리프의 교훈들을 유포시킬 수 있는 절호의 기회를 제공하였다. 벽에는 교황들과 그리스도의 서로 대조적인 모습들이 그림으로 그려졌다. 교황은 준마를 타고 가는데, 그리스도는 맨발로 걸어 갔다. 예수님은 제자들의 발을 씻는데, 교황들은 자기들의 발에 신자들의 입맞춤을 받고 싶어한다. 동 교회당은 1391년 보헤미아의 민족주의적 신앙을 앙양시키기 위한 목적으로 세워졌으므로, 보헤미아어로 행해진 후스의 불같은 설교는 수많은 시민들의 지지를 받게 되었다. 곧 위클리프의 사상에 찬반하는 학생들이 난동을 부리기 시작하였는데, 이는 마치 칼 마르크스에 대한 반응과 비슷하였다.

이에 불안을 느낀 프라하 대주교는 위클리프 사상의 전파에 관하여 교황에게 불평을 하였다. 이단은 아예 그 싹을 잘라 버리라는 것이 교황의 충고였다. 그리하여 즈비넥(Zbynek) 대주교는 후스를 파문시켰다. 그 결과 대규모 폭동이 벌어졌다. 후스는 교황이 나폴리에 대한 전쟁 군비를 마련하기 위해 면죄부를 발행한 사실을 비난함으로써 사태는 더 심각해졌다. 이 때문에 웬체슬라스(Wenceslas)왕은 후스에 대한 지원을 중지하였으며, 후스 때문에 프라하에 금령이 내리게 되자, 이 개혁가는 남부 보헤미아로 떠나게 되었다. 이 기간동안 후스는 위클리프의 교훈을 상당히 도입하여 그의 주요 작품인 「교회론」(*On the Church*)을 저술하였다.

이때 콘스탄스 종교회의가 임박하였으며, 후스는 황제 지기스문트 (Sigismund)의 재촉을 따라 회의에 참석하기로 하였다. 그는 이곳에 모인 대표들에게 자기의 입장을 밝히겠다는 욕심으로 갔다. 그러나 이곳에 도착하자마자 종교재판에 붙여지게 되었다.

종교재판의 규칙이란 단순하였다. 만약 증인들이 나타나 피고의 혐의에 관해 증언을 하면, 피고는 자기의 죄를 고백하고 자기 주장을 포기하거나 혹은 화형에 처해져야만 했다. 고백하는 자들은 화형에 처하는 대신 종신형을 받았다. 이러한 규칙에 따라 회의에 의해 선임된 판사들은 증인들의 말만 듣고, 후스가 주장한 적도 없었던 이단으로 그를 정죄하였다.

이단들을 물리치라

후스는 만약 성경에 의하여 자기의 오류가 보여지기만 한다면 기꺼이 교회의 명에 순종할 용의가 있었다. 그러나 그는 자기가 주장하지도 않았던 이단 사상들을 회개할 수는 없었다. 후스에게 있어서 가장 중요한 것은 다름아닌 진리였다. "나는 이미 말한 바 있다. 비록 교회당 가득찬 황금을 위해서도 결코 진리로부터 물러서지 않겠노라고." 그는 또한 1412년 다음과 같이 썼다. "나는 진리가 결국은 승리하며, 영원히 무적임을 알고 있다. 이는 영원히 살아 있으며, 인간들의 얼굴에 따라 좌우되지 않는다." 그가 콘스탄스에서 보냈던 편지들을 보면 그의 가장 큰 걱정거리는 "혹시라도 거짓말장이들이 내가 설교하였던 진리들로부터 내가 물러섰다는 말을 하면 어떻게 할까"하는 것이었다. 교회의 역사상, 절대진리로부터, 목숨을 구하기 위해서도, 물러서지 않았던 후스의 충성보다도 더 감동적인 장면들은 그다지 많지 않다.

그는 8개월 간을 감옥 속에 갇혀 있었다. 그가 최후를 맞기 얼마 전에 보낸 서신들은 기독교 문학 가운데서도 최고봉에 속한다. 만약 이 개혁가에게 학문적인 공헌이 설혹 전혀 없었다고 가정하더라도, 그는 우리들의 윤리적인 사표가 될 수 있는 인물이다.

"가장 거룩하신 그리스도시여, 저는 비록 약하오나 당신의 뒤를 좇도록 이끌어 주소서. 당신이 직접 이끌지 않으시면 우리들은 당신을 좇을 수 없나이다. 나의 영혼을 강건케 하셔서, 기꺼이 감당하도록 하소서. 만약 육신이 약하거든 당신의 은혜로 앞장을 세우소서. 은혜가 당신과 나 사이에, 그리고 제 뒤에 따르게 하소서. 당신이 아니시면 당신을 위하여 잔인한 죽음을 감당할 수 없나이다. 나에게 두려움없는 심장과 올바른 신앙과 요동치 않는 소망과 완전한 사랑을 주시어서 당신을 위해 인내와 기쁨으로 저의 생명을 바치게 하시옵소서. 아멘." 이라고 후스는 기도하였다.

결국 1415년 7월 6일, 그의 화형식 날이 왔다. 형장으로 가는 길에 후스는 교회당의 뜰에서 그의 저술들이 불태워지는 모습을 보게 되었다. 그는 웃으면서 주위의 군중들에게 자기에 관한 헛소문들을 믿지 말라고 당부하였다. 흔히 "악마의 장소"라 불리던 형장에 닿자 그는 무릎을 꿇고 기도하였다. 마지막 기회로 제국 행정관이 그에게 그의 주장을 부인하고 목숨을 구할 용의가 있느냐고 물었다. 후스는 대답하였다. "하나님께서 증인이시거니와, 나에 대한 증거들은 다 허위요, 조작이다. 나는 단 한 가지, 가능하면 사람들의 영혼을 죄에서 구하기 위한 목적 외에는 설교한 일이 없다. 나는 복음의 진리 가운데서 쓰고, 가르치고, 설교하였다. 오늘 나는 기꺼이 죽을 수 있다."

보헤미아의 저항은 후스와 함께 잠들지 않았다. 이는 온건파와 과격파로 나뉘었다. 이중 온건파는 우트라퀴스트(Utraquists)파로 불렸다. 이는 "둘다(both)"를 뜻하는 라틴어에서 온 것이다. 왜냐하면 이들의 가장 큰 요구는 성찬식 때 빵과 포도주를 둘 다 받겠다는 것이었기 때문이다.

과격파는 이들의 가장 주요한 근거지였던 보헤미아의 한 도시 이름을 따라 타볼파(Tabolites)라 불렸다. 이들 후스의 추종자들은 수차례에 걸친 전쟁을 통해 세력이 크게 약화되기까지 로마 교회와 독일 제국에 대항한 싸움을 계속하였다. 보헤미아 이단들을 멸절시키려는 교황청의 노력에도 불구하고, 이들은 형제 연합 교회(Unitas Fratrum, Unity of Brotherhood)라는 독립 교파로 살아남았다. 루터가 출현하기까지 이들의 존재는 마치 마른 땅에 내린 뿌리와 같았다.

만약 로마 교회가 내부로부터 개혁될 용의만 있었다면, 14, 15세기에 그 기회들은 무수하였다. 그러나 15세기 말 파두아의 마르실리우스의 꿈은 좌절되었고, 교회 공의회에 의한 개혁 주창자들의 의견은 묵살되고, 부인되었으며, 위클리프와 후스의 저항은 압살되었다. 그리하여 이 시대는 교황이 이끄는 교회를 내부로부터 개혁한다는 것은 망상임을 증명하여 주었다. 드디어 "심판"의 시간이 도래하였다. 형제 연합 교회는 이 사실에 대한 증인이었으며, 앞으로 올 사건들에 대한 예고였다.

참고도서

McFarlane, John. *Wycliffe and the Beginnings of English nonconformity*. London: English University Press, 1952.

Spinka, Matthew, Ed. *Advocates of Reform*. Philadelphia: Westminster, 1953.

---------. *John Hus: A Biography*. Princeton, N.J.: Princeton University Press, 1968.

Workman, Herbert B. *The Dawn of the Reformation:* The Age of Hus. London: Epworth, 1933.

---------. *The Dawn of the Reformation:* The Age of Wyclif. London: Epworth, 1933.

종교개혁의 시대

1517 — 1648

개혁의 정신이 16세기에 놀랄 만한 위력으로 쏟아져 나왔다. 그리하여 프로테스탄트 신앙을 탄생시키고, 서방 기독교권의 교황 지도권을 종식시켰다. 초기 프로테스탄트 진영 내에는 4개의 주요한 집단들이 있었는데, 루터파, 개혁주의, 재침례파, 성공회 등이었다. 한 세대 후에야, 예수회의 주도하에, 로마 가톨릭 진영도 그 도덕적 개혁에 성공하였다. 가톨릭과 프로테스탄트 진영 사이에는 곧 피에젖은 전쟁들이 벌어졌으며, 유럽은 이로 말미암아 황폐하게 되었으며, 이제 서방 기독교권의 분열이 영속화될 것이라는 사실은 누가 봐도 명백하였다. 이러한 가운데 일부 개척자들은 교단적인 교회의 성립이라는 새로운 개념을 정립하였다.

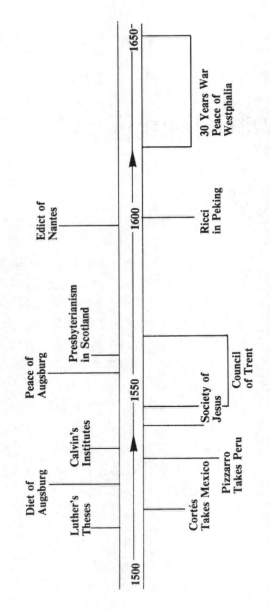

The Age of the Reformation

24

포도원 속의 멧돼지
:마틴 루터와 프로테스탄티즘

1520 년 매우 중요한 인사의 인장이 찍힌 서류 하나가 어떤 무명인을 찾아 전 독일을 돌아다니고 있었다. 이 서류는 다음과 같이 시작된다. "주님이여 일어나소서, 당신의 명예를 지키소서. 야생의 멧돼지가 당신의 포도원을 침범하였나이다."

이 서류, 교황의 교서는 3개월 만에 그 야생의 멧돼지 마틴 루터에게 도달하였다. 루터는 그가 교수로 있던 비텐베르크에 이 서류가 도착하기 전 이미 그 내용을 익히 알고 있었다. 그가 일찍이 주장한 교리들 가운데 41개가 "이단적이거나 신성모독적이며, 오류이거나, 경건한 이들에게 해가 되며, 소박한 이들을 유혹하고, 가톨릭 진리에 어긋나고 있다"는 이유로 정죄받은 바 있었다. 교황의 교서(bull)는 루터에게 회개하고 주장을 철회하거나, 아니면 준엄한 결과를 각오하라는 위협을 담고 있었다.

루터는 그에게 보내진 서신을 10월 10일 날 받게 되었다. 그의 60일간의 유예기간이 끝나던 날, 루터는 그를 추종하는 일단의 학생들을 거느리고 비텐베르크 성 밖으로 나아가 교회법령집과 일부 중세 신학자들의 저술을 불에 태웠다. 또한 미리 계획했던 것인지는 알 수 없으나, 교황의 교서도 그후에 불에 집어 넣었다. "그들이 나의 책들을 태웠으니, 나도 그들의 책을 태운다."는 것이 그의 대답이었다. 1520년 12월 초에 타올랐던 이 불길은 당시 독일 전체에 일어나고 있던 교황에 대한 분노를 잘 표현하는 상징이었다.

이제 더 이상 로마 교회는 프로테스탄트들을 정죄하지 않는다. 그리고 루터파들도 가톨릭 책들을 불태우지 않는다. 그러나 서방 기독교 내의 분열은 아직까지도 계속되고 있다. 오늘날까지 계속되는 가톨릭과 프로테스탄트들의 차이점들 뒤에는 교회가 흔히 종교개혁의 시대(1517-1648)라 부르는 기간이 놓여 있다.

프로테스탄트주의의 의미

프로테스탄트란 무엇인가? 이를 가장 잘 설명한 것은 역시 에른스트 트뢸취(Ernst Troeltsch)이다. 그는 20세기 초에 프로테스탄트주의란 가톨릭주의의 수정된 형태로서, 가톨릭의 문제들은 그대로 남아 있는데, 이에 대하여 다른 해답들이 제시된 것이라 하였다. 이처럼 프로테스탄트들이 새로운 방도로 대답한 네 가지 질문들은: 인간들은 어떻게 구원 받는가? 종교적 권위의 근원은 무엇인가? 교회란 무엇인가? 신자의 생활의 본질은 무엇인가? 등이었다.

16세기 유럽의 개혁가들은 이러한 질문들에 관하여 비슷한 확신들을 가지고 있었다. 그러나 맨처음 새로운 해답들이 나타난 것은 루터와 교황청 사이의 대결을 통해서 였다. 많은 남녀 신자들이 교회가 개혁되어야한다는 필요를 깊이 느끼고 있었다. 그러나 이 강건한 독일인의 영혼 속에 발생하였던 것과 같은 과감한 투쟁은 아무데도 없었다.

1483년 색손 지방의 광부의 아들로 태어난 루터는 원래 법률가가 되고자 하였다. 그런데, 그는 1505년 어느 날 스토테른하임(Stotternheim)이라는 촌락을 향해 가다가 천둥을 만나게 되었다. 번개가 그를 땅바닥에 쓰러뜨렸을 때, 공포에 질린 루터는 가톨릭 교회에서 가르친 광부들의 수호여성자에게 기도하였다. "성 안나시여, 저를 구해 주시면 수도사가 되겠나이다."

그 부모들의 만류에도 불구하고 루터는 서약을 지켰다. 그는 2주후, 죄의식에 가득찬 모습으로 어거스틴파 수도원에 들어가 헌신적인 수도사의 생활을 시작하였다. 그는 수년 후 다음과 같이 회상하였다. "나는 모든 규칙들을 철저하게 준수하였다. 만약 누군가 수도생활의 온전함에 의해 천당에 간다면 내가 바로 그 인물일 것이다. 만약 내가 계속 그러한 생활을 했다면, 나는 철야, 금식, 독서, 기타 할 일들 때문에 지쳐 죽고 말았을 것이다."

그는 건강이 상할 정도로 엄격한 생활을 계속하였다. 그는 3일간 계속 금식하기도 했고 영하의 겨울 날씨에 담요도 없이 자기도 하였다. 그는 특히 스스로의 죄악성과 하나님의 거룩하심을 깊이 실감했던 인물이었다. 루터는 그가 집전하였던 최초의 미사에 관해 다음과 같이 기록하였다. "나는 경외감과 공포에 완전히 압도되었다. 나는 스스로 생각하였다. '과연 내가 무엇이길래 하나님의 영광을 향하여 내 시선을 두거나 혹은 손을 들 수 있단 말인가? 재요 먼지요 죄에 가득한 주제에 살아계시고 영원하시며 진리이신 하나님과 대화할 수 있다는 말인가?'" 아무리 많은 고행과 그의 상급자들의 위로도 자신은 형편없고 저주받은 죄인이라는 확신을 잊게 할 수는 없었다. 그의 고해 신부가 루터더러 하나님을 사랑하라고 상담하였을 때, 루터는 소리쳤다. "나는 하나님을 사랑하지 않는다. 나는 그를 증오한다."

이 고민에 찬 수도사는 성경 연구를 통해 그가 추구하였던 사랑을 발견하였다. 당시 새로 창립된 비텐베르크 대학에서 성경을 가르치던 중 그는 십자가 상에서의 다음과 같은 그리스도의 말씀에 큰 충격을 받게 되었다. "나의 하나님, 나의 하나님, 왜 나를 버리셨나이까?" 그리스도가 버림을 받다니. 어떻게 주님께서 유기되실 수 있단 말인가. 루터도 물론 버림받은 느낌을 받은 적이 있었으나, 그는 죄인이었으므로 당연한 것이었다. 그러나 그리스도는 그렇지 않으시다. 따라서 그 해답은 그리스도의 죄인들과의 동일화에서 찾을 수밖에는 없었다. 그는 죄 때문에 보속해야 하는 처벌을 받기 위해서, 하나님으로부터 유리된 인간들과 같이 되신 것이었을까?

그리하여 평안을 모르던 루터의 영혼 속에는 새로이 하나님의 혁명적인 모습이 형성되기 시작하였다. 드디어 1515년, 바울의 로마서 서신을 연구하던 중 다음과 같은 구절에 부딪히게 되었다. "복음에는 하나님의 의가 나타나서 믿음으로 믿음에 이르게 하나니 기록된 바 오직 의인은 믿음으로 말미암아 살리라"(롬 1:17). 여기에 바로 영적 확신을 위한 열쇠가 있었다. 루터는 후에 이에 관하여 회고하였다. "밤낮으로 나는 이 구절을 묵상하였다. 그리하여 나는 하나님의 의와 '의인은 믿음으로 말미암아 살리라'는 구절 사이의 연관을 깨닫게 되었다. 그리하여 하나님의 정의란, 하나님께서 은혜와 순전한 자비를 통해 믿음으로 우리들을 의롭게 하시는 바로 그 의로움을 의미함을 깨닫게 되었다. 그리하여 나는 스스로 다시 태어난 듯 하였으며, 마치 낙원을 향해 활짝 열린 문을 통과한 듯한 느낌을 갖게 되었다."

루터는 이제 확실하게 발견하게 되었다. 인간은 그리스도의 희생의 공로 속에 있는 그의 믿음을 통해서만 구원을 받게 되는 것이다. 오직 십자가만이 인간의 죄를 제거하고 그를 사탄의 수중에서 구해낼 수 있다. 루터는 이리하여 그의 유명한 오직 믿음에 의해서만 의롭다하심의 교리에 이르게 되었다. 그는 이 교리가 믿음과 아울러 선행으로 구원을 받는다고 가르쳤던 로마 교회의 신조와 얼마나 날카롭게 대조되는지 깨닫게 되었다. 로마 교회의 선행이란 덕행들을 통해 그의 신앙을 증명하는 것과, 교회의 교의(dogma)를 받아들이는 것과, 교회 의식과 행사에 참여하는 것들을 포함하고 있었다. 후에 루터는 그의 특색인 강건한 스타일의 찬송을 통하여 불안으로부터 확신으로 변화하였던 그의 여로를 다음과 같이 묘사하였다.

> 악마의 감옥 속에 쇠사슬에 묶여 누워 있을 때
> 죽음의 이빨이 나를 둘러 싸고 있었네,
> 주야로 나의 죄는 나를 삼켰으니
> 모친이 죄중에 나를 잉태하였네,
> 나의 번민은 나날이 깊어만 가고
> 삶에는 기쁨이 전혀 없었으니
> 죄악은 나를 미치게 하였네.

> 그때 성자께서 말씀하시길, "나에게 의지하라,
> 지금부터는 고민할 일이 없으리니.
> 바로 너를 위해 내 생명을 주었고
> 또한 너를 위해 이를 구별해 주리라.
> 나는 너의 것이고, 너는 나의 것이니,
> 우리들의 생명이 한데 엉키는 곳을,
> 옛 악마도 범하지 못하리.

이러한 루터의 깨달음이 시사하는 바는 거대한 것이었다. 만약 구원이 오직 그리스도를 향한 신앙에서 오는 것이라면, 사제들의 중보는 필요치 않은 것이다. 신앙은, 기록되고 설교되는 하나님의 말씀으로 형성되고 성장하는 것이니, 더 이상 수도사나 미사나 성인들을 향한 기도가 필요치 않았다. 그리하여 로마 교회의 중보의 기능은 불필요한 것이었다.

교황의 권위에 대한 루터의 공격

루터는 그의 영적 발견이 그를 어디로 끌고 갈지 알지 못하고 있었다. 그런데 마침 교회 재정의 말할 수 없는 부정을 목격한 것이 독일 내의 종교적 반란의 한 가운데로 그를 몰고 갔으며, 이를 통해 교황의 권위에 관한 혁명적 주장을 공포하게 만들었다.

십자군 원정시 시작되었던 면죄부 판매는 교황의 재정 수입을 위해 가장 흔히 사용되던 방법이었다. 선행에 해당하는 행위들 — 주로, 교회 사업에 헌금한다든지, 혹은 성지, 성소를 순례하는 등 — 의 대가로 교회는 "선행 저장고"를 이용하여, 죄인들에게 고행을 면제해 주었다. 선행 저장고는 그리스도의 십자가 희생과 기타 성인들의 선행들로 이루어져 있었다.

그런데 열정적인 설교가들은 이러한 면죄부가 마치 무슨 마술적 효력이 있다는 듯 선전하는 수가 허다하였다. 즉 당사자의 영적 상태와는 아무런 상관이 없이 선행, 특히 헌금이 자동적으로 그 보상을 받게 해주는 듯 말하였던 것이다.

죄에 대한 올바른 회개와 슬픔은 망각되기 마련이었다. 루터는 이를 보고 고민하지 않을 수 없었다.

루터는 새로운 믿음의 의미에 관한 깨달음을 기초로 하여 그의 설교에서 면죄부 발행을 비판하기 시작하였다. 특히 1517년에 도미니쿠스파의 수사 요한 테첼(John Tetzel)이 독일에서 면죄부를 판매하러 다니는 모습을 보고는 분노를 금할 수 없었다. 당시 테첼은 로마의 성 베드로 바실리카를 완공코자 하는 교황의 명을 받아 자금을 모으고 있었다. 테첼은 헌금하는 이들에게는 이 세상뿐 아니라, 연옥의 형벌까지도 감면시킬 수 있는 면죄부를 주겠다고 선전하였다. 그의 광고는 "금전이 헌금궤로 들어가는 순간, 영혼은 연옥으로부터 솟아 오른다네" 하는 것이었다.

루터가 볼 때 테첼의 설교는 최소한 저질의 신학이었다. 그는 신학 논쟁을 목적으로 95개 신조문을 작성하여, 당시 관습대로 1517년 10월 31일 이를 비텐베르크 성채 성당 문에다 걸어 붙였다. 그의 주장들 가운데는 면죄부가 결코 죄를 사하지 못한다는 것과, 연옥에 적용될 수 없다는 것, 그리고 면죄부는 헌금자에게 허위스런 안전감을 부여하므로 오히려 해롭다는 것 등이 포함되어 있었다. 바로 이 사건이 종교개혁의 거대한 운동에 불을 붙였던 것이다.

얼마 안되어 독일 도미니쿠스 수도회는 루터를 "위험한 교리"를 유포하는 자로서 로마에 고발하였다. 바티칸의 신학자 하나가 루터에 반격을 가하여 누구든 면죄부를 비판하는 인물은 이단의 죄가 있다고 공격하였다. 처음에는 바티칸의 판결에 순복하려고 생각하였던 루터는 곧 입장을 바꾸어, 자기가 잘못이라는 것을 성경으로부터 증명하라고 요구하기 시작하였으며, 교황에게 연옥에 영향을 미칠 수 있는 권한이 있다는 교리에도 의문을 표하기 시작하였다. 1519년 신학자 요한 엑크(John Eck)를 상대로 18일간이나 라이프치히에서 계속되었던 논쟁에서 루터는 말했다. "종교회의도 오류를 범할 때가 있다. 교회나 교황도 신조를 결정할 수는 없다. 이는 반드시 성경으로부터 비롯되어야 한다."

그리하여 루터는 구원은 그리스도에의 신앙에만 달려 있다는 처음의 확신으로부터, 제2의 단계로 넘어간 것이었다. 즉, 교황들이나 종교회의가 아니라 성경만이 기독교 신자의 신앙과 생활을 위한 유일한 기준이라는 것이었다.

요한 엑크는 루터에게 후스와 비슷한 점들이 있음을 간과하지 않았다. 그는 라이프치히 논쟁 후에 로마를 움직여 루터를 이단으로 정죄하도록 하였다. 루터는 일련의 논문들을 발간하여 직접 독일 국민들에게 호소하였다. 그는 「독일의 귀족들에게 고함」(*Address to the Nobility of the German Nation*)이라는 팜플렛을 통해 그는 영주들에게 교회의 잘못들을 바로 잡으라고 촉구하였고, 주교들과 수도원장들의 재산과 세속 권력을 박탈하도록 요구했으며, 실질적으로 독일 국교를 설립하자고 제안하였다.

루터는 또한 「교회의 바빌론 유수」(*The Babylonian Captivity of the Church*)라는 책자를 통해 이신칭의(믿음에 의해 의롭다하심)의 교리가 그의 교회관을 어떻게 변화시켰는가를 설명하였다. 그는 로마의 성례 제도가 신자들을 포로로 잡고 있다고 주장하였다. 그는 사제들의 중보를 제도화하여 일반 신자들이 직접 하나님께 나아갈 수 있는 길과 자유를 가로 막고 있는 교황의 행위를 비난하고, 루터 자신의 성례론을 설명하였다. 성례가 유효하기 위해선 반드시 그리스도에 의해 수립되어야 하며 교회에 근거해야 한다. 이러한 기준으로 볼 때, 루터는 로마 가톨릭 교회의 성례들 가운데 5개는 정당화될 수 없다고 판단하였다. 그는 성찬과 세례만을 인정하였는데, 이들도 배타적인 사제들의 손이 아니라 믿는 기독신자들의 공동체 가운데 두어야 한다고 하였다.

루터는 교황이 머리가 되는 거룩한 계급제도라는 전통적 교회관을 파기하고, 모든 신자들이 다 제사장들로서 하나님께 영적 제사를 드렸던 기독신자들의 공동체가 교회라는 초대 교회의 입장으로 다시 돌아가고자 하였다.

1520년에 출판되었던 팜플렛 「기독교인의 자유」(*Freedom of a Christian Man*)를 통해 루터는 보다 온건하기는 하였으나 확실한 입장에서 기독교인의 생활과 구원에 관한 그의 주장을 기술하였다. 아마도 이는 그의 신학을 이해하는데 가장 좋은 입문서일 것이다. 그는 선행을 경시하지는 않았으나, 신앙 속에서 발견할 수 있는 신앙인 내부의 영적 자유가 모든 신자들로 하여금 선행을 이루게 한다고 주장하였다. "선행이 사람을 선하게 만드는 것이 아니라, 선인이 선행을 하는 것이다."

로마 교회로부터의 파문선고를 목전에 두고 루터는 기독교인의 삶의 본질이 성속을 막론하고 그가 받은 소명 가운데서 하나님을 섬기는데 있다고 함으로써 수도원의 필요성을 제거하였다. 모든 유익한 소명은 하나님께서 보실 때 모두 거룩한 것이라고 루터는 말하였다.

이단자이자 영웅

교황 레오 10세는 1520년 루터를 정죄하고, 그에게 60일 내에 교회의 품으로 다시 돌아오도록 촉구하는 교서를 반포하였다. 그러나 비텐베르크의 모닥불은 루터의 의도를 확실히 보여주었으므로, 그는 결국 파문당하게 되었다. 1521년 1월 레오는 그를 이단으로 선포하고 "유일하고 거룩하며 사도적인 가톨릭 교회"로부터의 축출을 선고하였다.

이제 이 문제는 젊은 황제 카를 5세의 손에 들어오게 되었다. 그는 교회를 수호하고 제국에서 이단을 제거한다는 선서를 하고 있었다. 그는 루터에게 보름스(Worms)에서 열리는 제국회의에 출석하여 그의 저술들에 관해 해명하도록 명령하였다. 이 회의에서도 루터는 오직 성경의 권위만이 그의 확신을 변화시킬 수 있다고 선언하였다. 그는 말했다. "나의 양심은 하나님의 말씀에 사로잡혀 있습니다. 나는 아무것도 취소하거나 철회하지 않겠습니다. 왜냐하면 양심을 거슬리는 것은 옳지도, 안전하지도 않기 때문입니다. 나는 여기 서서 다른 아무 것도 할 수 없습니다. 하나님이여 나를 도우소서, 아멘."

카를 5세는 이에 별로 감명을 받지 않았다. 그는 루터를 범법자로 선포하였다. "수도사의 제복을 걸친 악마가 옛부터의 오류들을 한데 모아 악취나는 진흙탕을 만들고, 다시 새로운 오류들을 이에 첨가하였다." 루터에게는 법의 처벌을 받기까지 작센로 귀환할 수 있도록 21일의 기간이 주어졌다. 루터는 비텐베르크를 포함한 작센 지방의 영주 현자 프리드리히(Frederick the Wise) 공작의 덕분으로 체포와 죽음을 면할 수 있었다. 공작은 고성 발트부르크 (Wartburg)에 루터의 피신처를 마련해 주었다. 융커 게오르게(Junker George) 라는 이름의 하급 귀족으로 그 정체를 감추고, 루터는 이곳에서 일년 가까이 머물었다. 그 기간동안 루터는 신약 성서를 독일어로 번역하였는데, 이는 독일의 공·사예배를 위해 중요한 작업이었다.

한편 로마에 대한 반란이 점점 파급되고 있었다. 도시와 촌락마다 신부들과 자치의회들이 예배당에서 성상들을 제거하고 미사를 폐지하였다. 루터보다 훨씬 더 과격하였던 새로운 개혁가들도 등장하였다. 이뿐 아니라 영주들, 공작들, 선제후들이 이 새로운 운동을 지지함으로써 루터에 대한 로마 교회의 조처에 반기를 들었다.

1522년 루터는 비텐베르크에 돌아와 영적 개혁 운동을 실시하였는데, 이는 그후 다른 독일 지방의 모범이 되었다. 성경에서 그 근거를 발견할 수 없었던 주교직을 폐지하였다. 교회에는 목회자가 필요하지 권력자가 필요한 것이 아니었다. 작센 및 인근 지방의 대부분 성직자들은 독신주의를 포기하였다. 수도사와 수녀들도 결혼하기 시작하였다. 루터는 1525년, 수녀 출신이었던 캐서린 폰 보라(Katherine von Bora)와 혼인하였다. 서방 기독교에는 새로운 모습의 기독교 목회의 모습이 출현하고 있었다. 다른 이들과 다름없이 가정 생활을 하는 성직자들의 모습이었다. 루터는 후에 다음과 같이 말했다. "결혼 첫해에는 새로 익숙해져야 하는 일들이 많았다. 한 가지는 아침에 일어나, 옆의 베개를 보았을 때, 전에 거기 없었던 돼지 꼬리 같은 머리채를 발견하는 일이었다."

루터는 또한 라틴어로 된 예배의식을 개정하여 독일어로 번역하였다. 이미 후스파에서 일년 전에 요구한 바대로, 평신도들도 빵과 포도주 두 가지를 모두 받도록 하였다. 또한 예배의 중심도 희생의 의미를 가진 미사를 거행하는 것으로부터 하나님의 말씀의 선포와 가르침으로 변하였다.

그러나 독일 내의 상황이 순조롭게만 움직였던 것은 아니다. 1524년에 루터는 그가 독일 영주들의 지원을 계속 받기 위해 얼마나 많은 타협을 해야

Martin Luther

Major Traditions of the Reformation

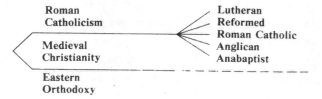

했는지 밝힌 바 있다. 루터가 주장하였던 기독교 신자의 자유의 개념을 사회적·경제적 분야에도 적용시키기를 요구하면서, 독일 농노들은 봉건 영주들을 상대로 반란을 일으켰다. 오랫동안 귀족들의 착취에 시달렸던 이들은 성경에 보장되지 않았다는 이유로 농노제의 폐지를 요구하였고, 지나친 귀족들의 요구를 폐지해 달라는 등 12가지의 개혁안을 내 놓았다.

처음에 루터는 이러한 농노들의 요구의 정당성을 인정하였으나, 이들이 기존체제를 무력으로 전복시키려 하자, 농노들에 대한 철저한 탄압을 촉구하였다. 그는 「도둑들이요, 살인자들인 농노 집단에 대항하여」라는 팜플렛을 통해 영주들더러 반란자들을 "무찌르고, 목조르고, 찔러 버리도록 하라"고 하였고, "이들 반역자들이야말로 악독하고, 사탄적"이라고 비난하였다.

1525년 영주들과 귀족들은 반란을 진압하였는데 이 과정에서 100,000명의 농노들이 살해되었다. 살아남은 농노들은 루터를 거짓 선지자로 취급하였다. 이들 대부분은 로마 가톨릭으로 돌아가거나, 혹은 보다 과격한 형태의 종교 개혁 운동에 합류하였다.

이처럼 보수적인 루터의 경제적·정치적 입장은, 하나님 앞에서의 평등이라는 개념은 영적인 분야에나 적용되지 세속적인 분야에는 해당되지 않는다는 그의 신념에서 비롯된 것이다. 이때문에 농노들과의 사이는 벌어졌으나, 영주들과의 동맹은 가능하게 되었다. 영주들 가운데 상당한 숫자는 루터의 입장이 그들에게 자기 영역내의 교회를 통솔할 수 있게 하였고, 이에 따라 자기들의 권력과 재산을 증가시킬 수 있었으므로 루터파에 가입하였다.

루터가 남긴 유산들

1530년 아우그스부르크에서 공통의 신앙고백을 작성하기 위한 종교개혁 지도자들의 정상 회의가 열렸을 때, 이 운동의 지도권은 루터의 손으로부터 벗어나기 시작하고 있었다. 루터는 아직 범법자의 입장이었으므로, 동 회의에 참석할 수 없었다. 그리하여 비텐베르크 대학의 헬라어 교수였던 좀 더 젊은 나이의 필립 멜란히톤(Philip Melanchthon)이 루터파의 입장을 대변하게 되었다. 이 젊은 학자는 루터파 진영의 영주들과 신학자들이 서명한 신앙고백을 작성하였으나, 황제는 보름스 회의 때나 다름없이 이들과 타협할 용의가 전혀 없었다.

아우그스부르크 이후에도 루터는 계속 비텐베르크에서 설교하고 성경을 가르쳤다. 그러나 그에게 동정적인 전기 작가들도 루터 말년의 일부 행위들은 정당화 시키지 못한다. 타임지(Time)가 기록하였듯이 "그는 그를 지지하였던 영주, 헤세의 필립의 중혼을 인정하였으며, 자기와 동의하지 않는 개혁가들에게는 옛날 교황을 비난했던 것과 같은 독설을 퍼부었다. 유대인들에 관한 그의 말들은 마치 히틀러 이상이다." 그가 죽은 1546년의 모습을 롤란드 베인턴(Roland Bainton)은 다음과 같이 묘사하였다. "루터는 성급하고 까다로운 노인이 되어 있었다. 편협하고 화를 잘내었으며, 때에 따라서는 천박하였다."

그러나 이처럼 나이들어 가는 개혁가의 개인적인 결점들이 그의 위대한 업적들을 경감시키지는 못한다. 그는 결국 기독교 뿐만 아니라 전체 서방 문명권을 변화시켰던 인물이었다.

1530년 이후 황제 카를 5세는 점차 강성하는 이단 루터파를 뿌리 뽑겠다는 그의 각오를 분명히 하였다. 이에 대응하여 루터파 영주들은 1531년 슈말칼덴 동맹(Schmalcald League)를 조직하였고, 1546년에서 1555년 사이엔 간헐적으로 전투가 벌어졌다. 양측은 1555년 아우그스부르크 화의(Peace of Augsburg)를 맺게 되었는데, 그 주요 내용은 각 영주들이 자기 영토 내의 종교를 결정할 것과, 루터파 외의 일체 프로테스탄트주의는 인정치 않을 것, 루터파로 개종하는 가톨릭 사제들은 재산을 포기할 것 등이었다.

이러한 조처가 독일에 미친 영향은 엄청난 바 있었다. 루터파는 이제 제국의 많은 영토를 차지하는 국교로서 정착하게 되었다. 그 세력은 독일로부터 스칸디나비아 일대로 전파되었다. 종교는 영주들의 개인적 선택 조건이 되어, 주민들은 영주들을 따라 로마 가톨릭이나 루터파 중 하나를 택해야 했다.

그러나 루터가 역사에 남긴 가장 중요한 공헌은 정치적인 것이 아니라, 종교적인 것이었다. 그는 4가지 중요한 가톨릭의 질문들에게 새롭고 통찰력 있는 해답들을 제시하였다. 인간이 어떻게 구원을 얻는가에 대해서는, 선행이나 공로가 아니라 오직 믿음에 의해서라고 대답하였다. 궁극적인 종교적 권위의 소재는, 눈에 보이는 조직체인 로마 교회가 아니라, 성경 속에 있는 하나님의 말씀이라고 하였다. 교회가 무엇이냐는 질문에는, 기독교 신자들의 전체 공동체라고 응답하였다. 왜냐하면 모든 신자들은 하나님 앞에서 제사장들이기 때문이다. 그리고 기독교인의 삶의 정수가 무엇이냐는 질문에는, 성속을 막론하고 하나님께서 부르신 유용한 소명에 따라 하나님을 섬기는 것이라 하였다. 오늘날까지도 프로테스탄트주의를 정확하게 정의하자면 이러한 중추적 진리들을 포함하여야 한다.

참고도서

Bainton, Roland. *Here I Stand:* Life of Martin Luther. Nashville: Abingdon Press, 1950.

Bainton, Roland H. *The Reformation of the Sixteenth Century*. Boston: Beacon Press, 1952.

Chadwick, Owen. *The Reformation*. Middlesex: Penguin Books Ltd., 1964.

Dillenberger, John. *Martin Luther:* Selections from His Writings. Garden City: Doubleday & Company, Inc., 1961.

Grimm, Harold J. *The Reformation Era 1500-1650*. Rev. ed. New York: The Macmillan Company, 1965.

Troeltsch, Ernst. *Protestantism and Progress:* A Historical Study of the Relation of Protestantism to the Modern World. Boston: Beacon Press, 1912.

25

철저한 제자의 길

:재세례파

1525 년 1월 21일, 십 여명의 사람들이 어둠을 타고 눈이 날리는 취리히의 거리를 지나고 있었다. 이들은 조용히, 그러나 무언가 각오에 찬 태도로 좁은 골목들을 지났다. 이들은 취리히에서 제일 큰 대 민스터(the Great Minster) 교회당 근처에 있는 만츠의 집으로 들어갔다.

이날 취리히 시의회는 이들의 지도자 콘라드 그레벨(Conrad Grebel)과 펠릭스 만츠(Felix Manz)에게 더 이상 성경 공부를 지도하지 말라고 명령한 바 있었다. 이들에 대한 반대가 점점 극심해 지고 있었다. 나흘 전에는 시의회가 시민들은 아이를 낳은 후 8일 내에 세례를 받도록 할 것이며, 아니면 추방시키겠다고 경고한 바 있었다. 형제들은 이에 관해 어떻게 대처할 것인가? 이를 의논하기 위해 지금 만츠의 자택에서 모이기로 한 것이었다.

집안에 들어선 이들은 들리는 소문과 소식들을 나누고, 자기들이 하나님의 뜻을 따를 수 있도록 해달라고 기도를 드렸다. 기도를 마치고 일어선 이들은 기독교 역사상 가장 결정적인 행동들 가운데 하나를 감행하였다.

전직 신부인 조지 블라우록(George Blaurock)이 콘라드 그레벨 앞에 서서 사도적 형태로, 즉 예수 그리스도에 대한 개인적인 신앙의 고백에 의거하여, 자기에게 세례를 베풀어 달라고 요청하였다. 그레벨이 즉석에서 세례를 베풀었고, 그후 블라우록은 이 자리에 참석하였던 다른 모든 이들에게 세례를 주었다. 그리하여 프로테스탄트 종교개혁을 이루는 또다른 중요한 집단인 재세례파(Anabaptist)가 탄생하였다.

오늘날 이 재세례파의 직접적인 후예들은 메노파(Mennonites)와 후터파(Hutterites)들이다. 미국인들은 아마도 수염을 길게 기른 농부들과 본넷 모자를 쓴 그들의 아내들을 연상할 것이다. 이들은 주로 펜실베이니아, 아이오와 주의 농촌 지방에 살고 있다. 이들은 자동차를 타지 않고 마차를 이용하며, 옷에도 단추나 지퍼들을 달지 않는다.

그러나 사실은 메노파의 일파인, 구파 아미쉬들(Old Order Amish)만이 이러한 옛 전통을 고수하고 있으며, 메노파 다수파는 일반인들과 다름없이 문명의 혜택을 누리고 있다.

이러한 여러 종파의 메노파들을 한데 묶는 것은 의복의 스타일이나 교통수단이 아니라, 독특한 신조와 가치관이다. 이들의 신조들 가운데 많은 부분이 현재는 다른 기독교 신자들에 의해서도 받아들여지고 있다. 오늘날의 재세례파 후손들을 찾는다면 침례교, 퀘이커 교도들, 어떤 의미에서는 회중파들까지도 이에 속한다고 할 수 있다. 실제로 이들이 고수하였던 교회와 국가의 분리 원칙에 있어서, 재세례파는 모든 현대 프로테스탄트들의 선조라 할 수 있겠다.

왜 이러한 현상이 생겼는가? 신약 기독교의 복고를 주장했던 이들이 어떻게 자기들의 시대를 앞서 갈 수 있었겠는가? 이보다 먼저 시대를 살았던 베네딕트파 수도사들처럼, 재세례파는 누구든 앞으로 올 세상을 위해 가장 헌신적인 인물들이야말로 현재를 개혁하기에 가장 최선의 위치에 선다는 사실을 보여주고 있다.

재세례파의 기본 신조들

어떤 의미에서 볼 때 재세례파의 출현은 능히 예상되었던 사실이다. 대부분의 혁명적 운동들은 항상 개혁된 상태를 다시 개혁하도록, 하나님으로부터 불림을 받았다는 일부 과격파 집단들을 항상 파생시켰다. 바로 이것이 재세례파의 모습이다. 이들은 온건한 개혁가들에게 옛 전통의 기반을 보다 더 철저하게 파괴하도록 외치는 목소리들이었다.

대부분의 다른 반 문화적인 움직임이 그러하듯이, 재세례파 역시 확고한 조직을 결여하고 있다. 이들을 일괄적으로 정의할 수 있는 특정한 신앙 고백이나 계급 조직을 찾아보기는 힘들다. 실제로 "재세례파"라는 명칭까지도 이들의 적에 의하여 붙여진 것이다. 이는 초대 교회에 일찍이 나타났던 이단들, 과격파들과 이들을 동일시하여 더욱 박해하기 좋도록 하기 위한 시도였다. 이러한 시도는 큰 성공을 거두었다.

기실 이들은 일체의 재세례를 거부하였다. 왜냐하면 이들은 유아시에 받은 세례의식을 성경적인 것으로 인정하지 않았기 때문이다. 이들은 스스로 "세례파"라는 명칭을 더욱 선호하였다. 그러나 이들에게 가장 중요한 문제는 세례가 아니었다. 이들의 관심의 초점은 교회의 본질과, 교회와 세속 정부 사이의 관계에 있었다.

이들은 다른 프로테스탄트 신도들과 같이 성경을 통해 자기들의 확신에 도달하였다. 루터는 일반 신자들에게도 직접 성경을 읽고 해석할 수 있는 권리가 있음을 가르쳤다.

그 결과 소수의 재세례파 신자들이 한데 모여 성경 공부를 시작하였다. 이들은 신약 성경 속에서 전혀 다른 세계를 발견하게 되었다. 이들은 교회-국가 사이의 유착이나, 기독교권의 개념을 발견할 수 없었다. 그 대신 이들이 발견한 사도 교회의 모습은 신앙의 결단을 내린 일단의 남녀들이 개인적으로, 자유스럽게 예수를 좇기로 하여 공동체를 결성하는 모습이었다. 16세기에 있어서 이는 가히 혁명적인 사상이었다.

개인적 신앙과 종교에 대한 루터의 강조에도 불구하고, 루터파 교회는 "기존 체제"의 교회라 할 수 있었다. 이들은 일정 지역의 주민들을 당연히 교회에 속한 신자로서 생각하는 안수 받은 성직자들을 계속 유지하고 있었다. 교회는 국가로부터 성직자들의 봉급 등, 필요한 지원을 받았다. 그리하여 공식적인 프로테스탄트 교회는 공식적인 로마 가톨릭 교회와 그다지 큰 차이가 없어 보였다.

재세례파는 이를 완전히 고쳐 보고자 하였다. 이들의 목표는 사도적 기독교의 복원이었으니, 진정한 신자들로만 구성된 교회로 다시 귀환하자는 것이었다. 이들은 초대 교회에서는 오직 개인적으로 영적 중생을 경험한 남녀들만이 세례를 받았다고 주장하였다. 사도 교회에서는 유아들에게 세례를 주지 않았다는 것이다. 이러한 전통은 단지, 영적으로는 무력한 기독교 사회인 명목상의 기독교권을 영속화시키기 위해 편리한 수단일 뿐이라는 것이 이들의 주장이었다.

과격파들은, 진정한 교회는 이 악한 사회 속에 존재하는 성도들, 헌신적인 제자들만의 공동체라고 하였다. 마치 중세의 선교사, 수도사들처럼 재세례파 신도들은 그들의 과격한 제자의 삶을, 필요하다면 죽음을 통하여서라도 사회의 모습을 변화시켜 보고자 하였다. 이들은 무장하거나, 정부의 관직을 맡거나, 맹세를 행하는 등 일체 세속 권력의 일부가 되기를 거부하였다. 16세기에 있어서 이러한 주장은 매우 자극적인 바 있었다.

이들 과격파들은 스위스, 라인란트, 홀랜드에서 이들의 사상을 전파할 가장 좋은 기회들을 발견하였다. 16세기 중엽 독일어 사용권 유럽에는 세가지의 서로 다른 재세례파 집단들이 나타나게 되었다. 1) 콘라드 그레벨과 펠릭스 만츠가 취리히에서 이끄는 스위스 형제단, 2) 모라비아 지방의 후터파, 3) 네덜란드와 북부 독일의 메노파 등이었다.

스위스 알프스 지방의 과격파들

콘라드 그레벨과 펠릭스 만츠는 원래 울리히 츠빙글리(Ulrich Zwingli, 1484-1531)가 취리히에서 주도하였던 개혁운동의 지지자들이었다. 1519년 루터가 라이프치히에서 요한 엑크와 논쟁했던 해에 츠빙글리는 취리히 대 민스터 성당의 사제로 부임하였다. 그는 교회당 문 위에 신조문을 부착하는 것이 아니라, 강단에서 성경적 설교를 함으로서 종교개혁을 시작하였다. 츠빙글리는 유명한 학자 에라스무스(Erasmus)의 영향 아래 신약 성서의 언어들과 메시지에 깊은 관심과 경외감을 가지게 되었다. 그리하여 그의 설교는 취리히 시에 굉장한 반응을 일으키게 되었다. 청중의 하나였던 청년 토마스 플라터(Thomas Platter)라는 이는 오랫동안 무시되었던 성경을 해석하는 설교를 듣는 순간 마치 츠빙글리가 그의 머리털을 잡고 공중으로 끌어 올리는 듯한 느낌을 받았다고 기록하였다.

한 가지 면에서 츠빙글리는 루터보다도 더 충실하게 성경을 따랐다고 볼 수 있다. 루터는 성경이 금하지 않는 것은 허락한다는 원칙이었다. 츠빙글리는 성경이 허락하지 않는 것은 금해야 한다는 원칙을 따랐다. 바로 이러한 이유 때문에 취리히의 종교개혁은 로마 교회의 전통적 상징들을 철저하게 폐기하였다. 촛불들이나, 성상들이나, 성화나 음악들을 모두 없이 하였다. 후에 영국에서는 이러한 경향을 가리켜 "청교도주의(puritanism)"라 불렀다.

그레벨과 만츠는 모두 취리히의 지식층으로서 츠빙글리의 개혁을 지지하던 인사들이었다. 그러나 츠빙글리의 지도하에 성경을 공부하면서 이들은 사도시대의 교회와 자기들의 교회 사이에는 큰 차이가 있음을 발견하게 되었다.

취리히 도시국가에서는, 다른 기독교 세계와 마찬가지로 새로 태어난 아기는 당연하게 세례를 받았으며, 교회의 일원으로 간주되었다. 그 결과 교회와 사회는 일체라고 생각되고 있었다. 교회는 이곳 주민 모두의 집단이었던 것이다. 그러나 신약 시대의 경우 교회는 주님을 위해 살고 그 목숨을 바치기로 결단한 소수의 진정한 신자들만의 집단이었다.

바로 이것이 그레벨과 만츠가 취리히에 세우고자 했던 교회의 모습이었다. 진정한 제자들로만 구성된 교회, 국가로부터 자유스러운 교회였다. 바로 이처럼 새로운 교회의 모습을 위해서는 오직 자기 신앙을 고백할 수 있는 이들에게만 세례를 베푸는 것이 그 첫 걸음이라고 생각하였다. 그러나 츠빙글리는 이러한 혁명에 참여할 의사가 전혀 없었다. 그는 도시 당국자들의 도움을 필요로 하고 있었다.

그리하여 1524년 가을, 그레벨의 아내가 사내 아이를 낳았을 때, 이러한 이론을 어떻게 실천할 것인가 하는 문제가 구체적으로 대두되었다. 과연 이 아기가 세례를 받도록 할 것인가? 그레벨은 이를 거부하였으며 곧 다른 부모들도 그 모범을 따랐다.

이러한 위기를 맞아 시의회는 1525년 1월 17일에 이 문제에 관한 공개 논쟁을 벌이기로 하였다. 양측의 주장과 이론을 청취한 후 주민 대표들은 유아세례를 주장하였던 츠빙글리 쪽이 승리를 거두었다고 판결하였다. 그 결과 시의회는 이제까지 아기들에게 세례를 받지 않게 했던 모든 부모들은 일주일 안에 이를 시행하거나 아니면 시로부터 추방을 감수하도록 명령하였다.

바로 이것이 만츠의 자택에서 1월 21일 행해졌던 역사적 세례식의 배경이었다. 이는 물론 시의회의 조치에 대한 명백한 저항이었다. 그러나 이는 또한 단순한 저항보다도 더 심중한 의미를 담고 있었다. 그레벨, 만츠와 그 추종자들은 이 때문에 당할 피해를 감수할 각오를 하고 있었다. 그리하여 이들은 세례 사건 직후 취리히를 떠나 인근의 졸리콘(Zollikon) 촌으로 이주하였던 것이다. 이곳에서 일월 말경 최초의 재세례파 교회가 조직되었으니, 현대 역사상 최초의 자유교회(국가와 연계되지 않은 교회)가 탄생하였던 것이다.

취리히 당국자들은 이러한 반란 행위를 방관하지 않았다. 이들은 곧 졸리

콘으로 경찰들을 보내어 새로 세례받은 자들을 체포하여 투옥시켰다. 그러나 석방되자 마자 이 재세례파들은 인근 지역을 찾아 다니며 포교를 시작하였다.

이를 본 취리히 당국은 본격적인 처벌을 강구하였다. 1526년 3월 7일, 모든 재세례자들은 물에 빠트려 사형에 처하기로 결의하였다. 아마도 이들의 생각은 '정 다시 침례받는 것이 소원이라면, 실컷 빠지게 해주마'하는 것이었던 듯하다. 일년이 채 안되어 1527년 1월 7일, 펠릭스 만츠가 최초의 재세례파 순교자가 되었다. 그는 취리히 시를 통해 흐르는 림마트(Limmat) 강에 빠져 처형되었다. 4년 내에 취리히 인근에서는 이 과격한 재세례파가 모습을 감추게 되었다.

박해에 처한 많은 재세례파는 독일과 오스트리아로 피신하였으나 거기도 안전하지는 못했다. 1529년, 스파이어(Speyer) 제국 의회는 재세례파를 이단으로 정죄하였다. 기독교권의 모든 법정들은 이단자들을 예외없이 사형에 처해야할 의무를 지고 있었던 시대였다. 종교개혁 시대를 통해 4, 5천명의 재세례파들이 화형, 수장 혹은 칼에 찔려 죽었다.

우리들이 볼 때에는 재세례파의 요구가 별로 무리가 아닌 단순한 것으로 보일지도 모른다. 이들은 단지 자기들이 확신하는 바에 따라 신앙 생활을 하기를 원했을 따름이었다. 그러나 16세기 사람들의 눈으로 볼 때에 이단들은 사회의 기본구조를 위협하는 세력으로 판단되었다. 바로 이 때문에 양심의 목소리들은 순교로 침묵당해야 했다.

우리는 이러한 목소리를 1573년 난지 겨우 며칠 되지 않은 어린 딸에게 남긴 젊은 어머니의 편지 속에서 들을 수 있다. 아버지는 이미 재세례파로서 처형 당한 후였다. 당시 안트워프(Antwerp) 감옥에 갇혀 있던 어머니는 아기를 낳을 때까지 형집행을 연기 받고 있었다. 이 어머니는 아직 철없는 딸이 부모들을 수치스럽게 여기지 말 것을 당부하고 있다. "나의 사랑하는 딸아, 아직 너무나 어린 너를 이 악하고 험한 세상에 두고 나는 떠나야 한다. 하나님의 진정한 사랑이 너를 굳세게 하시기를 간구한다. … 내가 너를 돌보고 기르는 것이 하나님의 뜻이셨다면 얼마나 좋았을까. 그러나 그게 하나님의 뜻이 아닌 듯 하구나. … 우리들을 부디 수치스럽게 생각하지 말아다오. 바로 이 길이 사도들과 선지자들이 걸었던 길이다. 너의 자랑스런 아빠는 피로써 자기 신앙이 진실함을 이미 증명하셨으며, 나 역시 죽음으로 그렇게 하려고 한다. 비록 우리들의 살과 피는 형틀에 남아 있을지 모르나, 우리가 다시 저 세상에서 만날 것을 분명히 확신하고 있다."

조지 블라우록은 동쪽으로 알프스 산맥을 따라 나아가 티롤(Tyrol) 지방에서 선교하였다. 가톨릭 측에서 이곳의 재세례파를 극심하게 박해하였다. 블라우록 자신도 1529년 9월 6일 이곳에서 화형당하였다.

박해는 재세례파들을 북쪽으로 몰고 갔다. 이들 가운데 상당 숫자가 예외적으로 관용적이었던 영주들의 덕택으로 모라비아(Moravia) 지방에 정착할 수 있었다. 이들은 여기에다 브뤼더호프(Bruderhof, 형제촌)라는 이름의 기독교 공동체를 건설하였다. 이들은 물론 초대 교회 사도적인 공동 생활체의 모습을 따르고자 하였다. 그러나 이에는 실제적인 이유도 있었으니, 박해 아래 공동으로 살아 남으려는 시도이기도 하였다. 이들은 하나님의 왕국에서는 개인보다 형제애가 우선해야함을 보여주고자 하였다. 이들은 1536년 사망한 지도자 야곱 후터(Jacob Hutter)의 이름을 따라 "후터파(Hutterits)"라 불리게 되었다.

구약적 생활 관습의 복고

1530년 대 중반에 발생하였던 기괴한 뮌스터 반란사건으로 재세례파 과격파들에 대한 가톨릭과 루터파의 공포심은 갑자기 깊어지게 되었다. 뮌스터(Münster)는 네덜란드 근처 베스트팔리아(Westphalia)지방에 위치한 주교 소재 도시였다. 1532년 종교개혁의 물결이 도시 전체에 거세게 밀어 닥쳤다. 처음에는 보수적인 루터파 집단이 우세하였다. 그러나 얀 마티스(Jan Matthijs)라는 비정상적인 인물의 제자들이 이곳에 다수 침투하여 권력자들 사이에 광신적 신앙을 불어 넣었다. 많은 이들이 바로 뮌스터에 하나님의 왕국이 이루어진다고 가르치고 믿게 되었다. 교회사가들은 이를 가리켜 천년왕국주의(chiliasm), 즉 그리스도가 이 지상에서 천년 동안 왕국을 건설한다고 믿는 사상이라고 부른다.

이 지역 주교가 군대를 동원하여 도시를 포위하자, 이들 재세례파들은 전례없이 무력을 동원하여 방어에 나섰다. 포위 상태가 지속되면서 보다 극단적인 자들이 세력을 잡기 시작하였다. 1534년 여름에는 전직 여관 주인인 라이덴의 얀(Jan of Leiden)이라는 자가 권력을 쟁탈하고 완전 독재자로 군림하기 시작하였다. 얀은 하나님으로부터 직접 새로운 계시를 받았다고 주장하면서, 구약의 일부다처제를 실시하기 시작하였으며, 9월에는 스스로 "다윗 왕(King David)"이라는 칭호를 취하였다.

"다윗 왕"은 할렘 속에서 사치에 극한 생활을 누렸다. 주민들은 비록 극심한 기아에 시달렸으나 그는 교묘한 수단으로 계속 이들의 사기를 유지하였다.

그는 1535년 6월 24일까지 주교의 군대로부터 성을 방어하였다. 성의 함락과 함께 다윗의 재위도 막을 내리게 되었다. 그러나 그후 수세기를 두고도 유럽인들은 "재세례파"라는 말만 들으면 뮌스터 반란 사건을 연상하였다. 폭도들의 광태와 재세례파가 사실과는 다르게도 동일시되었던 것이다.

뮌스터 사건이후 저지대 라인(Lower Rhine)지방의 재세례파들은 메노 시몬스(Menno Simons, 1496-1561 경)의 사역 덕분으로 다시 기운을 차리게 되었다. 전직 신부였던 메노는 일신의 위험을 무릅쓰고, 북부 유럽에 널리 흩어진 재세례파들을 널리 방문하여 야간 집회와 설교를 통해 이들을 격려하였다. 메노는 특히 철저한 비폭력주의를 고수하였다. 그리하여 비록 그가 비폭력 반전주의를 처음 주창한 인물은 아니었으나, 그의 이름은 재세례파의 폭력 반대 사상을 대표하게 되었다. 대부분의 20세기 재세례파의 후손들은 메노나이트라는 이름으로 불리고 있다.

현대 기독교의 개척자들

1527년 재세례파는 슐라이트하임(Schleitheim, 오늘날 독일-스위스 국경 지방 샤프하우젠 근처)에서 회집하였다. 이 모임을 주도한 것은 원래 베네딕트파 수도사 출신이었던 미카엘 자틀러(Michael Sattler)였는데, 그는 4개월 후 이 근처의 로텐베르크 암 넥카르(Rottenberg-am-Neckar)에서 화형에 처해졌다. 이들 소위 "형제 연합(Brotherly Union)"이라는 슐라이트하임에서 채택된 신조문은 매우 중요한 신앙 고백의 구실을 하게 되었다. 우리들은 이를 슐라이트하임 신앙고백이라고 부른다. 그후 10년내에 유럽 전역의 재세례파는 대부분 이 내용에 합의하였다.

이들의 신조 가운데 첫번째는 흔히 재세례파에서 "제자도"라 일컫는 내용이다. 예수 그리스도와 신자의 관계는 내부적 경험이나 신조의 수용보다 한 걸음 더 나아가야 한다고 하였다. 신자의 삶은 하나님과의 매일 동행하는 것이어야 하는바, 그 속에서 예수 그리스도의 교훈과 모범이 신자의 변화된 행

동으로 나타나야만 한다고 하였다. 한 재세례파 신도가 말하였듯이, "생활
속에서 그리스도를 좇지 않는 한 아무도 그를 알 수 없다"는 사상이다. 이는
곧 "그의 말씀은 진리요, 그의 명령은 영원한 생명인, 하나님의 아들의 빛나
고 확실한 말씀을" 철저하게 순종하는 것이었다.

재세례파들이 깨닫게 된 것처럼 제자의 생활은 그 범위가 한없이 넓은 것
이었다. 이 중에 한가지만 보자면 재세례파는 맹세를 금지하였다. 왜냐하면
예수님이 산상수훈 가운데 분명히 말씀하셨기 때문이었다. "절대로 맹세하지
말라. 하늘이나, 땅이나, … 예루살렘으로도 그렇게 하지 말라"(마 5:34,35).
재세례파에게는 완전 순수한 진리 외에는 타협이나 합리화가 있을 수 없었
다.

재세례파의 두 번째 원칙인 사랑의 원칙은 첫번째 원칙으로부터 논리적으
로 자연스레 파생되었다. 이들은 비재세례파들과의 관계에서 비폭력주의를
고수하였다. 이들은 전쟁에 나가지 않았으며, 박해자들로부터 스스로를 보호
하지도 않았으며, 국가의 강제적 성격을 띤 행위들에 참여하지도 않았다.

이러한 사랑의 윤리는 서로 돕고, 부를 재분배하는 형태로 재세례파 내에
서 표현되었다. 우리들이 본 바와 같이 모라비아의 재세례파에서는 기독교인
의 공동생활이라는 모습으로 나타나기까지 하였다.

재세례파의 세 번째 원칙은 우리가 현재, 교회 권위에 관한 "회중주의적
이해"라 부르는 것인데, 실제로 루터나 츠빙글리의 경우에도 개혁 초창기에
는 이러한 경향을 띤 바 있었다. 재세례파 집단은 오직 자발적이고, 개인적
인 그리스도에 대한 신앙 고백에 기초하여 세례받은 자들로만 구성되었다.
그리하여 각 신자는 그의 동료 신자들을 위한 제사장이었으며, 불신자들을
향해선 선교사의 역활을 하였다.

일체의 교회 문제에 관한 결정은 회중 전체의 의견을 좇도록 하였다. 교리
에 관한 문제에 있어서는, 교의적 전통이나 교회 정치 지도자들에 의해서가
아니라 성경 해석에 의거하여 결정하였다. 성경해석은 회중 전체의 모임에서
이들의 의견의 일치를 좇았다. 이 모임에서는 누구나 발언할 수 있었고, 다
른 이들의 의견을 비판해 가면서 청취하였다. 교회내 치리 문제도 회중은 공
동으로 결정하였다. 이들은 자기들이 세례 받을 때 약속하였던 사항들을 생
활 속에서 실천할 수 있도록 공동으로 돕고 서로 감시까지 할 책임이 있다
고 생각하였다.

재세례파의 네번째 원칙은 철저한 교회와 국가의 분리라 할 수 있겠다. 기독교 신자들은 "자유롭고, 강제 당하지 않고, 자발적으로 신앙을 결단한 사람들"이라고 생각하였다. 신앙은 하나님께서 값없이 주시는 선물이니 만큼, 국가가 "무력을 동원하여 복음을 대변하는 행위는" 명백한 월권이라 생각하였다. 교회는 사회와는 완전히 다른 공동체이다. 설혹 이 사회가 소위 기독교적 사회라 할지라도 마찬가지이다. 그리스도의 제자들은 순례자들이며, 그의 교회는 이러한 나그네들의 이 세상에서의 영속적인 행진이다.

교회와 국가를 분리함으로써, 재세례파는 현대에서 최초로 완전한 종교의 자유를 주장한 인물들이 되었다. 국가의 간섭이나 도움이나 박해없이 자기와 같은 신앙을 가진 인물들과 한데 모여 예배드릴 권리야말로 기본적이라고 주장하였던 것이다.

세월의 흐름에 따라 재세례파의 후계자들은 원래 창시자들의 신념의 많은 부분을 상실하게 되었다. 교회의 순수성을 추구하는 과정 속에서 율법주의적으로 흐르기도 하였다. 생존 자체에 급급하다 보니 원래의 선교열을 상실하기도 하였다. 그리하여 단순히 훌륭한 농부들, 착한 사람들, "사회를 떠난 은자들"의 모습으로 변하기도 하였다. 19세기에 들어서야 이들은 부흥과 새로운 성장을 경험하게 되었다. 20세기말 이들의 숫자는 전 세계에 걸쳐 약 오십만 이상에 이르고 있다. 그러나, 어쨌든 오늘날의 많은 기독교 신자들은, 반드시 이들 재세례파의 후예가 아니라 할지라도, 이들 제 일세대의 과격파들이 일찍이 목숨을 바쳤던 많은 원칙들을 자기들의 것으로 포용하고 있다.

참고도서

Clasen, Claus-Peter. *Anabaptism: A Social History, 1525-1618*. Ithaca, N.Y.: Cornell University Press, 1972.

Estep, William R. *The Anabaptist Story*, Grand Rapids: Eerdmans, 1975.

Hershberger, Guy F. *The Recovery of the Anabaptist Vision*. Scottdale: Herald Press, 1957.

Littel, Franklin H. *The Origins of Sectarian Protestantism*. New York: Macmillan, 1964.

Wenger, John Christian. *Even Unto Death*. Richmond: John Knox Press, 1946.

Williams, George H. and Mergal, Angel M. *Spiritual and Anabaptist Writers*. Philadelphia: The Westminster Press, 1957.

26

하나님의 주권의 산물
:존 칼빈

스페인과 프랑스 사이의 전쟁이 스트라스부르크(Strassburg)로 가는 통로를 막아 버렸다. 그리하여 학문을 계속 닦고자 하였던 이 프랑스 출신의 젊은 학자는 제네바를 통과할 수밖에는 없었다. 그는 이곳에 겨우 하루만 머물 예정이었다. 이곳은 젊은 학자를 위해 적당한 곳은 못 되었다.

당시 제네바는 혼란에 빠져 있었다. 이곳에는 각종 유락 산업이 발달했던 곳이었는데, 최근 이곳 시민들이 사보이 공과 로마 교회에 대항하여 반란을 일으켜 공공 질서가 어지러운 상태에 처했을 뿐만 아니라, 지도권도 여러 집단으로 내부 분열 상태에 있었다.

윌리엄 파렐(William Farel)이라는 이름의 정열적 개혁가가 수년 간 설교한 덕분으로 이곳의 가톨릭 미사는 폐지된 바 있었다. 그러나 제네바의 프로테스탄트주의는 교리적인 확신보다는 로마에 대한 정치적 적대감 때문에 유지되고 있는 실정이었다. 아직 아무도 앞에 나서서 이 도시의 종교적 조직을 성경에 따라 재구성하고자 하지 못하고 있었다.

파렐은 이 도시의 관리자가 필요하다는 사실을 잘 깨닫고 있었다. 그리하여 젊은 프랑스인 존 칼빈(John Calvin)이 이곳에 "우연히" 들렀다는 소식을 듣자, 곧 그 밤에 그를 방문하였다. 그는 칼빈이야말로 제네바에서 필요로 하는 인물이라고 생각하였으므로 이 젊은 학자에게 다른 곳으로 가지 말고 거기에 머물러 하나님의 사역을 함께 하자고 강력히 종용하였다.

칼빈은 자기는 특별히 공부하고 싶은 마음이 있다면서 그의 요청을 거절하였다. 그러자 파렐이 응답하였다. "당신은 오직 자기의 하고 싶은 것만 생각하는구려. 만약 이곳에서 우리를 도와 주님의 일을 하지 않으면, 주님께서는 주님보다는 자기의 유익에 보다 더 관심이 있는 당신을 분명히 벌하실 것이요."

칼빈은 공포에 질렸다. 그는 무엇보다도 전능하신 하나님의 비위를 건드리고 싶지 않았다. 그리하여 그는 이곳에 머물러 즉각 제네바의 개혁 작업에 진력하기 시작하였다.

많은 세월이 지난 후, 칼빈은 자기의 생애를 뒤돌아 보며 다음과 같이 회고 하였다. "나는 천성이 부끄럼을 잘 타므로, 항상 조용히 혼자 있기를 좋아하는 인물이었다. … 그러나 하나님은 이런 저런 사건과 수단들을 보내시어 나를 흔드시고, 어디서도 조용히 휴식하는 생활을 허락지 않으시었다. 그는 나의 천성에도 불구하고 나를 사람들의 주목거리가 되게 하셨으며, 세인들이 말하는 대로 '사건들에 휩쓸리도록' 만들어 오셨다."

칼빈이 이처럼 사건들에 휩쓸리므로써 그는 제3의 종교개혁 전통을 이루는데 지도적 역활을 감당하였다. 오늘날 우리들은 이 전통을 가리켜 개혁파(Reformed) 혹은 칼빈주의 기독교(Calvinistic Christianity)라고 부른다. 이 가운데는 모든 장로교, 네덜란드와 독일의 개혁파를 포함하며, 많은 침례교와 회중파 교회들이 속해 있다.

개혁주의 기독교의 의미

개혁파 교회의 특징들은 무엇인가? 우리들은 그 해답을 윌리엄 파렐의 경고 속에서 하나님의 부르심을 발견하였던 그 젊은 학자의 삶과 가르침 속에서 찾을 수 있다.

그는 하나님께서 역사를 완전 주관하시고 통솔하신다고 확신하였다. 그는 이를 가리켜 하나님의 주권적 의지라 불렀다. 마치 루터의 중심교리가 믿음에 의한 칭의이었듯이 칼빈의 경우는 바로 하나님의 주권 교리였다. 이 두 개혁가들은 모두 하나님의 위엄과 능력을 깊이 느끼는 인물들이었다. 루터에게서는 이 점이 용서의 기적을 강조하는 것으로 나타났고, 칼빈의 경우엔 하나님의 뜻은 반드시 이루어지고 만다는 확신과 신념으로 표현되었다.

칼빈(1509-1564)은 루터와 같이 프로테스탄트의 기본적 4개 신조에 있어서
는 신념을 같이 하고 있었으나, 루터보다 한 세대 늦게, 다른 지역에서 탄생
하였으며, 서로 성격도 완전히 다른 인물이었다.

루터는 농부요, 수도사요, 대학 교수였고, 칼빈은 학자요, 법률가로서, 혼란
한 시기에 번창하는 교역 중심도시에서 목회를 했던 인물이다. 따라서 이들
은 서로 다른 상황 속에서 다른 수요를 충족시켜야 했으며, 서로 강조점이
다른 기독교적 해답들을 제시하였다. 이들의 기초는 동일하였다. 그러나 비
텐베르크와 제네바에 건축된 신학과 교리, 실제 교회의 모습은 여러 가지 중
요한 점들에서 차이가 있었다.

해리스 하비슨(E. Harris Harbison)이 지적하였듯이 이 두 사람의 초상을
살펴보면 두 사람들 사이의 차이가 잘 나타나고 있다. 루터는 나이가 들면서
얼굴과 전체 몸이 뚱뚱해지며, 스스로에 대한 자신감과 평화가 그 눈과 입의
주름살에 나타나고 있다. 칼빈은 나이가 들며 젊을 때보다도 더 야위어 갔
다. 그의 확실한 코와 입의 선들은 그의 성품과 아울러 지성이 오히려 더 날
카로워져 가고 있음을 대조적으로 보여주는 것이다. 그는 스스로나 주위 사
람들에게 많은 것을 요구하는 인물이었다.

조직력과 행정력이 뛰어났던 칼빈은 츠빙글리가 놓은 기초 위에 다시 자
기의 사역을 건축하였다. 취리히에서 시작되었던 개혁 운동은 독일어 사용권
스위스 지방으로 급속히 번져나갔다. 베른(Bern)과 그 인근 지방(canton, 캔
톤)이 1528년 프로테스탄트 진영에 참여 하였다. 바젤(Basel)이 1529년 이에
합류하였다. 곧 세인트 갈, 아펜젤, 샤프하우젠 등도 그 뒤를 좇았다.

스위스 지방 외에도 주요한 독일 도시 스트라스부르크가 츠빙글리 식의
종교개혁에 동조하였다. 이곳의 마틴 부처(Martin Bucer, 1491-1551)는 독일
내에서 루터와 멜랑히톤에 버금하는 영향력을 행사하던 인물이었는데, 루터
보다는 츠빙글리에 동조하는 모습을 보였다.

그러나 스위스 내 프로테스탄트와 가톨릭 진영에 속한 캔톤들 사이의 분
쟁은 1531년 10월 11일, 취리히와 가톨릭 캔톤들 사이의 전쟁으로 발전하였
다. 바로 이 카펠(Kappel) 전투에서 츠빙글리가 전사함으로써 취리히 개혁운
동의 지도권은 하인리히 불링거(Heinrich Bullinger)에게 넘어가게 되었다. 그
러나 1540년 대에는, 칼빈의 철저한 지도 아래 프랑스어 사용권 스위스에 속
한 제네바가 개혁파 기독교의 국제적 중심지로서의 역할을 감당하게 되었다.

칼빈은 파리 북서쪽으로 60마일 떨어진 지점의 작은 도시 태생이었다. 그의 부친은 칼빈이 최고의 교육을 받을 수 있도록 일찍부터 정성을 기울였다. 칼빈은 14살 때 파리 대학교에 진학하여 뛰어난 문장력과 함께, 논리적인 사고력을 갖추게 되었다. 사람들 가운데는 칼빈의 생각에 동조하지 않는 이들도 있었으나, 그가 무엇을 의미하는지 오해할 수는 없었다. 그는 1528년 문학 석사 학위를 받고 대학을 졸업하였다.

파리 대학 이후, 그는 부친의 뜻을 좇아 오를레앙(Orleans)과 부르제(Bourges) 등에서 법률을 전공하였다. 그러나 1531년 부친이 돌아가심으로 자기 자신이 원하는 공부를 할 수 있게 되었다. 그리하여 그는 다시 파리로 돌아와 고전학을 전공하여 학자의 길을 걷고자 하였다.

그는 파리에서 공부하는 동안 종교 개혁의 사상에 깊이 접촉하게 되었으며, 그후 벌어진 일련의 사건들은 칼빈의 생애에 새로운 방향을 제시하였다. 그는 그 첫 사건을 가리켜 "예기치 못했던 개종(unexpected conversion)"이라 부른다. 이 사건의 날짜는 확실히 알 수 없으나, 그 내용이 일종의 정신적 각성이나 혹은 성경의 지고한 권위의 인정 이상의 것이었음은 알고 있다. 칼빈은 그의 인생을 하나님께 헌신하기로 하였다. 그는 고전 학자로서의 길을 포기하고 프랑스 종교 개혁에 투신하기로 하였다.

1533년 칼빈은 그의 동료 니콜라스 콥(Nicholas Cop)과 매우 친밀하였으므로, 콥이 대학 총장으로 취임하였을 때, 그 연설의 내용이 매우 프로테스탄트적이었는데, 많은 이들은 칼빈이 사실은 이를 작성하였다고 의심하였다. 그 연설문은 대학 전체에 소동을 일으켰고, 칼빈은 파리로부터 도주할 수밖에 없었다. 이 젊은 개혁가는 바젤에 일시 머무는 기간 중 1536년 3월 그 유명한 「기독교 강요」(*Institutes of the Christian Religion*)의 초판을 발간하였다(크리스챤 다이제스트사 역간 ― 편집자 주).

이 작품은 종교개혁 시대가 낳았던 가장 명확하고, 가장 논리적이며, 가장 읽기 쉬운 프로테스탄트 교리에 관한 해석이었다. 이 때문에 칼빈은 하루 아침에 유럽 전체에 이름을 떨치게 되었다. 칼빈은 그후 평생을 두고 이를 개정하고 보충하는 작업을 하였다. 그리하여 20년 후에는 훨씬 더 자세하고 깊은 내용을 담게 되었으나, 기독교 진리의 해석은 기본적으로 불변하는 일관성을 보였다.

강요의 서문으로 칼빈은 국왕 프란체스코 1세에게 바치는 헌사와 공개 서신을 실었다. 이 가운데서 그는 프로테스탄트 교리를 변증하였고, 그 입장의 정당성을 명백하게 주장하였다. 아직 아무도 프로테스탄트의 입장을 이처럼 효과적으로 대변하였던 인물은 없었다. 칼빈은 이 편지 한장으로 능히 프로테스탄트의 입장을 위한 지도자로 등장할 수 있었다.

제네바 : 칼빈주의의 고향

그는 더 이상 프랑스에 머물 수 없었다. 그 때문에 수개월 간의 여행 후 그는 스트라스부르크로 가려 하였고, 1536년 7월, 도중에 제네바를 통과하다가 윌리엄 파렐을 만나 제네바에서의 하나님의 사역에 동참하게 되었던 것이다.

시의회는 칼빈에게 "성경학 교수"의 직위를 부여하였다. 그는 열심으로 이 직책을 수행하기 시작하였다. 그는 우선 모든 시민들이 받아 들여야 하는 신앙 고백의 작성을 시작하였다. 그는 모든 이들을 위한 보통 교육의 계획도 세웠다. 또한 영적 기준에 미흡한 생활을 하는 자들에게는 보다 엄한 치리를 시행할 것을 주장하였다. 이들은 파문, 혹은 수찬금지를 시키고자 하였다.

이는 프로테스탄트 진영 내에서도 가장 엄한 도덕적 권징의 형태로서 도시 지도자들도 미처 예상치 못했던 모습이었다. 얼마 안되어, 과연 교회와 시정부 관리들 중 누구에게 파문의 권한이 있는가 하는 문제로 논란이 생기게 되었다. 약 일년간의 투쟁 후, 칼빈과 파렐은 이 문제로 패배를 맛보았으며, 시의회는 이 두 개혁가들을 1538년 4월 제네바로부터 추방시켰다. 칼빈은 실패자처럼 보였다.

아마 그후 스트라스부르크에서 보낸 3년 간이 칼빈의 생애에서는 가장 행복한 시기였을 것이다. 그는 이곳에 소재한 프랑스인 난민 교회의 목사로서 자기 신념대로 교회를 지도할 수 있었다. 그는 성공적인 신학 교수였으며, 시민들로부터 존경받는 인물이었다. 그리고 도시를 대표하여 독일에서 열린 주요한 종교회의들에 참여하기도 하였다. 이때 두 아이가 딸린 과부와 결혼하였는데, 그녀는 1549년 3월에 세상을 떠나기까지 그의 충실한 반려로서 그를 도왔다.

한편 제네바에서는 칼빈의 지지자들이 시정부를 장악하고 칼빈에게 다시 돌아와 개혁운동을 다시 계속하도록 촉구하였다. 1541년 칼빈은 다시 제네바로 귀환하여 사역을 시작하였다. 개인적으로는 내키지 않았으나, 제네바 측에서 그의 요구조건을 거의 다 수락하였으며, 많은 친구들이 그가 다시 돌아가는 것이 옳다고 충고하였기 때문이었다. 시가 수락한 교회 헌법은 칼빈의 생각을 실행에 옮길 수 있도록 보장하고 있었다.

헌법에 의하면 교회에는 4개의 직책이 있었다. 목사, 교사, 장로, 집사들이었다. 열두명의 장로들이 목사들과 함께 당회(Consistory)를 구성하여 시를 도덕적으로 감독하였다. 이들은 교회의 공공 집회 결석, 음주, 간음, 도박, 춤추는 것 등을 처벌하였다.

물론 그에 대한 반발도 계속 있었다. 칼빈은 여러 번에 걸쳐 다시 추방당할 뻔한 위기도 겪었다. 그러나 그는 용감하게 그의 신념을 실천하였으며, 또한 특히 프랑스로부터 그의 명성을 듣고 제네바로 계속 몰려든 난민들의 세력이 그를 지지하였다.

칼빈의 제네바 사역기간 중, 미카엘 세르베투스(Michael Servetus)라는 머리는 명석하나 이단적 사상을 가졌던 스페인 출신의 내과 의사가 제네바로 피신해온 일이 있었다. 세르베투스는 삼위일체를 부인하였던 그의 사상으로 말미암아 가톨릭 교회로부터 쫓기고 있었다. 그는 1553년 마침 칼빈의 적수들이 칼빈의 권위에 심히 도전하고 있을 때에 제네바를 찾았다. 칼빈은 그를 화형에 처하는 대신 좀 더 자비로운 처벌을 추천하기는 하였으나, 역시 이 불안정한 사상가를 사형시켜야 한다는 데는 찬성하였다. 세르베투스는 결국 화형에 처해졌으며, 많은 후세인들은 칼빈을 주로 "세르베투스를 불태워 죽인 인간"으로 기억하게 되었다.

2년 후, 제네바에서의 칼빈의 위치는 공고하게 되었으며, 그는 세상을 떠나기까지 별다른 반대 없이 사역할 수 있었다. 그러나 칼빈에게 있어서는 제네바 시가 그의 사역의 최종 목표는 아니었다. 그는 이 도시를 박해받는 프로테스탄트 신자들의 피난처요, 권징과 치리가 제대로 실시되는 기독교 공동체의 모범이요, 전 유럽을 대상으로 한 목회자들의 훈련장으로 생각하였다. 그리하여 각처에서 존 녹스(John Knox)의 표현에 의하면 "사도시대 이후 지상에서 가장 완전한 그리스도의 학당"이라는 제네바의 소문을 듣고 목회자의 훈련을 받고자 했던 학생들이 몰려 들었다. 이들은 직접 칼빈에게서 신학을 공부하였으며, 이 도시의 엄격한 생활에 순순히 복종하며 훈련을 쌓았다.

하나님의 주권

이 학생들이 전수받은 칼빈주의 신학은 하나님의 주권이라는 중심 사상으로부터 흘러나오는 것이었다. 칼빈은 기록하였다. "하나님께서는 그가 전능하신 분이심을 주장하시며, 우리가 그의 속성을 인정할 것을 요구하신다." 하나님은 "만물을 다 주관하시는 분이시다." 그는 그의 지혜 가운데 영원전부터 그가 하실 역사를 미리 선포하셨으며, 스스로의 능력에 의하여 그가 선포하신 일들을 이루신다.

이는 단지 일반적인 원칙 이상의 것이다. 성경은 하나님께서 개인들의 생애 하나 하나를 특정하게 이끌고 가심을 가르치고 있다. 성부의 뜻이 아니면 참새 한마리도 땅에 떨어지지 않는다고 기록되었다. 또한 어느 여인들에게는 아기들을 주시고, 또 다른 여인들은 잉태치 못하도록 하신다고도 기록되었다. 이러한 사건들은 자연 속의 거역할 수 없는 숙명론을 의미하는 것이 아니라, 인간들이 그의 뜻대로 행하도록 움직이시는 전능하신 하나님의 인격적인 작정인 것이다.

만약 루터의 요절이 "의인은 믿음으로 살리라"는 것이었다면, 칼빈의 요절은 "당신의 뜻이 하늘에서처럼 땅에서도 이루어 지소서"라는 것이었다. 칼빈은 바울, 어거스틴, 루터가 가르쳤던 기독교 전래의 예정론의 교리 속에서 종교적 헌신의 근원을 발견하였다. 칼빈은 인간에게 영원한 생명을 주기 위한 하나님의 선택의 교리를 단지 지성적인 이론으로서가 아니라, 신자들의 자신과 겸손과 윤리적 능력의 가장 근본적인 원천으로서 파악하였다.

칼빈은 물론 누가 하나님으로부터 선택받은 자인지 확실히 알 수 있다고는 하지 않았으나, 과연 누가 구원 받았는지 판단할 수 있는 기준들에는 3가지가 있다고 하였다. 두 가지 성례, 즉 세례와 성찬에 참여하는 것과, 의로운 윤리적인 생활과, 자기 신앙의 공공 고백이다. 이러한 기준들이면 비록 완전치는 못해도 지상에서 제대로 치리되는 교회를 운영하기 위해선 크게 부족함이 없으리라고 생각하였다.

칼빈은 루터와 비교하여 볼 때, 신앙의 결과란 이 지상에 하나님의 왕국이 이루어지도록 노력하는 것이란 점을 훨씬 더 강조하였다. 진정한 기독교 신자는 더 이상 하나님의 율법에 의하여 심판을 받지 않으나, 이 율법 속에서 바람직한 윤리적 성품을 위한 하나님의 의도를 발견할 수 있다 하였다. 인간은 결코 선행에 의해 의롭다 하심을 받지 못하나, 의롭다 하심을 받은 인간들에게는 선행이 없을 수 없다고 하였다. 그의 생활 속에서 성결과 거룩함을 이루기 위해 피나는 노력을 기울이지 않은 이는 절대로 진정한 신자라 할 수 없다. 이처럼 윤리적으로 성결한 삶을 위한 끝없는 노력이야말로 칼빈주의의 가장 중요한 특징 가운데 하나라고 할 수 있다. 이에 따라 신자의 성품이 진정한 종교생활 여부의 기본적인 시험 요소가 되며, 바로 이러한 믿음의 모습이 이제까지 칼빈주의가 역동적이고 적극적인 사회 참여 운동을 해왔던 이유를 엿볼 수 있는 열쇠를 제공하는 것이다. 하나님은 목적이 있어서 그 목적을 이루시기 위하여 택자들을 부르신 것이었다.

칼빈주의의 하나님의 주권 사상의 강조는 독특한 국가관을 이루는데 공헌하였다. 루터는 국가를 가장 높은 기관으로 생각하는 경향이 농후하였다. 어디서 어떻게 복음이 설파될 것인가를 독일에서는 영주들이 결정하는 경우들이 많았다. 그러나 칼빈은 그 어느 인간도, 교황이나 군주들이라 할지라도, 절대적 권력을 소유하지 못한다고 가르쳤다. 칼빈은 비록 직접 국민들의 저항권을 설교했던 적은 없으나, 대의 민주정체를 앙양하였으며, 이들에게는 독재적 군주들에게 저항할 권리가 있음을 강조하였다. 군주들의 절대권력 자행에 대항한 칼빈주의자들의 저항 사실은 현대적 입헌 정부의 발전에 가장 중요한 요소로서 작용하였던 것이다.

칼빈은 명백하게 세속적인 분야들을 제외하고는, 교회가 세속정부의 관할 아래 있지 않다고 가르쳤다. 반면 교회는 주권적 하나님 아래서 영적 문제에 관하여 세속 정부를 올바르게 인도해야할 의무와 책임을 가진다. 이러한 비전 아래 칼빈의 추종자들은 유럽 전역에서 오류에 빠진 종교와 독재 정부를 전복시킬 영적 계획을 도모하게 되었다.

많은 칼빈의 열정적 제자들은 제네바를 하나님께서 마련해 주신 교두보라고 생각하였다. 하나님의 왕국이 이루어져야 한다는 것은 약속인 동시에 사명이었다. 이들은 제네바를 떠날 때 자기들의 고국에 돌아가서 칼빈주의 원칙을 수립하겠다고 다짐하곤 하였다. 그 결과 칼빈주의는 곧 국제적으로 중요성을 띠게 되었다.

프랑스의 경우 칼빈주의자들은 비록 소수였으나, 영향력이 막강한 귀족들 가운데 개종자들이 나옴으로써 칼빈주의 운동은 숫자 이상의 중요성을 갖게 되었다. 흔히 위그노(Huguenots)로 알려진 프랑스 칼빈주의자들은 거의 이 나라를 지배할 수 있는 가능성까지도 있었으나, 1572년 성 바돌로매 축일에 수 천명이 학살 당함으로써 그 꿈은 종내 이루어지지 못하였다. 이들은 그후에도 주요한 소수파로서 존재하였으나, 다시는 가톨릭 세력을 심각하게 위협하지 못하였다.

네덜란드의 경우 칼빈주의는 가톨릭 스페인 압제에 대항한 독립 투쟁의 근거지를 제공하였다. 칼빈주의 목사들이 저항 운동의 초기 지도자들이었다. 오늘날 같으면 이들을 가리켜 게릴라들, 혹은 자유의 투사들이라는 이름으로 부를 것이다. 네덜란드 북부 지방의 독립 운동의 총수는 침묵의 윌리엄 (William the Silent)였다. 그는 1573년 개혁파 교회에 가입하고 그후 십년내에 네덜란드 공화국을 설립하였다. 오늘날 네덜란드 국가로 사용되는 "왕자의 노래(The Song of the Prince)"는 윌리엄의 추종자들을 의해 만들어졌던 노래이다.

스코틀랜드의 칼빈주의자들은 16세기 유럽으로는 특이하였던 상황을 만들어냈다. 즉 군주와는 다른 종교를 신봉하는 국가를 설립하였던 것이다.

이 군주는 외국에 거주하던 18세의 소녀, 스코틀랜드인들의 여왕 메리 (Mary Queen of Scots)였다. 그녀는 프랑스 왕가로 출가하였으며, 스코틀랜드인들뿐만 아니라 많은 영국인들도 그녀가 스코틀랜드를 프랑스로 넘겨 줄까봐 걱정하고 있었다. 그러나 한 사람이 나타나 스코틀랜드 국민들은 여왕의 통치에 도전할 수 있다고 설교하였으니, 그가 곧 존 녹스(John Knox)였다.

존 녹스와 스코틀랜드

녹스는 불굴의 행동파로서 일찍이 영국을 칼빈주의의 방향으로 이끌어 보려고도 노력하였던 인물이었다. 그러나 헨리 8세의 딸 메리 1세에 의해 1553년 하룻밤 새에 영국이 로마 가톨릭 신앙으로 돌아감으로써, 그는 다른 많은 프로테스탄트 지도자들과 함께 영국 땅을 떠날 수밖에 없었다. 메리 여왕은 그녀의 잔인한 프로테스탄트 박해로 인하여 "피에 젖은 메리(Bloody Mary)"라는 이름을 얻은 바 있다.

녹스는 대륙으로 피신하였다. 그는 이곳에서 프로테스탄트 신자들은 필요하면 무력을 사용하여서라도 이들의 예배와 선교를 억압하는 로마 가톨릭 군주들에게 대항할 권리가 있다는 이론을 발전시켰다. 이는 칼빈 자신의 생각보다는 과격한 것이었으나, 당시 스코틀랜드의 많은 귀족들은 이 주장에 매력을 느끼게 되었다.

1559년 스코틀랜드에 내란이 발생하자 녹스는 즉시 귀국하였다. 1560년 여름에는 칼빈주의자들이 에딘버러(Edinburgh)를 장악하였다. 녹스는 국내에서 로마 가톨릭을 폐지시키는 내용으로 된 신앙 고백을 작성하였으며, 이는 의회에 의해 공인되었다.

다음 해, 당시 열 아홉이던 스코틀랜드인들의 여왕 메리가 자기 왕국으로 돌아오기로 결정하였을 때, 그녀는 스코틀랜드가 "이단들"의 수중에 들어간 것을 발견하였다. 그후 수년 간 정열적인 칼빈주의 설교가 녹스와 스코틀랜드의 젊은 여왕 메리는 종교개혁 시대의 갈등을 상징하는 두 인물들이었다. 이는 프로테스탄트 대 가톨릭의 투쟁이었을 뿐만 아니라, 민주주의를 지향하는 칼빈주의와 군주가 주교 임명권까지도 가져야 한다는 군주제 사이의 싸움이기도 하였다. 스코틀랜드의 상황은 녹스에게 유리한 방향으로 전개되었다. 비록 메리의 후손들이 역사의 흐름을 거스리려는 시도도 했으나 스코틀랜드는 세계에서 가장 헌신적이고 열정적인 칼빈주의 국가로 남게 되었다.

그리하여 칼빈이 1564년 소천했을 때, 그는 개혁된 제네바 훨씬 이상의 유산을 남기었다. 유럽 전역에 걸쳐, 그리고 곧 멀리 미국에서조차, 그가 운명적인 어느날 밤 파렐이라는 설교가의 강권을 따라 불안한 상태에 있던 도시 제네바에 뛰어들었던 "사건"에 합류하려는 수많은 추종자들이 나타나고 있었다.

참고도서

Ferm, Vergilius. *Classics of Protestantism*. New York: Philosophical Library, 1959.

Harbison, E. Harris. *The Age of Reformation*. Ithaca: Cornell University Press, 1955.

Harbison, E. Harris. *The Christian Scholar in the Age of the Reformation*. New York: Charles Scribner's Sons, 1956.

McNeill, John T. *The History and Character of Calvinism*. New York: Oxford University Press, 1967.

Parker, T.H.L. *Portrait of Calvin*. Philadelphia: Westminster, n.d.

Walker, Williston. *John Calvin, the Organizer of Reformed Protestantism*. New York: Schoken, 1969.

27

왕실 위의 저주
:영국 성공회

1533 년 6월의 한 오후에, 검은 눈동자의 한 영국 귀부인이 금은으로 수 놓은 장막에 가린 화려한 마차를 타고 귀족들에 둘러싸여 런던의 복잡한 거리들과 개선문들을 지나고 있었다. 그 여인은 다름아닌 앤 볼레인 (Anne Boleyn)으로서 웨스트민스터 사원을 향하는 중이었는데, 그녀는 다음 날 장엄한 의식 속에 기름부음을 받고 영국 왕비의 자리에 오르도록 되어있 었다.

그녀의 즉위를 둘러 싼 일련의 사건들을 통하여 영국은 다른 곳에서 볼 수 없었던 특이한 경로를 통하여 종교개혁의 물결 속에 휩쓸려 들어갔으며, 그 결과 성공회, 회중파, 침례파 등 일단의 영·미 교파들이 나타나게 되었 다.

만약 루터파 종교개혁이 수도사의 조그만 독방에서 시작되었고, 재세례파 가 기도회에서 시작되었으며, 칼빈주의 교회가 학자의 책상에서 시작되었다 면, 영국의 종교개혁은 국가의 정치적 사건, 특히 왕위 계승의 문제로부터 연유하였다고 볼 수 있을 것이다.

어떤 의미에서 볼 때, 영국은 두 개의 종교개혁을 거쳤으니, 하나는 국왕 헨리 8세(Henry VIII) 아래서의 헌법적 개혁이요, 다른 하나는 이보다 한 세 기나 후에 청교도(Puritan)들이 주도하였던 신학적 개혁이라 하겠다. 헨리 치하에서는 아무런 교리적 개혁은 없었다. 이때 영국은 단지 로마의 권한을 거부해 버렸을 뿐이다. 그러나 이 모습을 통해 영국은 현대 국가들 속에 존재하게 될 기독교의 미래를 미리 예고했다고도 할 수 있겠다. 영국은 기독교 신앙 문제를 개인적인 문제로 변화시켰던 것이며 종교를 국가가 사용하는 수단으로 재정의하였던 것이다. 후세인들은 이를 가리켜 시민적 종교(civil religion)라 부른다.

과연 어떻게 이러한 사건이 생길 수 있었는가? 왜 영국은 중요한 교리적 문제도 없이 전통적인 로마의 권한을 전복시켜 버렸을까?

영국과 로마의 분열

이는 언젠가 찰스 디킨스(Charles Dickens)가 "가장 치사한 악당이요, 영국 역사상에 찍혀 있는 피와 비계덩이의 오점"이라 묘사하였던 국왕 헨리의 결혼 문제로부터 비롯되었다. 물론 다른 요소들도 이에 관련되어 있다. 그러나 "영국에 있던 교회"를 "영국의 교회"로 변모시켰던 가장 중요한 이유는 역시 왕위 계승을 둘러싼 문제였다.

이미 수세기에 걸쳐 영국 교회는 로마로부터 독립하고자 하는 경향을 보였다. 루터의 시대에 가장 애국적인 영국인들은 모국인의 신앙이 로마 교회의 그것과는 다르다고 느끼고 있었다.

아마도 토머스 울지(Thomas Wolsey, 1474-1530) 추기경이야말로 헨리가 로마로부터 완전 분리되어 나오기 이전에 이미 나타나고 있었던 영국의 독립성을 가장 잘 보여주는 상징일 것이다. 울지는 요크 대주교이자, 로마 교회의 추기경인 동시에, 영국 정부의 재상(chancellor)이었다. 그리하여 한몸에 영국 교회, 로마 가톨릭, 영국 왕국을 결합하고 있었다. 그러나 이처럼 휘황한 직책들에도 불구하고, 그는 국왕의 일시적 기분에 따라 그 운명이 결정되는 헨리의 하수인에 불과하였다.

우리가 이해할 수도 있겠으나, 교회의 분열은 신학적 대결이 아니라 왕실 문제로 야기되었다. 쉽게 말해서 영국 국왕 헨리 8세가 궁중의 시녀였던 검은 눈동자의 앤 볼레인을 원했으므로 그는 교황에 대항한 반란을 일으켰던 것이었다.

그러나 이는 신문 기사의 표제처럼 표면에 드러난 이유에 불과하다. 문제는 헨리의 개인적 정욕 이상의 것이었다. 헨리는 그의 정욕을 채우는 방법들을 알고 있었다. 그는 당시의 많은 군주들처럼 정부들을 거느리고 있었으며, 이들을 통해 이미 적어도 아들 하나를 낳고 있었다. 그런데, 그의 정실이었던 아라곤의 캐서린(Catherine of Aragon)에게서 왕자가 태어나지 못한데 고민이 있었다.

스페인의 페르디난드와 이사벨라 사이의 소생이었던 캐서린에게서 아이들이 다섯이나 태어났으나, 살아남은 것은 겨우 메리 공주 하나였다. 불행히도 영국은 여성을 왕위에 앉힐 태세가 되어있지 못했다. 왜냐하면 그 이전에 여성이 왕위에 올랐을 때 이 때문에 피비린내 나는 왕위 상속 전쟁을 경험했기 때문이었다.

그리하여 캐서린이 늙어감에 따라 헨리의 번민은 더욱 깊어져 갔다. 1525년 캐서린은 나이가 이미 마흔이었으며, 헨리는 자기가 "하나님의 저주를 받고 있지는 않은가?"하는 의문에 빠지게 되었다.

그 이유는 캐서린이 헨리의 아내가 되기 전 적어도 수 개월 간이나 그의 죽은 형 아더(Arthur)의 아내였었기 때문이었다. 헨리는 자기 형제의 아내를 취했을 때 하나님의 저주가 임한다고 믿었다. 레위기에 이렇게 기록되어 있었다. "만약 남자가 그의 형제의 아내를 취하면, 이는 더러운 짓이다 … 이들에게는 자녀가 없을 것이다"(레 20:21).

물론 로마 교회 역시 이미 이러한 저주의 존재를 알고 있었다. 그리하여 헨리의 결혼 당시 교황 율리우스 2세(Julius II)는 이를 성립시키기 위한 구실을 마련하여 특별 허가를 내려준 바 있었다. 그러나 왕비가 결국 남아를 생산하지 못하게 되자 헨리는 교황의 특별허가 자체가 월권행위로서 하나님의 저주를 풀지 못한 것이었다고 생각하기 시작하였다. 또한 캐서린이 왕자를 낳을 수 없는 사실이 이 결혼에 대한 하나님의 저주의 증거란 의심은 날로 깊어지기만 하였다. 또한 결혼을 유효하다고 인정하는 권한이 교황에게 있었다면, 이를 다시 무효화 할 권한도 그에게 있지 않겠는가?

그리하여 1527년 헨리는 당시의 교황 클레멘트 7세(Clement VII)에게 결혼을 성립시킨 특별 허가를 취소하고, 지난 18년간의 결혼생활이 사실은 처음부터 무효였다고 선언해 달라는 청원을 내었다. 만약 캐서린이 신성 로마 제국 황제요, 스페인 국왕인 카를 5세의 고모가 아니었다면 교황은 이러한 청원을 들어주었을지도 모른다. 그러나 당시 교황은 황제의 비위를 거슬릴 처지가 못 되었으므로 이 문제에 대한 단안을 내리지 못한 채 지연 작전을 썼

다. 즉 헨리나 교황이나 자기들의 개인적 이해관계나 정치적 상황이 원칙이
나 사리보다 한층 더 중요한 요소였던 것은 비슷한 처지였다.

　헨리는 드디어 이 문제를 스스로 해결하기로 하였다. 그는 이 문제를 유럽
각처의 대학교들에 문의하여 이들의 학적인 의견을 들어보기로 하자는 토머
스 크랜머(Thomas Cranmer)라는 신하의 의견을 기꺼이 좇았다. 우리가 예상
할 수 있듯이, 이들의 의견은 일치된 것은 아니었다. 그러나 어쨌든 이제 헨
리는 자기의 의사를 관철할 수 있는 구실은 만든 셈이었다.

　1533년 1월 왕은 비밀리에 앤과 결혼하였다. 5월에 영국의 교회 법원은 헨
리와 캐서린 사이의 혼인은 처음부터 무효였다고 선언하였다. 그리고 9월에
는 새 왕비가 아이를 낳았다. 그러나 헨리의 소망과 점성술사의 예언과는 달
리 출생한 아이는 딸이었으니, 그 이름은 엘리자베스라 하였다.

　교황이 헨리에게 파문 처분을 내리자, 헨리는 영국내에서 교황의 권위를
전복시켜 버리기로 결심하였다. 그는 이미 영국내에서 반교황적인 분위기가
무르익고 있음을 익히 알고 있었다. 예를 들어 케임브리지의 경우 일단의 젊
은 교수들이 루터의 의견에 열렬히 동조하고 있었으므로, 이들이 자주 모였
던 백마 주점(Inn of the White Horse)은 소독일(Little Germany)이라 불릴 정
도였다. 따라서 왕은 복잡한 교리 문제만 피할 수 있다면, 영국내에서의 교
황의 권위를 부인하는 행동 자체는 국민들로부터 별달리 큰 반발을 사지 않
을 것을 깨닫고 있었다.

　마음을 정한 헨리는 신속하게 정책들을 실행에 옮기었다. 그는 우선 외국
정부와의 관계를 금지하는 14세기의 법령을 찾아내어, 이를 근거로 하여 영
국 성직자들이 교황과 연락하는 것을 금지시켜 버렸다. 성직자들은 이에 대
해 의외로 별다른 저항을 보이지 않았다.

　1년 후 1534년에는 "수장령(Act of Supremacy)"을 반포하였다. "국왕 폐하
는 정당하고 올바르고 마땅히, 앵글리카나 에클레시아(Anglicana Ecclesia)라
고 불리는 이 지구상의 영국 교회(the Church of England)의 유일하신 수장
이시다."

　드디어 로마와의 분리가 완성된 셈이었다. 이제 영국은 국왕을 수장으로
한 국교를 갖게 되었다. 그러나 이 수장은 사제는 아니었다. 그는 주교들을
지명할 수는 있으나 실제로 이들을 안수, 임직할 수는 없었다. 그는 신앙 고
백을 수호할 수는 있으나, 이를 직접 작성할 권한은 없었다. 이러한 성직자

본연의 임무의 수행은, 영국 국교 최고 성직자인 캔터베리 대주교에게 돌아 갔는데, 헨리는 토머스 크랜머를 이 직책에 임명하였다.

헨리의 이중 정책

따라서 영국 "개혁"의 유일한 문제는 교황의 지도권 문제였다. 헨리는 전통적인 신조의 개혁을 의도했던 것은 아니었다. 사실 그는 스스로 가톨릭 교의의 수호자로 자처하고 있었다. 1521년 헨리는 7성례에 대한 루터의 공격을 반박하여 「7성례의 변호」(*Defence of the Seven Sacraments*)라는 논문을 저술한 바 있었다. 그는 이 글 속에서 루터를 가리켜 "독사" 혹은 "지옥에서 온 늑대"라고 비판한 바 있었다. 이에 대한 보답으로 교황은 "신앙의 수호자 (Defender of the Faith)"라는 칭호를 수여하였는데, 이 칭호는 아직까지도 영국 국왕들이 사용하고 있다.

로마로부터의 분리 이후 영국은 계속 전통적 신조를 고수하였다. 헨리는 계속 자기 영역에서 가톨릭 신앙을 고수하였다. 그의 목표는 로마 가톨릭 교회 대신 영국 가톨릭 교회를 수립하는 것이었다. 1536년의 6개 신조령(The Statue of Six Articles)은 성직자들의 독신생활, 개인 미사, 신부에의 고해 등 가톨릭 신조들을 그대로 답습하고 있었다.

영국 국교 내의 중요한 변화는 두 가지였는데, 하나는 수도원의 폐지였고, 다른 하나는 교회에서 사용하도록 영어판 성경들을 번역한 것이었다.

영국 내의 수도사들은 국민들에게 존경의 대상도 못되었고, 그 생활도 성결치 못하였다. 한 저자는 이들을 가리켜 "가난한 과부들로부터 10개 중 하나의 달걀을 빼앗아 가는 더럽고 탐욕스런 문둥병자들"이라고 묘사하였다. 1536년 헨리가 소규모 수도원들의 폐지내지 통합을 명하였을 때 이들 수도사들의 소명의식이 보잘것없는 것이었다는 사실이 여실히 드러나게 되었다. 왕은 수도사들에게 다른 수도원으로 이적하든지 아니면 수도원을 떠나 세속 사회로 돌아가든가 양자 택일을 하라고 명령하였다. 수도사들 가운데 반가량이나 수도원보다는 세속 사회를 택하였다.

헨리는 여기서 압류한 수도원 재산들 — 그 액수는 국부 전체의 10분지 1에 달하였다 — 로 국고를 보충하고, 귀족이나 향사 계급들의 지지를 얻는데 사용하였다. 즉, 이들에게 무상으로 나누어 주거나 혹은 헐값으로 매각하였던 것이다. 수도사들에게도 상당한 연금을 내려 주었다. 어쨌든 헨리는 일거에 그의 정책에 대한 잠재적 반대 세력을 제거하는 동시에, 이를 이용하여 친구들을 만들었던 것이다.

두 번째 변화는 영국내의 모든 교회들에게 영어 성경을 비치하라는 헨리의 명령이었다. 로마 교회는 원칙적으로는 그 내용이 정통적이고 교황의 공인을 받기만 한다면 일상 통용어 성경을 반대하지는 않았다. 그런데 수세기에 걸쳐 로마 교회는 라틴어 판 성경에 의존하여 결정적인 교리문제들을 판단해 왔으므로, 히브리어나 헬라어 원어에 의거한 번역판들은 로마 교회의 입장에 상치될 수밖에는 없었다. 한 가지 중요한 예를 들자면, 헬라어로는 원래 단순히 "회개하라(repent)"고 한 것을 라틴어로는 "고해를 시행하라(do penance)"고 번역한 것이다. 따라서 로마 교회로서는 특히 위클리프의 이단 사상이 발발하는 즈음에 새로운 영어판 성경의 출현을 싫어 하지 않을 수 없었다.

그럼에도 불구하고, 그 서문에 성경을 통상 유럽어로 번역할 것을 권고하였던 에라스무스의 헬라어 판 신약 성경이 1516년에 나온지 얼마 안되어 독어, 불어, 영어 등으로 번역판들이 출현하였다. 이들은 모두 점증하는 민족주의적 성향과 프로테스탄트들의 신념을 고양시켰다.

윌리엄 틴데일의 성경

영어 성경 번역의 개척자는 윌리엄 틴데일이라 할 수 있다. 틴데일은 특히 영어 성경을 일반인들의 수중에 넣어야 한다는 신념으로 불탔던 인물이었다. 그는 성직 안수를 받은 후 얼마 안되어 성직자들의 무지와 무식에 대한 그의 놀라움을 솔직하게 표현하였다. 한 동료가 이러한 그의 태도를 비판하자 틴데일은 다음과 같이 응답하였다. "만약 하나님께서 허락하신다면, 얼마 세월이 흐르지 않아 농사짓는 젊은이가 너보다 성경을 더 잘 알도록 만들고 말겠다."

그러나 틴데일은 이러한 노력이 영국내에선 그다지 환영 받지 못한다는 사실을 깨닫게 되었다. 그는 케임브리지와 옥스퍼드에서 수학한 후 유럽으로 도피하여, 이곳에서 신약성경의 번역과 출판에 전력하였다. 1526년 초부터 그는 영어 성경들을 영국으로 밀수입하기 시작하였다.

그후 틴데일은 구약 일부를 번역하였고, 신약 성경을 다시 개정하기도 하였다. 그러나 그는 결국 1536년 그를 뒤쫓던 자들의 손에 체포되고 말았다.

틴데일은 17개월간 감옥생활을 한 후 화형당하고 말았다. 그의 마지막 말은 "주님, 영국 국왕의 눈을 열어 보게 하소서"하는 기도였다.

영국내의 사건들은 틴데일의 기도가 이루어질 수 있는 방향으로 흐르고 있었다. 그가 감금되어 있는 동안 또 다른 케임브리지의 졸업생이자 개혁가였던 마일스 커버데일(Miles Coverdale)이 그의 성경 전체 번역 초판을 발행하였다. 이 작품은 주로 틴데일 판을 기반으로 하고, 라틴어 및 독일어 판으로 보충한 것이었다.

그러자 틴데일이 죽은 후 일년 만에 매튜 성경(The Matthew Bible)이 출간되었다. 이는 또 다른 영국 개혁가 존 로저스(John Rogers)의 작품이었는데, 그는 자기 이름을 밝히지 않고 책을 내는 것이 좀더 지혜롭다고 판단하였던 것이다. 매튜 성경은 기실 틴데일과 커버데일의 작품들을 세심하게 편집한 내용이라 할 수 있다. 헨리 8세는 토머스 크랜머의 진언을 받아들여, 바로 이 성경판을 커버데일을 시켜 개정한 후 "대 성경(The Great Bible)"이라는 이름을 붙인 후 구입하여 교회당마다 비치하고 국가 전체에서 읽도록 하였다. 그리하여 틴데일의 마지막 기도는 부분적으로나마 이루어졌다. 이처럼 성경이 갑자기 일반인들의 손에 들어가자 엄청난 소동이 발생하였으므로, 헨리는 일시적으로 그 독자들을 부유한 상인들과, 귀족층으로 한정시키는 조처를 내리기도 하였다. 그러나 이보다 더 풍성한 자유를 구가하는 시대가 곧 오리라는 것은 명약관화한 사실이었다.

프로테스탄트주의로의 전환

헨리가 1547년 사망한 뒤, 그의 병약한 10살 짜리 아들 에드워드 6세가 왕위를 계승하였다. 에드워드의 모친은 제인 세이모어(Jane Seymore)였는데, 헨리는 앤 볼레인을 간통혐의로 몰아 처형한 뒤 그녀와 결혼한 바 있었다. 어린 에드워드의 재위기간 중에는 프로테스탄트 종교개혁에 호감을 가지고 있었던 일단의 궁신들, 국왕 고문들이 실권을 쥐고 있었으므로, 왕국의 종교정책은 갑자기 프로테스탄트 쪽으로 기울게 되었다.

에드워드의 짧은 재위기간 중에 영국에서는 6개 신조문이 폐지되고, 성직자들의 결혼이 허용되었으며, 라틴어로된 예배는 토머스 크랜머가 작성하였던 영어로 된 공동 기도서(Book of Common Prayer)로 대치되었다. 또한 크랜머는 영국 국교의 신조를 프로테스탄트 노선에 따라 대폭 수정한 42개 신조문을 1553년에 발간하였다.

그러나 1533년 에드워드가 죽고 캐서린의 딸 메리가 즉위하였을 때, 이러한 친 프로테스탄트적 동향은 갑자기 중단될 수밖에는 없었다. 헌신적인 가톨릭 신자였던 메리는 영국을 다시 가톨릭 노선으로 돌려 놓고자 하였다. 그녀는 4년 동안에 그 부친보다 훨씬 가혹한 종교 정책을 수행하였다. 대주교 크랜머를 비롯한 거의 300명의 프로테스탄트들이 화형장의 연기 속에 사라져 갔다.

후에 존 폭스(John Fox)는 「순교서」(*Book of Martyrs*, 1571) 속에서 이들의 순교 광경을 생생하게 묘사하여 영국인들의 뇌리 속에 가톨릭 교에 대한 공포가 오랜동안 사라지지 않도록 하였다. 그를 통하여 메리는 유명한 "피에 젖은 메리(Bloody Mary)"라는 별명을 얻게 되었다.

아마도 메리는 16세기의 영국 군주들 가운데 신앙을 중요하게 생각하였던 유일한 인물인지도 모른다. 그러나 이토록 수많은 순교자들을 냈던 것은 역시 그녀의 크나큰 실수라 하겠다. 1550년대의 영국은 이미 한 세대에 걸쳐 로마로부터 아무런 간섭을 받음없이 살아 왔다. 따라서 그녀가 스페인의 필립과 결혼하여 헌신적인 모습을 보였을 때 국민들은 이를 여왕의 국민에 대한 배반적 행위라고 생각하였다. 그녀는 상심과 실망에 찬 모습으로 죽었다.

빨간 머리에다가 불 같은 성격을 가진 앤 볼레인의 딸 엘리자베스 1세(Elizabeth I, 1558-1603)가 즉위하면서 영국 국교는 로마 가톨릭도 프로테스탄트도 아닌 특유한 성격을 갖기 시작하였다. 종교적 평화를 이룩하는 것이 정치적인 급선무라고 파악한 여왕은 양측의 타협을 성취하는데 노력하였다. 비록 영국 국교는 군주의 통치 아래 계속 놓여 있었으나, 그녀는 스스로의 칭호를 "교회의 수장(Supreme Head)" 대신 좀 더 겸손한 표현인 "최고 집정관(Supreme Governor)"으로 바꾸었다.

성경을 최고 권위의 원천으로 인정하고, 세례와 성찬만을 그리스도가 제정하신 진정한 성례로 인정하였던 점에서는 엘리자베스의 39개 신조문(Thirty-Nine Articles)은 본질적으로 프로테스탄트였으나, 그외의 많은 신조들은 프로테스탄트, 가톨릭 양쪽을 다 만족시키기 위해 모호한 표현으로 기록되어 있었다. 교회의 예배의식은 가톨릭 양식을 많이 답습하였으며, 사도들의 계승노선에선 주교들이 교회를 통괄하였다. 영국 성직자들은 프로테스탄트주의와 가톨릭의 중도(Via Media)에 서는 이러한 타협을 양측의 장점들을 취한 최선의 형태라고 생각하기 시작하였다.

　그러나 메리의 재위기간 중 박해를 피하여 대륙으로 피신하였던 프로테스탄트 신도들은 이에 동의하지 않았다. 이들은 영국으로 귀환하여 엘리자베스의 종교정책을 보고는 "시온의 나태(the ease of Zion)"를 부르짖으며, 불만을 토로하기 시작하였다. 그들은 직접 성경을 읽고 이에 따라 이상적인 영국의 종교개혁을 꿈꾸기 시작하였다. 우리들은 이들을 가리켜 "청교도(Puritans)"라고 부른다. 이들은 개인적, 국가적 순수성을 힘써 설파하였다. 이제 미래의 물결이 닥쳐오고 있었다.

참고도서

Hurstfield, Joel. Ed., *The Reformation Crisis*. London: Edward Arnold Publishers Ltd, 1965.

Mozley, J. F. *William Tyndale*. New York: The Macmillan Company, 1937.

Parker, T. M. *The English Reformation to 1558*. London: Oxford University Press, 1960.

Powicke, Sir Maurice. *The Reformation in England*. London: Oxford University Press, 1941.

Rupp, E. G. *The English Protestant Tradition*. Cambridge: Cambridge University Press, 1962.

Rupp, Gordon. *Six Makers of English Religion*. 1500-1700. New York: Harper & Brothers, Publishers, 1957.

28

만레사의 또 다른 사람
:가톨릭 측의 개혁 운동

1521년, 마틴 루터가 보름스 제국 회의에서 카를 5세 황제와 대면하여 자기의 입장을 굽히지 않았던 그해에, 한 젊은 스페인 출신의 귀족 청년은 황제를 위하여, 국경 팜플로나(Pamplona) 지방에서 침입해 오는 프랑스 군을 맞아 전투에 임하고 있었다. 이 전장에서 포탄에 맞아 그는 한쪽 다리에 큰 부상을 입게 되었다. 그는 장기간의 휴양기간 동안에 지루한 시간을 보내기 위해 당시 널리 읽히고 있던 경건 서적들을 뒤적이게 되었다. 하나는 성자들의 생애를 감동적으로 묘사한 전기였으며, 다른 한권은 그리스도의 생애에 관한 것이었다. 이 독서를 통하여 이 청년은 오랜 세월에 걸친 회심을 시작하게 되었다.

수 개월 후, 그는 몬테세라트(Monteserrat)의 베네딕트 파 수도원에서, 자기의 의복들을 순례자들의 거친 의복과 바꾸어 입고, 단검과 장검을 이곳 흑처녀(Black Virgin)의 성소에 헌정하였다. 그는 그후 거의 일년 간을 마드리드 북방 30마일 지점의 만레사(Manresa)라는 곳에 머물며 엄격한 금욕생활에 들어갔다. 집집을 돌아다니며 걸식하고, 가시 떨기를 넣은 옷을 입고, 한번에 며칠씩 금식하였다. 그는 몇 개월 간이나 신비주의자들에게서 흔히 볼 수 있는 바, 영혼의 검은 밤이라 불리는 우울증을 경험하여 한때는 심각하게 자살을 고려하기도 했다. 그러나 그후엔 역시 신비주의자들이 찾아 헤매는 유일한 보상, 즉 영적 각성에 순간적으로 도달하는 경험을 맛보았다. 하루는 카도네르(Cadoner)강 속에서 황홀한 경지를 맛보면서, 전장에서 부상하였던 이 귀족, 이그나티우스 로욜라(Ignatius Loyola)는 그 자신의 말을 빌리면 "다른 사람"이 되었다.

로욜라(1491-1556)는 만례사에서의 그의 다시 태어나는 경험을 영적인 훈련 과정, 교황을 위해 헌신할 전위대들을 위한 군사적 지침서로 정리하였다. 그 결과는 제주잇(Jesuits), 즉 예수회였으니, 이들이야말로 프로테스탄트들에게 빼앗겼던 영적 영역을 다시 가톨릭 측으로 회복시키는데 가장 큰 위력을 발휘하였던 집단이었다.

과연 로마 교회는 프로테스탄트의 도전에 어떻게 반응하였는가? 이들은 즉각 이에 대응치는 못하였다. 그러나 반란의 심각성을 깨닫자마자 영적인 투사들을 불러 모았다. 이들은 새로이 보다 호전적인 종교회의를 소집하였으며, 교황청의 업무 집행 과정을 개혁하였다. 유럽 거의 절반에 이르는 지역에서의 반란에 접한 교황청이, 16세기 말엽에는 프로테스탄트의 물결을 다시 역류시키는데 성공하여 이들의 영역을 북부쪽으로 3분지 1 가량의 지역에 이들을 국한시킬 수 있었다.

일부 사가들은 가톨릭 개혁을 프로테스탄트주의에 대항한 반작용, 혹은 반동 종교개혁 운동으로 파악한다. 한편 다른 이들은 이를 프로테스탄트주의와는 별 상관없는 순수한 가톨릭 교회 경건성의 부활로서 평가한다. 사실 이 움직임은 프로테스탄트들이 주장하는 대로 반동 종교개혁(Counter Reformation)인 동시에, 로마 가톨릭에서 강조하는 대로 가톨릭 개혁(Catholic Reformation)이기도 하다. 그 근원은 루터가 출현하기 이전의 사건들과 연결되어있다. 그러나 그 나타난 형태는 상당 부분이 프로테스탄트의 공격에 대응하기 위하여 결정되었다.

영성의 회복

신비적 경험이 가톨릭 교회 회복의 큰 부분을 차지한다는 사실이 약간 이상하게 생각될지도 모른다. 16세기에는 참으로 다양한 모습의 가톨릭 성자들이 출현하였다. 영국의 법률가이자 정치가였던 토머스 모어(Thomas More), 명랑한 성품으로 상상력이 풍부했던 칼빈주의자들에의 선교사 살레의 프란체스코(Francis of Sales), 진지한 개혁가였던 밀라노 대주교 찰스 보로메오

(Charles Borromeo), 황홀경을 추구하였던 스페인의 신비가 아빌라의 테레사 (Theresa of Avila), 그리고 누구보다도 더 큰 영향력을 그 시대와 후세에 미쳤던 그리스도의 병사였던 스페인 출신의 이그나티우스 로욜라(Ignatius Loyola) 등이었다.

아직 루터가 95개 신조문을 교회당 문에 붙이기 전, 일단의 양식있고 신앙심 깊던 로마인들은 신애회(Oratory of Divine Love)라는 경건한 신앙 교제 집단을 조직한 바 있었다. 이들을 이끌었던 신념은 교회와 사회의 개혁은 개인들의 영혼으로부터 시작되어야 한다는 것이었다.

이 모임은 숫자는 많지 않았으나 ─ 아마도 약 50명 가량이었던 것으로 추정되는데 ─ 그 영향력은 막대한 바 있었다. 이들은 여러 수도원들의 개혁을 자극하였으며, 당시 교회 내부의 개혁과 아울러 프로테스탄트 이단들에 대처할 방안들을 강구하기 위하여 교회 전체를 포괄하는 교회 회의를 계획하고 있었던 로마 교회를 위한 지도자들을 공급하였다. 그후 유명해진 이 모임의 회원들 중에는 칼빈과 종교개혁 논쟁을 벌였던 야코포 사돌레토 (Jacopo Sadoleto), 피에 젖은 메리 여왕의 치하에서 다시 영국을 가톨릭화하려고 시도하였던 레지날드 폴(Reginald Pole), 교황 바울 4세가 된 히안 피에트로 카라파(Jian Pietro Caraffa) 등이 있다.

그러나 1520, 30년대에는 로마 교회가 아직 본격적으로 개혁을 추진하지 않고, 혹은 못하고 있었다. 왜 이들은 당시 시급한 개혁에 재빨리 착수하여 프로테스탄트측의 도전에 대응치 못했는가 하는 의문이 생긴다.

한가지 이유는 정치 때문이다. 황제 카를 5세와 교황들은 거의 20년을 두고 전체 공의회를 소집하는 문제로 논란을 벌이고 있었다. 루터는 이미 1518년 공의회의 소집을 요구한 바 있었다. 그 주장을 독일 귀족들과 황제까지도 찬동하였으나, 교황들은 이에 쉽게 응할 수 없는 사정이 있었다. 이들은 콘스탄스와 바젤의 공의회들에서 어떤 상황이 벌어졌는가를 아직 생생하게 기억하고 있었다. 또한 교황들은 많은 독일인들은 교황이 없는 공의회를 원하고 있음도 의식하고 있었다.

그뿐 아니라 1520, 30년대의 교황들은 세속 정치 문제들에 깊이 간여되어 있었다. 클레멘트 7세(1523-34)는 그 좋은 예이다. 그는 이탈리아 내 교황 영지들에 대한 관리를 가장 중요하게 생각하였으며, 교황의 정치적 권세를 부양시키기 위하여 이탈리아 내 합스부르크 이해관계를 대표하는 황제 카를 5

세에 대항하여 프랑스와 동맹을 맺기까지 하였다. 이러한 교황의 음험한 계교에 분노한 카를은 만약 교황이 프랑스 왕 프랑수아 1세와의 관계를 청산하지 않으면 전체 공의회에서 교황을 재판에 부치겠다고 위협하였다.

그는 교황에게 자기의 각오를 보여주기 위해 휘하 군대에게 로마로 진군할 것을 명령하였다. 그 결과 예상했던 것 이상의 사태를 초래하게 되었다. 그의 군대의 사령관들은 살해당하였다. 그 결과 원래 거칠고 흉포한 그의 독일과 스페인 용병들은 지휘관들이 없는 상태로 1527년 5월 6일 로마시에 입성하였다. 이들은 수주간 동안이나 이 "영원의 도시"에서 약탈과 방화를 자행하였다. 교황은 세인트 안젤로(St. Angelo) 성채로 피신하였으나, 결국은 항복할 수밖에 없었으며, 반년 간의 험한 감옥 생활을 감수해야만 했다. 많은 이들은 이러한 로마의 함락을 명백한 하나님의 심판이라고 생각하였다. 세상적인 욕심에만 눈이 어두운 교황청을 변혁시키고 회개하라는 분명한 예고라고 생각하였다.

교황 바울 3세(Paul III, 1534-49)가 즉위하기까지는 심각한 개혁이 시도되지 못했다. 바울은 일반인들이 볼 때에는 개혁운동을 주도하기엔 결코 적합한 인물이 아니었다. 그는 아들 셋과 딸 하나를 사생아로 두고 있었던 데서 알 수 있는 바와 같이 쾌락을 즐기는 인물이었다. 그런데 로마 함락의 모습을 보고는 큰 충격을 받았던듯 하다. 그는 드디어 하나님의 집의 개혁을 서두르지 않으면 안될 때가 왔다고 깨달았다. 그는 우선 개혁이 가장 시급하다고 판단하였던 추기경단부터 손을 대기 시작하였다. 개혁 의지가 뚜렷한 인물들을 추기경들로 임명하였다. 이들 가운데 바로 신애회의 지도자들이었던 사돌레토, 폴, 카라파 등이 포함되어 있었다.

그리고 폴은 다시 새 추기경들 가운데 아홉 명으로 개혁 전권 위원회를 구성하였다. 이 전권 위원장으로는 역시 신애회의 회원이었던 가스파로 콘타리니(Gasparo Contarini)가 임명되었다. 온화한 성품으로 평화 협상가로 태어났던 콘타리니는 프로테스탄트와의 화해를 추진하고, 사도들의 신앙으로 다시 돌아갈 것을 외쳤다.

교회 내의 상황들을 광범위하게 연구하여 동 위원회는 1537년, "교회의 개혁을 위한 제언"이라는 제목의 보고서를 제출하였다. 교회의 무질서한 당시 상태는 곧 개혁의 필요성을 의미하는 것이라고 동 보고서는 진단하였다. 교황청은 지나치게 세속화되어 있었다. 교황과 추기경들은 모두 세속사에 지나

치게 관련하는 것을 중단하고 영적 문제에 더 주의를 기울여야한다고 충고
하였다. 고위직들 가운데 횡행하는 뇌물 거래, 면죄부의 오용, 교회법령을 공
공연히 무시하는 행위, 로마 시내의 사창행위 등과 기타 부정행위들이 즉각
중지되어야 한다고 선언하였다.

전체 회의를 위한 요구

교황 바울은 이러한 제언들을 상당히 수용하였다. 그중에서도 가장 중요한
것은 교회 전체의 회의를 소집한 것이다. 그는 황제와의 오랜 협상 끝에 드
디어 회의 장소에 의견의 일치를 보았다. 황제가 통솔하는 북부 이탈리아의
한 소도시 트렌트(Trent)였다.

그러나 그후에도 수년간 회의는 소집되지 못하였다. 왜냐하면 프랑수아 1
세가 각종 수단으로 이를 방해하였기 때문이다. 당시 유럽 전체의 패권을 노
리고 있던 그는 이러한 회의가 카를의 세력을 더 강화시키게 될 것을 우려
하였다. 프란체스코는 심지어 카를에 대항하기 위하여 터키인들과도 동맹을
맺는 형편이었다. 프랑수아와 카를 사이에 벌어진 두 차례의 전쟁으로 회의
는 1545년에야 겨우 회집하게 되었으니, 이는 루터의 신조문이 나타난지 거
의 30년이 지난 후 였다.

1545년 로마는 새로운 기풍을 경험하고 있었다. 개혁의 물결이 우세한 상
황이었다. 교황 바울의 젊은 시절과 같은 부도덕한 생활 태도가 더 이상 용
인되지 않았다. 교황의 각오는 로마 종교재판의 설치와 금서 목록의 작성에
서 잘 나타나고 있다. 금서목록에 포함된 서적을 읽는 가톨릭 신자들은 저주
를 각오해야 했다. 종교개혁가들의 저술 일체, 그리고 프로테스탄트의 성경
들은 모두 이에 들어 있었다. 이처럼 금지된 서적들을 소유하는 것만으로도
오랜 세월 동안 스페인에서는 사형에 처해졌다. 이 금서목록은 1959년까지도
계속 개정을 거치며 시행되어 오다가 교황 바울 4세에 의해 비로소 폐지되
었다.

이그나티우스 로욜라

이러한 도시, 새로운 기풍의 로마시에서 이 교황 바울 3세는 이그나티우스
로욜라의 예수회(Society of Jesus)를 공인해 주었다. 이들 용기있는 병사들은
교황이 명하기만 하면 어디든지 갈 것을 약속하였다. "터키인들을 향해서나,

신세계로나, 루터파를 향해서나, 기타 신·불신의 세계를 막론하고" 이들은 기꺼이 향하겠다는 약속이었다. 이러한 서약은 충실히 지켜졌다. 왜냐하면 많은 예수회원들은 그 창설자의 모습을 그대로 본받았던 인물들이었기 때문이다.

이그나티우스는 소년 시절 피레네 산맥 근처의 음울한 로욜라 성을 떠나 부친의 귀족 친구를 섬기게 되었다. 그는 청년 시절에는 흔히 보는 "플레이보이(Playboy)"에 불과한 시절을 보냈다. 낮에는 무용담이나, 대중적인 연애 소설을 읽거나 혹은 군사 훈련을 하고, 밤에는 인근의 여자들과 쾌락에 젖는 게 일이었다.

그러나 이는 물론 로욜라가 만레사에서 하나님을 만나기 이전의 일들이다. 마틴 루터는 그의 영적 투쟁을 통하여 인간의지는 노예 상태에 있으며, 인간은 스스로를 절대로 구원할 수 없다는 확신을 갖게 되었다. 하나님께서, 그리고 하나님만이 인간들을 구원하실 수 있다. 반면 로욜라는 그의 영적 투쟁 경험 속에서 하나님과 사탄은 모두 인간의 외부에 있는 존재들이며, 인간에게는 이들 둘 가운데 하나를 택할 수 있는 능력이 있는 것이라고 믿게 되었다. 인간은 그의 상상력을 엄격하게 훈련하고 사용하므로써 스스로의 의지를 강화시켜 하나님과 그의 길을 선택하도록 만들어 질 수 있다는 것이었다.

예를 들어 로욜라의 영적 훈련 가운데 하나는 지옥의 공포스런 모습을 실제로 느끼도록 고안되어 있었다. "상상하도록 하라. 죄인들이 고통 가운데 그리스도와 모든 성인들을 향해 저주하며 고함지르는 소리들을. 더러움과 오염, 그리고 유황불의 냄새를 상상하도록 하라. 눈물의 쓰라린 맛과 슬픔과 양심의 가책의 아픔의 맛을 상상 속에 맛볼 수 있게 하라. 영혼을 불태우며 타오르는 불꽃의 열기를 상상 속에 느껴 보도록 하라." 물론 예수님의 탄생의 모습과 천국의 영광을 실감하도록 하는 데도 동일한 방법이 사용되었다. 적정한 훈련을 통하여 의지는 강화될 수 있으며, 이를 하나님의 은혜와 협력하도록 가르칠 수 있다는 생각이었다.

따라서 로욜라에게 있어서 하나님의 의지에 항복한다는 것은 좀 더 많은 교육을 의미하였다. 그는 자기 나이의 반 밖에 안되는 소년들에 섞여 라틴어를 공부하기 위하여 바르셀로나의 학교에 입학하였다. 그후에는 알카라 대학교에서 일년 수학하기도 하였다. 그는 이러한 경험들을 통해 교육이 유용하기 위해선 제대로 조직되어야 한다는 확신을 갖게 되었다. 이러한 생각이 후에 예수회의 교육 프로그램에 그대로 적용되었다. 이들은 고전학, 인문학, 과학 등 여러 과목들을 철저하게 교육시켰다.

이그나티우스는 열렬한 전도자가 되었으므로 종교재판소는 그를 여러번에 걸쳐 체포 투옥시키고, 그의 생애, 신학, 교훈 등을 취조하였다. 혼란에 빠지고 의기 소침해진 로욜라는 파리로 가서 7년간 대학에서 공부한 끝에 "석사 이그나티우스"라 불리게 되었다. 그의 주위에 유능한 동료들을 모으게 되었으니, 피터 페버(Peter Faber), 디에고 라이네즈(Diego Laynez), 알폰소 살메론(Alfonso Salmeron), 시몬 로드리게즈(Simon Rodriguez), 니콜라스 보바딜라(Nicholas Bobadilla), 그리고 누구보다도 중요한 스페인 출신의 젊은 귀족인 프란체스코 자비에르(Francis Xavier) 등이 이러한 인물들이었다.

이그나티우스는 자기가 고안한 바, 성자들을 만드는 교육 과정이라 할 수 있었던 "영적 훈련(Spiritual Exercise)"을 이들과 나누었다. 그의 개종과 그 직후의 경험을 증류시켰다고 볼 수 있는 이 "훈련"은 4 주간의 명상으로 되어있다. 이러한 명상은 죄, 죽음, 심판, 그리고 지옥 등으로부터 그리스도의 삶, 죽음, 부활로 옮겨 간다.

이그나티우스는 이 과정을 통하여 영적 완전 상태에 도달하기를 추구하였다. 양심과 고행의 과정을 철저하게 심사하되, 이 영적 순례자가 일단 하나님의 은혜에 직면하면 또한 죄의식을 완전히 망각하도록 하였다. 이 「훈련서」는 그후 모든 예수회원들의 영성을 위한 기본 편람이 되었다. 또한 교황들은 성직 임명을 받고자 하는 후보자들에게 이를 읽혔으며, 가톨릭 교회의 수양회에서는 이를 평신도들에게 가르쳤다.

제임스 조이스(James Joyce)는 그의 소설 「젊은 예술가의 초상」이라는 소설 가운데 주인공 스테픈 데달리우스(Stephen Dedalius)가 지옥에 관한 설교를 듣고 공포에 질리는 장면을 다음과 같이 묘사하였다. "불꽃의 파도들이 그의 온몸을 휩쓸고 지나갔다 … 그의 해골로부터 화염들이 솟구쳐 나오고 있었다." 그러나 그가 고해성사를 한 후엔, "이제 과거는 지나간 과거가 되어 버렸다." 바로 이러한 모습이 이그나티우스가 의도한 바였다. "아무도 절망한 상태로 돌려 보내지 말라"고 로욜라는 썼다. "하나님은 불가능한 것을 요구치 않으신다." 그리하여 그의 추종자들은 가능성을 설교하는데 뛰어난 사도들이 되었다.

예수회

1540년 교황 바울 3세는 아직 소규모의 예수회(Society of Jesus)를 교회내의 새로운 수도회로서 공인하였다. 이그나티우스의 수사법을 빌린다면 이들은 예수의 용감한 기사들로서, 역동적이고, 다재다능하며, 교황의 명령에 따라 어디든지 가서, 그 어떤 어려운 임무도 기꺼이 수행할 준비가 되어있는 군대였다. 이들은 공인된 수도회로서, 이들은 전통적인 정절, 청빈 그리고 상사에 대한 복종의 서약 외에, 교황에 대한 절대적 충성을 제4의 서약으로 첨가하였다. 이들은 또한 종신직인 총장직에 전폭적인 지휘권을 부여하였는데, 총장에는 물론 이그나티우스가 선출되었다.

이 수도회의 목표는 단순 명백하였다. 즉 3세기 전 로마 교회가 인노켄티우스 3세 교황 시대에 누렸던 영적인 권세와 세속적 권력을 다시 회복하도록 한다는 것이었다. 모든 것은 로마 교회의 통솔을 받도록 하였다. 왜냐하면 이그나티우스는 살아있는 그리스도께서 오직 조직체로서의 교회 안에 임재하신다고 굳게 믿었기 때문이다.

아마도 예수회의 가장 특별한 모습은 이들이 세상의 일부가 되지는 않으면서도 세상 속에서 전력을 다해 활동하고자 했던 시도라 하겠다. 로욜라는 이들이 모든 이들에게 모든 것이 되기를 원했는데, 이들은 이 작업에 거의 성공을 거두었다.

이러한 노력의 결과, 이들을 숭앙하여 예수회야말로 천국에서도 가장 높은 자리를 차지하리라고 믿는 지지자들과 아울러, 이들을 지옥의 가장 밑바닥에 속하는 자들로 비난하는 이들도 나타나게 되었다. 1816년 존 아담스(John Adams)는 토머스 제퍼슨(Thomas Jefferson)에게 보낸 편지 속에서 다음과 같이 썼다. "만약 이 지구상과 지옥에서 영원한 저주와 형벌을 받기에 합당한 인간들의 집단이 있다면, 이는 다름아닌 로욜라의 추종자들일 것이다." 과연 이들의 종착역이 어디인지는 확실히 알 수 없으나, 어쨌든 예수회들은 처음부터 특유한 존재들이었다.

로욜라의 열정적인 지도와 감독 아래서 제 일세대는 자기들의 새로운 임무를 전력을 다해 수행하였으니, 곧 이교도들을 개종시키고, 프로테스탄트 유럽을 재개종 시킨다는 사명이었다. 프란체스코 자비에르는 인도로부터, 이전에 기독교의 복음을 전혀 들어본 일이 없었던 일본까지 건너갔다. 그 어느 누구보다도, 예수회는 프랑스와 네덜란드, 중부 유럽 등지에서 프로테스탄트주의의 영향력 전파를 방지하고, 또한 이들로부터 가톨릭 영토를 회복하는데 가장 큰 역할을 담당하였다. 이그나티우스 로욜라가 사망하였던 1556년, 이 수도회원 수는 거의 1,000명에 달하였으며, 이들의 선교사들은 4개 대륙에 퍼져 있었다.

그러나 역시 이 첫세대의 예수회가 가장 결정적인 역할을 수행했던 무대는 다름아닌 트렌트 공의회였다. 회의 개회시에는 교황의 사절 3명과 31명의 대표들만이 참석하였다. 이들 가운데 아무도 바로 이 회의야말로 니케아 공의회(325)와 제2차 바티칸 공의회(1962-65) 사이의 가장 중요한 회의가 되리라고는 상상하지 못하였다. 예수회의 영향 아래 트렌트 공의회는 반동 종교개혁의 가장 효과적인 무기로 발전하였다. 예수회에서 파견한 두 사람의 대표들, 회의와 논쟁에 능란하고, 매우 지성적이며, 상당한 영향력을 행사하던 디에고 라이네즈와 알폰소 살메론의 주도 아래, 이 회의는 로욜라의 추종자들이 꿈꾸던 "보다 정확한 교회 중심적" 태도로 나아갔다.

대표들은 3차례의 회기에 걸쳐 회집하였다. 1545-47, 1551-52 그리고 1562-63년의 기간들이다. 전 기간 동안 이탈리아인들이 가장 많이 참석하였으며, 프랑스의 경우는 교회의 규모에 비할 때 충분한 참석자를 내지 못하였다. 다른 회의들에 비교해 볼 때 트렌트는 참석률이 높았던 회의는 결코 아니었다. 제2차 회기 중에는 일부 프로테스탄트들도 참석하였으나, 아무런 영향도 미치지 못하였다. 시종일관 동 회의는 로마측의 새로운 호전적 입장을 반영하였다.

근대 가톨릭 교회의 형성

프로테스탄트 종교개혁이 추구하였던 모든 것을 트렌트는 강경하게, 혹은 광신적이라 표현할 수 있을 정도로 배격하였다. 우선 프로테스탄트 개혁가들은 오직 이신칭의(justification by faith alone)의 교리를 강조하였다. 그러나 트렌트 공의회는 기독교 신자들은 반드시 선행을 이행하여야 하며 그렇지 않으면 나태하고 무기력해진다는 점을 더 강조하였다.

루터, 칼빈, 그레벨은 모두 오직 은혜에 의한 구원을 주장하였다. 그러나 이 회의는 은혜와 함께 하나님과의 협동을 강조하였으니, 이는 로욜라의 표현에 따르면 "자유를 파괴하는 독소를 회피하기 위해서"였다. 이그나티우스는 이렇게 말한 바 있었다. "마치 오직 하나님께 모든 것이 달려 있는 것처

Anglican

Catholic

Calvinist

Lutheran

Religious Divisions at End of the 16th Century

럼 기도하라, 그러나 마치 구원 여부가 오직 스스로에게 달려 있는 것처럼 행동하라."

프로테스탄트들은 오직 성경에서만이 종교적 권위가 비롯된다고 가르쳤다. 반면 트렌트 공의회에서는 로마 교회의 최고 교훈 기관들인 교황과 주교들이 필수적인 성경 해석자들이라고 주장하였다.

그리하여 트렌트 공의회는 근대 로마 가톨릭교가 하나님과 인간들 사이의 협력에 의해 움직여지도록 보장한 회의라 할 수 있다. 교황과 칠성례, 미사의 희생적 성격 등이 계속 유지되었다. 성자들과 고해성사, 면죄부들도 계속 존재하게 되었다. 따라서 동 회의는 본질적으로 중세적 성격을 띠고 있었다. 단지 여기서 표현된 분노만이 새로운 것이었다.

4세기가 지난 후 우리들은 종교개혁 시대를 바라보면서, 바로 이때 서방 기독교권의 종교적 통일성이 영원히 상실된 사실을 깨달을 수 있다. 그러나 로욜라의 시대의 남녀들은 미처 이 사실을 의식하지 못하고 있었다. 유럽은 한참 시간이 흐른 후에야 이를 알게 되었다.

루터의 추종자들은 자기들이 옳다는 것을 너무나도 확신하였으므로 가톨릭 교회는 결국 자기들의 주장들을 받아들일 수밖에 없으리라고 생각하였다. 반면 그에 반대하였던 이들은 그의 오류를 또한 확신하였으므로, 루터는 곧 이단으로 화형당하고 그가 일으킨 소동은 잠잠해질 수밖에 없으리라고 생각하였다. 이들이 볼 때 과거의 역사는 처형당한 이단자들의 시체로 점철되어 있었다. 즉 다시 말해서 양쪽 모두가, 가톨릭과 프로테스탄트가 자기들이야말로 보편적이고 진리에 선 그리스도의 교회를 대변하고 있으며, 적들은 거짓 교회라 믿고 있었다는 것이다. 바로 이것이 트렌트 공의회의 정신이었다.

그러나 세월이 흐름에 따라 보통 사람들의 생각은, 거의 무의식 중에 제2의 단계에 도달하게 되었다. 즉 대치 상황이 교착 상태에 빠졌다는 무의식적인 확신이었다. 가톨릭 교회는 이 새로운 이단을 멸절시킬 수 없으며, 프로테스탄트 측도 로마 가톨릭 진영을 전복시킬 수는 없다는 깨달음이었다. 이 두 번째 단계에서 사람들은 물론 교착 상태를 감정적으로, 지성적으로 기꺼이 수용하는 것은 아니다. 단지 주어진 사실을 쓰라리지만 인정하는 것뿐이다.

대부분 사람들은 종교적 진리를 정의하고 찾아낼 수 있는 대상으로서 역시 믿고 있었다. 진리가 한편에 있으면, 다른 편에는 오류가 있는 것이다. 오류는 개인들의 구원의 상실뿐만이 아니라, 다른 이들까지 전염시키며 사회전체를 망하게 한다. 이러한 악에 대항하려는 의지가 종교 재판이나, 전쟁, 박해의 형태로 표현되고 있었다.

이러한 사상전 속에서, 가장 주도적 역할을 담당한 것은 칼빈주의자들과 예수회들이었다. 이들은 양자 모두가 민족적, 정치적 경계와 이해관계를 초월한 충성심을 요구하는 호전적이요, 적극적인 조직체들을 형상화하고 있었다. 이 단계에서는 거의 아무도 진리가 전장에서 대치한 양 쪽 모두에게 있다거나, 혹은 양 진영이 한 국가 안에서, 혹은 같은 대륙에서 평화스레 공존할 수 있다고는 상상조차 하지 못하였다.

동일 국가 내에서의 종교적 다양성을 기정 사실로 인정하는 종교 자유의 제3 단계가 1600년 이전에는 본격적으로 나타나지 않고 있었다. 교리 문제는 그다지 중요시하지 않는 신비주의자들, 에라스무스와 같은 인문주의자들, 재세례파와 같은 과격한 프로테스탄트 신자들, 그리고 현실적 정치가인 영국의

엘리자베스 여왕 등의 태도들 속에서 조금씩 암시되고 있었을 뿐이다. 그러
나 아무리 미약하다 해도 바로 이 속삭임이 미래의 목소리였다. 이러한 경향
에 대하여 가장 거세게 반발하였던 이들은 다름아닌 예수회였다.

참고도서

Brodrick, James. *The Origin of the Jesuits*. London: Longmans, Green and Co., 1949.

Daniel-Rops, Henry, *The Catholic Reformation*. New York: E.P. Dutton, 1962.

Franzen, August. *A History of the Church*. Revised and edited by John P. Dolan, New York: Herder and Herder, 1969.

Thompson, Francis. *Saint Ignatius Loyola*. Westminster, Maryland: New Man Press, 1950.

Van Dyke, Paul. *Ignatius Loyola: The Founder of the Jesuits*. Port Washington, N.Y.: Kennikat Press, 1926, 1968.

29

바위를 뚫고

:아메리카와 아시아

1492 년 10월 11일 목요일, 기독교 신앙을 위한 새로운 세계가 열렸다. 바로 그날 "대양의 제독, 그가 발견하는 모든 지역의 총독이자 행정관"이라는 칭호를 가진 크리스토퍼 콜럼버스(Christopher Columbus)가 우리가 현재 "서인도 제도(West Indies)"라 부르는 곳에서 물새들과 푸른 갈대들과 육지를 발견하였다.

다음 날 아침 콜럼버스는 해안에 상륙하여 이곳을 산 살바도르(San Salvador, 거룩한 구세주)라 이름하고, 스페인의 국왕 페르디난드와 여왕 이사벨라의 이름으로 점령하였다. 그는 이곳의 현지인들에게 "빨간 모자와 그들의 목에 걸도록 유리알 목걸이들"을 선물하였다. 이를 받은 현지인들이 마치 어린애들 처럼 좋아하는 모습을 보고 콜럼버스는 이들은 "무력을 사용하지 않고 사랑을 베풀어서 우리들의 거룩한 신앙으로 쉽사리 개종시킬 수 있으리라"고 생각하였다.

역사가들은 다음의 150년 간의 기간을 발견의 시대라 부른다. 왜냐하면 이 기간 동안에 유럽인들은 아메리카 대륙에 식민지들을 건설하였으며, 극동으로 가는 새로운 교역로들을 열었기 때문이다. 기독교 역사에서는 같은 기간을 "확장의 시대"라 부를 수 있을 것이다. 1500년부터 1650년까지 로마 가톨릭 수도사들은 라틴 아메리카 일대에 세워진 스페인의 식민지들과 아프리카

및 아시아의 해안을 따라 건설된 포르투갈의 항구들을 좇아 복음을 전파하
였다.

이처럼 흥분에 찬 기간의 전체에 걸쳐 기독교 선교사들은 콜럼버스가 처
음 느꼈던 선교 방법의 선택 문제로 고민하였다. 즉 현지인들을 "거룩한 신
앙"으로 개종시키는데 있어서 사랑으로 일관할 것인가, 아니면 무력이나 강
제력을 사용해야 할 것인가 하는 문제였다. 어떤 경우에는 헌신적이고 용기
있는 프란체스코회 수사들이나 예수회원들이 계속적으로 사랑을 베풀므로
이들을 변화시키기도 했으나, 또 다른 많은 경우들에는 일단의 잔인한 기독
교 정복자들이 칼날의 위협 아래 현지인들에게 강제로 세례를 베풀기도 하
였다.

이러한 문제가 발생한 이유 가운데 하나는 선교사들은 우선 과연 무엇이
미개한 이교(Heathenism)인가를 판단해야 하기 때문이었다. 진정한 신을 찾
아 어둠 속에서 헤매고 있는 모습인가, 아니면 복음에 완강하게 대항하여 조
직된 집단인가? 기독교 선교사들은 이교도들의 종교 가운데서 무언가 선한
것들을 발견해 내어 이들을 기독교 공동체 건설을 위한 기반으로 이용할 것
인가? 아니면 진정한 신앙을 심는 이전의 단계에서 우선 일체의 이교 형태
들을 억압하고, 필요한 경우에는 파괴해 버려야 할 것인가? 우리들은 전자를
가리켜 적응 정책(adaptation), 후자를 정복 정책(conquest)이라 부른다.

복음과 문화

이러한 적응이나 정복의 문제는 기실 보다 깊은 문제 위에 놓여 있다. 즉
과연 복음은 문화와 어떤 관계를 갖고 있는가 하는 것이다. 교회는 흔히 신
앙이 형성된 상황에서의 특정 형태의 문화와 복음을 일치시키는 실수를 저
지르곤 한다. 그리하여 선교사들은 다른 민족들의 문화, 전통, 관습들에 적응
하는데 실패한다. 이들은 신앙의 표현은 오직 한 가지 방법만을 통해서 나타
나야 한다고 고집한다.

사도 시대의 유대 기독교인들은 신앙은 히브리적 예식들, 히브리적 언약
들, 히브리적 안식일들과 동일하다고 심각하게 믿고 있었다. 복음은 이러한
유대적 형태의 껍질을 벗어 나왔을 때에만 그리스-로마 세계에 뿌리를 내
릴 수 있었다. 이러한 모습은 게르만족 침략자들이 로마의 기존 체제와 조직
을 파괴하였을 때도 마찬가지였다. 기독교 신앙은 중세인들에게 보다 효과적

으로 복음을 표현하고 전파할 수 있는 새로운 방법들을 찾아내야만 했다. 중세 초기와 중기는 그 중요한 부분이 헌신적인 선교사들이 바로 이러한 노력을 경주하였던 기록이었다.

그런데 중세기에 유럽의 기독교 신자들 가운데 중요한 태도의 변화가 일어났다. 7세기에 발흥한 이슬람의 존재는 유럽의 신자들과 아시아, 아프리카의 신자들을 분리시켜 놓았다. 이슬람이 득세하였던 북아프리카와 아시아에서는 겨우 소수의 기독교 지역이 살아남았다. 기독교는 이제 유럽에만 제한되다시피 하였다.

십자군 원정은 기독교 유럽이 무력을 사용하여 이슬람 장벽을 돌파해 보려던 필사적인 시도였다. 스페인과 포르투갈에서 무어인들 — 이곳의 모슬렘들을 지칭하던 이름 — 을 쫓아내려했던 오랜 투쟁을 통하여, 이곳의 기독교 신자들은 비신자들에 대하여 특히 적대적인 태도를 갖게 되었다. 정복과 복음화가 많은 이들의 의식 속에서 일체화되었다. 이 둘 사이의 차이를 깨닫고 구별하려는 이들의 숫자는 많지 못하였다.

대발견의 시대는 전세계에 걸쳐 새로운 선교의 장을 열게 하였다. 포르투갈인들과 스페인인들은 15세기 중엽 남쪽을 향해 그들의 배들을 항해시켰다. 프랑스, 홀랜드, 영국 등도 뒤이어 식민지 건설에 뛰어 들었다. 아프리카 서해안을 따라 포르투갈인들은 1486년 대륙의 남단에 도달하여 이곳을 희망봉 (The Cape of Good Hope)이라 이름하였다. 1495년 바스코 다 가마(Vasco da Gama)는 1495년 아시아 쪽으로 항해를 계속하여 인도 서부 말라바르 (Malabar) 해안에 도착하였다. 이곳은 극동으로 진출하기 위한 포르투갈의 기지로 안성맞춤의 위치였다. 그런데 이미 수세기에 걸쳐 아랍 상인들은 말라바르에서 향료, 보석, 상아, 인도 면화, 중국 비단 등을 사들여 이들을 홍해나 페르시아만을 통해 선편으로 보내고, 다시 육로를 통하여 지중해 세계로 배달하고 있었다. 포르투갈인들은 이 항구들이 동서 교역의 중심지이며 동방 교역을 위한 중추적 역할을 할 것을 깨닫게 되었다.

포르투갈인들은 곧 아랍인들의 취약한 선박들을 인도양에서 구축해 버렸다. 그들은 말라바르 해안의 고아(Goa)를 동방 교역을 위한 기지로 삼고, 계속 동방으로 진출하여 말레이 군도와 몰룩카 제도에 전략 기지들을 마련하였다. 그리하여 1516년에는 중국, 1543년에는 일본에 도착하였다.

포르투갈인들은 스페인인들과는 달리 대규모로 식민지를 삼거나 일정 지역을 정복하고자 하지는 않았다. 이들은 땅에는 별로 관심이 없었으며, 황금을 특별히 찾아나서지도 않았다. 이들은 무엇보다도 교역의 독점을 원하고 있었다. 이는 곧 제해권 장악을 의미하였다.

그리하여 서부 아프리카의 콩고와 앙골라, 인도와 세일론, 브라질, 모잠비크, 말라야 등지에 포르투갈 전용 항구들이 생기게 되었다. 그리고 모든 교역지들에는 조그만 가톨릭 교회당들이 건축되었다.

신세계의 스페인인들

한편 스페인인들은 콜럼버스의 발견을 계속 뒤쫓고 있었다. 이 빨간 머리의 제노아인은 아시아 대륙에로의 입구를 찾아보겠다는 헛된 노력으로 세차례나 더 신세계로 항해하였다. 두 번째 항해는 17척의 배에 1500명의 선원들이 동원되었다. 이때 하이티(Haiti)에서 막대한 양의 황금을 발견하였다.

그는 중국 남단으로 오해하였던 쿠바 연안을 탐사한 뒤 스페인으로 향했다. 비록 황금의 발견은 비밀에 붙이기로 하였으나, 이 사실은 곧 새나가게 되었고, 역사상 가장 폭력적인 황금광 시대가 시작되었다.

산 살바도르를 발견한지 채 50년이 못되어 스페인인들은 캘리포니아로부터 남 아메리카 대륙의 남단까지를 정복하고 약탈하였다. 이러한 호전적이고 잔인했던 모험가들을 특히 콘퀴스타도레스(conquistadores, 정복자라는 스페인어)라 부른다. 1521년, 말과 화약을 이용하여 헤르난도 코르테스(Hernando Cortes)는 멕시코의 아즈텍(Aztec)제국을 파괴하였고, 1533년에는 프란치스코 피사로(Francisco Pizarro)가 음모를 사용하여 잉카 제국의 아타후알파(Atahualpa)군주를 살해하여 한때 번성하였던 이 왕국을 굴복시켰다.

이러한 사건들이 바로 마틴 루터의 생애 중에 발생하였다는 사실에 주의할 필요가 있다. 페르디난드와 이사벨라의 계승자로서 신세계로부터의 막대한 재산을 차지하였던 카를 5세가 바로 보름스 제국회의에서 루터가 직면하였던 바로 그 황제였다. 따라서 카를은 독일이 프로테스탄트들의 수중으로 들어가는 것을 막기 위해 골치를 앓고 있는 순간들에도 서인도 제도와 멕시코 등으로부터 보화를 가득 싣고 들어 오는 스페인 선박들에서 위로를 받을 수 있었다.

그러나 이처럼 숨 쉴 틈 없는 신세계로의 진출들은 단지 향료와 황금만을 탈취하기 위한 목적의 사업들은 아니었다. 포르투갈 상인들과 스페인 정복자

들의 심중에는 실제로 자기 선조들의 거룩한 신앙, 로마 가톨릭 교회의 복음
을 확장시켜 보고자하는 열심이 있었다. 그리하여 거의 모든 선박들마다 도
미니쿠스회, 프란체스코회, 어거스틴회, 예수회 선교사들이 동승하고 있었다.
선장들이 새로운 교역항을 발견하고 싶어하는 만큼이나, 이들은 이교도들의
개종을 꿈꾸고 있었다.

　이들 수도사들이 선교를 위해 바친 희생과 노력은 참으로 후세인들의 감
탄을 자아내는 바 있다. 당시 항해는 목숨을 건 모험이었고, 선교사들에겐
안식년이라는 것이 없었다. 1581년부터 1712년까지 중국을 향해 나섰던 376
명의 예수회원 가운데 127명이 도중에 숨을 거두었다.

　이처럼 유럽이 가톨릭과 프로테스탄트 사이에 분열된 모습을 목격하였던
16세기의 인물들의 덕분으로, 기독교는 새로운 의미에서 "가톨릭"이 되었다.
더 이상 가톨릭 교회가 "보편"의 의미를 갖지 못하던 시절에 먼 곳의 다른
민족들에겐 기독교 신앙이 "가톨릭"의 모습을 갖게 된 것이었다. 가톨릭 교
회는 더 이상 유럽에만 국한된 종교가 아니었다.

　포르투갈과 스페인 사이의 경쟁을 피하도록 하기 위해 교황은 아조레스
(Azores) 약간 서쪽에 북극으로부터 남극에까지 이르는 경계를 설정하였다.
그리하여 그 서쪽은 모두 스페인에게, 동쪽은 일체 포르투갈에게 속한다는
것이 교황의 설명이었다. 바로 이 때문에 오늘날까지도 브라질은 포르투갈어
를, 나머지 남미 지방은 스페인어를 사용하게 되었다.

　교황의 명령에 따라 포르투갈과 스페인 군주들은 그 병사들이 점령하는
지역의 현지 주민들을 교화시킬 책임을 지게 되었다. 가톨릭 교회는 이 군주
들이 인도나 페루 지방으로 선교사들을 파송하고 주둔시킬 것을 기대하였다.
군주들은 이 선교사들을 완전 감독할 권한이 있었으며, 새로이 세례 받은 신
민들을 통솔할 주교들도 임명할 권한이 있었다.

　따라서 이 새로운 선교 시대의 근간을 이루었던 사상은 기독교 군주들의
영향력의 확장이었다. 이들은 하나님에 의해 백성들의 영적 지도를 책임지
며, 개척지의 모든 우상들을 타파하고 "거룩한 가톨릭 교회"를 통하여 그 백
성들을 그리스도의 통치 아래 이끌어 올 임무를 띠고 있었다.

　이미 수백 년간 이슬람 이교도들과의 피나는 투쟁을 통하여 생성된 스페
인의 열정적인 모교회에의 헌신의 역사를 살펴보면, 스페인 출신 정복자들의
폭력적인 모습들을 이해할 수도 있다. 이들은 성전(holy crusade)에 임하는

광신과 고상함과 미신적 특징들을 그대로 답습하고 있었다.

예를 들어 잔인하고 음험한 멕시코 정복자 코르테스의 경우도 마리아에게 헌신적 신앙을 바쳤으며 , 항상 그의 몸에 마리아의 작은 상을 지니고 있었 다. 그는 매일 기도하고 미사에 참석하였으며, 그의 깃발 하나에는 십자가를, 다른 하나에는 동정녀의 모습을 그려 놓았다.

스페인은 엔코미엔다(encomienda)라는 대 인디언 정책을 썼는데, 이 정책 아래서 스페인 식민은 일단의 현지 인디언들을 받게 되고, 인디언들은 스페 인인들의 광산이나 농장에서 노동하였다. 대신에 인디언들은 보호와 신앙 교 육을 받게 된다는 것이었다. 당시 인디언들은 인신 공양과 우상 숭배 등 야 만적 죄와 풍습에 젖어 있었으므로 스페인인들은 이러한 관습을 중단시키는 것이 자기들의 우선적인 의무라 생각하였다. 따라서 이들의 심중에서는 인디 언들에 대한 전쟁은 옛날 이스라엘 인들의 가나안 정복처럼 정의로운 전쟁 이었다. 1531년 주마라가(Zumarraga) 주교는 500개 이상의 신전들과 20,000개 이상의 우상들을 파괴했다고 멕시코에서 보고하였다.

피압박자들의 대변자

압제에 시달리던 인디언들의 대변자 가운데 하나는 바돌로뮤 드 라스 카 사스(Bartholomew de Las Casas)였는데, 그의 부친은 콜럼버스의 서인도제도 제2차 원정에 참가한 바 있었다. 처음에는 바돌로뮤 역시 멕시코나 서 인도 제도에 있던 다른 스페인인들이나 다름없는 제국주의자였다. 그러다 그는 30 대 중반에 영적인 개종의 경험을 거쳐 신부가 되었는데, 그는 신세계에서 최 초로 안수받은 인물이었다. 그는 현지 원주민들이 받는 대우를 보고 양심의 가책을 느껴 현지 총독 및 지도적인 위치에 있던 정착민들 앞에서 설교를 통해 자기가 목격한 사례들을 비판하였다. 그는 하나님께서 복음 전파를 위 해 잔학한 수단을 사용하시지는 않는다고 확신하였다.

바돌로뮤는 많은 반대를 겪었다. 많은 이들은 그가 세상 모르는 이상주의 자이며 뉴 스페인에 해가 되는 존재라고 생각하였다. 어떤 선교사들은 야만 적인 원주민들은 이들에게 무력을 사용하여 이들의 오류를 보여주지 않으면 신앙을 가질 수 없다고 주장하였다. 일부 식민주의자들은 라스 카사스의 엔 코미엔다 제도에 대한 반대가 식민지를 경제적으로 망칠 것이라 생각하였다.

그러나 라스 카사스는 자기의 신념을 꺾지 않았다. 그는 스페인 지도층이

원주민들을 신앙으로 이끄는데 또 다른 방법을 채용하도록 촉구하기 위해 14차례에 걸쳐 대서양을 왕래하였다. 일부 그의 노력의 결과로 카를 5세는 1542년 일련의 인디언 법령(The Laws of the Indies)을 반포하여 엔코미엔다 제도를 좀 더 완화시키고 인디언들에게도 인권이 있다는 원칙을 확립하였다.

그러나 스페인 본국에서 법률이 제정되었다고 해서, 이것이 현지 멕시코에서 시행되는 것은 아니었다. 1550년 유카탄 반도의 발라돌리드에서 벌어진 유명한 논쟁에서 라스 카사스는 인디언들의 자유와 평등을 주장하였다. 이들을 개종시킬 수 있는 유일한 방법은 말씀을 설교하는 것과 거룩한 생활의 모범을 보이는 것이라 하였다. 그의 대적이었던 후안 지네스 드 세풀베다(Juan Gines de Sepulveda)라는 신학자는 어떤 민족들은 그 본성상 노예생활을 하기에 적합하도록 태어난다는 아리스토텔레스의 주장을 인용하였다. 그는 "마치 인간들이 원숭이보다 우월하듯이, 스페인인들은 인디언들보다 우월하다"는 논리를 폈다. 그리하여 라스 카사스의 최선을 다한 노력에도 불구하고 신세계에서의 기독교 제국주의는 계속되어 인디언들 사이에 복음이 전파되는 것을 방해하는 요소가 되었다.

인디언들은 기독교를 쉽게 받아들이는 만큼 쉽게 포기하기도 하였다. 1524년부터 1531년 사이에 프란체스코회 수사들은 백만 명 이상의 인디언들에게 세례를 주었다고 기억하였다. 이러한 집단 세례의 시행은 초기 중세 시대 북부 유럽의 집단 개종이 초래한 것과 비슷한 결과를 가져왔다. 즉, 무지, 마술, 기독교 상징들에 대한 미신 등이 그것이다.

이러한 모습을 보여주는 한 가지 예는 다음과 같은 이야기다. 코르테스는 한 촌락의 주민들에게 기독교 하나님을 잘 섬길 것과, 다리를 절고 있던 그의 말 한마리를 잘 돌보라는 엄한 지시를 내렸다. 인디언들은 이 명령을 충실하게 이행하였다. 이들은 말이 죽을 때까지 과일과 꽃을 먹였다. 이들의 단순한 마음에는 말과 기독교 하나님이 동일하였던 것이다. 훗날 두 사람의 프란체스코회 수사들은 인디언들이 말의 형상을 만들어 이를 천둥 번개의 신으로 숭배하고 있는 것을 발견하였다.

동쪽에서는 포르투갈인들이, 스페인인들과 마찬가지로 기독교 국가의 군주들은 자기 신민들을 영적으로 지도해야 할 책임이 있다고 믿고 있었다. 그 결과, 동방의 포르투갈 교역 중심지였던 고아에는 거대한 바로크 양식의 교회당들이 건축되었다. 이곳에는 동 아시아에서 가톨릭 교회를 대표하는 대주교가 자리잡고 있었으며, 포르투갈 당국자들은 자기들 기독교 군주의 영역내에서는 일체 우상 숭배가 시행되지 않도록 철저하게 감시하였다.

그런데 포르투갈인들은 스페인인들이 아메리카에서는 경험치 못했던 문제에 부딪치게 되었다. 이들은 잉카나 아즈텍 제국에서는 볼 수 없었던 바 고도로 발달한 문명과 아울러 오랜 전통의 종교들에 봉착하였던 것이다. 이러한 사실은 많은 기독교 선교사들이 아시아인들에게 접근하는 태도에 큰 영향을 미치게 하였다. 인도, 중국, 일본 등지에서는 정복에 의한 개종의 정책이 완화되었으며, 어떤 경우에는 이를 완전히 포기하고 적응책을 사용하게 되었다. 특히 예수회는 일본, 중국, 인도의 관습들 가운데서 어느 것이 순전히 사회적, 혹은 문화적인 것이며, 어느 것들이 기독교 세례와는 공존할 수 없을 것인지 하는 질문을 던지게 되었다.

프란체스코 자비에르

극동에의 위대한 선교 개척자는 1542년 고아에 도착하였다. 이그나티우스 로욜라의 동료였던 프란체스코 자비에르(Francis Xavier, 1506-1552)가 포르투갈 왕을 섬기기 위한 교황 사절로 임명을 받았던 것이다. 각지의 관리들은 그의 선교를 도와야 할 책임을 지고 있었다. 그는 고아가 다른 항구들과 마찬가지로 각처에서 모여든 하류인간들과 이들의 요구에 부응하기 위한 각종 유락장들로 가득찬 것을 보았다. 자비에르가 고아에 머문 기간은 겨우 수 개월에 불과하였으나, 그는 이 동안에 거의 도덕 혁명이라 부를 수 있는 변화를 이룩하였다. 그후에는 새로운 개척지를 찾아 인도 남단을 찾아 갔다.

1534년 남동부 해안에 살던 어부들은 포르투갈 왕의 보호를 요청한 적이 있었다. 산적들과 해적들이 이들을 극심하게 괴롭히고 있었다. 만약 이들이 기독교 세례를 받으면 이러한 보호를 해주겠노라고 포르투갈인들은 약속하였다. 이들은 즉각 동의하였으나, 이들이 기독교에 공식적으로 귀의한 후 8년 동안이나 아무도 이들에게 기본적인 기독교 교리를 교육시켜 주지 않았다. "작고 검은 사람" 자비에르가 이러한 필요를 충족시켰다. 그는 열사의 모래 언덕들을 넘어서 흩어진 어촌들을 찾아 다녔다. 그는 휴대용 종을 울려 어민들을 모으고 이들에게 주기도문, 십계명, 로사리오(Rosary) 기도문 등을 암송시켰다. 그리하여 이들 무식한 어민들이 용어들을 배우고, 신경에 대한 신앙을 고백하면 자비에르는 이들을 한꺼번에 수 백명씩 세례주었는데, 그의 손이 피곤하여 더 이상 움직이지 못하는 경우가 많았다. 그는 3년 후 교회가 조직되자 이를 다른 이에게 맡겼다.

파라바르(Parabar)라 불렸던 이들 어민들의 숫자는 아마도 30,000명 가량이 었을 것이다. 이들의 기독교는 단지 한 계급(caste)에 국한되어 있었으므로, 이들을 뛰어넘어 다른 지역이나, 계급으로 전파되지는 못하였다. 그리하여 교회는 마치 힌두교의 바다에 둘러싸인 섬과 같은 모습으로 생존하게 되었 다.

자비에르의 뒤를 이은 예수회들은, 포르투갈 정부의 지원 아래 파라바르들 을 한데 모여 살게 하고, 기독교 신자로서의 생활을 시행시켰다. 주일날은 고기 잡는 것을 금했으며, 금요일날 잡은 고기들의 일부는 교회에 바치도록 하였다. 그리하여 파라바르인들은 자기들의 이교시대의 과거를 점차 망각하 게 되었다. 이들 생활의 중심은 교회였다. 석조 교회당을 중심으로 하여 야 자 나뭇잎과 짚으로 지은 이들의 주택들이 배치되어 있었다.

로마 가톨릭과 프로테스탄트들은 모두 입을 모아 프란체스코 자비에르의 선교열과 그의 개인적 매력을 찬양한다. 그러나 그 역시 그가 살았던 시대의 산물이었다. 그의 인도 기간의 한 사건은 그 시대의 종교 자유 불인정의 사 상에 그가 물들어 있었음을 보여주고 있다. 1546년 5월 16일 포르투갈 국왕 에게 보낸 편지에서, 그는 인도에서 기독교의 질을 높이기 위해 모슬렘들을 억압할 종교재판소를 설치하도록 종용하였다. 왕은 그의 요청을 받아들였으 며, 고아의 종교재판소는 19세기 초까지 계속 존속하였다.

그러나 자비에르는 고아 지방에 계속 정착할 생각은 없었다. 교황과 국왕 으로부터 받은 임무는 극동 전체를 포함하고 있었으므로, 그는 1546년 인도 로부터 말라야를 향해 떠났다. 이곳에서 거의 2년을 지난 후에는 또 다시 새 로운 지역을 찾아 가고자 하였다. 그는 고아로 귀환하여 1549년에는 마르코 폴로(Marco Polo)의 꿈이었던 일본을 향해 떠났다.

자비에르는 두 사람을 대동하고 8월 15일 일본에 도착하였다. 마침 적절한 시기에 이곳에 온 셈이었다. 왜냐하면 당시 봉건 영주들의 지배하에서 외부 세계와 교역하기를 바라고 있던 일본인들은 외국인을 환영하였기 때문이다. 이미 불교의 세력이 약화된데다가, 복음에 대적할 만한 강한 국가 종교가 아 직 없는 상태였다.

그는 일본에 체재하는 동안 기독교 선교에 관한 생각을 바꾸었다. 그는 일찍이 인도에서는 기독교 제국주의적 사상을 가지고 있었다. 이교들은 일체 기독교와 공통점이 있을 수 없다는 입장이었다. 즉, 기독교를 건설하기 이전에 우선 모든 다른 종교의 잔재들을 철저하게 파괴해 버려야 한다는 의견이었으니, 이는 라틴 아메리카에 있던 대부분 선교사들과 동일한 의견이었다.

그러나 일본에서 만난 현지인들이 너무나 고상한 성품들을 많이 가지고 있음에 놀란 자비에르는 심경에 변화를 경험하였다. 그는 복음이 역시 일본인들을 변화시켜야 한다고는 생각하였으나, 일본인들의 생활과 문화 전체를 무가치한 것으로 포기할 이유는 없다고 생각하게 되었다. 자비에르의 뒤를 좇았던 많은 예수회원들은, 아시아에서 인상적인 전통 종교들을 경험한 후, 반동 종교개혁자들로서는 전혀 걸맞지 않은 태도들을 보이게 되는데, 종교문제에 있어서의 타협이 바로 그것이다.

16세기 말까지 예수회가 일본 선교를 거의 독점하다시피 하였다. 이들은 상당한 성공을 거두었다. 1577년에 한 예수회원은 다음과 같이 낙관적인 입장을 피력하였다. "만약 선교사들만 충분히 있으면, 십년 안에 일본 전체를 기독교화 할 수 있을 것 같다." 2년 후 예수회원들은 일본인 기독교 개종자들을 위해 새로운 도시를 건설하였다. 바로 나가사끼가 그곳이다. 그 세기가 끝나기 전에 300,000명의 개종자들과, 수 백개의 교회들과, 2곳의 기독교 대학교를 셀 수 있었다.

예수회들은 계속 자비에르의 뒤를 좇아 이들은 피선교지의 문화를 통해 기독교 신앙을 표현할 수 있는 길을 찾았다. 이들은 가능한 한 각 지역 풍습과 가치관에 적응하고자 노력하였다. 또한 가능한 한 빨리 교회를 위한 일본인 지도자들을 훈련시키기에 힘썼다.

그러나 17세기에 들어서면서, 외국 선교사들은 곧 외국 침략자들을 불러올 것이라 판단한 새 통치자들이 기독교를 박해하기 시작하였다. 1614년부터 1642년까지 무려 4,045명이 순교하였다. 이들은 칼로, 불로, 혹은 끓는 물로 죽음을 당하였다. 한때 번성하였던 일본 선교는 종말을 고하게 되었다. 일부가 나가사끼 근처의 언덕들에서 살아 남았을 뿐이다.

중국에의 관문

같은 시기 중국 선교의 역사는 일본의 이야기와 비슷한 모습으로 이루어진다. 역시 이곳에의 문을 연 인물은 자비에르였다. 일본의 거리에서 2년 동안 설교한 후, 지칠 줄 모르는 자비에르는 드디어 중국을 향할 때가 되었다고 생각하였다. 그는 이에 필요한 권한을 위임받기 위해 고아로 돌아왔다. 그러나 동쪽으로 향해 가는 길에 그는 싱가폴보다 더 나아가기는 어렵다는 사실을 깨닫게 되었다. 그는 칸톤으로 몰래 숨어들어 가기로 결심하고, 배를 세내어 중국 남부 연안의 한 섬에까지 도달하였다. 그는 이곳에서 병을 얻어 숨을 거두고 말았다. 선교의 역사상 가장 위대한 한 생애가 막을 내렸으니 그 해는 1552년이었다.

자비에르의 뒤를 이어 정작 중국에 들어가는데 성공한 것은 그의 영적 후계자라 할 수 있는 마테오 리치(Matthew Ricci, 1552-1610)였다. 1556년 중국 연안의 한 섬 마카오(Macao)가 포르투갈 식민지가 되었다. 그러나 그후 수년 간이나 중국으로 들어가는 입구는 봉쇄되어 있었다. 당시의 명(Ming)왕조는 외부와 일체 접촉하기를 회피하였다. 이들은 중국을 문명의 전달자로 생각하였으므로 외부에서는 받아들일 유익이 전혀 없다고 보았다. 유교가 국가 전체를 통솔하고 있었다. 가족관계 및 모든 도덕 윤리는 유교의 가르침에 의지하고 있었다.

전해지는 이야기에 의하면 동양에서 예수회의 책임자였던 알레산드로 발리냐니(Allessandro Valignani)는 1579년 마카오에서 창문 밖으로 중국해안을 내다 보면서 다음과 같이 소리질렀다고 한다. "오, 바위여, 바위여, 너는 언제나 열리려느냐?"

발리냐니는 당시 고아의 신학교에서 가르치고 있었던 30세 난 한 이탈리아 출신의 예수회원을 기억하였다. 마테오 리치는 인도를 향해 떠나기 전 로마에서 수학, 천문학, 우주론 등을 공부한 인물이었다. 그는 특히 중국인들 사이에서 사역하기에 잘 준비된 인물로 보였으므로, 발리냐니는 리치를 마카오로 불러 그에게 중국 선교의 임무를 부여하였다.

리치의 첫 사역은 우선 마카오에 정착하여 중국말과 관습을 배우면서 바위에 금이 가기를 기다리는 것이었다. 1583년 그는 지방 수도인 챠오칭에 거주할 허락을 받게 되었다. 원래 학자들을 존경하는 중국인들은, 만다린 의복을 입고, 자기들 말을 할 줄 알며, 새로운 학문의 세계를 열어 주는 인물을 호의적으로 받아들였다. 리치는 그들을 위해 세계지도를 제작하였으며, 정확한 월력을 만드는 법도 가르쳐 주었다.

이러한 접촉들을 통하여 리치는 중국인들로부터 포교의 자유를 얻어 내는데 성공하였으나, 지방으로부터는 중국 전체에 기독교 신앙을 전파하는 것이 불가능함을 깨달았다. 그는 1600년 수도 북경에 들어갈 수 있는 허가를 받아내었다.

그는 황제의 호의를 얻어내기 위하여 두 개의 시계를 사용하였다. 그는 황제에게 줄 선물로 이 시계들을 가지고 갔다. 황제는 이를 기꺼워 하였으나, 시계가 멈추었을 때는 다시 이들을 어떻게 작동시킬지 알지 못하였다. 따라서 시계를 계속 움직이도록 돌본다는 명목으로 리치는 십년간 북경에 머물게 되었으며, 동시에 수학자, 천문학자로도 일하게 되었다.

리치의 지도 아래 북경의 예수회 선교는 뿌리를 내리고 본격적 활동을 시작하게 되었다. 일단의 귀족들과 학자들이 세례를 받게까지 되었다. 리치가 1600년에 숨을 거둘 때는 교회 수가 2000개에 달하였다.

리치의 후계자 아담 샬(Adam Schall)은 학문의 수준을 더 높였다. 그는 월식 시간을 정확하게 예언해 냄으로써 중국인 학자들의 존경을 받게 되었으며 황실 천체 연구소 소장직에까지 오르게 되었다.1650년 샬은 북경에 교회를 짓고, 곧 이어 중국 전체에 걸쳐 기독교를 위한 종교의 자유를 공인받았다(1657). 샬이 죽던 해에는 중국내에 거의 270,000의 신자들이 있었다. 1692년에 반포된 황제의 칙령은 중국과 황실을 위한 예수회의 공로를 치하하는 것으로서 독립된 중국교회의 존재가 현실로 다가오게 되었다.

그러나 중국 선교는 또한 난관도 겪어야 했다. 이는 외부의 압력 때문이 아니라 예수회의 현지 적응 정책의 정도가 지나치다는 도미니쿠스회와 프란체스코 수도회의 비난 때문이었다.

리치는 기독교를 무언가 새로운 종교로서 중국인들에게 소개하는 것을 피하고자 하였다. 그는 문화적이며 종교적인 중국인들을 무신론자들로 취급하기를 거부하고, 전통적인 중국인들의 종교가 기독교 신앙 속에서 비로소 완전에 도달하였다고 가르쳤다. 중국인들이 그토록 오랫동안 섬겨왔던 "천주(Lord of Heaven)"가 바로 하나님이라 하였다. 또한 리치는 중국인들 사이에 절대적인 자리를 차지하고 있는 조상 숭배는 종교적 행위가 아니라 사회적 관습이므로 기독교 신자들이 받아들일 수 있다 하였다.

과연 이러한 적응 정책은 지나친 것이었을까? 1631년 북경에 도착한 도미니쿠스회와 프란체스코회는 여기서 목격했던 광경에 깊은 충격을 받았다. 예수회의 요리문답에 나타난 미사를 가리키는 단어는 바로 중국인들의 조상 숭배 의식을 의미하는 단어였다. 하룻밤에는 이 수도사들이 변장하고 이 의식을 실제로 관찰하러 갔다. 이들은 중국인 신자들이 참여하는 제사의식의 모습을 보고 경악을 금치 못하였다. 이들은 로마로 자기들의 경험을 보고하였으며, 소위 "제사의식 논쟁"이 시작되었다. 교황들에 따라 이에 대한 찬반이 바뀌었으므로 선교는 혼란에 빠졌으며, 일 세기 후 중국 선교는 크게 쇠퇴하였다.

그러나 정복과 적응의 선교 정책 논쟁은 17세기로 막을 내린 것이 아니었다. 오늘날까지도 이는 계속되고 있다. 단지 정복의 형태가 정치적이 아닌 경제적인 형태로 바뀌었을 뿐이다. 그러나 발견의 시대, 선교 확장의 시대는 어쨌든 중요한 의미를 지닌다. 지구 표면의 거대한 부분들을 기독교 메시지에게 열어줌으로써 역사상 가장 혁신적이고 창조적인 선교 지도자들을 낳게 하였던 것이다.

참고도서

Gascoigne, Bamber. *The Christians*. New York: William Morrow & Company Inc., 1977.

Latourette, Kenneth Scott. *A History of the Expansion of Christianity*, Vol. III. New York: Harper, 1939.

Neill, Stephen. *A History of Christian Missions*. Middlesex: Penguin Books Ltd., 1964.

Neill, Stephen. *The Christian Society*. New York: Harper & Brothers, 1952.

30

성도들의 통치
:청교도주의

1630 년, 400명 이상의 이민들이 신세계로 항해하기 위하여 영국의 사우
샘프턴(Southampton)에 모였다. 저명한 설교가 존 코튼(John
Cotton)이 이들을 보내는 설교를 했는데, 코튼 자신도 후에 신세계에서 이들
과 합류하기로 되어 있었다. 그가 설교 본문으로 택한 구절을 보면 이들의
모험적 각오가 잘 나타나고 있다. 그는 삼하 7:10을 택하였다.

> 내가 또 내 백성 이스라엘을 위하여 한 곳을 정하여 그를 심고 그를 거주하게 하고
> 다시 옮기지 못하게 하며 악한 종류로 전과 같이 그들을 해하지 못하게 하리라.

코튼은 마치 옛날 이스라엘 백성들처럼 이들 이민들은 하나님의 택한 백
성들로서 하나님께서 약속하셨고 예비하신 땅을 향해 가는 것이라고 하였다.
이 새 땅에서 이들은 아무의 방해도 받지 않고 하나님의 영광을 위하여 일
할 수 있으리라고 하였다.

바로 여기에 청교도의 모습이 있다. 성경, 하나님의 언약에 의해 택함 받
은 백성, 그리고 세상 속에서의 그들의 신적인 사명들이다. 청교도주의는 물
론 역사의 한 시대 — 1560년부터 1660년 사이 — 에 등장하였던 구체적인
운동이지만, 이들의 모습은 모든 시대의 신자들에게 한 가지 모범을 제시하
여 주고 있다. 즉 기독교 신앙은 예수 그리스도를 향한 신앙의 결단이며, 영

혼의 생명력이 어떻게 공공생활의 영역에서 표현되어야 할 것인가를 보여주
는 것이다. 이들의 이상은 성경의 진리들에 의해 통치되는 국가의 실현이었
다.

청교도 신앙: 새 생명과 새 세계

근래에도 기독교인들은 때때로 영혼의 청교도적 경험을 다시금 강조하고
경험한 일들은 있었다. 이는 즉 신자의 내부에서 역사하시는 순전한 하나님
의 은혜에 의한 역사로부터 일어나는 경건의 모습이다. 그러나 후대의 신자
들은 아무도 이들처럼 하나님의 법을 한 국가의 전체 생활에 그대로 적용할
비전도 기회도 갖지 못하였다.

특히 개인적인 자유와 성 개방을 부르짖는 현대인들은 청교도라 하면 언
뜻 종교적인 위선자, 다른 이들이 즐거운 시간을 갖는 것을 보기 싫어 못
견뎌하는 성 공포증에 걸린 인물을 흔히 연상한다. 청교도에 대한 이러한 관
념이나 선입관은 사회적 관습이 한창 완고하였던 빅토리아 시대에 견주어
이들을 상상하기 때문에 생긴 것이다. 20세기 초 미국의 언론인 H. L. 멘켄
(Mencken)은 다음과 같이 일반인들이 상상하는 청교도의 모습을 표현하였
다. "그는 누군가가 어디선가 즐거운 시간을 보내고 있을까봐 걱정이 되어
못견디는 인간"이다.

그러나 이러한 정의는 옳은 것인가? 원래 그들의 모습이 과연 이러한 식
이었던가? 한 가지 분명한 것은 이들이 결코 무감각한 보수파, 혹은 전통주
의자들은 아니었다는 사실이다. 이들은 영국에서 변화와 개혁을 요구했던 인
물들이었다. 초대 청교도들은 영국형의 전통적 기독교를 신뢰하지 못하고 있
었다. 이들의 새로운 영국의 건설이라는 이상은, 개인적 회심의 결단이 기독
교를 위해선 결정적으로 중요한 문제라는 깊은 확신에서 나온 것이었다. 이
러한 중생이 청교도들을 다른 많은 명목상의 신자들과 구별하였으며, 이들에
게 하나님에 의해 택함 받은 백성들로서의 특권과 의무의 의식들을 부여하
였다. 교회는 이러한 경험을 얻을 수 있도록 교인들을 준비시킬 수 있을지
모른다. 또한 이들을 인도할 수 있을지도 모른다. 그러나 이러한 내심의 경
험, 하나님의 은혜의 수용은 교회가 할 수 있는 일의 범주 밖에 놓여 있는
것이다.

영국을 변화시키려는 청교도들의 노력은 다음과 같은 세가지 단계로 크게

나눌 수 있다. 우선 엘리자베스 여왕(1558-1603) 아래서 이들은 칼빈의 제네바의 모범을 따라 영국 국교회(성공회, 혹은 앵글리칸 교회)를 "정화(purify)"시켜 보고자 시도하였다. 두 번째로 제임스 1세와 찰스 1세 (1603-1642) 치하에서는 왕권에 저항하여, 청교도들에게 영국 국교회의 고교회적 형태, 즉 화려한 의식을 위주로 하며, 철저한 교리적 개혁이 없었던 교회에게 동조하라는 국왕들의 요구를 거부하여, 극심한 박해를 감수하였다. 세 번째로는 영국의 내란기와 올리버 크롬웰의 통치기간(1642-1660) 중에는 비로소 영국 교회를 재 정리할 기회를 가졌으나, 스스로의 내분으로 말미암아 실패하고 말았다.

이러한 역사적 줄거리를 살펴보면 청교도 운동에는 공공적 측면과 개인적 측면이 공존하고 있음을 알 수 있을 것이다. 이 운동은 하나님의 대속하시는 은혜의 개인적 경험으로부터 시작하였으나, 이에 멈추지 않고 이 세상 속에서의 택자들의 사명, 즉 성경적 원칙들에 의거하여 사회를 이룩해야 할 의무가 있다는 데까지 발전하였다.

성도들의 내면적 생활을 강조하였다는 점에서는 청교도주의가 오늘날 중생(born again)의 메시지를 강조하는 복음적 교파들의 선구라 할 수 있다. 또한 "하나님 아래서의 국가"의 모습과 하나님의 율법들을 강조한 점에서는 미국인들의 국가적 성격에 막대한 영향을 미쳤다고 평가할 수 있다.

영국 교회 제2의 종교개혁이라 할 수 있는 청교도주의는 엘리자베스 여왕의 재위기간 중 처음 등장하였다. 이들은 우선 새로운 설교 스타일을 가지고 있었으니, 곧 단지 인간의 머리(head, 지성)만이 아니라 인간의 전인격(heart)을 겨냥한 메시지를 전하고자 하였다는 점이다. 청교도 문제의 권위라 할 수 있는 윌리엄 홀러(William Haller)가 한때 명명하였듯, 이 "영적인 형제단(spiritual brotherhoood)"에는 그린햄(Greenham), 로저스(Rodgers), 채더튼(Chaderton), 도드(Dod) 같은 이들이 포함되어 있었다. 이들 초기 청교도들 가운데 많은 이들은 피에 젖은 메리의 재위기간 중 대륙으로 피신하였던 프로테스탄트들이다. 조국의 가톨릭 여왕에 의해 쫓겨간 이들은 제네바로 가서, 이곳에서 다시 영국을 향해 새로운 칼빈주의적 신학을 바탕으로 엄습해올 전위대를 조직하였다.

이들을 군사적 용어로 표현하는 것은 결코 과장이 아니다. 왜냐하면 1550년대 말, 제네바는 종교적으로 국제적 반란, 혹은 혁명을 꾀하는 본거지였다.

어쩌면 프로테스탄트들의 모스크바라고 할 수도 있을 것이다. 바로 이곳으로부터 조국의 가톨릭 교회를 전복시킬 열정에 불타는 젊은이들이 조직되어 파송되었다. 1560년, 존 녹스가 스코틀랜드에서 승리를 거두었으며, 영국 개혁가들은 자기들 조국에서 이러한 성공을 재현시켜보고자 하였다.

메리가 죽고 엘리자베스가 즉위하자 망명객들은 희망에 차서 귀국하였다. 이들은 성경이 개인들의 신앙생활과, 교회의 조직과, 사회의 운영에 관하여 구체적인 지침을 제공한다는 확신 속에서 자기들의 신념을 실천에 옮기기 시작하였다. 이들은 가장 심각한 정치문제가 교회를 위한 목회자들을 선택할 권리가 누구에게 있느냐 하는 것임을 깨닫게 되었다. 청교도들은 신자들이 자기들을 목회할 목회자들을 선택해야 한다고 생각하였다. 그러나 여왕은 주교 임명권은 군주에게 있다고 고집하였다.

엘리자베스는 자기의 재위기간 동안 이들이 실제 행동으로 나서서 사회나 교회를 어지럽히지 않는 한 자유스럽게 그 의사들을 표현하도록 허락하였다. 이러한 여왕의 온건책 아래, 청교도들은 책으로부터 규정된 기도문을 낭독한다든지, 성직자들이 특정한 제복을 착용한다든지, 세례예식 중 십자가를 긋는다든지, 로마 가톨릭의 잔재로 보이는 일체의 행위들을 비판하였다. 그러나 그녀는 이들이 실제 교회를 통솔하는 것은 허락하지 않았다. 청교도들은 몇시간이고 설교의 중요성과 성경적인 장로직에 관하여 강의할 수 있었다. 그러나 여왕은 교회의 실권은 주교의 수중에 있도록, 즉 왕실의 통솔하에 있도록 해두었다.

성경의 사람들

영국 국교를 정화하려는 청교도들의 열정은 영어판 성경들을 읽으면서 더욱 뜨겁게 달아 올랐다. 이 성경들 가운데 중요한 것은 제네바 성경(Geneva Bible)이다. 몇몇 영국 출신 망명객들이 제네바에 피신해 있는 동안에 만든 작품이므로 이러한 이름이 붙었다. 1535년 성경 전체를 최초로 영어로 번역하였던 마일스 커버데일도 이들 중 한사람이다. 엘리자베스 재위 초기에 출판되자 이 성경은 즉시 사람들 사이에 널리 읽히게 되었다. 그 이유는 각 장절 번호가 붙어 있고, 문장이 유려하며, 학적 깊이가 있고, 서문의 내용이 뛰어나고, 여백의 각주들이 그 내용을 이해하는데 큰 도움을 주었기 때문이었다. 킹 제임스 판(King James Version, 1611)이 나오기까지 영어로 가장 널리 배포되었던 성경이며, 청교도들이 아메리카로 가지고 간 것도 바로 이 성경이었다.

그러나 청교도들이 가지고 있었던 것은 단지 성경만은 아니었다. 이들은 운명의식, 즉 인간들과 국가들을 위한 하나님의 계획에 대한 신념과 비전을 가지고 있었다. 물론 하나님께서 인간들의 역사에 개입하시고, 주도하신다는 사상은 성경에서도 찾아볼 수 있다. 그러나 수 백년에 걸친 하나님의 백성들의 순례 여정이 결국 영국을 그 목적지로 하고 있었다는 사상은 또 다른 책으로부터 비롯된 것이었다. 바로 존 폭스가 사람들에게 널리 읽혔던「순교서」(*Book of Martyrs*)에서 이러한 생각을 영국인들의 심정 속에 심어 주었던 것이다.

제네바 성경과 마찬가지로「순교서」역시 메리 여왕 시절에 제네바로 피신하였던 인물에 의해 저술되었다. 폭스는 하나님의 영광을 위해 필요하다면 전혀 죽음을 두려워함이 없이 생명을 기꺼이 바쳤던 프로테스탄트 신자들의 생애와 죽음의 광경을 감격적으로 기록하고 묘사하였다. 폭스에 의하면 이러한 순교자들의 흔적이 영국 해안과 메리 여왕의 재위시까지 이르게 된다. 그 결론은 명백한 것이었다. 하나님은 전 우주에 걸친 그의 구속의 역사 속에 특별히 영국인들을 위한 계획을 가지고 계신다는 것이었다.

이 폭스의 순교서가 미친 영향력은 과장할 수가 없다. 영국인들은 몇세대에 걸쳐 폭스의 안목을 통해 역사를 해석하고 성경을 읽었다. 성경만 제외하고는 그 어떤 책보다도 영국인들의 사고를 형성하는데 가장 큰 영향을 미친 것은 다름아닌 폭스의「순교서」일 것이다. 폭스가 죽은 지 50년이 채 되지 않아 청교도들은 그의 작품과 그의 역사관을 — 그들의 영어판 성경들과 함께 — 대서양을 건너 아메리카의 광야로 가지고 왔다.

청교도들은 성경 공부와「순교서」를 읽은 결과로 자기들을 하나님의 새 이스라엘로 생각하게 되었다. 17세기 대부분의 기독교 신자들은 성경을 하나님의 영감받은 말씀이요, 계시된 뜻으로 받아들이고 있었다. 청교도들의 성경관과 자기 파악을 이해하는 중요한 열쇠는 흔히 "언약(covenant)"이라 일컫는 근본적인 성경의 개념이다.

청교도들은 옛날 이스라엘 백성들과 마찬가지로 하나님과 인간들 사이에는 "영적인 계약들(spiritual contracts)"이 존재한다고 믿었다. 이중 가장 근본적인 것은 은혜의 언약이다. 바로 이 "영적 계약"을 통해 진정한 신자들은 하나님과 연계되어 있다. 이들은 하나님께서 주권적으로 인간들을 구원받도록 택정하신다고 믿는 동시에, 이들은 오직 예수 그리스도에 대한 개인적 신앙을 가진 자만이 이러한 언약의 백성들 속에 포함될 수 있다고 믿었다. 그리하여 은혜를 통해 신자는 하나님의 백성이, 하나님은 그들의 하나님이 되시는 것이다.

이러한 언약에 참여하는 그의 백성은 하나님의 말씀을 통해 알려진 그의 뜻에 철저히 순종하여야 한다. 반면에 또한 성경은 영적, 감정적 능력의 원천이 되는 것이다. 바로 청교도들의 특징이라 할 수 있는 완강한 결단의 생활의 근본을 성경이 제공하게 된다. 은혜의 언약 속에 산다는 것은 즉, 하나님의 말씀의 빛 속에 사는 것이며, 전능하신 하나님의 계획을 따라 사는 삶을 의미하게 된다.

군주와의 대결

1603년, 엘리자베스 여왕은 후계자를 남김이 없이 긴 생애를 마쳤다. 이에 따라 스코틀랜드의 여왕 메리의 아들 제임스 6세가 영국왕 제임스 1세로 즉위하여, 처음으로 두 왕국을 한데 연합하게 되었다. 그러나 제임스가 스코틀랜드식 장로교를 영국으로 도입하기를 바랐던 청교도들의 소망은 곧 소멸되었다. 그는 주교체제에 의한 교회의 모습을 더 선호하였다. 그의 스코틀랜드 통치는 장로교 목사들과의 끊임없는 투쟁이었기 때문이다. 그는 스코틀랜드의 장로교는 "하나님과 사탄이 서로 동의하는 정도로나 국왕에게 협력한다"고 공언했던 인물이다.

1604년의 햄프턴 코트 회의(Hampton Court Conference)에서 청교도측의 지도적 인사들은 자기들이 원하는 영국교회의 개혁안을 왕에게 제출하였다. 그러나 자기의 지적 능력을 과신하였던 제임스는 상당히 교만한 태도로 이들을 거부하였다. 오직 한 가지 이들의 의견을 수용한 것이 있다면 성경을 다시 번역해 달라는 부분이었다. 그리하여 오늘날까지도 우리가 사용하고 있는 킹 제임스 판 성경, 즉 흠정역 성경이 나타나게 되었다.

그외에는 왕은 이들의 의견에 귀를 기울이지 조차 않았다. 영국 교회의 예식들과 기도서와 주교체제는 계속 고수하겠다고 하였다. 만약 청교도들이 이를 좋아하지 않더라도, "계속하여 복종하든가, 이 나라에서 쫓겨나든가, 아니면 더 엄한 처벌을 기대하라"는 왕의 협박을 끝으로 이 회의는 막을 내리게 되었다.

제임스의 의회에 대한 태도 역시 지혜로운 것은 못되었다. 그는 의회에 처음 출석한 자리에서 왕권 신수설을 주장하였다. "군주는 지구상에서 가장 최고의 위치에 있다. 왜냐하면 왕들은 이 지구상에서 단지 하나님의 대리인으로 그의 자리에 앉아있는 존재 이상이기 때문이다. 하나님 자신도 왕들을 가리켜 신들이라 칭하지 않으셨는가?" 기존 영국의 정치 체제와 영국민들의 정서를 완전 무시해 버리고 그는 절대권력자로서 통치하겠다는 의사를 분명히 밝힌 셈이었다. 1611년 그는 의회를 해산해 버리고 그후 십년 동안 의회 없이 영국을 통치하였다. 그리하여 청교도 지도자들과 의회정치 옹호론자들은 왕권에 대항하여 한데 힘을 모으게 되었다.

그러는 동안에 일부 청교도들은 교회의 개혁을 시급하게 서두르게 되었다. 햄프턴 코트 회의가 끝난 지 얼마 후부터 일단의 신자들이 자기들끼리 한데 모여, 성경이 가르친다고 생각하는 대로 주교들이나 기도서 없이 예배를 드리기 시작하였다. 이들은 국가의 지도자들이 원하지 않더라도 오직 하나님을 따르기로 결심하고 있었다. 이러한 움직임을 분리주의(separatism)라 부른다. 왜냐하면 이들은 영국 성공회에서 떠날 것도 각오하고 있었기 때문이다.

이러한 집단들 가운데 하나는 북 잉글랜드의 스크루비(Scrooby)촌에, 다른 하나는 이곳에서 그다지 멀지 않은 게인즈보로(Gainsborough)에 소재하고 있었다. 1608년까지 이 두 집단은 예배의 자유와 안전을 찾아 모두 홀랜드로 이주하였다. 스크루비 집단은 라이덴에, 게인즈보로 회중은 암스테르담에 각각 정착하였다.

홀랜드에서 십년을 보낸 후, 존 로빈슨 목사가 이끌던 스크루비 회중은 자녀들이 고국과 절연되어 성장하면서 모국어까지도 망각해가고 있다는 사실을 깨닫게 되었다. 그러나 영국으로 귀국한다는 것은 그곳 사회의 악한 상황 속에서 다시 살아야 함을 의미하였다. 이들은 1607년 버지니아(Virginia)에 영국 식민들이 정착했다는 소식을 듣고 있었다. 이들은 아마도 신대륙 아메리카에 이들의 문제에 대한 해답이 있는지도 모른다고 생각하였다. 물론 이는 앞날에 생길 일을 전혀 예측할 수 없는 모험이었다. 그러나 이들 가운데 일부는 위험을 감수할 각오가 되어있었다. 이들은 영국으로 다시 돌아가 그곳에서 같은 심정을 가진 다른 한 집단을 만나게 되었다. 그리하여 1620년 9월 약 100명이 메이플라워(Mayflower)라는 배를 타고 플리머스(Plymouth)로 떠났다. 11월에 이들은 뉴 잉글랜드 지방의 바위투성이 해안에 도착하였다. 이들 순례자들(Pilgrim Fathers)은 현재 우리가 아는 매사추세츠 주, 플리머스에 상륙하였다.

한편 홀랜드의 두 번째 집단은 또 다른 형태의 순례를 경험하고 있었다. 이들의 목사였던 케임브리지 출신의 존 스미스(John Smyth)는 자기나름 대로 정성을 다해서 헬라어 판 신약성경을 공부해 본 결과 유아들의 세례의 예를 발견할 수 없었다. 만약 유아들이 은혜 언약에 포함되어 있지 않다면 교회는 언약의 개념에 의한 연계에 의해서가 아니라 신앙 고백의 기반 위에 구성되어야 하지 않을까하는 의문을 품게 되었다. 스미스와 암스테르담 회중 중 40명이 그렇게 생각하였으므로 이들은 예수 그리스도에 대한 개인적 신앙 고백을 근거로 세례를 받게 되었다. 그리하여 최초의 영국 침례교회가 탄생한 것이었다. 그 해는 1609년이었다.

주님의 기름부은 자에 대한 공격

그러나 대부분의 청교도들은 영국 국교로부터 분리해 나가는 것은 지나치게 극단적인 처사라고 생각하였다. 이들은 가능하면 이러한 교회의 분열만은 피하고 싶어하였다. 그러나 1625년 찰스 1세가 부친 제임스 1세의 뒤를 이어 왕위에 오름으로써 국왕이 이들의 소원을 들어 주리라는 소망은 막을 내린 듯하였다. 제임스가 왕권 신수설의 이론을 신봉하는 인물이었다면 찰스는 이들을 현실로 옮기고자 하였던 인물이다. 어떤 법률이나 의회도 그의 고집을 꺽을 수는 없었다. 또한 청교도들의 눈으로 볼 때 사태를 더욱 악화시켰던 것은 찰스의 아내 헨리에타 마리아(Henrietta Maria)가 열렬하게 가톨릭을 신봉하는 프랑스 공주 출신이었다는 점이다.

찰스는 그의 뜻을 청교도들에게 강요할 그의 충복으로 윌리엄 로드(William Laud) 대주교를 사용하였다. 로드 대주교는 교회를 감독하기 위해 하나님께서 주교들을 세우셨다고 믿는 인물이었다. 로드 대주교의 지도하에 주교주의자들은 청교도들을 핍박하기 시작하였다. 이들은 왕의 비호 아래, 교회당 창문의 스테인드 글래스와 십자가 상(crucifix)들까지를 다시 사용하기 시작하였다. 이들은 성찬대를 보다 높이 세우고 이를 제단(altar)이라 불렀으며, 예배는 철저하게 기도서를 따라 드려져야 한다고 주장하였다.

이러한 로드의 강경책으로 일부 청교도들은 분리주의적 경향을 띠게 되었으며, 일부는 대서양을 건너 아메리카로 이민해버리는 양상을 보이게 되었다. 로드가 대주교에 취임한지 십년 만에 매사추세츠 만에는 20개의 촌락들과 교회들이 형성되었다. 주민들도 16,000으로 증가하였는데, 이들 가운데 400명은 일찍이 사우샘프턴에서 존 코튼의 고별 설교를 들은 인물들이었다.

찰스가 앵글리칸(Anglican, 영국 국교)식의 교회 형태를 스코틀랜드 장로교회에까지 강요하려 하였을 때, 그에 대한 본격적인 반란이 발생하였다. 찰스는 장로교도 공동 기도서에 의거하여 예배를 드려야만 한다고 주장하였다. 이 공동 기도서는 일찍이 존 밀턴(John Milton)이 "로마 가톨릭 미사 책의 잔재"라고 불렀던 바 있는 예식서였다. 또한 스코틀랜드인들도 이 기도서를 혐오하기는 마찬가지 였다. 이들은 국왕에 대항하여 "국가 언약 동맹(National League of Covenant)"을 조직하였다. 이들은 교회를 수호하기 위해 국왕에게 반란하는 길을 선택하였다.

찰스는 군대를 동원하기 위해서는, 그가 그의 부친처럼 10년 이상이나 무시해 왔던 의회를 소집하지 않을 수 없었다. 일단 소집된 의회는 왕당(Royalist Party)과 의회당(Parliamentary Party)으로 분열되었다. 다수당이었던 의회당은 일반적으로 청교도들의 주장에 동조하였으나, 교회 조직의 형태에 관하여는 의견을 달리하고 있었다. 즉 이들은 내부에서 장로교파와 독립교회파(혹은 회중파)로 나뉘어 있었다. 어쨌든 로드 대주교를 향한 증오만은 일치했던 이들은 한데 힘을 합쳐 그를 재판에 붙이고 종내는 사형시켜버리는 데 성공하였다.

찰스가 자기에게 반대하는 파의 지도자들을 처벌하려 했을 때 본격적인 반란이 시작되었다. 의회의 왕당파는 런던을 떠나 국왕을 지지하는 군대에 합류하였다. 이제 드디어 의회는 청교도들이 계속 소원하였던 교회의 개혁을 실천할 수 있는 기회를 갖게되었다. 이들은 일단의 청교도 신학자들을 웨스트민스터 성당에 모으고 영국 교회를 위해 새로운 예배의식서와 교회 조직을 위한 지침서를 마련하라는 임무를 부여하였다.

1643년부터 1649년까지 회집하였던 웨스트민스터 회의는 39개 신조문을 대체할 웨스트민스터 신앙고백서와 교회들이 사용할 대소 요리 문답을 작성하였다. 이들의 작성만으로도 동회의는 기독교 역사상 가장 중요한 회의들 가운데 하나로 기록될 수 있다. 수많은 정통 장로교회들과 회중파 교회들은 오늘날까지도 이들을 자기들의 신앙 고백 표준 문서들로서 사용하고 있다.

1645년 의회는 전국에 걸쳐 노회들을 조직하고 교회들은 장로들을 선출하라고 명령하였다. 그러나 이러한 명령은 결국 국왕이 패퇴한 후에도 전국적으로 시행되지 못하였다. 왜냐하면 의회가 아니라 군부가 세력을 잡았기 때문이었다.

성도들의 통치

이 내란은 기독교 역사상 가장 중요한 인물들 가운데 하나인 시골 향사 출신의 올리버 크롬웰(Oliver Cromwell, 1599-1658)을 등장하게 하였다. 의회군의 대령으로 전쟁에 임한 그는 곧 군사적 천재로서 두각을 드러내었다. 흔히 철기병(Ironside)으로 알려진 그의 연대는 단 한번도 패전하지 않았는데, 그 이유들중 하나는 크롬웰이 그의 병사들에게 기독교적 사명감을 철저하게 불어넣었기 때문이다.

점차 명성을 얻게 된 크롬웰은 21,000명의 신모범군(New Model Army) 사령관에 임명되었다. 크롬웰은 그의 군대가 하나님의 특별한 사명을 띠고 영국 역사에 나타났다고 생각하였다. 이들의 눈으로 볼 때 이 전쟁은 불의의 세력에 대항하는 하나님의 사자 청교도들의 투쟁이었다. 이러한 목적을 달성하기 위해선 그 수단 역시 거룩하지 않으면 안되었다. 그리하여 크롬웰의 군사들은 전투 전에 기도하고 찬송을 부르면서 돌격하곤 하였다.

1646년 말 찰스는 크롬웰 군에게 항복하였다. 그 다음 2년간 찰스는 그의 대적들이 서로 싸우도록 이간책을 시도하였다. 즉 스코틀랜드인들과, 의회를 장악하고 있던 장로교파와 군부를 잡고 있었던 독립교회파들을 서로 싸우도록 조종하고자 하였다. 그는 의회를 분열시키고, 스코틀랜드인들과 비밀협약을 맺는데까지 성공하였다. 그러나 군부에서 찰스에 대한 증오심이 폭발하여 1648년 다시 전쟁이 발발하였다.

이 전쟁에서 군은 왕의 동조자들을 패퇴시키고, 하원(House of Commons)에서 장로교파를 몰아 내었다. 그후에 소위 럼프(Rump)의회는 군부의 뜻을 따라 찰스를 재판할 최고 법원을 설치하였다. 1649년 찰스는 런던 화이트홀(Whitehall) 궁정 앞에 설치된 형틀에서 처형되었다.

그러나 이는 무모한 행위였다. 이를 통해 왕당파는 자기들의 입장을 선전하는데 사용할 순교자를 얻게 되었고, 이 때문에 결국 청교도는 권력을 상실하게 된다. 수세기에 걸친 영국의 왕실 전통은 비록 성도들에 의해서도 하루

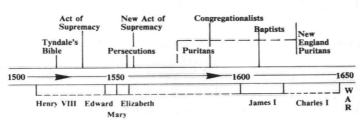

The Reformation in England

아침에 무너질 수 없는 것이었다.

왕의 처형 얼마 후, 소위 그의 최후 장면을 묘사했다는 초상이 나타나기 시작하였다. 그는 성경이 놓인 상 앞에 무릎을 꿇고 기도를 드리고 있다. 왕관은 마루 위에 놓여 있다. 오른 쪽에는 가시관이 놓여 있다. 찰스의 눈동자는 윗쪽으로 영광스런 순교자의 면류관을 바라보고 있었다.

일반인들에게 널리 유포된 이 그림은 청교도들의 입장을 전쟁에서 지는 것보다 더 약화시키게 되었다. 이를 통해 찰스는 반란군에게 잡혀 죽은 폭군으로부터 광신자들에게 억울하게 죽임을 당한 순교자로 변모하였다. 영국인들은 이러한 모습으로 청교도들을 기억하게 되었다.

그러나 어쨌든 청교도들의 통치는 한동안 계속되었다. 상원(House of Lords)을 폐지한 후, 하원은 영국을 공화국(Republic)이라 선포하였다. 그러나 1653년 여전히 의회를 믿지 못하던 군부는 공화국을 전복시켜 버리고 보호국을 선언하였다. 크롬웰이 호국경(Lord Protector)이 되어 실질적인 군사독재자로서 영국을 통치하였다.

호국경은 영국의 종교계에 등장한 여러 기독교 집단들에게 종교의 자유를 허용하여 국내의 복잡한 종교문제를 해결해 내고자 하였다. 이들 가운데는 장로교회파, 독립교회파, 침례파, 퀘이커파, 수평파(Levellers) 및 기타 여러 파들이 있었다. 그러나 이들 사이를 조정하는 것은 누구에게도 불가능한 임무였다. 그는 생애 마지막 3년의 기간 동안을 실망과 고민 속에 보내었다. 그가 1658년 사망하였을 때, 영국의 소위 "성도들의 통치"도 막을 내리게 되었다. 2년 안에 영국은 다시 왕정을 복고시켰으며, 군주제와 함께 주교들도 복

원되었다. 그러나 대서양을 건너 먼 아메리카 대륙에서는 수 천명의 성도들
이 뉴 잉글랜드 지방에 정착하여 광야 가운데 하나님의 왕국을 건설하는데
헌신하고 있었다.

참고도서

Haller, William. *The Rise of Puritanism*. New York: Harper & Brothers, 1938.

Morgan, Edmund S. *Visible Saints, The History of a Puritan Idea*. Ithaka: Cornell
University Press, 1963.

Rutman, Darrett B. *American Puritanism*. Philadelphia: Lippincott, 1970.

Simpson, Alan, *Puritanism in Old and New England*. Chicago: The University of
Chicago Press, 1955.

Torbet, Robert G. *A History of the Baptists*. Philadelphia: The Judson Press, 1963.

Watkins, Owen C. *The Puritan Experience*. New York: Schoken, 1972.

31

교파들의 등장
:옛 사상을 위해 희생하지 않다

수 십년을 두고 이를 반대하는 이들은 이들을 가리켜 "추문" "비극" "분 파주의" "카스트 제도" 등으로 부르며 비난해 왔다. 그러나 프로테스 탄트 교회 내에서 교파들의 존재는 이제 현대 기독교의 특징으로 확고하게 자리잡게 되었다.

물론 이에 대한 비평도 수긍할 만하다. 신약을 읽어 본 신자들이라면 누구 나 사도시대의 교회와 오늘날의 모습은 서로 차이가 있다는 점을 감지할 수 있다. 예를 들어 사도 바울은 교회를 하나님의 성전, 주 예수 그리스도를 향 한 헌신으로 한데 통일되어 있는 모습으로 정의하고 있다. 그러나 우리들은 이 시대에 각종 사교들, 분파들, 이단 사설들, 교파들, 서로 다른 신학들이 어 지러이 공존하는 모습을 목격하고 있다. 우리는 이러한 모습에 동조하지는 않으나, 이것이 현실임을 어찌할 수 없다.

왜 이렇게 되었는가? 어떠한 경로로 교파들이 현대 기독교의 가장 중요한 표현 경로가 되었는가?

우선 단순한 사실은 오늘날 기독교가 서로 갈라져 있는 이유중 하나는, 이 들에게 서로 다를 수 있는 자유가 주어진 결과라는 것을 간과할 수 없다. 과 거에는 이러한 자유를 누리지 못했다. 우리들은 교파들의 존재들을 욕할 수 도 있고, 무시할 수도 있으나, 교파는 쉽게 없어지지 않을 현실이다. 왜냐하면 이들을 없애고자 할 때 더 많은 심각한 문제들이 생길 것이기 때문이다. 우리들은 이 현대 기독교의 과실을 보면서 경악하지만, 그 문제를 근본적으로 치유할 수 있는 이는 거의 없다.

종교개혁의 시대(The Age of Reformation, 1517-1648)가 갑자기 종료되고, 이성과 부흥의 시대(The Age of Reason and Revival, 1648-1789)가, 역사의 연대표가 시사하는 것처럼, 하루 아침에 갑자기 나타난 것은 아니다. 그러나 16세기와 17세기에는 분명 서로 다른 차이점들이 있었으니, 가장 중요한 것은 서로 다른 종교적 차이점들을 인정하고 수용하고 공존하자는 움직임이었다.

우리들은 흔히 "나는 당신의 의견에 동조하지는 않는다. 그러나 당신이 의견을 발표할 수 있는 권리를 지켜주기 위해서는 목숨을 걸고 싸워주겠다."는 말을 흔히 듣는다. 그리고 오늘날 대부분의 기독교인들은 이 말이 어디서 나온 것인지도 모른지만 이러한 주장에는 찬성하는 태도를 보일 것이다. 이들은 이 사상이 반드시 기독교적이기 때문이 아니라, 현대적이기 때문에 받아들이고 찬성하는 것이다.

반대파의 억압

아마 그 말을 처음한 인물은 이성의 시대를 살았던 교만하고, 오만한 인본주의자 볼테르(Voltaire, 1694-1778)일 것이다. 마틴 루터나 이그나티우스 로욜라라면 이러한 말을 할리가 없다. 이에 전혀 동의하지 않았기 때문이다. 종교개혁 운동의 입장에서 볼 때 다른 의견의 주장은 기독교적인 덕목도 아니며, 인간의 권리도 아니었다. 종교개혁가들은 가톨릭 만큼이나 반대파의 박해에 열심이었다.

그 이유는 양측 모두 기독교 진리만이 사회를 이끌어야 한다고 생각하였기 때문이었다. 진리만이 힘을 발발시킨다. 그리고 종교적 문제를 둘러싼 투쟁에서는 어느 한쪽에만 진리가 속해 있는 것이 분명하다고 확신하였다. 하나님의 말씀은 어느 한 진영의 독점물이 아닌지도 모른다는 생각은 가히 이들에게는 혁명적인 개념이었으며, 양측 모두가 오랜 싸움에 지쳐 떨어진 후에야 이들이 비로소 귀를 기울이기 시작했던 새로운 생각이었다.

1540, 50년대, 양측이 아직 통일된 기독교권의 이상에 젖어 있었을 때, 루터파 영주들은 가톨릭 영주들과 독일에서 싸움을 벌였으나, 어느 한쪽도 승리를 거두지 못한 채 교착상태에 빠지게 되었다.이들은 1555년의 아우그스부

르크 화의에서 지역 분할 원칙에 합의하고 휴전에 들어 갔다. 즉 각지역의 종교는, 루터파와 가톨릭 가운데 하나를 해당지역의 영주가 결정한다는 원칙이었다.

이러한 협상은 물론 기독교 영주라는 개념에서 파생된 것이었다. 이에 따라 일부 주민들에게는 자기들 양심에 따라 신앙 생활을 영위할 수 있는 자유가 보장되었다. 그러나 동시에 영주들에게는 그들의 지도를 따르지 않는 자들을 박해할 수 있는 권리도 보장된 셈이었다. 그리하여 종교적으로 영주들에 동의하지 않는다는 이유만으로 많은 이들은 억압과 핍박을 받게 되었다.

이러한 지역 분할 원칙은 곧 임박한 기독교권 주의의 종말을 의미하였다. 만약 넓지 않은 지역의 영주가 자기 영지의 종교를 결정하고, 이곳에서 얼마 떨어지지 않은 다른 영지의 영주가 또 다른 종교를 주장한다면, 기독교 진리의 명목적 통일성은 상실되며 기독교 사회도 분열을 겪게 된다.

물론, 사건들은 새로운 사상에 선행하는 것이므로, 유럽 전역에서는 또 다른 전쟁들이 벌어졌고 새로운 지역들이, 한 지역에서는 오직 한 종교만이 존재할 수 있다는 전통적 관념에 따라 형성되기도 하였다.

1562년에서 1598년 사이에 프랑스에서는 로마 가톨릭과 프랑스 칼빈주의자들(Huguenots, 위그노)들 사이에 일련의 내란이 계속되었다. 양측이 더 이상 기진하여 싸움을 계속할 수 없는 상태에 이르렀을 때, 이들은 낭트 칙령(Edict of Nantes, 1598)을 통해 지역 분할 원칙에 의한 협상에 동의하게 되었다. 위그노들은 종교의 자유를 얻고 국가 일부의 정치적 통치권을 허락받게 되었으며, 가톨릭은 계속 국가의 공식적 종교로서의 위치를 유지하면서 보다 넓은 지역의 통솔권을 갖게 되었다.

이와 비슷한 형태로 네덜란드에서도 1560년에서 1618년까지 열렬한 칼빈주의자들이 가톨릭 스페인과 싸워 독립을 쟁취하였다. 그러나 오늘날 우리가 벨기에로 부르는 남부 지역은 계속 가톨릭 진영에 남았으며, 그후 오랜 세월이 지난 후에야 스페인으로부터 독립하였다.

30년 전쟁

이러한 모든 투쟁들은 가장 처참하고 대규모의 마지막 종교전쟁이라 불리는 30년 전쟁(Thirty Years War, 1618-1648)의 서곡에 불과하였다. 이 전쟁은 정치적 문제가 개입된 종교전쟁으로 시작하였다가, 종교적 문제도 개입된 듯한 야만적인 정치적 전쟁으로 막을 내렸다. 이러한 전쟁 목적 자체의 변화는 30년 전쟁을 종교개혁의 시대로부터 이성과 부흥의 시대로 넘어가는 것을 보여주는데 적합한 상징으로 만들고 있다.

이 전쟁은 장기간 계속되었던 것만큼이나 또한 복잡하였다. 여기서는 일일이 세부적인 정치적, 군사적 사항들을 살펴볼 수 없다. 우리들이 관심을 갖는 것은 사상의 변화인데, 이는 가장 주요한 사건들의 전개되는 모습을 통해서도 능히 정리해 볼 수 있다.

아우그스부르크 화의(1555)의 가장 큰 취약점은 이 회의가 칼빈주의자들의 존재를 완전히 무시했다는 점이었다. 칼빈주의자들의 특징인 투철한 사명의식을 감안할 때, 무언가 문제가 재발하는 것은 시간문제였다. 17세기 초 독일 프로테스탄트 영주들이 군사동맹을 체결하고, 이에 대항하여 가톨릭 동맹이 결성되었을 때 이미 전쟁은 예상되었다고 할 수 있다. 실제 전쟁은 1618년 일어났다.

예수회에 의해 교육받은 열렬한 반동 종교개혁 지지자였던 페르디난드 2세가 보헤미아 왕좌를 차지하였고, 그후 얼마 안되어 신성 로마 제국의 제위에 등극하였다. 한 영토에 한 종교의 원칙을 굳게 믿었던 페르디난드는 보헤미아에서 프로테스탄트를 근절하고 국민들에게 로마 가톨릭을 강요하고자 하였다.

대부분 프로테스탄트였던 보헤미아 귀족들은 즉각 반란을 일으키고, 독일의 중요한 지방 팔츠의 영주였으며, 열렬한 칼빈주의자였던 프리드리히 5세를 국왕으로 추대하였다. 프리드리히가 이를 받아들임으로써 칼빈주의자들과 가톨릭 사이의 전쟁이 시작되었다.

1620년 프라하 근처에서 가톨릭 황제군은 "동정녀 마리아를 위하여"라는 구호를 외치며 진격하여 보헤미아인들을 무찌르고 반란자들의 재산을 빼앗아 버렸다. 승리자들은 원래 존 후스의 근거지였던 프라하 대학교를 예수회들의 손에 맡겼다.

이러한 가톨릭측의 승리에 큰 충격을 받은데다가, 독일 영토를 점령하고 싶은 의도가 있었던 루터교 신자, 덴마크 왕 크리스챤 4세가 페르디난드의 가톨릭 군에 대항하여 참전하였다. 그러나 보급이 충분치 못했던 그의 모험은 처음부터 성공할 가망성이 희박한 것이었다. 덴마크인들은 1626년 하르츠

(Harz) 산 전투에서 대패하여 사기를 잃고 덴마크로 후퇴하였다.

발틱 남부가 황제의 손 안에 들어가게 된 것을 우려하였을 뿐만 아니라 독실한 루터교 신자였던 스웨덴 왕 구스타브스 아돌푸스(Gustavus Adolphus)가 프로테스탄트 신자들을 위하여 독일로 진군하였다. 그는 일련의 눈부신 승리를 거두면서 뮌헨(Munich)까지 진격하였다. 그러나 프로테스탄트 신자들에게 '북국의 사자(The Lion of the North)'라 불리던 용감한 투사였던 아돌푸스도 불멸은 아니었다. 라이프치히 남서부 루첸(Lutzen)전투에서 스웨덴 군은 승리를 거두었으나 이들의 국왕은 전사하고 말았다.

아돌푸스 없이도 전쟁은 계속되었다. 그러나 그 결과가 어떻게 되리라는 것은 사람들의 눈에 뻔하였다. 가톨릭 군은 북부 독일의 프로테스탄트세력을 소멸시킬 수 없었으며, 프로테스탄트들은 남부의 가톨릭을 굴복시킬 수 없었다.

전쟁이 오래 끌면서 그 종교적인 의미는 점점 희미해져 갔다. 명목상 양자 모두 가톨릭 국가들이던 프랑스와 스페인은 라인랜드 지역의 정치적 주도권을 장악하기 위해 서로 전투를 서슴지 않았다.

결국 전투가 멈추었을 때, 독일은 전 국토가 황폐한 상태였다. 제국의 영화와 권력을 복고하려던 페르디난드의 꿈은 사라졌다. 그 자리에는 300개 이상의 독립 국가들이 자리잡고 있었다. 이러한 허무한 상황 속에서 칼빈주의자들과 가톨릭 세력의 종교적 열정은 식어가고 이들은 모두 냉정을 되찾기 시작하였으며, 과연 지역 분할 원칙이 지혜로운 것인가 하는 질문을 던지게 되었다. 교파주의 원칙(Denominationalism)이 마지막 남은 선택이었다.

베스트팔리아 평화조약(Peace of Westpahlia, 1648)의 내용을 보면 시대의 변천을 느낄 수 있다. 칼빈주의자들은 루터파와 함께 가톨릭을 기독교 신앙의 한 가지 표현이라는데 동의하였다. 이제 영주들은 자기들이 원하기만 하면, 그들의 영지 내에 프로테스탄트와 가톨릭을 공존시킬 수 있게 되었다. 그리고 교황은 일체 독일내의 종교 문제에 개입하는 것이 금지되었다. 물론 교황 인노켄티우스 10세는 회의 결의 내용에 이의를 제기하였으나, 가톨릭이나 프로테스탄트 지도자들은 그를 무시하였다. 1,000년 만에 처음으로 국가가 교황을 도외시하고 각 영토내의 문제를 결정할 수 있게 되었다.

그리하여 콘스탄티누스에까지 거슬러 올라가는 기독교와 국가의 유착, 그리고 이로부터 결과된 부작용들이 막을 내리기 시작하였다. 신앙이나 종교를 정치와 국가로부터 분리시키는 소위 현대가 동트고 있었다.

아메리카의 신 제도

1648년 대서양을 건너 북 아메리카 대륙에 있는 영국의 식민지에서도, 종교를 강제로 시행할 경우 지불해야 하는 대가가 너무나 엄청나다는 30년 전쟁의 교훈을 다른 경로로 배워나가고 있었다.

16세기에 영국과 프랑스는 중국으로 통하는 북서통로를 발견해내기 위해 북 아메리카로 많은 탐험가들을 파견하였다. 그러나 신세계에 진정한 의미에서 이곳에 영구적으로 정착할 이민들이 들어온 것은 1607년 런던 회사가 버지니아 주, 제임스 타운에 영국인 식민들을 보낸 것이 최초였다. 청교도들이 1620년에 상륙하였으며, 10년 후에는 매사추세츠 베이 회사가 수 천명의 청교도들을 보스턴과 그 인근 지역으로 정착시켰다. 1629년부터 1642년까지 무려 25,000명의 청교도들이 뉴 잉글랜드 지방을 찾아왔다. 영국 정부에서는 버지니아 지방 외에는 종교적 통일을 강요하지 않았다.

식민지들은 점차 발전하는 영국의 국가적 이익을 도모하기 위한 상업적 계획이었다. 이익을 내기 위해선 삼림을 개척하고 농지를 일굴 일손들이 가능한 한 많아야만 했다. 따라서 종교자유의 보장은 신대륙 아메리카의 위험을 감수시키는 데 매력적인 유인동기가 되었다. 퀘이커들은 펜실베이니아에, 가톨릭은 메릴랜드에, 화란 개혁파는 뉴욕 등지로 모여들었다. 이들의 뒤를 따라, 스웨덴 루터파들, 프랑스 위그노들, 영국 침례파들, 스코틀랜드 장로교인들이 왔다.

그러나 이처럼 개방적이던 신대륙의 종교 정책에 예외적인 모습이 있었으니, 이들이 바로 매사추세츠 만에 정착한 청교도 회중파(Congregational Puritans)였다. 이들은 미국 황야에 새로운 시온(Zion)성을 건설할 계획이었다. 존 윈스롭(John Winthrop)의 표현을 따르면 "세속과 종교의 양면에 걸쳐 모두 합당한 국가 사회의 건설"이 그 목표였다.

뉴 잉글랜드에 청교도들이 꿈꾸던 통치를 창조할 기회는 이들의 헌장에서 그 회사의 본부를 영국에 두어야만 한다는 조항을 삭제한데서 왔다. 본부를 영국에 두지 않는 경우 이들은 국왕의 권위 아래 있지 않게 되는 것이다. 이러한 삭제의 결과 청교도들을 통솔하였던 매사추세츠 베이 회사는 실질적으로 독립 국가의 모습이 되었다. 왜냐하면 모든 회사 구성원들이 뉴 잉글랜드로 이주해 버렸고, 이 회사의 헌장을 함께 가져와 버렸기 때문이었다.

그리하여 두 세대 동안이나, 뉴 잉글랜드의 청교도 성도들은 이미 영국에서도 포기한 종교 통일 정책을 철저하게 시행하였다. 교회 출석을 등한시하거나, 그리스도의 부활이나 유아세례를 부인하거나, 성경책에 대한 존경심의 결여들은 모두 혹심한 처벌의 대상이 되었다.

그러나 이곳, 청교도들의 뉴 잉글랜드 지방에서도 종교의 자유를 향한 주장은 그 고개를 들기 시작하였다. 그 이유 중에 하나는 청교도들의 성경에 대한 헌신이었다.

존 로빈슨(John Robinson) 목사는 처음 이곳에 온 청교도 신자들에게 "주님께서는 아직도 무궁무진한 진리를 그의 말씀 속에 숨겨 두셨다."고 말한 바 있다. 또한 청교도들은 항상 "하나님의 기록된 말씀 속에서 … 드러나는 진리를 서슴지 않고" 받아들일 준비가 되어 있었다. 그리하여 뉴 잉글랜드 청교도들 사이에서는 항상 새로운 분파가 생겨날 수밖에 없었다. 즉 "기록된 하나님의 말씀"으로부터 새로운 진리를 깨달은 남녀들이 계속 나타났기 때문이다. 이들 가운데 로저 윌리엄스(Roger Williams)나 앤 허친슨(Anne Hutchinson) 등이 있었다.

청교도들의 종교 통일 정책이 성립할 수 없었던 또 다른 이유는 아메리카의 광활한 미개척지의 존재에 있다. 뉴 잉글랜드 지방의 반대파들은 지하로 숨어 들어가야 할 필요가 없었다. 이들은 강을 건너고, 숲을 지나, 산을 넘어서 다른 곳으로 이주해 가면 더 이상 감시의 손이 미칠 수 없었다. 항상 어딘가에 이들은 피신처를 마련할 수 있었다.

그리하여 성경에 대한 청교도들 자신의 절대적인 헌신, 숨거나 이주할 수 있는 공간의 존재, 본국의 종교 자유화 정책들이 한데 어울려 뉴 잉글랜드 청교도들이 구상하던 종교 통일 정책을 불가능하게 하였다.

뉴 잉글랜드 지역에서 종교 통일화를 시도했던 이들의 꿈이 좌절된 것은 1684년 이들이 헌장(charter)를 상실하면서부터 였다. 총독이 성공회 교회의 예배에 사용하기 위하여 올드 사우스(Old South) 집회소를 압류한 사건이 식민지가 다시 왕실의 통제 아래 들어갔음을 보여준다. 그후부터 뉴 잉글랜드 인들은 영국의 지배에 순종하여야 했다.

교파의 성립

비록 대부분 청교도 전통에 속하는 것이기는 하였으나, 아메리카 대륙내 종교적 다양성은 교회에 대한 새로운 이해를 요구하였다. 우리들은 이를 교회론에 있어서의 교파주의라 부를 수 있다. 종교, 특히 기독교의 특정 집단을 가리키는 용어로서의 "교파"라는 말이 널리 쓰이기 시작한 것은 존 웨슬리와 조지 휘트필드가 이끌었던 복음적 부흥기의 1740년대부터였다. 그러나 그 이론 자체는 이미 한 세기전 영국과 아메리카에 있던 일단의 과격한 청교도 지도자들에 의해 발전되고 있었다.

원래 교파주의는 분파주의(sectarianism)와는 정반대의 의미를 지니고 있었다. "분파"는 오직 자기들 집단만이 그리스도에 충실하다는 주장을 펴고 있다. 이들은 자기들만이 그리스도의 몸이라 주장한다. 자기들만이 일체의 진리를 소유하고 있으며, 다른 집단들에는 진리가 전혀 존재하지 않는다고 한다. 그리하여 분파는 본질적으로 배타적인 본성을 지닌다.

이와는 달리 "교파"는 원래부터 포괄적 용어이다. 이들은 특정한 교파로 불리는 일정 기독교 집단은 전체 기독교의 일부임을 인정한다. 그리하여 여러 교파들은 전체 그리스도의 몸의 일부를 이루고 이들이 한데 모일 때만이 온전한 그리스도의 몸을, 온전한 교회의 모습을 이룩한다고 인정하는 것이다.

그리하여 교파주의 이론은, 진정한 교회가 어느 특정한 교회구조나 종교집단과는 일치하지 않는다고 주장한다. 어느 한 교파가 그리스도의 전체 교회를 대표하지 못한다는 것이다. 각 교파는 단지 그 예배와 조직에 있어서 보다 큰 교회 생활의 일부 특정한 형태를 반영하는 것이다.

원래 종교개혁가들은 진정한 교회는 어느 특정한 종교 집단의 조직과만 배타적으로 일치하지는 않는다고 주장함으로써 교파주의의 씨를 심은 것이었다. 진정한 교회의 계통은 사도들이 아니라 신자들을 통하여 전승되어 왔다. 루터는 "특정한 장소와 사물과 지상에서의 활동을 위해" 조직체를 가져야 하는 것은 불가피한 일이라고 하였다. 그러나 "그렇다고 해서 이를 통해 교회를 완전하고 적정하게 이해할 수 있는 것은 아니라"고 하였다. 교회의 외부적 형태는 하나님의 말씀이 세상에서 잘 유포될 수 있도록 해야지, 그 구원의 능력을 막아서는 안된다고 하였다.

이와 비슷한 식으로, 칼빈도 그의 「기독교 강요」 서문에서 그리스도의 교회의 경계는 이 세상에서는 아무도 정확하게 규정할 수 없다고 하였다. 즉 아무도 정확하게 하나님의 택자들을 파악할 수는 없다는 것이었다.

그러나 종교개혁가들은 이 이론을 극단적으로 부연시키지는 않았다. 특정 지역에서 종교적 반발이 생길 경우 종교개혁가들은 이들을 억압하고자 하였다. 이들은 아직도 한 지역에서는 한 종교만이 존재해야 한다고 믿었다.

교파주의 이론을 본격적으로 발전시키고 실천하고자 했던 이들은 웨스트민스터 회의(1642-1649)에서 소수파였던 17세기의 독립교회파(회중파, Congregationalist)라 할 수 있다. 동 회의의 다수파는 장로교적 원칙들을 고수하여 자기들의 신념을 웨스트민스터 신앙고백과 웨스트민스터 대, 소 요리문답에 그 고전적 입장을 표현하였다.

그러나 회중주의 원칙을 신봉하였던 독립교회파들은 영국내의 "경건한 프로테스탄트 신자들을 분리"시키는 경우의 위험을 충분히 자각하고 있었으므로 기독교 신자들이 서로 동의하지 않을 경우들에도 서로 다른 의견들을 표현할 수 있는 방도들을 찾게 되었다.

이들 웨스트민스터의 소수파 형제들(The Dissenting Brethren of Westminster)은 교회의 교파주의의 몇 가지 근본적인 원칙들을 다음과 같이 설명하였다.

첫째로, 진리를 항상 명확하게 파악할 능력이 없는 인간들의 무능을 고려해 볼 때, 교회의 외부적 형식에 관하여 서로 다른 의견들이 생기는 것은 자연스럽고 불가피한 일이다.

둘째로, 비록 이러한 차이점들이 신앙의 근본사항들에 관한 것들은 아니라 할지라도, 무시할 문제는 아니다. 모든 기독교 신자들은 성경이 가르친다고 믿고 신봉하는 바에 따라 살아야 할 의무가 있다.

셋째로, 그 어느 교회도 하나님의 진리를 완전하고 온전하게 이해하고 소유하고 있지 않은 만큼, 진정한 그리스도의 교회는 어느 특정한 기독교 집단의 조직에 의해 충분히, 혹은 온전히 대표될 수는 없다.

넷째로, 서로 다른 교파들이 분리되어 존재하는 사실이 곧 분파를 구성하는 것은 아니다. 여러 가지 점들에서 서로 분리되어 있으면서도 계속 그리스도 안에서 연합하는 것이 가능하다.

그리하여 교회의 교파주의 이론은 뭔가 내적인 기독교 신자의 경험 가운데서 기독교의 연합과 통일성을 추구하였다. 그리고 이러한 개인적 신앙의 외적인 표현에 있어서는 서로 다른 다양성의 존재를 인정하였다.

이처럼 포용성있는 태도는 교리문제에 관한 무관심에서 비롯된 것은 아니었다. 이들 독립교회파가 기독교의 명목을 가진 모든 집단들과의 연합이나 통일을 꾀한 것은 아니었다. "하나의 진정한 교회"라는 묘사와 표현은 기독교 신앙의 기본적 사항들에 관하여 공통적인 이해를 함께 하는 이들에게만 제한되어 사용되었다.

1689년의 종교 자유법(Act of Toleration)에 따라 장로교, 회중파, 침례교, 퀘이커들이 예배의 자유를 누릴 수 있게 된 후에도 역시 영국 국교회가 가장 특혜를 받는 위치를 고수하였던 영국에서는 이러한 교파주의적 교회이론이 완전히 받아들여지는 것이 힘들었다. 그러나 아메리카내의 영국 식민지들에서는 이러한 교파주의 이론이 점차 널리 받아들여지게 되었다. 이 이론이야말로 신세계내에서 그 숫자가 날로 증가해가는 서로 다른 특색들의 종교 집단들을 수용가능케 하는 하나님으로부터의 응답인양 생각되었다.

그러나 17세기에 교파주의 이론을 주창한 이들 가운데, 오늘날 우리들이 볼 수 있듯이 한 우산 아래 수백 개의 기독교 집단들이 공존하고 있는 것과 같은 모습을 상상한 이들은 거의 없었다. 이들에게는 기독교의 기본적 신앙들을 단순한 종교적 신실성으로 감소시켜버릴 의도는 전혀 없었다. 그러나 물론 이들이 미래의 향방을 조종할 수는 없었다. 이들이 단순하나, 분명히 의식하였던 것은 과거처럼 그리스도의 이름 아래 편견과 증오, 유혈극들을 조장하고 발생시키는 것이 장래 기독교를 이끌어 가는 길은 아니라는 확신이었다.

따라서 우리들이 결론적으로 살펴볼 때, 교파적 형태의 교회가 근대 기독교의 특징으로서 자리잡은 것은, 이것이 가장 이상적인 모습이기 때문이 아니라 당시의 상황 속에서 주어졌던 선택들 가운데 가장 최선의 것이었기 때문이었다고 할 수 있겠다.

참고도서

Ahlstrom, Sydney E. *A Religious History of the American People*. New Haven: Yale

University Press, 1972.

Hudson, Winthrop S. *American Protestantism*. Chicago: The University of Chicago Press, 1961.

Hudson, Winthrop S. *The Great Tradition of the American Churches*. New York: Harper & Brothers, 1953.

Littell, Franklin H. *From State Church to Pluralism*. Garden City, New York: Doubleday, 1962.

Mead, Sidney E. *The Lively Experiment. The Shaping of Christianity in America*. New York: Harper & Row, 1963.

이성과 부흥의 시대

1648 ― 1789

종교개혁 시대의 특징은 기독교 신자 사이에 구원의 방
도를 두고 논쟁이 벌어졌다는 것이다. 이성의 시대의 특
징은 일체의 초자연적 종교를 부정하는데 있다. 기독교
신앙 대신 과학과 인간 이성에 대한 외경이 서구 문화의
근간의 위치를 차지하였다. 많은 프로테스탄트 신자들은
이러한 신앙의 위기를 논쟁에 의해서가 아니라 초자연적
개종의 경험으로 대적하였다. 신앙이란 교의보다는 경험
이라는 생각이었다. 이러한 복음적 기독교는 단지 설교의
능력에만 의지해서도 신속하게 전파되었다. 그리고 많은
이들은 교회가 생존하고 존재하기 위해선 더 이상 국가
의 도움이 필수적인 것은 아니라는 사실을 깨닫게 되었
다. 현대 기독교 신자들은 종교의 자유라는 관념을 받아
들일 수 있었다.

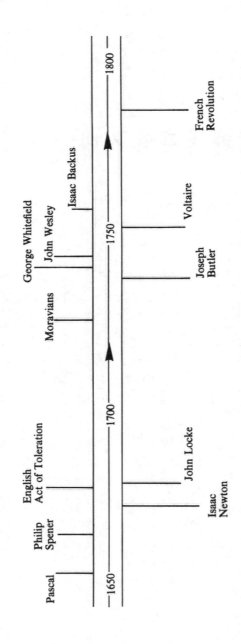

The Age of Reason and Revival

32

기반을 겨냥하다
:이성의 사교(邪敎)

만약 미국인들도 여러 가지 성자들의 존재를 믿는다면 아마 벤저민 프랭클린(Benjamin Franklin)이야말로 이들 가운데 하나일 것이다. 그는 특히 미국인들이 숭앙하는 많은 덕목과 성품들을 갖추고 있던 인물이다. 그는 실질적이며, 평민적이고, 소박하고, 재치에 넘치고, 무엇보다도 자기와 다른 의견들에 대하여는 너그러운 태도를 지니고 있었다.

벤은 죽기 며칠 전, 그의 신앙문제를 묻는 당시 예일대 총장 에즈라 스타일스(Ezra Stiles)에게 다음과 같이 응답하였다. " … 나사렛 예수에 관해 말하자면, … 그의 신성에 관해서는 약간의 회의를 가지고 있다. 물론 이에 관해 교조적 입장은 아니며, 그다지 심각하게 생각해 본 일도 없으며, 이제 조금 있으면 사실 여부를 어차피 알게될 지금 이 마당에서 아까운 시간과 노력을 이에 바칠 의도는 없다. 그러나 사람들이 그렇게 믿어서 좋은 결과를 가져온다면 … 이 신조를 가르치고 지키도록 하는 것이 해로울 이유는 없다고 생각한다."

여기 미국의 정신 일부가 잘 드러나고 있다. 이는 또한 프랭클린이 살았던 시대, 이성의 시대(1648-1789)의 특징이기도 하였다. 기독교 교의(dogma, 신조)는 구태여 정력과 시간을 쏟아 깊이 연구하고 논쟁을 벌일 만큼 중요한 문제가 더 이상 아니라고 생각하였다. 이보다 훨씬 더 중요한 의미를 갖는 것은 인간의 삶과 태도였다. 과연 우리들의 신앙이 신자들로 하여금 우리들과 다른 이들에게 보다 너그럽고, 이해심 있게 만들어 주고 있는가? 예수의 진정한 정신에 보다 가까운 모습을 이루어 가고 있는가 하는 것이 중요하다는 생각이었다.

만약 이러한 종교적 편협성에 대한 혐오와, 모든 종교적 의견들에 대한 자유의 허용을 우리가 찬성하고 있다면 이는 곧 이성의 시대의 태도가 과거의 유물이 아니라 우리들 속에 살아있음을 보여 주는 것이라 할 수 있겠다. 즉 이들은 오늘날도 서구 세계의 가치관으로서 남아 있는 것이다.

종교개혁의 시대는 신앙과 권력이 연합할 때 그 효과가 지대함을 가르쳐 주었다. 기독교 신자들은 권력을 장악하면 예외없이 이를 자기들의 진리를 고집하고 강제로 다른 이들에게 강요하기 위해 사용하였다. 이는 가톨릭, 루터파, 개혁파들이 다 마찬가지였다. 그리하여 인간들은 자기들의 신앙을 위해 죽음을 감수하였는데, 그 숫자는 수 만에 달하였다. 그리하여 인간들의 내심에서 구체적인 형태는 아니라 할지라도 무언가 이러한 현상에 반발하는 의식이 나타나게 되었다.

이성의 시대의 정신

우리는 이 반란을 가리켜 이성의 시대, 혹은 어떤 이들은 계몽주의(Enlightenment)라 부르기도 한다. 찰스 윌리엄스(Charles Williams)가 묘사했듯이 "심리적 나태와 국가 이익들이 한데 합쳐 문화로부터 형이상학을 몰아내었던 시기"였다.

이러한 이성의 시대의 정신은 가히 지성의 혁명이라 할 수 있었다. 하나님, 세계, 스스로를 완전히 새롭게 바라보는 관점의 출현이었다. 이는 곧 세속주의(Secularism)의 시작이었다.

중세와 종교개혁 시대는 이성이 신앙을 섬기고, 지성이 권위에 복종하였다는 점에서 신앙의 시대들이었다고 할 수 있다. 가톨릭의 경우는 교회의 권위였고, 프로테스탄트의 경우는 성경의 권위였는데, 어떤 경우에도 인간의 사상이 아니라 하나님의 말씀이 우선적인 위치를 차지하였다. 이생에서의 인간의 가장 우선적 관심은 내세의 준비였다.

그러나 이성의 시대는 이를 부정하였다. 신앙을 이성으로 대치하였다. 인간의 일차적인 관심은 내세가 아니라 이 세상에서의 행복과 보람의 추구였

다. 그리고 신앙보다는 지성이 행복으로 이끄는 최선의 안내자라고 생각하게
되었다. 감정도 신화들도 미신도 배척되었다.

계몽주의의 목표와 정신은 다음과 같은 동 사상의 한 대변인의 말 속에
가장 잘 표현되어 있다. 홀바흐 후작(Baron von Holbach)은 다음과 같이 말
하였다. "우리는 인간들의 진보를 막는 무지의 구름들, 안개와 암흑들을 제
거해 버리도록 노력을 경주하자. ··· 이들은 인간이 확고하고 정확한 발걸음
으로 삶 속으로 전진하는 것을 방해하고 있다. 그 자신의 이성에 대한 존경
심과, 진리를 향한 꺼질 수 없는 사랑으로 인간들을 격려하자. ··· 그리하여
자신을 아는 방법을 배우도록 하고 ··· 권위에 의해 잘못 오도되었던 상상력
에 의해 속는 일이 없도록 만들자. ··· 그리하여 인간들이 그의 윤리 도덕을
스스로의 본성과 욕구, 사회의 실질적 유익 위에 기초시키도록 하고 ··· 타인
들의 행복을 추구함으로써 스스로의 행복을 구하는 방법을 배우도록 하자
··· 쉽게 말해서 그가 도저히 행복해지지 않을 수 없는 덕스럽고 합리적인
존재가 되도록 하자."

르네상스

이 새로운 정신은 과연 어떻게 뿌리를 박고 자라게 되었는가? 아마도 그
씨앗은 종교개혁 시대의 르네상스(Renaissance, 문예부흥)라 부르는 운동 속
에 자리잡고 있었는지도 모른다. 르네상스란 "다시 태어남(re-birth)"을 의미
하는 단어로서, 문학, 정치, 예술들 속에 표현되었던 고전적 헬라와 로마 문
명의 가치관들이 새로이 발견된 사실을 가리키고 있다.

아마도 이러한 고전 정신의 부활을 가장 잘 표현하는 인물은 다름아닌 로
테르담의 에라스무스(Erasmus of Rotterdam, 1467-1536)일 것이다. 에라스무스
는 가장 유명한 「우신 예찬」(*Praise of Folly*)을 비롯한 일련의 풍자문들 속
에서 아이러니, 익살, 재치, 상식들을 동원하여 수도원주의와 스콜라 신학을
신랄하게 비판하였다.

에라스무스의 추종자들은 그야말로 진정한 개혁가라고 생각하였다. 이들
은 루터가 부화시킨 알은 사실 에라스무스가 낳은 것이라고 하였다. 그러나
1524년에 루터와 에라스무스 사이에는 심각한 논쟁이 벌어졌다. 그 해에 에
라스무스는 '자유의지에 관한 논문'을 발표한 바 있었다. 그리하여 양자 사
이의 차이점이 극명하게 드러나게 되었다. 루터는 인간의 의지는 완전히 노

예 상태에 있어서 하나님의 은혜가 아니면 하나님을 사랑할 수도 섬길 수도 없다고 하였다. 그러나 에라스무스는 이러한 루터의 주장이 인간의 책임을 면제시키는 위험스런 이론이라고 생각하였다. 루터가 성경적 기독교의 근본 사항이라고 본 것을 에라스무스는 학문의 이름 아래 무시해 버렸다.

기실 종교개혁과 르네상스 사이의 차이점은 바로 여기 인간을 어떻게 파악하는가, 즉 인간론에 있다. 종교개혁들은 인간의 원죄를 설파하고 이 세상이 원래 하나님께서 의도하신 위치로부터 떨어져 타락한 상태에 있다고 보았다. 반면 르네상스는 인간의 본성과 전 우주를 보다 긍정적으로 평가하였다. 이러한 인간과 그 능력에 대한 자신이 계몽주의 시대를 풍미하였다.

계몽주의의 또 다른 뿌리는 참혹한 종교전쟁들이 빈번하였던 시대(1550-1650)에서 비롯한다. 영국의 내란, 프랑스의 위그노 신도들에 대한 박해와 독일의 30년 전쟁들이 좋은 예들이다. 광신자들의 잔인성과 편협성을 식자들의 교양과 도덕이 정죄하였다. 점차 많은 이들이, 이단 혹은 미신의 혐의로 화형 당하고 물에 빠뜨려져 죽어가는 모습들을 혐오하게 되었다. 종교적 편견은 오히려 무신론보다 더 위험한 현상처럼 생각되었다. 그리하여 모든 인간들을 위한 자유와 진리를 향한 갈구가 널리 퍼지게 되었다.

마지막으로 이성의 시대는 법과 질서에 대한 새로운 자신감에서 또한 비롯되었다. 16, 17세기에 발달한 현대 과학은 평화와 조화의 새로운 시대의 비전을 많은 이들에게 제공하였다. 현대 과학의 선구자들은 인간들로 하여금 우주에 관하여 새로운 방법으로 생각할 수밖에 없도록 만들었다. 코페르니쿠스(Copernicus, 1473-1543)는 지구가 아니라 태양이 우주의 중심이라고 주장하였다. 요한 케플러(Johann Kepler, 1571-1630)는 태양으로부터 분출되는 자기의 힘으로 혹성들이 각각의 궤도를 따라 돌고 있다고 주장하였다. 그리고 혹성들을 관찰하기 위한 망원경을 만들었던 갈릴레오 갈릴레이(Galileo Galilei, 1564-1642)는 낙하하는 물체들의 가속이 일정함을 증명하였다.

그러나 이 모든 발견들은 우주의 천체들과 모든 물체들의 움직임을 설명할 수 있는 바, 전체를 포용하는 단일한 원리 아래 종합되고 정리되어, 이 우주 전체를 불변의 법칙에 따라 운동하는 하나의 거대한 기계로서 파악할 수 있는 인물을 필요로 하고 있었다. 이러한 인물이 다름아닌 뉴턴, 이성의 시대의 가장 위대한 과학자 아이작 뉴턴(Isaac Newton, 1642-1727)이었다.

뉴턴은 1687년에 그의 걸작 「자연 철학의 수학적 원리들」(*Mathematical*

Principles of Natural Philosophy)을 발표하였다. 이 속에서 우주와 지구의 모든 운동의 법칙들이 우주의 가장 근본적인 법칙으로 조화를 이루었으니, 바로 이것이 다름아닌 중력의 법칙(the law of gravitation)이다.

지구라는 기계의 신비

유럽의 식자층은 뉴턴이 제시하였던 지구라는 기계의 정밀성과 신비성에 완전 매혹되었다. 이제 눈에 보이지 않는 귀신들에 사로잡혀 있던 중세의 세계관은 한갓 미신으로 치부되었다. 그 자리를 수학적 공리들과 물리적 법칙들에 의해 정확하게 움직이는 우주의 모습이 차지하게 되었다.

이러한 거대하게 자기의 모습을 드러내는 우주를 보고 일부인들은 당혹을 금치 못하였다. 프랑스의 물리학자 블레즈 파스칼(Blaise Pascal, 1623-62)은 이러한 우주 앞에선 느낌을 "흘러다니는 원자들인 우리들을 삼켜 버리는, 공포의 대상인 거대한 허공"이라고 표현하였다. 그러나 다른 이들은 인간들과 우주의 존재적 신비를 발견해 낼 수 있는 초대요 기회로 받아들이기도 하였다. 알렉산더 포프(Alexander Pope)는 다음과 같이 썼다.

자연과 자연의 법칙들이 흑암 속에 숨어 있었을 때
하나님께서 "뉴턴이 있으라!" 하시매 광명이 밝았네.

이처럼 우주의 신비를 갑자기 접하고 이해할 수 있게 되니, 이는 또한 당연히 인간 이성의 역할의 증대를 의미하게 되었다. 만약 우주가, 그 모든 부속품들이 하나의 위대한 고안에 의하여 정밀하게 조정되어, 아무런 문제없이 유연하게 작동하고 있는 거대한 기계라 한다면, 인간 생명의 의미나 진정한 행복을 찾는 것도 결국은 인간이 사고와 추리만 명철하게 해낸다면 가능하다고 생각하게 되었다. 바로 이 사상 — 인간은 자신의 감각과 지성을 사용함으로써 진리를 찾아낼 능력이 있다는 — 이 이성의 시대를 낳게 하였다.

물론 이러한 용어 때문에 시골의 모든 대장장이들이나, 신부들이 갑자기 지성인들, 혹은 주지주의자들이 되었다고 상상해서는 안된다. 수많은 기독교 신자들이 새로운 시대의 변화를 의식함이 없이 조상 전래의 신앙 속에서 살다가 죽었다. 그러나 유럽 전체의 방향과 분위기는 분명 변화를 겪고 있었다.

기독교는 물론 이러한 지적 혁명의 결과로부터 영향을 받지 않을 수 없었다. 1200년 간이나 어거스틴의 사상이 기독교권을 지배해 왔었다. 즉 인간은 노예 상태에 있는 죄인으로서 무엇보다도 초자연적인 하나님의 은혜가 필요한 존재라는 것이었다. 기독교회를 통하여 죄인들에게 이러한 은혜가 닿을 수 있도록, 하나님께서는 진리를 수호하고 오류를 벌하도록 국가 권력을 설정하시었다.

그러나 이제 소위 지성인들은 이에 대해 이의를 제기하기 시작하였다. 인간은 죄인이 아니다. 그는 무엇보다도 "합리적인" 존재이다. 그는 하나님의 은혜보다는 상식을 더 필요로 하는 존재이다.

기독교 신자들은 서로 다른 두 가지 기류 속에 놓이게 되었다. 우선 17세기 말, 특히 영국의 일부 신자들은 이성과 신앙을 조화시켜 보고자 시도하였다. 이들은, 기독교는 완전 합리적인 종교이나, 단지 일부 진리들은 계시를 통하여, 또 다른 일부 진리들은 이성을 통하여 인간들에게 전달되는 것뿐이라고 하였다. 예를 들어 하나님의 존재와 같은 사실들은 우주나 자연을 관찰하는 것으로 알 수 있으나, 예수님의 부활과 같은 사항은 성경의 증거를 통해 깨달을 수 있다고 하였다.

그러나 18세기가 시작되면서 상황이 변화하기 시작하였다. 프랑스의 경우 오직 이성에 대한 자신감만이 고양되면서, 많은 주지주의자들은 일체 성경적 계시들을 미신적인 오류들로 치부하기 시작하였다. 즉 기독교에 대한 적대의식이 강화되고 있었다.

첫세대를 가장 잘 대표하는 인물은 역시 존 로크(John Locke, 1632-1704)라 할 수 있다. 이 영향력있던 철학자는 결코 신앙의 중요성을 축소한 일이 없었다. 그는 「인간 오성론」(*Essay Concerning Human Understanding*)에서 그는 이성이 어떻게 작용하는가를 보여주었을 뿐만 아니라, 하나님의 존재야말로 "이성이 발견하는 가장 확실한 진리"라고 기술한 바 있었다. 그러나 그의 글을 자세히 살펴보면 로크가 말하는 하나님은 출애굽기나 혹은 예수님의 부활의 하나님과는 거의 무관한 하나님임을 알 수 있다. 신비는 퇴색되어 있으며, 감정은 독자의 심정에 와닿지 않는다. 로크의 하나님은 합리적 증명의 산물이었다.

로크는 또한 이와 비슷한 모습으로 계시를 주장한다. 그는 결코 계시의 중요성을 부인하거나 경감시키는 일은 없다. 성취된 예언들과 예수님의 기적들은 모두 예수님의 권위를 증명한다. 그러나 성경은 실제로 교의(dogma)가 거의 필요치 않음을 보여주고 있다 하였다. 그리고 필요한 교의들은 단순하여, 보통 사람들이 이해할 수 있는 것들이라고 하였다. 실질적으로 기독교에 필수적인 교리는 오직 하나밖에 없다. 이는 곧 예수님이 메시야라는 것이다. 로크는 대부분의 전통적인 신학들을 불필요하다고 규정하였다.

로크는 또한 윤리, 도덕을 강조한 점에서 그가 살았던 시대를 반영하고 있다. 그는 기독교가 예수님이 메시야라는 교리에다가, 선한 생활의 당위성을 첨가한다고 기술하였다. 예수님은 기독교인의 생활에 따른 상과 벌에 관해 자주 말씀하셨다. 이러한 사실도 완전히 합리적인 것이다. 왜냐하면 도덕 기준들은 강력한 동기 부여 조건들에 의해 강화되어야 함을 다름아닌 이성이 보여주기 때문이다.

그리하여 로크에 의하면, 계시는 기독교의 합리적인 성질들을 보여주고 있다. 예수님이 바로 메시야라는데 대한 믿음과 인간의 윤리적인 생활이 의(義)를 위해 예수님과 사도들이 요구하였던 모든 것이었다. 그리고 이 두 가지는 모두 기본적으로 합리적이다.

과격파들의 발흥

"조상들이 신 포도를 먹었으므로, 그 자손들의 이가 시어졌다"(겔 18:2). 다음 세대의 많은 이들, 즉 18세기의 처음 세대들은 과거 기독교 전통에 대한 경외심, 혹은 의무감이 보다 엷었으므로, 자연과 성경을 조화시키려 하는 대신에 쉽사리 계시를 도외시하는 모습을 보이게 되었다. 많은 주지주의자들은 우선 이성과 일치하는 성경의 부분들은 따로 필요하지 않으며, 이성에 대치, 모순되는 부분들 — 신화들, 기적들, 기타 미신들 — 은 진리가 아니니 또한 필요치 않다고 하였다. 이처럼 신앙에 대해 보다 적대적인 태도들은 프랑스에서 특히 더 강하였다.

18세기에 들어서면서 파리가 새로운 코스모폴리탄(cosmopolitan), 즉 국경을 초월하는 문화의 중심도시로 등장하였다. 사상들은 유럽 전체와 아메리카의 식민지들에 자유로이 교류되었다. 참으로 전무후무라 할 수 있는 정도로 유럽의 사회적, 학문적 지도자들은 그 사상과 관심의 대상에 있어서 공동체적인 모습을 보이고 있었다.

파리에서 필로소페(philosophe)라 알려진 일단의 사상가, 문인들이 이성의

시대를 그 절정에 올려 놓았다. 이들 필로소페들은 학문으로서의 철학을 전
공하는 이들이 아니었다. 이들은 교양인들, 지성인들, 사회의 악덕과 결점들
을 파악하여 그 개혁을 시도하는 인물들이었다. 이들은 지식을 전파하고, 인
간 정신을 각종 제약에서 해방시키는 것을 그 목표로 삼고 있었다.

그런데 신기하게도 이 "점잖은 사회"에서 순수한 무신론은 전혀 인기가
없었다. 18세기에 기독교를 놀리고 경멸하였던 주요한 "이교도들(infidels)"은
"지존한 존재(Supreme Being)"를 믿고 있었는데, 단지 그가 이 세상이라는
정밀한 기계의 움직임에 관여할 필요는 전혀 없다고 생각하였다. 우리는 이
러한 사상을 이신론(Deism)이라 부른다.

이들 이신론자들의 신은 흔히 시계공 하나님이라 불리기도 하였다. 즉, 신
이 이 세상을 마치 정교한 시계를 만들듯이 제작하여, 태엽을 감고는 버려두
었다는 비유이다. 신은 완전한 시계 제작자이므로, 그가 그후에 이 세상사에
관여해야 할 필요는 전혀 없어진다. 그리하여 이들 이신론자들은, 기적이라
든가 성경을 통한 특별계시 등 하나님이 이 세상사에 참여하는 듯한 일체의
사실들을 부인하였다.

이신론자들은 자기들이 주장하는 종교가 원래 인류들의 종교였다고 생각
하였다. 이러한 원래의 모습이 오염된 것이 다른 모든 종교들이라는 주장이
다. 이러한 오염들은 무엇보다도 자기들의 권력을 강화시키기 위해 신학이
나, 신화나, 기타 여러 종교들의 각종 교리들을 조작해낸 성직자들에 의해
이루어졌다.

이러한 이신론의 전형적인 대표자는 프랑스 계몽주의 회의론의 화신이라
할 수 있는 볼테르(Voltaire, 1694-1778)이다. 그 어느 누구보다도 볼테르는 뉴
턴의 과학을 대중화시키고, 개인의 자유와 언론의 자유를 위해 투쟁하고, 이
성의 사교를 전파하기 위해 노력하였던 인물이다. 그는 역사, 희곡, 팜플렛,
에세이, 소설 등 여러 방면에 걸쳐 놀랄 만한 양을 저술하였다. 그는 10,000통
에 이르는 서신들을 통하여 재치있게 계몽주의의 덕목들을 전파하고 그 시
대의 오류들을 맹렬하게 비판하였다.

볼테르는 특히 가톨릭과 프로테스탄트를 막론하고 그 시대의 기성 교회에
대한 혹독한 비판자로서 가장 그 이름을 떨치게 되었다. 그는 기독교의 편협
성에 혐오를 금치 못하였으며, 많은 성직자들과 신학자들이 그 시간의 대부
분을 바쳤던 것으로 보였던 별로 중요하지도 않은 것 같은 문제들에 대한

논쟁을 경멸하였다. 그러나 기독교에 대한 그의 날카로운 비판에도 불구하고 기독교를 없애는 것이 그의 목표는 아니었다. 그는 한 때, 만약 신이 존재하지 않는다면 그를 발명해내야 할 필요가 있다는 말을 한적이 있었다.

볼테르에게는 많은 제자들이 있었으나, 이신론의 사상을 널리 전파하는 데 그와 더불어 가장 큰 역할을 했던 것은 데니스 디드로(Denis Diderot, 1713-1784)가 편집하였던 유명한 프랑스 백과사전이다. 17권으로 된 이 백과사전이야말로 필로소페들의 기념비라 할 수 있다. 이들은 새로운 과학의 지존성과, 종교의 자유들을 주장하였으며, 미신을 부인하고, 이신론의 우월성을 찬양하였다. 디드로가 쓴 "기독교"라는 항목을 보면, 그는 이 속에서 예수의 종교에 대해서는 높은 존경심을 표한다. 그러나 그 결과는 독자들이 기독교의 사회적 실패점들에 대하여 깊은 경멸감을 갖도록 자극하는 것이었다.

이전의 많은 이단들과는 달리 이들 필로소페들은 그리스도의 이름으로 교회를 비판한 자들이 아니었다. 이들은 교회 밖으로부터 공격을 감행하였다. 이들의 공격 목표는 어떤 특정한 도그마가 아니라 모든 기독교 진리의 전체 기반과 기초였다. 이들이 스스로 밝혔던 목표는 성 전체를 파괴하는 것이었다.

시련에 선 기독교

이들은 기독교란 세상을 성직자 계급의 세력에 넘겨주려는 음험한 음모라 하였다. 계시 종교는 무지한 자들을 착취하기 위한 수단에 불과하였다. 볼테르는 기독교를 가리켜 "그 악독한 것"이라는 식으로 표현하였다. 그는 특히 기독교의 이름으로 희생당한 수많은 이들을 예로 들면서 기독교를 가차없이 비판하였다.

이들 주지주의자들은 기독교를 단순한 인간의 선악의 기준으로 판단하였다. 만약 교회가 교리의 순수성의 명목으로, 우리들이 종교전쟁들의 예에서 흔히 볼 수 있듯이, 다른 신자들을 살해하였다면, 기독교는 성스럽고 거룩하기는 커녕 악한 조직체라 하였다. 기독교가 지구상 인간들 가운데의 평화, 조화, 진보의 발전을 막았다는 것이었다.

이들이 교회를 향해 겨눈 가장 큰 무기는 소위 "진리(truth)"라는 것이었다. 디드로는 다음과 같이 말하였다. "인간을 위한 가장 큰 봉사는 이들에게 이성을 사용하도록 가르치고, 오직 이를 통하여 증명되고 확인된 것만을 진리로 받아들이도록 지도한 것이라 하겠다."

그러나 이러한 진리의 기준들은 처음부터 기독교 교리를 인정치 않는 행위라 할 수 있겠다. 정통 신자들이 그들의 기본적 신조에 기초한 합리적인 이론을 전개하고자 하였을 때, 이들은 성경이나 교회로부터 비롯된 권위나 전통을 일체 인정하지 않았으므로 단지 비웃었을 뿐이었다. 이들은 아예 "합리적이지 못하다"는 것이 이들의 판단이었다.

기적을 이용한 논증도 비슷한 반응을 받았다. 어떠한 입장의 "증명"은 이성이나 인간의 경험 가운데서 발견되어야 하는데 기적들은 이러한 시험을 통과할 수 없으므로 아예 중세적인 웃음거리라고 치부되었다.

디드로는 다음과 같이 말했다. "보라, 일단 초자연의 영역에 발을 들여 놓으면 일체의 확실한 경계가 없어진다. 도대체 어디를 향해 가는지 혹은 여기서 무엇을 만나게 될지 알 수 없게 된다. 어떤 이는 다섯 개의 작은 빵으로 오천 명이 먹었다고 주장한다. 좋다. 그런데 내일이면 또 다른 자가 나타나서 단지 빵 하나로 오천 명을 먹였다고 주장하리라. 그리고 다시 다음 날에는 바람으로 오천 명을 먹였다는 자가 나타날 것이다."

이들 비판자들은 자기들이 유럽의 근본적 신앙 체계에 대한 혁명적 변화를 이루고 있음을 자각하고 있었다. 볼테르는 그리하여 이성이 교회에 대한 전투에서 승리를 거두었다고 생각할 때마다 반 기독교파의 사령관으로서 기쁨을 참지 못하였다.

속 빈 자신감의 허망

이러한 기독교 확신들에 대한 공격은 정통 기독교 신자들로부터 맹렬한 반격을 야기시킬 수밖에 없었다. 불행하게도 프랑스와 같은 가톨릭 국가들에는 이러한 이론적 논쟁을 감당할 만한 인물들이 많지 못했다. 이곳의 교회지도자들은 점증하는 불신의 세력을 익히 깨닫고 있기는 하였으나, 이를 전통적 방법을 사용하여 막아 보려고 하였다. 이들은 세속 당국에 호소하여 "불온한 서적들"을 검열하라고 하였으나, 반대파의 냉소자들이 들고 나서는 근본적인 문제들을 제대로 파악하지 못하고 있었다.

영국에서는 그 경우가 달랐다. 이신론에 효과적으로 대항한 이들이 몇몇 있었는데 그중에서도 가장 중요한 것은 조셉 버틀러(Joseph Butler, 1692-1752) 주교였다. 그의 획기적인 작품 「종교의 유추」(*Analogy of Religion*)는 실질적으로 지성인들 간에 논쟁을 멈추게 하였다. 물론 그후에도 수년 간이나 소소한 싸움은 계속되었으나, 버틀러를 통해 근본적인 문제들이 정리된 것은 확실하였다.

이신론자들은 그들의 오만한 낙관론으로 자기들이 하나님의 지혜와 목적에 관해 다 알고 있다고 생각한다. 그들은 이를 모두 자연의 형태 속에서 읽어내었다는 것이다. 그러나 버틀러는 인생은 복잡하고 신비스러운 모습으로 가득 차 있음을 보여주었다.

그는 신의 존재를 증명코자 시도하지는 않았다. 이신론자들이 이를 부인하지는 않았기 때문이었다. 또한 그는 이성을 부인하지도 않았다. 그는 이를 인간의 자연적인 빛으로 받아들였다. 그러나 그는 이성이 과연 전능하다는 전제에 의문을 던졌다. 버틀러는 이성이 결코 지식의 완전한 체계를 우리에게 제공하여 주지 못하며, 우리들의 일상 생활 속에서도 겨우 개연성(probabilities)만을 던져 줄 수 있을 뿐이라고 하였다.

그리하여 버틀러는 이신론자들의 성채, 이성에 대한 자신을 허물어뜨렸다. 그는 결코 자연계에서도 이성이 가장 높은 위치에 있지 못하다고 주장하였다. 자연계는 설명될 수 없는 신비와 모호성으로 가득하다. 우리는 모든 과정들 속에서 해결할 수 없는 복잡성을 만난다. 우리들이 이처럼 자연계에서도 문제들에 봉착할 때에야 종교문제에서 난제를 만나는 것은 당연하지 않으냐고 버틀러는 반문하였다.

그리고 여기서 한 걸음 더 나아가 보자. 우리들이 자연의 정상적인 과정들을 아는 이유는, 이들이 — 그 복잡성과 모호성까지를 포함하여 — 우리들의 경험을 통해 우리들에게 알려졌기 때문이다. 만약 종교적인 진리들이 유사한 어려움들을 지니고 있다면, 어떤 한 종류의 지식은 다른 종류의 지식에 의존하고 있다고 생각하는 것이 보다 합리적이지 않겠는가? 우리들은 보통 개연성에 의지하여 행동하는데, 종교계에서는 이렇게 해선 안될 이유가 있겠는가?

그런데 결국 이신론은 내부의 약점 때문에 스스로 허물어지게 되었다. 이신론은 잘못된 낙관론에 기초하고 있었다. 이들은 삶 속의 재난이나 악에 관한 설명을 갖추지 못하고 있었다. 왜냐하면 자연의 법칙들이 명백하고 이해하기 쉬운 것이라면, 이신론자들은 자연으로부터 비롯된 인간의 도덕적 선택들도 또한 단순하고 불변하여야 한다고 주장하였다. 만약 누군가가 "왜 인간들은 항상 자연 속에서 종교적 진리들을 명확하게 발견하지 못하느냐"고 묻는다면 이신론자들은 단지 "성직자들의 허위 때문"이라고 핑계할 수밖에는 없었다. 그러나 이와 같은 답변에 만족할 수 있는 이들은 거의 없었다.

그러나 이신론의 몰락이 기독교를 다시 유럽 문명의 중심 위치에 올려놓지는 못하였다. 이성의 시대의 부정적 영향은 그후에도 계속되었다. 현대 문화 ― 예술, 교육, 정치 등 ― 는 모두 기독교적 영향에서 벗어나게 되었다. 인간들은 의식적으로 종교적으로 중립적 위치에 있는 문명을 건설하고자 하였다. 이는 곧 신앙이 가정과 개인에 국한됨을 의미하였다. 이것이 또한 오늘날 우리가 현대 세속 사회들에서 발견하는 모습이기도 하다.

그리하여 기독교 신자들은 현대의 기본적 문제에 부딪히게 된다. 신자들은 국민, 혹은 시민들의 입장에서 국가가 어느 정도로 기독교 정신과 윤리 도덕을 실행하도록 어떠한 범주 속에서 노력을 기울일 수 있겠는가? 그리고 만약 기독교 신자들이 기독교적 행동 양식을 사회에 적용하고자 하는 노력을 포기한다면 과연 어떤 행동 기준을 모든 이들에게 의무화 할 수 있을 것인가?

참고도서

Brinton, Crane. *The Shaping of the Modern Mind.* New York: The New American Library, 1953.

Cragg, Gerald R. *The Church and the Age of Reason 1648-1789.* Middlesex: Penguin Books Ltd., 1960.

Gay, Peter. *Age of Enlightenment.* New York: Time-Life Books, 1966.

---------. *The Enlightenment: An Interpretation. The Rise of Modern Paganism.* New York: Alfred A. Knoptf, Inc., 1966.

Manuel, Frank E. *The Age of Reason.* Ithaca: Cornell University Press, 1951.

33

내심의 이유들
:파스칼과 경건주의자들

세 상을 떠난 사랑하는 이들의 유품을 어떻게 처리할 것인가? 이는 국경을 초월하여 모든 이들에게 한번 쯤은 닥치는 문제이다.

블레즈 파스칼이 세상을 떠난 며칠 후, 그의 종복 중 하나가 이 위대한 과학자의 저고리 한쪽이 이상하게 불쑥 삐져 나와 있는 것을 발견하였다. 이를 찢어 보니 거기엔 빛 바랜 종이 한장이 들어 있었고, 그 위에는 파스칼의 친필로 된 글이 적혀있음을 보게 되었다. 그 글을 그대로 옮겨 보면 다음과 같다.

서기 1654년.
월요일, 11월 23일, … . 밤 10시 반 경부터 12시 반 쯤까지
철학자나 학자들의 하나님이 아니라
아브라함의 하나님, 이삭의 하나님, 야곱의 하나님.
확신, 확신, 감동, 기쁨, 평화.
예수 그리스도의 하나님 …
나는 그로부터 떠나 있었다. 그로부터 도망했었다, 그를 부인하였고, 그를
십자가에 못박았다.
그로부터 다시는 떨어지지 않기를 …
자기 부정, 완전하고 달콤한.

이 글들은 하나님의 임재상태에서 두시간을 맛보았던 파스칼의 신비스런 체험의 기록이다. 그는 8년간 이 글을 그의 옷 속에 감추어 가지고 있었다. 필요할 때마다 이 옷 저 옷을 찢고 꿰매면서. 이는 영혼 속에 찾아오신 은혜를 기념하는 그의 개인적인 비밀이었다.

이성의 시대 한 가운데서도 영혼의 갈망은 무시될 수 없었다. 바로 이 사실에 대한 증명으로서 경건주의(Pietism)라는 중요한 운동이 나타나고 있었다.

가톨릭 신자였던 블레즈 파스칼과 대부분 루터교 신자들이었던 초기 경건주의자들은 기독교 역사 속에서 전혀 한 흐름에 속하지 않은 것처럼 보인다. 그러나 17, 18세기에 들어서면서 전통적 종교적 푯말들은 점점 그 의미를 상실하여가고 있었다. 일부 기독교 신자들은 이성의 도전에 논쟁으로 맞서고자 하였다. 다른 이들, 예를 들어 파스칼 같은 이들은 교회나 신조에서가 아니라, 인간의 내심에서 진정한 신앙을 찾고자 하였다. 바로 이것이 파스칼과 경건주의자들 사이에 공통적인 점이다. 그렇다면 이들은 이성의 시대 속에서 어떻게 영혼의 생명을 유지하였을까?

"값싼 은혜"에의 호소

17세기의 가톨릭 교회에는 유럽이나 아시아, 아프리카, 아메리카 등 신대륙에서 많은 영적 영웅들이 등장하였다. 그러나 프랑스에서는 전통적인 동맹 관계를 열렬히 고수하였다. 교회의 고위 성직자들은 정치 권력의 중요성을 잘 깨닫고 있었다. 이들은 귀족들이나 국왕들과 함께 국고수입과 찬란한 궁정생활을 공유하고 있었다.

부자들, 권력자들의 고해 담당은 귀족적인 도시생활에 익숙하게 훈련된 예수회들이었다. 귀족들과 군주들의 영적 안내자들로서 로욜라의 후예들은 심리학에 정통하게 되었다. 이들은 시내산의 천둥 번개 소리를 약화시키고 죄인들 후회와 회한을 경감시키기 위하여 궤변적인 결의론(casuistry), 즉 기독교 신자들의 양심의 옳고 그름을 따지는 과학을 발전시켰다.

고해 담당자들로서 가톨릭 신부들은 중죄, 가벼운 죄, 그리고 죄가 되지 않는 것들을 구별하는데 전문가들이어야만 했다. 이들은 이러한 지식을 사용하여 각 고해자들의 상황에 맞는 고행을 부여하였다. 과연 어떠한 경우에 율법을 문자 그대로 적용하지 않고 그 정신에 따라서 시행할 것인가? 어떠한 경우에 기독교 신자들은 더 중요한 목적을 위하여 거짓말을 하고 훔치고 죽일 수 있는가?

어떤 결의론의 전문가들은 도덕법을 엄격하게 해석하였으며, 어떤 이들은 매우 너그럽게 해석하였다. 그런데 예수회원들은 너그러운 편, 매우 너그러운 편에 속하였다. 이들은 "심리적 보류(mental reservation)"에 의해 진리를 숨길 수도 있으며, 보다 높은 목적을 위해서는 거짓말을 할 수도 있다고 하였다. 이들은 죄성에 가득한 인간들을 위하여 빠져나갈 길들을 너무나 흔히 마련하여 주었으므로 많은 열성적인 신자들은 여기서 생기는 "값싼 은혜", 진정한 회개가 동반 안되는 용서의 모습에 반발하였다.

예수회에 대항한 가장 강력한 반대는 얀센주의(Jansenism)라는 운동이었다. 코넬리우스 얀센(Cornelius Jansen, 1585-1638)은 루벵 대학에서 수학하던 중 죄와 은혜에 관한 어거스틴의 입장을 받아들이게 되었다. 그는 칼빈주의의 도전에 대항하여 가톨릭 교회를 수호할 수 있는 최선의 방책은 이 위대한 북 아프리카인의 교리로 다시 돌아가 가톨릭 성직자들의 해이해진 도덕률을 바로잡고, 예수회의 용이한 윤리 규범을 개선하는 것이라고 생각하였다.

얀센은 루벵 대학 성경학 교수로서, 그리고 그후에는 이프레스(Ypres) 주교로서 예수회에 대항하였다. 그는 1638년 임종시까지도 채 완성되지 못했던 아우구스티누스(Augustinus)라는 방대한 논문을 남겼는데, 유고가 1640년 출판되어, 프랑스 얀센주의의 교과서처럼 되었다.

당시 가톨릭 교회의 오류들을 시정하기 위하여, 얀센은 이 위대한 북 아프리카 출신의 신학자 어거스틴의 사상으로 돌아갔다. 그는 하나님께서 이 세상의 기초를 놓으시기도 전에 이미 그가 구원하실 남녀들을 예정하셨다고 주장하였다. 인간의 선행은 하나님의 은혜 없이는 결코 인간들을 구원할 수 없다. 왜냐하면 인간의 의지는 자유스럽지 않으며 그의 본성은 스스로를 구원할 수 없는 정도로 오염되어 있기 때문이다. 오직 예수 그리스도를 통한 하나님의 은혜만이 인간들을 구원할 수 있다.

가톨릭 교회는 이러한 어거스틴의 이론을 공식적으로 부인한 일은 없었으나, 점차 공식적 가르침의 뒷전에 물러서도록 한 바 있었다. 트렌트 공의회 이후 자유의지를 강조한 예수회로 인하여 인간의 선행의 위치가 좀 더 중요해져서 그리스도의 구속사역을 값싸게 하는 경지에까지 이르고 있었다. 적어도 얀센은 이렇게 생각하였다. 그는 예수회가 인간 이성을 너무 지나치게 높인 반면, 하나님만을 의존하고 신봉하는 신앙을 하잘 것없게 만들었다고 주장하였다.

포르 르와이알의 얀센주의

얀센의 가까운 친구, 생 시란(Saint-Cyran) 수도원장 장 두베르지에(Jean DuVergier)는 1633년 파리에서 16마일 떨어진 포르 르와이알(Port Royal)에 소재한 시토 수녀원의 고해 신부로 임명 받았을 때, 프랑스로 얀센주의의 메시지를 전달해 갔다. 수녀원의 젊은 원장 자클린 아놀드(Jacqueline Arnauld)는 그녀의 수하 수녀들을 겸손하면서도 전적으로 그리스도의 길로 인도하여 갔다. 이 수녀원의 명성을 듣고 다른 여성들뿐만 아니라, 솔리타리(Solitaries)라 불리던 일단의 남성 평신도들까지도 이곳을 찾아 포르 르와이알을 둘러싼 갈대숲 우거진 저지대에서 개인적 경건 생활에 헌신하게 되었다.

이 수녀원의 중요한 후원자들 가운데는 자클린의 오빠, 파리대학교 신학부의 교수였던 안톤 아놀드 2세(Antoine Arnauld II)가 있었다. 얀센이 1638년에 죽은 후에는 안톤이 얀센주의 운동을 이끌었다. 그는 1643년 예수회에 대한 포문을 열었다. 그는 누구라고 이름을 밝히지는 않았으나 고해를 자주하면 자주 죄를 짓는 것도 사함받을 수 있다는 생각을 집중적으로 비판하였다.

물론 예수회가 이러한 비판에 침묵을 지킬 리 없었다. 이들은 교황에게 호소하여 얀센주의의 위험성을 경고하였다. 이는 가톨릭의 제복을 입은 칼빈주의라고 비난하였다. 1653년 교황은 「아우구스티누스」에서 발췌하였다는 다섯 가지 주장을 정죄하였다.

그러나 아놀드는 예수회에 대한 공격을 계속하였다. 그는 '공작이자 동료에게 보내는 편지들(Letters to a Duke and Peer)' 속에서 고해소에서 사용되는 예수회의 방법을 신랄하게 비판하였다. 이제 소르본느에서도 그를 면직시킬 것을 고려하기 시작하였다.

이제 변호인이 필요하게 된 아놀드는 포르 르와이알에서 사귄 새 친구에게 사정하였다. 이 친구가 다름아닌 젊은 과학자요 뛰어난 문장가였던 블레즈 파스칼(Blaise Pascal, 1623-1662)이었다. 파스칼은 이 역할을 맡기에 안성맞춤의 인물이었으니 그는 유년 시절부터 기구한 생애를 보낸 사람이기도 하였다.

그의 어머니는 그가 겨우 세살 났을 때 세상을 떠났다. 그의 부친 스테판 파스칼은 세 자녀, 길버트, 블레즈 그리고 자클린의 교육에 정성을 쏟았다. 스테판은 가끔 프랑스 과학원의 모임에 아들을 데리고 갔는데, 여기서 블레즈의 과학에 대한 호기심은 불붙기 시작하였다.

파스칼은 27살이 채 되기전에 파리 수학자들의 숭배의 대상이 되었다. 그는, 당시 세리로서 숫자 계산에 시달리던 부친을 위하여 계산기를 발명하였다. 그리고 기압 및 수압에 관한 기본적 원리들을 발견하였다. 그는 과학적 거인들의 시대에 속한 인물이었다.

블레즈는 자기 아버지가 당한 사고 때문에 처음 얀센주의자들과 접촉하게 되었다. 1646년 정월의 한 추운 날, 스테판은 결투를 중지시키기 위해 급히 달려가다가 얼음판에 넘어져 부상을 입게 되었다. 그를 치료하였던 두 의사들은 열렬한 얀센주의자들이었다. 이들은 환자를 치유시켰을 뿐만 아니라 그 아들을 자기들의 신조로 귀의시키는 데도 성공하였다.

이들은 육체적인 고통은 기초적인 종교적 진리, 즉 인간들은 연약하고 불쌍한 피조물에 불과하다는 사실들을 보여주는 실례에 불과하다고 파스칼에게 가르쳤다. 블레즈는 항상 병고에 시달리는 편이었다. 그는 의사들의 능력이 사실은 얼마나 좁은 한계 속에 갇혀 있는지 익히 알았으므로, 이러한 가르침에 전적으로 동의할 수 있었다. 이는 인생의 비극적 신비성을 더욱 깊이 느끼게 해주었다.

블레즈는 또한 얀센주의자 의사들에게서 성경이 이러한 인간 상황에 대하여 얼마나 심오하게 설명하고 있는지를 배우게 되었다. 그는 성경을 열심히 공부하였다. 마치 기압을 연구하듯이 성경 구절들을 깊이 숙고하였다. 그는 성경이야말로 인간을 변화시킬 수 있는 길이라고 느꼈다.

그러나 1651년에 부친이 돌아가심으로 파스칼의 개인적 비극은 더욱 깊어지게 되었다. 블레즈는 이 때문에 인생의 위기를 경험하게 되었다. 그의 여동생 자클린은 세상을 등지고 포르 르와이알 수녀원으로 들어갔으므로, 블레즈는 파리에 홀로 남게 되었다.

그는 이때 세상의 즐거움을 경험해 보고자 하였다. 화려한 저택을 장만하고, 하인들을 여럿 두고, 네마리의 말이 끄는 마차를 타고 파리 시내를 휩쓸고 다녀 보았다. 그는 한때 기하를 공부하였던 태도로 '세련된 사회'의 맛을 익히고자 하였다. 그러나 일년간의 쾌락에 찬 생활이 끝난 후 발견한 것은

"세상에 대한 맹렬한 혐오"뿐이었으며, 그는 날마다 "고요한 절망"에 시달리게 되었다. 그는 하나님으로부터 버림받은 듯한 느낌을 받았다.

확신, 기쁨, 평화

그의 영혼의 암흑의 고독 속에서, 블레즈는 다시 성경으로 돌아갔다. 그는 예수께서 십자가에 돌아가실 준비를 하고 계시는 요한복음 17장을 읽게 되었다. 이때 갑자기 그가 쪽지에서 묘사하였듯이 섬광이 일었다. "확신, 확신, 감동, 기쁨, 평화."

파스칼은 새로운 신앙과 함께 포르 르와이알에 더욱 접근하게 되었다. 그는 후에 1654년 그의 누이와 마찬가지로 이 공동체에 가입하였다. 아놀드가 예수회를 상대로 그의 변론자가 필요하였을 때 바로 이곳에서 파스칼을 발견하였던 것이다.

파스칼은 놀라운 재능으로 예수회에게 응답하였다. 그는 18편의 「시골사람의 편지들」(*Provincial Letters*)을 통하여 예수회의 신학과 행위들을 폭로하고, 유려한 필치와 신랄한 재치로 이들을 비판하였다. 각 서신들은 출판될 때마다 막대한 붓수가 판매되어 즉각 베스트 셀러에 오르게 되었다. 포르 르와이알은 더 이상 이름없는 시골이 아니었다. 이곳에 만인들의 이목이 집중되었다. 예상한 바대로 교황은 이 편지들을 정죄하였다. 그러나 당시의 지식인들과, 그후 2세기에 걸쳐 프랑스인들은 이들을 정독하였다.

1657년 마지막 편지를 마친 파스칼은 드디어 기독교의 정당성을 보여주는 증거들에 관하여, 즉 험증학에 관한 저술을 구상하였다. 그는 그러나 종내 이 원고를 완성치 못하였다. 1662년 6월 병석에 누운 파스칼은 그후 두달 동안 시달리다가 8월 19일 설흔 아홉의 나이로 종생하였다.

그의 친구들은 신앙과 이성을 논한 그의 글들의 일부를 발견하였으며 이들을 8년후 「팡세」(*Pensees*)라는 제목으로 출판하였다. 이 속에서 파스칼은 신학을 뛰어넘어 인간의 도덕적 문제의 중심을 관통하는 종교적 천재의 모습을 보여주고 있다. 그는 진리를 위한 정열로 인간들의 지성에 호소하였으며, 하나님 없이 사는 인간들의 비극을 절묘하게 묘사하여 인간들의 감정에 호소하였다.(크리스챤 다이제스트사 〈세계기독교고전〉으로 역간.)

이성의 시대에 파스칼은 자연은 하나님에 대한 확실한 증거가 아님을 주장하였다. "나는 모든 면을 다 바라본다. 그리하여 발견하는 것은 불확실성

밖에 없다 … .만약 신성을 발견하지 못한다면, 나는 부정의 상태에 잠겨 있으리라. 만약 어디서나 창조주의 흔적을 발견한다면, 신앙 속에서 평화 속에서 안식하리라. 그러나 그를 부인하기에는 너무나 많은 것을 보게 되고, 나를 확신시키기에는 너무나 적은 것들이 보인다. 그리하여 나는 참으로 비참한 상태에 있다. 그리하여 나는 만약 하나님께서 자연을 유지시키고 계신다면 자연이 그를 모호함이 없이 분명하게 보여주시기를 바란다."

이처럼 모호한 상황의 우주에 처한 인간은 그 자신이야말로 가장 거대한 신비의 존재다. 그는 일부 천사이며 일부 짐승인 존재다. 이러한 모습은 파스칼에게 희랍 신화에 나오는 키메라(Chimera)를 연상시킨다. 키메라는 암염소로서 사자의 머리와 뱀의 꼬리를 가지고 있다.

"인간은 참으로 키메라이다. 과연 얼마나 신기한 존재인가, 괴물인가, 혼돈인가, 모순인가, 불가사의인가. 우주의 정수이자 쓰레기가 아닌가. 누가 과연 이러한 혼란을 해결할 수 있겠는가?"

이를 위해서는 이성도 정확한 안내자가 되지 못한다. 만약 우리가 이성만을 의지한다면, 고통과 모든 것을 회의해야 한다. 그러나 우리의 내심은 이것이 전혀 진실이 아님을 우리에게 말해주고 있다. 인생과 우주가 아무런 의미가 없다고 하는 것보다 더 큰 신성모독이 어디 있을 수 있겠는가? 하나님과 인생의 의미는 이성이 아니라 심장으로 이해되어야 한다. "우리의 심장은 이성이 알지 못하는 이유들을 가지고 있다."

파스칼은 인간의 상황을 가장 깊으면서도 명쾌하게 파악하였으므로, 3세기가 지난 오늘날에도 우리들은 우리들의 신비스런 순례의 행로에 관한 많은 깨달음을 얻고 있다.

파스칼이 죽은 뒤 가톨릭 교회와 루이 14세는 한데 힘을 합쳐 프랑스에서 얀센주의를 몰아내었다. 포르 르와이알은 파괴되었으며 그 운동은 홀랜드로 피신하여 갔다.

그러나 17세기에 있어서 단지 프랑스만이 인간의 심장을 필요로 하는 곳은 아니었다. 어느 종교든 다수의 종교가 되는 종교는 점차 사회적 습관으로 전락하였으며 이들이 원래 가졌던 본래의 정신은 사라지고 활력없는 단체로 변모하여 갔던 것이다. 바로 이것이 많은 독일의 루터교 지역에서의 예였다.

활기와 창조력에 넘치는 종교개혁 운동의 뒤를 프로테스탄트 스콜라주의 (Protestant Scholasticism) 혹은 신앙고백주의(confessionalism)라 불리던 시기가 따라왔다. 루터는 원래 그 영혼의 깊은 갈등과 투쟁의 경험을 통하여 우리들을 의롭게 하는 활기에 찬 신앙의 교리를 설파하였다. 그러나 17세기에 그의 추종자들은 지성의 독단 아래 신앙을 지성적 유희로 변화시켰다. 이제 신앙은 더 이상 그리스도 안에 계시된 하나님의 자비에 스스로를 던지는 행위가 아니라, 학자들이 정리한 일정한 교리적 진리들을 인정하는 행위로 변모하였다.

신자의 생활은 점차 그리스도와의 개인적 관계가 아니라 국가 교회에 등록된 교인이라는 형식 문제가 되어 갔다. 공공 예배에 충실하게 참석하고 정통 교회에 속한 성직자들이 베푸는 성례를 받는 것이 올바른 기독교인의 표지처럼 되었다.

이러한 종교개혁 운동이 화석화되는 모습에 대한 반동으로 경건주의가 나타나게 되었다. 얀센주의가 프랑스 예수회의 값싼 은혜에 반대하였듯이 경건주의자들은 독일 루터파 교회의 형식적 신앙에 도전하였다.

경건주의자들의 목표들은 두 가지였다. 첫째로 이들은 개인적 신앙의 중요성을 강조하였다. 이들은 가톨릭의 기독교권이라는 개념, 혹은 청교도들의 성도들이 다스리는 국가 사회의 개념들을 모두 포기하였다. 이들은 기독교란 개인들로부터 시작하는 것이라고 생각하였다. 그리하여 기독교 역사상 처음으로, 세례받은 신자(혹은 불신자)들의 회심이라는 개념이 전면에 드러나게 되었다. 경건주의자들은 신앙의 핵심이란 신자의 가슴 속에서 하나님의 은혜를 경험하는 것이라고 가르쳤다.

둘째로, 경건주의자들은 신자들 생활 중심을, 교인이 낳고 자라면서 당연하게 그 구성원이 되는 형태의 국가 교회들로부터, 하나님 안에 살아있는 신앙을 가진 자들끼리의 밀접한 교제로 이전시키고자 하였다. 이러한 중심으로부터 그 신앙의 부활을 맛본 신자들은 모든 계급에 속한 인간들에게 하나님의 말씀을 전파하도록 기대되고 있었다.

특히 세 사람, 필립 야곱 슈페너(Philip Jacob Spener), 아우구스트 헤르만 프랑케(August Herman Franke), 그리고 니콜라스 폰 진젠도르프(Nicholas von Zinzendorf)가 경건주의의 역사를 빛내고 있다.

생명으로의 영혼의 귀환

필립 슈페너(1635-1705)는 독일 신비주의자 요한 아른트(Johann Arndt)와 영국 청교도들의 저술들을 숙독하는 등 강한 종교적 영향력 아래서 성장하였다. 그후 스트라스부르크 대학에서 공부할 때에 한 교수가 루터를 소개해주어 이신칭의의 교리를 단순한 신조로서가 아니라 영적인 중생의 체험을 통해 이해하게 되었다.

스트라스부르크에서 3년 목회를 한 후, 그는 중요한 루터교 도시 프랑크푸르트에 청빙을 받아 가게 되었다. 그는 이 도시의 상황을 보고 깊은 충격을 받았다. 그는 원래 교회에서 지정해준 성경 본문대신 성경 전체로부터 설교하기 시작하였다. 그는 신자들에게 회개와 제자도를 요구하였다. 그러나 거의 수년간 이렇다할 변화를 보지 못하였다. 그런데 1669년 산상보훈을 가지고 설교하자 갑자기 큰 변화를 경험하였다. 교인들이 개종하고, 이들의 가정생활이 변화하기 시작하였다.

슈페너는 헌신적인 일단의 신자들과 함께 일주에 두번씩 자기 집에서 만나 성경을 읽고 신앙적 담화하는 모임을 조직하였다. 이 모임은 곧 "경건한 자들의 모임"이라는 이름으로 불리게 되었으니, 여기서 "경건주의(Pietism)"가 탄생하였던 것이다.

경건 서적들에 관한 흥미가 높아지면서 요한 아른트의 설교집이 출판되었고 슈페너가 이를 위한 서문을 썼다. 그는 이 서문을 「경건한 열망」(*Pious Desires*)이라 이름하였다.(크리스챤 다이제스트사 〈세계기독교고전〉으로 역간.) 그는 이 서문 속에서 영적 계발을 위하여 성경공부 그룹들을 만들 것과, 엄격한, 거의 금욕적이라 할 수 있는 기독교인의 생활과, 신학생들을 더욱 기독교적인 성품으로 훈련하기 위해 이들을 보다 잘 돌볼 것과, 보다 단순하고 영적인 설교들을 제안하였다. 슈페너는 모든 회중들마다 엄격하고 열정적인 신자로서의 생활을 고양시키기 위하여 소수의 경험적 신자들이 모여 소그룹을 조직하여야 한다는 것이었다. 그는 이 누룩들이 교회 전체에 퍼져 갈 것을 희망하였다. 그는 오직 의식적인 기독교 경험에 의하여 중생한 이들, 즉 "회심(conversion)"의 경험이 있는 이들만이 이러한 사역을 감당할 수 있으며, 또한 이들만이 교회내의 사역을 담당해야 한다고 주장하였다.

1686년 슈페너는 청빙을 받아 다시 드레스덴(Dresden)의 궁정 설교가가 되었다. 그러나 타협할 줄 모르는 그의 설교 때문에 당국자들과 항상 충돌하게 되었다. 1692년에는 브란덴부르크(Brandenburg) 선제후의 초빙으로 베를린(Berlin)으로 옮겨갔다. 그는 같은 해에 그후 프러시아 국왕이된 프리드리히

를 설복하여 아우구스트 헤르만 프랑케(1663-1727)를 새로 생긴 할레(Halle)
대학교 법과 교수로 임명하도록 하였다. 슈페너의 뛰어난 지혜와 겸손이 잘
드러난 행동이었다. 비록 슈페너는 1705년 죽기까지 계속 설교하고 집필하였
으나, 이제 프랑케가 경건주의 운동의 지도자의 위치를 차지하게 되었다.

프랑케는 할레에 도착하기 전 이미 수년간 라이프치히(Leipzig) 대학에서
교수한 바 있었다. 이때에 그는 영적 방면을 강조하였으므로 다른 교수들과
의 관계가 소원해진 바 있었다. 그는 이러한 자기의 정열이 2년 간에 걸친
회의와 갈등 후에 경험했던 감동적인 회심으로부터 비롯되었다고 밝히고 있
다. 그는 요한복음 20:31을 본문으로 설교를 준비하던 중 굉장한 공포에 싸
여 무릎을 꿇게 되었다. "나는 하나님께 호소하였다. 나는 아직 그를 알지도
믿지도 의지하지도 않고 있었다. 만약 그가 진정 존재하신다면 이처럼 추악
한 상태에서 나를 건져달라고 기도하였다." 하나님은 그의 기도를 들어 주셨
다. 갑자기 슬픔이 그의 가슴을 떠나고 "파도처럼 밀려오는 기쁨에 압도당하
고 말았다." 그 자리에서 일어났을 때, 그는 자기가 구원받은 사실을 알았으
며, 그리하여 그때부터는 "이 세상에서 의롭고 기쁘게 살아갈 수 있었다."

할레에서 프랑케는 각종 영적, 사회적인 사역들을 시작하였다. 대학은 일
단의 경건주의 사역의 중심이 되었다. 소외받는 자들을 사랑하였던 프랑케는
가난한 이들을 위한 학교를 세웠다. 그는 또한 고아원도 만들고, 술집과 이
에 딸린 대지를 구입하여 그 자리에는 병원을 건축하였다. 그의 사업들 가운
데는 재주있는 소년들을 위한 라틴어 학당, 과부들을 위한 처소, 미혼자들을
위한 숙소, 진료소, 도서관, 인쇄소 및 성경 대본소 등이 포함되어 있다. 덴마
크의 프리드리히 4세가 1705년 인도에 프로테스탄트 최초의 선교기지를 건
설하였을 때, 그는 할레의 프랑케 제자들 가운데서 최초의 선교사들을 모집
하였다.

목수와 백작

경건주의 후기 운동을 지도했던 인물은 진젠도르프 백작(1700-1760)이다.
그는 감정적이고 정열적인 인물로서 진정한 기독교의 표지는 예수님의 보혈
에 대한 소박하고 어린애 같은 신앙이라고 생각하였던 인물이었다. 그는 매
우 묘사적이고, 거의 성애적인 이미지들을 통하여 그리스도와 영혼의 관계를
노래하였다.

진젠도르프는 종교적 신념 때문에 오스트리아를 떠났던 어느 귀족의 손자였다. 어린 니콜라스의 부친이 죽고 그 어머니가 재혼하자, 할레의 경건주의자들을 깊이 존경하였던 그의 할머니의 손에서 성장하게 되었다. 니콜라스는 비텐베르크 대학에서 3년 간 법률을 공부하였으나, 그의 진정한 소원은 교회 사역에 있었다.

옛날 후스파 운동의 후예들, 보헤미아 형제단(Bohemian Brethern, Unitas Fratrum)을 통해 미처 예상치 못했던 사역의 기회가 주어지게 되었다. 이들 형제단은 종교개혁 기간 중에는 보헤미아와 모라비아에서 번성하였으나, 30년 전쟁 기간중 거의 자취를 감추었으며, 심한 박해의 대상이 되고 있었다. 크리스찬 데이비드(Christian David)라는 모라비아 출신 목수의 지도하에 이들은 잠시 부흥을 경험하면서 프로테스탄트 지역내에 피신처를 찾아 헤매고 있었다. 이들은 바로 진젠도르프의 영지에서 이러한 피신처를 발견하였으며, 1722년 데이비드는 이곳에 헤른훗(Hernhut)이라는 공동체를 건설하였다. 진젠도르프도 이 공동체의 일원이 되었으며, 곧 각지 각계층의 경건한 인물들이 이곳을 향해 모여들기 시작하였다. 이들 모라비아인들은 "세상"으로부터 분리되어 오직 신자들만이 한데 모여 사는 촌락, 즉 "성도들의 교제(communion of the saints)"를 꿈꾸었다. 이는 보다 자유스럽고 사회적인 수도원, 독신주의를 강요치 않는 수도원과 같은 모습이었다. 그러나 수도원 운동이 추구했던 바처럼 세속적 유혹을 받지 않을 상황 속에서 신자로서의 생활을 이루기를 바라는 모습이었다.

1727년부터 진젠도르프는 이곳 헤른훗의 실질적 지도자가 되었으며, 10년 후에는 모라비안 교회(Moravian Church), 혹은 이들 스스로가 선호하였던 이름으로는 "연합 형제단(United Brethern)" 교회에서 정식으로 안수를 받았다. 진젠도르프는 항상 선교를 위한 열정에 불타고 있었던 인물이었다. 그 결과 이 모라비안 교파는 프로테스탄트 역사상 최초로 대규모적인 선교 사역에 뛰어든 교회가 되었다. 1731년 코펜하겐에서 열린 크리스챤 6세의 대관식에 참석하였던 진젠도르프는 덴마크 령 서인도 제도 출신의 흑인을 만나게 되었고, 노예들의 영적 필요에 깊은 인상을 받게 되었다. 그 결과 1732년 모라비안 선교사들 제1진으로 레온하르트 도버(Leonhard Dover)와 데이비드 니취만(David Nitschmann)이 헤른훗으로부터 세인트 토마스(Saint Thomas)를 향해 떠났다. 그후 다른 지역에도 줄이어 선교기지들이 건설되었다. 그린랜드,

래프랜드, 조지아의 아메리칸 인디언들, 아프리카의 기니아 해안, 남 아프리
카의 호텐토트 지역, 남 아메리카의 가이아나, 세일론, 알제리아 등이었다.

물론 진젠도르프에게도 다른 인간들과 마찬가지로 장점과 약점들이 있다.
그는 보다 감상적인 측면에 기울어지는 경향이 있었다. 그러나 그의 감상적
인 찬송들 가운데 일부, 예를 들어 "예수께서 아직도 나를 이끄시네, 우리의
안식을 얻기까지(Jesus still lead on, till our rest be won)." 등은 여러 교회들
에서 불리게 되었다. 그만큼 그리스도에 대한 전적 헌신의 모습을 보여준 이
도 없으며, 다음과 같은 헤른훗 회중을 향한 선포는 그의 진정한 성품을 잘
나타내고 있다 하겠다. "내게는 한 가지 열정밖에는 없다. 그분, 오직 그분
뿐이다."

역사 속의 위치

경건주의는 독일인들 뿐만 아니라 세계 전체 교회를 위해 막대한 공헌을
하였다. 이들은 신자들의 관심을 18세기 교회가 사로잡혀 있던 메마른 신학
논쟁으로부터 진정한 영적 목회와 사역으로 전환시켰다. 이들의 영향으로 심
방과 설교가 프로테스탄트 목회의 중심을 차지하게 되었다. 또한 기독교 음
악을 보다 풍성하게 하였다. 그리고 부흥하는 교회들을 위한 평신도들의 영
적 각성을 강조하였다.

이러한 모든 강조점과 특징들을 뒷받침하는 근본 주제는 바로 중생
(regeneration)이다. 그들에게 있어서 중생이란 단지 기독교의 어떤 교리가 아
니라 신자 개인들의 불가결한 경험을 의미하였다. 이들은 영적 중생이야 말
로 프로테스탄트 종교개혁의 진정한 성취라고 믿었다. 그리하여 신자들의 가
슴 속에서 기독교 교리는 현실이 되었다.

이러한 중생의 모습을 경건주의자들은 기독교를 인간의 영혼을 둘러싼 드
라마로 만들었다. 인간의 내심은 선·악의 양대 세력이 치열하게 대결하는
전장이었다.

바로 이러한 면에서 볼 때, 경건주의는 현대 모든 부흥 운동들의 근원이라
할 수 있다. 왜냐하면 바로 경건주의가 그리스도 안에서의 새생명의 경험을
기독교 메시지와 사역의 중심에 두었기 때문이다. 그리하여 현재까지도 경건
주의의 영향을 받지 않은 복음주의적 기독교를 상상할 수는 없다.

복음주의자들(evangelicals)은 두 가지 중요한 특색들을 경건주의로부터 물

려 받았다. 첫째, 경건주의자의 종교 생활에서는 감정이 너무나 중요한 역할을 차지하였으므로, 그 반면 이성적인 측면이 소홀히 되었다. 즉, 인간의 지성은 인간 운명의 신비를 파악할 수 없다고 간주되었으므로, 감정 속에서만 신앙의 의미를 찾는 불균형을 낳게 되었다. 그 결과 경건주의는 자연이나 인간 역사 속에서의 하나님의 위치에 관해 거의 말할 것이 없어지게 되었다. 따라서 세속주의(Secularism)의 파급에 제대로 대응하지 못하였다. 그후 복음주의자들도 흔히 같은 약점들을 보이고 있다.

둘째로, 경건주의는 기존 교회의 존재를 전제하고 생겨난 운동이다. 이들은 교회에 대한 정면 공격을 한 일이 없다. 그러나 이들은 과연 기독교에 필수적인 것이 무엇인가 하는 강조점을 변모시킨 운동이었다. 새로운 중점은 중생과 영성의 생활에 있었으니, 기존 교회 조직보다는 더 친밀한 소규모 교제 모임과, 신자들의 자발적 조직체들로 옮겨졌다. 어느 한 압도적 세력의 국교가 존재하지 않았던 미국에서, 복음주의자들은 교파주의적 교회론을 수용하면서, 전도 혹은 기타 기독교 생활의 한 측면을 강조하는 종교 운동들을 양산하였다.

따라서, 경건주의적 전통은 단지 모라비안 교파 속에서 뿐만 아니라, 존 웨슬리와 조지 휘트필드의 후예들이라 할 수 있는 복음주의적 기독교 전체 속에 여전히 살아 있는 것이다.

참고도서

Brown, Dale. *Understanding Pietism*. Grand Rapids: Wm. B. Eerdmans, 1978.
Cailliet, Emile. *Pascal: The Emergence of Genius*. New York: Harper & Brothers, 1961.
McGiffert, A. C. *Protestant Thought before Kant*. New York: Harper & Brothers, 1961.
McNeill, John T. *Modern Christian Movements*. New York: Harper & Row, 1954.
Mortimer, Ernst. *Blaise Pascal. The Life and Work of a Realist*. New York: Harper & Brothers, 1959.
Stoeffler, F. Ernst. *The Rise of Evangelical Pietism*. Leiden: E. J. Brill, 1965.

34

불에 그슬린 나무 토막
:웨슬리와 감리교

1736 년 정월 말, 조지아주 사반나를 향해 가던 선박 심몬즈(Simmonds) 호는 대서양에서 일련의 폭풍을 만났다. 바람이 몰아치고, 배는 부서질듯이 삐꺽거리고, 파도가 뱃전을 두들겨 대었다.

야윈 체격의 한 젊은 성공회 목사는 겁에 질려 벌벌 떨고 있었다. 존 웨슬리는 다른 이들에게는 영생의 복음을 전하였으나, 스스로는 죽음 앞에서 공포에 질려 있었다. 그는 자기와는 전혀 다른 모습을 보이는 헤른훗 출신의 모라비안 신자들에게 깊은 인상을 받지 않을 수 없었다. 파도가 배 위에까지 밀려 올라와 중간 돛대를 산산조각으로 부수어버리는 데도, 모라비안들은 고요히 하나님께 찬송을 부르고 있었다.

폭풍이 지난 후 웨슬리는 한 독일인에게 놀라지 않았느냐고 물었다. 그는 "천만에요"라고 대답하였다.

웨슬리는 다시 "여자들과 아이들은 무서워하지 않았습니까?"고 물어 보았다.

"아닙니다. 우리 여자들과 아이들은 죽음을 두려워하지 않습니다."는 것이 다시 그 모라비안인의 대답이었다.

후에 웨슬리는 그의 일기에 다음과 같이 기록하였다. "이날이 내 생애 중 가장 영광스런 날이었다."

그런데 바로 그 "영광스런" 순간의 웨슬리의 모습만을 본다면, 아무도 그가 곧 영국을 흔들어 영적인 깊은 잠에서 깨어낼 인물이라고는 상상하지 못했으리라. 그는 비록 경건의 모습은 있었으나 아직 그 능력은 갖추지 못하고 있었다.

복음주의적 각성

이성의 시대에 서방 기독교에는 복음주의적 각성(Evangelical Awakening)이라 불리는 극적인 영적 갱신이 있었다. 이 운동은 그 지도적 인물들의 인간 관계에 많은 영향을 받았으나, 다음과 같은 세 지역들이 가장 큰 영향을 받게 되었다. 독일은 경건주의의 발흥에 의하여, 영국 제도는 감리교인들의 설교를 통하여, 그리고 아메리카 대륙 식민지는 대각성(the Great Awakening)의 영향을 통하여 큰 변화를 겪게 되었다.

영국의 감리교 부흥은 현재 전세계에 걸쳐 20,000,000명에 이르고 있는 감리교파의 유래뿐만이 아니라, 속칭 복음주의적 기독교 운동을 설명하는데도 중요한 사건이다. 과연 이들 복음주의자들이란 누구이며, 이들은 어떻게 하여 기독교 역사상 중요한 위치를 차지하게 되었는가?

웨슬리와 같은 배를 타고 조지아를 향해 가면서 찬송을 불렀던 모라비안들은 복음주의의 한 중요한 지파이다. 이들은 우리가 아는 바대로 경건주의에 속하는 이들이다. 그러나 복음주의자들의 대부분은 대영제국과 그 식민지에서 유래하였다.

1730년대에 아메리카, 스코틀랜드, 웨일스, 영국 등지에서는 불신자들에게 복음을 전하려는 새로운 관심이 뜨겁게 폭팔하였다. 매사추세츠 노샘프턴의 조나단 에드워즈(Jonathan Edwards), 스코틀랜드의 에벤에셀 어스킨과 랄프 어스킨, 웨일스의 호웰 해리스, 영국의 조지 휘트필드 등은 모두가 복음주의적 각성 운동에 있어서 존 웨슬리보다 앞섰던 인물들이다.

이들 복음주의자들이 신봉하는 교리적 배경은 청교도주의에서 찾아볼 수 있다. 인간의 본질적 죄성, 그리스도의 대속적 죽음, 하나님의 값없이 주시는 은혜, 진정한 신자의 구원 등이 다 거기서 나온 것들이다. 그런데 청교도 주의는 정치 측면에도 큰 관심이 있었다. 이들은 영국과 아메리카에 거룩한 국가 사회, 진정한 성경적 사회를 건설하고자 하였다.

복음주의자들 역시 정치에 전혀 무관심하였던 것은 아니다. 이 점에서는 경건주의자들과는 다른 모습을 보인다. 그러나 이들의 가장 중요한 관심은 불신자들을 개종시키는 데 있었다. 이들은 교회의 개혁보다는 모든 이들 ─ 형식적 신자들, 복음을 비웃는 자들, 그리고 이교도들 ─ 에게 복음을 전파하는데 가장 큰 관심을 쏟았다. 존 웨슬리는 조지아에 있을 때에 바로 이런 정열이 결여되었던 인물이었다. 그러나 그가 일단 이 정열을 갖게 되었을 때엔 전체 영국이 알게 되었다.

18세기 초의 영국은 아마도 전국적인 신앙 부흥 운동이 가장 불가능한 국가처럼 보였다. 부유한 자들, 학식있는 자들은 계몽주의의 영향으로 더 이상 종교를 인생의 중심문제로 생각조차 하지 않았다.

또한 영국 국교회와, 침례파, 회중파 등 비국교파들 가운데서도 청교도들의 열정은 과거의 사건으로만 생각되었다. 영국이 종교문제로 떠들썩했던 것은 이제 과거의 일이며, 당시 유행은 모든 일에 중용을 지키자는 것이었다.

볼테르에 의하면 영국교회들의 설교는 "논리적이기는 하나, 설교자들이 음성의 변화나 제스처도 전혀 없이 청중들에게 낭독하는 학위 논문"의 형태였다. 성직자들은 인간의 죄성을 강조하는 전통적 교리를 완전히 무시하고 있었다. 그 대신에 사람들은 점잖은 경외심과 즐거운 마음으로 하나님께 나아갔다. 조셉 애디슨(Joseph Addison)이 그의 잡지《The Spectator》에 실은 유명한 찬송가 가사를 보면 이처럼 새로운 태도가 잘 나타나고 있다.

> 푸르른 에테르적 하늘,
> 저 높고 광활한 창공.
> 별들에 찬 하늘, 반짝이는 구조,
> 이들의 위대한 시조가 선언하시다.
> 매일 매일 지칠 줄 모르는 태양
> 그의 창조자의 능력을 과시하도다,
> 그리고 모든 땅마다
> 전능한 손의 역사를 보여주도다.

교회의 활력을 질식시키는 이성의 치명적 영향은 영국 국교회 속에 조직된 광교주의(Latitudinarians)라는 집단의 형태로 나타났다. 언변이 뛰어났던 캔터베리 대주교 존 틸롯손(John Tillotson)도 그중의 일원이었다. 그는 종교적 '열광주의(enthusiasm)'를 맹렬히 공격하였다. 그의 비판 대상 속에는 열정적 설교가들의 모든 감정적 표현들이 다 포함되어 있었다. 그 대신 그와 그의 광교주의자 동료들은 점잖은 행동을 강조하였다. 인간들은 무엇보다도 그 태도를 개선하여야 한다. 너그럽고, 인도주의적이요, 관용을 베풀어야 하며, 편견과 열광적 태도를 회피하여야 한다.

작은 거인

존 웨슬리(1703-1791)는 예의와 질서를 엄하게 가르쳤던 가정 출신이었다. 그의 가정은 국교회와 비국교파의 경건을 종합하고 있었다. 그의 부친 사무엘 웨슬리는 학식있고 헌신적인 고교회파 영국국교회 목사로서 링컨셔의 엡워스(Epworth)에서 목회하였다. 존의 모친 수잔나는 런던에 있던 비국교파 목사의 딸이었다. 그녀는 열 아홉의 자녀를 낳았던 특이한 여성이었다. 존은 그중 열 다섯번째로 태어났다. 그녀는 자녀들에게 "매를 무서워하되, 조용히 울라"고 가르쳤다. 그녀는 매주 각 자녀들 모두를 위해 일일이 개인적으로 종교 교육 시간을 마련하였다. 이를 위해 그녀는 매우 규칙적인 생활을 하지 않을 수 없었다. 존은 그의 모친이 세상을 떠나기까지 항상 그녀의 자문을 구하였다.

존이 여섯 살 났을 때, 엡워스의 목사관에 불이 났다. 그는 화재 속에 혼자 남아 있게 되었다. 그러나 그가 이층 창문에 모습을 드러냈을 때, 어깨 위에 선 이웃에 의해 구출받게 되었다. 그때부터 존은 스스로를 가리켜 "불 속에서 건져진 나무 토막"이라 불렀다. 그는 항상 하나님의 특별한 섭리가 그의 생애 위에 함께 하심을 의심하지 않았다.

그는 17세에 옥스퍼드 대학에 들어가 그리스도 교회(Christ Church)와 링컨 대학(Lincoln College)에서 수학하였다. 그는 옥스퍼드에서 크게 그의 지성이나 신앙에 도움이 될만한 자극을 받지는 못했으나, 널리 독서하였고 특히 교부들과 고전적 경건서적들로부터 감명을 받았다. 초대 헬라 교부들은 그에게 기독교 신자의 생활의 목표는 어떤 종교적 상태가 아니라, "완전(perfection)" 혹은 규칙적인 사랑의 생활의 과정이라 가르치고 있었다.

제레미 테일러의 「거룩한 죽음」, 토마스 아 켐피스의 「그리스도를 본받아」, 윌리엄 로의 「경건한 삶을 위한 부르심」 등의 서적들을 읽으며 웨슬리는 신자의 생애는 전체 인격을 사랑 안에서 하나님과 이웃들에게 바치는 것임을 배우게 되었다.(세 권 다 본사 〈세계기독교고전〉으로 역간.)

웨슬리는 다음과 같이 회고한다. "이들은 나에게 반조각의 기독교 신자가 된다는 것은 전혀 불가능한 것임을 확신시켜 주었다. 나는 그의 은혜를 통하여 전체 다 하나님께 바치기로 결심하였다." 그리하여 그는 자기의 약점들의 목록을 작성하고 이들을 극복할 규칙들을 수립하였다.

1726년 웨슬리는 링컨 대학의 연구원으로 선발되었다. 그리하여 그는 학교 내에서 위치뿐만 아니라 정기적 수입을 보장받게 되었다. 그는 2년 후 영국 국교회에서 안수 받고, 부친을 보조하기 위하여 일시 엡워스로 돌아왔다.

그런데 다시 옥스퍼드로 돌아가 보니, 대학내 이신론의 창궐에 충격을 받은 그의 동생 찰스가 철저한 신앙생활을 하고 싶어하는 학생들을 모아 조그만 그룹을 조직하고 있었다. 존은 이들을 위한 안성맞춤의 지도자였다. 그의 지도 아래 이들은 학습 계획을 마련하고, 기도, 성경 읽기, 성찬식에 자주 참석할 것 등이 포함된 생활 규칙도 수립하였다.

이 소집단은 곧 세인들의 주의와 학부 학생들의 조롱의 대상이 되었다. 옥스퍼드에 "열광주의자"들이 있다니. 사람들은 그들을 놀리는 식으로 신성 클럽이라 불렀다. 또한 성경 벌레들, 메소디스트들(Methodists), 개혁 클럽 등의 별명들도 있었는데, 이들 가운데 메소디스트(후에 감리교의 정식 명칭이 됨)라는 이름이 가장 널리 알려지게 되었다.

이 작은 집단의 구성원들은 열심이기는 하지만 안정감이 없는 성격을 띠고 있었다. 이들은 명철하고 자신감에 넘치는 펨브록 대학의 학부생이었던 조지 휘트필드 등 새로운 회원이 가입할 때마다 새로운 용기를 얻곤 하였다. 또한 이들은 초대 기독교의 모습에 자기들의 생활을 일치시킬 수 있는 새로운 길을 항상 찾곤 하였다. 그리하여 가난한 자들을 구제하고 죄수들을 방문하였다. 그러나 존은 진정한 신자가 가지는 내심의 평화가 없음을 고백하곤 하였다. 아마도 하나님은 무언가 이보다 더 큰 것을 계획하고 계신다고 생각하였다.

바로 이 즈음에 조지아로의 청빙이 왔다. 친구였던 존 버튼(John Burton) 박사가, 존과 찰스 형제가 모두 제임스 오글토프(James Orglethorpe) 장군이 이끄는 새 식민지에서 하나님을 섬기는 것이 어떻겠는가고 제안하였다. 찰스는 장군의 비서로, 존은 식민지 담당 목사로 일할 수 있다는 것이었다. 존은 특히 인디언들에게 설교할 수 있는 좋은 기회라고 생각하였으므로, 이 둘은 젊은이다운 이상주의와 선교사적 열정을 가지고 10월에 심몬즈호에 몸을 실었다. 이들은 물론 닥쳐올 폭풍과 영적 갈등은 의식하지 못하고 있었다.

그러나 조지아에서는 경험은 전혀 좋은 것이 못되었다. 존은 그가 상상하였던 고상한 아메리카의 원주민들이 사실은 "탐식자들, 주정뱅이들, 도둑들, 살인자들"이라는 사실을 발견하게 되었다. 그리고 백인 식민들은 그의 엄격한 고교회적 예배의식을 혐오하였고, 비국교도의 장례 집전을 그가 거부한 행위라든지, 혹은 교회내에서 부인들의 화려한 장신구와 사치스런 옷차림을 금지한 사실들에 반감을 품게 되었다.

또한 존이 사반나(Savannah) 최고 행정관의 18세난 조카딸, 소피 홉키(Sophy Hopkey)과 연애에 빠지므로써 문제가 좀 더 복잡해지게 되었다. 웨슬리는 감정적, 정신적으로 너무나 혼란하여 자기 마음을 가눌 수 없게 되었다. 소피는 웨슬리의 경쟁자를 그녀의 남편으로 선택하였다. 실연한 존은 그녀를 수찬금지에 처했으며, 그녀의 남편은 존을 자기 아내에 대한 명예 훼손으로 고소하였다. 재판은 장기화되었고, 이를 견디다 못한 존은 6개월 후 실의에 차서 식민지로부터 도주하였다.

그는 집으로 돌아오는 길에 식민지에서의 경험을 돌아보았다. "나는 인디언들을 개종시키러 아메리카로 갔었다. 그러나 과연 나는 누가 회심시키겠는가?"

뜨거워진 심장

그는 1738년 2월 1일, 실망과 낙담에 차서 영국에 도착하였다. 그는 과거 12년간, 자기가 배우고 깨달은 모든 방법들을 동원하여 완전한 상태에 도달하기 위해 노력한 바 있었다. 그러나 조지아 선교는 그 자신이 영적 파산 상태에 있음을 깨닫게 해 주었다.

조지아에서 단 한 가지 긍정적 경험이 있다면 모라비안들을 만나 본 일이었다. 그는 이들의 영적 권능의 비밀을 알아보기로 결심하였다. 그는 런던에서 젊은 모라비안 설교가 피터 뵐러(Peter Bohler)을 만나게 되었다. 피터는 존에게 중생의 필요성과, 죄를 극복하고 진정한 성결에 도달할 수 있는 그리스도에 대한 강한 개인적 신앙을 가져야 함을 강조하였다. 뵐러는 이신칭의가 단지 교리에 불과한 것이 아니라 하였다. 이는 하나님의 용서를 개인적으로 경험하는 것이라 하였다. 그러나 웨슬리는 믿음이 어떻게 순간적으로 주어질 수 있느냐고 반문하였다.

그는 이에 대한 해답을 1738년 5월 24일 스스로 발견하게 되었다. "그날 저녁 나는 내키지는 않았으나, 올더스게이트 거리에 있는 모임에 참석하였다. 누군가 루터의 로마서 주석 서문을 읽고 있었다. 9시 15분 경, 그가 그리스도에 대한 신앙을 통하여 하나님께서 그의 심정 속에 이루신 변화를 묘사하고 있을 때, 나는 심장이 신비스럽게 뜨거워지는 것을 느꼈다. 나는 그리스도를, 그리고 그리스도만을 의지한다고 느꼈다. 그리고 그리스도께서, 나의 죄, 바로 나같은 자의 죄까지도 없이 하시고, 죄와 죽음의 율법으로부터 구원하셨다는 확신이 생기게 되었다."

그리하여 웨슬리는 일찍이 없었던 확신을 가지게 되었다. 또한 여기서 비롯된 목적의식이 강력한 힘으로 그를 그후 50년이나 지탱하게 되었다. 그는 생애를 바칠 메시지를 소유하게 되었다. 그는 이제 이를 실행하기 위한 방법을 강구해야했다.

그해 여름 웨슬리는 작센 지방의 본거지로 이들 모라비안들을 방문하였다. 그는 자기가 조지아와 그리고 가는 배 위에서 목격한 경건의 능력을 그 본거지에서 관찰하고 싶었다. 그런데 헤른홋에서 받은 인상은 복합적인 것이었다. 한편으로는 "기독교 신앙의 확신에 넘치는 모습을 실례로 보여주는" 여러 인물들을 이곳에서 만나게 되었다. 반면 이들 가운데 흔한 독선적 모습도 의식하게 되었다. 특히 그는 이들의 지도자 진젠도르프 백작을 중심으로 형성된 개인 숭배의 모습에 크게 반발하였다. "과연 백작이 모든 것의 모든 것이 되시는가?"고 웨슬리는 반문하였다.

그리하여 웨슬리는 모라비안들과 곧 결별하였다. 그는 이들이 강조하였던 이신칭의의 교훈이나, 소그룹 운동들로부터는 배운 점이 많았으나, 웨슬리는 스스로가 모라비안 교파가 될 수는 없음을 깨닫게 되었다.

웨슬리는 런던으로 돌아가 다시 교회에서 설교하기 시작하였다. 그의 정열은 여전히 뜨거웠으나 결과는 이전보다 낫지 못하였다. 내심의 만족감과 외부의 효과가 아직 결여되어 있었다. 그러던중 거의 우연하게, 런던에서 옥스퍼드로 가는 길에서 조나단 에드워즈가 쓴 매사추세츠 노샘프턴에서 최근 발생하였던 부흥의 기록을 읽게 되었다. 웨슬리는 그 모습에 큰 감명을 받았다. 그리하여 뉴 잉글랜드의 대각성 운동은 웨슬리의 영국 부흥에 직접 영향을 미쳤다 할 수 있다. 몇 주 후에 웨슬리도 이와 비슷한 성령의 역사를 맛보게 된다. 그가 신성클럽의 한 회원으로부터 예상치 못했던 초청을 받았을 때 이러한 모습이 시작되었다.

존 웨슬리보다 9년 연하였던 조지 휘트필드는 1738년 그를 뒤따라 조지아로 갔으나, 그해 가을 안수를 받기 위해 다시 귀국한 바 있었다. 그는 교회내의 강단에서 설교하는 것만으로는 만족할 수 없어서 1739년 2월, 브리스톨 근처에서 탄광의 광부들을 상대로 옥외집회를 시작하였다. 당시 광부들은 교회에 잘 나오지 않았으며, 이들에게 특별한 관심을 가지는 이들도 없었다. 그의 음성은 명확하고도 우렁찼으며, 열정적인 설교는 이 거친 광부들의 강팍한 심정까지도 감동시켜서 "시커먼 얼굴에 하얀 도랑물처럼" 눈물이 흘러 넘치는 것을 볼 수 있었다.

휘트필드는 보기 드문 설교가였다. 그는 마치 눈에 보이는듯한 묘사로써 청중들에게 죄의 고통과 지옥의 공포를 실감하게 해 주었다. 그리고는 눈물 어린 목소리로 그리스도의 사랑을 묘사하여 마침내 청중들은 그와 함께 죄의 용서를 외치게 되는 것이었다. 당시 저명한 배우 데이비드 개릭(David Garrick)은 "오! 내가 휘트필드씨처럼 연설할 수만 있다면 백 기니를 주어도 아깝지 않으련만 … "이라고 한탄하였다.

브리스톨의 광부들이 하나님의 자비를 구하여 통곡하는 모습을 본 휘트필드는 웨슬리에게도 옥외집회를 권면하였다. 존은 자기가 휘트필드와 같은 연설가는 못된다는 사실을 익히 알고 있었다. 그는 옥스퍼드 학자이자 신사로서의 언변을 가지고 있었다. 그러나 그는 특히 한번도 건물 밖에서는 설교해 본 일이 없어서 주저하였다. "나는 평생을 질서와 예절에 젖어서 자라난 인물이었으므로, 만약 교회 건물내에서 사람들을 회개시키지 않는다면 이는 죄라고 생각할 정도였다."

들판으로, 세계로

동생 찰스의 반대에도 불구하고, 존은 마지 못해 브리스톨로 향하였다. 기쁨에 넘친 사자가 아니라, 마치 죽으러 가는 순교자의 각오였다. 그러나 "불꽃에서 건져진 타다남은 나무 토막"이 드디어 평생 할 일을 발견하게 되었다. 그는 야외에서 3,000명 이상에게 설교하였는데, 그 효과가 상상을 초월하는 것이었다. 마치 뉴 잉글랜드 지방의 그것과 같은 진정한 개종들이 매 집회 때마다 발생하였다. 드디어 감리교 부흥이 시작된 것이다.

웨슬리 자신의 변화도 놀라운 것이었다. 그때까지 웨슬리는 불안과 소심에 시달리던 인물이었다. 그러나 브리스톨 이후 그는 참으로 불의 사자가 되었다.

피터 뵐러는 그에게 "실제로 신앙이 생길 때까지 이를 설교하라. 신앙이 일단 생기게 되면, 이 때문에 더욱 설교하게 되리라"고 말한 적이 있었다. 웨슬리는 올더스게이트에서 명목상 신앙을 벗어나 실질적인 신앙을 갖게 되었으며, 소망에서 소유의 단계로 넘어간 것이었다. 에드워즈와 휘트필드는 말씀이 진실로 설교될 때에는 눈에 보이는 과실을 맺는다는 사실을 가르쳐 주었다. 그리고 이젠 그가 직접 이러한 수확을 거두고 있었다. 그는 다른 이들이 믿음을 갖도록 설교하였는데, 이제 이들의 신앙을 통해 자신의 신앙이 확인되고 있었다.

1739년, 브리스톨의 봄 이후, 웨슬리는 그에게 귀를 기울이는 청중들만 있다면 어디에서나 가난한 이들을 위하여 복음을 전했다. 그는 그해 6월 다음과 같이 기록하였다. "나는 전 세계를 나의 교구로 생각한다. 나는 모든 듣고자 하는 이들에게 구원의 기쁜 소식을 전파하는 것이 나에게 주어진 책임으로 여긴다."

그는 감옥을 찾아 죄수들에게, 여관에서 여행객들에게, 아일랜드를 향하는 배 위에서 선객들에게 복음을 전했다. 콘월(Cornwell)에서는 한번에 30,000명에게 설교하였으며, 엡워스 교회 입장을 거부당하자 교회뜰에 모인 수 백명 군중들에게 아버지의 묘비 위에 서서 설교하였다. 1774년 6월 28일의 일기에 의하면 그는 일년에 평균 4,500마일을 여행하였다. 이는 그가 평생 250,000마일을 돌아다녔다는 의미인데, 이는 지구를 열 바퀴나 도는 거리이다. 그는 주로 말을 타고 다녔는데, 곧 이에 숙달되어 마상에서 설교를 준비하거나 혹은 책을 읽을 수 있을 정도가 되었다.

웨슬리의 사역 초기에 청중들이 항상 우호적인 것은 아니었다. 돌멩이나 기타 달걀, 토마토 등을 설교하는 그를 향하여 던지는 이들도 많았다. 그에게 적대적인 영주나 목회자들의 사주를 받은 폭도들에 의해 폭행당한 적도 많았다. 그러나 웨슬리는 인간들을 두려워하지 않았다. 그의 인간적 매력에 의하여 많은 폭도들이 잠잠해지고 그에게 귀를 기울이게 되는 경우들도 많았다. 그가 죽기 전에 그의 모습을 조각한 석상이나 기념품들도 무수하게 판매되었다.

웨슬리는 1751년 런던에 거주하는 상인의 과부였던 몰리 바제일(Molly

Vazeille)과 결혼하였다. 그녀는 그가 얼음 위에 넘어져 다쳤을 때 간호하여 건강을 회복시켜준 여인이다. 그녀는 결혼 후 2년 동안 남편의 바쁜 행로에 맞추어 동반해 보고자 노력하였으나, 결국 불가능함을 깨달았으며, 건강을 잃고 신경쇠약에 걸려 그를 떠나고 말았다. 웨슬리는 1777년까지도 그녀와의 재결합을 고려하였으나, 몰리가 1781년 죽었을 때는 그 사실도 알지 못하여 장례에도 참석지 않았다. 그녀는 이미 자기의 사역과 결혼하였던 인물과 잘못 혼인한 것이었다.

웨슬리는 설교를 통하여 오늘날 우리가 흔히 "아르미니우스주의 (Arminianism)"라 부르는 교리를 강조하였다. 이는 칼빈주의를 점 더 완화시키고자 하였던 홀랜드 신학자 야콥 아르미니우스(Jacob Arminius, 1560-1609)로부터 비롯된 사상이다. 웨슬리는 특별히 아르미니우스의 사상을 연구한 바는 없었으나, 칼빈의 예정론은 강력히 반대하였다. 예정론은 하나님을 독단적인 악한 존재로 만든다고 생각하였기 때문이다. 그는 하나님께서 모든 인류를 다 구원하시기를 뜻하셨다고 하였으며, 인간에게는 하나님의 은혜를 받아들이거나 거부하기에 충분한 의지의 자유가 있다고 생각하였다.

이러한 생각 때문에 그와 휘트필드와의 우정도 위기를 맞게 되었다. 휘트필드는 하나님의 주권을 확신하였으며, 이 주권에 의하여 당연히 예정론을 신봉하였다. 그는 웨슬리의 "아르미니우스주의"가 중요한 죄의 의식을 약화시킨다고 생각하였다. 즉 전능하신 하나님의 관념을 약화시킴으로써 인간을 나태하게 만든다는 것이었다.

그러나 이 두 사람은 모두 대각성운동을 계속 추진하고자 하였으므로, 서로간의 존경심을 간직한 채 상대방의 다른 의견을 존중하기로 하였다. 웨슬리는 1770년 휘트필드의 장례식에 참석하여 그의 "가장 너그럽고도 부드러운 우정"에 관하여 얘기하였다. 그러나 양자의 차이는 감리교가 웨슬리를 좇는 아르미니우스파와 휘트필드를 추종하는 칼빈주의자들의 두 집단으로 나누어지게 만들었다.

감리교의 구조

휘트필드는 조직이나 체제에 별 관심이 없는 이였으나 웨슬리는 행정 문제에 있어서 천재적 소질을 갖고 있었다. 그의 가는 곳마다 잉글랜드, 아일랜드, 웨일스 등지에 감리회가 조직되었다. 이들은 우리가 이해하는 교회나 회중의 모습은 아직 아니었다. 그 구성원 대부분은 영국 성공회원들이었으며, 웨슬리는 이들에게 예배와 성례를 위해 교구 교회에 충실히 참석하도록 종용하였다. 그는 아직도 교파에 충실한 엡워스 목사관 출신 성직자의 모습을 간직하고 있었다. 그러나 그를 통해 개종한 신자들은 교구 교회들이 아니라, 자기들의 죄악을 서로 고백하고, 지도자의 치리에 순응하며, 함께 기도하고 찬송하는 감리회 모임에서 신앙생활의 중심을 찾게 되었다.

존보다 사흘 먼저 하나님의 용서하시는 은혜를 체험하였던 찰스는 이러한 감리회 모임들을 위하여 7,000개 이상의 찬송가를 만들었다. 이중 가장 널리 알려진 것은 아무래도 "예수, 내 영혼의 사랑(Jesus, Lover of My Soul)"일 것이다. 이 찬송은 아메리카와 영국의 모든 감리회 모임에서 불리었다. 어떤 역사가들은 찰스의 찬송가가 부흥운동이 남긴 가장 중요한 유산이라고도 평가한다.

존은 모라비안들의 예를 따라 감리회를 다시 약 열 두명 가량의 회원들로 구성된 소그룹인 "속회(Class)"로 조직하였다. 이 용어는 라틴어로 분리를 의미하는 클라시스(classis)에서 온 것으로서 학교의 학급을 의미하는 것은 아니었다. 웨슬리는 이들을 원래 재정적 지원단위, 예를 들어 한 주에 한 페니씩 모금할 단위로서 조직한 바 있었다. 그러나 그는 곧, 헌금을 걷는 이가 이 소그룹의 영적 지도도 담당할 수 있으며, 이 구성원들이 신앙생활 속에서 서로 간증하고 격려할 수 있음을 깨닫게 되었다. 그 결과 속회 모임들이 생겨서, 간증, 찬양, 기도, 신앙 상담을 시행하였으니 감리교 부흥운동의 성공적인 모습으로 등장하였다.

그 사역이 성장함에 따라 웨슬리는 감리회를 위하여 평신도를 "고용"하여 그의 개인적 보좌역과 설교를 담당토록 하였다. 그러나 이들을 "목회자"라 부르는 것은 회피하였으며, 성례도 집전시키지 않았다. 그는 이들은 사역 상황을 자기에게 보고하는 개인적 "조사들(helpers)"이며, 자기는 또한 국교회에 보고한다고 하였다.

그러나 1744년이 되자 이들 설교가들 모두와 개인적 접촉을 유지하는 것은 불가능하다는 사실을 깨닫게 되었다. 그는 몇몇 안수받은 동료들과 평신도 설교자들로서 "연회(Annual Conference)"를 조직하였다. 이 모임은 동 운동의 정책과 신조들을 결정하였는데, 그 결과는 항상 웨슬리가 의도하는 대로 되었다.

John Wesley

　그는 그의 보좌역들을 마치 사병처럼 사용하였다. 자주 사역 지역과 임무들을 변경하면서도 항상 한가지 공통적인 업무는 강조하였으니, 이는 곧 전도와 신앙 양육이었다. "우리들은 스스로를 어떤 한 집단의 창시자들이나, 비밀 지도자들로 생각지는 않는다. 이는 전혀 우리들의 의도와는 동떨어진 것이다. 그러나 우리들은 명목상으로는 기독교인의 이름을 갖고 있으나, 그 내심과 생활은 전혀 딴판인 자들에게 보내진 하나님의 사자들이다. 이들을 다시 불러 진실되고 순전한 기독교로 복원시키려는 것이다."

　그리하여 1748년이 되자, "메소디스트라 불리는 이들(the people called Methodists)"은 마치 독일의 경건주의자들처럼, 교회 안의 교회로 존재하게 되었다. 그는 그후 40년 간을 분리해 나가자는 동료들의 제안을 거부하였다. 그는 "나는 영국 국교회의 일원으로 살고 죽을 것이다."고 하였다.

그러나 그의 생애 말년 아메리카에 있던 메소디스트들의 필요는 그로 하여금 분리를 향한 중요한 걸음들을 내딛게 만들었다. 미국에서 채 독립운동이 시작되기 훨씬 전에 이미 프란체스코 애스베리(Francis Asbury)를 식민지에 보내어 사역을 시작하였다. 1773년 최초의 감리회 연회가 필라델피아에서 모였는데, 이들에게는 안수받은 성직자들이 필요하였다. 웨슬리는 런던 주교에게 이 문제를 부탁하였으나 아무런 반응도 없자 스스로 이를 해결하기로 하였다.

웨슬리는 리처드 와트코스트(Richard Whatcost)와 토머스 바시(Thomas Vasey) 두 사람의 평신도 설교자들을 식민지를 위해 지명하였으며, 토머스 코크(Thomas Coke) 박사를 아메리카 식민지를 위한 "감독(Superintendent)"에 임명하였다. 이는 성공회의 정책과는 상이한 조처였다. 1784년 볼티모어에서 크리스마스 대회가 개최되었을 때, 여기서 코크와 프란체스코 애스베리를 "감독들"에 임명함으로써 아메리카의 감리교는 드디어 새로운 독립교단으로 존속하기 시작하였다.

웨슬리는 숨을 거두기 직전까지 계속 설교를 쉬지 않았다. 그는 1791년 3월 2일 런던에서 거의 88세를 일기로 생을 마쳤다. 그의 추종자들은 영국에 79,000명, 북 아메리카에 40,000명에 달하였다. 만약 영향력만을 가지고 한 사람의 위대성을 평가한다면 그는 당대의 가장 위대한 인물에 속하는 셈이다.

그의 사후 영국 감리회원들도 아메리카의 예를 따라 영국 국교회에서 독립하였다. 그러나 웨슬리가 남긴 영향과 부흥은 감리교회의 범주를 초월하는 것이었다. 이를 통하여 영국과 그 식민지의 교회 생활이 갱신되었다. 이를 통해 가난한 이들의 위치도 높아졌다. 이를 통해 19, 20세기 복음주의자들의 해외선교와 사회적 의식도 고양되었다.

참고도서

Edwards, Maldwyn. *John Wesley and the Eighteenth Century*. London: Epworth, 1955.
Green, V.H.H. *John Wesley*. Lonon: Nelson, 1964.
Outler, Albert C., Ed. *John Wesley*. New York: Oxford, 1964.

Pudney, John. *John Wesley and His World.* New York: Scribner, 1978.
Wood, A. Skevington. *The Inextinguishable Blaze.* Grand Rapids: Eerdmans, 1960.

35

시대의 새 질서
:대각성 운동

1776 년 7월 4일, 벤저민 프랭클린(Benjamin Franklin), 존 아담스(John Adams), 토머스 제퍼슨(Thomas Jefferson) 등이 미합중국의 휘장을 고안하는 위원회에 임명받게 되었다.

이를 위해 여러 가지 의견들이 제안되었다. 프랭클린은 모세의 모습을 그 중심에 놓고자 하였다. 배경에는 파라오의 군병들이 홍해에 빠져 죽는 그림을 넣고 "폭군들에 대한 저항이 하나님께 대한 순종"이라는 구절을 적어 넣자고 하였다. 제퍼슨은 이스라엘 백성들이 광야에서 "낮에는 구름기둥, 밤에는 불기둥"에 의해 인도받는 모습을 제안하였다.

휘장이 최종적으로 확정될 때에는 이러한 성경적 내용들이 거의 사라지게 되었으나, 이들 미 건국의 아버지들이, 유대 기독교적 전통에 전적으로 동의하지 않았음에도 불구하고, 미 국민들의 경험을 표현할 수 있는 주제를 성경에서 찾았다는 것은 특기할 만하다 하겠다. 오늘날 미국의 화폐들에서 찾아볼 수 있는 휘장의 라틴어는 다음과 같다.

E PLURIBUS UNUM — COEPTIS — MDCCLLXXVI — NOVUS ORDO SECLORUM

그 의미는 대개 다음과 같이 해석될 수 있다.

많은 민족들 가운데 하나 — (하나님은 우리의) 사역을 축복하시다 —
1776 — 시대를 위한 새 질서.

이들 애국자들이 "시대의 새로운 질서"라는 구절을 통해 무엇을 뜻했는지
아무도 확실히 알 수는 없다. 이는 혁명시대의 구호였다. 그러나 이제 기독
교회는 새로 건국되는 미국에서 이제와는 전혀 다른 사명과 역할과 상황을
발견하게 되었다. 우리가 "대각성(the Great Awakening)"이라 부르는 사건보
다도 기독교의 새질서를 더 분명하게 보여주는 것은 없다. 이는 미국 역사상
여러 부흥운동들 가운데 최초의 것이었다. 과연 이 대각성 운동은 무엇이며,
왜 아메리카 기독교의 발전에 그토록 중요한 의미를 갖고 있는가?

교회들을 위한 새질서

30세대를 두고 기독교 신자들은 기독교권이라는 관념으로 하나님의 하늘
아래 의미있는 위치를 발견해 왔다. 이들은 교회와 국가가 인류 전체의 유익
을 위해 조화있게 협력하는 기독교 사회 속에서 탄생하여 세례를 받고 가입
해 왔다. 교회는 그 교훈과 성례를 통해 구원의 은혜를 나누어 주어 내세를
준비시켰다. 국가는 기독교적인 법률과 정치 질서를 유지하여 그 시민들을
위한 지상에서의 복리를 추구해 왔다.

종교개혁은 원래 의도한 바는 아니었으나, 전통적인 기독교권이라는 관념
에 종지부를 찍었다. 이들은 진리를 위해 설교하고 투쟁을 벌이어 결국 기독
교권 대신 교파들이 출현토록 하였다. 기독교권의 자리에는 강력한 민족주의
적 영주들이 출현하여 주민들의 복리를 위해서라는 명목 아래 교회와 국가
사이의 동맹을 영속화 하였다.

이들 교회들은 억압과 완화의 두 극단적 위치 사이를 왕래하는 법률들에
의해 지원받고 있었다. 전자의 경우 국가는 비국교도들을 억압하고 이단들을
박해함으로써 신앙고백적 정통을 유지시키고자 하였다. 독일의 30년 전쟁도
그 한 가지 실례라 할 수 있다. 반면 서로 상이한 교리들이 함께 조화될 수
없을 경우에 국가들은 포괄정책(inclusiveness)을 시행하였다. 이에 따라 교회
가 최소한의 외형상 예식상의 동의한 조건들을 준수하기만 하면 신조에 있

어선 상당히 광범위한 이견들의 공존이 가능하였다. 그리하여 비국교도들이
국가에 의해 공인된 것은 아니지만 그 존재가 허용되었다. 바로 이것이 영국
국교회가 선택하였던 길이다. 그러나 어떤 경우에도, 국가들은 진정한 신앙
을 억압하고 제한하는 것이 보통이었으며 한개의 기존 교회가 국가 영역을
한데 묶는 시멘트의 역할을 하였다.

아메리카 식민지내 기독교의 새로운 질서는 교회를 또 다른 상황 속으로
몰아 넣었다. 제 일세대 정착민들의 시대가 지나간 후 각종 민족적 종교적
분파의 공존으로 소수의 식민주들을 제외하고는 어떤 한 국교를 설정하는
것이 불가능하였다. 예를 들어 1646년, 허든슨 강 연안에서는 무려 열 여덟개
의 언어들이 사용되고 있었다. 아마도 모든 기독교 그룹들은 한 가지만은 공
통적으로 주장하였을 것이다. 즉 이들은 모두 자기들의 신앙을 선포하기 위
해 완전한 자유를 원하고 있었다. 어쨌든 각 집단들이 모두 이러한 자유를
누리기 위해서는 다른 모든 집단들에게도 동일한 자유를 허용해야 한다는
사실만은 확실해졌다.

그리하여 교회들은 신앙이 없는 자들을 개종시키고 신자들을 양육하기 위
한 책임을 홀로 지게 되었다. 이들은 국가의 지원이나 보호를 기대할 수 없
이 스스로 이를 감당해야만 했다.

우리들은 이러한 상황을 "자원주의(Voluntarism)"라 부른다. 국가의 지원을
받음이 없이 교회들은 독자적으로 자원하여 사람들을 가르치고 전도하게 되
었기 때문이다. 사람들은 스스로 원하는 바에 의하여 복음을 받아들이든가
거부하든가 하였다. 국가는 이에 관해 아무런 상관도 하지 않았다. 각 교파
들은 국가의 지원없이 전도하고 자금을 마련해야 하였다.

대각성은 이러한 "신질서"를 위하여 중대한 의미를 지닌다. 이를 통하여
많은 기독교인들은 자원주의가 실제로 통용될 수 있다고 믿게 되었다. 대각
성의 물결이 지난 후 많은 신자들은 이러한 부흥이야말로 기독교적 아메리
카를 위한 하나님의 선물이라 확신하게 되었다. 조나단 에드워즈는 천년왕국
이 바로 아메리카에 이루어질 것이라고까지 설교하였다.

이러한 대각성이 쉽게만 이루어진 것은 아니었다. 특히 청교도 세력이 강
성했던 뉴 잉글랜드에서는 상당한 반대가 있었다. 그 이유는 쉽사리 살펴볼
수 있다. 청교도주의는 "옛질서"를 반영하는 전통의 산물이다. 기독교는 국
가와 동맹하는 것을 당연히 생각하였다. 그러나 청교도주의를 통해서도 부흥

을 위한 씨앗들은 이미 뿌려진 바 있었다.

청교도들의 교회관은 이들의 은혜 언약에 대한 이해에 기초하고 있었다. 초기 뉴 잉글랜드인들은 눈에 보이는 가시적 교회가 진정한 택자들만의 모임을 그대로 반영한다고는 생각지 않았으나 하나님은 교회가 가능한 한 "눈으로 볼 수 있는 성도들(visible saints)"의 집단이 되도록 의도하셨다고 믿었다. 바로 이러한 이유로 처음 세대는 개종이 교회 등록에 선행해야 한다고 주장하였다. 이러한 사상은 1648년 "케임브리지 강령(Cambridge Platform)"에 의해 채택된 바 있었다.

"지상에 있는 그리스도 교회의 문들이 누구를 위해서나 널리 열려있는 것이 하나님의 뜻은 아니다. 선악을 막론하고 온갖 종류의 인간들이 자기들 마음대로 출입하기를 그는 원치 않으신다." 교회에 들어오고자 하는 이들은 우선 "죄의 회개와 예수 그리스도에 대한 신앙"을 가지고 있는지 점검하기 위해서 "시험과 확인을 받아야한다"고 규정하였다. 이는 보통 교회의 일원이 되고자 하는 자는 "영혼 속에 하나님께서 어떻게 역사하셨는지"를 자세히 설명하는 "개인적이고 공적인 고백"을 해야함을 의미하였다.

사회 속의 하나님의 뜻

그러나 매사추세츠 식민지는 단지 보스톤 만에 위치한 일련의 기독교 회중들 이상의 것이었다. 메이플라워 언약(Mayflower Compact)을 맺은 순례자(pilgrim)들처럼 청교도들은 전체 공동체를 하나님께서 의도하신 바에 따라 조직하고자 하였다. 이것이 바로 세속 정부를 위한 언약의 목표였다. 오직 하나님께서만 주실 수 있는 집단을 위한 축복을 누리고자 한다면, 이들이 이루는 세속 정부까지도 그의 뜻에 순종하고 그의 계명들을 준수하여야 한다.

하나님의 뜻은 "온전한 율법들(wholesome laws)" 속에 드러나 있다. 청교도들은 윤리적 기반이 없는 법은 법도 아니라고 생각하였다. "인간들의 죄악은 제방이 없으면 모든 것을 삼켜버리는 성난 바다 같아서" 타락한 인간들의 본성이 외부적으로 표현되는 것을 제한하고 인간들의 탐욕을 속박하기 위해선 법률들이 필요하다고 생각하였다. 이러한 법률들은 성경이나 자연, 올바른 이성에서 비롯된다고 하였다. 그러나 어떠한 법률이 올바른 것인지 알기 위해선 과연 해당 법률이 "공공의 선"을 증진하는지 보아야 한다. 이는 다시 말해 "사회 속에서 하나님의 뜻을 성취하는지"를 의미하였다.

청교도들은 이들에게 뉴 잉글랜드에서 정착할 것을 허가하는 헌장을 부여받아 있었으므로 과연 어떤 법률들이 "공공의 선"을 증진하는지 판단할 수 있는 위치에 있었다. 그리하여 매사추세츠 식민지에서는 오직 자유인들만이 총독과 정부를 위해 투표할 수 있고, 모든 자유인들은 교회 구성원들이 되도록 규정할 수 있는 권위를 갖고 있었다. 이에 따라 투표와 공공 도덕 사항들은 교회가 통제하였다.

이러한 "법제화된 도덕(legistrate morality)"의 시행이 후대에 미국인들이 청교도들을 싫어하게 된 이유들 가운데 하나이다. 대부분의 20세기 미국인들은 그들이 살고 있는 사회의 도덕적 성격보다는 개인들의 자유를 더 중요시한다. 대부분의 개인 자유 옹호론자들은 "인간의 타락성" 자체를 부인하고 개인들에게는 옷을 입거나 벗으며, 말하고 보며, 자기들이 원하는대로 먹고 마실 자유가 있다고 주장하는 것이다.

진실로 개종한 이들만의 교회와 기독교 국가의 개념을 한데 혼합한 청교도들의 "거룩한 실험(holy experiment)"는 애초부터 실패할 요인을 내포하고 있었다고 하겠다. 오직 하나님만이 진정한 구성원이 누구인지 아시기 때문에, 이 지구상에서 교회를 운영하는 것은 쉽지 않은 일이다. 매사추세츠나 코네티컷에 살고 있었던 모든 주민들이 다 자신있게 하나님의 은혜를 체험하였다고 간증할 수 있는 것은 아니었다. 뉴 잉글랜드를 건설한 처음 세대들의 신앙적 열정이 식어감에 따라, 자기들 영혼 속에 역사하는 은혜의 모습을 공식석상에서 용기있게 간증할 수 있는 남녀들의 숫자는 감소하게 되었다. 교인들의 숫자가 격감하는 것을 방지하기 위해 많은 교회들은 1662년 "절반 언약(Halfway Covenant)"이라는 타협책을 채택하게 되었다. 이 정책 아래서 "아직 깨어나지 못한(unawakened)" 교인들도 일종의 부분적 회원권을 행사하여 자녀들에게 세례를 주고, 교회 활동에 참여하되 온전한 성찬에는 참여할 수 없게 되었다. 이는 대부분의 정치적, 사회적 목적을 위해선 충분한 교회와의 관련이었으므로, 점차 "성도"들은 얼마 안되는 소수로 전락하였다. 그리하여 1691년의 새 헌장이 교회 등록 여부가 아니라 재산에 기초하여 투표권을 규정하였을 때 뉴 잉글랜드 지방은 영적 분기점에 도달하였던 것이다.

18세기가 동트면서 청교도 후예들은 두 가지 형태로 나타나기 시작하였다. 그 영적 전통은 대각성의 후손들을 통해 이어지게 되었다. 조나단 에드워즈의 설교를 통하여 개인적 회심의 경험이 교회등록의 선행 조건이 되어야 한다는 주장이 코네티컷 리버 계곡 일대에 메아리치게 되었다.

보다 "세속적 청교도들"은 청교도들의 세속적 의무감과 합법적 정부에 대한 관심을 이어 받았다. 이들이 더 이상 엄격한 역사의 주인으로서의 하나님의 임재를 느끼지 않을 때에도, 인간들이 신적 섭리(Divine Providence)에의 순종, 불순종을 따라 국가 사회의 흥망이 결정된다고 믿었다. 예를 들어 이들은 하나님은 인간이 자유를 획득하기 위해 투쟁할 때 이를 축복하신다고 생각하였다.

대각성은 하나님의 축복과 징벌 모두를 아는 운동이었다. 이를 통해 식민지 기독교에 회개의 눈물과 구원의 기쁨이 모두 복원되었다.

20년 동안(1720-1740) 각성의 움직임은 일련의 지역적인 바람으로 불었다. 조지 휘트필드에 의하면 "이 위대한 사역의 창시자는, 뉴저지 지방 홀랜드 개혁파 교회의 목사였던, 테오도어 제이 프렐링후이젠(Theodore J. Frelinghuysen)"이었다. 그는 식민지에 도착한지 얼마 후부터 라리탄 계곡(Raritan Valley) 일대의 농부 교인들에게 정열적인 설교를 하여 "교인들이 심히 증가하는 것을 경험하였다."

그 바람은 인근 지역의 스코틀랜드-아일랜드 장로교인들에게 불어갔다. "통나무 대학(Log College)"이라 불리던 작은 학교에서 학구파 성직자였던 펜실베이니아의 설교가 윌리엄 테넌트(William Tennant)는 "복음적 열정"에 불타는 일단의 목회자들을 배출하였다. 그의 졸업생들은 곧 뉴저지 일대의 몇몇 교회들에게 부흥의 바람이 불게 하였다. 그러자 "학식있는 목회자"와 "회심한 목회자"들을 두고 논쟁이 발생하였으며, 이에 따라 전체 장로교회는 부흥운동을 지지하는 "신파(New Side)"와 반대하는 "구파(Old Side)"로 나뉘게 되었다.

반대에 굴하지 않고 신파 세력은 남부로 선교사들을 파견하였다. 사무엘 데이비스(Samuel Davis)목사의 지도 아래 버지니아 지방에 부흥파적 장로교회들이 생기게 되었다. 이에 질세라 침례교도 슈바엘 스턴스(Shubael Sterns)의 영도 아래 "교육은 없으나" 정열적인 설교가들에 의해 버지니아와 캐롤라이나 지방들에서 그 교인들을 증가시켰다.

뉴 잉글랜드의 경우엔 바람이 서쪽에서 불어왔다. 조나단 에드워즈가 약 200여 가족들에게 목회하던 매사추세츠의 노샘프턴 지역은 "종교적 정열이 심히 메말라 있었다." 에드워즈는 이곳의 "방탕, 술 취함, 각종 음란한 행태"

를 한탄하지 않을 수 없었다. 그러나 1734년 12월, "하나님의 성령께서 놀라운 능력으로 임재하시기 시작하였다." "영원한 세계에 관한 … 위대한 관심들이" 회중들을 사로잡기 시작하였다. 에드워즈는 이렇게 기록하였다. "노소를 막론하고 … 영원한 세계에 관한 문제에 관심을 두지 않는 이는 하나도 없게 되었다 … . 개종과 회심의 사역들이 참으로 놀라운 모습으로 발생하였다. 영혼들이 떼를 지어 예수 그리스도를 향하였다."

위대한 부흥사

뉴저지. 매사추세츠. 버지니아. 이곳들의 부흥의 바람들은 비록 거세기는 했지만 대서양의 물결을 타고 현대 부흥 전도의 아버지라 불리는 조지 휘트필드가 아메리카에 상륙하기 전에는 역시 국지적 현상에 불과하였다. 1739년, 이 웨슬리의 친구는 그의 막강한 음성과 사람을 끄는 스타일을 식민지로 가져와 조지아, 캐롤라이나, 버지니아, 메릴랜드, 펜실베이니아, 뉴욕 등에서 집회를 계속하였다.

그는 필라델피아에서는 옥외 집회를 하였다. 세속사에 밝은 벤저민 프랭클린까지도 깊은 인상을 받았다. 특히 휘트필드가 군중들을 향하여 그들은 모두 "자연 상태대로 놔두면 반짐승이요 반악마들이라는 혹독한 소리를 하는데도, 청중들이 이를 오히려 존경하고 경모하는 것"은 이해할 수 없는 일이라고 생각하였다. 또한 이신론자였던 프랭클린으로서는 필라델피아 집집에서 시편 찬송 소리가 흘러나오는 사실이 매우 놀라운 것이었다.

휘트필드는 북부로 올라가면서 1740년에는 뉴 잉글랜드와 남부, 중부의 부흥을 한데 연계시켰다. 보스턴의 몇몇 목회자들이 한데 모여 그를 초청한 것이 중대한 선례를 남기게 되었다. 그후 모든 뛰어난 부흥사들은 대도시를 순회하게 되었던 것이다. 휘트필드는 보스턴과 하버드에서 집회했으며, 노샘프턴에서는 에드워즈의 교회에서 네차례에 걸쳐 설교하였다. 그리고는 코네티컷의 도시들을 순회하였는데, 여기서는 군중들이 주위의 농장들로부터 "마치 사람들과 말들의 큰 파도처럼" 몰려 들었다.

휘트필드는 한달 후 뉴 잉글랜드를 떠났으나 이곳의 부흥은 더 이상 산들바람 정도가 아니었다. 이들은 한데 모여 대각성이라 불리는 태풍을 이루게 되었다.

에드워즈 및 다른 목사들은 "부흥설교"를 위해 인근 촌락들을 방문하였다.

그는 코네티컷의 엔필드(Enfield)에서 "진노한 하나님의 손에 잡힌 죄인들 (Sinners in the Hands of an Angry God)"이라는 설교를 했는데, 이는 참으로 무자비하다고까지 표현될 수 있는 것이었다. 그는 사람들이 흉칙한 거미를 촛불 위에 태우는 모습으로, 하나님께서 지옥 불 위에 죄인들을 태우신다고 비유하였다. 그는 과연 영원히 이러한 불꽃에 태움을 받는 것이 얼마나 큰 고통이겠는가를 묘사하였다. 그는 청중들이 딛고 선 땅은 불구덩이를 덮고 있는 뚜껑같아서, 이미 균열이 가 있어서 언제 무너질지 모른다고 하였다.

실제 지옥의 존재를 믿고 있었던 남녀들에게 이는 참으로 실감나는 설교일 수밖에는 없었다. 사람들의 울고, 놀라는 소리가 너무 커서 설교자의 음성이 제대로 들리지 않아 에드워즈는 말을 멈추고 기다리곤 하였다. 그런데 그의 이 설교는 어쩌면 그를 오해케하는 요인이 되었는지도 모른다. 후 세대의 미국인들은 그가 예리한 심리학자요, 뛰어난 신학자요, 프린스턴의 제3대 학장이었다는 사실을 흔히 망각하고, 이 설교를 통해서만 그를 흔히 기억하고 있다.

1741년, 부흥 운동의 모든 요소들 — 방문 설교가들, 지옥 불의 위협, 순회 부흥사들, 기도회 및 교인증가 등 — 이 최대로 작용하고 있었던 동시에, 이를 둘러싼 논쟁들과 교회 분열들의 모습도 나타나기 시작하였다.

이 대각성 운동이 청교도 뉴 잉글랜드 지방에 불러온 변화는 코네티컷의 한 농촌 소년의 모습에서 명백하게 드러난다. 교실 하나 밖에 없는 학교에서 어린 아이작 박쿠스(Isaac Backus)는 코네티컷 사회의 선한 질서는 교회의 종교교육과 식민지의 법률에 의해 보존된다는 사실을 배우게 되었다.

그러나 1741년 대각성의 물결은 평화스런 노리치(Norwich)도 휩쓸었으며, 17살 난 아이작의 모친이 이때 회심을 경험하게 되었다. 그후 곧 자기도 회개해야 할 정해진 시각이 다가 왔음을 깨닫게 되었다. 그는 혼자서 밭을 갈다가 아무 특이한 감정의 흥분없이 "중생"을 경험하게 되었다. "나는 하나님의 빛에 의하여 그리스도의 완전한 의로우심과 그 은혜의 풍부하심과 거저 주심을 깨닫게 되었다. 이것이 너무나 명백하였으므로 나의 영혼은 구원을 위해 그분만을 저절로 의지하게 되었다."고 그는 회고하였다.

이러한 "새로운 빛(new light)" 혹은 "내적 증거(inward witness)"가 뉴 잉글랜드 부흥의 관건이었다. 부흥사들은 청중들에게 이들의 선조들은 개종치 않은 교인들이 교회에 들어오는 것은 성경에 어긋난다고 확신하였기 때문에,

영국 국교를 떠나 아메리카까지 왔다는 사실을 지적하였다. 부흥사들은 이러한 대각성이야말로 뉴 잉글랜드 지방에서 "새 종교개혁(new reformation)"을 시작하라는 하나님의 명령으로 느꼈다.

그리하여 새빛파(new lights)들이 교구 교회를 떠나 뉴 잉글랜드를 창시한 선조들의 방법을 좇아 스스로의 회중들을 조직하기 시작하였다. 이들은 회심 경험의 간증을 듣고, 눈에 보이는 성도들의 교회로서 주님이 원하시는 길을 함께 걷기로 동의하는 언약에 서명하였다.

아이작 박쿠스는 개종 후 얼마 지나지 않아 자기를 부흥사로 부르시는 하나님의 소명을 의식하게 되었다. 그는 뉴 잉글랜드 남동부 지역의 촌락들을 돌며 순회 전도를 시작하였다. 그는 또한 침례교의 교리를 확신하게 되었으므로 매사추세츠 미들보로(Middleborough)에 최초의 침례교회를 세웠다.

종교자유의 주창자들

그리하여 미국 역사상 종교 자유의 주창자로서의 중요한 역할을 담당할 박쿠스의 사역이 시작되었다. 결국 아메리카에서 시행될 교회와 국가 사이의 관계에 관한 복음주의적 입장을 체계화하고 널리 반포한 인물은 바로 아이작 박쿠스라 할 수 있다.

1769년 뉴 잉글랜드의 침례파들은 자기들의 주장을 펴기 위하여 워렌 협회(Warren Association)를 조직하였다. 2년 후엔 이를 위한 위원회를 두고 뉴 잉글랜드 전체에 종교의 자유를 실시하는 운동을 전개하였다. 박쿠스는 이 위원회의 중추적 인물이 되었다.

그는 이를 위해 소책자를 집필하고, 수 십개의 항의문들을 작성하고, 종교적 박해의 실례들을 수집하고, 증인으로서 법원에 출두하였으며, 정책을 수립하기 위해 위원회에서 봉사하고, 신문, 공개 논쟁, 서신들을 통해 그 입장을 널리 밝히기에 힘썼다. 그의 모친, 남동생, 삼촌들이 코네티컷에서 수감된 사실과, 스스로의 깊은 경건주의적 확신이 기존 체제에 대한 열렬한 반대를 가능하게 하였다.

침례파의 기본적 입장은 아메리카가 진정한 기독교 국가가 되기 위해선 국가와 조직된 교회들 사이의 일체 직접적 연결들은 단절되어 버려야 한다는 것이었다. 박쿠스는 제퍼슨이나 매디슨과 같이 "진리는 위대하여 반드시 승리한다"고 믿었다. 그러나 그는 이들 "계몽된 정치가들"과는 달리 진리란 곧 계시된 성경의 진리들이라 믿었다. 그는 근본적 전제는 "하나님께서는 그 본질상 다르므로 절대 서로 혼동되어서는 안될 서로 다른 두 종류의 정부를 이 땅 위에 세우셨으니, 이들은 곧 교회와 세속정부"라는 것이었다.

"우리들이 가진 세속 입법부가, 종교적인 문제들에 있어서는 우리들의 대표들로서 작용할 수 없다."는 입장이었다. 이들은 세속적, 정치적 문제들에 있어서의 대표자들로 선출되었으므로, 종교적인 문제에 간섭하게 되면 이들을 선출한 유권자들이 위임한 권위 이외의 범위까지 침해하게 된다. 그뿐 아니라 입법권이란 신앙 문제를 대표하는 데는 적당하지 못하다. "종교는 폭력으로 강제할 수 없는 하나님에의 자발적인 순종이다."

부흥주의자들이 기성 교회에 반발했다고 해서 이들이 기독교 아메리카의 꿈을 포기한 것은 결코 아니었다. 이들은 대각성 운동 속에서 자기들의 필요에 대한 해답을 발견하였다. 만약 시민의 다수가 자발적으로 하나님의 법에 순종하게 되면 하나님의 왕국은 이루어지게 되리라는 기대였다. 부흥은 바로 이를 실현시키기 위한 하나님의 방법이었다.

1760년에는 이러한 생각이 결코 공상이 아니었다. 1740년에서 1742년 사이에 대각성 운동을 통해 뉴 잉글랜드 지방에서만 무려 25,000에서 50,000명의 교인증가를 보았다. 1750년부터 1760년까지, 계속 성장하는 모습을 보이던 침례파는 제외하더라도, 150개의 새로운 회중파 교회가 조직되었다.

그러나 대각성 운동이 과거와 확연히 구별된 것은 역시 부흥주의자들이 전했던 메시지의 내용이다. 개인구원의 필요성을 강조함으로써, 대각성파들은 청교도들이 강조하였던 복음의 정치적, 사회적 영향력을 소홀히 한 경향이 있다. "은혜의 언약"을 개인들 ─ 중생한 남녀들 ─ 에게만 국한시킴으로써 "언약의 백성"의 관념은 쉽사리 교회로부터 일반적인 아메리카인들로 전이되었다. 그 결과 "택함 받은 자들"의 사명은 은연중에 청교도적인 "거룩한 국가"로부터 "자유"를 위한 아메리카인들의 투쟁이라는 형태로 변화되었다.

물론 부흥주의자들이 자원주의를 주장한 유일한 식민지 세력은 아니었다. 다른 18세기의 여러 사상들도 자유롭고, 개인적인 동의를 세속적, 종교적 조직을 위한 유일한 합당한 조건으로 하는 것을 지원하고 있었다.

많은 자유의 아들들은 계몽주의의 영향을 깊이 받고 있었다. 이들의 프랑스, 그리고 영국의 스승들처럼 이들 애국자들 ─ 제퍼슨, 프랭클린, 매디슨 ─ 은 인간들은 자기들의 이성을 사용하여 자신과 세계에 관한 "합리적이고" "자연스런" 이해에 도달할 수 있다고 하였다.

이들 계몽된 애국자들은 각 개인들은 오직 자기들 내부의 증거들을 따라서만 움직이고 안내되어야 한다고 믿었다. 제퍼슨은 어떤 형태로든 통일을 이루기 위해 국가가 개인들을 강제하게 되면, 그 결과는 "세계의 절반은 바보들, 다른 절반은 위선자들로 채우게 될 것"이라 하였다.

바로 여기서 계몽주의의 "합리적 인간"과 대각성의 "부흥된 인간"이 공통점을 발견하였다. 부흥운동 역시 자유의 개념을 발전시켰다. 물론 이 자유는 성령의 특별한 사역 아래 있는 것이었으며, 성경의 객관적인 계시에 의하여 확인되고 통솔되어야 하는 것이었다. 은혜를 개인적으로 경험한 회심자들은 이를 통해 영적인 자유를 발견하고 획득하였다. 그러나 이 자유는 "이성"으로부터의 자유가 아닌 "그리스도 안에서"의 자유였다.

그리하여 부흥 운동가들은 "그 내적 확신 때문에", 그리고 "합리주의자들은 그 지성이 허락지 않으므로" 더 이상 기존 교회가 강요하는 통일성을 그대로 용납할 수 없었다. 그리하여 18세기에 합리주의자들과 부흥주의자들은 한데 힘을 합하여 기존 종교 체제에 대항하여 실질적이고 합법적인 종교적 자유를 옹호하였다.

이러한 일시적인 연합은 성공적이었다. 미 합중국이 탄생하면서 헌법 제1조 수정안은 다음과 같이 규정하였다. "의회는 국교를 수립하는 법률이나, 혹은 종교의 자유스런 행사를 금하는 법률을 입법할 수 없다 … ."

미 독립전쟁 일세기 후 뛰어난 통찰력을 갖춘 제임스 브라이스 경(Lord James Brice)은 미국민을 면밀히 관찰한 뒤 「미 합중국」(*American Commonwealth*)을 저술하였다. 그는 미국인들이 자연스레 전제하였던 문제들을 다음과 같이 지적하였다. 미국의 교회와 국가의 관계에 관한 입장은 "교회란 영적 목적을 위해 존재하는 영적 기관으로서, 영적인 통로만을 따라 진행한다"는 관념에 뿌리박고 있다. 그리하여 보통의 미국인들은 "과연 왜 국교가 필요한가를 생각조차 하지 않는다 … . 그 어떠한 강제도 이러한 기관과는 공존할 수 없는 개념이다 … . 교회는 국가의 도움을 요청하지 않으며, … . 어떠한 배타적 특권도 요구하지 않는다."

새로운 시대의 새로운 질서 가운데, 이보다 더 새로운 것은 없었다.

참고도서

Gaustad, Edwin Scott. *The Great Awakening*. In New England. New York: Harper & Brothers, 1957.

Henry, Stuart C. *George Whitfield, Wayfaring Witness*. New York: Abingdon Press, 1957.

Lovejoy, David S. *Religious Enthusiasm and the Great Awakening*. Englewood Cliffs, N.J.: Prentice-Hall, 1969.

Marty, Martin E. *Religion, Awakening and Revolution*. Wilmington, N.C.: McGrath, 1977.

McLoughlin, William G. *Isaac Backus and the American Pietistic Tradition*. Boston: Little, Brown and Co., 1967.

Stearns, Monroe. *The Great Awakening 1720-1760*. New York: Franklin Watts, 1970.

진보의 시대

1789 — 1914

과학이 기독교 신자들에게 새로운 의문을 던졌듯이, 프랑
스 혁명은 일반인들을 위한 새로운 희망을 제공하였다.
이제 일반 시민들이 권력을 장악할 수 있을 것 같았다.
이는 기독교의 입장에서 볼 때에는 지성적 회의에 부가
하여 새로이 사회적 불안의 문제가 출현한 것을 의미하
였다. 과연 기독교 신자들은 어떻게 도시 군중들의 수요
를 충족시킬 수 있겠는가? 과연 인간은 단순히 진화론적
힘의 산물에 불과한 것일까? 신자들은 이러한 문제들에
대응하는 방법을 두고 심각한 의견의 차이들을 보이게
되었다. 더 이상 국가로부터 전통적인 지원을 받을 수 없
게 된 많은 프로테스탄트 신자들은 억압받는 자들과 가난
한 자들을 돌보고, 먼 나라들에 복음을 전파하기 위해 자
발적 단체들에게 의존하게 되었다.

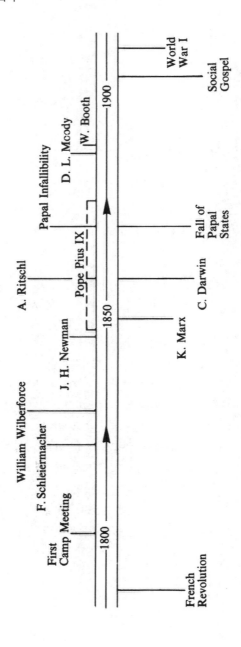

The Age of Progress

36

성채의 복원
:진보의 시대의 가톨릭 교회

파 리시 동부 외곽에는 오랜 동안 감옥으로 사용되었던 봉건 시대의 성채
가 서 있었다. 대중들을 향한 선전은 이 성을 왕실 독재의 상징으로
만들었다. 이 성의 지하 감옥 속에는 민중들을 위해 싸웠던 투사들이 갇혀
고통을 당하고 있다는 소문이 떠 돌았다. 이 성채를 지키던 것은 110명의 병
사들을 거느린 드 로내(de Launay) 수비대장이었다.

1789년 7월 14일의 이른 아침, 일단의 폭도들이 성 앞의 작은 뜰에 모여
들었다. 이들의 수가 점차 증가하면서 열기도 더해 갔다. 폭도들은 정문을
향해 돌진하기 시작하였다.

군중들을 제어할 자신이 없었던 드 로내는 자신과 부하들의 안전을 조건
으로 항복하였다. 그러나 성문이 열리면서 성안으로 몰려든 폭도들은 드 로
내를 잡아 살해해 버렸다.

성안의 감옥에서 풀려난 소위 자유의 투사들이란 다섯 명의 일반 범죄자
들과 두 명의 정신병자들이 전부였다. 이들 가운데 시민들을 위해 싸웠다는
애국 투사들은 물론 찾아볼 수 없었다. 1789년 7월 14일의 이 수치스런 사건
이 바로 프랑스 혁명의 효시였다.

새시대의 탄생

역사가들은 이 숙명적인 사건을 새로운 시대, 즉 진보의 시대(1789-1914)의 탄생으로 정의한다. 이 바스티유(Bastille) 성채는 구체제의 상징이었다. 왕실의 절대 권력과 가톨릭 교회, 부유한 귀족들, 무력한 일반인들로 소위 구체제는 이루어져 있었다. 그리고 폭도들은 새로운 시대인 19세기, 그리고 평민들의 권리를 보여주는 한 증거였다.

이러한 새시대 평민들의 확신은 인간 발전의 신념이었다. 만약 바스티유 함락에 뒤이은 폭동과 유혈극이 진보를 향해가는 여정에 의심을 불러 일으켰다해도, 대부분은 역사가 더 나은 방향으로 쉬임없이 전진하고 있다는 사실을 믿어 의심치 않았다. 인류는 개선되며 더 행복해지고 있다. 바로 이것이 새로운 신념이었다.

기독교는 이 시대에 불리한 상황 속에서 존재하게 되었다. 일정한 방향도 없이 흘러가는 조류들의 혼란 가운데 기독교인들은 올바른 방향을 제대로 찾지 못하였다. 물론 프로테스탄트들도 어려움을 겪었으나, 구체제와 가장 밀접한 연관을 갖고 있던 가톨릭 교회는, 현대라는 이름의 폭풍 속에서 과거의 소중한 유산들이 산산히 흩어지고 파괴되는 것을 경험해야 했다.

프랑스 혁명의 민주주의적 복음은 하나님이 아니라 인간의 영광에 기초하고 있었다. 이를 알아차린 로마 교회는 지나간 역사 속에서의 예대로 이러한 이단에 반격을 가했다. 가톨릭은 대부분의 프로테스탄트들보다 훨씬 더 확실하게, 사탄은 자기에게 유리할 때에는 소위 민주주의라는 탈을 쓰고 있음을 깨달았다.

설혹 만인이 거짓말을 한다해도, 이 때문에 거짓이 진실이 되지는 않는다. 바로 이것이 모든 시대의 기독교 신자들에게 주는 소위 진보의 시대로부터의 교훈이다. 투표권과 교육받을 권리가 유토피아를 보장해 주지는 않는다. 기독교 신앙은 항상 인간의 정치적, 사회적 조직의 결점보다도 더 근본적인 문제는 인간 본성의 악성이요, 타락성이라고 주장해 왔다.

19세기에 아메리카를 방문하였던 알렉시스 드 토크빌(Alexis de Tocqueville)은 「아메리카의 민주주의」(*Democracy in America*)라는 저서 속에서 다음과 같이 경고하였다. 미합중국에는 귀족정치도 군주정치도 존재하지 않는다. 그러나 바로 이처럼 전례없는 "상황의 평등성" 자체가 또 다른 치명적 위협을 그 가운데 내포하고 있지는 않은가? 즉 그는 "다수의 횡포 (Tyranny of the Majority)"를 우려하였다. 그는 통치 과정 속에서, 다수의 지배란 곧 이성적인 지도력이 아닌 일반대중들의 기분과 요구에 순응하는 소수의 피압박 상태를 유발시킬 것이라고 경고하였다.

그런데 불행하게도 평민들의 복음에 대항함으로써 로마 교회는 시계바늘을 뒤로 돌려보고자 시도하였다. 로마 교회는 진보의 길 위에 중세의 성채를 쌓아 보고자 하였다. 그리하여 세속적인 대중들은 이를 아예 피하여 자기들이 가고 싶은 길로 가버렸던 것이다. 왜 이러한 현상이 벌어지게 되었는가? 과연 가톨릭 교회는 시대의 대중 운동을 왜 이처럼 두려운 시선으로 바라보아야만 했는가?

새시대의 바람은 "자유, 평등, 박애"라는 프랑스 혁명의 구호 속에 잘 드러나고 있다.

여기서 자유란 정치적, 경제적 영역에서의 개인적 자유를 의미한다. 자유라 할때 이는 대개 자유주의(liberalism)를 시사하게 되는데, 이 용어는 몇가지 의미들을 함축하고 있으므로 이를 상황을 고려하지 않고 단순하게 설명할 수 없다. 정치분야의 자유주의가 신학적 자유주의와 구별되어야 함은 물론이다.

19세기의 자유주의자들은 중산층을 대변하는 음성이었다. 이들은 투표할 수 있는 권리와 대의정부를 선출할 권리를 요구하였다. 경제 분야에서는 공장들을 짓고, 정부의 간섭 없이(laissez faire) 마음껏 부를 축적할 수 있는 권리를 의미하였다.

두 번째로, 평등이란 가정적 배경이나 재산의 유무와는 관계없는 인간의 권리를 의미한다. 19세기에 농부들과 도시 노동자들은 중산층과 동일한 정치적 평등을 획득하고자 노력하였다. 그리하여 이들은 자기들의 권리를 증대시킬 수 있는 사회 철학을 지지하였다. 그런데 중산층과 유산 계급들, 그리고 사업가들은 자유 방임주의를 지지하였는데 반하여, 노동 계급은 이와 대치되는 사회주의(socialism) 철학을 주장하였다. 노동자들을 위한 진보는 민주적 체제 안에서의 진화나 혹은 마르크스주의 형에 따른 혁명에 의해 실현되리라고 생각하였다.

세 번째로, 박애는 19세기에 터져나온 강한 동지애를 의미하고 있다. 바스티유를 습격하였던 군중들은 스스로와 국가의 운명을 자기들이 주관해 보고자 하는 야심에 불타고 있었다. 쉽게 표현하면, 이들은 소위 민족주의 (nationalism)를 신봉하였으니, 이 사상은 19세기 유럽을 휩쓸었을 뿐만 아니라 20세기에 들어와서는 아시아와 아프리카를 풍미하였다.

이러한 움직임들이 소위 진보의 시대의 교회를 혼란에 빠뜨렸다. 그러나 특히 전통에 얽매인 로마 가톨릭 교회가 이로 인해 받을 피해상은 상상할 수도 없었다.

프랑스 혁명 전야의 가톨릭 교회는 구체제가 허용한 영광 속에 물들어 있었다. 그녀는 천년 동안이나 봉건주의 유럽의 구조를 지지하고 축복해 왔다. 국왕들의 통치와 귀족들의 혼인을 축복해 왔던 것은 다름아닌 교회였다. 이들 군주들이나 귀족계급들과 마찬가지로 교회는 무력한 빈농들이나, 점차 세력을 얻어가는 중산층에 대해서는 아무런 관심도 기울이지 않고 있었다. 18세기 유럽에서는 귀족집안에 출생하는 것과, 교회의 성직을 얻는 것이 곧 지위를 보장받는 첩경이었다. 개인의 지성이나 능력, 혹은 재산까지도 별로 의미가 없었다.

프랑스 전체 인구 25,000,000 가운데 겨우 200,000이 이러한 특권계급, 즉 귀족과 고위성직에 속해 있었다. 이들 두 계급이 국가 전체 토지의 절반과 정부의 고위직들을 독점하고 있었다. 인구의 80퍼센트에 달하는 빈농들은 교회와 국가에 납부해야 하는 중한 과세 등, 각종 부담에 시달리고 있었다. 중산층은 책임 없는 재산, 권위 없는 지성 그리고 아무도 알아주지 않는 능력을 소유하고 있었다. 그리하여 무언가 급격한 변화가 필요한 것은 자명하였다. 그리고 이러한 변화는 그 누구의 상상보다도 더 짧은 시간내에 이루어졌다.

혁명의 열병

계몽주의 시대는 변화를 위한 열기를 제공하였으나, 이 열기는 아직도 단지 행동보다는 말과 이론으로 표현되고 있었다. 1760년 대부터 각국은 정치적 불안의 증세를 느끼게 되었다. 제네바 같은 소국으로부터 영국 같은 대국에 이르기까지 과격한 정치가들이 출현하여 기성 체제를 위협하였다. 어느 곳에서나 이들의 기본적인 요구는 동일하였다. 참정권, 투표권, 그리고 보다 많은 언론의 자유 등이었다.

1770년 대의 미국 독립 전쟁은 유럽의 이들 과격파들을 심히 자극하였다. 유럽의 관찰자들에게 이들 미국인들이야말로 진정한 계몽주의자들이었다.

합리적이면서도 평등의 원칙을 구현하기 위한 정열에 불타고 있었으며, 평화를 추구하면서도 자유를 위해선 기꺼이 전쟁을 치를 각오가 있는 인물들이었다. 강력한 제국 정부로부터 독립을 쟁취함으로써 이들 미국인들은 계몽주의 사상이 실제로 실현될 수 있음을 증명한 것이었다. 드디어 계몽주의 사상들이 실험을 통하여 그 옳음과 아울러 실현성이 경험화한 것이었다.

유럽에서 가장 인구가 많던 프랑스에서 정치적, 경제적 파산의 기미가 점증하고 있었다. 정부는 유럽의 여러 은행가들로부터 막대한 금액을 빌려쓰는 한편, 진정한 재정상태를 숨기기 위해 각종 기록이나 통계들을 위조하였다. 이에 부가하여 교회 성직자들의 사치스런 생활과 중요한 포도주 산업이 계속 흉년을 기록함으로써 불안을 가중시키게 되었다.

국왕 루이 16세는 이를 고쳐보려 노력하였다. 그는 1789년, 프랑스 국가의 회라 할 수 있는 삼부회(Estates-General)를 소집하였다. 동 의회는 프랑스 사회의 전통적 세 계급 — 귀족, 성직자, 평민 — 들의 대표로 구성되어 있었다.

그런데 과연 어떻게 국회 업무를 처리할까하는 방법을 두고 즉각 논쟁이 벌어지게 되었다. 동 의회는 175년간이나 소집된 적이 없었으며, 그 권한도 분명하게 규정되어 있지 못했다. 피터 그레이(Peter Gray)가 설명하듯이, "귀족들과 성직자들은 전통적 특권을 계속 유지하기 위하여, 각 계급들이 한단위로 투표할 것을 주장하였다. 이리하면 상류 계급이 계속 의회를 통솔할 수 있게 된다. 반면 제 삼계급, 평민들은 개인별로 투표할 것을 요구하였다. 이들의 숫자가 50퍼센트에 달했으므로, 다른 두 계급 진보주의자들의 지지를 합치면 의회를 주도할 수 있다는 계산이었다."

"이 문제를 둘러싼 시민들의 감정이 격화되었고, 혁명적 감정도 점증하게 되었다. 국왕이 제3계급의 요구를 들어주지 않자, 평민들은 삼부회를 탈퇴하여 자기들만의 국회(National Assembly)를 조직하였다."

1789년 7월 14일, 분노에 찬 폭도들이 바스티유를 습격하였다. 국왕은 더 이상 질서를 유지할 수 없었다. 이때부터 프랑스의 평민들은 뚜렷한 정치세력으로 등장하였다. 같은 해 8월 말에는 프랑스 귀족들이 누리던 전통적 특권들이 대부분 박탈당했으며, "인간과 시민의 권리에 관한 선언(Declaration of the Rights of Man and of the Citizen)"이 법률로서 통과되었다.

동 선언은 계몽주의가 요구하였던 대부분을 법조화하였다. 이들은 인간의 자연적 권리들 — "자유, 재산, 안전, 억압에 대한 저항" — 은 신성한 것으로서 포기될 수 없다고 규정하였다. 자기 의견을 공개적으로 발표할 수 있는 권리가 수립되었다. 일방적인 체포를 금지하고 피의자의 권리를 보장하였다. 이는 또한 프랑스가 개인 재산이 아니며, 국민들이 주권을 소유하는 국가라고 선언하였다.

그리하여 이때부터 18세기가 끝나기 전까지의 10년 기간 동안, 프랑스는 공화국을 건설하고, 국왕을 처형하고, 분파가 심했으나 효율적이기는 하였던 혁명정부를 수립하였으며, 그후 혼란을 겪다가 쿠데타를 겪고, 나폴레옹 보나팔트(Napoleon Bonaparte) 장군이 권력을 잡는 것으로 한 시대를 마감하게 되었다. 그런데 이 기간 동안 프랑스는 계속 그외의 유럽과 전쟁을 치러야 했다. 그리하여 계몽주의의 시대는 또한 전쟁과 혁명의 시대가 되었다.

로마 교회는 구체제의 중추를 이루고 있었으므로 혁명가들은 이를 자기들의 분노의 특별한 표적으로 삼았다. 1790년대 초의 혁명 국회는 계몽주의 원칙들에 따라 교회를 개혁하겠다고 나섰다. 이들은 성직자들에게 응분의 보수를 지급하도록 하고, 교구를 재정리하였다. 그러나 국회가 일체 프랑스 교회 내에서의 교황의 권위를 폐지해 버리고, 성직자들에게 교황이 아닌 국가에 대한 충성을 요구하였을 때, 교회는 반분되었다. 전국의 촌락들과 도시들마다 양파가 서로 대결하게 되었다. 소위 호헌파는 서약하였고, 반헌파는 이를 거부하였다. 대부분의 반헌파들은 처벌을 피해 집을 떠나 피신하게 되었다.

혁명의 지도자들은 3만명에서 4만명의 사제들을 고향에서 추방하였다. 그리고 그것은 단지 서곡에 불과했다. 혁명은 또 다른 종교적 성격을 띠기 시작하였다. 일체 종교적 흔적을 제거하여 버린 새로운 달력이 만들어졌으며, 소위 "이성(Reason)"의 종교가 고양되었다. 곧 교구 교회들은 "이성의 성전들(Temples of Reason)"로 전환되었으며, 노트르담 성당에서는 여배우가 "이성의 여신(Goddess of Reason)"으로서 중앙 제단에서 즉위하였다. 각 지방에서도 이러한 모범을 추종하게 되었다. 젊은 여성들을 이성, 자연, 혹은 자유의 여신으로 모시고 도시, 촌락의 큰 거리들을 행진하여 새로운 혁명의 종교의 여신으로서 추존시키는 모습을 흔히 볼 수 있었다.

1794년에는 이러한 우행들이 겨우 막을 내리게 되었고, 다음해에는 프랑스 내에서 모든 종교들에 대한 자유가 새로이 공표되었다. 프랑스 전국에서 가톨릭 신자들은 다시 교회로 돌아갔다. 그러나 로마 교회는 이때의 경험을 결코 잊지 않았다. 자유란 곧 이성의 여신을 숭배함을 의미한다.

나폴레옹은 정권을 장악하자 세련된 정치감각을 발휘하여 교황과 합의하고 — 1801년의 종교협약(Concordat) — 프랑스내에서 가톨릭 교회에 특별한 위치를 부여하였다. 이는 "프랑스인 절대 다수의 종교"라 불리게 되었다. 그러나 교회는 종내 과거의 위치를 회복하지는 못하였다. 프랑스와 기타 유럽 제국은 더 이상 왕좌와 제단이 동맹 관계에 의하여 유지되던 그 이전의 모습으로 돌아갈 수는 없었다. 그리고 로마 교회는 소위 자유주의를 영원히 혐오하게 되었다. 그 이유는 자명하다.

가톨릭 대 자유주의

예수님과 그 제자들은 개인들의 자유, 독립, 권리 등에 관하여 별로 오랜 토론을 벌인 적이 없었다. 그리고 중세와 종교개혁 시대를 통해 통용되었던 바 은혜를 통해 자유가 실현되는 것이지, 자유를 통하여 은혜가 이루어지지는 않는다는 어거스틴의 금언이 기독교 조직과 신앙의 근간을 이루고 있었다. 인간이 온전한 자유를 누리기 위해선 구원받은 상태에 있어야 한다. 그리하여 이 모든 시대를 통해 기독교 신자들은 인간의 정당치 못한 자유 사상을 향한 열기, 곧 정치적 의미에서의 자유에 관해 그다지 큰 관심조차 보이지 않았다.

그러나 19세기 중 모든 이들은 가능한 한 최대의 자유를 향유해야 한다는 사상이 널리 고조되었다. 그러나 과연 어느 정도가 "가능한" 정도인가?

존 스튜어트 밀(John Stuart Mill)은 "각 개인의 자유는, 그와 같은 만인의 자유에 의해 제한받는다."고 하였다. 바로 이것이 가능의 한계를 지적한 것이라 할 수 있겠다. 자유란 자기 스스로의 의견을 갖고, 이를 전파할 수 있으며, 이 의견에 따라서 행동할 수 있는 권리를 의미한다. 단지 공동체의 다른 구성원들에게도 같은 권리를 부여하고 서로 이를 침해해서는 안된다. 실제에 있어서 이는 곧 모든 이들의 공민권을 보장하는 입헌정부를 의미하게 된다. 이 권리들 속에는 물론 개인의 선택에 따라 예배하는 자유도 포함된다. 교황은 이러한 사상을 혐오하였다.

스페인과 이탈리아에서 벌어진 최초의 자유주의적 반란들은 쉽사리 진압될 수 있었다. 그러나 복고된 국왕을 다시 전복시켰던 프랑스에서의 자유주의자들의 성공(1830)은 변화를 약속하고 있었다. 이 방면에서 중요한 해는 1848년이다. 이해에 유럽의 거의 모든 수도들에서 자유주의적 혁명들이 성공하는 모습을 보였다.

이 시기를 살았던 교황들 — 레오 12세, 피우스 8세, 그레고리 16세는 모두 나쁜 이들은 아니었다. 이들은 단지 19세기에 합류하기를 거부했을 따름이었다. 이들은 계속 과거를 수호하면서 자기들 시대의 움직임은 무시하였던 이들이었다. 이들 가운데 아무도 프랑스 혁명에 의해 시작된 새로운 시대를 제대로 이해했던 이들은 없다. 이들은 끝내 어떻게 싸워야 할지, 혹은 어떻게 개종시켜야 할지 제대로 알지 못한 채 생을 마쳤던 것이다.

자유주의는 인간들을 괴롭히고 있는 악을 제거시키겠다고 나섰으며, 이를 위한 전투 속에서 로마 가톨릭 교회의 도움을 거부하였을 뿐만 아니라, 교회는 공공 생활의 윤리에 관한 의견까지도 표현할 권리가 없다고 주장하였다. 즉 정치는 기독교 윤리와는 독립된 분야라는 주장이었다. 로마 가톨릭 신도들은 다른 개인 시민들과 다름없는 권리를 가진 사람들이며, 그 이상도 그 이하도 아니라는 것이었다.

교황들과 과거를 연결하는 가장 명백한 상징은 이탈리아내의 교황령 영지들이었다. 왜냐하면 이를 통해 교황들은 영적 지도자일 뿐 아니라 세속적 영주로서의 위치도 누리고 있었기 때문이다. 수 세기에 걸쳐 이탈리아라는 국가는 단지 "지리적 표현"에 불과하였다. 이 속에는 실질적인 일곱개의 이탈리아내 독립국가들이 포함되어 있었고, 이뿐 아니라 로마로부터 북동쪽으로 반도를 관통하는 교황령들이 소재하고 있었다.

그러나 19세기 중반에 사르디니아(Sadinia)지방에서 이탈리아 독립운동이 일어나기 시작하였다. 이는 리소르기멘토(risorgimento), 즉 '새로운 탄생'이라는 이름으로 불리었다. 이 운동은 이탈리아내에서 일체 외부의 세력을 몰아내고 전반도를 한데 통일하여 현대적 국가로 독립시키려는 의도였다. 이러한 혁명세력은 물론 이탈리아의 심장부에 자리잡고 엄격한 절대주의 원칙에 의해 통치되는 교황령의 존재를 인정할 수 없었다. 1849년 이후 교황령은 극심한 증오의 대상이 되어 겨우 프랑스군의 총칼에 의해 수호될 수 있었다.

자유주의자들은 처음에는 교황 피우스 9세의 출현을 환영하였다. 그는 인정많고 친절한 성품의 소유자로서, 그가 1848년 3월 14일 교황령내의 주민들에게 온건한 참정권을 허락하는 헌법을 제정하자, 자유주의자들은 그를 진정한 개혁가로서 받아들였다. 어떤 이들은 교황 아래서의 이탈리아 연방체 설립을 꿈꾸기도 하였다. 그러나 혁명분자들이 초대 교황령 수상 펠레그리노 롯시(Pellegrino Rossi)백작을 암살하자 피우스는 교황령에 관한 그의 입장을 돌변하였다. 로마에서 혁명이 발생하여 교황은 피신하게 되었다. 그는 결국 프랑스군의 엄호 아래 로마와 교황령을 회복하게 되자 옛날의 절대주의적 통치형태로 복귀할 것을 주장하였다.

그의 적수들은 사르디니아 국왕 빅터 임마누엘 2세(Victor Immanuel II, 1849-1878) 아래 뭉쳐 국가 통일 운동을 전개하였으니, 이 강성한 세력을 아무도 막을 수 없었다. 1859-60년 사이 교황령 대부분이 민족주의자들의 수중에 들어가게 되었다. 1861년 3월에는 피렌체에서 빅터 임마누엘이 이탈리아 국왕에 즉위하였다.

로마 자체는 아직도 프랑스군에 의해 보호받고 있었으나, 프랑스-프러시아 전쟁으로 말미암아 프랑스군이 귀국해 버리자 이탈리아 민족주의자들은 즉시 로마를 침공하였다. 1870년 잠시동안의 포격후 로마는 항복하였다. 1,000년 이상의 역사를 가진 교황령이 막을 내렸던 것이다.

피우스 9세는 바티칸 궁으로 은거하였다. 1871년 6월에 빅터 임마누엘은 교황의 항의와 파문령을 무시하고 로마로 그 주거를 옮겼다. 새정부는 교황에게 매년 일정한 수입과 함께 모든 영적 권한을 자유스럽게 행사하도록 할 것을 보장하였다. 그러나 피우스는 이를 거부하고 "바티칸의 죄수"로서의 항의를 계속하였다. 그는 이탈리아내 가톨릭 신자들이 선거에 참여하는 것을 금지시켰다. 그 결과 오히려 과격파들이 세력을 장악하게 되었으며, 이탈리아 정부는 보다 더 반 성직자적인 노선으로 나가게 되었다. "로마 문제(Roman Question)"라고 불렸던 이러한 상황은 결국 1929년 2월 베니토 무솔리니(Benito Mussolini)가 라테란 조약을 체결함으로써 해결되었다. 이 조약을 통하여 교황은 과거 교황령에 대한 일체의 권리를 포기하고 바티칸 교황국내에서만의 완전한 주권을 보장받게 되었다.

교황 무오설

그러나 1870년은 단지 교황의 세속적 권한의 종식만을 의미하였던 해는 아니었다. 이는 또한 로마 주교의 지존의 권한과 교황의 무오설을 선포하였던 해이기도 하다. 이는 단지 상징적 의미만 있는 행위는 아니었다. 제 일차

바티칸 공의회(The First Vatican Council)는 소위 "교황권지상주의
(Ultramontanism)"이라 불리는 운동의 열매였다. 이는 "(알프스) 산맥을 넘어
서"라는 의미로서 로마에 대한 충성을 의미하고 있다.

프랑스 혁명 이후 이곳에서는 교황을 향한 특이한 충성의 모습이 나타나
게 되었다. 혁명과 나폴레옹의 시대들의 혼란을 겪으면서, 일부 가톨릭들은
세속질서와 공공 윤리의 유일한 원천으로서 교황의 위치를 고양시키기 시작
하였다. 이들은 오직 교황만이 무질서한 인간세계를 다시 바로 잡을 수 있으
며, 국가 권력으로부터 완전 독립하여, 비교할 바없는 교회의 주인인 절대적
교황만의 영도를 받는 성직자들만이, 정치권력의 독재로부터 영적 자유를 보
호하는데 필요한 능력과 힘을 소유하고 있다고 주장하기 시작하였다.

따라서 교황 무오의 교리는 보다 효과적인 교황권을 위하여 불가피하고
필요한 선결조건으로 보이기 시작하였다. 교회는 하나님의 뜻을 따르는 군주
제이어야 한다. 무오교리는 교황에게 있어서 마치 세속 군주의 주권과 같은
의미를 지니는 것이다. 이러한 논리를 통하여 군주정체론자들은 자기들의 정
치적 권위를 교회와 교황청으로 전이시킬 수 있었다.

19세기 중엽 이러한 생각은 상당한 숫자의 가톨릭 신도들의 지지를 얻게
되었다. 교황은 여러 가지 수단으로 이러한 움직임을 격려하였다. 예수회의
한 출판물은 교황이 명상할 때면 하나님께서 그 안에서 생각하신다고 표현
하였다. 그리하여 하나님이 아니라 피우스 9세에게 드리는 찬송들이 나타나
기 시작하였다. 그리고 어떤 이들은 교황을 가리켜 "인간을 위한 부신(副神,
Vice-God)"이라고까지 표현하였다.

1854년 12월 8일, 피우스 9세는 마리아가 원죄없이 잉태하였다는 일반인들
의 전통적 신앙을 교의로서 선언하였다. "이는 신앙을 통하여 하나님께서 계
시하여 주신 것이다. 마리아는 그리스도의 공로로 잉태되는 처음 순간에 특
별한 은혜로 원죄의 오염으로부터 자유하였다." 이러한 결정의 내용은 전혀
새로운 것이 아니었다. 그러나 그 선언된 방법이 전혀 새로운 것이었다. 이
는 교회회의의 결정을 따른 것이 아니라, 엑스 카테드라(ex cathedra) 즉 교
황 독자적으로 정의한 것이었다. 엑스 카테드라란 그의 '보좌로부터'라는 의
미이니 교회내의 공식적 교사로서의 직분을 가리키고 있다.

이에 따른 토론과 질문이 분분하였다. 교황이 아무런 회의와 의논하지 않
은 채 교의를 결정하고 선언할 수 있는가? 제 일차 바티칸 공의회가 결정하

여야 할 가장 중요한 문제였다. 마리아의 성모 무염 시태(immacurate conception) 교리가 엄숙하게 선포되는 자리엔 54명의 추기경들과 140명의 주교들이 참석하여 있었다. 그러나 그 결정은 오직 교황 한 사람의 손에 의해 내려진 것이었다.

10년 후, 1864년 이탈리아 민족주의자들이 교황령의 목을 조르고 있을 때, 교황 피우스 9세는 교회의 모든 주교들에게 회칙(encyclical)을 발송하였다. 그안에는 현대 사회의 80개에 달하는 오류 목록이 포함되어 있었다. 그는 선명한 논리로 사회주의, 이성주의, 언론의 자유, 종교의 자유, 공립 학교, 성서 공회, 교회와 국가의 분리 및 기타 진보의 시대의 여러 가지 문제들에 대해 선전포고하였다. 그는 로마 교황이 "소위 진보와 자유주의와 문명들과 화해하고 합의해야 한다거나, 혹은 그렇게 할 수 있다는" 사상들을 거부하였다.

피우스 9세는 현대 세계와의 대화를 거부하였다. 교회는 그 무오의 교황을 따라 스스로를 외부 세계와 차단시키는 동시에 기나긴 투쟁을 예비하였다.

그리스도의 대리인의 세력을 보다 강화하기 위해 피우스는 공의회의 소집을 계획하였다. 우선 예비 작업을 위한 추기경들을 임명하고(1865년 3월 9일), 보다 많은 주교들과 접근하였으며, 베드로와 바울의 1800회 기념일에 (67년부터 계산) 500명 이상의 주교들에게 회의 소집을 통고하였다. 동 회의는 1869년 12월 8일 로마에서 개최되었다.

교황 무오 교리를 정의하는 문제가 가장 중요한 안건으로서 제기되었다. 그 관념 자체는 그다지 큰 문제가 아니었다. 가톨릭 신자들은 교황이 베드로의 후계자로서 특별한 교사적 권위를 소유하고 있음을 이미 오랫동안 믿어 왔다. 문제는 과연 이러한 권위의 범위가 어디까지 미치는가, 종교회의나 추기경들의 추인 없이도 독자적으로 존재하는가, 특별한 전제 조건들은 없는가 하는 의문들이었다.

회의에서 그 유명한 「공의회의 역사」(*History of the Councils*)의 저자인 로텐베르크 주교 헤펠레(Hefele)와 보스니아의 드자코바르 주교 스트로스마이어(Strossmayer)는 교황 무오설의 정의를 반대하는데 앞장 섰으며, 다수의 독일 출신들을 비롯하여 무수한 다른 추기경들과 주교들도 이들에게 동조하였다.

1870년 7월 13일의 제1차 투표에서는 451명이 찬성하였으며, 88명이 반대하였고, 62명이 유보 찬성의 모습을 보였다. 반대한 이들 가운데 많은 이들은 단지 시기가 적절치 못하다고 생각하였다.

계속되는 논의에도 불구하고 일부는 아직 그 태도를 확실히 결정하지 못하였다. 그러나 문제를 복잡하게 만드는 대신 55명의 주교들은 최종 투표전 교황의 승인 아래 로마를 떠나버렸다. 7월 18일 시행된 투표에서는 533표가 찬성, 둘이 반대로 기록되었다.

그리하여 동 회의는 두 가지를 근본적 진리로서 반포하였다. 이는 곧 교황의 지존권과 무오설이었다.

첫째로, 베드로의 후계이자 그리스도의 대리자로서, 그리고 교회의 수장으로서 교황은 교회 전체와 주교들 위에 완전하고 직접적인 권위를 행사한다. 이 권위는 치리, 권징과 행정뿐 아니라 신앙과 도덕 윤리들의 분야에까지 미친다. 따라서 각 주교들은 "신앙과 도덕 분야뿐 아니라 교회의 직제와 행정에 있어서까지도" 교황에게 순종해야 한다.

둘째로, 교황이 그의 공적 직분(ex cathedra)에 의거하여, 신앙과 도덕에 관련된 문제로 전체 교회를 위한 최종 결정을 내리면, 이 결정은 그 자체로서 무오하고 불변하며, 사전에 교회의 동의나 사후의 승인을 받을 이유가 없다.

최종 투표 직후 동 회의는 종회해야만 했다. 프랑스-프러시아 전쟁(1870년 7월 19일)의 발발로 대부분의 대표들이 귀환해야만 했기 때문이다. 또한 1870년 12월 20일에는 이탈리아 민족주의자들에 의하여 로마가 정복 당함으로써 회의는 더 이상 속회할 수 없었다. 어쨌든 가장 중요한 역사는 이미 이루어진 것이었다. 회의는 어떻게 생각하면 허물어진 바스티유 성채를 다시 일으켜 세운 셈이었다.

피우스 9세에 따른 교황권지상주의자의 전략은 그후 수 세대를 두고 로마 가톨릭 신자들의 신앙 생활을 형성하였다. 자유주의, 사회주의, 민족주의에 포위된 상태 속에서 로마는 무오한 교황이라는 성벽 뒤로 숨기를 선택한 셈이다.

그런데 이러한 성채에는 한 가지 약점이 있다. 공간이 제약되어 있다는 점이다. 그 속에서는 진정 창조적 사색이 불가능하며, 이러한 상황에 길들여지면 성 밖에는 아무런 중요한 세계가 존재하지 않는다는 착각에 빠지게 된다.

참고도서

Bokenkotter, Thomas. *A Concise History of the Catholic Church*. New York: Doubleday, 1977.

Hughes, Philip. *A Popular History of the Catholic Church*. New York: MacMillan, 1957.

Nichols, James Hastings. *History of Christianity*. *1650-1950* Secularization of the West. New York: Roland Press, 1956.

Vidler, Alec R. *The Church in an Age of Revolution: 1789 to the Present Day*. Maryland: Penguin Books Inc., 1961.

37

새로운 사회적 미개척지
:19세기의 영국

암울한 주위를 뚫고, 부드러운 빛이여, 인도하소서,
그대여 나를 인도하소서!
밤은 깊고, 나는 집에서 멀리 떨어져 있으니!
그대여 나를 인도하소서!

오늘날 수백만에게 애창되는 이 노래는 1833년 존 헨리 뉴먼(John Henry Newman)이 시칠리아 섬에서 영국으로 돌아오면서 작시하였다. 이 찬송에서 볼 수 있는 어두운 분위기는 19세기 영국의 많은 신자들의 심정을 반영하고 있다. 10년 후 뉴먼은 로마 교회로 옮겨갔다. 그러나 이와 동일한 침울한 심정은 복음주의자라 할 수 있는 헨리 프란체스코 라이트(Henry Francis Lyte) 작으로서 널리 불린 "나와 함께 거하소서(Abide with Me)"에서도 찾아볼 수 있다.

인생의 짧은 날이 빨리도 저물었네:
지상의 낙은 희미해지고, 그 영광은 사라지도다:
주위에 보이느니 변화와 멸망 뿐:
오 불변하시는 이여, 나와 함께 거하소서!

　19세기 영국에 살던 이들은 아무도 변화의 모습을 무시할 수 없었다. 이 가운데서도 두 개의 뛰어난 기독교 운동들은 문자 그대로 수백만의 신자들이 "인생의 짧은 날"에 적응할 수 있도록 도왔으며 그 과정 속에서 역사에 큰 족적을 남기게 되었다.

　이 운동들은 다름아닌 복음주의자들의 클래펌 파(Clapham Sect)와 성공회 고교회파의 옥스퍼드 운동(Oxford Movement)이다. 이들의 모습은 우리들에게 "인간들은 선택된 소수의 덕으로 고상한 차원을 맛보았다."는 길버트 머레이(Gilbert Murray)의 관찰을 연상시킨다. 오늘날까지도 복음주의적 기독교 신자들은 클래펌 파를 기독교적 사회운동의 모범으로 생각하며, "고교회파(High Church)"들도 옥스퍼드 운동을 경건한 성직자들의 원천으로 여기고 있는 바다.

　이 두 가지 운동들을 비교해 보면 사회 속에서의 기독교가 차지해야 할 위치에 관한 흥미로운 통찰력을 얻을 수 있다. 과연 기독교 신자들은 어떠한 위치에서 세속사회를 바라보아야 할 것인가?

이 세상 속의 복음주의자들

　우리들은 교회가 이중적인 사명을 띠고 있음을 알고 있다. 하나님은 그 백성들을 이 세상 속으로 보내시어 구원을 선포케 하시고, 필요한 자들을 섬기게 하셨다. 그러나 동시에 그는 택하신 백성들을 이 세상으로부터 불러 내시어 그를 예배하고 배우게 하셨다. 예배없는 사역은 봉사를 공허하게 하며, 사역없는 예배는 무의미하다. 그리하여 이 세상 속에서의 교회는 항상 이 둘을 의식하는 긴장 속에서 살아가고 있다. 19세기 영국의 프로테스탄트들은 너무나 빨리 격변하는 사회 속에서 제대로 적과 아군을 구별하기도 힘들다는 혼란을 겪고 있었다.

　많은 의미에서 19세기는 영국에 속했다고 할 수 있다. 바로 이곳에서 산업혁명이 시작되었고, 런던은 세계 최대의 도시요 금융중심지가 되었다. 영국의 함대가 오대양을 휩쓸었고, 그 상선들은 세계의 항구들을 석권하고 있었다. 1914년 영국은 사상 최대의 영역과 인구를 자랑하는 제국을 이룩하였다.

　그러나 이러한 산업, 상업적 발전은 많은 영국인들을 숨막히게 하였다. 모든 존경받던 기관들의 기반이 금이 가고 있는 것 같았다. 프랑스 혁명 당시의 공포시대를 기억하는 이들은 불안한 눈으로 미래를 바라보았다. 반면 다른 이들은 변화를 찬양하며 이를 가리켜 주저하지 않고 진보라고 불렀다. 이들에게 있어선 영국이야말로 만인에게 번영과 자유를 부여할 새시대의 전위였다. 그리하여 희망과 공포가 한데 섞이고 있었다.

진보의 시대가 동틀 무렵 영국의 프로테스탄트들은 영국 국교, 즉 성공회나, 혹은 비국교회 즉 감리교, 침례교, 회중파 등에 소속되어 있었다. 그러나 19세기의 급격한 변화는 반드시 전통적인 교파들을 따라 흘러가지는 않았다. 이 시대의 자유화 물결은 기독교 신자들이 일단의 기독교적 사회들을 조직하여 교파에 구애받지 않은 채 각종 주요한 사회문제나 혹은 해외선교에 뛰어들도록 하였다. 이들 자발적 집단들은 성례, 신앙 고백, 안수받은 성직자들로 이루어지는 전통적 의미의 교회는 아니었다. 이는 보다 구체적인 목표들, 예를 들어 성서 배포, 혹은 빈자 구제 등을 위해 개인적으로 한데 모인 신자들의 단체였다.

진보의 시대 초엽, 영국 교회 생활에서 가장 거대한 영향력은 존 웨슬리와 조지 휘트필드에 의해 자극받고 시작되었던 복음주의적 운동이었다. 이 운동의 뚜렷한 특징들은 회심의 경험에서 우러나온 철저한 개인적 경건성, 세상에 대한 뜨거운 봉사열 등이었다. 이 둘은 모두 성경에 대한 헌신에 뿌리박고 있었으며, 18세기 부흥운동의 주제에 의해 인도되고 있었다. 그 주제란 곧 그리스도 안에서 계시된 하나님의 사랑, 믿음을 통한 구원의 필요성, 그리고 성령에 의한 중생의 경험들이었다. 이러한 복음주의 메시지는 영국 국교내의 상당수 소수파와 비국교도 교파들의 다수를 점하고 있었다.

영국 국교내 복음주의자들은 교파에 충성하였으며, 그 감독 정치에도 찬성하고 있었다. 그러나 이들은 동시에 비국교파 성직자들이나 교회들과 기꺼이 합심하여 사역할 준비가 되어있었다. 왜냐하면 이들의 주된 관심은 교회조직이나 그 예식들이 아니었기 때문이다. 이들은 복음을 전파하는 것이 성례의 집행이나 각종 의식의 스타일보다 훨씬 더 중요하다고 생각하고 있었다. 이러한 입장을 가리켜 "저교회(Low Church)"라 부른다.

감리교 부흥의 열기에 자극받아 복음주의자들은 영국 사회의 각종 문제들을 위한 헌신적 봉사가 시급하다고 느끼고 있었다. 이들은 소외된 자들, 가난한 자들을 위한 개혁에 뛰어들었다.

클래펌 공동체

이들 복음주의 운동의 총본부는 런던에서 3마일 가량 떨어진 곳에 위치한 한적한 촌락 클래펌이었다. 이곳에는 부유한 복음주의 지도자들의 별장들이 모여 있었다. 이들은 "일상 생활 속에서의 성결"을 추구하며, 영원을 의식하고 사는 것이 무엇인지 아는 인물들이었다. 이곳에 저택을 소유하거나, 혹은 이곳의 동지들을 자주 찾았던 복음주의자들을 가리켜 역사가들은 "클래펌 파"라고 부른다. 그러나 이들은 어떤 집단이라기보다는 친밀한 가족과 같은 분위기였다.

이들을 영적으로 인도했던 인물은 이곳 교구 교회의 목사 존 벤(John Venn)이었는데, 그는 교양과 학식, 성결을 고루 갖춘 인물이었다. 이들은 부유한 은행가 헨리 쏜톤(Henry Thornton)의 타원형 도서실에 모여 자주 성경 공부, 담화, 기도회를 가졌다.

이들의 탁월한 지도자는 저명한 의회 정치가였던 윌리엄 윌버포스(William Wilberforce, 1759-1833)였다. 그를 둘러싼 동지들 가운데도 유능하고 영향력있는 인물들이 많이 있었다. 인도 총독이던 존 쇼어(테인마우스 경, John Shore, Lord Teignmouth), 동인도 회사 사장 찰스 그랜트(Charles Grant), 식민지 성 부장관 제임스 스테븐스 시니어(James Stephens, Sr.), 크리스챤 옵 저버지 편집장 자카리 마커리(Zachary Macauley), 노예폐지론 지도자 토머스 클락슨(Thomas Clarkson) 등으로 뛰어난 인물들이다.

윌버포스는 스물 다섯살 때 필립 도드리지(Philip Doddridge)의 「영혼 속에서 종교의 발생과 진보」(*Rise and Progress of Religion in the Soul*)를 읽다가 회심을 경험하였다. 그는 또한 뛰어난 지도자가 될 수 있는 모든 장점들을 탁월하게 갖춘 인물이었다. 막대한 재산, 최고의 교육, 그외의 여러 가지 재능들을 고루 구비하고 있었다. 윌리엄 피트(William Pitt) 수상은 그를 가리켜 자기가 아는 한 가장 뛰어난 언변을 타고 난 인물이라고 하였다. 어떤 이들은 그를 "하원의 나이팅게일(Nightingale of the House of the Commons)"이라 일컬었다. 많은 이들은 그의 진실한 우정과 고상한 윤리적 품성을 증언하였다. 여러 가지 상황들로 미루어 볼 때 그는 그 시대의 특별한 사명을 감당하기 위해 나타난 섭리적 인물임이 분명하였다.

그는 언젠가 "나의 임무는 공복으로서 봉사하는 것이다. 나의 할 일은 이 세상에 있다. 나는 사람들 사이에 섞여서 일해야 한다. 그렇지 않으면 하나님의 섭리가 나에게 맡기신 임무를 저버리는 것이다."고 한 일이 있었다.

윌버포스의 지도하에 클래펌의 친구들은 점차 사명감으로 한데 뭉치게 되었다. 이들은 클래펌의 저택에서 자기들이 이름붙인 "내각회의"를 열었다. 이들은 조국의 불의와 잘못된 점들을 의논하였으며, 공의를 수립하기 위해 필요한 전투들을 의논하였다. 그리고는 공동의 목표를 이룩하기 위하여, 의회 내외에서 각자가 맡은 임무를 마치 한 몸처럼 수행하였다.

윌버포스의 전기작가인 레지날드 코프랜드(Reginald Coupland)는 다음과 같이 전한다. "이는 참으로 예외적인 공동체요, 우정의 모임이었다. 그후에는 다시 영국의 공적 생활에서 이러한 모습을 볼 수 없었다."

복음주의자들과 사회문제들

조용하고 한적한 클래펌으로부터 일련의 복음주의 운동이 힘차게 솟아 나왔다. 교회 선교 협의회(1799), 영국 및 해외 성경 협회(1804), 빈민층 개선 협회(1796), 감옥 개혁 협회 등 이들을 다 열거할 수 없다.

그러나 이들의 사역 가운데 가장 중요한 것은 노예제 폐지 운동이었다. 그 제일 단계는 노예 매매를 금지시키는 것이었다. 즉 아프리카에서 흑인들을 포획하고, 이들을 서인도제도에 판매하는 행위를 중지시켜야 했다.

영국인으로서는 존 호킨스(John Hawkins)경이 시에라 레온에서 일단의 노예들을 실어다가 세인트 도밍고에 팔아넘긴 것이 최초였다. 그리고 1660년 왕정복고 후에는 찰스 2세가, 매년 3,000명의 노예들을 서인도 제도로 판매하는 회사에 면허를 내준 일이 있었다. 그후 노예매매는 놀라운 속도로 증가하였다. 1770년의 경우 아프리카에서 잡혀간 노예가 100,000명이었는데, 그중 절반이 영국 선박에 의해 수송되었다. 많은 영국인들은 노예매매가 대영제국의 교역과 안보를 위해 필수적인 부분이라 생각하였다.

1789년 윌버포스는 하원에서 최초로 노예매매 문제를 거론하였다. 그러나 그는 즉각 뛰어난 언변만으로는, 그의 주장이 아무리 옳다고 해도 인간들을 매매하는데서 얻어지는 막대한 경제적 이해관계를 당할 수 없다는 사실을 깨닫게 되었다. 이 문제에 관한 정확한 정보가 필요하였으므로, 동료들의 도움을 요청하였다. 2년 후, 방대한 자료로 무장한 채 윌버포스는 하원에서 다시 이 서인도제도에 노예들을 수입하는 것을 금지시키는 입법안을 마련키 위해 연설하였다. "우리는 기독교의 이름으로부터 이 수치스런 행위를 중지시키기까지는 쉽지 않을 것이다. 이러한 죄악으로부터 우리 자신들을 해방시키고, 이 피에 젖은 거래를 완전히 소멸시키기 전에는 휴식하지 않을 것이다."

물론 이러한 연설로 인하여 즉각 그가 원하던 법률이 통과된 것은 아니었다. 그러나 그에 대한 지지가 점점 증가하고 있었다. 노예 폐지론자들은 성공을 거두기 위해선 단지 의회뿐만이 아니라 영국민들 전체의 지지를 받아야 할 필요가 있음을 깨닫게 되었다. "우리들을 국민 여론의 지원을 받아야만 한다. 이를 위하여 계속 불꽃을 피우도록 하라."고 윌버포스는 호소하였다.

클래펌파는 점점 민주주의 아래서는 두 가지 기반을 갖추어야함을 깨달아가고 있었다. 즉 여론을 조성하는 것과, 이러한 여론의 압력을 정부에 적용시킬 수 있어야 한다는 것이었다.

이들은 각종 호소문을 작성하여 유포하고, 공중들을 상대로 강연을 행하고, 온갖 여론을 통한 선전 광고를 동원하였다. 이들은 현대 사회가 제공하는 모든 수단들을 다 사용하였다. 비국교도들이 다수 이들을 지지하였으며, 역사상 처음으로 여성들이 정치 분야에 뛰어 들었다. 이들 복음주의자들은 "계속하여 불꽃이 꺼지지 않도록 부채질을 하였고" 또한 이 불꽃을 의회로 옮겨가서, 윌버포스와 그의 네 동료 — 하원의 성자들이라 불리던 인물들 — 들이 비인도적인 노예 매매를 중단하도록 나태한 의회 지도자들을 계속 자극하였다.

노예 매매의 중단

이들의 노력은 결국 열매를 거두게 되었다. 1807년 2월 23일, 반대자들은 굴복하였다. 노예 폐지론자들의 열정적 연설들이 힘을 얻게 되었으며, 이들의 음성은 전국에 퍼지게 되었다. 의원 하나가 윌버포스와 나폴레옹을 기가 막히게 대조시키는 웅변을 행하였을 때, 의원들은 전통적으로 냉정한 태도를 집어던지고 모두 기립하여 하원의 지붕이 떠나가도록 박수를 쳤다. 감정에 벅차 의자에 앉아 엎드려 손바닥으로 가린 윌버포스의 두 뺨에서는 그칠 줄 모르고 눈물이 흘러내리고 있었다.

이에 따라 장래의 노예매매는 그쳤으나, 이미 팔려간 노예들의 쇠사슬은 풀리지 않고 있었다. 윌버포스는 노령과 건강 약화로 의회에서 은퇴하기까지 그의 싸움을 계속하였다. 그는 그의 뒤를 이을 후계자로서 계속하여 "성스런 임무"를 담당할 지도자로서 젊은 복음주의자 토머스 포웰 벅스턴(Thomas Fowell Buxton)을 세웠다. 벅스턴은 현명한 선택이었다. 1833년 7월 25일, 윌 버포스가 숨지기 사흘 전 대영제국 전체 노예들을 해방시키도록 하는 "해방 법(Emancipation Act)"의 통과가 확실해졌다.

아프리카 전체를 분할하였던 유럽 식민제국들에게 주는 이 법률의 영향은 심히 막대하였다. 지 엠 트레벨리안(G. M. Trebelyan) 교수는 그의 저술 「19 세기의 영국 역사」(*British History in the Ninteenth Century*)에서 다음과 같 이 기술하였다. "노예제가 폐지되던 날 밤, 서인도 제도의 흑인들은 아침 해 가 뜨는 것을 보기 위하여 높은 산봉우리들로 올라갔다. 처음 햇빛이 물결 위에 부서질 때, 자유가 이들에게 또한 비치고 있었다. 그러나 저 멀리 아직 아무도 탐험하지 않은 중앙 아프리카의 깊은 숲속에서는 아무도 이 날을 특 별하게 여기지도 기억하지도 않았다. 그러나 가장 큰 영향을 받은 것은 바로 이들 암흑 대륙이었다. 이 지역의 운명을 결정할 유럽의 여러 강국들이 이곳 을 침입하기 이전, 흑인과 백인들 사이에는 노예 관계가 존재해서는 안된다 고 미리 결정한 셈이었다."

바로 이러한 이유로 클래펌 파는 한 사회나 혹은 세계 전체의 운명이 어 떻게 헌신적인 소수의 인물들에 의해 좌우될 수 있는가를 보여주는 좋은 본 보기로 남게 된 것이었다.

옥스퍼드 운동

두 번째로 살펴보고자 하는 옥스퍼드 운동은 19세기의 사회적 위기에 대 한 또 다른 반응의 예를 우리들에게 보여주고 있다. 그 전신인 복음주의 운 동과 같이 이는 지성뿐이 아닌 전인적인 움직임이었다. 그러나 클래펌 파와 는 달리 이들은 영국 사회의 모습에 우려를 금치 못하고 있었다. 이들은 정 부의 개혁을 영국 교회의 성결성에 대한 위협으로 간주하고, 교회에 대한 세 속의 침입을 제거하기로 결심하였다.

존 헨리 뉴먼은 1829년 3월 그의 어머니에게 다음과 같은 편지를 썼다. "우리들은 기이한 시대에 살고 있습니다. 이제까지 사람들은 다른 이들에게 의지하며 살아 왔습니다. 특히 종교적 진리에 관하여는 성직자들을 존경하였 습니다. 그러나 지금은 각 개인들이 오직 스스로의 의견들만을 고집합니다 … . 이 시대의 재능있는 이들은 교회에 대항하고 있습니다."

수 세대를 두고 영국 국교의 근간을 이루었던 계층은 의회를 장악하고 있
었던 지주 귀족들이었다. 산업 혁명의 발생으로 맨체스터(Manchester), 버밍
햄(Birmingham) 등 신흥 도시들이 급성장하였다. 그러나 이들 산업 도시들
은 의회에 대변되지 못하였다. 그 개혁을 요구하는 음성들이 높아지게 되었
다.

1832년의 개혁법(Reform Act)은 세력 균형을 지주 향사들로부터 중산층으
로 옮겼으며, 민주주의 세력에 대해 보다 민감한 분위기를 형성하였다. 이는
곧 수많은 새로운 의회 구성원들이 영국 국교도가 아니면서도 영국 국교에
막대한 영향력을 행사할 수 있게 되었음을 의미하였다. 몇몇 경건한 성직자
들은 공포를 감추지 못하였다. 과연 세속에 오염된 정치가들이 하나님의 거
룩한 일에 손을 댈 수 있는가?

옥스퍼드 대학교의 일단의 재능있고 신앙심 깊은 이들이 이에 대한 반감
을 표하였다. 오리엘 대학(Oriel College)의 연구원 존 케블(John Keble)이
1833년 7월 14일 대학 강당에서 "국가적 배교"라는 제목으로 설교하였다. 그
는 한 국가가 사도들의 계승자인 주교들을 더 이상 존경하지 않고, 대중들의
인기 혹은 능률성에만 기초한 이성만을 중요시할 때 이러한 국가는 하나님
의 주권을 거부하는 죄를 짓는 것이라 비난하였다.

대학 교회의 담임 목회자이자 학계에서 이미 그 재능을 인정받고 있었던
존 헨리 뉴먼(1801-1891)이 케블의 의견에 전적으로 동의하였다. 얼마 안되
어 이들보다 나이가 많던 히브리어 교수 에드워드 퓨지(Edward Pusey)가 이
들에 합류하였다. 이들 영향력 있는 세 사람은 설교와 집필을 통해 자기들의
저항을 하나의 운동으로 변화시켰다.

이들 옥스퍼드인들은 영국 국교의 권위가 국가가 부여해준 권위에 의지하
고 있는 것이 아님을 확실히 공표해야한다고 생각하였다. 교회의 권위는 하
나님으로부터 직접 온 것이다. 교회의 주교들은 사회적 위치 때문이 아니라
사도로부터의 계승된 권위와 권세를 소유하고 있다. 설혹 교회가 국가로부터
완전히 분리된다하더라도, 영국 교회는 영국민들의 충성을 받아야 한다. 왜
냐하면 신적 권위 위에 존재하고 있기 때문이다.

자기들의 주장을 널리 펴기 위해 옥스퍼드인들은 1833년 "이 시대를 위한
소책자들(Tracts for the Times)"이라는 일련의 문서 운동을 벌이기 시작하였
다. 그리하여 이들을 가리키는 속칭 "소책자파(Tractarians)"라는 이름이 붙게

되었다. 이 글들 속에서 이들은 자기들의 확신을 한 구절로 표현하였다. 즉 "유일하고, 신성하며, 보편적이요, 사도적인 교회(one, holy, catholic, apostolic church)"라는 신조였다. 이들은 역사상에 나타난 주교들의 사도적 전승과, 진리를 가르치고 인간 생활을 통솔할 수 있는 하나님으로부터 받은 교회의 권위를 강조하였다. 이들은 성례의 위치를 고양시켜, 이들에게 실제로 인간을 구원할 수 있는 권능을 부여하였다. 이들은 영국 국교의 이상적인 모습으로서, 기독교 사상 처음 다섯 세기 동안의 교회의 모습을 제시하였다. 바로 이 때에 교회는 원래의 모습대로 진정 보편 통일된 상태에 있었다고 하였다.

물론 이러한 주장들은 역사적으로 볼 때 의심의 여지가 없는 것은 아니지만, 소책자파들은 이를 열렬히 신봉하였다. 스스로를 가톨릭이라 불렀으니, 이는 초대 보편 교회와의 연계를 의미한 것이었고, 프로테스탄트라는 명칭은 회피하였으니, 이러한 명칭이 교회의 분열을 시사한다고 생각했기 때문이었다.

공공 예배는 옥스퍼드인들에게 가장 중요한 요소였다. 이들은 제단을 향한다든지, 무릎을 꿇는다든지, 십자가를 고양시킨다든지 하는 상징적 행위들을 중요시하였다. 이들은 하나님에 대한 예배는 인간으로부터 전심의 반응을 요구한다 하였다. 그래서 의식은 인간의 감각에 호소해야 한다고 생각하였다. 화려한 성직자들의 예복, 제단의 향불, 훈련된 전문 성악가들의 음악 등이 모두 강조되었다. 쉽게 얘기하면 소책자파 기독교는 곧 "고교회파"의 이상을 실현하고자 하였다.

그리하여 옥스퍼드인들은 결국 한걸음 한걸음 로마 교회에 접근해가고 있었다. 이런 즈음에 또 놀라운 사건이 터졌다. 1841년 존 헨리 뉴먼이 영국 국교의 39개 신조문은 반드시 프로테스탄트적 신앙 고백이라 할 수는 없다고 주장하였던 것이다. 이들은 로마 가톨릭 교회의 정신에 따라 해석될 수도 있다고 하였다. 과연 뉴먼은 진정 로마 가톨릭 교리를 신봉하면서도 영국 교회에 속해 있을 수 있다고 믿었던 것일까?

각계로부터 옥스퍼드 운동에 대한 비판이 가해졌다. 옥스퍼드 주교는 뉴먼이 또 다른 소책자들을 발간하는 것을 금지시켰다. 뉴먼은 진정 가톨릭이 되기 위해선 실제로 로마 가톨릭 교회에 가입하는 수밖에 없다고 결론지었다. 그는 1845년 개종하였는데, 그후 6년간 수 백명의 성공회 성직자들이 그 뒤를 따랐다. 뉴먼은 그후 더블린에 세워진 가톨릭 대학교 학장이 되었으며,

1877년에는 로마 교회의 추기경에 올랐다.

그러나 소책자파들 대부분은 계속 성공회에 남아 있으면서, 좀 더 많은 성직자들을 자기들의 고교회적 사상으로 끌어들였다. 이들의 종교는 예식, 성직자들, 성례 등을 중심하였다. 아름다움을 추구하는 이들의 경향으로 교회건축, 음악, 예술 등이 더욱 발달하게 되었다. 점차 "옥스퍼드 운동" 혹은 "소책자 운동"이란 말 대신에 "앵글로 가톨릭"이라는 단어가 사용되기 시작하였다. 이는 동방 정교회나 로마 가톨릭 교회의 전통과의 연관을 중요시하면서도, 교황이나 총대주교의 수위권은 인정하지 않는 앵글리칸들을 가리키는 용어였다.

이러한 복음주의적, 혹은 앵글로 가톨릭적 경향은 오늘날까지도 많이 남아있다. 윌버포스나 뉴먼 같은 인물들이 항상 나타나는 것은 아니다. 그러나 이들의 확신은 항상 교회 속에 남아있다. 왜냐하면 사역과 예배라는 두 요소는 기독교의 가장 중요한 기초들이기 때문이다. 초대교회 신자들은 짙어가는 어둠 속에서 주 예수께서 올리신 다음과 같은 기도를 기억하고 있다. "내가 비옵는 것은 그들을 세상에서 데려가시기를 위함이 아니요 다만 악에 빠지지 않게 보전하시기를 위함이니이다 내가 세상에 속하지 아니함 같이 그들도 세상에 속하지 아니하였사옵나이다 그들을 진리로 거룩하게 하옵소서 아버지의 말씀은 진리니이다 아버지께서 나를 세상에 보내신 것 같이 나도 그들을 세상에 보내었고 또 그들을 위하여 내가 나를 거룩하게 하오니 이는 그들도 진리로 거룩함을 얻게 하려 함이니이다 "(요 17:15-19).

참고도서

Cairns, Earl E. *The Christian in Society*. Chicago: Moody Press, 1960.

Church, R. W. *The Oxford Movement*. Chicago: University of Chicago Press, 1970.

Coupland, Reginald. *Wilberforce, A Narrative*. Oxford: Clarendon Press, 1923.

Howse, Ernst Marshall. *Saints in Politics*. London: George Allen, 1960.

Ollard, S.L. *Short History of the Oxford Movement*. London: Faith Press, 1932, 1963.

Symondson, Anthony, Ed. *The Victorian Crisis of Faith*. London: S.P.C.K., 1970.

38

지구의 끝까지
:프로테스탄트 선교

18 세기 말 영국의 한 촌락에 허름한 공작소가 하나 서 있었다. 그 문 위에는 "중고 신발 매매"라는 간판이 붙어 있었다. 그 안에는 제화공 윌리엄 캐리(William Carey)가 이웃이 맡긴 신발들을 수선하거나, 여가를 이용하여 헬라어와 히브리어를 공부하고 있었다. 작업대 위에는 낡은 세계 지도가 붙어 있었다. 그 위에 캐리는 제임스 쿡 선장이나 기타 탐험가들에 의해 전해진 세상 정보들을 적어넣었다. 그의 친구 토머스 스코트(Thomas Scott)는 그의 일터를 가리켜 "캐리의 대학"이라 불렀다.

캐리의 작업대와 지도는 진보의 시대중 멀리 있는 사람들을 향해 일기 시작하였던 흥미와 이들에게 복음을 전하고자 하는 욕구를 잘 나타내 보여주는 상징이라 할 수 있겠다. 19세기 초 프로테스탄트 기독교는 겨우 유럽내에만 존재하고 있었다. 인도 일부 지역과 포르투갈로부터 홀랜드인들이 인수하였던 동인도제도 몇몇 지역들을 제외하면 아시아에는 거의 복음이 닿지 못하고 있었다. 아프리카 역시 이집트와 에티오피아의 콥트 신도들을 제외하고는 "암흑 대륙"으로 남아 있었다. 교회가 시작된지 18세기가 흘렀건만 기독교는 아직도 세계 종교라 할 수 없는 상태였다.

물론 현재는 상황이 판이하다. 세계 대도시 거의 모든 신문의 제 일면은 지구상 어딘가의 기독교와 밀접한 연관이 있는 뉴스들을 싣고 있는 것이 보통이다.

기독교 확장의 위대한 시대는 19세기였다. 가장 저명한 선교사가의 하나인 케네스 스코트 라투렛(Kenneth Scott Lautourette)은 이를 가리켜 "일찍이 이처럼 수백만 인구의 아낌없는 재정적 지원을 힘입어 이처럼 수많은 전문가들이 이처럼 넓은 지역에, 종교적 세속적을 막론하고, 이러한 일관성 있는 사상과 가치관들을 전파한 일은 없었다."고 전하고 있다. 그 웅대한 규모로만 보더라도 19세기 기독교 선교에 필적할 만한 사건은 인류 역사상 찾아볼 수 없었다.

전 세계를 그리스도를 위해 정복하려는 급작스런 프로테스탄트의 열정의 폭발을 우리들은 어떻게 설명할 수 있겠는가?

현대 선교의 개척자

프로테스탄트가 발아했던 처음 세기에는 가톨릭 국가들, 곧 스페인과 포르투갈이 유럽인들의 상업적, 식민주의적 진출을 주도하고 있었다. 그 위대한 선교사들의 이름들은 자비에르, 라스 카사스, 리치 등이다. 영국인들이 스페인 함대를 패배시킨 후(1588)에야 영국 및 홀랜드의 해군력 확장을 따라 신세계가 프로테스탄트 선교사들에게 열리게 되었다.

복음을 들고 처음 먼 곳의 주민들을 향했던 이들은 경건주의자들이다. 그런데 모라비안들의 선교사역은 주로 유럽인들의 식민지에서 복음없이 죽어가는 이들을 향한 개인적 개종을 목표로 하고 있었다. 따라서 이들 경건주의자들에 의해 건설된 기독교 공동체들은 이교도들의 대양 가운데 위태롭게 자리잡은 자그만 섬들의 모습이었다.

윌리엄 캐리는 보다 대규모적인 선교 사역의 모습을 기독교 신자들에게 소개하였다. 그는 국가 전체의 개종이라는 차원에서 생각하였고, 한 국민 단위로 복음화되는 모습을 꿈꾸었다. 그는 외부에서 들어가는 선교사들이 할 수 있는 사역이란 한계가 있는 것이므로, 일단 교두보를 확보한 뒤에는 무엇보다도 현지인 사역자들을 훈련시키는 것이 가장 중요하고도 시급한 작업이라고 생각하였다. 무엇보다도 그는 기독교가 피선교지의 문화와 전통에 깊이 뿌리박아야 한다고 믿었다. 바로 이러한 여러 이유들 때문에 캐리는 오늘날 "현대 선교의 아버지"라는 칭호를 받고 있다.

그러나 원래 이 영국인 제화공은 전혀 위대한 인물이 되리라고는 상상조차 되지 않는 인물이었다. 그는 정신병이 있는 여자와 결혼하였으며, 그의 수입은 겨우 먹고 살기에도 부족한 형편이었다. 그러나 인간의 위대성은 그의 환경이 아니라 그 내부에 자리잡고 있는 것이다. 그는 지식욕이 왕성한 인물로서 책을 사기 위해 끼니를 거르는 일이 자주 있었다. 그가 가장 존경하는 인물들은 콜럼버스와 제임스 쿡 선장이었다.

그는 1779년 동료 제화공에 의해 회심하고 1783년 세례를 받았다. 약간의 설교 경험을 쌓은 후엔 몰톤 침례 교회의 목사가 되어 교사직과 신발 제조의 수입으로 가족들을 부양하였다.

그는 침례교 내에서 앤드류 풀러(Andrew Fuller)라는 목사를 알게 되었는데, 풀러는 당시 유행하던 오해된 칼빈주의 사상, 즉 설교자는 하나님의 택정의 섭리를 방해하지 않도록 복음을 청중들을 상대로 적용하거나 혹은 회심을 호소해서는 안된다는 분위기를 반대하고 있었던 인물이었다.

"우리들은 지나치게 불신자들과 타협하고 있다. 그리하여 원래 설교가들의 정신을 상실하였다. 그리하여 각종 죄인들이 몇년 동안 아무런 감동도 공포도 없이 예배장소에 늠름하게 앉아있다."고 풀러는 한탄하곤 하였다.

캐리는 풀러의 가르침을 통해서, 만약 회개하고 복음을 받아들이는 것이 모든 이들의 의무라 한다면, 또한 복음을 맡은 자들은 이를 세상 끝까지 전파하는 것이 그 의무라는 사실을 깨닫게 되었다.

1792년 캐리는 「불신자들의 개종을 위한 방법들을 사용해야 할 기독교인들의 의무에 관하여」를 출판하였다. 이는 기독교 역사상 획기적인 책이다. 이 속에서 캐리는 "이교도들의 땅"에 복음 전파하는 것을 반대하는 이들의 다섯 가지 반대 이유들을 취급하였다. 이들의 먼 거리, 이들의 야만성, 각종 위험, 지원 방도, 언어의 불통 등이었다. 그는 이들을 하나 하나 대답하였다. 상인들은 동일한 위험들을 무릅쓰고도 먼 나라를 찾아 가지 않는가. "만약 우리들이 몇장의 수달피 가죽을 향한 사랑만큼을 같은 인류들, 죄인들의 영혼을 위해 가지고 있다면 이러한 모든 핑계들은 사라지고 말 것이다." 그는 전 세계로 복음을 전해야 한다는 몇 가지 실제적인 제안들로 그의 책을 마감하였다.

캐리와 풀러는 서로를 격려하고 위로하면서, 이들이 살았던 시대의 제한적인 신학의 틀을 벗어났다. 이들은 신약, 특별히 복음을 전 세계에 전하라는 예수님의 명령과 다음과 같은 사도 바울을 통한 하나님의 지시에 유념하였다. "하늘에 있는 자들과 땅에 있는 자들과 땅 아래에 있는 자들로 모든 무릎을 예수의 이름에 꿇게 하시고 모든 입으로 예수 그리스도를 주라 시인하여 하나님 아버지께 영광을 돌리게 하셨느니라"(빌 2:10, 11).

그 결과 1792년 10월, 캐리, 풀러 및 다른 열한 명의 침례교 신자들은 침례교 선교 협회(Baptist Missionary Society)를 조직하였으며, 일년내에 캐리와 그 가족들은 인도를 향하였다.

1763년부터 실질적으로 인도를 지배하고 있었던 것은 영국 동인도 회사(British East India Company)였다. 이들은 선교 사업에 그다지 협력적이 아니었다. 회사의 유일한 목표는 경제적 수익이었다. 백인으로서의 우월의식을 한껏 누리면서 사치와 환락에 젖어있던 동 회사의 대표들은 "우리들의 동방 영토에 선교사들을 파송하는 것이야말로 가장 미친 짓이며, 가장 낭비이며, 결코 정당화할 수 없는 미치광이 광신자들의 헛소리이다. 이러한 계획은 죄악이며, 어리석고, 해롭고, 위험하고, 유익도 실현성도 없는 것이다"고 평가하고 있었다.

회사가 캐리의 캘커타 정착을 불허했으므로, 그는 덴마크 령 세람포어(Serampore)에 정착하였다. 그리하여 벵갈 지방 인디고 염료 공장의 십장 자리를 얻게 되었다. 직장에서는 일년에 석 달만 일하면 되었으므로 많은 시간을 동양언어들을 배우는데 보낼 수 있었다. 1799년에는 다른 두 사람의 침례교 출신 동역자들, 조수아 마쉬맨(Joshua Marshman)과 윌리엄 워드(William Ward)가 세람포어에서 캐리와 합류하였다. 그후 25년 간 이들은 벵갈 지방 일대에 일련의 선교기지들을 조직하였다.

캐리와 그 동료들은 복잡하기 짝이 없는 힌두교를 연구하였다. 이들은 이러한 공부가 선교 사역의 일부라고 생각하였다. 이유는 단지 이러한 지식이 있어야 청중들을 이해하고 자신있게 복음을 전파할 수 있다고 생각했기 때문이 아니라, 구속을 받아야 하는 대상은 단지 개인들의 육체와 영혼뿐만이 아니라고 믿었기 때문이다. 비 기독교 국가의 사상 세계 자체도 그리스도에 사로잡히고 복종해야 할 영역의 일부라고 보았기 때문이었다. 1824년 캐리는 성경 전체를 6개 언어로, 성경 일부를 24개 언어로 번역하였으며, 동양 언어들을 위한 각종 문법책들, 사전들과 아울러 동양서적들을 번역 출판하고 있었다.

선교 사역의 전파

이러한 세람포어 삼인조의 사역은 다른 이들을 자극하였다. 19세기 초에는 세계 각곳의 만인들에게 복음을 전파하려는 새로운 열정과 각오를 프로테스탄트 신자들 사이에서 볼 수 있었다. 그 이전의 대교파들은 이방인들에의 선교를 무용하고 불가능한 작업으로 간주하고 있었다. 그러나 이제 전세계 민족들을 개종시키는 것이야말로 모든 기독교 신자들의 의무라는 음성들이 터져 나오고 있었다. 더 이상 복음은 유럽인들의 사유 재산이 아니었다.

주요한 선교 개척자들의 이름만 해도 수백에 달한다. 인도의 헨리 마틴, 중국의 로버트 모리슨, 남해의 존 윌리엄스, 버마의 아도니람 저드슨, 인도의 알렉산더 더프, 티에라 델 푸에고의 알렌 가르디너, 남 아프리카의 로버드 모팻 등이다. 선교지에 도착한지 얼마되지도 않아 열대지방의 말라리아나 혹은 야만족들의 손에 생을 마친 선교사와 그 가족들의 숫자도 셀 수 없다.

대부분의 경우 "이교도들"에게 복음을 전파하려는 열정은 18세기에 복음주의적 부흥에 깊은 영향을 받았던 영국이나 미국 지방에서 발생되었다. 이 선교의 시대에 처음 30년 동안 헌신한 이들은 거의가 다 복음주의자들이었다.

이는 물론 놀랄만한 일이 못된다. 복음적 각성은 설교의 목표를 혁명적으로 변화시켰다. 전통적 성직자들은 목회자의 사명이란 세례시에 거의 모든 교구민들 속에 뿌려진 씨앗을 그저 잘 가꾸는 것이라고만 생각해 왔었다. 이런 이들은 야만족을 찾아 복음을 전하는 것을 상상할 수도 없었다. 동시에 예정론을 잘못 이해하는 이들은 인도나 중국의 택자들에게는 별로 신경을 쓰지 않았다. 그러나 캐리와 같은 복음주의자들은 설교란 그리스도에 대한 신앙을 통하여 죄인들을 하나님께로 부르는 것이라 이해하였다. 이들은 이러한 사역을 개인적 책임으로 절감하였다. 그리고 원칙적으로 영국에 사는 세례받은 불신자나 해외의 불신자들 사이에 큰 차이를 발견치 못하였다.

1820년과 30년대에 들어서야 해외 선교에 대한 흥미가 영국 교회 생활의 당연한 일부로 자리잡게 되었다. 이는 복음주의자들이 잉글랜드와 스코틀랜드 사회에 미친 영향에 힘입은 바 크다. 이들의 많은 가치관들이 주위 사람들에게 전달되었다. 특별히 영국을 기독교적 책임을 가진 기독교적 국가로서 보는 인식이 깊어갔던 것이다.

　당시 수 백, 수 천의 찬송과 설교들을 살펴보면 이러한 비전의 모습을 볼 수 있다. 캘커타 주교로서 사역하던 중 인도를 위해 목숨을 바쳤던 레지날드 헤버(Reginald Heber)의 찬송 "그린랜드의 얼음 덮인 산으로부터(From Greenland's Icy Mountain, 저 북방 얼음 산과)"를 보면 이러한 분위기가 잘 드러나고 있다.

> 우리들, 그 영혼이 높은 곳으로부터의
> 빛에 의해 밝혀진 자들이;
> 암흑에 쌓인 자들에게
> 생명의 등불을 거절할 수 있으랴?
> 구원, 오 구원!
> 그 기쁜 소리를 선포하라
> 지구의 가장 먼 나라까지도
> 메시야의 이름을 배울 때까지.

　이 새로운 프로테스탄트의 세계 선교의 비전을 이룬 것은 두 가지 이념이었다. 하나는 캐리와 풀러의 경우에서 볼 수 있듯이 복음적인 것이다. 성경은 인간들이 그리스도에 대한 믿음없이는 상실된 상태에 있으며 주님께서는 모든 시대의 신자들이 온 세상에 반드시 복음을 전파해야할 의무와 책임이 있음을 말씀하셨다.

　또 한 가지는 예언적 이유이다. 19세기의 많은 신자들은 조나단 에드워즈를 따라 주님을 아는 지식이 마치 물이 지구를 덮듯이 세상을 가득 채울 것이며, 이러한 복음의 전파는 곧 지상에서 그리스도의 왕국이 이룩되는 예비 작업이라 생각하였다. 이러한 그리스도의 미래 통치를 가리켜 천년왕국주의라 부른다.

　세계 전체를 향한 프로테스탄트의 복음화 운동은 물론 헛된 망상이 아니었다. 선교 운동의 헌신적 모습과 진보의 시대 특유의 낙관적 미래관이 한데 어울렸을 때, 이러한 목표의 성취는 매우 현실적으로 보였다. 그리하여 해외 선교 학생 자원 운동(The Student Volunteer Movement for Foreign Missions)은 "이 세대에 전 세계의 복음화"라는 구호를 내세웠다.

　이러한 비전은 아시아, 아프리카 등지에서 항상 새롭고 영감적인 선교의 기록이 전해짐으로써 계속 그칠 줄 모르고 불타올랐다. 이들 가운데 가장 감동적이었던 것은 데이비드 리빙스턴(David Livingstone, 1813-1873)의 선교 보고에 나타났던 바 아프리카의 영적 암흑 상태와 아랍인들의 노예 매매에 관한 이야기였다.

이 암흑 대륙의 위대한 탐험가는 억세고 강인한 스코틀랜드 출신이었다. 그는 열 아홉 되던 해에 "인류의 불행을 경감시키는데" 생명을 바치겠다고 맹세하였다. 그는 선교사역을 준비하기 위해 의학을 공부하였으며, 남아프리카에서 사역하던 로버트 모팻의 소식에 깊은 감명을 받고 그를 돕기 위해 아프리카를 향해 떠났다.

아프리카의 리빙스턴

리빙스턴은 1841년에 도착하여 10년 동안은 보통의 선교사로서 봉사하였다. 그러나 그는 한자리에 오래 머무는 성질이 아니었다. 그의 속에는 탐험가의 기질과 충동이 자리잡고 있었다. 스스로의 표현대로 그는 "아직 선교사를 한번도 보지 못한 촌락의 모닥불 연기"를 그리워하는 인물이었다.

그는 제일차 선교 여행 때 정글을 뚫고 앙골라 서부 해안까지 도달했다가, 그를 동반한 아프리카인 짐꾼들을 저버릴 수 없어서, 다시 동부 해안의 퀼리메인(Quilimane)까지 갔다. 이 여행의 기록으로 그는 이미 이름을 떨치게 되었다. 또한 위대한 탐험가의 소질이 나타났는데, 그는 뛰어난 인내심으로 아프리카인들을 대하여 전혀 폭력을 쓸 필요가 없었다. 또한 과학적, 지리적 관찰들을 자세하고 정확하게 기록하였다. 이 한번의 여행으로 아프리카의 심장부가 현대인들에게 열리게 되었던 것이다.

그러나 리빙스턴은 물론 단순한 여행자가 아니었다. 그의 목표는 복음전파였다. 그의 일기들은 거의 신비주의적이라 할 수 있는 경건성으로 가득차있다. 그는 여행길에 오르기 전 다음과 같이 기록하였다. "나는 그리스도의 왕국에 관련된 것들을 제외하고는 내가 소유하거나, 앞으로 소유할 어떤 것에 대하여도 큰 가치를 둔 일이 없다."

리빙스턴이 가장 관심을 둔 문제는 그가 "세계의 고름나는 상처"라고 불렀던 중앙 아프리카의 참혹한 노예 매매 문제였다. 1857년 그는 케임브리지 대학교에서 다음과 같이 강연하였다. "나는 교역로와 기독교를 위하여 아프리카로 다시 돌아간다. 내가 시작한 이 사업들을 여러분들이 계속 뒤이어 주시기를 부탁드린다."

이를 보고 어떤 이들은, 과연 리빙스턴이 교역과 기독교를 동등하게 취급하였는가, 그는 결국 아프리카의 많은 지역들을 악몽으로 몰아넣었던 식민주의적 착취자들의 선구에 불과한 인물인가고 의아해 할지도 모른다. 그러나 사실은 전혀 그렇지 않다. 리빙스턴은 아프리카인들 자신의 협력이 없이는 노예 매매가 계속될 수 없음을 잘 알고 있었다. 노예매매가 손쉬운 부의 축적의 첩경이 될 경우에는 항상 주위의 약한 부족들을 침략하여 이들을 잡아 노예로 팔아넘기려는 유혹을 받기 마련이다. 따라서 아프리카인들로 하여금 보다 합법적인 생산과 교역 활동에 종사할 길을 마련해주어서 백인들이 아프리카에서 원하는 생산품들과, 흑인들이 백인들로부터 얻고 싶은 상품들을 교역할 수 있는 통로를 만들어야만 추악한 노예 문제가 근절될 수 있다고 생각하였던 것이다. 그 실현성 여부는 차치하고라도 바로 이것이 아프리카 문제 해결을 위한 리빙스턴의 확신의 주요한 부분이었다.

그런데 이러한 선교사의 비전은 어떻게 해야 실행에 옮겨질 수 있겠는가? 이러한 영적 에너지가 제대로 분출될 수 있는 창구는 어떻게 마련되겠는가? 전통적 교파들은 감독제도, 장로제도, 혹은 회중제도 등 세 가지 체제 중 하나를 사용하고 있었다. 이를 지지하는 이들은 모두 자기들 체제야말로 성경적이라 주장하였으며, 이들이 내세우는 이론들 역시 익히 잘 알려진 바 있었다. 인간들은 각 교회 체제를 주장하고 수호하기 위해 피까지 흘린 바 있었다.

그러나 세계 전체를 무대로 복음을 전파할 책임에 관한 확신이 깊어짐에 따라 영국 및 미국의 기독교 신자들은 이러한 전통적 교회 제도와 체제로는 절대로 세계 선교를 효과적으로 감당할 수는 없다고 생각하기 시작하였다. 그리하여 세계를 무대로 한 선교의 지지자들은 또 다른 형태의 협력 방안을 고안하였으니, 이것이 곧 자발적 단체, 혹은 자원 단체의 모습이었다.

자발적 단체의 결성

이 문제에 있어서도 캐리가 선구적 역할을 담당하였다. 그는 그의 저술 속에서 무역 회사라면 어떻게 할 것인가 라는 질문을 던졌다. 그리하여 그는 진지한 신자들, 성직자들과 평신도들을 망라한 회사의 조직을 제안하였다. 이 조직체는 정보를 수집하여 이를 분배하고, 필요한 자금도 조달하며, 선교사 적임자를 선발하여 적재 적소에 파송하여야 한다.

이러한 자발적 단체가 19세기의 기독교의 모습을 격변시켰는데, 선교 협회는 이 가운데 한 부분이었다. 이들은 원래는 신학적 이유 때문이 아니라 현실에 적응하여 설립되었으나, 그 결과는 기존 교회 정치 체제를 위협하게 되었다. 이를 통하여 성공회, 침례파, 회중파, 감리교 등이 동일한 목표 아래 한데 모여, 교회체제로부터 야기되는 골치아픈 문제에 구애됨이 없이 범 교파적인 협력을 가능하게 하였다. 이들은 또한 평신도들의 지도적 위치를 높여 줌으로써 교회내의 세력 구조를 변화시키게 되었다. 보통의 기독교인들이, 남녀를 불문하고 중요한 단체들의 요직을 감당하게 되었으니, 이는 예전에는 불가능하다고 생각되었던 현상이었다.

이러한 모습은 선교 협회들의 역사 초기 때부터 나타났다. 런던 선교 협회는 1795년에 다음과 같은 강령을 채택하였다. "가장 근본적인 원칙은 장로회, 독립파, 감독제 등 일체의 교회 정치 체제를 전파하려함이 아니라 … . 불신자들에게 단지 하나님의 영광스런 복음을 전하려 함이다." 그 창설자 중의 하나는 "편견을 장례지내자"고 제안하였다.

이러한 초교파적 선교 협회들의 결성으로, 각 지부의 부인회로부터 일주에 한 페니씩 헌금을 모으고, 선교에 관한 문서들을 널리 퍼뜨리는 등 궂은 일도 마다 않았던 선교 열심들이 선교 사역들에 전심으로 참여할 수 있게 되었다. 사실 대부분의 선교 지망생들은 이들을 통하여 알려진 것이 대부분이다. 미국 출신의 선교사 루푸스 앤더슨(Rufus Anderson)은 1834년에 다음과 같이 썼다. "금 세기에 들어서야 기독교권의 복음주의 교회들이 세계 선교를 염두에 두고 조직되기 시작하였다." 이들은 자발적 단체들을 통하여 조직을 갖추게 되었다.

미국 최초의 해외 선교 단체는 해외 선교를 위한 미국 위원회(American Board of Commissioners for Foreign Missions, 1810)였다. 이들은 새로 설립된 회중파 계통 안도버 신학교(Andover Theological Seminary) 일부 학생들에 의해 조직되었다. 이 집단의 지도자는 사무엘 제이 밀스(Samuel J. Mills)로서 그는 윌리엄스 대학 재학중 선교 사역에 헌신키로 서원한 소그룹을 형성하기도 했던 인물이었다. 안도버의 이 모임 중에는 후에 유명한 버마 선교사가 된 아도니람 저드슨도 포함되어 있었다. 우리들이 역사상 무수한 예를 발견할 수 있는 바와 같이 이때도 새로운 선교 활동의 전위 역할을 한 것은 역시 젊은 학생들이었다. 아직 젊었던 미국의 선교열이 역시 젊은이들의 손으로 불붙게 되었다.

수년 내에, 장로교, 침례교, 기타 대교파들도 회중파의 본을 따라 선교 전담 기구들을 결성하였다. 모든 도시, 자그만 촌락의 교회들 사이에서도 "저먼 이방인들"에게 복음을 전파하는 것이 신자들의 주된 관심이 되었다. 각종 남녀 선교회들이 교회마다 조직되었으며, "어린이 선교 주일"도 생겨났고, 안식년을 맞은 선교사들을 초청하는 교회들도 늘어갔다. 선교를 위한 특별헌금 주일들도 지정하고, 교회 예산의 일부로 선교비를 지정하기도 하였다.

19세기 말에는 거의 모든 교파들, 러시아 정교로부터 구세군에 이르기까지, 거의 모든 나라들, 핀란드의 루터파 교회들로부터 이탈리아의 발도파 교회에 이르기까지, 그리고 미국에 새로 생긴 교단들까지 해외선교를 일반 사역의 일부로 포함시켰다.

대부분의 초대 선교사들은 복음과 선교지의 문화사이에 생기는 마찰을 제대로 의식하지 못하였다. 이들에게는 서양 기독교가 곧 복음이었다. 따라서 말레이지아 인이나 인디언들을 개종시킨다는 것은 즉 이들을 홀랜드인이나 포르투갈인으로 만드는 것을 의미하기도 하였다.

오늘날 이러한 태도를 비판하기는 쉬운 일이다. 그러나 모든 기독교 사회, 혹은 기독교 신자 개인들은 자기가 성장한 문화의 영향을 받은 신앙을 소유하기 마련이다. 그리하여 해외선교 초기부터 이러한 문제가 제기될 수밖에 없었다. 그러나 이처럼 다른 문화의 옷을 입은 복음은 진정한 기독교의 전파에 방해가 되는 경우가 많이 있다. 고기를 먹는다든지, 남녀 관계가 개방적이라든지 하는 이유들로 복음이 제대로 정착되기도 전에 거부당하는 수가 많이 생기게 된다.

반면, 복음 자체의 특성으로 말미암아 생겨나는 기독교 공동체의 특유한 모습도 있기 마련이다. 복음은 혁명적인 변화의 세력이며, 이를 무시하려는 시도는 기독교 신앙 자체를 다른 무엇으로 변형시키게 되는 것이다.

바로 이러한 문제들로 인하여 오늘날까지도 이슬람, 힌두, 유교 등의 문화에 의해 지배되는 지역에서는 기독교 신자들이 소수, 어떤 경우에는 거의 그 존재를 알 수도 없는 소수로 존재하고 있다.

현대 기독교의 표지들

그러나 각종 방해물들에도 불구하고 프로테스탄트 선교 운동은 계속하여 확장되고 있다. 이 과정 속에서 현대 기독교의 몇 가지 특징들이 나타나게 되었다.

우선 전세계적인 확장은 강제에 의해서가 아니라 자발적인 참여로 이루어 진다. 콘스탄티누스 이후 신앙의 전파는 기독교 국가 통치자들의 지원을 받았으며, 그 결과 집단적 개종들이 이루어졌다. 17세기 아시아와 라틴 아메리카의 로마 가톨릭 선교를 보면 이러한 사실들을 잘 알 수 있다.

그러나 19세기 프로테스탄트 선교는 약간의 예외를 제외하고는 국가의 보조나 통솔없이 이루어졌다. 이들은 강제력을 사용하지 않은 채 설복과 이해로 사역하였다. 그리하여 기독교 신자들은 종교의 자유를 주장하면서 선교 활동을 계속할 방법을 찾게 되었다.

둘째로, 이러한 선교 활동은 일반 신도들 전체의 재능과 물질을 사용하였다. 이전의 수도사들이나 주교들에 의한 선교와는 달리 이 새로운 선교 집단들은 가능한 한 광범위한 선교 지원 기반 위에 조직되었다. 그리하여 교회의 가장 기본적인 임무라 할 수 있는 복음 전파가 신자들 전체들을 통해 시행되었다.

셋째로, 복음 전파와 함께 각종 인도적 사역들이 동시에 진행되었다. 선교 기관들은 교회뿐만 아니라 학교들, 병원들, 의사와 간호원 훈련기관들을 설립하였다. 이들은 여러 언어들과 방언들을 기록하기 위한 글자들도 만들어내고, 성경뿐만 아니라 다른 서양 서적들도 번역하였다. 그리고 또한 각종 공공 위생 시설들을 설치하고 농경 기술도 가르쳤다. 이러한 활동들은 물론 주민들의 개종을 염두에 두기도 하였지만 대부분의 경우에는 기독교 신자의 양심으로는 묵과할 수 없는 사회적, 물리적 필요를 목격하고 이에 반응한 것이었다.

그리하여 여러 가지 의미에서 선교 운동은 복음을 기독교 내에서 원래의 중심 위치에 되돌려 놓았다. 그리고 이 중요한 의미에서 동 운동은 종교개혁 운동에 의하여 흐려졌다고 볼 수 있는 거룩한 가톨릭 교회의 개념을 회복시켰다 할 수 있겠다. 그리하여 캐리의 지도에서부터 시작되었던 기독교의 보편성은 새로운 많은 나라들에서 새로운 주민들을 포용하게 되었다.

참고도서

Drewery, Mary. *William Carey: Shoemaker and Missionary*. London: Hodder and Stoughton, 1978.

Gascoigne, Bamber. *The Christians*. New York: William Morrow, 1977.

Huxley, Elspeth. *Livingstone and His African Journeys*. New York: Saturday Review Press, 1974.

Neill, Stephen. *A History of Christian Missions*. Middlesex: Penguin Books, 1964.

Northcott, Cecil. *David Livingstone: His Triumph, Decline and Fall*. Philadelphia: Westminster, 1973.

39

한 국가의 운명
:기독교 아메리카

"세 상이 하루에 이루어지겠느냐? 또는 한 국가가 순식간에 생겨나겠느
냐?" 이사야의 질문은 특히 젊은 국가 미합중국을 위해 적당한 것으
로 보이고 있었다. 1835년 뉴 잉글랜드 출신의 유명한 장로교, 회중파 목사였
던 라이먼 비처(Lyman Beecher)가 이사야서 66:8을 본문으로 설교하였는데,
그 제목은 '서양을 위한 간구'였다.

그는 미국의 황야에 거대한 제국이 새로이 일어나고 있다고 확신하였다.
따라서 일체의 전통과 문화가 새로운 국면을 맞고 있었다. 그는 기독교 신자
들이 이러한 기회와 시기를 놓치면 안된다고 주장하였다. "국가의 종교적 정
치적 운명"을 기독교적으로 형성해야 한다는 것이었다.

그는 이를 위하여 복음을 전파하고, 성경들을 배포하며, 교회를 개척하고,
학교를 세우고, 미국인들의 도덕을 개혁시킬 것을 재촉하였다. 청교도였던
비처는 자유스런 사회를 위해선 정당한 법률이 필요하며, 민주주의 아래선
공의로운 법이 기독교의 영향을 받은 많은 이들의 지지를 받아야 한다고 알
고 있었다.

비처는 여러 계통 신자들의 의견을 대변하고 있었다. 침례교, 장로교, 감리
교, 성공회, 회중파 등의 많은 신자와 교회들이 그에게 귀를 기울였다. 실제
로 그의 의견이 많은 이들을 움직이고 있었으므로 역사가들은 이 시기를 가

리켜 "의로운 제국의 시대(righteous empire)"라고 부르기도 한다. 19세기 아메리카 프로테스탄트들 사이에선 기독교 국가로서의 미국을 건설하자는 것이 주된 소망이요 꿈이었다. 우리들은 이러한 사상이 어떻게 생성되고, 발전하다가, 사라졌는가를 살펴볼 필요가 있다. 이 시기에 관한 지식이 없이는 오늘날 미국을 이끌어 가는 사회적, 종교적 세력들의 정체를 제대로 이해할 수 없다.

미 서부의 도전

젊은 국가 미국의 운명을 기독교 복음에 의해 만들어 보자는 복음주의자들의 주장이 전혀 새로운 것은 아니었다. 중세 유럽을 위한 인노켄티우스 3세의 비전이나, 제네바를 위한 칼빈의 계획과 같이, 미국을 위한 복음주의적 꿈은 사회를 향한 기독교적 관심의 표현이라 할 수 있었다. 미 서부는 국가 전체에 복음을 적용할 수 있는 가장 거대한 기회를 제공해 주고 있었다.

만약 이러한 비전이 우리 시대에 퇴색했다 하여도 — 실제로 이 사상은 많이 약화되었는데 — 그 기본적인 충동은 아직 남아 있다. 왜냐하면 이것이 바로 그 백성들을 위한 하나님의 계획의 일부이기 때문이다. "너희들은 세상의 빛이다 … . 너희들은 세상의 소금이다." 기독교 신자들이 어떻게 주위의 환경에 관심을 갖지 않을 수 있겠는가?

19세기 미국의 가장 중요한 요소는 서부, 그 국경의 경계가 계속 확장되고 있는 지역이었다. 알레게니 산맥을 처음 넘은 이들은 그 지역을 찬양하였다. 1751년 크리스토퍼 지스트(Christopher Gist)는 이 지역을 가리켜 "수 많은 작은 강들과 개천으로 들판이 풍성하게 적셔지고 있으며, 아름다운 자연 그대로의 들판들이 야생 귀리, 클로버, 푸른 잔디"로 덮여 있다고 묘사하였다.

독립 전쟁 후, 너무나 많은 미국인들이 서부로 이주하였으므로, 마치 국토가 기우는 듯한 느낌을 받을 정도였다. 1792년부터 1821년 사이에 원래의 13개 주에 무려 9개의 주가 추가되었다. 19세기 중엽에는 미국민들의 반이 아팔라치아(Appalachians) 산맥 서쪽에 살고 있었다.

이는 급격한 변화였다. 인디언들을 쫓아내고, 자연을 개척하는 생활 속에서 서부 개척자들은 거칠고 사나운 생활에 젖어 있었다. 산맥을 지나 이들을 찾았던 유럽인들은 항상 이들의 야만적 태도에 충격을 받곤 하였다. "이들 개척자들은 … 가장 사소한 이유로도 서로 싸움을 하곤 한다. 이들은 주먹으로 뿐만 아니라 손가락, 이빨, 무릎, 발 등을 모두 자기들의 무기로 사용하고 있다 … 찢고, 차고, 긁고, 물고, 엄지와 다른 손가락들을 사용하여 상대방의 눈알을 빼내고자 하기도 하며, 서로를 죽이기 위해 최선을 다한다 … ."

미합중국의 건국시에는 대교파들은 서부가 제공하는 기회를 포착하기엔 제대로 준비가 되어 있지 못한 것 같았다. 기독교의 영향력이 우선 건국 이후 최저의 상태였다. 전체 인구중 겨우 5내지 10퍼센트만이 교인들이었다. 그럼에도 불구하고 거칠고 세련되지 못했던 서부는 시간의 흐름에 따라 점차 교화되었는데, 이를 감당했던 것은 무엇보다도 복음주의 기독교 세력이었다.

복음주의자들이 미국을 교화시키는데 있어서 가장 중요한 두 가지 무기가 되었던 것은 자발적 집단들과 부흥회였다.

모든 이들을 위한 종교의 자유를 부여하였던 권리장전(The Bill of Rights)은, 교파 위주의 교회의 개념을 공인하는 동시에 교회들이 일체 정부에 영향력을 미치는것을 방지하는 역할을 하였다. 따라서 각 교파들은 자유스럽게 자기들의 신앙 생활을 규정할 수 있었다. 그러나 공공 생활과 도덕에 관한 기독교 신자의 책임은 어떻게 할 것인가? 바로 이러한 임무를 감당한 것이 자발적 단체들이었다.

윌리엄 캐리와 기타 영국의 복음주의자들은 인도에 복음을 전하고 서인도제도의 노예 매매를 금지시키기 위한 자발적 단체를 조직하였다. 미국의 복음주의자들도 자기들의 사역을 위하여 바로 이러한 개념을 도입하였다. 미국이라는 자유 사회에 영향력을 미치기 위해선 가장 최선의 수단으로 생각되었다. 여론을 조성하고, 해외선교와 교육활동을 지원하며, 한창 자라나는 국가를 위한 개혁 사상을 전파하는데 가장 효과적으로 쓰일 수 있었다. 자발적 단체를 통하여, 여러 교파의 신자들이 합심하여, 이들의 공동 관심사였던 금주법, 안식일 엄수 문제들에 관하여 힘을 합치게 되었다.

그리하여 19세기 초 미국민의 생활에 영향력을 끼치기 위한 일단의 자발적 단체들이 출현하게 되었다. 미국 성서 공회(American Bible Society), 미국 개척협회(American Colonization Society), 미국 주일학교 연합(American Sunday School Union), 미국 교육협회(American Education Society) 등을 주요하게 꼽을 수 있다. 비처(Beecher)는 1830년 다음과 같이 기술하였다. "한 가지 점차 분명해지는 것은 지난 40년 동안 교회가 커다란 영향력을 미치게 되고 사회 속에서 승리를 거둘 수 있었던 것은 기독교 신자들이 자발적 단체를 조직하여 힘을 뭉친 결과라는 것이다."

험한 개척지를 교화하는데 사용된 두 번째 방법은 부흥회였다. "목회자들과 신자들을 위해, 법률에 영향을 미치는 여론을 조성하는데, 각종 종교단체들을 자발적으로 교인들이 지원하도록 하기 위해서는" 부흥회가 가장 중요한 관건이라고 비처는 기록하였다.

1790년에 복음주의자들은 두 가지 도전에 직면하고 있었다. 이는 동부를 다시 회복하고, 서부를 획득하는 것이었다. 동부에서는 1800년 이전, 특히 일부 대학가에서 성령 운동이 활발하게 나타났다. 이러한 부흥 운동은 제2차 대각성 운동(The Great Awakening)이라 불리게 된다. 이를 통해 그후 서부 교화에 헌신하였던 유능하고 경건한 지도자들이 다수 배출되었다.

거대한 서부 변경 부흥은 새로이 정착된 알레게니 산맥과 미시시피 강 사이에서 발생하였는데, 그 중심지역은 켄터키와 테네시였다. 이때의 부흥 모습은 이곳 주민들의 기질을 그대로 반영하는 것이었다. 거칠고, 요란하고, 어쩌면 무질서했다고도 표현할 수 있다.

이 지역을 잘 알고 있던 티머시 플린트(Timothy Flint)는 다음과 같이 전형적인 설교자의 모습을 묘사하고 있다. "수개월 동안을 말 위에 앉아 숲속을 헤맨다 … 이들은 자연스럽게 애수를 띤 낭만적 표현과 성품을 갖게 된다. … 그리하여 그 설교는 매우 대중적이면서도 감정에 호소하는 양상을 보인다. … 개척지는 강렬하고, 진지하며, 지성적은 아니나 유창한 언변의 설교를 하기엔 최적의 장소이다. 이러한 쉽고도 감동적인 설교가가 아니면 그다지 큰 영향을 미칠 수 없다."

문맹자가 많았던 인구들 속에서 흑백을 막론하고 이러한 설교가들은 기독교 복음을 전하는데 가장 중요한 구실을 하였다. 이러한 서부의 부흥사들 가운데 가장 특유한 인물들 가운데 하나는 키가 크고, 우람한 체격의 검은 눈동자의 장로교인, "용기있고 타협을 모르는 태도"를 지녔던 제임스 맥그리디(James McGready) 목사였다.

불꽃 같은 제임스 맥그리디

원래 펜실베이니아주 스코틀랜드-아일랜드 출신이던 맥그리디가 처음 설교를 시작한 곳은 노스 캐롤라이나(North Carolina)였다. 목이 곧은 죄인들에게 내리시는 하나님의 진노를 즐겨 설교하였던 맥그리디는 수많은 이들을 회개시킨 부흥운동에 불을 붙였다.

그러나 그는 동시에 변경의 회중들이 항상 격렬한 설교에 호응하는 것은 아님을 발견하게 되었다. 맥그리디가 1798년 갑자기 켄터키로 이주하였을 때, 그를 움직인 것은 피로 쓰여진 한 통의 편지였다는 소문이 돌았다.

켄터키에서 불꽃같은 맥그리디는 레드 리버(Red River), 개스퍼 리버 (Gasper River), 머디 리버(Muddy River) 세 군데의 회중에게 설교하였다. 이 들은 모두 켄터키 남서부의 로간 카운티에 소재하고 있었다. 이곳은 말도둑 들, 무숙자들, 살인자들이 우글거렸던 "강도들의 항구"라는 이름으로 익히 알려진 곳이었다. 그러나 무법자들은 놀랍게도 맥그리디가 묘사하는 지옥과 천국의 묘사로 가득찬 설교에 열렬한 반응들을 보였다.

그는 너무나 생생하게 천국의 모습을 묘사하였으므로, 둔감한 회중들조차 도 그 영광을 보고 그곳에 가기를 애타게 원할 정도였다. 그리고는 지옥과 그 처참한 모습을 너무나 효과적으로 묘사함으로써, 죄인들은 벌벌 떨고, 불 과 유황 연못에 빠져 있는 듯한 착각, 하나님의 분노가 이들을 끝없는 구덩 이로 밀어 넣는것을 실감하게 되었다.

1800년 7월, 맥그리디와 그의 오순절은 미국 역사의 방향을 바꾸어 놓았다. 그는 레드 리버에서의 부흥회 후에, 다음 성찬 예배는 개스퍼 리버에서 갖겠 다는 광고를 하였다. 이러한 소문이 돌자, 수많은 개척자들이 말과 마차를 타고, 혹은 걸어서 성령의 강림을 고대하며 개스퍼 리버에 모여 들었다. 어 떤 이들은 100마일 밖에서도 온 이들이 있었다. 수많은 가족들은 아예 며칠 을 머물며 하나님의 손이 역사하시는 것을 보기 위하여 천막과 휴대식량 ─ 돼지 고기 절인 것, 옥수수 빵, 훈제 닭고기 ─ 들을 싸들고 왔다.

우리들은 이제 바로 이 개스퍼 리버 집회를 미국 역사상 최초의 "천막 집 회"로서 기억한다. 사람들이 먼 곳으로부터 왔기 때문에 옥외에서 며칠 동안 계속되었던 부흥회의 처음 모습이었다. 그리고 이들은 현장에 천막을 쳤으므 로 바로 천막 집회(Tent Meeting)라는 이름이 붙여지게 되었다.

맥그리디는 하나의 독특한 운동을 일으킨 인물이었다. 그 후 거의 200년 간, 미국에서는 부흥회와 천막 집회가 계속 그 모습을 보이게 된다. 그러나 물론 시간이 흐름에 따라서 설교의 열기는 식어가기도 하였다. 이는 불가 피한 현상이다. 인간들은 불만으로는 살 수 없다. 찰스 피니(Charles Finney), 디 엘 무디(D. L. Moody), 빌리 그래함 (Billy Graham) 등의 지도하에 이러한 천막 집회는 건물 안으로 옮겨 갔으며, 도시의 강당들과 한촌의 자그만 교회 당들에서 그 전통을 이어갔다.

그러나 물론 모든 이들이 이러한 부흥집회를 찬성한 것은 아니었다. 많은 루터파와 장로교인들은 부흥집회가 건전한 교리를 도외시한다고 생각하였다. 로마 가톨릭과 영국 성공회는 이들이 진정한 예배가 아니라 감정의 폭발에 불과하다고 생각하였다.

그러나 열광적인 부흥사들과 점증하는 숫자의 선교사들이 서쪽으로 옮겨 가면서, 복음을 전하고, 교회를 개척하고, 대학들을 세우면서 이러한 비판들은 점차 무시받게 되었다. 1830년 대에 유럽에서 미국을 방문한 알렉시스 토크빌은 다음과 같이 관찰하였다. "인간들의 영혼 위에 기독교가 이처럼 큰 영향을 미치고 있는 곳이 지구상에 달리 찾아볼 수 없을 것이다." 많은 이들이 이 의견에 동조하였다.

그러나 "기독교 아메리카"라는 몸 속에 치명적인 암이 퍼져가고 있었다. 기독교 원칙에 영향을 받았다는 민주주의 국가가 어떻게 과연 수백만 인간들이 노예를 매매되는 것을 방관하고 있을 수 있겠는가?

미국의 노예제가 시작된 것은 1619년 8월 29일, 버지니아 주 제임스 타운(James Town)에 홀랜드 상선이 20명의 흑인 노예들을 부려 놓았을 때였다. 1830년에는 이들의 인구가 거의 2백만에 달했다. 국가의 영토가 서진하면서 노예제가 가장 큰 문제로 등장하였다. 새로운 주가 연맹에 가입할 때 마다, 개척자들이 새로운 땅을 찾아 나설 때마다, 이 노예 문제는 국가의 양심에 박힌 가시처럼 많은 이들을 괴롭혔다.새로운 지역에서 노예를 인정해야 할 것인가? 얼마나 오랫동안 노예제를 공인할 것인가? 자유와 합중국 양측을 모두 보전해야 한다면 무엇을 우선으로 생각하여야 할 것인가?

이러한 투쟁은 인간 존재에 있어서 너무나 기본적인 문제였다. 또한 그 성격 자체가 매우 종교적이었으므로 모든 측들이 다 이러한 문제를 해결하기 위하여 성경을 연구하였다.

노예들 속의 기독교

노예들은 자기들 존재의 공허를 채우기 위해 성경을 찾았다. 그런데 이는 당연한 결과였다. 노예들은 백인 주인들에 의해 모든 것들을 — 그의 아프리카의 토속 종교를 포함하여 — 다 빼앗겼기 때문이다.

고향으로부터 강제로 이국에 이주하였던 흑인들의 문제는 심대하였다. 아프리카의 문화와 사회 구조가 파괴됨으로써 노예들은 이 세상에서의 소속감을 잃고 헤매고 있었다.

어떤 노예들은 대서양을 건너는 뱃속에서 자살해 버렸다. 미국내에서 탈출을 기도하는 자들도 있었다. 그러나 이들 중 대부분은 자신들의 운명에 순종하여 혼란과 당황 속에서도 새로운 백인들의 세계 속에서 자기들 존재의 의미를 찾아보고자 하였다.

기독교는 노예들에게 새로운 땅, 새로운 사회 속에서 이들에게 새로운 생활의 새로운 본거지를 발견하게 되었다. 처음에 많은 노예주들은 흑인들에게 성경을 가르치는 것을 반대하였다. 이들은 노예들이 성경 속에서 인간 평등의 사상을 발견하여 반란을 일으키지나 않을까 염려하였다. 그러나 신약 성경 자체가 노예제를 인정하고 있다고 생각하는 노예주들이 늘어가면서 이러한 반대는 점차 수그러지게 되었다. 일부 노예주들은 오히려 최량의 노예들 — 백인 노예주들의 압제를 기꺼이 인정하는 노예들 — 은 성경을 가장 잘 아는 노예들이라고 생각하게 되었다.

그리하여 노예들은 성경으로부터 백인들의 하나님과, 이 하나님이 어떻게 인간들을 대하시는가를 배우게 되었다. 노예들 사이에서는 일체의 다른 사회적 조직들이 금지되어 있었으므로, 흑인 설교자들이 이들 사이에서 가장 중요한 존재들로서 출현하게 되었다. 변경의 부흥회적 분위기를 반영하듯이 이들은 하나님께서 이들을 특별한 영적 지도자로서 지명하셨음을 확신시키는 경험을 통하여 성직의 소명들을 받았다. 이러한 통로를 거쳐 그는 개인적 능력들을 사람들 앞에 보이고, 지도자적 위치를 차지하게 되었다. 시간이 흐름에 따라 흑인들을 위하여 성경의 이야기들을 극화하고, 노예들의 경험에 비추어 많은 성경 인물들과 사건들을 해석하게 되었다.

사건들 가운데 가장 중요한 것은 출애굽이었고, 성경 인물들 중에는 예수였다. 하나님의 백성들의 애굽 포로 사건, 애굽으로부터의 해방, 홍해를 건너는 사건, 이때의 바로 군병들의 멸망, 광야의 방황, 그리고 마지막으로 요단강을 건너 약속의 땅에 이르는 사건들은 모두가 노예들의 설교와 흑인 영가들의 중요한 주제들을 계속 제공하게 된다. 이 지구상에서 노예 생활은 생전 해방의 가능성이 거의 없는 상태였다. 그리하여 그 해방은 대개 죽음과 연관된 모습으로 나타났다. 즉 예수님께서 노예의 사슬을 풀고 그를 다른 행복한 세계로 인도하는 모습이었다.

우리가 지금 과거를 돌아볼 때에는 과연 어떻게 기독교 신자가 노예제를 변호할 수 있었는가 의아해 하게 된다. 아무도 1830년대까지는 이를 시도조차 하지 않았다. 우리들은 19세기의 처음 30년간은 북부보다 오히려 남부에서 노예 폐지 운동이 더 강했음을 망각하기 쉽다. 그러나 여러 가지 이유들이 복합되어 남부의 노예폐지 운동은 점차 퇴색되어지고, 남부에서는 노예제를 옹호하기 시작하였다. 남부 성직자들의 도움으로 노예제를 위한 근거가 오히려 성경으로부터 제시되었다.

이러한 남부의 노예제 옹호는 성경이 그 율법과 본보기로서 노예 소유를 합법화하고 있는데 그 근거가 있었다. 사우스 캐롤라이나의 침례교 지도자였던 리처드 퍼만(Richard Furman)은 구약의 이스라엘인들은 노예들을 매매할 수 있었으며, 일단 노예가 되면 이들은 "영원히 노예"가 된다는 사실을 지적하였다(레 25:46). 마찬가지로 퍼만은 신약에 있어서도, 성령의 영감을 받은 사도들이 전혀 노예 해방을 명령하지 않고 있음을 지적하였다. 노예주들은 단지 "공의롭고 평등하게 이들을 대우하고, 이들을 협박하지 말고, 이들도 역시 하늘에 그 주인이 계심을 기억하라."는 의무와 책임을 지고 있을 뿐이었다.

흔히 면화 왕국(Cotton Kingdom)이라 불리던 남부 지역에서 복음주의적 교회와 신자들은 매우 중요한 위치를 차지하고 있었다. 남부는 북부로부터뿐만이 아니라 노예제도에 비판적이던 대부분의 서방세계로부터 점차 유리되는 상태로 들어갔다. 이러한 유리상태는 곧 자기들의 입장을 강하게 변호하는 모습으로 나타나게 되었다. 이 지역은 노예 문제로 신경 과민 상태에 걸린 상태였다. 1830년대에 이곳을 방문한 외국인이었던 해리엣 마르티뇨(Harriet Matineau)는 다음과 같이 기록하였다. "노예제도 아래 사는 이들을 둘러싼 일종의 마술적 울타리가 쳐진 느낌이다. 그리하여 이 문제에 관한 모든 생각이나 행동에 일종의 순환 논법을 제시하고 있는 듯하다. 이러한 울타리를 초월하여 생각하는 안목을 가진 이들의 숫자는 매우 적다." 남부인들은 이러한 울타리 건너에 오직 위협과 불안만을 발견하였다.

북부에서 노예제도에 대항한 복음주의자들의 의식을 고양시킨 것은 무엇보다도 찰스 지 피니(Charles G. Finney)의 부흥 설교라 할 수 있겠다. 피니의 영향력으로 중서부, 특히 그가 총장으로 재직하던 오벌린 대학(Oberlin

College)을 중심하여 매우 강력한 반 노예주의 운동의 물결이 일게 되었다. 이를 진두에서 이끈 인물은 피니의 제자중 하나였던 테오도르 웰드(Thedore Weld)였다. 그의 역작 「성경의 반노예제적 입장」(*The Bible against Slaverly*, 1837)이나 「노예제의 실상」(*Slaverly As It Is*) 등은 모두 노예폐지 운동의 뇌관 역할을 하였다.

라이먼 비처의 딸이던 해리엣(Harriet)은 특히 「노예제의 실상」을 읽고 깊은 감명을 받았다. 웰드의 아내 엔젤리나 그림케 웰드(Angelina Grimke Weld)에 의하면 "해리엣 비처 스토우(Harriet Beecher Stowe)는 여기 나타난 사실들이 「톰 아저씨의 오두막 집」(*Uncle Tom's Cabin*) 가운데 확실히 드러나기까지 「노예제의 실상」과 함께 밤낮으로 살다시피 하였다." 해리엣 비처 스토우는 그녀의 유명한 반 노예제적 소설 속에서 "기독교인들이여, 그대들은 그리스도의 왕국의 도래를 위해 기도할 때마다, 이에 관한 예언이, 그의 구속받은 백성들의 해와 복수의 날을 연관시키고 있음을 알고 있는가?"고 외쳤다. 그녀는 성경의 마지막 책에 예언된 악의 세력 바벨론의 멸망을 의미하고 있었다. 당시 여러 사람들이 믿던 천년왕국적 예언에 따르면 프로테스탄트 종교개혁으로 시작된 바벨론의 종말시기는 여러 국가들의 '극심한 혼란'과 함께 날 것으로 되어 있었다.

그리하여 신적 계획에서 중요한 역할을 담당해야 할 미국은 인간 역사의 결정을 향해 가는 길에 그 죄를 사해야만 하였다. 노예제는 비단 남부만의 죄가 아니었다. 국가 전체가 이러한 죄를 책임져야만 했다. 따라서 이를 사하는 작업 역시 국가 전체에 의해 수행되지 않으면 안되었다. 그리하여 스토우 부인은 그 「톰 아저씨의 오두막집」이라는 소설 속에서 국가의 영혼을 청결히 하여 정치체제 전체에 대한 하나님의 무서운 심판을 피해 보고자 하는 국가적 양심에 호소하는 셈이었다.

그리하여 이 전쟁에 휘말리는 양측은 모두 다 같은 상징들을 사용하고 있었다. 성경은 유일하여, 한 천국, 한 지옥, 한 예수 그리스도, 구원의 유일한 길을 제시하고 있었다. 그러나 이러한 상징들이 서로 정반대되는 입장들을 정당화하기 위해 사용되었다. 과연 어떻게 같은 남, 북부의 하나님이 서로 반대되는 진영의 편들을 모두 들 수 있겠는가? 그가 어떻게 남부인들이 주장하듯 노예제를 인정하는 동시에 북부인들이 주장하듯 노예제를 반대할 수 있겠는가?

양측을 화해시켜야 할 책임을 지고 있던 인물, 에이브러햄 링컨(Abraham Lincoln)이야말로 누구보다도 이 사실을 잘 깨닫고 있었다. 그는 복음주의적 문화 속에서 성장하였으나 어떤 한 교회에도 가입한 적이 없었으며, 어떤 교파의 특정한 교리도 신봉하지는 않는 인물이었다. 그러나 그의 말과 사상은 성경에 의해 형성되었으며, 이를 통하여 그 누구도 어떤 한 국가를 위한 하나님의 뜻이 무엇인지는 확실히 알 수 없다는 것을 알고 있는 사람이었다.

그는 언젠가 다음과 같은 말을 남겼다. "큰 대결이 벌어지게 되면, 양측은 모두 자기들이 하나님의 뜻을 따라 행동하고 있다고 주장하기 마련이다. 이러한 경우 양측 모두, 혹은 적어도 한쪽은 잘못된 것이다." 또한 그는 대통령에 재선되었을 때 그 취임 연설에서 다음과 같이 말했다. "양 쪽(북부 연합과 남부 연맹)이 다 동일한 성경을 읽는다. 그리고 같은 하나님께 기도드린다. 그리고 다른 쪽을 물리치기 위해 하나님의 도움을 청한다. … 그러나 양쪽 모두의 기도를 하나님께서 다 들어주실 수는 없다 … . 하나님은 자기 자신의 뜻을 가지고 계신다." 링컨은 인간들은 각각 자기 자신들의 입장에서 하나님의 뜻을 밝히고자 하며, 이를 따라 행동하는 것을 알고 있었다. 그러나 전능하신 하나님은 인간의 계획을 초월하는 스스로의 목표를 또한 가지고 계신 것이다.

그의 말은 그대로 실현되었다. 양측의 전쟁이 벌어졌으며, 전쟁에서는 피가 흘렀고, 이를 통해서도 국가는 역시 생존하였다. 기독교 미국의 비전도 살아남았으나, 그 국가 자체와 마찬가지로 그 힘은 몹시 약화되었다. 막대한 숫자의 흑인 교회들이 세워졌으니, 이는 흑인들의 의사를 대변하는 가장 중요한 기관으로서의 기능을 발휘하였다. 이러한 흑인 교회들은 또한 기독교 미국의 맹점을 사람들에게 상기시키는 상징이기도 하였다.

복음주의 미국을 흔든 문화 충격

남부연맹의 수도 아틀랜타(Atlanta)의 파괴되었던 거리가 채 정리되기도 전에 전통적 복음주의적 신조의 진리 여부에 의문을 던지는 일련의 문화 충격들이 발생하였다.

그 최초의 충격은 찰스 다윈(Charles Darwin)의 펜으로부터 왔다. 그는 1859년 「종의 기원」(*The Origin of Species*)을 출판하였는데, 아마도 이는 금세기에 가장 중요한 저술이라 할 수 있을 것이다. 다윈의 진화론은 복음주의

자들에게 가장 중요한 도전을 던져 주었다. 만약 창조 속에 하나님의 돌보시는 섭리가 없다면, 실제로 창조 자체가 존재하지 않는 것이며, 단지 진화를 통해 물질과 에너지가 점차 단순한 형태에서 복잡한 형태로 변해가는 것뿐이라면, 창조하고 섭리하시는 하나님에 대한 전통적 기독교 신앙은 어떻게 되는 것일까? 만약 다윈의 이론이 옳은 것이라면 어떻게 성경이 옳다고 할 수 있을까?

전통적 신앙에 대한 두 번째의 충격은 미국 사회의 산업화와 도시화였다. 하룻밤 사이에 조그마한 촌락이 대도시로 변화하곤 하였다. 이러한 인구는 단지 미국의 변두리로부터뿐만이 아니라 독일, 노르웨이, 이탈리아, 기타 유럽 제국들로부터도 온 것이었다. 이들 이민들은 전통적 미국의 프로테스탄트 기독교 신자들이 성경과 국가를 보는 관점과는 전혀 다른 의견들을 가지고 왔다.

성경의 신빙성에 관한 가장 직접적인 공격은 성경에 대한 고등 비평이라는 형태로 나타나게 되었다. 보다 많은 신학교와 대학교 교수들이 유럽 유수의 대학들에서 학위를 받게 됨에 따라, 미국의 고등 교육 기관들과 대교파들에서는 비평학적 관점들이 득세하게 되었다. 모세가 모세 오경을 쓴 것이 아니고, 예수님 자신도 육신으로 나타난 하나님의 아들이 사실은 아니고 약간 정신이 이상했던 환상가였다는 소리를 들었을 때 교회들이 받은 충격을 상상해 보라.

이러한 충격들은 결국 서양의 문화가 세속적인 사상과 행실로 옮겨가고 있음을 의미하는 것이다. 그리고 기독교인들은 이러한 새로운 도전들에 어떻게 대응해야 할 것인가를 두고 서로 다른 반응들을 보였다.

전통적으로 복음주의적 교파들에서 서로 다른 모습의 두 가지 경향이 나타나게 되었다. 한쪽은 이러한 변화들을 하나님께서 주신 축복으로 생각하고 포용하고자 한 반면에, 다른 한쪽은 이러한 변화들이 성경 메시지에 대한 위협으로서 간주하고 이에 저항하고자 하였다.

마틴 마티(Martin Marty) 교수는 이러한 집단들을 "공공적(Public)" 프로테스탄트와 "개인적(Private)" 프로테스탄트로 분류할 것을 제안하였다. 이러한 용어는 한 그룹은 사회적 기독교, 사회 복음, 사회 봉사들을 강조한 반면, 다른 한편은 "복음주의적"이라는 단어를 사용하면서 개인들의 구원을 강조한 데 기인한 것이다.

　이처럼 사회적 측면을 강조하였던 기독교 지도자들은 새로운 산업 사회가 불러온 인간들의 폐해를 보고 깊은 우려를 금치 못했다. 이들은 만약 구약의 선지자들이나 예수님께서 이러한 비극과 착취를 목격하였다면 단지 개인들의 구원만을 외치고 있지는 않았을 것이 분명하다고 주장하였다. 자기 이웃의 상처를 싸매 주었던 선한 사마리아인이 현대에 살았다면 어떻게 행동하였겠는가? 이러한 공공주의자들이 원했던 것은 단순한 내세의 행복이 아니라, 이생에서 세상을 변화시키는 것이었다.

　"개인적" 집단은 부흥회의 전통을 계속하였다. 이들은 개인들을 구원하기 위한 운동들에 자기들의 에너지를 총투자하였다. 만약 각 개인들의 심정이 하나님께서 보시기 바르다면 경제적, 사회적 문제들은 스스로 해결되리라고 생각하였기 때문이다.

　남북 전쟁 이후에 가장 중요한 도시 사회의 부흥사는 드와이트 엘 무디 (Dwight L. Moody)였다. 무디 및 여러 설교가들은 자기들의 가장 중요한 임무는 그리스도를 위해 영혼을 구원하며, 구원받은 남녀들에게 그리스도의 재림을 준비시키는 것이라 생각하였다.

　비처가 꿈꾸었던 기독교 미국의 꿈은 급격히 사라지고 있음이 분명하였다.

Lyman Beecher

천년왕국주의자들의 희망은 남북전쟁의 참화와, 1870년대와 80년대의 계속되는 파업과 경제적 파탄의 사건들 속에서, 그리고 기독교적 가치를 배격하는 도시사회의 형성 속에서 퇴색하고 있었다. 특히 북부의 경우, 점차 많은 숫자의 복음주의자들이 장래에 대한 사색과 내부 생활의 심성을 가꾸기에 몰입하게 되었다.

남북전쟁과 제일차 세계대전 사이의 반세기의 특성은 아래의 두 가지 글 속에서 잘 드러나고 있다. 하나는 이 시대의 초, 다른 하나는 그 말기에 쓰여진 것이다.

예일 대학교 총장을 역임하였던 테오도르 울지(Thedore Woolsey)목사는 1873년 복음주의 연맹(Evagelical Alliance)에서 다음과 같이 연설하였다. "과연 어떤 의미에서 이 나라를 기독교 국가라 부를 수 있겠는가? 바로 다음과 같은 의미에서이다. 대부분 인구가 그리스도와 복음을 신봉하고 있다. 그리고 기독교의 영향력이 보편적으로 널리 퍼져 있다. 그리고 우리들의 문명과 지적 문화가 바로 이러한 기초 위에 근거하고 있다."

50년 후인 1924년, 유명한 평론가 멘켄(H. L. Mencken)은 다음과 같이 논했다. "기독교권이란 아마도 다음과 같이 묘사될 수 있을 것이다. 누군가가 공공석상에서 일어나 엄숙하게 자기가 기독교 신자라고 선언하면, 이를 듣는 청중들이 다 웃음을 터뜨리는 곳이라고."

비처는 아마도 이를 절대 믿지 못했을 것이다.

참고도서

Frazier, E. Franklin. *The Negro Church in America*. New York: Schocken Books, 1963.

Handy, Robert T. *A Christian America*. New York: Oxford University Press, 1971.

Hudson, Winthrop S. *Nationalism and Religion in America*. New York: Harper & Row Publishers, 1970.

Marty, Martin E. *Righteous Empire: The Protestant Experience in America*. New York: The Dial Press, 1970.

McLoughlin, William G. *The American Evangelicals, 1800-1900*. New York: Harper & Row Publishers, 1968.

Weisberger, Bernard A. *They Gathered at the River*. Boston: Little, Brown and Company, 1958.

40

현대 지식인들을 위한 가교
:프로테스탄트 자유주의

1890 년대 미국의 가장 유명한 목사들 가운데 하나였던 라이먼 애봇 (Lyman Abbot)은 1920년 그의 80세 생일을 맞으며, 엄격한 청교도 가정에서 자라난 그의 생애를 반추하였다. 그는 자기가 젊었을 때에 하나님을 "무섭고 무소부재한" 경찰관으로 생각하였으며, 자기가 바라보는 스스로의 모습은 "분명히 벌을 받아야 할 것은 알고 있으나, 그 이유는 확실히 깨닫지 못하고 있었던" 겁에 질린 범죄자와 같았다고 하였다.

그러나 1920년이 되기 훨씬 전에, 애봇은 다른 많은 유럽인들이나 미국인들과 마찬가지로 더 이상 하나님을 "무소부재한" 경찰이라고 생각하거나, 혹은 스스로를 "겁에 질린 범죄자"로 생각하기를 그만둔 바 있었다. 19세기의 마지막 25년에 서방 세계는 너무나도 많은 변화를 거쳤으며, 너무나도 많은 새로운 사상들에 적응하였다.

애봇은 경건한 프로테스탄트 집안에서 성장하였으나, 독일이나 혹은 유럽의 학문을 숭상하는 미국의 신학교에서 수학하면서, "자유주의적인" 신학 사상을 받아들였던 수많은 미국의 목회자들 가운데 하나였다.

20세기에 발생한 여러 사건들이 자유주의적 신학을 반증하고 있음에도 불구하고 거의 모든 프로테스탄트의 대교파들은 계속 자유주의 신학의 영향을 반영하고 있다. "자유주의자들은 종교개혁 시대 이후에 교회들을 흔든 가장 기본적인 논쟁들을 발생시킨 바 있다"는 시드니 올스트롬(Sydney E. Ahlstrom) 교수의 판단에 많은 학자들은 공감할 수밖에 없을 것이다. 그 이유는 이 신학이 가지는 모호한 목표에 있다. 이들은 프로테스탄트 교회를 현대 과학, 현대 철학, 현대 역사의 새로운 세계로 인도하고자 하였다. 영향력 컸던 뉴욕시 리버사이드교회(Riverside Church)의 목사 해리 에머슨 포스딕(Harry Emerson Fosdick)은 그의 자서전 「이 시대의 삶」(*The Living of These Days*) 가운데서 자유주의 신학의 가장 주요한 목표는 "인간으로 하여금 지성적인 현대인이자 진지한 기독교 신자"가 되는 것이 가능하도록 만드는 것이라 하였는데, 이는 사실 정곡을 찌른 것이라 하겠다.

프로테스탄트 자유주의의 목표들

당시 프로테스탄트 자유주의는 기독교 역사만큼이나 오래된 문제에 직면하고 있었다. 즉 신자들이 어떻게 하면 복음을 파괴하거나 왜곡시키지 않으면서도 이들의 신앙을 새로운 사상의 세계 속에서 의미있게 만들 수 있을까 하는 것이었다. 사도 바울은 이를 시도하여 성공하였다. 초대 교회의 영지주의자들은 이를 시도하였으나 실패하였다. 자유주의의 성패에 관하여는 아직도 그 판단이 계속 진행 중이다. 그러나 대부분 기독교 학자들은 이들이 실패하였다는 쪽으로 기울고 있다. 리처드 니버는 다음과 같이 이 아이러니를 잘 표현하였다. "자유주의 사상 속에서는 분노를 모르는 하나님께서 죄없는 인간들을 십자가 없는 그리스도의 사역을 통하여 심판없는 왕국 속으로 이끄셨다."

이처럼 그래도 명확하다고 할 수 있는 목표를 넘어서면, 종교적 자유주의는 정치적 자유주의만큼이나 정의하기가 힘들다. 많은 이들은 프로테스탄트 자유주의가 하나의 "신학"이라는 자체를 부인한다. 그들은 이를 가리켜 차라리 하나의 "견지(outlook)" 혹은 "접근 방법", 또는 "정신"이라고들 표현하고 있다. 그리하여 뉴욕 유니온 신학교의 헨리 슬로안 코핀(Henry Sloan Coffin)은 한때 자유주의를 가리켜 진리를 최상으로 존경하기 때문에 토론의 자유를 희구하며, 스스로 진리라 믿는 것을 추구하며, 발표하기를 원하는 "정신"이라고 표현한 바 있었다.

물론 이러한 모습이 자유주의자들의 외면인 것은 틀림없다. 그러나 과연 이것이 전부일까? 이러한 "정신"은 무언가 그 정체를 파악할 수 있는 "확신"

으로 이끌어 가는 요소는 없는 것일까? 저자는 그렇다고 생각하고 있다. 그리고 바로 이 "정신"과 "확신들"이 한데 모여 프로테스탄트 자유주의를 구성하고 있는 것이다.

아마도 자유주의 신학을 하나의 현수교(Suspension Bridge)처럼 생각하면 보다 이해하기 쉬울지도 모른다. 한 기둥의 기반은 "현대 사상"에, 그리고 다른 기둥의 기반은 "기독교인의 경험"에 놓여져 있다고 보면 될 것이다. 그러나 이 두 기둥들이 올라앉은 기반들이 단단치 못하여 항상 유동하는 땅바닥이므로 이를 보는 관찰자들은 항상 어느 쪽이 더 의지할 만한가를 두고 논쟁을 벌이고 있다. 바로 이러한 이유 때문에 케네스 코텐(Kenneth Cauthen) 교수는 두 가지 서로 다른 자유주의를 분류하였다. 하나는 "복음적 자유주의 (evangelical liberalism)"이며, 다른 하나는 "현대적 자유주의(modernistic liberalism)"이다.

코텐은 복음적 자유주의자들은 ― 포스딕의 표현을 빌리자면 ― "진지한 기독교 신자"들로서 "지성적인 현대인들"에게 봉사할 수 있는 신학을 찾아 헤매는 이들이다. 그리하여 복음적 자유주의자들은 신자의 경험에 올라서 있는 기둥을 더욱 믿고 강조한다.

반면 다른 한쪽에는 "지성적 현대인들" 출신인 현대적 자유주의자들이 어떤 의미에서든 "진지한 신자들"로서 받아들여지기를 원하고 있다. 그들은 "현대 사상"에 올라 앉은 기둥을 더욱 의지한다.

따라서 신학적 자유주의를 탐구하는 가장 최선의 방법은 우선 "현대 사상"의 정체를 살펴보고, 다시 "기독교인의 경험"을 분석해 보는 것이겠다.

자유주의자들은 만약 기독교 신학이 당대 지성인들로부터 동조를 구하고 이를 계속 유지하고자 한다면, 현대 과학과 타협해야 한다고 주장한다. 따라서 이들은 단지 권위에 의지한 종교적 신조들을 받아들이기를 거부한다. 이들은 신앙이 이성과 경험의 시험을 거쳐야만 한다고 생각하고 있다. 이들은 인간 지성은 하나님을 따라 그의 생각을 고찰할 수 있으며 하나님의 본질을 이해하는 최선의 단서들은 인간의 직관과 이성이라고 보고 있다.

그리하여 기독교 신자들은 출처에 구애받음 없이 진리에 대해선 개방적 태도를 가져야 한다고 주장한다. 새로운 사실들이 단지 시간과 관습에 의지하고 있는 전통적 신앙들을 변화시킬지도 모른다. 그러나 시험해 보지 않은 신앙은 소유할 가치조차 없는 것이다.

소위 "현대적 지성"에 완전히 항복함으로써 자유주의자들은 우주가 하나의 거대하고, 조화된 기계라거나 혹은 계속 성장하고 있으며 복잡하기 짝이 없는 유기체라고 생각하였다. 이러한 이미지는 어떻든 중요한 점은 통일성, 조화성, 일관성 등이다.

그런데 물론 성경에 나타난 창조의 사건은 우주 속의 일정한 "질서들"을 인정하고 있다. 무기물, 식물, 동물, 인간, 그리고 하나님 등이다. 그러나 자유주의 신학은 이러한 사실에 별로 상관하지 않는다. 이들은 계속성과 통일성을 강조한다. 이들은 계시와 자연 종교, 기독교와 타종교들, 구원받는 자와 그렇지 못한 자들, 그리스도와 평범한 인간들, 인간과 하나님 사이의 구별을 없이 하였다.

여기서 우리들은 두개의 전문적 신학 용어에 주의할 필요가 있다. 이는 즉 "내재(immanence)"와 "초월(transcendence)"이다. 내재는 '세상 속에 존재하시며 자연을 통해 역사하시는 하나님'의 관념을 의미한다. 가장 극단적인 내재주의의 예는 범신론, 즉 하나님이 곧 세상이며, 세상이 곧 하나님이라는 사상이라 하겠다. 초월이라 함은 이 세상과는 완전 별개의 존재로서의 하나님을 시사하고 있다. 극단적인 초월주의의 예는 이신론자(deists)의 신앙이라 하겠다. 이들은 시계 제조공이 시계로부터 분리되어 있는 것만큼이나, 세상으로부터 유리된 모습으로서 하나님을 상상한다.

자유주의자들은 이 우주를 초월한 모습으로 묘사되는 전래 정통 기독교의 하나님의 모습은 현대인들에게는 받아들여지기 힘들다고 생각하였다. 그리하여 이들은 초자연과 영적인 면을 동일시하였으며, 다시 영적인 것을 인간의식, 즉 인간의 지적, 감정적인 면과 연결시켰다. 이를 통하여 인간과 자연이 일종의 근본적인 조화를 이루고 있다고 파악하였다. 그리하여 생명은 우리가 "하나님"이라 부르는 자연과 인간을 관통하여 흐르고 있는 것이다.

이러한 내재적 신관은 각종 과학적 연구들의 결과와도 일치하는 듯하였다. 이 세상을 창조하시기 위하여 하나님께서 갑자기 역사하시는 것이 아니라, 그는 오랜 세월을 두고 자연의 법칙들을 통하여, 우리가 오늘날 발견할 수 있는 우주를 이룩하셨다는 것이다. 대부분의 자유주의자들은 다음과 같은 어느 시인의 말에 동의할 것이다. "어떤 이들은 이를 진화라 부르고, 다른 이들은 또한 이를 신이라 부른다."

그리하여 모든 복잡하기 그지없는 생물들이, 자연 도태를 통하여, 단순했던 형태로부터 발전해 왔다는 주장을 한데 묶는 이론이다. 그리하여 불변하고 고정된 생물은 존재할 수 없다. 1785년 제임스 허튼(James Hutton)은 지구의 발전을 초자연적인 이유들 대신 자연적인 이유들 때문인 것으로 주장하였다. 이러한 입장을 다시 추인한 것은 찰스 라이엘 경(Sir Charles Lyell)의 획기적인 저술 「지학의 원리들」(*Principles of Geology*, 1830)이다. 라이엘은 지구의 표면들이 장대한 시간 동안에 작용하였던 자연적인 원인들에 의해 생성되었음을 증명하였다. 수천 세대를 통하여 종들 내에서의 변화라는 개념에 기초하고 있는 진화론이 성립하기 위해선 이러한 관념의 지학적 시간이 필수적인 것이다.

찰스 다윈의 등장

진화론과 동일시되는 과학자의 이름은 물론 찰스 다윈(Charles Darwin, 1809-1882)이다. 그는 의학을 공부하고, 목사가 되기 위해 케임브리지에서 수학하였으나, 결국은 자연학자가 되었다. 그는 1831년부터 1836년까지, 그가 비글(Beagle)호라는 배를 타고 남 아메리카 해안 일대를 탐사하면서 채집하였던 표본들을 연구하였다.

그 결과 다윈의 이론이 「종의 기원」이라는 저서로서 1859년에 출간되었다. 그는 "각 생물의 종들은 오랜 세월의 경과에 걸쳐 변화되어 왔다 … .가장 일반적인 모습은 무수하고, 미세하고, 상황에 적응해가는 변화의 모습이다"고 하였다. 그 세기의 가장 중요한 저서라 할 수 있는 「종의 기원」에 의하여 지구라는 혹성에 존재하는 생명체들의 기원과 진화에 대한 관념이 혁명적으로 변화하게 되었다. 그는 다시 제2탄을 내놓았다. 1871년 출간된 「인간의 계통」(*Decent of Man*)은 자연 도태의 법칙을 인간에게 적용한 것으로서, 그 결론은 아마 인간의 선조는 원숭이 비슷한 동물이었으리라는 것이었다.

이러한 주장들은 많은 종교인들을 수세에 몰리게 하였다. 어떤 이들은 맹렬하게 이 새로운 과학적 입장들에 반대하였다. 만약 인간이 특별하게 하나님에 의해 창조되지 않았고, 하나님의 은혜로부터 "타락"하지 않았다면 과연 그리스도의 구원의 필요성이 어디 있겠는가? 어떤 이들은 자기들의 종교적 신앙을 진화론과 조화시켜 보고자 하기도 하였다. 시간이 흐름에 따라 자유주의자들은 진화론이 기독교의 기초교리들에 모순되는 것이 아니라 오히려 보충해주는 것이라고 생각하게 되었다. 이들은 성장과 발전을 하나님께서 스스로를 인간들에게 계시해 보여주시는 방도라고 생각하였다. 1892년 브룩클린 소재 플리머스 교회 목사였던 라이먼 애봇은 「기독교의 진화」(*The Evolution of Christianity*)라는 저술을 통해 "물리적 세계와 아울러, 영적 세계에서도 바로 하나님이 그 비밀이시며, 빛의 원천이시다"라고 주장하였다. 그리하여 그는 성경, 교회 혹은 영혼까지의 진화를 논하였다.

과학의 도전이 정통 기독교에 대해 심각한 것이기는 하였으나, 역사에 관한 새로운 견해에 비하면 오히려 2차적이라 할 수 있었다. 과학은 단지 물리적 세계내의 하나님의 역할에 의문을 던질 수 있을 뿐이지만, 역사 비평학은 기독교 신앙의 본 영역이라 할 수 있는 바 성경에 나타난 하나님의 계시를 직접 침범하였다.

역사의 원칙들을 성경에 적용한다는 의미의 단어는 "성경 비평(biblical criticism)"이다. 그런데 여기 '비평'이라는 단어는 잘못 오해될 소지가 있다. 그 가장 큰 목표는 성경을 갈기 갈기 찢어 놓는 것이 아니다. 물론 많은 정통 기독교 신자들에게는 '비평'의 작업이 바로 그러한 것처럼 보이기도 한다. 그러나 기실, 성경 비평가는 보다 더 정확한 의미를 찾기 위하여 성경을 연구하는 학자를 가리키는 단어이다. 그의 작업을 비평적이라 할 수 있는 것은, 그가 단순히 교회의 교의를 받아들이는 대신 그가 도달하는 결론을 위한 합리적이고, 과학적인 이유들을 발견하고자 시도하기 때문이다.

성경 비평은 흔히 "하등(Lower)"과 "고등(Higher)"으로 불리는 두 종류로 나눌 수 있다. 하등 비평은 본문의 문제들과 씨름하며, 여러 성경 사본들을 서로 비교하고 분석하여 가장 오래되고 원본에 가까운 본문을 찾아내고자 하는 것이다. 따라서 하등 비평은 정통 신앙의 입장에서 볼 때 거의 문제될 것이 없다.

그러나 소위 고등 비평은 이와는 전혀 다른 모습을 보이고 있다. 고등 비평가가 주로 관심을 갖는 것은 본문의 정확성이 아니다. 그는 단어들의 의미에 흥미를 가진다. 그는 행간을 읽어서, 본문을 뛰어넘어 본문에 묘사된 사건들이 실제로는 어떻게 벌어졌는가를 파악하고자 한다. 따라서 이를 위해서는 성경의 각 구절들이 언제 기록되었는가, 누가 기록하였는가, 누구에게 어떤 이유로 쓰여졌는가를 발견해야만 하는 것이다. 고등 비평가는 우리들이 그 배경을 통해서 볼 때에만 성경을 이해할 수 있다고 믿고 있다. 예를 들어 어떤 시편 하나를 보더라도, 이것이 전통적으로 믿어왔듯이 다윗에 의해 쓰여진 것이 아니라, 포로 상태에 있던 이스라엘인들의 민요로부터 발전된 것이라 할 때는 그 의미가 매우 달라지게 된다.

이러한 고등 비평의 방법론이 비록 새로운 것은 아니라 할지라도 그때까지는 오직 성경 이외의 책들에만 적용되어 왔다. 그러나 19세기에 들어서서는 성경도 다른 고대 서적들과 마찬가지로 역사적 방법론의 기준을 거쳐야 하는 것처럼, 성경에 이러한 방법론이 그대로 적용되기 시작하였다. 그 결과는 정통 신앙을 뒤흔드는 것이었다.

비평가들은 일반적으로 성경의 처음 다섯 권의 책들은, 기독교 신자들이 항상 믿어 왔듯이 모세가 저술한 것이 사실은 아니라는 결론에 도달하였다. 대신 이 책들은 적어도 4사람의 서로 다른 저자들에 의해 쓰여졌다고 하였다. 이에 따라 여러 가지가 시사되지만, 그중 중요한 것들 가운데 하나는 적어도 두개의 창조설화가 창세기 안에 포함되어 있다는 것이다. 또한 비평가들은 미래에 대한 성경의 예언들이 해당 사건들의 발생 전이 아니라 사실은 그 후에 기록되었다고 주장하였다. 또한 학자들은 일반적으로 정통 신자들이 오랫동안 가장 좋아하였던 요한복음이 요한에 의해 쓰여지지도 않았으며, 역사적으로 정확하지도 못하다고 결론지었다. 흔히 공관복음서라 불리는 처음의 세 복음서들이 사실은 요한복음보다 훨씬 전에 기록된 것으로서 역사적으로도 보다 믿을 만하다고 하였다.

고등 비평의 가장 중요한 관심들 가운데 하나는 소위 "역사적 예수"를 찾는 것이었다. 비평가들은 실제 역사 인물로서의 예수는 우리가 보는 바대로 복음서에 기록된 유대인의 모습과는 판이하다고 하였다. 이들은 행간을 읽어서 실제 예수는 과연 어떤 사람이었는가를 파악하고자 하였다. 이들은 초대 교회와 그 후의 성경 기자들이 원본에다가 많은 부분을 첨가하였다고 믿었으므로, 이들의 작업은 이러한 후대의 첨가물들을 제거하고 진정한 예수의 말과 행적을 찾아내는 것이었다.

그리하여 19세기에 들어서 소위 진정한 예수의 모습을 그렸다고 하는 예수의 전기들이 여러 권 출판되었다. 그 가운데 가장 잘 알려진 것은 다비드 프리드리히 슈트라우스(David Friedrich Strauss, 1835-1836)의 「예수의 생애」 (*The Life of Jesus*)와 어네스트 르낭(Ernest Renan)의 「예수의 생애」(*The Life of Jesus*, 1863)이다. 비록 이러한 여러 예수의 전기들은 여러 가지 면에서 서로 상치되는 점들도 많이 있었으나, 단지 기적들을 제거해 버린 점에서는 일

치하였다. 이들은 모두 과학적으로 기적이란 불가능함이 증명되었다고 주장
하였다. 그들은 또한 예수가 스스로를 메시야라고 주장한 적이 없으며, 자기
가 다시 재림하여 하나님의 왕국을 건설할 때 이 세상의 종말이 온다고 가
르친 적도 없다고 하였다.

성경 비평의 결과

그러나 이런 여러 가지 성경 비평의 세부적 사항들보다도 더 중요한 것은
이 비평이, 신자들의 신앙과 생활에 대하여 오류없는 권위로서의 성경에 의
심을 던졌다는 데 있다.

자유주의자들은 이러한 고등 비평을 환영하였다. 왜냐하면 성경에 대한 전
혀 새로운 해석이 "지성적인 현대인들"을 위해 필요하다고 생각하였기 때문
이다. 이들은 성경 전체를 하나님의 무오하신 말씀이라고 구태여 변증해야
할 필요가 없어졌다는 사실을 기뻐하였다. 이들은 더 이상 적들의 남녀노소
를 막론하고 멸절시키라고 명령하셨던 하나님이나, 선지자를 놀렸다고 해서
곰을 보내어 아이들을 찢어 죽인 하나님을 변호할 필요가 없어졌다는 사실
을 좋아하였다.

자유주의자들은 고등비평가들의 연구를 통하여, 하나님은 마치 세상을 창
조하신 것과 마찬가지의 모습으로, 진화론적 과정을 통하여 스스로를 계시하
셨음이 분명하여졌다고 주장하였다. 성경을 통해서, 유대인들이 어떻게 피에
젖고 원시적인 사상들로부터, 공의를 행하고 자비를 사랑하며 하나님과 겸손
하게 함께 동행하는 이들에 의해서만 섬김 받으시는 의로우신 하나님의 사
상에 이르게 되었는가를 더듬어 볼 수 있다는 의미였다. 이러한 발전적인 하
나님의 계시는 결국 예수님 속에서 그 충만의 모습에 이르게 된다. 그 가운
데서 하나님은 모든 인류의 자애스런 아버지로 나타나고 있다 하였다.

그리하여 자유주의자들이 더 이상 — 과학과 역사에 의해 그 허구가 증명
된 — 정통적 기독교의 전통적 교리들 속에 머물 수 없게 되었을 때, 이들은
자기들이 필요하였던 위안을 다리의 또 다른 기둥, "기독교적 경험"에서 찾
게 되었다.

19세기 초에 낭만주의(Romanticism)라고 불리는 예술적, 학문적 운동이 일
어나게 되었다. 이는 느낌, 혹은 감정(feelings)을 통해서 인생을 바라보는 사
조였다. 낭만주의는 인간은 인간 사회의 톱니 바퀴같은 존재가 아니라고 하

였다. 그는 자연의 활기차고 생기에 넘치는 한 부분인 것이다. 사회의 규율들, 인간 이성, 전통적 권위 등에 반발하여 낭만주의는 개인, 개인의 정신, 그리고 궁극을 향한 그의 희구들을 특히 강조하였다.

이러한 낭만주의는 기독교계를 휩쓸어 흔히 인간 정신들 속에 있는 "살아 있는 그리스도"를 언급하였다. 참으로 친밀하고 부정할 수 없는 확실성이 모든 영혼들을 통치하고 있는데 왜 구태여 형식적이요, 외형적인 신조들 때문에 골치를 썩일 이유가 있는가? 마치 테니슨(Tennyson)이 읊었듯이

> 당신은 그에게 이야기하라, 그는 들을 수 있으시며, 성령은 만날 수 있다.
> 그는 숨결보다 가깝고, 손발보다 더 가까우시다.

1891년 런던에서 개최되었던 국제 회중교회 협의회 석상에서 미국의 상황을 해설해 달라는 부탁을 받았을 때, 메인 주 소재 뱅골 신학교(Bangor Seminary)의 루이스 에프 스턴스(Lewis F. Sterns)는 다음과 같이 답변하였다. "우리들은 점차 영적 기독교의 대적할 자 없는 실재가 우리들의 신학에 위대한 능력과 미래를 제공하리라는 사실을 점차 깨달아 가고 있다 … 비평학이 계시의 역사적 사실들을 공격할지도 모른다. 이성주의가 그 신조들에 반대할지도 모른다. 그러나 메인 해변의 파도가 아무리 세차다 해도 이들이 부딪쳐 가는 화강암 암벽을 결코 부술 수는 없듯이, 비평학과 이성주의는 교회 내 개인 신자들의 경험 속에 굳건히 서있는 기독교의 실재를 흔들 수는 없을 것이다."

자유주의의 대변인들

이러한 "기독교적 경험"을 가장 영향력있게 잘 대변한 인물들은 프리드리히 슐라이어마허(Friedrich Schleiermacher, 1768-1834)와 알브레히트 리츨(Albrecht Ritschl, 1822-1889)이라 할 수 있겠다. 이 둘은 모두 독일 신학자들이었다. 슐라이어마허는 당시 새로 생긴 베를린 대학에서, 그리고 리츨은 본(Bonn)과 괴팅겐(Göttingen)에서 가르쳤다.

지성인들 사이에 기독교를 다시 주입시켜 보고자 하는 노력으로 경건한 모라비안 가정 출신이었던 슐라이어마허는 하나님의 존재 여부나 성경의 권위, 혹은 기적의 가능성 여부 등에 관련된 열띤 신학 논쟁들은 모두 종교의

변두리에 속하는 문제들이라고 주장하였다. 종교의 중심은 항상 합리적인 증명이 아니라 느낌, 혹은 감정이라 하였다. 기독교의 하나님은 우주를 설명하기 위해 끌어들이는 무슨 이론이 아니다. 신앙인에게 있어서 하나님은 하나의 경험이며 살아있는 실재이다. 슐라이어마허에 의하면 종교는 우주에의 의존 본능이나 느낌에 근거하고 있다. 바로 이것이 본인의 의식 여부에 관련없이 하나님의 경험(experience of God)인 것이다.

그러나 불행하게도 정통 기독교 신자들은 종교를 교리나 신조와 동일시하고 있다고 슐라이어마허는 말한다. 그리하여 이러한 교리를 이해하고 수용하지 못하는 이들은 자기들은 더 이상 종교와 아무 상관이 없다고 생각하는 것이다. 그러나 이는 참으로 비극적인 실수이다. 왜냐하면 이들은 아직도 우주에의 의존의식을 통하여 신과 접촉하고 있기 때문이다.

슐라이어마허는 인간들이 우주나 다른 인류와 유리되어 혼자서 살려고 할 때 죄악이 발생한다고 말한다. 그는 스스로의 이기적인 이해관계를 위해서 살게되는 것이며, 이렇게 살 때에는 불행한 자신을 발견하게 된다. 그러나 바로 이러한 불행이야말로 그가 하나님과 하나라는 증명인 것이다.

인간과 하나님, 인간과 인간들을 분리시키고 있는 죄를 극복하기 위해서 하나님은 예수 그리스도 안에서 중보자를 보내셨다. 그리스도의 특유성은 예수님에 관한 무슨 신조들이나, 혹은 동정녀 탄생과 같은 기적 속에 있는 것이 아니라고 슐라이어마허는 말한다. 진정한 기적은 예수 자신이다. 우리는 예수 속에서 최고 경지의 신-의식(God-consciousness)을 가지고 있는 존재를 발견하게 된다. 우리들은 단지 하나님의 편린을 지니고 있는데 반하여, 예수는 완전한 지식을 소유하고 있었다. 우리들은 마지못해 복종하는데 반해 그는 완전한 순종을 보여주신다. 하나님으로 충만한 인간(God-filled man)으로서, 예수는 영적으로 그리고 도덕적으로 가장 위대한 개척자였다.

예수는 충만하고도 완전한 하나님의 지식을 소유하고 계셨으므로, 그는 하나님의 의식을 다른 이들에게 전파하실 수 있었다. 우리들은 예수를 통하여 활기차고 살아있는 하나님과의 교제를 가질 수 있다. 그런데 바로 교회는 오랜 세월을 두고 인간들이 예수의 생애와의 접촉을 통해 이 필수적인 신-의식을 갖게 되었음을 증명해주는 기관이다. 그 안에서 우리들은 형제애적인 사랑과 우애의 생활을 통하여 진정한 재연합에 이르게 된다.

그리하여 슐라이어마허에게서는 종교의 중심이 성경으로부터 신자의 경험으로 변화하게 되었다. 성경 비평은 기독교에 해를 끼치지 못한다. 왜냐하면 성경 메시지의 중심은 개인들에게 이야기하는 것인데, 비평학자들이 우리들로 하여금 이를 더 잘 이해할 수 있도록 하였으므로, 그 메시지가 더욱 분명해졌기 때문이다.

슐라이어마허는 "현대 신학의 아버지"이다. 그 가장 큰 이유는 기독교 신앙의 기초를 성경으로부터 "종교적 경험"으로 이전시켰기 때문이었다. 19세기 말의 가장 영향력있던 신학자요, 미국 자유주의자들의 가장 중요한 교사였던 알브레히트 리츨은 역사적인 예수 위에 "종교적 경험"의 초점을 맞추었다.

리츨에게 있어서 종교는 무엇보다도 실질적이어야 한다. 이는 우선 "내가 어떻게 해야 구원을 얻을 것인가?"하는 의문으로 시작한다. 그러나 그 질문의 의미가 "내가 죽었을 때 어떻게 하면 천국에 갈 수 있는가?"하는 것에 불과하다면 이는 이론적인 질문에 불과하게 된다. 구원을 얻는다함은 곧 새로운 생애의 시작을 의미한다. 죄, 이기주의, 공포, 죄책감들로부터의 해방을 의미하는 것이다.

호오던(Hordern)은 말한다. "실질적이기 위해선 기독교가 반드시 사실 위에 기초해야 한다. 그리하여 리츨은 소위 역사적 예수의 탐구 작업을 환영하였다. 위대한 기독교적 사실은 오랜 세월을 두고 예수께서 교회 위에 남기신 충격이다." 자연은 우리를 하나님께 인도할 수 없다. 왜냐하면 하나님에 관하여 모호한 설명 밖에는 못하기 때문이다. 대신에 우리들은 역사 속에서 하나님을 발견한다. 왜냐하면 역사는 인생을 의미있게 하는 각종 가치들에게 바쳐진 움직임들이 발생하는 현장인 때문이다. 신학의 할 일은 인간을 다시 예수에게 회복시켜 주며, 과연 그를 따른다는 것이 무엇을 의미하는가를 새로이 상기시켜 주는 것이다.

리츨에게 있어서 종교는 과학의 진리가 아니라 인간의 가치들 위에 존재하고 있다. 과학은 사실들, 사물들을 있는 그대로 보여준다. 그러나 종교는 이러한 사실들을 측정하여 이들 중 일부가 다른 것들보다 더 가치있다는 판단을 내린다. 인간에 관한 위대한 사실은 비록 그가 자연과 진화의 결과에 불과하지만 그는 가치관을 가지고 있다는 것이다. 우리들은 우주가 단지 원자나 분자들만이 아니라 또한 가치를 생산한다는 것을 인정할 때 이러한 사실을 설명할 수 있다. 하나님은 인간 속의 가치 감각을 설명하기 위해 필요한 선결 조건이다.

19세기 말의 많은 기독교 신자들은 리츨의 접근 방법이 유용함을 발견하였다. 그의 이론을 통하여 기독교 신앙이 역사와 과학의 파괴적인 영향으로부터 구해질 수 있다고 생각하였기 때문이다. 이는 저자, 연대, 성경 각 책들의 의미들을 찾는 데 성경비평이 과학적인 경로를 따르는 것을 허락하였다. 그러나 이는 또한 종교는 사실 이상의 존재임을 또한 인정하였다. 과학은 종교의 영역이라 할 수 있는바, 가치를 판단하거나 측정할 수는 없는 것이다.

만약 성경 비평이 예수의 기적들, 그의 동정녀 탄생, 그의 선재 등을 부인한다 해서, 우리들에게 있어서의 예수의 가치가 감소되는 것은 아니다. 우리들은 이러한 것들로 인하여 예수의 신성을 믿지는 않는다. 그의 신성은 오직 하나, 그가 가치를 창조하는 움직임의 원천이라는데 있다. 그는 인간들을 가치의 하나님을 발견하도록 인도하셨다. 이는 곧 예수의 생애가 너무나 고상한 윤리적 이상과 성취의 화신이기 때문에, 우리들은 여기서 영감을 얻어 그가 살았던 것처럼 살 수 있다는 의미이다. 예수는 하나님만이 하실 수 있는 작업을 우리를 위해 하실 수 있다는 의미에서 신적이다. 그는 우리들로 하여금 인생의 가장 고상함을 의식하게 하신다. 예수의 영향력으로부터 교회가 출생한다. 교회는 가치를 창조하는 공동체, 사랑에 의해 영감된 사회, 이 지구상에 하나님의 왕국을 건설하기 위한 교두보이다.

이러한 자유주의의 효과는 어느 한 교파나 국가에만 국한되지는 않았다. 이는 유럽과 북 아메리카의 모든 전통적 정통 교파들에 도전하였다. 우리들은 특히 미국의 회중파 교회들을 다른 많은 기독교 집단들 가운데 한 예로 들어볼 수 있다.

자유주의에 의한 변화의 예

자유주의 신학은 소위 "신신학(New Theology)"이라는 이름으로 뉴 잉글랜드의 많은 교회들 가운데 나타났다. 신신학의 지도적 인물들은 특히 뉴 잉글랜드 칼빈주의 사이에서 나타났다. 테오도르 쏜톤 먼저(Theodore Thonton Munger)는 코네티컷 주 뉴 헤븐의 연합교회(회중파)의 목사였다. 그의 동료였던 뉴 헤븐의 뉴먼 스미스(Newman Smyth)는 센터 교회(회중파)를 25년간이나 목회하였다. 조지 앤저 고든(George Angier Gordon)은 보스턴의 유서깊은 올드 사우스 교회의 목사였다. 워싱턴 글래든(Washington Gladdon)은 젊

어서 뉴 잉글랜드에서 목회하였으나, 본격적인 사역은 오하이오주 콜럼버스
의 제일 회중파 교회였다. 조지 해리스(George Harris)는 앤도버 신학교의 애
봇 석좌 교수였으며, 그의 동료들의 지지를 힘입어 앤도버 리뷰(The Andover
Review)지를 통하여 신신학의 대변자 역할을 하였다. 또한 이 운동을 대중화
시킨 가장 중요한 인물은 라이먼 애봇(Lyman Abbot)이다. 그를 가리켜 포스
터(F. H. Foster)는 "자유주의 신학을 위해 미국내에서 그만큼 큰 영향력을
발휘한 인물은 없을 것이라"고 하였다.

이러한 초기 지도자들을 둘러싼 많은 다른 인물들이 있다. 헨리 워드 비
처, 에그버트 스미스, 윌리엄 쥬엣 터커, 루이스 프렌치 스턴스, 윌리엄 뉴턴
클라크 등 여러 사람들이다. 그러나 이 운동들은 모두 동일한 특징들을 계속
유지하였다. 이는 복음적 청교도주의, 흔히 "뉴 잉글랜드 신학"이라 불렸던
"구신학"에 대항한 현대사상을 위한 저항이었다.

1881년 뉴 잉글랜드 신학의 마지막 대변자라 할 수 있는 에드워즈 아마사
파크(Edwards Amasa Park)가 앤도버 신학교의 애봇 석좌 교수직을 사임하였
다. 2년 후 해리스가 그 자리를 계승하였다. 이를 가리켜 구신학과 신신학의
분기점이라 할 수 있을 것이다.

1880년 이전 대부분의 뉴 잉글랜드 목사들은 하나님의 주권, 첫번째 인간
으로까지 거슬러 올라가는 인류의 본질적 죄성, 인간의 죄를 용서할 수 있는
기초로서의 예수 그리스도의 대속, 회심을 위한 성령 사역의 필수성, 구원받
는 자와 받지 못할 자의 천국과 지옥으로의 분리 등을 신봉하였다.

1880년 이후에는 이 모든 교리들이 자유주의자들의 맹공격을 받게 되었다.
가장 중요한 논쟁은 앤도버 신학교에서 발발하였다. 이 학교는 1808년 하버
드의 유니테리언 경향에 대항하기 위해 뉴 잉글랜드 회중파에 의해 설립된
바 있었다. 앤도버의 정통성을 유지하기 위해서 설립자들은 교수들이 그들이
이어받은 칼빈주의를 요약한 신경에 서약할 것을 요구한 바 있었다. 그러나
1880년이 되자, 자유주의의 영향을 받은 교수들은 이러한 신경에 서명할 수
없음을 천명하였다. 그리하여 앤도버 리뷰지에 논쟁의 불꽃을 튕기는 일련의
논문들이 나타나기 시작하였다. 에그버트 스미스, 윌리엄 터커, 그리고 조지
해리스 등의 교수들은 전혀 복음을 알지 못하고 죽은 이교도들은 내세에서
최후의 심판 자리에 서기 전에, 복음을 받아들이든가 아니면 부인할 수 있는
기회를 갖게 될 것이라고 주장하였다. 이 논쟁을 한 걸음, 한 걸음 뒤따르는

논쟁들을 통하여 교수진은 자유주의 신학을 공공연하게 옹호하였다.

드디어 신학교를 주도하는 이사진은 스미스가 신경에서 벗어났다는 이유로 고소하였는데, 이것이 하나의 표본 케이스가 되었다. 여러 해에 걸친 양방의 설전 끝에 1892년 매사추세츠주 최고 법원은 스미스에게 무혐의 판결을 내렸다. 이때쯤에는 이미 미국의 거의 모든 대교파들이 이러한 이단 재판의 예들을 가지고 있었다.

참고도서

Ahlstrom, Sydney E. *A Religious History of the American People*. New Haven: Yale University Press, 1972.

Cauthen, Kenneth. *The Impact of American Liberalism*. New York: Harper & Row, 1962.

Hordern, William E. *A Layman's Guide to Protestant Theology*. New York: MacMillan, 1968.

Shriver, George H. *American Religious Heretics*. Nashville: Abingdon Press, 1966.

Van Dusen, Henry P. *The Vindication of Liberal Theology*. New York: Charles Scribner's Sons, 1963.

41

사슬 외에는 뺏길 것이 없다.
:사회적 위기

찰스 디킨스는 그의 소설 「고통의 시대」(*Hard Times*) 속에서 19세기 초 영국의 전형적 공장촌을 다음과 같이 묘사하였다. "이는 붉은 벽돌로 지어진 부락이었다. 혹은 연기와 재에 그슬리지 않았다면 붉은 색깔이었을 벽돌들로 지어진 부락이라고도 할 수 있겠다. 따라서 실제로 볼 때에는 마치 야만인들의 채색된 얼굴들처럼 부자연스런 적과 흑의 색깔로 된 부락이라 할 수 있을 것이다. 각종 기계들과 굴뚝들로 가득찬 부락으로서, 굴뚝들로부터는 끊임없이 뱀같이 구불구불한 연기들이 그칠 줄 모르고 흘러나오고 있었다. 이 부락 가운데는 … 고약한 냄새를 풍기는 염료로 자줏빛이 된 개천이 흐르고 있다. 그리고 수많은 창문들이 달린 무수한 건물들로부터는 하루 종일 시끄러운 소음이 그칠 줄을 몰랐다."

이러한 장면의 묘사는 산업 혁명의 단면을 날카롭게 사진처럼 찍어낸 것이라 할 수 있겠다. 산업 혁명이란 19세기 유럽과 아메리카의 급격한 변화를 나타내기 위해 역사가들이 붙인 이름이다. "산업"이란 이름을 붙인 이유는 당시 변화의 대부분이 물품을 생산하는 형태의 변화에 그 근원을 두고 있는 때문이다. 공장들의 건축은 도시를 의미하였고, 도시는 곧 인구 집중을 의미하였으며, 인구 집중은 곧 말할 수 없이 많은 문제들의 축적을 의미하고 있었다.

도시와 기계들의 급격한 증가는 기독교에 새롭고도 복잡한 도전을 가져다 주었다. 이는 마치 현대 사상의 도전과 한 쌍을 이루는 모습이었다. 과연 기독교 신자들은 이러한 도전에 어떻게 응전하였는가?

많은 비평가들은 오늘날까지도 기독교가 이 도전에 제대로 반응하지 못하였다고 비판하고 있다. 기독교는 이러한 도전으로부터 회피하였을 뿐이라고도 한다. 그리하여 기독교 영향 아래 있었던 많은 지역들이 그후 한동안 마르크스주의 사상, 즉 공산주의 사상에 물들게 되었다. 또한 전통적인 기독교권이라 할 수 있는 서부 유럽에서도 그들의 신앙과 직업 사이에 밀접한 연관을 찾지 못하고 있다. 이들은 과연 빛과 어두움이 무슨 상관이 있으며, 노동 조합과 교회가 무슨 관련이 있느냐고 반문한다.

공장들의 새 세계

많은 신자들에게 있어서 공업 도시란 하나의 수수께끼였다. 이들은 그 도시가 도대체 어떻게 움직이는 것인지 이해할 수가 없었다. 그 가운데 충만한 죄와 타락은 공포의 대상이었다. 그러나 그 역사를 통하여 기독교는 보수적인 측면과 과격한 측면을 둘 다 갖추고 있었다. 그리고 이 산업 위기(Industrial Crisis)가 닥쳤을 때도 그 사실이 증명되었다.

프랑스에서는 정치적 혁명이 있었다. 독일에서는 지성적 혁명이 있었다. 그러나 영국은 세계에 산업 혁명을 선물하였다. 당시 금융과 상업의 지도적 국가로서 영국은 산업 혁명을 위한 상품시장과 자본을 고루 갖추고 있었다. 18세기 말엽 각 산업 분야들은 거의 모두 전례없었던 급격한 변화를 경험하였으나, 이 중에서도 증기를 동력화한 사실이 가장 중요하다고 할 수 있겠다. 글래스고우 대학에서 교수하던 스코틀랜드 출신의 제임스 와트(James Watt, 1736-1819)는 증기의 공급을 제어하여 이를 밀폐된 실린더 속에서 피스톤을 조정하는데 사용할 수 있는 방법을 고안해냈다. 얼마 안되어 면직 생산이나, 그후에는 기차 및 선박들을 움직이는 동력으로 증기기관들이 사용되기 시작하였다.

생산업자들은 역사상 처음으로, 풍차나 물레방아를 움직이기 위해 날씨나 계절에 의지할 필요가 없게 되었다. 그리하여 소위 공장들은 새로운 산업질서의 상징이 되었다. 이곳에서 동력과 기계들은 놀라운 생산성을 가능케 하였다. 그리하여 사람들은 대거 농촌을 떠나 공장에서 일하기 시작하였다.

이들의 생활은 급격한 변화를 경험해야만 했다. 이들은 더 이상 밤낮의 길이, 혹은 모종철과 수확기에 의해서 그 생활의 주기를 완만하게 결정할 수 없었다.그 대신에 공장 생활은 정밀과 숙련을 요구하였다. 하나님의 태양은 연기 속에 가려 보이지 조차 않았으며, 그 대신에 하나님의 시간이 아닌 인간의 시간과 계획을 알리는 벨소리가 울렸다.

산업 혁명은 물론 인간들의 부를 막대하게 증가시켰으나, 동시에 유럽과 미국의 날로 증대하여 가는 대공장 지대에 모여든 수많은 노동자들에게는 심각한 문제들을 야기시켰다. 초기의 공장들에는 가장 기본적인 위생시설이나 안전시설조차도 갖추어지지 못한 것이 보통이었다. 그리하여 직공들이 작업 중 참혹한 부상을 당하는 일들이 매우 자주 발생하였는데, 영국의 법률 아래서는 노동자들에게 발생하는 일체의 사고들은 그들 자신의 부주의로 규정되어 있었다. 고용주들은 아무런 책임도 지지 않아도 되었다. 노동자들에게는 일체 작업 보상이나 건강 보험 등의 혜택이 주어지지 않았다. 부상당한 노동자들은 내쫓기기 마련이었으며, 그의 일자리는 직업을 구해 도시로 다투어 모여드는 실업자들 가운데 한 사람에게 주어지는 것이 보통이었다.

여자들이나 어린 아동들이 성인 남자들과 함께 작업하였다. 가난에 찌들린 여성들은 해산하기 하루, 이틀 전까지도 공장에 나가 일하는 것이 보통이었다. 또한 아기를 낳자마자 다시 출근하여야 했다. 많은 공장들은 겨우 4,5세밖에 안된 어린이들을 고용하였다. 그리고 최저임금에 시달리면서 하루에 열두 내지 열 다섯 시간씩을 중노동하였다.

노동자들과 그 가족들은 허술한 방 한칸을 얻어 한데 사는 것이 보통이었으며, 다른 가족과 동거하지 않는 것만으로도 고맙게 생각해야 했다. 이들이 사는 거리에는 항상 쓰레기가 널려 있었으며, 하수도 시설이 제대로 되어있지 못했으므로, 대소변이 길에 넘치는 것은 보통이었다.

19세기 초 유럽에서 귀족층과 유산계급들 사이에 벌어졌던 계급투쟁은 결국 유산계급의 승리로 돌아갔다. 이들의 승리와 함께 소위 '자유 방임주의(laissez faire)'라 불리는 경제 철학이 기승하게 되었다. 이는 말 그대로 산업화에 병행하는 사회문제들은 고칠 방법도, 그 필요도 없다는 주장이었다. 각개인들은 누구의 상관도 받지 않은 채, 자기의 이익을 추구해야 한다는 것이다. 그렇게 해두면 모든 현상들이 결국은 가장 많은 다수의 혜택을 위해 결과를 맺도록 되어 있다고 하였다.

이러한 학파의 교과서라 할 수 있는 아담 스미스(Adam Smith)의 「국부론」(Weath of Nations)은 사회는 무제한의 경쟁을 통해 가장 큰 이익과 혜택을 얻는다고 하였다. 가장 뛰어난 인간들이 그들의 능력에 따라 가장 많은 응분의 보상을 받으리라고 하였다. 물론 정부는 그 구성원들의 생명과 재산을 보호해야 할 책임이 있으나, 경제 운영 분야에는 간섭하면 안된다고 하였다. 사회의 최선의 이익은 공급과 수요의 "법칙들"에 따라 이루어지게 되어있다는 주장이었다.

그러나 우리가 익히 상상할 수 있듯이 도시 노동자들은 이러한 혜택이나 이익을 위한 경쟁에 참여할 수 있는 방도가 없었다. 이들에게는 재산이 없었으므로, 자기들의 참혹한 상황을 개선하기 위해 선거에 참여할 권한조차 없었다. 그리하여 19세기에 이들이 벌여야 했던 투쟁은 바로 투표권, 혹은 기타 다른 권력에 참여할 수 있는 방도를 얻기 위한 것이었다.

자본가들의 자유 방임주의 철학에 대항한 최초의 비판은 사회주의(Socialism)이라는 새로운 이론에서 왔다. 초기에는 이 이론이 보다 호전적인 노동자 운동과는 그 색채를 달리하고 있었다. 이 이론의 대부분은 무제한한 부의 축적을 반대하고 각 기업들을 공유화하거나, 노동자들에게 그 소유권에 참여할 수 있도록 하자는 형태였다. 또한 사회주의자들은 무엇보다도 — 무자비한 경쟁이 아닌 — 조화와 협력의 정신이 경제 문제를 조정할 것을 주장하였다.

이들 초대 사회주의자들은 흔히 유토피안들(Utopians)이라 불렸다. 왜냐하면 이들의 모범적 공동체의 이론들은 인간들이란 자연적으로 서로를 사랑하며, 함께 행복하게 모여 살기를 원한다는 순진한 전제에 근거하고 있기 때문이었다. 이들은 인간과 인간들을 서로 경쟁시키는 것은 자본주의적 경쟁이라고 생각하였다.

그리하여 산업 사회의 많은 문제들은 오직 한 가지 문제에 집중되고 있었다. 즉 재산의 문제였다. 인간에게는 과연 재산을 소유할 자연적이요 천부의 권리가 있는 것인가? 교회는 항상 이러한 권리를 지지하여 왔다. 이는 다름 아닌 십계명의 마지막 계명에 포함되어 있는 듯하였다. "너희는 네 이웃의 집이나, … 그의 소나, … 네 이웃에 속한 아무 것도 탐내지 말라." 이러한 원칙을 거부하는 자는 이단으로 취급 받았다.

그러나 19세기 이전까지는 이처럼 막대한 양의 재산이 이처럼 소수의 인간들에 의해 독점되는 경우를 볼 수 없었다. 수 천명이 아니라 수 백만의 인간들이 가난한 정도를 지나 완전히 그 소유를 빼앗긴 상태에서 살고 있었다. 그 옛날의 로마 제국 시민들에게는 식량이 배급되었고, 오락을 위해선 서커스가 제공되었다. 그러나 19세기엔 이 두 가지가 다 사라진 형국이었다. 가난한 자들은 빵도 카니발도 없었다. 가장 하층민들은 문자 그대로 굶주렸으며, 점차 중산층들도 불안에 떨게 되었다.

그러나 교회는 이러한 위기에 무슨 말을 할 수 있는 강력한 입장에 있지 못하였다. 현대에 들어서 교회와 국가의 분리 사조는 교회의 정치적 발언권을 상실하게 하였다. 미 합중국 헌법은 연방 정부가 국교를 설립하는 것을 금지시켰다. 1830년대의 영국 개혁들은 영국 국교로부터 여러 가지 전통적 특권들을 박탈하였다. 그리고 로마 가톨릭 신자들이 많았던 나라들에서는 — 특히 이탈리아와 프랑스의 경우 — 강렬한 반성직자적 감정이 교회의 영향력을 감소시키고 있었다. 쉽게 말하면, 교회는 결정적 판결들이 내려지는 영역에 참여조차 못하고 있었다.

교회의 안팎에 있는 이들은 점차로 교회의 기능과 역할을 보다 좁은 의미에서 이해하게 되었다. 좁은 의미에서 "영적"이라 할 수 없는 문제들에 관하여는 교회가 발언할 수 없다는 생각이 광범위하게 퍼지게 되었다. 그리하여 점차 많은 숫자의 산업 노동자들은 교회나 기독교 메시지들은 자기들이 이 기계의 시대에 당하는 어려움이나 문제들을 해결할 힘도 없을 뿐만 아니라, 아무런 상관조차 없다고 여기게 되었다.

마르크스, 새시대의 예언자

그러나 이 시대를 위한 목소리가 전혀 없었던 것은 아니다. 거의 아무 누구도 주의하지 않고 있는 가운데, 1848년 한 예언자가 나타나 폭력에 기초한 새로운 형태의 사회주의를 외치기 시작하였다. 그는 계급 사이의 투쟁을 촉구하였으며, 기독교와 도덕성을 부인하였다. 그의 이름은 다름아닌 칼 마르크스(Karl Marx, 1818-1883)였다.

그는 라인란트의 트리에르에서 기독교로 개종하였던 독일계 유대인 부모에게서 태어났다. 마르크스는 게오르그 헤겔(Georg Hegel)이라는 철학자의 사상을 연구하여 박사학위를 수여 받았다. "대학 교수 직을 얻지 못한 그는 언론인으로서 가난한 생활을 감수할 수밖에 없었다. 그는 파리로 가서 사회주의 사상에 관심을 갖게 되었으며, 부유한 독일 공장주의 아들 프리드리히 엥겔스(Friedrich Engels, 1820-1895)와 평생 계속된 우정을 나누기 시작하였다. 1845년, 프랑스 정부에 의해 추방된 후엔 엥겔스와 함께 브뤼셀에서 거주하였다."

1848년 1월, 마르크스와 엥겔스는 유명한 "공산주의자 선언(Communist Manifesto)"을 발표하였다. 이 정열적인 선언문 가운데는 그후 우리가 "과학적 사회주의"라고 부르게 되었던 이론의 모든 요소들이 포함되어 있었다. 이는 다음과 같은 불길한 선언으로 시작한다. "망령이 유럽을 사로잡고 있다 — 다름아닌 공산주의라는 망령이다." 이 선언문은 유산 계급을 향한 무자비한 투쟁을 호소하였다. 이는 불가피한 혁명과 무산 대중의 승리를 예언하였으며, 다음과 같은 엄중한 경고로 그 끝을 맺고 있었다. "공산주의자들은 자기들의 사상이나 목표를 감추기를 거부한다. 이들은 일체의 기존 사회 체제들이 폭력으로 전복될 때에만 이들의 목표들이 달성될 수 있음을 공개적으로 선포한다. 지배 계급들로 하여금 공산 혁명의 공포에 질리게 하라. 무산 계급들은 이들을 얽매고 있는 사슬밖에는 빼앗길 것이 없다. 반면에 온 세상이 이들의 획득의 대상이다. 전 세계 노동자들이여, 단결하라."

마르크스는 독일에서 한동안 머문 후엔 런던으로 이주하여 평생을 보내었다. 생활은 항상 곤궁하였으며, 대부분 그의 친구들, 특히 엥겔스의 경제적 도움에 의지하여 살았다. 마르크스는 거의 매일 대영 박물관(British Museum)에 나가 그의 여러 저서들, 특히 「자본론」(*Das Kapital*)을 저술하기 위한 자료들을 수집하였다.

우리들이 마르크스 사회주의를 어떻게 생각하든 간에, 그의 「자본론」(1867-1894)이야말로 현대의 가장 중요한 서적들 가운데 하나라는 사실은 아무도 부인할 수 없을 것이다. 20세기에 들어서서 거의 세계의 절반에 해당하는 국가들이 이 책에 나타난 이론에 따라서 조직되었었다.

노예문제를 둘러싼 논쟁 때와 마찬가지로 기독교인들은 이러한 사회적 위기 문제를 두고도 서로 그 입장들을 달리 하였다. 많은 교인들은 자본주의자, 혹은 자본가들이었다. 이들은 공장들을 소유하고 있었으며, 사회적으로 높은 신분들도 차지하고 있었다. 이들 중 다수가 기꺼이 자유 방임주의적 철학을 변호하였다.

그러나 19세기 중엽에 들어서자, 프로테스탄트와 가톨릭을 막론하고 많은

기독교 신자들이 노동자들의 상황을 개선해 보고자 노력하였다. 이들은 4가
지 중 하나의 방법을 선택할 수 있었다. 1. 기독교 원칙을 내세워 자유 방임
주의 철학에 도전하는 길. 2. 가난하고 억압 받는 자들을 위하여 기독교 기관
을 설립하고, 조직하는 길. 3. 노동 조합 결성을 지원하는 길. 4. 노동 조건의
개선을 위한 입법 조처를 마련하도록 국가 정부에 호소하는 길 등이었다.

1848년에 이미, 로마 가톨릭 진영에서는 독일 주교 빌헬름 케텔러(Wihelm
Ketteler, 1811-1877)가 설교와 서적들을 통해 공장 노동자들의 문제를 호소하
였다. 그는 무제한적인 자본주의 경쟁의 위험과 아울러 사회주의가 주장하는
지나친 국가 통제의 위험을 아울러 지적하였다. 그는 자본가들에 대한 국가
간섭의 권리와 아울러, 사회주의자들의 전체주의적 경향에 대항하여서는 사
유 재산권의 정당성을 주장하였다. 그는 무엇보다도 노동자들이 자기들을 위
한 조합 등 집단을 결성할 권리를 요구하였고, 기업 이익 분배에의 참여, 정
당한 노동시간, 충분한 휴일, 공장의 검사, 그리고 여성 및 아동 노동에 관한
규칙을 마련할 것 등을 촉구하였다.

영국에서 로마 가톨릭 가운데 노동자들의 친구가 된 인물은 헨리 에드워
드 맨닝 추기경(Henry Edward Cardinal Manning, d. 1892)였다. 그는 원래 복
음주의적 성공회 출신이었던 인물이다. 1872년 12월 경에 이미 맨닝 추기경
은 노동자들의 권익을 위한 집회에 참석하고 있었다. 이는 영국내의 로마 가
톨릭 성직자로서는 처음 공개적으로 노동자들의 편에 선 움직임이었으니 만
큼 굉장히 용기있는 행동이라 할 수 있었다. 그는 또한 당시 수상 글래드스
톤에게 편지를 보내 두 가지를 요구하였다. 일정 연령 이하의 아동의 노동을
금지시켜 줄 것과, 노동자들의 주택문제의 개선이었다.

1874년 맨닝은 "노동의 권리와 신성함(The Rights and Dignity of Labor)"
이라는 강연을 하였다. 이 속에서 그는 노동자들의 결사권과, 노동시간의 제
한을 강력하게 요구하였으며, 사람들에게 아동 노동 문제와 관련된 각종 참
혹한 상황을 자세히 조사하도록 촉구하였다.

미국의 경우엔 로마 가톨릭 출신의 평신도 테렌스 파우더리(Terence
Powderly)가 최초의 본격적인 노동조합이라 할 수 있는 "노동의 기사들
(Knights of Labor)"의 지도자로서 많은 봉사를 하였다. 이 노동조합은 교파
를 초월한 모든 이들에게 공개되어 있었으나, 초기의 회원들은 대부분이 로
마 가톨릭 출신이었다.

그러나 19세기의 로마 가톨릭 성직자들은, 교황을 포함하여 대부분이 노동 조합을 두려워하였다. 이들은 이탈리아 메이슨(Italian Masons)과 이탈리아 통일 운동자들과 겪었던 갈등을 너무나 생생하게 기억하고 있었다. 그리하여 노동의 기사들도 교황의 정죄를 받을 위험에 처했으나, 후에 추기경이 된 볼티모어 대주교 기본스(Gibbons)의 중재로 가까스로 이를 모면하게 되었다.

1891년에 들어서야 겨우 교황은 사회 문제에 관해 공식적으로 언급하기 시작하였다. 노령의 레오 13세(Leo XIII, 1878-1903)가 그후 자본과 노동문제에 관하여 가톨릭의 기본 입장이 된 이론을 발표하였다. 그의 회칙 「노동자들의 현실」(Rerum Novarum)은 산업 혁명으로부터 야기된 각종 악한 결과들을 언급한 후, 사회주의를 정죄하고, 기독교 가족을 가장 중요한 사회의 기본단위로서 강조하였다.

그러나 레오는 또한 노동자들을 공의롭게 대우해야 할 자본가들의 의무를 강조하였다. 그는 조합을 조직하고 고용주들과 협상할 가톨릭 노동자들의 권리와 함께 최저 생활비 및 정당한 휴식의 권리도 옹호하였다. 그리하여 소위 그가 이름한 "사회주의"와 함께 자본주의적 독점과 산업 노예제가 모두 교황의 비판을 받게 되었다.

영국의 노동자들

프로테스탄트 영국의 경우 노동자들에 대한 지원은 주로 비국교도 교파로부터 왔다. 19세기 중엽까지도 노동조합은 불법이었다. 그러나 노동 운동은 비국교도들, 특히 원시 감리교파(Primitive Methodists)로부터 상당한 지지를 받았다. 수많은 노동조합 지도자들은 원래 평신도 감리교 설교자들이었다. 이들은 자기들이 감리교에서 배웠던 정열과 조직 경험 그리고 설교 등을 노동운동을 위해 사용하였다.

금주 운동이나 고아원 설립 등에 있어서도 비국교파가 지도적 역할을 감당하였다. 플리머스 형제단(Plymouth Brethern)의 조지 뮬러(George Muller), 런던의 지도적인 침례교 설교가였던 찰스 해든 스펄전(Charles Haddon Spurgeon), 감리교 출신의 티 비 스티븐슨(T. B. Stevenson) 등이 모두 기독교 고아원들을 설립하는데 크게 공헌하였던 인물들이다.

기독교 군병들아, 전진하라.

가난한 자들을 위한 구제 사업의 가장 뛰어난 예는 경건파 복음주의자였던 윌리엄 부스(William Booth, 1829-1912)라 할 수 있다. 그는 원래 감리교 뉴 콘넥션(Methodist New Connection)과 함께 사역을 시작하였으나, 곧 런던의 가난한 이들을 위한 사역에만 전념하기로 하였다. 그가 런던의 이스트 엔드(East End)에서 1864년에 행한 노방 설교는 획기적인 성공을 거두게 되었다. 11년 내에 그는 런던의 빈곤층에 전도하고 구제하는 32개처의 기지를 설치하게 되었다. 마치 군대와 같은 조직을 갖춘 그의 추종자들은 곧 구세군(Salvation Army)라는 이름을 얻게 되었다. 그리하여 부스 전도자는 부스 사령관이라는 칭호를 얻게 되었다.

1888년까지 부스 사령관은 1,000명에 달하는 영국인 병사들을 거느리게 되었으며, 다른 많은 국가들에까지 휘하 장병들을 파견하였다. 1890년에 출판된 「암흑의 영국과 그 구제책」(*In Darkest England and the Way Out*)은 당시 영국 하층사회의 참상을 구체적으로 묘사하면서, 이 광경들을 리빙스턴이 전해준 아프리카의 참상과 비교하였다. 런던에서만 한 해에 2,157명이 죽었으며, 2,297명이 자살하였으며, 30,000명이 매춘에 종사하고 있었고, 160,000명이나 주정으로 유죄판결을 받았으며, 900,000명이 극빈자로 분류되고 있었다. 부스는 또한 구세군의 구제 활동과 그 필요성을 역설하였다. 참으로 비참한 상황이 소개되었다.

그러나 영국 국교로부터는 이러한 노력이 시도되지 않고 있었다. 국교회는 과거와의 너무나 강력한 연대 때문에 새로운 사회 위기에 대처하는데 심각한 어려움을 겪고 있었다. 날로 증가하는 산업 도시들의 새로운 교구들은 의회의 입법 조처를 필요로 하였다. 이는 많은 시간과 비용을 요하는 작업이었다. 그 결과 도시의 빈민층들은 국교회의 사역 활동 밖에 놓이게 되었다.

그러나 성공회의 한 가지 예외적인 활동이 있었으니, 이는 곧 기독교 사회주의자 운동(Christian Socialist)이었다. 신학자 에프 디 모리스(F.D. Maurice, 1805-1872), 소설가 찰스 킹슬리(Charles Kingsley, 1819-1875), 변호사 존 말콤 루드로우(John Malcolm Ludlow, 1821-1911)등은 모두 복음이 무언가 영국의 노동자들을 위해 할 일이 있다고 생각하였던 인물들이었다.

1848년부터 1852년까지의 짧은 활동기간을 통해서도, 이들 기독교 사회주의자들은 자유 방임주의적 경제 체제를 호되게 비판하였다. 모리스는 다음과 같이 루드로우에게 편지하였다. "경쟁을 전 우주의 질서라고 말한다. 이는 거짓말이다. 이것이 거짓이라는 것을 말과 행동으로 보여주고, 선포하여야 할 시기가 드디어 도래하였다."

그는 우주의 진정한 법칙은 인간들이 공동체로서 살아야 하는 사실이라고 주장하였다. 인간들을 다른 인간들과 함께 협동할 때만이 진정한 하나님의 자녀이자 그리스도 안에서의 형제들로서의 본질을 비로소 깨닫게 되는 것이다.

기독교 사회주의 지도자들은 다른 이들에게 자극을 주기 위하여 "사회주의"라는 명칭을 채택하였던 것이다. 그러나 이 단어는 단지 인간들을 동반자로서 만드는 과학으로서의 의미만이 있을 뿐이라고 이들은 주장하였다. 이들은 기독교 신앙이 인간으로 하여금 다른 인간들에 대항하고 경쟁하는 대신 서로 돕고 협력하도록 만드는 것이 곧 기독교의 발전을 의미하는 것이라고 확신하였다.

이러한 기독교 사회주의의 실질적 효과는 매우 제한된 바 있었다. 이들의 협동 작업소들은 제대로 조직되어 있지 못했으며, 노동자들의 자질에 대하여도 지나치게 낙관적이었다. 이들의 가장 뚜렷한 공헌이라 한다면 이는 곧 이들의 사상이 대서양을 건너 미국에서 열매를 맺었다는데 있다 하겠다.

일반적으로 19세기의 노동자들은 점차 개선된 노동 조건과 정치 참여권을 획득하게 되었다. 한 걸음, 한 걸음, 그리고 하나 하나의 새로운 입법 조처들을 통하여 영국은 자유 방임주의를 약화시키고 노동 계급의 생활을 향상시켜 갔다. 이제 열살 이하의 어린이들은 노동시킬 수 없었으며, 여성들과 미성년자들은 하루에 열시간 이하만 노동하게 되었고, 공장의 안전 검사도 강화되는 등 많은 조처들이 마련되었다. 영국은 미국의 많은 이들이 사회 위기의 존재를 의식하기 전에 노동자들을 위한 혜택을 마련하였다.

미국의 사회 복음

미국내 사회 정의를 위한 가장 중요한 운동은 보다 자유주의적인 경향의 신학자들과 목회자들에 의해 주도된 사회복음주의 운동(Social Gospel)이라 할 수 있겠다. 이들은 독자적인 집단을 형성하거나, 조직하는 대신에 기존의 교파와 정치기관들을 통하여 움직이기로 하였다.

사회복음의 정수는 하나님의 구원의 범위가 개인들의 생활뿐 아니라 집단적 구조까지를 포함하고 있다는데 있었다. 만약 사회적인 선과 악이, 단지 개인들의 선악의 총계가 아니라, 그 본질상 집단적이라 할 것 같으면, 기독교 신자들은 사회 질서 자체의 재구성을 위해 노력해야 할 의무가 있다고 하였다. 이는 신자들이 지는 종교적 책임 중 일부인 것이다.

이들 사회 복음의 선지자들은 여러 가지 근거들을 제시하였다. 드와이트 엘 무디의 영향 아래 개인주의적으로 흘렀던 부흥운동 자체도 사실은 원래 도덕적인 기독교 미국이라는 비전을 갖고 있었다. 남북 전쟁 이전에는 부흥과 개혁이 함께 동반하는 모습이었다. 예를 들어 찰스 피니 같은 경우만 해도, 그의 개종자들에게 개인적인 중생의 체험에 머물지 말고, 노예 폐지 운동의 사회적 사명을 감당하라고 촉구한 바 있었다.

또한 사회복음 운동가들은 에프 디 모리스, 찰스 킹슬리 등 유럽 기독교 사회주의자들의 저술을 읽었다.

마지막으로 신신학의 존재가 있다. 앤도버 신학교의 "진보적 정통주의"와 뉴 잉글랜드의 강단에서 행해진 설교들은 사회복음주의 초기 설교가들을 위한 믿음의 일반적인 양상을 마련하여 주었다.

이 운동의 창시자는 워싱턴 글래든(Washington Gladden, 1836-1918)이라 할 수 있겠다. 그는 1876년 사회복음주의에 관한 그의 많은 저서들을 출판하였다. 원래 뉴 잉글랜드 출신이던 그는 오하이오 주, 콜럼버스의 제일회중교회에서 가장 중요한 시대에 사역하였다. 그는 바로 이 오하이오 주의 수도에서 직접 노동 문제의 실상을 목격하게 되었던 것이다.

그의 회중들 속에는 자본주와 노동자들이 모두 포함되어 있었다. 그리하여 산업 쟁의가 발생하던 시기에 그는 "이들 계급들 사이의 간격이 깊어지는 모습을" 경악하면서 바라보았다. 그는 몇몇 저녁 설교들을 통하여 노동 문제를 집중적으로 취급하였으며, 예수의 교훈은 사회의 올바르고 정의로운 질서를 위한 원칙들을 포함하고 있다는 그의 신념을 피력하였다.

그가 작시하여 사람들에게 널리 불려졌던 다음과 같은 찬송을 보면 개혁가로서의 그의 정신을 이해할 수도 있을 것 같다.

> 오 주여, 저를 당신과 동행케 하소서
> 값없이 봉사하는 외로운 길에:
> 당신의 비밀을 말해 주소서: 저로 감당하게 하소서
> 고난의 노력과, 봉사의 어려움을.

글래든은 사회주의자는 아니었다. 그는 사유 재산과 사유 기업을 옹호하였다. 그러나 그는 많은 기업체들이 공동으로 경영될 수 있다고 생각하였으며, 철도, 광산, 도시의 공공 서비스 기관들은 정부에 의해 운영되어야 한다고 믿었다.

후대에 남긴 영향력을 보자면, 사회복음 운동의 가장 뛰어난 선지자는 월터 라우쉔부쉬(Walter Rauchenbush, 1861-1918)라 할 수 있다. 그는 뉴욕 시에서 지옥의 부엌이라 불리던 험한 지역에서 독일 침례교 목사로서 사역하면서 도시 문제들에 대한 기독교 신자의 책임을 의식하고 씨름하였다. 그의 이름을 전국에 떨치게 한 것은 그가 로체스터 신학교의 교회사 교수로 있으면서 저술한 책들이었다. 그의 중요한 세 저술은 「기독교와 사회 위기」(*Christianity and the Social Crisis*, 1907) , 「사회 질서의 기독교화」(*Christianizing of the Social Order*, 1912), 그리고 「사회 복음의 신학」(A *Theology for the Social Gospel*, 1917) 등이었다.

라우쉔부쉬는 인간 발전의 안전한 신념을 버리고, 하나님의 왕국이라는 개념에 그의 사회 책임 문제의 근원을 두었다. "사회복음은 오래된 구원의 복음이다. 그러나 보다 확장되고 강화된 형태이다. 개인적 복음은 우리에게 각 인간들 심정의 죄성을 보도록 가르치고, 하나님께 나아가는 모든 인간들을 구원하시는 하나님의 권능과 기뻐하심에 관한 신앙을 갖게 영감을 주었다. 그러나 이 개인적 복음은 사회 질서의 죄성에 관해 올바른 이해를 갖는 데는 부족하였으며, 사회에 속한 모든 개인들의 죄악에 관한 사회 질서 자체의 책임은 제대로 이해시키지 못했다. … 사회 복음은 인간들을 이들의 전체적 죄악을 회개하도록 이끌며, 좀 더 민감하고 좀 더 현대적인 양심을 창조코자 하는 것이다."

사회복음주의 설교자들에 의하면 사회적 죄악의 가장 뚜렷한 예는 바로 자본주의 체제였다. 이러한 체제가 그대로 남아 있는 한 인간의 구원은 불가능하다고 하였다. 물론 사회복음주의자들 사이에서도 미국 체제의 갱생을 위한 개혁의 범위나 그 방법을 두고는 상당한 이견들이 있었으나, 어쨌든 체제의 근본적인 갱생이 없이는 하나님의 왕국이 도래할 수 없다는 데는 의견의 일치를 보았다.

사회복음 운동은 과연 얼마나 깊이 각 교파들에 침투하였는가? 많은 신학교들이 이를 가르치기 위해 그 교과 과정을 수정하였으며, 각 교단들은 사회 문제를 취급하기 위한 기관들을 신설하였다. 그러나 가장 뚜렷한 변화는 1908년 교회 연맹 협의회(the Federal Council of Churches)의 결성이라 할 수 있겠다. 동 협의회의 제 일차 작업이 다름아닌 "교회들의 사회적 신경(Social Creed of the Churches)"의 채택이었다. 이는 그후 미국 노동자들이 당연하게 생각하였던 많은 혜택들을 요구하였다. 작업 안전 조치, 노령을 위한 보장, 최저 임금, 협상권 등이 이에 속해 있었다.

역사를 통해 교회는 인간들을 내세를 위해 준비시키는 동시에 이 지구상에서의 생활도 향상시켜 보고자 노력하였다. 지나치게 내세만 강조하다보면 이 세상의 고통에 민감하지 못하게 되는 경우가 많다. 특히 지난 세기의 사회 위기들은 이러한 사실을 명백하게 하였다.

그러나 동시에 각종 사회 문제들을 위한 기독교 운동들은 또 다른 위험을 안고 있다. 즉 교회의 진정한 사명을 상실할 가능성이다. 그러나 기독교 신자들의 사회적 관심은 우리들에게 중요한 교훈을 남겨주고 있다. 즉 신자들이 인간들의 보다 실질적이고 현실적인 필요에 관심을 보이지 않는 한, 인간들의 영원한 운명을 위한 관심을 표현할 수 없다는 사실이다.

참고도서

Carter, Paul A. *The Decline and Revival of the Social Gospel.* Hamden, Conn.: Archon Books, 1971.

Davies, Horton. *The English Free Churches.* Oxford University Press, 1952.

Dayton, Donald W. *Discovering an Evangelical Heritage.* New York: Harper & Row, 1976.

Handy, Robert, Ed. *The Social Gospel in America 1870-1920.* New York: Oxford University Press, 1966.

Niebuhr, H. Richard. *The Kingdom of God in America.* New York: Harper & Brothrers, 1937.

White, Ronald C., Jr. and Hopkins, C. Howard. *The Social Gospel.* Philadelphia: Temple University Press, 1976.

이데올로기의 시대

1914 ― 198~

20세기는 정치적 군사적 거인들의 엄청난 대결상을 보여
왔다. 이들 거인들은 물론 공산주의, 나치즘, 아메리카니
즘 등이라 부를 수 있다. 새로운 이교사상(New
Paganism)들이 경제의 법칙, 동족애, 그리고 범할 수 없
는 개인들의 권리 등을 주장하며 출현하였다. 기독교 신
자들은 이제 새로운 모습으로 사고하고, 행동하고, 고통하
고, 단결하는 것을 배워야만 하였다. 프로테스탄트들은 서
로의 연합을 위해 새로운 길들을 모색하였다. 로마 가톨
릭은 교회를 현대화 하기 위해 노력해야 했다. 그리고 제
3세계의 기독교 신자들은 이 시대의 거대한 새로운 세력
으로 등장하였다.

The Age of Ideologies

World War I
Russian Revolution
Fundamentalism
Scopes Trial
1925
Adolf Hitler
World War II
World Council of Churches
Billy Graham
1950
Berlin Wall
Vatican II
Lausanne Congress
1975

42

수치의 벽 위에 쓰여진 낙서
:20세기의 사상들

1961 년 여름, 동부 독일의 경찰들은 소련 수상 니키타 흐루시초프의 권유에 따라 서부 베를린으로 도주하려는 동부 독일인들의 물결을 막아 보고자 노력하였다. 엄중한 여행 제한 정책도 별 실효를 거두지 못하자, 경찰은 26마일에 달하는 철조망과 콘크리트 벽을 도시의 한 복판에 가로질러 세웠다. 이는 마치 분노한 얼굴 위의 추악한 상처처럼 뚜렷한 모습으로 사람들의 눈을 자극하였다. 베를린 시민들은 이를 가리켜 샨트마우러(Schandmaurer), 즉 수치의 벽이라 불렀다. 이는 20세기를 보여주는 최적의 상징이었다.

베를린 벽의 동쪽에는 공산 세계의 음침한 건물들이 언젠가 계급이 없어지는 미래의 지상낙원을 약속하며 서 있었다. 그 서쪽 편에는 "자유 서방"의 극장들과 백화점들이 바로 오늘의 쾌락과 부의 추구를 과시하며 흩어져 있었다. 벽을 따라서는 한때 무적을 자랑하던 아돌프 히틀러의 제3제국의 유물인 벙커들의 잔해가 아직 남아 있었다.

평화와 자유의 메시지를 전하는 기독교는 어떻게 이러한 적개심과 갈등으로 가득찬 시대를 겪어 왔는가? 다른 사상들과 마찬가지로 기독교 역시 인류 갈등의 피에 젖은 벽들 위에 그의 자리를 차지하고 빼앗기지 않기 위해 투쟁을 벌여야만 하였다. 지난 수십 년간의 역사를 회고해 볼 때 기독교 메

시지들은 나치즘, 마르크스주의, 자본주의 등 다른 사상들과 함께 섞여 고통
과 갈등을 공유하며, 역사를 점철해 온 것을 알 수 있다.

기독교 후(Post-Christian, 혹은 탈 기독교) 시대의 신들

저명한 역사가 아놀드 토인비는 20세기란 다름아닌 3개의 기독교 후 사상
(이데올로기)들에 의하여 기존의 종교들이 대체되어 가는 역사라 할 수 있
다고 언명한 바 있다. 3개의 사상들이란 곧 민족주의, 공산주의, 개인주의 등
을 가리킨다. 이들 사상들은 모두 종교와 같은 특징들을 가지고 있다. 이들
은 모두 인간들의 궁극적인 충성을 요구한다. 즉, 애국심, 계급 투쟁, 혹은 세
속 인본주의 등이다. 이들은 모두 나름대로의 예식과 상징, 영감에 찬 글과
이론들, 교조들, 성자들과 카리스마에 찬 지도자들을 가지고 있다.

아마도 이러한 토인비의 진단은 올바른 것이라 할 수 있겠다. 한때 기독교
의 영향 아래 있었던 많은 지역들에 전체주의 국가가 나타나 종교적 신앙과
그 행실을 포함하여 일체 인간 생존의 영역들을 독점하여 버렸다. 이러한 전
체주의 정부를 지지하는 대중 정당을 창조하는 사상들에 의하여 기독교는
대체되었다. 그리고 이러한 당들은 거의 예외없이, 정치 경찰을 장악하고 있
는 한 사람의 독재자나 혹은 극소수의 엘리트들에 의하여 운영되고는 하였
다. 세련된 심리적 방법들을 사용하여, 통치자들은 자기 정권의 "적"들을 향
해 국민들의 심리와 적개심을 조작하였다. 각종 선전과 언론 매체들을 동원
하는 동시에 경제적 통제를 병행하여, 개인들의 자유란 별로 중요하게 생각
할 줄 조차 모르는 새로운 형태의 시민들을 생산하였다. 바로 이것이 전체주
의적 행태이다. 이러한 20세기의 제 사상들과 이들의 전체주의적 정권들의
뿌리는 제1차 세계대전의 피에 젖은 전장에 닿아 있다. 20세기 초 유럽의 새
로운 종교는 다름아닌 민족주의였다. 범 게르만주의와 범 슬라브주의 충돌은
유럽의 강대국들을 발칸 반도의 갈등에 몰아 넣었다. 점증하는 군국주의, 경
제적 제국주의, 그리고 권력추구형 정치 행태들이 한데 어울려 전쟁을 위한
화약고를 마련하였다. 불꽃은 마침내 1914년 6월 28일, 세르비아 민족주의에
불타는 한 청년이 오스트리아-헝가리 황태자를 암살함으로써 튕기게 되었다.
8월에는 오스트리아와 독일이 한데 연합하여 프랑스, 러시아, 영국 등에 대
항하였다. 전쟁이 끝나기 전까지 동경에서부터 오타와에 이르기까지 무려 27
개 국가들이 이에 참여하였다.

사상 최초로 세계는 전면전, 혹은 세계대전의 모습을 목격하게 되었다. 병사들과 장교들이 물론 다른 전쟁 때와 마찬가지로 그 목숨을 잃었다. 그러나 이제 일반 민간인들까지도 전쟁 수행을 위하여 자기들의 재산과 자유를 포기해야 했다. 전선의 양쪽에 있는 이들은 모두 자기들이 의로운 편에 서있다고 생각하였다. 1917년 4월 6일 마침내 미국이 참전하게 되었을 때, 장로교 목사의 아들이었던 미 대통령 우드로우 윌슨(Woodrow Wilson)은 이 전쟁은 "세계를 좀 더 민주주의를 위해 안전한 곳으로 만들기 위한" 것이라고 하였다.

미국에서 전쟁을 위한 물자와 인력을 한데 모으고 있었을 때, 러시아는 또 다른 위기를 겪었다. 1917년 11월 혁명을 통하여, 볼셰비키(Bolsheviks) — 새로운 사회주의 국가 건설을 위해 스스로 전위를 자처한 군사, 정치 세력 — 들은 짜르로부터 권력을 쟁취하고 1918년에는 독일과 평화 조약을 체결하였다.

미국으로부터 파견된 백만 명의 "병사"들의 도움으로 유럽의 연합국들은 독일을 굴복시킬 수 있었으며, 결국은 파리에서 평화 회담이 개최되었다. 그러나 독일인들에게서 받아낸 종전 협상의 조건들은 순진한 이상주의와 철저한 복수심이 한데 어울어진 모습이었다.

우드로우 윌슨이 국제 연맹(League of Nations)의 결성을 주도하였으나, 막상 미국민들은 이에 참여하기를 거부하였다. 다른 연합국들은 독일로 부터 사과를 받아내고, 이 나라를 앞으로 다시 일어나지 못하도록 불구로 만드는 데만 정신을 집중하고 있었다. 이들은 이 두 가지 면에서 다 성공하였으나, 독일인들은 이때의 수치와 치욕을 잊지 않았다. 바로 이러한 분노와 울분의 결과가 바로 나치즘이라 할 수 있을 것이다.

나치즘의 발흥

나치즘은 과연 전체주의가 무엇인가를 세계에 밝히 보여주었다. 이들은 독재 정권의 우익적 형태라 할 수 있다. 우리들은 이를 가리켜 "파시즘(Fascism)"이라 부른다. 이러한 정부들은 개인들의 울분과 소외감과 아울러 사회적 경제적 갈등을 이용하여, 계급들의 단결과 전통적 가치들을 강조한다. 파시스트 정권은 국가개념을 신격화한다. 국가적 사명, 민족적 전통, 국가의 절대화 등이 이들의 전형적 수법이다. 파시스트 통치자들은 사유 재산과 자본주의적 기업들을 용인하지만 이들을 엄격하게 통제한다.

제1차 세계 대전 이후 우익 정권들이 유럽 전체에 걸쳐 우후 죽순처럼 일어났으나, 이들 가운데 대표적인 것은 흔히 나치즘이라 알려진 독일 국가 사회주의(German National Socialism)였다. 루터의 고향, 독일의 프로테스탄트 교회들이 수백만의 신자들을 나치즘에게 빼앗겼다.

전후 독일의 대부분의 프로테스탄트 성직자들은 군주제 지지자들이었다. 이들은 사회주의나 민주주의를 별로 선호하지 않았다. 그러나 많은 평신도들은 이들과는 달랐다. 산업 노동자들은 경제적, 사회적, 정치적으로 반동적인 경향을 보이는 교회를 증오하였다. 동시에 독일 지배 계급들 역시 나치즘을 수용할 태세가 되어 있었다. 왜냐하면 이들은 독일의 과거에 관한 낭만적 관념에 사로잡혀 있었기 때문이다. 이는 영웅적이며, 귀족적이고, 또한 범신론적 경향을 강하게 띠고 있었다.

나치 운동의 지도자, 오스트리아 태생의 아돌프 히틀러(Adolf Hitler)가 1933년 1월 30일 독일 수상에 임명되었다. 2년 후 그는 독일 정계를 완전히 장악하였다.

나치들은 지도자(Fuhrer, 총통) 아래 독일 국민들이 절대적으로 연합해야 한다고 믿었으며, 국가 전체의 모든 구조 속에 이러한 통치원칙이 표현되어야 한다고 생각하였다. 국가내의 일체의 사회적, 경제적, 정치적 수단들을 한데 연합시킴으로써 이들은 이상적인 초공동체를 건설하겠다고 하였다.

나치는 계몽주의 및 19세기의 자유주의 사상들을 거부하였다. 이들은 그 대신에 바그너의 오페라에 나타난 원시적이고 이상화된 과거, 그리고 복잡한 현대생활의 측면들은 들어갈 자리가 없는 고대 게르만 신화의 세계들을 추앙하였다. 특히 민족의 순수성에 관한 관심은 나치주의의 중심을 이루고 있다. 이들은 독일 민족이야말로 그 토양에서부터 본질적으로 우러나오는 특유한 성품을 소유하고 있다고 주장하였다. 우월한 "토양"과 "혈통"이 독일 민족들을 다른 자들과는 뚜렷히 구별하고 있으므로, 나치들은 모든 외국인들과 그 사상은 추악한 것으로 간주하였는데, 특히 유대인들과 그 영향을 혐오하였다.

그리하여 나치 이론가들은 야만적인 반 유대주의 사상을 발전시키고 이론화 하였다. 과거에 상실된 순수와 영광을 되찾기 위해선, 현재의 불순물들을 제거해 버려야 한다고 주장하였다. 그리하여 유대인들이 이를 위한 속죄양이 되어야 했다. 유대인들이야말로 모든 현대의 악들의 근원이었다. 자본주의와 공산주의가 모두 "문화의 파괴자인" 유대인들로부터 비롯되었다고 하였다. 히틀러는 기독교까지도 바로 유대인들의 음모의 결과라고 선언하였다. "인류의 가장 큰 피해는 다름아닌 기독교의 도래이다. 볼셰비키주의는 기독교의 사생아이다. 그리고 이들은 양자 모두가 유대인의 고안이다." 그리하여 유대인들을 제거해 버리는 것이야말로 독일을 원래의 순수한 상태로 복원시키기 위해 사회적으로 필수적인 과정이다.

나치들은 우선 유대인들의 공민권을 박탈하고, 이들에게 이주를 강요하였다. 제3제국 군대가, 더 많은 유대인 인구를 포함하고 있었던 동구 유럽을 점령하였을 때부터 반(反) 유대주의는 본격적인 폭력을 동반하였다. 나치의 하수인들이 현장에서 수천 명의 유대인들을 처형하였다. 원래 반 나치주의자들을 처리하기 위해 마련되었던 악명높은 강제 집단 수용소들이 유대인들을 향해 사용되었다.

1940년에 나치는 소위 이들의 "최종적 해결"을 위해 새로운 형태의 수용소를 고안하였다. 최종적 해결이란 즉, 유럽의 모든 유대인 인구를 멸절시킨다는 것이었다. 이 중 가장 큰 것은 폴란드의 아우슈비츠였다. 이들은 유대인 남녀노소를 체포하여,이들 "살인 공장"으로 이송해갔다. 여기서 유대인들은 가장 잔인한 모습으로 굶어 죽거나, 독가스로 죽거나, 총살당하거나, 혹은 생체 실험의 대상이 되었다. 이러한 대학살(holocaust)을 통해 살해당한 유대인들의 총 숫자는 아마 6백만 정도였을 것으로 추산된다.

히틀러 치하의 기독교 신자들

나치 치하에서 진정한 기독교 신자들의 운명은 유대인들보다 나을 것이 없었다. 히틀러는 가톨릭 가정에서 태어나 성장하였으나, 국가 사회주의를 통한 독일의 새로운 탄생이라는 그의 새로운 신조 아래서는 전혀 기독교적 원칙들의 흔적들조차 찾아볼 수 없었다.

히틀러는 정권을 장악하기 전까지는 국가적 자존심과 국가내에서의 교회의 역할을 강조함으로써 기독교의 지원을 얻고자 하였다. 다른 수백 만 독일 국민들과 마찬가지로 성직자들도 제1차 대전의 패전으로 인한 충격에 시달리고 있었다. 이들 역시 독일의 새로운 탄생을 희구하였다.

1920년대 독일에서 강력한 영향력을 발휘하였던 가톨릭 교회는 새로운 나치 정부를 지원하였으며, 총통과 교황 사이에 1933년 체결되어 가톨릭 신앙의 보존과 시행을 보장하였던 합의서(Concordat)를 지지하였다.

동 합의서는 히틀러를 위해선 중요한 이정표였다. 이를 통해 히틀러의 정치적 위상은 높아졌으며, 동시에 가톨릭들은 효과적으로 정계에서 배제되었다. 그러나 히틀러는 이러한 합의 조건들을 준행할 의도는 애초부터 없었다.

동시에 나치들과 좀 더 밀접한 관계를 맺기 원하는 "독일 기독교인(German Christians)" 운동이 프로테스탄트들 사이에서 일어나기 시작하였다. 이들은 "독일 기독교인 운동은 한 사람의 주교 아래 28개의 지역적 프로테스탄트 기구들을 통일시키고자 하였다. 이들은 이 주교직에 열렬한 나치 주의자였던 루트비히 뮐러(Ludwig Müller)를 임명하였다. 이들은 또한 교회 체제내에 '총통제 원칙'을 도입하여 모든 유대 혈통의 성직자들을 축출하였던 "아리안 헌장(Aryan Paragraph)"을 채택하였다. 1933년, 독일 전체 17,000명의 성직자들 가운데, 3,000명이 독일 기독교인 연맹에 가입하고 있었다.

이러한 독일 기독교인 운동에 대응하기 위하여, 마틴 니묄러(Martin Niemöller)가 이끄는 일단의 목회자들은 목회자 비상 연맹(Pastor's Emergency League)을 결성하고, 흔히 고백 교회(Confessing Church)로 알려진 또 다른 교회기구를 조직하였다. 이 운동이 한창 성했을 때 그 규모는 아마 독일 기독교 신자 연맹과 비슷하였을 것이다. 이들 두 진영 사이에 대다수의 소심한 프로테스탄트 성직자들이 위치하고 있었다. 이들은 결국 공개적인 저항없이 히틀러에게 복종하게 되었다.

1934년 5월, 고백 교회는 '바르멘 선언(Barmen Declaration)'을 통해 이들의 신학적 확신을 발표하였다. 주로 칼 바르트에 의해 작성되었던 동 선언문은 독일 교회들로 하여금 기독교의 중심적 신조들로 복귀할 것과 국가의 전체주의적 요구를 거부할 것을 촉구하고 있었다.

고백 교회는 나치즘에 대항한 저항 운동은 원래 계획하고 있지 않았다. 이는 주로 "독일 기독교인"들의 이단적인 교리들과, 그 지도자들이 국가에 대한 절대적 충성을 반복하여 맹세하며, 히틀러의 정치적 움직임을 지지하고 축하해 왔다는 사실을 거부하고 비판하는데 초점을 맞추고 있었다. 루터란들은 전통적으로 집권층을 지지해 왔으므로, 고백 교회는 스스로를 적대적인 기구로 설립하는데 반대하고, 단지 새로운 변혁에 저항하여 정통 기독교 신앙을 수호하는 단체로서만 존재하고자 하였다.

게슈타포(Gestapo)에 의한 핍박과 대부분의 프로테스탄트 지도자들에 의한 거부를 감수하면서 고백 교회는 매우 위태로운 생존을 계속하였다. 1935년에는 무려 700명의 고백 교회 목사들이 체포당하였다. 이 운동의 존재는 나치들에게는 눈에 가시와 같았으며, 전 우주에 대한 그리스도의 주권을 고백하는 모습은 전체주의 체제에 대한 무언의 항변이었다.

히틀러의 친구 루트비히 뮐러가 프로테스탄트 교회 전체를 통일하는데 실패한 것이 명백해지자, 총통은 반 기독교적 나치 당원들에게 더 경도하게 되었다. 이들 반 기독교적 나치들은 나치즘이야말로 기독교의 성취요 완성이라 주장하고 있었다. 1935년 나치스는 나치 출신의 법률가 한스 케를(Hans Kerrl)을 우두머리로 한 종교성(Ministry of Church Affairs)을 설립하였다. 성직자들의 저항에 처한 케를은 다음과 같이 선언하였다. "국가 사회주의는 하나님의 뜻의 실현이다. 하나님의 뜻은 독일인의 혈통을 통해 계시되었다. 진정한 기독교는 당에 의해 대표된다."

이제 히틀러의 의도는 모든 이들에게 명백하여졌다. 가톨릭 성직자들은 "새 이교주의(New Heathenism)"에 깊은 우려를 표하고, 교회 활동들이 점차 제한 받는 것에 심각한 위협을 느끼게 되었다. 이들은 드디어 바티칸에 이 사실을 호소하였다.

1937년 5월 14일, 그후 얼마 안되어 교황 피우스 12세(Pius XII)가 될 유지니오 파첼리(Eugenio Pacelli) 추기경의 도움을 받아, 교황 피우스 9세(Pius IX)는 교황 회칙 "깊은 슬픔으로(Mit brennender Sorge)"를 반포하였다. 이는 나치즘을 비판한 최초의 중요한 교회 문서였다. 이 문서는 독일 내로 밀반입되어, 일체 나치들이 알기 전, 종려주일날 모든 가톨릭 교회의 강단에서 낭독되었다. 리처드 피에라드(Richard Pierard)가 설명한 바와 같이, 이 회칙은 교회에 대한 핍박을 항의하고, 가톨릭 신자들에게 인종과 국가에 대한 우상 숭배를 저항하도록 촉구하였으며, 기독교 신조들과 윤리의 오염을 반대하며, 그리스도와 그의 교회, 그리고 로마에 대한 충성을 견지하도록 격려하였다. 히틀러는 이 사실에 열화 같은 분노를 금치 못하였으나, 로마와의 정면대결을 피하기 위하여 완전한 침묵으로 회칙을 무시하였다. 로마 가톨릭 평신도들의 지지를 받고 있다는 사실을 알고 있던 히틀러는 단지 조직적인 저항을 피하기 위해 교회들에 대한 압력만을 가중시켰을 뿐이었다.

러시아 혁명

한편 이러한 격동의 20-30년 대에 러시아 볼셰비키(공산당)들은 또 다른 좌익의 전체주의 체제를 확립하였다. 이러한 공산당 체제는 히틀러의 독일과 같은 많은 특징들을 공유하고 있었다. 독재적 통치자, 중앙 집권화된 유일 정당, 잔인한 공포정치, 허위 선전, 언론 검열, 계획 경제, 그리고 일체의 기존 종교에 대한 적개심 등이었다.

차이점이라 한다면 공산당은 노동자 계급의 위치를 강조하였다는 것과, 사회 변혁의 수단으로써 폭력 혁명을 주장한 것, 그리고 계급없는 유토피아적 미래의 제시 등이었다. 1917년부터 1924년까지 러시아 혁명을 주도한 것은 블라디미르 일리치 울랴노프(Vladimir Ilich Ulyanov, 1870-1924)였는데, 그는 레닌(Lenin)이라는 이름으로 더 널리 알려져 있다. 그는 추방 당한 사회주의 지도자로서 러시아의 혁명을 감독하기 위해 1917년에 스위스로부터 귀환하였다.

레닌은 폭력을 공산주의의 가장 중요한 무기라 생각하였다. 그는 철저한 변혁을 단행하였다. 자본주의를 파괴하기 위해 매우 엄중한 명령 계통을 따라 움직이는 공산당을 수립하였으며, 이를 통하여 모든 전통적 기구들을 전복시키고 새정부의 통솔을 독점하였다. 당과 국가는 하나가 되었다.

레닌이 1924년 사망하였을 때, 레온 트로츠키와 야심에 찬 스탈린 사이에 치열한 권력 투쟁이 발생하였다. 1927년에 스탈린은 무적의 독재자 자리에 올랐다. 그는 소비에트 연방(Soviet Union)을 다른 자본주의 국가들과 경쟁할 수 있는 산업 국가로 만들겠다고 공언하였다.

스탈린은 히틀러보다도 더 잔인한 지도자임이 곧 증명되었다. 그는 아무리 미미한 저항이나 반대 세력도 비밀 경찰의 공포와 강제 노동 수용소를 통해 박멸시켰고, 모든 잠재적인 경쟁자들을 제거하였다.

공산주의 혁명은 기독교에 거대한 도전으로서 출현하였다. 왜냐하면 공산주의 이론은 본질적으로 무신론에 기초하고 있었기 때문이다. 마르크스-레닌주의는 종교는 허위에 가득찬 의식이며, 계급들의 분단으로부터 야기된 환상에 불과하다고 주장하였다. 사회가 공산주의에 의해 "정상"상태로 돌아오면, 종교는 자연사하리라고 하였다. 그러나 이는 공산당의 이론에 불과하다. 실제로 이들은 종교에 대해 적극적으로 대적하고 이를 파괴하고자 하였다. 당은 스스로를 마르크스 이상들의 실체화로서 생각하고 있으며, 사회의 그 어느 부분도 당의 영역 밖에서 존재하는 것을 허락지 않았다. 조직화된 종교들은 반동적 사회 세력이며 이는 계급없는 사회를 향한 진보에 방해물이므로 반드시 파괴되어야 한다고 하였다.

혁명이 발발하기 수세기 전부터 러시아 정교회는 국교로서의 위치를 누려왔다. 이론상 짜르는 교회의 수장이었다. 그러나 정권을 장악한 볼셰비키들은 교회 소유 토지들을 빼앗고, 교회를 위한 국고 보조금을 단절시켰으며, 결혼을 세속적 제도로서 시행하기 시작했고, 어린이들을 위한 종교 교육을 금지 시켰다. 무신론적인 세뇌교육으로 가득찬 사회 속에서 자기들의 자녀를 가르칠 수 없을 때, 교회가 어떻게 계속 유지될 수 있겠는가?

정교회는 이러한 조처들에 저항하였다. 새로 선출된 총대주교 티콘(Tikhon)은 그의 처음 목회 서신에서 국가에 대해 선전포고하였다. 거의 모든 도시들에서 폭동이 발생하였다. 혁명 초기 6년 동안의 무질서한 폭력의 난무 속에서 28명의 주교들과 무려 일 천명 이상의 신부들이 살해 당하였다.

1929년의 종교 집회법은 교회 활동을 효과적으로 제한하여 교회가 사회에 일체 영향을 미치지 못하도록 하였다. 보다 삼엄한 박해의 시기가 뒤따르게 되었다. 집단 농업 제도와 스탈린의 숙청 기간 동안에 수천 명의 성직자들이 더 체포되거나 혹은 사라져갔다.

1936년의 새 소련 헌법은 성직자들에게 투표권을 다시 허락하였다. 그러나 이들 "종교의 노예들"은 "무지한 노동자들의 피와 땀을 착취하는" 직업인들로 분류되어, 2등 국민의 신세를 면치 못하게 되었다. 이들은 "성직자-파시스트"들로서 계속 비밀 경찰의 감시와 박해를 받아야만 했다.

1939년, 무신론적 프로파간다, 엄중한 반 성직자 제도, 그리고 스탈린주의적 공포 정치가 러시아 정교회를 거의 멸망 지경에 몰아 넣었다. 루터파는 거의 소멸하였으며, 침례교와 기타 복음주의적 교파들도 자취를 감추게 되었다.

그러나 서방에서는 이러한 핍박의 소식과 함께, 소련 정권에 대한 반발과 혐오감이 거세게 일기 시작하였다. 로마 가톨릭 교회가 그 경고를 발했다. 1937년 3월에 교황 피우스 11세는 "공산주의의 오류들"을 비판하는 회칙 "무신론 공산주의(Divine Redemptoris)"를 발표하였다. 그는 공산주의의 파급을 정죄하고, 러시아 인민들에 대한 동정을 표시하였으며, 공산주의 이론에 대한 대안으로서 가톨릭 교회의 교리를 제시하였다. 그는 당시 유행하고 있던 스탈린의 "인민 전선(Popular Front)" 정책에 반하여 "공산주의는 본질적으로 오류이며, 기독교 문명을 구원하고자 하는 이들은 결코 이들의 어떠한 사업에도 동조하거나 협력할 수 없다."고 선포하였다. 나치 독일을 비판한 그의 회칙 후 겨우 나흘만에 발표되었던 이 회칙을 통하여 바티칸은 전체주의 국가들의 핍박받는 신자들과 함께 선다는 사실을 명백히 하였다.

제2차 세계 대전의 영향

독일군이 1939년 폴란드를 침공함으로써 제2차 세계 대전이 시작되었다. 히틀러는 이탈리아의 파시스트 정권과 당시 일본을 통치하고 있던 군벌과 동맹하였다. 이 세 국가들은 모두 영토 확장의 야심에 불타고 있었다. 히틀러는 폴란드 침공 직전 스탈린과 불가침 조약을 체결하였으나, 2년이 안되어 이를 깨뜨렸다. 그리하여 공산 러시아는 프랑스, 영국, 미국과 동맹을 맺을 수밖에 없었으며, 이를 이용하여, 동양에서의 일본의 침략과 유럽 및 북 아프리카에서의 나치 침략에 대응해 보고자 하였다.

제1차 대전 때와 마찬가지로 양측의 기독교 신자들은 전쟁 노력에 참여하였으나, 그 열기는 그 때에 미치지 못하였다. 독일 신자들은 특별히 복잡한 딜레마에 빠져 있었다. 독일 교회 책임자들은 나치 정부에 유화적이었으나, 그를 통하여 이 정권하의 신자들을 고통으로부터 보호하지는 못했다. 히틀러의 가장 가까운 자문역을 담당하였던 보만(Bormann), 히믈러(Himmler), 하이드리히(Heydrich) 등은 모두 조직적으로 교회 문제의 "최종 해결책"을 강구하고 있었다. 그 내용은 교회들은 "새 질서(new order)" 아래 두고, 성직자들로부터 일체의 특권들을 박탈하며, 기독교는 히틀러의 말대로 자연사하도록 버려 둔다는 것이었다.

동부 유럽의 점령지역에서 신부들과 목사들은 다른 경건한 신자들과 함께 일반 범죄자들로 취급되었다. 수 천명이 처형 당하거나 혹은 강제 노동 수용소로 끌려 갔다. 나치가 독일 내에서 교회를 완전 소멸시키지 못한 것은 다른 전쟁 수행에 바빴고, 가능한 한 많은 이들의 지지를 잃지 말아야 할 필요성이 있었기 때문이었다.

그런데 독일 교회의 히틀러에 대한 저항은 놀라울 정도로 미미하였다. 이들은 단지 개인적 신앙, 국가에의 전통적 복종, 일체의 좌익적인 정치적, 사회적 개혁을 반대하던 보수적 경향에 사로잡혀 있었다. 아마 이러한 모습 때문에 이들은 공산주의에 대한 유일한 대안으로서 나치즘을 수용하였는지도 모른다.

그러나 전쟁 중 러시아의 모습은 이와는 대조적이었다. 그는 전쟁 수행을 위해 교회가 국민의 사기를 향상시킬 수 있다는 점에 착안하였다. 또한 그는 전쟁을 통해 확장된 지역을 동화시키는데도 긍정적인 영향을 미친다는 사실을 깨달았다. 후에 소련의 전후 외교 정책을 위해서도 교회의 도움이 필요할지 모른다고 생각하였다.

그는 교회가 다시 조직되는 것을 허락하고, 헌금을 걷는 것과, 어린이들에게 약간의 종교 교육을 시행하는 것까지도 허용하였다. 1945년 정교회 및 다른 교파들은 합법 기구로서의 위치를 복구하였으며, 재산 소유권과 예배 의식을 위한 성물들을 제작할 수 있는 권리도 재취득하게 되었다. 그리하여 비록 아직도 엄중한 국가의 감시하에 있기는 하였으나, 이들은 혁명 이후 가장 큰 자유를 누리게 되었다.

1943년, 소련 정부는 러시아 정교회 문제 협의 위원회(Council of Affairs of the Russian Orthodox Church)를 신설하였으며, 일년 후에는 다른 교파들을 위하여 이와 유사한 기구를 설치하였다. 이들은 정부와 교회 사이의 관계를 유지하고 종교에 관한 규정들을 마련하며, 이러한 규칙이나 법규들이 제대로 시행되는 것을 확인하였다.

그러나 전체적으로 볼 때, 제2차 세계 대전은 물리적으로나 도덕적으로 기독교에 심대한 타격을 안겨 주었다. 수천 개의 교회당들이 파괴되었고, 성직자들이 살해되었고, 경건한 신자들은 박해 받거나, 고향을 잃고 헤매야 했다. 장갑차, 탱크, 소이탄, 유도탄, 그리고 원자탄 등의 사용으로 폭력의 차원도 이전과는 질적으로 다른 바 있었다. 수 백만 인구가 그 목숨을 잃었다.

이러한 참상은 많은 이들로 하여금 과연 "정당한 전쟁(Just War)"이라는 것 자체가 가능할 수 있는가에 대한 질문을 던지게 하였다. 이들은 기독교가 전쟁을 인정할 경우 오직 그 피해를 더 가중시키게 될 뿐이라 하였다. 비록 일부 신자들이 국제 연합(United Nations, 1945), 세계 교회 협의회(World Council of Churches, 1948) 등을 통하여 교회와 국가들을 한데 모아보고자 하였으나, 계속되는 민족주의 열기와 각국간의 이해관계 상충들은 이들의 노력이 제대로의 결실을 맺지 못하게 하였다.

원자폭탄이 일본을 굴복시키고, 공산군과 연합군이 독일 제3제국을 패망시 킨 후 승자들은 소위 "냉전(Cold War)" 시대에 들어가게 되었다.

서방 민주주의 국가들의 지도자로서 미국은 소련의 영향의 확장을 "봉쇄 (containment)"하기 위한 정책을 수행하였다. 소련의 공산주의가 무너지기 전까지, 미국은 세계 어디서나 무력을 사용하여서라도, 공산주의를 대응할 준비가 되어 있었으나, 결국은 수소 폭탄과 장거리 유도탄의 발명이 초강대 국들간의 본격적인 전면전은 거의 불가능하게 만들었다.

리처드 피에라드 교수는 이러한 상황을 다음과 같이 요약하였다. "비록 냉 전은 강대국들 사이의 경쟁에서 시작되었으나, 이는 곧 사상적 차원의 의미 를 띠게 되었다. 양극화 된 세계의 양측은 모두 이들의 기독교 인구들로부터 지원을 받았다. 소련은 마치 메시야와 같은 태도로 공산주의 이론을 설교하 였으며, 소위 '제국주의자들'에 의해 억압받는 인민들을 구원하고 해방시켜 야 할 필요를 역설하였다.

"한편 러시아 정교회 지도자들은 다른 나라의 교회들을 이들의 통솔 아래 로 이끌어 오고자 하였다. 정교회 대표들은 각국을 여행하면서 각종 세계 문 제들에 관한 '모스크바'의 입장을 역설하였고, 소련내의 상황을 찬양하였다. 이들은 특히 소련 정부가 지원하는 평화 운동에 매우 적극적이었다. 1953년 스탈린의 사망 후 '평화 공존'을 역설하면서, 정교회 지도자들은 각종 에큐 메니칼 운동에 참여하였고, 마침내는 1961년 세계 교회 협의회에 가입하였다.

"서방은 반공 이념으로 이에 대처하였다. 이들의 기본적 가정은 모스크바 에 의해 조종되는 전 세계적 공산주의 음모가 존재하고 있으며, 이에 의하여 세계의 모든 혁명과 혼란들이 발생하고 있다는 것이었다. 반공주의는 특별히 제2차 세계 대전 후의 동서방 간 교착 상태에 대한 미국측의 반응이었으며, 모든 국가들에게 자유 민주주의의 우수성을 납득시키지 못하는 데서 기인한 미국측의 혼란에서 야기된 것이었다." 그와 같이 벽은 상존했다.

참고도서

Detzler, Wayne A. *The Changing Church in Europe*. Grand Rapids: Zondervan, 1979.
Dowley, Tim. Ed. *Eerdman's Handbook to the History of Christianity*. Grand Rapids: Wm. B. Eerdmans Publishing Co., 1977.

Franzen, August. *A History of the Church*. Revised and edited by John P. Dolan, New York: Herder and Herder, 1969.

Hardon, John A. *Christianity in the Twentieth Century*. Garden City: Doubleday & Company, Inc., 1971.

Latourette, Kenneth Scott. *The Christian Outlook*. New York: Harper, 1948.

Neill, Stephen, Ed. *Twentieth Century Christianity*. Garden City, N.Y.: Doubleday, 1963.

43

병든 사회의 뿌리없는 이민들

:미국의 복음주의자들

1976 년의 미국 대통령 선거 중에 지미 카터(Jimmy Carter)의 복음주의적 신앙이 가장 중요한 쟁점 중 하나로 떠 올랐다. 얼마전 워터게이트 스캔들로 닉슨 행정부가 무너지는 모습을 본 미국민들은 정부의 도덕성이야말로 가장 필수적인 문제라고 생각하고 있었다. 그러나 또한 다른 이들은 종교가 국가를 분열시킬 수 있으며, 정치적 선거와는 전혀 별개 문제여야 한다고 생각하였다.

한때 존 케네디(John Kennedy)와 린든 존슨(Lyndon Johnson) 대통령들의 고문역을 지냈던 역사가 아더 슐레진저 2세(Arthur Schlesinger Jr.)는 다음과 같이 노골적인 표현을 썼다. "나는 카터가 하나님이나 예수와의 친밀한 관계를 선거에 개입시켜서는 안된다고 생각한다 … . 만약 그가 이 때문에 마음에 평화를 얻는다든가 어쩐다면, 그를 위해선 좋은 일이다. 그러나 이는 선거와는 아무런 상관도 없는 문제인 것이다."

물론 공공 서비스를 위한 필요 목록을 작성하는 것이라면, 슐레진저의 말은 매우 옳은 것이겠다. 미국 헌법은 공직 수임의 요건으로 일체의 종교적 요건을 고려하는 것을 금지시키고 있다. 그러나 심각하게 신앙을 생각하는 기독교인들은 완전히 세속적인 안목으로만 정부나 기타 일체의 사회적 기관들 ― 가족, 법원, 학교 등 ― 을 파악하는 것은 불가능함을 발견하게 되었다.

바로 이것이 사상들이 난무하는 시대를 사는 복음주의자들의 고민이라 할 수 있다. 이들은 수 백만 인구들에게 종말론적 공포의 한 가운데서도 위안을 주는 개인적 신앙을 제공할 수 있었다. 그러나 이들은 과연 미국을 또 다른 위대한 사회적 이상의 세계로 이끌어 갈 수 있을 것인가?

옛 복음의 복귀

1970년대에 있어서 조지아 주지사였던 지미 카터야말로 미국내에서 다시 부흥의 모습을 보이는 복음적 기독교의 상징이었다. "옛 신앙"이 놀랍게 새로운 활력의 모습을 보여주고 있었다.

많은 미국인들은 이 현상을 의아해 했다. 이들은 부흥운동이란 단지 사기극에 능한 신유 치유자들이나, 무지하고 단순한 대중들을 등치는 부흥사들, 감정에나 호소하는 무식하고 유치한 설교가들의 영역이라 생각해 왔다. 그러나 1970년대에 들어서자, 정치, 예능, 스포츠 등 각 분야의 저명한 인물들이 거리낌없이 그리스도를 향한 자기들의 신앙을 공개적으로 고백하였다.

사람들에게 소위 성경 지대(Bible Belt)라고 알려진 지역에만 국한되었던 것처럼 생각되었던 기독교 신앙이 전국에 나타나게 되었다. 미국이 마치 "중생(born again)"한 기독교를 발견한 듯한 분위기였다. 한 세대 이상의 기간을 꾸준히 성장한 후 미국내 복음주의자들의 숫자는 4천 5백만에 달하였다. 그리고 이들은 미국 프로테스탄트 진영의 모습을 완전히 변화시켜 놓았다.

소위 "주류(mainline)" ― 혹은 마틴 마티의 용어를 빌자면, "공공적(public)" ― 프로테스탄트 신자들은 전국 교회 협의회(National Council of Churches)에 속한 교파들에 대부분 속해 있다. 이 교파들은 곧 성공회, 감리교, 장로교, 미국 침례교(American Baptists), 그리스도 연합 교회(United Church of Christ) 등이다. 그러나 이 대부분의 교파들 내에서 복음주의자들은 대개 보수적인 경향의 소수파를 구성하고 있다. 따라서 교회 협의회에 속한 3천 6백만 교인들 가운데 그 3분지 1 가량은 복음주의라 볼 수 있다. 또한 협의회 밖에 있는, 3천 3백만 가량의 소위 "개인적" 프로테스탄트들의 숫자를 합하면, 이들은 4천 6백만에 달하는 것으로 알려진 로마 가톨릭 신도들의 숫자와 거의 맞먹는 대집단을 이루게 된다.

물론 이러한 복음주의자들이 미국의 여러 가지 문제들에 관하여 획일적 접근을 꾀하고 있는 것은 물론 아니다. 이 운동 가운데는 서로 다른 모습의 여러 가지 소그룹들이 부속되어 있다. 이들 중 현대 문화에 대한 일체의 타협을 불허하는 극우파 근본주의자들(Fundamentalists)들이 있다. 또한 "성령세례"를 강조하며, 방언이나 신유 등 "은사(gifts)"를 시행하는 오순절파도 있다. 이들 오순절파, 혹은 은사파(Charismatics)에는 성공회 신자들로부터, 거의 백만에 이르는 로마 가톨릭신자들, 병고치는 자들, 각종 천막 집회 전문가들이 속해 있다. 그러나 대부분의 복음주의자들은 매우 온건한 프로테스탄트 신자들로서 성경의 권위와 정통 기독교 교리를 신봉하는 이들이다. 이들은 의지적으로 그리스도에 대한 개인적 신앙의 결단이 있어야 한다고 믿는다. 이는 흔히 중생의 경험으로 알려진 바, 순간적, 혹은 일정 기간에 걸친 하나님과의 영적 만남의 사건이다.

복음주의 운동은 그 성장에도 불구하고, 그리고 언론 매체에 갑자기 많은 소개가 되었음에도 불구하고, 미국 문화의 사상이나 이상들을 재형성하는데는 그다지 큰 영향을 미쳤다는 증거를 찾아볼 수 없다. 이들은 정부나 대학 혹은 전국적인 언론 매체들에 뚜렷한 영향을 미치지 못하였다. 이처럼 이들이 정치, 교육, 혹은 언론으로부터 멀리 유리된 이유는 20세기 초의 사건들에서 그 이유를 찾아볼 수 있겠다.

미시간주 그랜드 래피즈에 소재한 칼빈 대학에서 교수하였던 조지 엠 마르스덴(George M. Marsden)은 20세기 미국의 복음주의자들을 새로운 나라의 뿌리없는 이민들에 비교한 바 있었다. 다만 복음주의자들의 경우에는 새로운 나라의 충격을 맛보기 위해 대양을 건너지는 않은 사실의 차이가 있을 뿐이라 하였다. 반대로 이들이 자기들의 기반을 고수하고 있는 사이에 주위 환경 전체가 급변해 버렸다는 것이다.

우리들이 살펴본 바처럼, 남북 전쟁 후 남부 복음주의는 패전과 절망감에 시달리고 있었다. 대부분의 북부 복음주의자들은, 그리스도의 재림이 임박하였으며, 이러한 재림이 이루어지기 전까지는 세상이 계속 악화될 것이라는 전천년설을 신봉하게 되었다. 1800년 대 말에는 드와이트 엘 무디(Dwight L. Moody)가 문자 그대로 구명정 복음을 가르쳤다. "나는 이 세상을 침몰해 가는 배로 본다. 하나님께서 나에게 구명정을 주시면서, 할 수 있는 데까지 구원해 보라고 명령하셨다." 그리하여 많은 보수주의자들은 공공 사회 생활의 영역으로부터 후퇴하였다. 복음주의 역사가 티머시 스미스(Timothy Smith)는 이를 가리켜 "치명적 역전(Great Reversal)"이라 불렀다.

근본주의의 근원은 바로 이러한 사회에 대한 관심의 포기에 있다. 1880-90 년대의 많은 복음주의적 신자들은 미국 생활의 개혁보다는 개인적 성경공부 와 경건 생활이 더욱 가치 있는 것이라 생각하였다.

1876년 7월, 매사추세츠 주, 스왐프스코트(Swampscott)의 소규모 집회를 효 시로 하여, 서로 다른 많은 교파들에서 모여든 복음주의자들은 그리스도의 재림에 관한 토론을 위해 여름 성경 집회(Summer Bible Conference)를 시작 하였다. 보스톤의 침례교 목사 에이 제이 고든(A. J. Gordon)이 주동하여 뉴 욕(1878)과 시카고(1886)에서 두 차례의 대규모 예언 집회를 개최하였는데, 바로 이곳들에서 전천년설의 주요 내용들이 작성되었다. 즉 이 세상은 적 그 리스도가 마지막으로 광란의 행패를 부리기까지 계속 악화되고 죄악이 더욱 성하는 길을 걷게 되며, 이러한 적 그리스도의 활동이 끝날 때면 그리스도께 서 이 지상에서의 천년 동안의 왕국을 건설하기 위하여 그의 성도들과 함께 다시 오시리라는 것이었다.

이와 같은 시기에 다른 신자들은 또한 성결 집회(holiness conferences)들 을 개최하기도 하였다. "제2의 축복," "전체적인 성결," 혹은 "기독교 신자의 완전성" 등은 항상 감리교 부흥의 가장 주요한 요점들이었다. 19세기 말 다 른 교파의 신자들도 이러한 주장들에 새로운 관심을 갖게 되었다. 나사렛 교 회(Church of the Nazarene) 등 성결파 그룹들, 그리고 "보다 깊은 생활(deeper life)"을 주제로 한 집회들은 신자들에게 완전히 성령에게 의지함으로써 "승 리하는 그리스도인의 삶"에 이르도록 하라고 촉구하였다.

말세와 개인적 신앙생활에 깊은 관심을 두어야 하는 것은 물론 분명한 성 경적 근거가 있는 것이지만, 이러한 경향들은 또한 자기들이 살고 있는 문화 와 사회에 대한 영향력을 상실하고 있었던 전통적 복음주의자들에게 이들의 신앙을 계속 유지할 수 있는 또 다른 길을 제시한 바 있다. 만약 인간 사회 의 움직임에 영향을 미칠 수 없고, 여기서 어떤 의미를 찾을 수 없다면, 항상 영의 세계 속에서 위안을 받을 수 있는 것이다.

근본주의의 출현

근본주의는 근본적인 기독교 진리들을 수호하기 위한 소논문들과 에세이 들을 싣고 출판되었던 12권의 책들로부터 연원한다. 무려 3백만 부에 달하 는 이 책들이 신학생들, 기독교 목회자들, 그리고 전세계의 선교사들에게 보내어졌다.

이 작업은 성경 비평과 자유주의 신학의 물결에 대항하여 기독교 진리들을 수호하기 위한 어떤 작업이 반드시 필요하다고 확신하였던 남부 캘리포니아의 부유한 석유 재벌 라이먼 스튜어트(Lyman Stewart)에 의해 시작되었다. 1909년 8월 암지 딕슨(Amzi C. Dixon) 목사의 설교를 들은 스튜어트는 딕슨 목사의 도움을 받아 이「근본 진리들」(*Fundamentals*)의 출판을 시작하였다.

스튜어트는 이를 위해 그의 형제 밀튼의 재정적 도움을 얻었으며, 시카고 무디교회의 목사였던 딕슨은, 책의 편집에 관한 도움을 얻기 위하여 전도자 알 에이 토레이(R. A. Torray)를 포함하는 위원회를 구성하였다.

모두 64명의 필자들이 이「근본 진리들」에 기고하였다. 미국의 전천년 종말론 운동과 영국의 케직 사경회 운동들이 모두 이에 의해 대표되었다. 남침례회 신학교의 이 와이 멀린스(E. Y. Mullins) 그리고 프린스턴 신학교의 벤저민 비 워필드(Benjamin B. Warfield) 등도 모두 필자들 가운데 속해 있었다.

제1차 세계 대전으로 인하여 프로테스탄트 교파들 내의 "현대주의-근본주의" 논쟁은 지연되었다. 그러나 참전 병사들이 귀환한지 얼마 안되어 침례교, 장로교, 감리교, 그리고 그리스도의 제자(Disciples of Christ) 등 각 교단들은 자유주의 신학의 가치와 위험을 두고 열띤 논쟁들을 시작하였다.

1920년, 워치맨-이그재미너(Watchman-Examiner) 지의 침례교 출신 편집장이던 커티스 리 로스(Curtis Lee Laws)는 북 침례교 총회(Northern Baptist Convention)내 "근본주의자"들을 뉴욕 주 버팔로에 소집하였다. 흔히 "근본주의 교제(Fundamental Fellowship)"라 불리는 이들은 좀 더 온건한 근본주의자들이었다. 이들은 현대주의자들이 복음의 "근본들"을 포기하고 있다고 생각하였다. 인간의 죄악성, 하나님의 은혜를 떠나서는 구원 불능의 본성, 개인들의 중생과 사회의 갱생을 위한 그리스도의 죽음의 확실성, 그리고 성경의 권위있는 계시 등이다. 스스로 근본주의자라는 명칭을 택한 집단으로서는 이들이 처음이다. 이들은 북 침례교 모두가 채택하는 신앙고백에 일치하는 데는 실패하였다. 그러나 로스와 그 동지들은 이 모임을 전혀 가치없는 것으로 보지는 않았다. 1924년 로스는 그의 교파의 일부 학교에서는 자유주의의 침투가 방지되었으며, 근본주의자들의 주장에 의해 시행된 선교 기구들의 조사

를 통해 개혁이 이루어짐으로써, 새로운 선교기관을 구태여 다시 세울 필요
는 없어졌다고 하였다. 그러나 좀 더 적극적인 침례교인들은 이러한 로스의
평가에 동의하지 않고, 근본주의자들을 위한 일반 침례교 총협회(General
Association of Regular Baptists)를 결성하였다.

장로교내에서 정통 신앙을 위한 주창자는 프린스턴 신학교의 제이 그레샴
메첸(J. Gresham Machen) 교수였다. 1929년의 장로교 총회는 신학교의 재구
성을 허용하였다. 메첸을 비롯한 소수의 저명한 교수들은 이때 행해지는 이
사진들의 연합이 학교에 대한 자유주의적 영향을 현저하게 강화시키리라고
생각하였다. 이들은 이에 대한 저항으로 프린스턴을 떠나 필라델피아에 웨스
트민스터 신학교를 세웠다.

메첸이 장로교 해외선교 독립 평의회(Independant Board of Presbyterian
Foreign Missions)와의 관계 단절을 거부하자, 그는 상사들에 대한 반항의 혐
의로 재판에 걸리게 되었다. 그 결과 동 교단의 보수주의자들은 정통 장로교
와 독립 장로교를 세웠다.

이러한 현대주의-근본주의 논쟁의 중심에는 성경에 대한 서로 상충되는
견해가 자리잡고 있다. 서로 다른 여러 가지 입장들이 물론 존재하지마는 그
중에서도 쉐일러 매튜스(Shailer Mathews)와 메첸을 이때 나타난 두 그룹의
대표적인 인물들로 들 수 있을 것이다.

매튜스는 시카고 대학의 역사신학 교수이자, 신학대학장이었다. 1924년 그
는 「현대주의의 신앙」(*Faith of Modernism*)이라는 책을 통하여 "과학적 탐
구"에 기초한 그의 성경관을 기술 발표하였다. 그는 우선 고백주의 신학은
성경이 초자연적으로 주어졌다고 본다고 하였다. 그러나 "현대주의자들은 성
경을 발전해나가는 종교의 믿을 만한 기록이자, 그 산물로서 사용한다. …
이러한 하나님의 경험을 발견하고 이를 그 자신의 종교적 유산으로 받아들
이는데서 현대주의자들은 성경의 신뢰성을 인정한다. … 기독교는 어떤 책을
받아들이는 것이 아니라, 태도와 신앙의 재생산인 것이다. 그 심정 속에서
하나님을 발견하였던 그 옛날 불완전한 도덕을 갖춘 이들과의 교제인 것이
다."

이러한 자유주의 신학의 특징들이라 한다면 (1) 진화론적 철학의 종교에
의 적용 (2) 인간을 "종교적 경험"의 중심에 두는 보다 낙관적인 인간관 (3)
인간에 의하여 "발견"될 수 있는 보다 도덕적인 신에 관한 관념 등이었다.

아마도 가정 유능하고 학문적으로 정통 신학과 신앙의 입장을 수호했다고 볼 수 있는 메첸 교수는 1915년 「프린스턴 신학 평론」(*Princeton Theological Review*)지에서 소위 현대주의자들의 "역사적, 문학적" 학문 태도에 관하여 다음과 같이 답변하였다. "신약을 연구하는 이들은 우선 역사가들이어야 한다. … 성경은 실제로 발생한 사건들을 기록하고 있다. 그리고 이 사건들은 인간들의 삶에 새로운 의미를 부여하였다. … 이 사건의 중심은 예수 그리스도의 삶과 죽음과 부활이다. 바로 이 중심점에서 성경의 권위를 우리들은 시험하여야 한다. 과연 성경은 예수에 관하여 정확한 기록을 하고 있는가? … . 예수는 과연 위대한 스승이자 모범적인 인간인가, 아니면 구세주인가?"

바로 여기에 또한 초기 근본주의자들의 특성들이 나타나고 있다. (1) 그의 죽음으로부터의 부활을 통해 확인된 초자연적 예수, (2) 기독교 신앙의 원천으로서의 무오한 성경의 권위, (3) "삶의 근본적 변화"를 가져야 할 인간의 필요성.

윌리엄 제닝스 브라이언, 변화의 상징

그러나 각 교파들 내의 분쟁은 당시 미국을 휩쓸던 보다 광범위한 변화의 한 단면에 불과하다고 할 수 있었다. 만약 이때의 미국이 변화하는 모습을 대표하는 한 개인을 찾는다고 한다면 윌리엄 제닝스 브라이언(William Jennings Bryan)의 생애보다 이를 더 잘 나타내고 있는 인물도 없을 것이다.

텔레비전, 영화, 브로드웨이 뮤지컬 등으로 사람들에게 널리 알려진 "바람의 유산(Inherit the Wind)"이라는 작품의 덕택으로 브라이언의 이름을 듣기만 해도, 우리들은 1925년 7월 무더운 여름날, 테네시 주의 데이턴(Dayton) 법정의 열띤 재판 광경을 연상하게 된다. 방청객들이 만장한 가운데 브라이언과 클래런스 대로우(Clarence Darrow)는 창세기에 나타난 인간의 기원 문제를 두고 격돌하였다.

이 사건은 공립학교에서는 진화론을 가르칠 수 없다는 테네시 주 교육 규정을 무시한 존 스콥스(John Scopes)의 재판을 두고 이루어졌다.

법정에서의 연기에 가장 능하던 모습을 보였던 대로우는 그의 전성기에 담당하게 된 이 사건에서 창세기의 창조론을 변호하고자 하였던 브라이언을 맹공하여, 그를 혼란시키고 창피주었다. 또한 브라이언에게 압도적으로 적대적이었던 언론인들은 재판상황을 전국에 자세히 중계하였다. 냉정하고 합리적인 대로우의 비판 앞에서 땀에 젖은 채 당황하여 무너져 가는 것으로 묘사된 브라이언의 모습은 유감스럽게도 성경을 신봉하는 미국 기독교 신자들의 상징과 같은 인상으로 세인들의 인상에 깊이 박히게 되었다.

그러나 이처럼 편견에 가득찬 광신자로 묘사된 브라이언의 모습은 정확한 것이 아니다. 그는 평생을 보통 사람, 혹은 일반인을 대표하고, 대변하며 살았던 인물이다. 그보다도 더 "표준적 미국인"이 되고자 노력을 기울였던 인물은 없었다.

민주당내에서도 진보주의의 기수였으며, 세차례나 대통령 후보의 자리에 올랐으며, 우드로우 윌슨 대통령 아래서 국무장관을 역임하였던 브라이언은 스스로 "인간 내심의 민주주의(the democracy of the heart)"라 불렸던 신념에 충실하게 평생을 살았던 인물이다.

브라이언은 윌슨 대통령의 국무장관으로서 무려 30여 개국과 각종 협상과 조약을 체결하여, 평화에 대한 스스로의 헌신을 증명하였다. 그러나 1914년의 위기가 닥쳤을 때에는 1915년 5월 7일, 독일측이 리투아니아 호를 격침시킴으로써 이러한 모든 협상들이 무위로 돌아갔음을 보게 되었다.

윌슨 대통령과 그 내각은 협상이나 조약의 유효성을 의심하였다. 이러한 정책상의 차이로 그는 장관직을 사임하게 되었다.

그러나 이러한 정치적 경력의 마감은 브라이언에게는 오히려 좀 더 치열하고 새로운 개혁적이며 종교적인 생활의 시작을 의미하였다. 그는 곧 금주법 운동에 헌신하여 1920년 1월 이후 미국 전체의 금주를 규정한 미국 헌법 제18조 수정안을 통과시키는데 막대한 역할을 하였다. 아마도 이것이 도덕적 미국의 설립을 꾀하였던 복음주의 운동 최후의 성공 모습일 것이다.

후에 미국인들은 이때의 금주법 운동을, 인생은 무미건조해야 한다고 생각하였을 뿐만 아니라 다른 이들이 이를 즐기는 것도 참고 보지 못했던 일단의 오만한 청교도들의 음모라고 생각하게 되었다. 이러한 태도 자체도 미국 전체의 분위기가 변화해 가는 하나의 징조라 할 수 있을 것이다.

브라이언은 금주법 운동을, 인간들의 복지보다도 일부 개인들의 이익을 보다 중요시하며 무력한 대중들을 착취하는 이기적 제도에 대한 저항이라고 생각하였다. 그는 금주법 운동에 헌신하는 이들에 관해 다음과 같이 썼다. "이들은 최대 다수의 사람들에게 최선의 축복을 가져다 주려고 노력하는 사람들이다. 왜냐하면 ⋯ 자기의 동료 인간들을 착취하여 스스로의 부를 축적하는 것을 방지시키고자 하는 것은 옳은 일이기 때문이다."

이러한 브라이언이 노령에 들어 갑자기 그 성품이 변한 것이 아니었다. 그는 불변의 인간이었다. 문제는 미국이 변화했다는데 있다. 1920년의 인구 조사는 미국 역사상 처음으로 국민중 다수가 도시에 주거하고 있다는 것을 밝혀내었다. 제18조 수정안은 법률로 성립하였으나, 많은 이들은 이를 제대로 지킬 의사가 없었다. 미국의 전통적 도덕률이 붕괴되고 있다는 징조는 누구의 눈에도 명백하였다. 1933년에 36개주가 동 수정안을 폐지시켰으며, 전국 금주법의 종식을 지지하였다. 1936년에는 겨우 8개주를 제외하고는 주류 생산과 판매를 허용하였다.

브라이언의 마지막 사명이 그로 하여금 근본주의 운동에 직접 참여하게 하였다. 즉 미국내 공립학교내에서 진화론 교육을 금지시키고자 하는 것이었다.

20년대 이전에도 브라이언은 다윈의 이론과 공공 도덕에 미치는 그 해독에 관하여 자주 언급하곤 하였다. 이미 1905년 다윈의 「인간의 계통」을 독파한 후 이러한 인간의 기원에 관한 이론은 민주주의 사상을 약화시키게 될 것이라고 우려한 바 있었다.

1921년 봄, 그는 진화론에 대한 일련의 비판을 가함으로써 근본주의 세력의 선봉에 서게 되었다. 과연 진화론이 옳은가 아닌가의 여부는 그의 주 관심사가 아니었다. 그는 처음부터 진화론을 과학적인 근거로 반박할 의도는 없었다. "진화론을 반대하는 가장 큰 이유는 이것이 사실이 아니라는 것이 아니다. 주된 반대 이유는 이를 받아들이는 이들에게 해독을 끼친다는 사실이다."

그의 강연 "다윈주의의 해독(The Menace of Darwinism)"은 팜플렛으로 출판되어 널리 반포되었다. 그는, 도덕과 덕목들은 종교와 하나님에 대한 신앙에 기초하고 있다고 하였다. 따라서 일체 하나님에 대한 신앙을 약화시키는 것들은 인간을 약화시키며, 그가 선을 행할 수 없도록 만든다는 것이었다. 인간을 다른 동물들과 같은 차원에 놓고 일체의 영적 가치들을 부인함으로써, 진화의 이론은 인간들이 도덕적인 생활을 하고자 하는 가장 큰 동기를 박탈한다고 하였다.

진화론에 대한 입법적 반대 운동은 1921년부터 1929년 사이에 20개 주의회들에서 통과되었던 37개의 반진화론 입법안들의 모습으로 나타나게 되었다.

이들은 물론 제18조 수정안을 지지하였던 세대의 산물이다. 입법 조처를 통해 공공 도덕을 보조할 수 있다고 생각했던 시대의 모습이다.

스콥스 재판건은 테네시 주에서 채택되었던 법률안의 결과였다. 여기서는 공립학교 선생이 "성경에 나타난 신적 창조를 부인하는 이론을 가르치거나, 혹은 인간이 더 하등 차원의 동물들로부터 비롯되었다는 이론을 가르치는 행위"를 금지시키고 있었다.

데이턴 법원의 재판은 과연 젊은 고등학교 생물 교사 존 스콥스가 테네시 주법을 어겼는가 하는 문제였다. 그러나 이러한 법적 문제는 부차적인 것이 되었다. 사업가들과 신문기자들이 이 사건을 구경거리로 만들어 버렸다. 이 서커스의 주인공들은 검사였던 브라이언과, 스콥스를 변호하였던 저명한 시카고 변호사 클래런스 대로우였다. 양인은 모두 이 사건의 중대성을 익히 깨닫고 있었다.

브라이언은 대로우를 노려보면서 다음과 같이 말했다. "내가 데이턴까지 온 유일한 이유는 미국내의 가장 유명한 무신론자 혹은 불가지론자로부터 하나님의 말씀을 수호하려는 것이다." 그러자 법정은 박수 갈채와 환호성으로 뒤덮이게 되었다. 대로우는 다름 아닌 지성적 자유의 존위 자체가 여기 달려 있다고 선언하고, 스콥스를 실질적인 원고로, 브라이언을 피고처럼 보이게 만들었다. 그는 브라이언 자신의 증언을 근본주의 우매성의 표본으로 이용하였다.

재판 결과는 스콥스의 유죄였으며, 그는 명목상의 벌금을 부과받았다. 그리하여 브라이언은 데이턴 법정에서는 승리한 셈이었으나, 대로우는 미국 전국에서 승리를 거둔 결과가 되었다. 재판 종료 닷새후 브라이언은 그의 개혁 이념을 뒤에 남기고 잠자던 중 평화스럽게 숨을 거두었다. 진정한 의미에서 기독교 미국을 위한 복음주의 운동은 그와 함께 종료되었다고 할 수 있겠다.

얼마 안되어 경제 대공황이 미국을 강타하였고, 복음주의적 기독교도 나라 전체와 함께 침체의 늪에 빠지게 되었다. 복음주의는 몇몇 자발적 단체들, 방송 프로그램들을 통하여 계속 생존하였으나, 대부분의 미국인들은 근본주의라 하면 폐쇄적이며, 무식하고, 호전적이고, 심술궂고, 분파주의적이라는 선입관을 간직하게 되었다.

복음주의적 기독교의 갱신

그러나 제2차 세계대전이 끝난 후, 복음주의적 기독교는 다시 미국 사회의 정면 무대에 다시 등장하였다. 이들 중 가장 잘 알려진 음성은 부드러운 노스 캐롤라이나 액센트를 가지고 있었다. 빌리 그래함(Billy Graham)은 수천 명씩 모이는 대도시 집회들을 통하여, 정기적인 라디오 방송 설교를 통하여, 그리고 전국을 망라하는 텔레비전 방송 등을 통하여 세인들의 입에 오르내리는 익숙한 이름이 되었다. 그를 돕는 전도단체가 발간하는 「결단」(*Decision*)이라는 잡지는 수 백만 가정에 배달되었다.

그는 남 침례교와 남 장로교 전통 속에서 자라났다. 그는 밥 존스 대학교, 플로리다 성경학교, 휘튼 대학 등에서 수학하였다. 일리노이주 웨스턴 스프링스에서 한동안 목회한 후, 기독 청년 운동(Youth for Christ)과 함께 전도 사역에 전념하였다. 사람들에게 널리 알려진 로스앤젤레스의 전도 집회 (1949) 후 그래함은 부흥사로서 크게 이름을 얻게 되었다. 그는 곧 미국의 대도시들뿐만 아니라 전 세계를 순회하면서 대규모 전도 집회를 인도하게 되었다.

그러나 빌리 그래함은 새로운 스타일의 전도 운동 속에서 가장 뛰어난 이름에 지나지 않는다. 많은 보수적 기독교인들은 양차 세계 대전 사이의 근본주의의 모습에 큰 불만을 표시하였다. 대부분은 이 운동의 교리에 대하여는 찬성하고 있었으나, 그 강조점들은 잘못되어 있다고 평가하게 되었다.

1947년에 이미 칼 헨리(Carl F. H. Henry)는 「현대 근본주의의 불안한 양심」(*Uneasy Conscience of Modern Fundamentalism*)이라는 저서를 통해 현대인들이 직면하고 있는 중요한 문제들에 기초적인 기독교 교리들을 적용하는 데 실패한 근본주의의 상태에 대해 깊은 우려를 표했다.

1956년, 빌리 그래함은 일단의 동료들과 함께 「오늘의 기독교」(*Christianity Today*)라는 새로운 정기 간행물의 발간을 시작하였다. 칼 헨리는 풀러 신학교 교수직을 사임하고 이 잡지의 편집장으로 취임하였다. 초기에 이 잡지는 교파를 초월하여, 무료로 신학생, 목회자들에게 발송됨으로써 많은 독자들을 확보하게 되었다.

창간사에서 헨리는 동 잡지는 현 세대를 위한 역사적 기독교의 입장을 대변하기 위해 존재한다고 천명하였다. 이 설립자들은 자유주의 신학과 그 추종자들이 인간들의 도덕적, 영적 수요를 제대로 충족시키는데 실패하였다고 생각하고 있었다. 동 잡지의 발행인은 "하나님의 기록된 말씀에 대한 완전한 의존성"에 찬성하였다. 그러나 이들은 또한 삶의 모든 영역을 위한 복음의 시사하는 바를 적용하고, 제시하기를 원하고 있었다.

이러한 복음주의적 갱신 운동은 1960년대에 또 다른 "개인적" 기독교의 형태라 할 수 있는 오순절주의 운동으로부터 미처 예기치 못했던 응원을 받게 되었다. 소위 오순절 경험 — "방언의 표지를 동반하는 성령 세례" — 은 기독교 역사상 새로운 것은 아니었다. 20세기 오순절 운동의 불꽃은, 1906년 로스앤젤레스, 아주사가(街)에서 시작되었던 3년 간에 걸친 부흥운동이었다. 그 이전에도 방언하는 신자들은 존재하였다. 그러나 아주사가는 전세계에 걸친 오순절 운동을 시작하게 되었다. 북 아메리카, 유럽, 그리고 제3세계의 기독교 신자들이 아주사가를 방문한 후 이 불꽃을 다시 고국과 고향으로 전파하였다.

이에 뒤따라 오순절주의 교파들이 일어나게 되었다. 미국에서 가장 대표적인 교파들은 하나님의 성회(Assembly of God), 그리스도 안의 하나님의 교회(Church of God in Christ), 하나님의 교회(Church of God), 오순절 성결교회(Pentecostal Holiness Church) 등이다. 이들은 사회적으로 혹은 경제적으로 하류층에 있었던 신자들이 그 대부분을 이루고 있었다. 바로 이러한 이유 때문에 1960년 중류층의 루터교와 성공회 교회들에서 오순절 운동이 발생하였을 때, 세속적 언론들이 대대적으로 보도하였다. 이 사실은 큰 뉴스 거리가 되었다.

이러한 오순절 운동의 새로운 발흥은 흔히 "신 오순절주의(neo-Pentecostalism)"로 불린다. 그 영향은 모든 방향으로 파급되었다. 곧 미국에는 주로 프로테스탄트 대교파 교인들로 구성된 은사파 기도회 그룹들이 나타나게 되었다. 이들은 오순절파적인 세례를 통하여 그들의 신앙 생활에 새로운 차원을 발견하였다고 주장하였다.

루터파 교단들 가운데는 아메리칸 루터란 교회가 가장 크게 영향을 받았다. 이 때문에 1963년 성령 세례, 혹은 은사 문제를 두고 큰 논란이 발생하였으며, 교회 당국에서 이들 오순절파 신자들에 대한 지침을 마련하여 하달하였을 때에 겨우 혼란이 가라앉게 되었다. 그러자 1967년에는 미조리 대회(Missouri Synod)에 속한 루터교 교회가 이를 겪게 되었다. 이들 가운데 몇몇 목사들은 이 문제에 관한 공식적 입장을 표명한 사건 때문에 면직을 당하기도 하였다.

오순절 운동이 얼마나 깊이 루터교 교회에 침투하였는가 하는 사실은 1972년 미네소타 주, 미네아폴리스에서 제1차 성령에 관한 국제 루터교 대회(International Lutheran Conference on Holy Spirit)가 개최되었을 때, 10,000명 이상의 신자들이 참여한 것만 보아도 알 수 있다.

1970년, 미합중국 연합장로교회(United Presbyterian Church in the U.S.A.) 총회는 "성령의 사역(The Work of the Holy Spirit)"에 관한 보고서를 발표하였다. 거의 2년 동안에 걸친 깊은 연구를 반영하는 이 보고서는 은사 갱신 운동에 관해 가장 우수한 공식 문서들 가운데 하나라는 평가를 받았으며, 그결과 오순절 운동의 상당한 성장을 보게 되었다. 1975년에는 연합 장로교회(북 장로교)와 미 장로교회(남 장로교)를 합쳐서 약 10,000 내지 15,000명 가량이 오순절파적 성령세례를 경험한 것으로 추산되었다.

이들 두 교파 — 장로교, 루터교 — 들의 모습은 다른 프로테스탄트 교단들과 로마 가톨릭 교회의 상황을 반영해주는 예들이다.

미국에서 1970년대가 저물어 갈 때에 여러 가지 배경의 복음주의자들은 모두 과연 신앙이 얼마마한 의미를 지니고 있는가에 대해 심각한 질문을 던지게 되었다. 수십 년을 두고 이들은 복음주의적 신자들의 숫자 증가가 미국의 도덕 상황에 큰 영향을 미치리라고 믿어왔다. 그러나 70년대에 들어서서 이러한 가정은 심각한 의문에 당면하게 되었다. 복음주의자들의 숫자는 실제로 증가하였으나, 미국 사회는 범죄, 이혼, 인종차별, 폭력, 성적 변태, 알콜중독, 그리고 마약 문제로 심각한 위기를 맞게 되었다. 일부 지식인들은 아더 슐레진저 2세가 단지 지미 카터뿐만 아니라 모든 복음주의자들에게 해당되는 말을 했던 것이 아닌가 하고 생각하게 되었다. "만약 신앙이 당신에게 도움이 된다면 그건 좋은 일이다. 그러나 우리들에게는 아무런 상관도 없는 일이다."

참고도서

Levine, Lawrence W. *Defender of the Faith*. New York: Oxford, 1965.

Marsden, George M. *Fundamentalism and American Culture*. New York: Oxford, 1980.

Quebedeaux, Richard. *The New Charismatics*. Garden City: New York.: Double Day, 1976.

Quebedeaux, Richard. *The Worldly Evangelicals*. San Francisco: Harper & Row, 1978.

Sandeen, Ernst R. *The Roots of Fundamentalism*. Chicago: The Unversity of Chicago Press, 1970.

Woodbridge, John; Noll, Mark; and Hatch, Nathan O. *The Gospel in America*. Grand Rapids: Zondervan, 1979.

44

조반을 위한 새 신앙고백

:에큐메니칼 운동

1961 년 인도의 뉴델리에서 세계교회 협의회가 개최되기 얼마전 빌렘 아돌프 비써트 후프트(Willem Adolph Visser't Hooftt)는 레닌그라드의 한 호텔에서 일단의 러시아 정교회 대표들과 조찬 모임을 갖고 있었다. 당시 세계 교회 협의회의 헌장에 나타난 정의는 "우리 주 예수 그리스도를 하나님이자 구세주로서 받아들이는 교회들의 교제"로 되어 있었다. 그러나 러시아인들은 이러한 정의가 정교회들이 특히 귀중하게 생각하는 삼위일체 교리를 제대로 반영치 못하고 있다고 불평하였다.

비써트 후프트는 프로테스탄트 교파 지도자들이 자주 표현하였던 또 다른 불평을 기억하였다. 그 불평은 전혀 성경에 관한 언급이 없다는 것이었다. 그리하여 후프트는 적당한 용어들을 사용함으로써, 기독교의 통일적 요소들을 강조하고, 서로 다른 점들을 외교적으로 회피해 갈 수 있는 기회를 발견하였다. 그리하여, "나는 조반 식사 메뉴에다가 새로운 신앙고백문을 써 내려가기 시작하였다." 고 그는 회상한다.

수 개월 후 뉴델리에서 동 협의회는 비써트 후프트가 조반 메뉴에 기록하였던 정의를 협의회의 새로운 신앙고백으로 채택하였다. 이는 다음과 같았다. "세계교회 협의회(World council of churches)는 성경에 따라 예수 그리스도를 하나님이자 구세주로서 고백하는 교회들의 교제이다. 그리하여 함께 한 하나님, 성부, 성자, 성령의 영광을 위한 공동의 소명을 다하기를 노력한다."

이러한 조반 식사 때의 그의 고백문 작성은 세계교회 협의회의 총무로서 오랫동안 봉사하였던 비써트 후프트의 생애 가운데서도 가장 뛰어난 업적이라 할 수 있겠다. 이를 통하여 3천만명의 러시아 정교회 신자들이 세계교회 협의회에 가입할 수 있는 길이 열리고, 에큐메니칼(Ecumenical, 교회 연합)운동의 차원이 달라지게 되었다.

16세기까지만 해도 프로테스탄트 진영 내에는 겨우 네 교파 밖에는 없었으니, 이들은 곧, 루터파, 개혁파, 성공회, 재침례파 등이었다. 그러나 그후 얼마 안되어 수많은 교파들이 더 출현하게 되었다. 그 대부분은 성경에 나타난 특정 교리의 중요성을 강조하였던 신자들에 의해 설립된 바 있었다. 20세기에 들어서자 미국 안에만 200여개의 교파들이 들끓고 있었다. 기독교 안에서 이를 움직여나가는 힘은 어쩌면 원심력적인지도 모른다. 이들은 중심으로부터 밖을 향하여 움직여 나가며, 독립적이고, 가끔은 분열로 나타난다.

그러나 20세기에 새로운 세력이 나타나기 시작하였다. 이는 보다 구심력적인 모습을 띠고 있어서, 기독교 신자들을 협력과 연합과 통일의 모습으로 이끌어 갔다. 우리들은 이러한 힘을 에큐메니즘(Ecumenism, 교회 연합 운동)이라 일컫는다.

기독교 연합을 위한 운동들

에큐메니칼이란 전 세계적, 혹은 우주적이라는 의미이다. 이를 기독교회에 적용하게 되면 전 세계에 흩어진 신자들의 통일성을 시사하게 된다. 이러한 통일성은 복음주의자들이 강조하듯이, 인위적인 단체나 조직과 상관없는 영적인 것일 수도 있고, 혹은 교파 연합을 통하거나, 새로운 단체의 조직, 교회들의 연맹을 통한 형태를 띨 수도 있다. 우리들은 이러한 연합을 위한 정신을 "에큐메니시티(ecumenicity)"라 부른다. 그리고 조직체 결성을 위한 노력을 "에큐메니칼 운동(ecumenical movement)"라 부른다. 국가적, 혹은 전세계적 규모의 교회들의 연맹을 조직하는 것은 "협의회적 에큐메니즘(counciliar ecumenism)이라 이름하였다.

모든 이들이 의견의 완전한 일치를 보는 경우들은 매우 드물다. 물론 기독교 신자들도 자기들의 신앙의 내용에 관하여 획일적으로 동의하지는 않는다. 이들은 모두 자기들의 교리, 윤리, 예배, 혹은 조직 등에 있어서 상이한 의견들을 가지고 있다. 그리고 이들은 자기들의 주장을 단순한 의견으로 정의하지 않는다. 이들은 종교적 확신이라는 형태를 띠게 되는 것이다.

그 결과, 기독교 신자들은 기독교내의 분열상에 대한 관점에서도 차이를 보이고 있다. 어떤 이들은 자기들의 교파적 특성들을 변호하는데 반해, 다른 이들은 이를 가리켜 죄요, 추문이라고 공격한다. 그 어떤 경우에 있어서나, 에큐메니시티가 20세기 기독교 모습의 가장 뚜렷한 특성이라는 사실은 아무도 부인하지 못할 것이다.

그렇다면 기독교 신자들은 어떠한 방도로 이러한 연합의 정신을 표현하여 왔는가?

현대에 들어서서 프로테스탄트들 사이의 협력을 강조하였던 최초의 중요한 노력은 복음주의 동맹(Evangelical Alliance)이라 할 수 있다. 1846년 런던에서 결성되었던 이 조직은 미국과 영국에 소재하였던 50여개 기관들에 속한 신자들을 한데 모으는 역할을 하였다. 시간이 흐름에 따라 다른 9개 유럽 국가들에 그 지부들이 설치되었다. 동 연맹은 종교 자유를 앙양하고, 신자들 사이의 협력을 지원하였으나, 19세기 말경에는 그 열정이 상당히 식어가는 모습을 보였다.

개인 단위로 구성되었던 동 연맹의 활동이 약화되는 모습을 보이기 시작하였을 때, 새로운 교회 연합 운동이 나타났으니, 이는 즉 교회들의 연맹, 혹은 교파 연맹의 형태였다. 1908년에 31개의 미국 교파들이 한데 모여 교회 연맹 협의회(Federal Council of Churches)를 결성하였다. 동 협의회는 사회적, 경제적, 정치적 문제들에 관한 기독교적 입장을 천명하는데 많은 열의를 보였으나, 많은 보수주의적 성직자들은 동 기구의 자유주의적 경향에 깊은 우려를 표하였다. 1950년에 교회 연맹은 보다 대규모 조직인 그리스도 교회 전국 협의회(National Council of Churches of Christ)로 합류되었다.

그러나 역시 교회 연합 운동을 위한 가장 야심적이고 중요한 모습은 1948년 암스테르담에서 조직되었던 세계교회 협의회(World Council of Churches)이다. 세계 협의회의 모습은 하나의 큰 강, 세 개의 지류들이 한데 합친 종교적 미시시피로 생각하면 더욱 이해하기 쉽다. 이 세개의 지류들은 국제 선교 협의회(International Missionary Council), 생활과 사업에 관한 총회(Conference on Life and Work), 그리고 신앙과 직제에 관한 총회(Conference on Faith and Order) 등 세 조직들이다. 이 세 조직체들은 모두 현대 에큐메

니칼 운동의 역사에 있어서 정상을 이룬다고 볼 수 있는 1910년 에딘버러에
서 개최되었던 국제 선교 총회(International Missionary Conference)에 그 근
원을 두고 있다. 에딘버러 총회에는 전 세계로부터 1,000명이상의 대표들이
모여 들어, 비 가톨릭 지역에서의 세계 선교의 문제들에 관해 토의하였다.
이처럼 선교문제들을 토의하는 과정 중에 이들 대표들은 매우 강렬한 서로
간의 일체감을 느끼게 되었다.

　만약 프로테스탄트 교파들의 기원이 마틴 루터, 존 칼빈, 메노 시몬스, 그
리고 토머스 크랜머 등의 거인들에게서 비롯된다고 하면, 초기 에큐메니칼
운동을 이끌었던 네 사람의 중요한 지도자들을 빼놓을 수 없을 것이다. 이들
은 곧, 미국인 존 알 모트, 캐나다인 찰스 브렌트, 스웨덴인 나단 죄더블롬,
홀랜드인 빌렘 에이 비써트 후프트 등이다.

　감리교 신자였던 존 알 모트(John R. Mott, 1865-1955)는 깊은 기독교 신앙
과, 뜨거운 복음주의적 열정, 대중 앞에서의 탁월한 연설의 능력들을 고루
갖추고 있던 인물이었다. 그는 스물 셋의 나이로 기독교 청년회 국제 위원회
(International Committee of the Young Men's Christian Association, YMCA)
학생 총무가 되었다. 학생 신앙 운동을 위해 더 긴밀한 국제간의 협력 필요
성을 절감하였던 그는 미국, 영국, 스칸디나비아 제국, 독일들의 학생 사역들
을 한데 묶어 스웨덴에 세계 기독 학생 연맹(World's Student Christian
Federation)을 조직하였다. 이러한 학생 연맹의 사역을 통하여 그는 각국의
기독교 지도자들과 개인적인 접촉을 이룩할 수 있었으므로, 그는 자연스럽게
에딘버러 총회의 회장으로 선출되었다.

　획기적인 에딘버러 총회 이후 그는 계속 위원회(Continuation Committee)
의 위원장으로 일하였다. 1921년 국제 선교 협의회(International Missionary
Council)가 결성되자 그는 21년간이나 그 초대 회장을 역임하였다.

　찰스 브렌트(Charles Brent, 1862-1929)는 필리핀 군도에서 선교사로 사역
하였던 캐나다 출신의 성공회 신자였다. 그리스도의 사랑에 기초한 연합의
열기에 불타던 모트와는 달리 브렌트는 교회들을 분열시키고 있는 교리적
차이점들에 보다 민감한 모습을 보이고 있었다. 그는 성공회가 이러한 분열
의 벽들을 건널 수 있는 교량 역할을 할 수 있을지도 모른다고 생각하였다.
에딘버러 총회가 선교사를 파송하는 기관들 사이의 갈등들을 극복할 수 있
는 방안을 마련하도록 하는 추천안을 통과시켰을 때, 브렌트는 시카고에서

300주년 기념으로 모였던 성공회 총회에 이 문제를 상정시켰다. 그의 주장을 따라 동 총회에서는 "예수 그리스도를 하나님이요, 구세주로서 인정하는 모든 교회들을, 세계 선교 총회의 일반적 방법에 따라, 그리스도의 교회의 신앙과 직제에 관한 일체의 문제들을 의논하기 위해 초청하도록" 하기 위해서 위원회를 조직하였다.

제1차 세계대전 때문에 제1회 신앙과 직제에 관한 세계 총회는 1927년에야 비로소 개최되게 되었다. 그 해 8월 스위스 로잔에는 69개 교파에서 150명의 대표들이 한데 모여 그후 세계교회 협의회의 기초가 되었던 일련의 결의안들을 통과시켰다.

브렌트는 오직 신앙의 기본적인 문제들에 있어서의 일치 위에 기초해야만 교회들 간의 연합이 가능하다고 생각하였다. 서로 간의 분열은 근본적으로 신앙고백적 문제라는 것이 그의 견해였다. 이러한 상이점들이 해결되기 전에는 기독교 신자들은 진정한 통일을 이룰 수 없다고 생각하였다. 그리하여 신앙과 직제는 신앙과 예배와 실질적으로 동일한 의미를 가지게 되었다.

생활과 사업 운동

스웨덴 웁살라의 루터교 대주교였던 나단 죄더블롬(Nathan Soderblom, 1866-1931)이 바로 생활과 사업 운동의 창시자요, 가장 중요한 지도자였다. 스웨덴 국왕이 1914년 그를 대주교에 임명하였을 때, 교회내 보수주의자들은 그의 정통성을 의심하였는데, 여기엔 충분한 이유가 있었다.

죄더블롬은 그리스도의 신성과 인성에 대한 교리를 부정하였는데, 그 이유는 이러한 신앙이 더 이상 현대인들에게는 맞지 않는다고 생각하였기 때문이었다. 그는 계시란 사도 시대에만 국한된 것이 아니라, 계속되고 있는 과정이라고 믿었다. 그는 진정한 종교는 신자들의 신에 관한 개념이 아니라 인간들의 도덕적 성품에 달려 있다고 생각하였다. 종교란 인간이 누구인가, 혹은 무엇을 하는가의 문제이지, 그가 무엇을 믿는가와는 상관이 없다고 생각하였다.

따라서, 브렌트와는 달리, 죄더블롬은 교리적인 합의가 아니라 역사에 의하여 기독교 통일성을 찾아야 한다고 주장하였다. 그는 서로 다른 각 기독교 단체들은 서로를 존중해야 하며, 서로 다른 교리상의 차이점들을 인정하여야 하며, 인간의 역사가 발전함에 따라 점차 인류를 위한 하나의 계시가 밝혀지고 나타나게 되리라고 주장하였다.

그러나 죄더블롬의 뛰어난 사역은 그의 신학이 아니라, 공동의 관심사를 위하여 기독교 신자들을 한데 모으는데 성공하였다는데 있다. 바로 그가 생활과 사업에 관한 제1차 총회를 가능하게 하였던 장본인이었다. 1925년 8월, 39개국과 91개 교파들을 대표하는 500명의 대표들이 스톡홀름에 모여들었다. 이들은 사회도덕의 문제들은 개인적 노력들을 통해 해결되기에는 너무나 거대하고 복잡하다는데 동의하였다. 기독교 공동체가 공동의 선을 위한 책임을 인식하여야 한다는 것이었다.

신기하게도, 1937년에 이르러서는, 신앙과 직제 총회와 생활과 사업에 관한 총회 양자가 모두 기독교 연합을 위해서는 보다 광범위하고 포괄적인 단체를 결성해야 한다는데 동의하였다. 그 해에 모두 영국에 모였던 이 두 총회들은 한 목소리로 세계 교회 협의회의 조직을 선언하였다.

아돌프 히틀러와 제2차 세계대전으로 실제 결성은 지연되었으나, 1948년, 암스테르담에서 개최되었던 제1차 총회에는 44개국, 147개 교파들을 대표하는 351명의 대표들이 모여들었다. 여기 참석지 않은 주요 단체들은 로마 가톨릭 교회, 러시아 정교회, 그리고 보수적인 복음주의자들이었다.

세계 협의회의 주요한 초기 시대에 빌렘 아돌프 비써트 후프트(Willem Adolph Visser't Hooft, 1900 —)가 총무로 활약하였다. 존 알 모트의 발자국을 좇아 비써트 후프트는 Y.M.C.A. 세계 위원회 총무를 역임한 바 있었으며, 또한 세계 기독 학생 연맹의 총무로도 사역한 바 있었다. 1938년에 그는 후에 암스테르담에서 조직되었던 세계 교회 협의회를 형성하는 역할을 하였던 준비 위원회 위원장으로 선출되었다.

비써트 후프트에게 가장 큰 영향을 미친 인물은 스위스 신학자 칼 바르트였다. 비써트 후프트는 한때 바르트에 관해 다음과 같이 말한바 있었다. "바르트는 교회가 역사적 조류에 적응하기 위해 거의 그 영혼을 상실하였다고 느끼고 있었다. 그는 교회가 다시 그 스스로의 위치를 찾도록 촉구하였다." 비써트 후프트는 에큐메니칼 운동에 헌신하였던 이들의 비공식적인 슬로건은 "교회로 하여금 교회가 되게 하라"는 것이었다고 회상한다. "그러나 이는 교회가 세상으로부터 도피해야 한다는 의미가 아니다. 이는 교회는 단지 세상을 반영하는 메아리가 되어서는 안된다는 의미였다."

제2차 세계대전 이후 비써트 후프트가 특히 신경을 썼던 사업은 교회 연합 운동에 헌신할 지도자들을 훈련하기 위해 스위스에 에큐메니칼 연구원 (Ecumenical Institute)을 설립한 것이었다. 그는 미국에서 하루 저녁 재정적 지원자들인 토머스 라몬트(Thomas W. Lamont)와 존 디 록펠러 2세(John D. Rockfeller Jr.)와 식사하면서 자기 계획을 설명한 일이 있었다. 이를 경청한 록펠러는 다음과 같이 응답하였다. "이런 계획이라면, 보다 많은 자금을 부탁하셔야지요." 록펠러는 그 후, 스위스 보아씨에 설립된 에큐메니칼 연구원을 위해 100만 달러를 희사하였다.

비써트 후프트의 외교적인 수완으로 세계 교회 협의회는 여러 문화들과, 국가들과, 관심들을 대변하는 다양성과 활력에 넘치는 기관으로 성장하였다. 모든 모임들에 동부 유럽과 근동의 동방 정교회 국가들과, 유럽과 북 아메리카의 세속 신학자들과, 유럽과 제 3세계의 복음주의자들과, 스칸디나비아의 고백주의 루터란들과, 라틴 아메리카의 해방 신학자들이 골고루 참여하였다.

세계 협의회는 초교회(Super Church)가 아니다. 그 헌법에 의하여 그 구성원 교회들을 위한 법규를 만들 수 없게 되어 있다. 그 목적은 그 구성원들 사이의 협력과 교제이며, 가능한 한 기독교 연합을 추진하는 것이다. 비써트 후프트의 레닌그라드 아침 식사의 사건이 보여주는 바처럼 협의회 총회의 성명서들은 서로 다른 의견들을 조정해야 하는 타협안들을 반영하고 있다.

그후의 총회들은 일리노이주 에반스톤(1954), 인도 뉴델리(1961), 스웨덴 웁살라(1968), 케냐 나이로비(1975) 등에서 개최되었다. 뉴델리 총회 때 러시아 정교회가 회원으로 가입하였으며, 국제 선교 협의회가 세계 교회협의회 아래의 한 기관으로 들어오게 되었다.

세월이 지남에 따라 신앙과 직제 총회 영역의 교리적 강조 형태가 약화되었으며, 그 대신에 생활과 사업의 사회적 관심들이 보다 큰 부분을 차지하게 되었다. 웁살라와 나이로비 총회는 세속화된 신학의 영향이 강하게 밀려들어오고 있음을 보여주고 있다. 인종 차별 문제, 전쟁과 평화, 빈곤과 실업, 알코올과 마약 중독, 여성해방 운동 등의 사회 문제들이 각국의 모든 교회들의 주된 관심사로 변함에 따라서, 분열된 교회들의 연합이나 통일이라는 문제는 점점 다른 기관들이나 기구들의 임무로 변화하게 되었다.

교파들의 연합

그런데 우리들은 세계 교회 협의회의 존재는 에큐메니칼 운동의 가장 눈

에 띄는 대표적 존재이기는 하지만, 그 유일한 기관은 아니라는 사실을 명심
할 필요가 있다. 교회 연합의 소망과 열심은 다른 교파 연합이나 국제적인
동맹의 모습을 자아내었다.

교파주의가 가장 성했던 미국의 경우, 1900년으로부터 1970년까지 무려 30
개 이상의 교파 연합이 이루어졌는데, 이 가운데 대표적인 예들은 연합감리
교회(The United Methodists)와 연합장로교회(United Presbyterians)의 구성이
라 할 수 있겠다. 어떤 경우엔 19세기의 인종 문제 등으로 분열되었던 교파
들이 재결합한 것을 볼 수 있고(감리교), 그리고 서로 다른 나라들로부터 미
국으로 이민 온 동일 전통의 교회들이 이곳에서 한 교파로 통일된 것도 볼
수 있다(루터교).

미국 외에서 가장 중요한 교파 통일 사건은 인도·버마·세일론의 성공회,
남부 인도 감리교회, 그리고 남부 인도 연합 교회가 한데 모여 남부 인도 교
회(Church of South India)를 구성한 것이라 할 수 있겠다. 이 연합을 통하여
장로교, 회중파, 그리고 홀랜드 개혁파 등의 전통들이 한 교회로 통일되었다.

이와 유사한 차원으로 제안된 통일안은 미국내에 1900만의 교인들을 포함
하는 새교파를 구성할 전망이다. 이 생각은 미 합중국 연합 장로교회(United
Presbyterian Church in the U. S. A., Northern Presbyterians, 북 장로교회)의 최
고 행정 지도자를 역임하였고, 후에 세계 교회 협의회 총무를 지냈던 유진
칼슨 블레이크(Eugene Carson Blake)에 의해 1960년 처음 제안되었다. 블레이
크는 프로테스탄트 감독 교회(Protestant Episcopal Church)와 북 장로교회가
공동으로 감리교와 그리스도 연합 교회(United Church of Christ)를 초청하여
새로운 교파를 형성하자는 의견을 내었다. 블레이크는 "나는 미국내에 이처
럼 많은 숫자의 교파들이 공존하는 것이 하나님의 뜻이라고는 믿을 수 없
다."고 하였다.

프로테스탄트 감독 교회 주교 제임스 에이 파이크(James A. Pike)는 이 제
안을 환영하였다. "우리들이 기독교인들 사이의 장벽을 돌파할 때마다 성령
은 우리들의 편에 서신다. 이러한 면에서 우리나라의 교회들이 나태한 교만
을 물리칠 수 있는 더 나은 방법들을 그는 우리들에게 더욱 잘 보여주실 것
이다."

1961년 9월 디트로이트에서 개최되었던 프로테스탄트 감독 교회 총회에서
이들의 주교단은 연합 장로교 총회의 제안을 수용하자는 제안을 다루게 되

었다. 이 문제에 관한 토론을 위하여 하루를 따로 지정하였으며, 이 역사적인 토론을 구경하기 위해 모여든 이들로 인해 코보홀(Cobo Hall)은 통로까지 가득차게 되었다. 30초 만에 이 제안은 만장일치로 가결되었다.

"나는 무어라 할 말이 없다."고 사회를 보던 아더 시 리히텐버거(Arthur C. Lichtenburger) 주교는 감격하였다. 아마도 제일차 투표에 들어가기 전 다음과 같이 기도하였던 리히텐버거 주교의 말이 대표들의 심금을 울리고 있었을 것이다. "오 주님, 자비로운 눈으로 당신 교회의 갈라진 몸을 보아 주소서."

동 총회는 세계 기독교의 재연합을 촉구하는 주교단으로부터의 감격적인 호소로 끝맺게 되었다. 주교들은 그들 앞에 놓인 도전이 "하나님 앞에 충실한 자들이라면 회피할 수 없는 것"이라고 선언하고, "하나님의 은혜와 그의 정하신 시간 속에서 우리들의 유일하신 주님의 이름을 욕되게 했던 분열들이 사라질 때까지 쉬임없이 기도하고 노력하자"고 모든 기독교 신자들에게 촉구하였다.

여기에 한데 참여한 다른 교파들의 도움으로 교회 연합 자문기구(Consultation of Church Union)는 교회 연합을 위한 구체적 방법과 과정을 모색하기 시작하였다. 그후 이 자문기구는 다른 교파들의 참여를 허용할 수 있도록 그 명칭을 연합 도상의 그리스도 교회(Church of Christ Uniting)이라 바꾸었다. 그러나 시간이 흐름에 따라 원래의 열정은 점점 식어가게 되었다. 20년이 경과한 후에도 참여 교회들은 아직도 가장 이상적인 연합의 과정을 찾는 가운데 있다.

이러한 교파들의 연합 외에도 20세기에는 세계적으로 신앙고백에 근거한 교회들간의 동맹이 이루어지고 있었다. 즉, 동일하거나 유사한 신앙고백을 가진 교회들과 기관들이 정기적으로 한데 모여 교제와 토론을 벌였다. 이러한 동맹적 성격을 가진 대표적 기관들에는:

국제 회중파 교회 협의회(The International Congregational Council),

메노나이트 교회 세계 총회(The Mennonite World Conference),

세계 감리교 총회(The World Methodist Conference),

침례교 세계 연맹(The Baptist World Alliance),

루터교 세계 연맹(The Lutheran World Federation),

그리고 개혁파 및 장로교회 세계 연맹(The World Alliance of Reformed and

Presbyterian Churches) 등이 있다.

이 모든 시대를 통하여 조직적인 에큐메니즘을 지속적으로 비판하였던 세력은 보수적인 복음주의자들이었다. 성경의 권위를 굳게 믿던 복음주의자들은 물론 그의 제자들이 하나가 되기를 기도하였던 예수의 모습을 알고 있었다. 그러나 동시에 이들은 연맹적인 형태의 기독교 연합이라는 개념이 과연 올바른 것인지에 관한 의문을 떨치지 못하였다.

이들은 세계 교회 협의회의 충분치 못한 교리적 기반과 이들의 전도에 관한 입장을 비판하였다. 이들은 특별히 세계 교회 협의회가 제3세계의 정치적 문제들에 점점 더 깊숙이 간여하는 모습에 우려를 금치 못하였다.

웁살라 총회(Uppsala Assembly, 1968) 이후 세계 교회 협의회는 교회의 연합이 곧 전세계 인류의 연합의 상징으로 생각하는 듯한 모습을 보여 왔다. 보수적 복음주의자들은 이러한 모습은 기독교를 위한 복음 전파가 아니라 사회를 위한 인본주의적 목표의 추구로 흘러버릴 위험이 있음을 경고하였다. 교회와 세상 사이의 차이는 점차 신앙과 불신앙의 문제가 아니라, 피압박자와 압박자의 차이로 파악되는 듯하였다. 즉 구원은 세속적인 해방의 형태를 띠게 되었다.

교회 연합의 복음적 표현

부흥운동의 모습에서 볼 수 있듯이, 복음주의자들은 항상 개인적 신앙 경험의 중요성을 강조하여 왔다. 이들은 교회의 외부적 형태에 관하여는 그다지 큰 관심을 두지 않았다. 이들의 주된 관심은 전도와 선교, 교회가 담당하여야 할 사명이었다. 조지 휘트필드가 필라델피아 법원 건물의 발코니에서 하늘을 우러러 보며 다음과 같이 외쳤을 때, 이는 바로 이러한 복음주의자들의 경향을 잘 대변한 것이라 할 수 있겠다. "선조 아브라함이시여, 과연 천국에는 누가 있나이까? 성공회 신자들이 있나이까? 아니다. 장로교인들이 있나이까? 아니다. 독립교회파 신자들이나, 혹은 감리교 신자들이 있나이까? 아니다. 그렇다면 과연 누가 그 곳에 있나이까? 여기서는 아무도 그런 이름들을 알지 못한다. 여기 있는 이들은 다 그리스도인들일 뿐이다 … . 오 하나님, 과연 그렇습니까? 그렇다면 하나님, 우리들도 이러한 당파들의 이름을 잊어버리고, 행위와 진리에서 그리스도인들이 되게 도와 주시옵소서."

1940년대 초, 미국 복음주의자들은 두 개의 단체들을 조직하였다. 하나는 전국 복음주의 연합회(National Association of Evangelicals), 다른 하나는 미국 기독교회 협의회(American Council of Christian Churches)였다. 이 둘은 모두 정통 신앙을 따랐으나 이들의 조직 구조와 조직적 교파 연합 운동에 대한 태도는 서로 차이를 보이고 있었다. 미국 기독교회 협의회는 세계 교회 협의회나 전국 교회 협의회에 대해 매우 비판적이었을 뿐만 아니라, 이들과 어떤 형태로든 연관을 맺고 있는 개인들이나 단체들에도 적대적인 태도를 보였다.

복음주의자들은 국제적인 차원에서도 선교와 복음을 위해 함께 단결하는 모습을 보였다. 빌리 그래함의 대중 전도 집회에서 영감을 얻은 베를린 세계 전도 회의(The World Congress on Evangelism in Berlin, 1966)에는 100개국 이상으로부터 신자들이 참석하였으며, 이러한 모범을 따라, 대부분의 대륙에서는 각 지역적, 혹은 국가적인 전도 집회, 단체들이 무수히 조직되었다.

1974년, 스위스 로잔에서 모였던 세계 복음화 국제 회의(International Congress on World Evangelism)는 기독교 연합 문제에 관한 복음주의자들의 견식이 이미 완숙한 경지에 달해가고 있음을 보여 주었다. 142명의 각국 복음주의 지도자들로 구성되었던 대표단은 빌리 그래함을 명예 의장으로 하여, 2,700명의 각국 대표들을 초청하였으며, 이를 통하여 전세계의 복음화를 자극하도록 하고, 참석자 대부분이 서명한 로잔 언약(Lausanne Covenant)을 작성하였다.

동 언약은 "진리 안에서의 교회의 가시적 통일은 하나님의 뜻이다"고 밝혔다. 이러한 복음주의자들이 통일성에 관한 신념을 지지하는 두 가지 이유가 있다고 하였다. 첫번째는 신학적인 것이며, 둘째는 실질적인 것이다.

교회의 통일은 그리스도의 십자가에 의해 가능하게 되었으며, 성령을 통해 주어진 하나님의 선물이라고 하였다. "그는 우리들의 평화이시다"(엡 2:14). 동 언약은 이러한 통일의 모습이 많은 형태를 취할 수 있으나, "유기적 연합들"이 항상 "진리 속에서의" 통일을 이루는 것은 아님을 분명히 하였다(엡 4:13).

"진리 안에서의 가시적 통일"을 위한 실질적 이유는 "전도의 사명이 … 우리들을 통일을 향해 부르기 때문"이라고 하였다. 우리들 자신이 서로 분열된 상태에 있으면서 어떻게 화해와 연합의 복음을 전파할 수 있겠는가?

로잔 회의의 결과 48명의 위원들로 구성된 세계 복음화를 위한 계속 위원회(Continuation Comittee for World Evangelism)가 발족되었다. 동 위원회는 아프리카 출신의 고트프리드 오세이멘사(Gottfried Osei-Mensah)목사를 총무로 선출하고 "세계 모든 지역에서의 복음화를 이룩하기 위해 필요한 각 지역적, 국가적 단위의 위원회 조직을 양양하고 보조하기 위한" 작업에 임하였다.

그리하여 1970년대가 마감할 즈음 세계 교회 협의회의 에큐메니칼 정신은 사회 문제들에 대한 관심 — 때로는 지나친 정치적 수단들까지도 사용하여 — 을 우선적인 기독교 일치의 표현으로 보는 형식으로 변화하였다. 한편 보수적 복음주의자들은 교회의 사명 중 전도와 선교를 그 중심 위치로 복귀시키는데 성공하였다. 이러한 사명에 충실하면 교회의 일치는 절로 그 뒤를 따를 것을 소망하고 있었다.

참고도서

Brown, Robert McAfee, *The Ecumenical Revolution*. Garden City, N.J.: Doubleday, 1969.

Douglas, J. D., Ed. *Let the Earth Hear His Voice*. Minneapolis: World Wide Publications, 1975.

Goodall, Norman. *The Ecumenical Movement*. What It Is and What It Does. London: Oxford University Press, 1961.

Hardon, John A. *Christianity in the Twentieth Century*. Garden City, N.J.: Doubleday, 1971.

Neill, Stephen. *Twentieth Century Christianity*. Garden City: Doubleday, 1963.

45

자비의 의약

:로마 가톨릭 교회
-제2차 바티칸 공의회

제 2차 바티칸 공의회는 참으로 성대하게 거행되었다. 무려 4시간에 걸친 개회식은 "교회를 위한 새 시대"를 여는 의식으로서 조금도 부족함이 없는 모습이었다. 주교들의 하얀 제복은 군중들로 가득한 성 베드로 대광장 속에서 물결치고 있었다. 두개의 거대한 공작 깃털로 만들어진 부채에 옹위되어 교황의 이동식 보좌는 이 하얀 제복들의 물결 위에 한척의 배처럼 옮겨져 갔다. 그리고 찬양대는 '우비 카리타스 에트 아모르 데우스 이비 에스트'(Ubi caritas et amor Deus ibi est, 사랑과 자비가 있는 곳에는 하나님이 계시도다)를 노래하였다.

그러나 제2차 바티칸 공의회는 분명히 화려한 예식 이상의 의미를 지니고 있었다. 이는 이 혼란에 가득한 사상의 시대에 새로운 변화를 추구하려는 목소리가 가톨릭 교회에 임재하고 있음을 세계에 알리는 것이었다. 이는 단순하고 획일적이며 절대적인 체제로 로마 교회를 생각하였던 프로테스탄트들의 관념을 깨뜨리는 것이기도 하였다. 그리고 또한 역사상 처음으로, 이전에 가톨릭 교회를 떠났던 이들의 이유가 어쩌면 정당한 것이었는지도 모른다는 사실을 가톨릭 교회 자신이 암암리에 인정하는 것이기도 하였다.

트렌트 공의회에서 비롯되었다고 할 수 있는 로마 가톨릭 교회의 모습은, 각종 세속주의, 현대주의, 개인주의 등 현대 사상의 공격의 물결 앞에서 요동치 않는 난공불락의 성채의 모습이었다. 이러한 성채의 벽 안에서, 신자들은 안전과 구원을 보장받고 있었다. 왜냐하면 이들은 이곳에서 하나님의 진리, 미사를 통한 진정한 희생과 제사, 그리고 교황의 무오한 권위 등을 발견하였기 때문이었다. 1950년 반포되었던 교황 피우스 12세(Pius XII, 1939-1958)의 회칙 「가르침의 오류에 대한 경고」(*Humani Generis*)는 바로 이러한 전통적인 로마 교회의 모습을 반영하는 것이었다. 그는 이 회칙을 통하여 교회의 교훈을 근대화하기를 요구하는 일부 신학자들을 비판하고 "오랫동안 교회가 유지하여 왔던 사상과 신앙 고백들 대신에 성경과 교부들의 용어로 돌아간다는 구실로 … 교의의 중요성을 약화"시키는 시도들을 정죄하였다.

그러나 제2차 바티칸 공의회(1962-1965)는 이와는 다른 교회의 모습을 보여주었다. 공의회는 교회를 "순례자들"이라고 표현하였다. 이는 교회를 하나님 아래서, 다른 순례자들과 함께 세상 속을 흘러가면서, 가난하고 약한 자들을 돌보는 기관으로 파악하였다. 동 공의회는 자기들의 사역이 성공했다거나, 그 목표를 달성하였다고는 주장하지 않았다. 왜냐하면 이들은 아직 순례의 도상에 있기 때문이었다.

우리들은 과연 어떻게 이러한 로마 교회의 혁명적 변화를 설명할 수 있겠는가? 과연 어떠한 사건과 사상들이 로마 가톨릭주의의 피포위 심리 상태에 도전하였는가?

선한 목자, 교황 요한

가톨릭 교회라는 성채의 창문을 열어 제치고 변화의 바람을 불게 하였던 인물은 다름 아닌 안젤로 론칼리(Angelo Roncalli)이다. 우리들은 그를 요한 23세(John XXIII, 요안 23세)로 기억한다.

교황은 공의회 개최의 생각이 마치 성령으로부터의 영감처럼 갑자기 그를 사로잡았다고 말하곤 하였다. 실제로 그는 1958년 10월 28일 교황위에 즉위한 후, 겨우 90일 만인 1959년 1월 28일, 공의회를 개최하겠다는 그의 의도를 공표하였다.

그러나 생각해 보면 안젤로 론칼리야말로 바로 역사상 이 순간을 위하여 가장 잘 예비된 인물이었다. 그는 인간들의 소망과 필요들을 거의 본능적으로 깨달아 알고 느끼는 인물이었다. 그는 젊은 신부 시절에 일년 동안 로마의 교황청 라테란 신학교(Pontifical Lateran Seminary)에서 초대 교부들의 생애와 사상을 교수한 적이 있었는데, 그의 상급자들은 그의 사상에 불온한 점이 있다고 결론지었다. 그 이유 가운데 하나는 그가 특수한 경우에는 불신자(비 가톨릭 신자)와의 결혼도 허용해야한다고 주장한 것이었다. 그리하여 그는 불가리아 주재 사절(1925-1934)로 파견되기까지 바티칸의 동방 회중(Oriental Congregation)에서 서신들을 필사하는 일을 담당하였다. 그는 불가리아에서 이슬람 지역의 터키로 보내져서 10년을 보내었다. 이는 거의 유배에 가까운 생활이었다. 제2차 세계 대전이 끝나갈 즈음엔 프랑스로 전임하였는데, 이는 아무도 그 골치아픈 직책을 맡으려고 하지 않았기 때문이다. 그러나 론칼리의 겸손과 능력은 프랑스인들을 매혹시켰다. 1953년 교황 피우스 12세는 그를 추기경에 임명하고 베니스시의 영적 지도자로 취임시켰다.

요한은 그가 가는 곳마다 가톨릭 신자가 아닌 이들과도 널리 인간적인 우정과 친교를 나누는 모습을 보였다. 터키에 있을 때에는 나치 독일로부터 도망해오는 유대인들을 보호하고, 구제하였다. 종전 후 프랑스에서 부켄발트와 아우슈비츠에서 살해당하여 산더미처럼 쌓인 유대인들의 시체를 기록한 영화를 보고는 참지 못하여 소리질렀다. "어떻게 이럴 수가 있는가? 그리스도의 신비스런 몸이여!" 그가 교황위에 오른 후 그를 방문한 일단의 유대인들에게 다가가서는 성경에 나타난 유명한 인사를 되풀이하였다. "나는 요셉이니, 당신들의 형제입니다."

요한은 교황이 된 후, 스스로가 정치적 지도자, 혹은 학식에 뛰어난 교황이 아니라 "진리와 선을 수호하는 선한 목자"로 알려지기를 원한다고 하였다. 그는 자주 교황청을 몰래 빠져나와, 고아원, 감옥, 학교 그리고 교회들을 방문하였다. 한 경우에는 순회 서커스단에게 교황 접견을 허락하고 '돌리'라는 이름의 어린 사자를 쓰다듬는 모습을 보이기도 하였다. 또한 교황이 정원을 산책하고 있을 때에는 이곳을 내려다 볼 수 있는 성베드로 대성당의 원형 천정에 방문객들을 금지시키는 규칙을 해제하기도 하였다. "왜 이들에게 보이면 안된다는 말인가? 내가 무슨 나쁜 짓을 하고 있는 것도 아니지 않는가?"

교황은 공의회의 개최를 공표한 후, 이 회의의 목적을 아지오르나멘토(aggiornamento), 즉, "개혁"이라고 하였다. 이는 단순히 외형적으로 현대 사회의 생활에의 적응을 의미할 뿐 아니라, 내부적 사상의 완전한 변화를 의미하고 있는 것이다. 요한은 동 공의회가 과거의 형식적이고 계율적인 형태에서 벗어나 현대의 목회적 사역에 헌신될 수 있기를 원했던 것이다. 많은 이들은 '아지오르나멘토'가 콘스탄티누스의 개종이나 혹은 종교개혁과 같은 차원의 변화를 교회에 가져다 주기를 원하고 있었다. 이러한 변화는 콘스탄티누스가 교회에 가져다준 교회와 국가 사이의 밀접한 유착관계를 단절하거나, 혹은 반동 종교개혁이 심어놓은 편협한 로마 가톨릭 식 사고 방식을 철폐해야만 가능한 것이었다. 물론 요한의 목표는 현대 세계와 보조를 맞출 수 있는 교회의 모습이었다. 그 누구의 눈으로 보아도 '아지오르나멘토'는 야심에 찬 계획이었다.

모두 2,908명의 대표 자격이 있는 추기경들, 대주교들, 주교들, 수도원장들 가운데 2,540명이 로마에 모여들었던 그 시작 때부터 제2차 바티칸 공의회는 이제까지의 그 어떤 교회 회의보다도 중요한 의미를 가지게 될 것임이 확실하게 나타났다. 우선 그 대표들의 숫자만 보아도 이를 알 수 있다. 1869-70년 간에 회집하여 교황 무오의 교리를 수립하였던 제1차 바티칸 공의회의 경우 참석한 대표들의 숫자는 600-700명에 달하였다. 18년의 오랜 기간에 걸쳐 회집하여 프로테스탄트 종교 개혁을 정죄하였던 트렌트 공의회의 경우 중요한 의결사항들에 투표한 숫자는 약 200명 가량 되었다. 그러나 이번에는 1908년까지도 선교지구로 분류되었던 미 합중국에서만 230명의 대표들이 참석하였다. 이는 430명으로서 최고의 숫자를 자랑하는 이탈리아에 버금가는 숫자였다. 아프리카에서 230명이 참석하였으며, 아시아 출신도 300명이나 되었다.

제2차 바티칸 공의회는 이단에 대항하거나, 새로운 교의를 공포하거나, 혹은 적대세력에 대항하여 교회의 단결을 촉구하거나 하기 위해 모인 것이 아닌 최초의 회의였다. 예를 들어 트렌트 공의회(1545-1563)는 루터가 의문을 제기하였던 면죄부의 유효성을 재확인하였고, 프로테스탄트 종교개혁에 대항한 교리적 성채를 구축하였다.

요한 23세는 제2차 바티칸 공의회가 무엇인가에 대항하여서가 아니라, 무엇인가를 위해서 소집되었음을 보여주었다.

교황의 개회사는 교리적 성격이 아니라, 무엇보다도 목회적인 성격을 띤 공의회를 요구하는 것이었다. 그는 이제 국가의 권력에 의지하는 교회의 시대는 이미 지나갔음을 인정하였다. 이제 새로이 도래하는 시대에서는 교회가 무력이나 강제력에 의해서 그 권위를 유지하고자 해서는 안된다고 하였다. 교회는 "강제나 억압이 아니라 자비의 의약(medicine of mercy)을 통해 다스려야 할 것이다." 따라서 공의회의 목표는 교회가 "시대에 맞추어 나갈 수 있도록" 하는 것이다. 현대화 과정을 통하여, "이들이 하나가 되게 하소서" 하는 그리스도의 기도가 의미하였던 기독교권의 재통일이 보다 빨리 실현될 것이라고 하였다.

이는 참으로 용기있는 말들이었다. 바로 이틀 후 주교들과 수도원장들이 본격적인 작업을 위해 좌석에 앉았을 때, 그 사실이 드러나고 있었다. 이들 대표들의 첫번째 임무는 열개의 영속적 위원회들을 위한 위원들을 선출하는 것이었다. 이들은 자기들의 탁자 위에 놓여진 "안내서"들 속에서 준비 위원회 위원 명단들을 발견하였다. 이들은 위원회들은 바티칸에 소재한, 이탈리아인들이 주종을 이루는 교황 직속의 행정기관인 쿠리아(Curia)의 추기경들에 의해 감독 받고 있었다. 동 "안내서"는 또한 대표들에게 만약 이들이 쿠리아가 원하는 바, 준비 작업에 참여하였던 전문가들을 선출하면 모든 것이 보다 순조롭게 진행될 것을 암시하고 있었다. 따라서 문제는 과연 쿠리아와 실제 대표들 중 누가 공의회를 실제로 움직일 것인가 하는 것이었다. 그리고 또한 이 질문 속에 잠재한 것은 과연 바티칸이 어느 정도나 외부 세계로부터의 영향력을 받아들일 용의가 되어있는가 하는 보다 더 근본적인 문제였다.

이들은 그날 바로 이 문제를 투표에 붙이지는 않았다. 약간 등이 굽고, 매부리코에, 하얀 머리를 한 인물이 그의 추기경 대표좌에서 일어나서, 두 줄로 늘어 앉은 회의 대표들을 바라보았다. 그는 말하기를 "회의가 본격적으로 개회되기 이전에 미리 준비된 위원 명단들을 일괄적으로 받아들일 수 없다. 반면에 우리들 자신들이 위원들을 천거할 시간적 여유도 갖지 못하였다. 따라서 우리들은 우리들의 의사들을 정리하기 위해 약간의 시간적 여유를 줄 것을 요구한다."

이 동의안은 재청을 얻고, 회의에 의해 수납되었다. 그리하여 회의는 시작한지 반시간만에 정회하게 되었다. 이 동의안을 발의한 이는 북부 프랑스 릴레의 대주교였던 78세의 아킬 라이나트(Achille Lienart) 추기경이었다. 라이나트 추기경은 회의 준비를 위해 6개월 간이나 심사숙고한 바 있었다. 많은 대표들이 단순히 회의 과정을 보다 신속하게 진행하기 위해 준비되었다고 생각한 요소를, 그는 회의를 이미 결정된 특정한 방향으로 끌고 가기 위한 작전으로 파악하였다. 주교들은 쿠리아 전문가들의 결정을 그대로 받아들일 용의가 없음을 분명히 하였다. 이들이 이틀 후 10개 위원회들의 위원 명단들을 확정하였을 때, 이 명단은 여러 가지 배경을 균배한 균형을 이루고 있었고, 각국 출신들을 골고루 망라하고 있었다.

보수파와 진보파

이러한 회의 벽두의 모습은 곧 그후 주교들을 두 편으로 갈라놓을 모습을 미리 보여주고 있는 것이었으니, 이들 두파들은 곧 "보수파"와 "진보파"라 할 수 있다. 보수파들 가운데 메릴랜드 출신의 예수회 성경학자 프란체스코 제이 멕쿨(Francis J. McCool)은 "미래를 바라보며 과거에 대한 위협"을 발견하는 인물이었다. 진보주의자들은 "미래 속에서 미래를 위한 약속"을 발견하였다. 이들 두 파는 거의 모든 문제들을 가운데 놓고 서로 충돌하였다.

보수파의 중심 인물들은 교황청의 중앙 행정 기구인 쿠리아에 속해 있었다. 현대 세계로부터 격리되어 살아온 이들 노령의 이탈리아 인들은 전 세계의 로마 가톨릭 교회뿐만 아니라 교황 자신에게도 막대한 영향력을 미치고 있었다. 이들은 교회의 현상유지를 최선의 모습으로 생각하였으며, 이에 변화를 꾀하는 어떤 노력도 의심과 적개심으로 대하였다.

이들 보수파들의 대표적 인물은 유창한 언변의 72세의 추기경 알프레도 오타비니(Alfredo Ottavini)였다. 로마시 트라스테베레(Trastevere) 구역에 있던 부친의 제과점에서 태어난 그는 평생을 바티칸 공국내 1평방 마일의 지역에서 보낸 인물이었다. 어떤 의미에서 볼 때 그는 그의 임무에 갇힌 죄수와 같은 인물이었다고도 볼 수 있을 것이다. 그의 임무란 곧 교리의 순수성을 지키고, 이단을 정죄하는 것이었다. 교황의 연감에 그의 이름은 23번이나 나오고 있으며, 7개의 회중과 2개 전권 위원회, 1개의 법원의 회원이었으며, 22개 수도회의 보호자였다. 그의 비평자들은 그는 새로운 것은 무엇이든 잘못되었다고 생각하는 인물이라고 하였다. 그러나 그가 실제로 한 말은 모든 새로운 것들이 다 옳은 것은 아니라는 것이었다.

많은 보수파들은 공의회가 모이는 것 자체를 찬성하지 않았으며, 자기들끼리는 이를 가리켜 "교황의 어리석은 짓"이라고 부르고 있었다. 이들은 준비 작업을 방해하고 지연시켰다. 왜냐하면 공의회를 통하여 교황청내의 내분이 드러나서 교회에 해를 끼치게 되리라고 믿었기 때문이었다. 이들은 무엇보다도 쿠리아의 정책 결정권이 약화되는 것을 방지하고자 하였다. 이들은 쿠리아를 전통과 출신을 자랑하는 이탈리아 성직자들의 영향 아래 묶어 두고자 하였다.

진보파들은 어떤 한 특정 인물을 지도자로 뭉치지는 않았으나, 독일, 프랑스, 오스트리아, 그리고 네덜란드 출신의 일단의 추기경들을 중심으로 하여 결성되어 있었다. 이들 가운데 전형적 인물은 네덜란드 교회의 지도자였던 큰 키에 운동 선수 같은 모습의 얀 알프링크(Jan Cardinal Alfrink) 추기경이었다. 알프링크는 홀랜드내의 프로테스탄트 신자들과 매우 긴밀한 관계를 유지하고 있었으므로, 한 이탈리아 신문은 그를 가리켜 "반 로마" 분자라고 낙인 찍기도 하였다.

공의회는 네개의 서로 구분되는 회의를 통하여 그 업무를 수행하였다. 첫 회기는 1962년 10월 11일부터 12월 8일까지 계속되었으며, 그후 3년 간의 가을 철에 3차례 더 회의가 속개되었다.

보수파와 진보파의 의견 차이는 처음부터 명백하였다. 제1차 회기중 진보파들은 교회의 예식을 개혁하여서, 전통적 라틴어 대신 사람들이 알아들을 수 있는 상용어로 미사를 드리고자 하였으며, 평신도들이 더 적극적으로 교회의 의식들에 참여할 수 있는 길을 마련해 보고자 하였다. 물론 보수파들은 이러한 움직임에 반발하였다.

신적 계시에 관한 문제로 보다 근본적인 대결의 양상이 나타나게 되었다. 오타비니 추기경 아래 준비된 원안은, 트렌트 공의회 이후 로마 가톨릭 교회의 입장을 그대로 고수하여, 계시의 두 가지 원천 — 성경과 전통 — 을 강조하였다. 가톨릭과 프로테스탄트 사이의 차이점을 필요 이상으로 강조하기를 원치 않았던 진보파는 한 가지 흐름의 두 가지 통로로서 성경과 전통을 표현하고자 하였다. 이러한 상황에서 던져진 질문은 과연 전통 속에만 포함된 일부 진리들이 존재하는가, 아니면 신앙에 관한 모든 진리들은 다 성경 속에 포함되어 있는가 하는 문제였다.

이에 관한 논쟁이 거의 2주 이상이나 계속되었다. 결국 1,368명의 대표들은 오타비니의 안을 보류해 버리기로 하였다. 그러나 이들은 의결 정족수인 3분지 2에 미치지 못하고 있었다. 그의 방에서 폐쇄 회로 TV를 통해 회의 진행 상황을 지켜 보고 있던 교황이 이때 개입하여, 문제의 안건을 다시 작성하도록 지시하였다. 새로운 위원회는 오타비니와 함께 아우구스틴 베아(Augustin Bea) 추기경이 공동으로 지도하게끔 하였다. 베아 추기경은 공의회에 참석한 진보파의 지도자들 가운데 하나였으며, 당시 새로 조직되었던 기독교 연합 추진국(Secretariat for Promoting Christian Unity)의 예수회 지도자였던 인물이었다. 이 광경을 본 캐나다의 그레고리 바움 신부는 말하였다. "바로 오늘은 기독교 역사상 반동 종교개혁이 종말을 고한 날로서 기록될 것이다."

1963년 6월 3일, 다음 회기를 분주히 준비하던 가운데 요한 23세가 서거하였다. 전 세계가 그의 죽음을 추모하였다. 6월 21일, 밀라노 대주교였던 몬티니 추기경이 그 뒤를 이어 교황 바울 4세로 취임하였다. 새 교황은 취임 즉시 공의회를 계속하겠다는 그의 의사를 분명히 하였다.

1963년 가을의 제2차 회기 중에 진보파들의 교회관과 보수파들의 전통적 이해는 정면으로 충돌하였다. 제1차 바티칸 공의회는 교황의 무오성을 교리로서 확정시킨 바 있었다. 제2차 바티칸 공의회에서는 교회 정부의 틀 안에서, 주교들 전체의 권위가 교황의 권위와 어떤 상관 관계를 갖고 있는가를 정리하고자 하였다. 물론 보수파는 교황의 절대적 권한을 강조하였으며, 진보파들은 주교들의 집단성에 더욱 큰 권한을 부여하고자 하였다.

제3차 회기(1964년 9월 14일 — 11월 21일)에 거론되었던 중요한 안건들 가운데 특히 사람들의 주목을 끈 것은 종교의 자유에 관한 것이었다. 과연 종교의 자유를 인정하는 행위는 하나님의 진리를 상대화시켜 버릴 것인가? 이는 종교에 관한 무관심을 더욱 부채질하는 결과를 가져올 것인가? "신앙의 행위가 성실한 한, 무엇을 믿든지 그 대상은 중요하지 않다."는 현대인들의 생각을 암암리에 인정하는 결과가 되지는 않겠는가?

제 3차 회기 중에는 또한 신부들의 생활과 사역에 관한 기준, 세상 속에서의 평신도들의 전도활동, 그리고 비기독교 지역에서의 선교 사역에 관한 문제들이 또한 의논되었다.

1965년 9월 14일부터 12월 8일 사이의 마지막 회기 중에는 종교의 자유에 관한 문제가 재론되었다. 양심의 자유에 관하여 공의회는 그 어떤 국가도 외부적인 수단을 통하여 복음의 설파와 수용의 행위를 간섭할 수는 없다고 선포하였다. 동시에 교회는 콘스탄티누스 황제 시대 때부터 견지해 왔던 입장을 포기하였다. 즉, 어디서든 그 수단을 가지고 있는 지역들(예를 들면 스페인이나 이탈리아 등)에서는, 가톨릭 교회가 그 구원의 사역을 성취하기 위하여 그리고 교회가 결정하는 종교적 필요를 위하여 공공 권력을 사용할 수 있다는 전제였다. 이러한 공의회의 칙령을 받아들임으로써 가톨릭 교회는 양심의 목소리에 반하여 그 어떠한 외부적 권력도 사용할 수 없음을 원칙적으로 확인하였다고 볼 수 있다. 12월 7일에 반포되었던 이 칙령은 무려 1천 5백년 간에 걸쳤던 교회의 관행을 부인하는 것이었다.

1965년 12월 8일, 다시 성 베드로 광장에서의 장려한 예식을 통하여 공의회는 공식적으로 그 막을 내리게 되었다. 제2차 바티칸 공의회를 "혁명적"이라고 묘사하는 것은 어쩌면 정확하지 못할지도 모른다. 전통적 신학과 교회의 교황중심적 체재의 모습은 하나도 변한 것이 없었다. 거의 예외없이, 동 공의회가 반포한 16개 칙령들은 모두 진보파와 보수파들 사이의 협상과 타협을 반영하는 내용들이었다.

변화의 조류

그러나 동 공의회는 역시 분노에 찼던 트렌트 공의회나 수세적인 태도였던 제1차 바티칸 공의회와는 뚜렷한 대조를 이루고 있다. 제2차 공의회는 교회의 얼굴을 분노가 아니라 관심의 모습으로 세상을 향해 돌리게 하였다.

공의회의 사역 결과 교회내에는 막대한 변화의 파도가 들이치게 되었다. 공의회가 종료된 수십년 후에까지 그 파장은 그칠 줄을 몰랐다. 교회의 전통적인 영적, 종교적 관념들이 이 물결 속에 휩쓸려 사라져 갔으므로, 일반 가톨릭 신자들은 거의 완전한 혼란 상태에 빠졌다고까지 할 수 있다.

공의회 종료 얼마 후 새로운 예배 의식이 실시되었을 때, 그 최초의 본격적 충격은 왔다. 미사를 그리스도 자신으로부터 시작된 신비스럽고 불변하는 의식들로 생각해 왔던 일반 가톨릭 신자들은 영적으로, 지적으로, 혹은 감정적으로 이러한 변화에 대응할 준비가 미처 되어 있지 못했다. 그는 제단이 보다 회중들을 향해 앞으로 옮겨 나오고, 신부가 회중을 향해 서는 것을 보았다. 신부는 이제 라틴어로 기도를 드리는 대신 신자들이 알아들을 수 있는 말로 낭독하였다. 많은 옛 의식들이 폐지되었다. 이전에 신자들은 교회당에 들어서면, 옆 사람들에게는 신경을 쓰지 말고, 기도하는 심정을 간직하라고 가르침을 받고 있었다. 그러나 이제 그들에게는 이웃들에게 "평화와 화평의 모습"으로 인사를 나누라는 지시가 내려졌다.

그러나 가장 근본적인 문제는 교회의 권위에 관한 것이었다. 교황 요한과 제2차 공의회 이전에는 권위주의적인 교회 체제를 하나님으로부터의 직접 지시에 의해 성립된 것으로 믿고 있었다. 그들은 교황을 마치 초인간적 존재로서, 그의 말 한마디 한마디는 초자연적인 권위로 가득찬 명령이라고 생각하여 왔다. 신자들은 주교들까지도 경의와 두려움으로 바라보아 왔다. 이러한 상황 속에서, 비록 외부인들의 눈에는 중세적이요, 고루한 것으로 비쳤으나, 신자들 가운데 교회내에서 전통적으로 시행되는 관행들의 정당성이나 그 권위에 의문을 표하는 이들은 없었다. 아무도, 주교가 그의 교구를 마치 그의 봉토인양 취급하는 것을, 혹은 신부가 그의 교구를 독단적으로 운영하는 것에 이의를 제기하는 이들은 없었다.

제2차 바티칸 공의회는 진보파들의 희망을 일깨웠으나, 이들은 곧 수많은 말의 성찬에도 불구하고 교회내의 실질적 변화는 거의 없었음을 발견하게 되었다. 로마 교회의 기본 조직과 체제는 계속 피라미드 식으로서 권력은 정상에 위치한 무오한 교황으로부터 흘러나오고 있었다. 제2차 바티칸 공의회는 바로 이러한 절대적 권위 체제를 계속 수호하는데 최선을 다하여 주교들에게는 자문역으로서의 역할만을 부여하였을 뿐이었다. 교황은 그가 교회를 통치하는데 이들의 의견을 자의로 채용하거나 무시할 수 있었다.

공의회에 의해 제시된 새로운 교회의 개념과 이러한 권위주의적 형태는 서로 상응치 않는 것이었으므로, 많은 가톨릭 신자들을 이를 개혁해보고자 시도하였다. 이들은 반대의견을 말이나 글로 발표하고, 시위도 하고, 농성도 하면서 보다 민주주의적인 변화를 불러 오고자 하였다.

1968년 교황이 「산아제한」(Humanae Vitae) 회칙을 반포하여 일체 인위적인 피임을 정죄함으로써 로마 교회는 최대의 위기를 맞게 되었다. 이는 교황이 그의 임신 조절에 관한 위원회의 다수 의견에 반하여 그의 권위를 걸고 나선 행위였다. 그리하여 루터 이후 가장 심각하게 교황의 권위가 위협받게 되었다.

점차 교회내에는 교황이 그의 중대한 회칙을 발표하기 이전 다른 주교들과 널리 의논하지 않았다는 사실을 비난하는 의견들이 비등하게 되었다. 이러한 관점을 누구보다도 적극적으로 대변하였던 인물은 제2차 바티칸 공의회를 주도하였던 지도자 가운데 하나였던 벨기에 말리네스의 대주교 수에넨스(Suenens) 추기경이었다. 그는 강연과 기자회견, 글들을 통하여 중세적 교황제의 모습에 종지부를 찍을 것을 주장하고, 지칠 줄 모르고 그의 의견을 개진하였다. 교황은 더 이상 그가 교회 위에, 혹은 교회 밖에 초월적으로 존재하는 것처럼 행동할 수는 없다는 것이었다.

피임에 관한 문제 이상으로 중요했던 것은 이혼의 금지에 관한 건이었다. 전통적인 법규에 따르면 그 어떤 경우에도, 설혹 교황에 의해서도, 영세 받은 가톨릭 신자들 사이에 교회의 성례로서 성립한 결혼은 파기될 수 없었다. 배우자들이 도저히 평화적으로 동거할 수 없을 때에는, 교회의 허락 아래 서로 별거할 수는 있었다. 그러나 한 쪽 배우자가 생존해 있는 동안에는 재혼하는 것이 불가능하였다. 이러한 규정이 가져오는 말할 수 없는 문제들과 어려움에도 불구하고 제2차 바티칸 공의회 이전에는 감히 이러한 규정에 도전하는 이들이 없었다.

그러나 공의회 이후의 여러 사건들을 통하여, 무오성과 불변성의 모습에 금이 가기 시작하자, 일단의 신부들과 신학자들은 이러한 엄격한 이혼 금지 규칙이 내포하는 성경적 정당성과 근거, 그리고 실질적인 지혜에 의문을 제기하기 시작하였다. 이들은 교회가 계속하여 성례로서의 혼인의 성결성과 배우자들의 평생 충실해야 할 의무를 강조하기를 원하였다. 그러나 동시에 그 결혼에서 실패한 이들을 위해 보다 유연성있는 목회적 접근 방법을 취할 것을 제안하였다.

정체성 위기

이러한 혼란 속에서 교회는 신부들, 수사들, 수녀들이 대거 교회를 이탈하는 모습을 보게 되었다. 1962년부터 1974년 사이의 기간동안 미국내 가톨릭 신학생들의 숫자는 31퍼센트나 감소하였다. 그리고 1966년부터 1972년 사이에 무려 8,000명의 미국 신부들이 사임하였다.

이러한 위기의 근본 문제는 과연 신부의 위치와 존재가 무엇인가 하는 정체성의 위기였던 것으로 보인다. 과연 신부가 된다는 것은 무엇을 의미하는가? 신약에 나타난 목회자의 모습과 비교하여 파악하였을 때, 한때 신부직을 둘러싸고 있던 신비성은 거의 사라져 버리게 되었다. 그 뿐 아니라 교회내의 민주적 경향은 전통적인 계급제도를 거의 중세적인 유물로 보이게 만들었다. 또한 교회의 신자라는 신분이 날 때부터 가톨릭이라는 운명적인 것이 아니라, 사회 생활 속의 일부분으로서 개인적인 결정의 결과라는 관념이 강화되면서 교회의 사역을 신부들만이 혼자 담당해야 할 필요가 사라지게 되었다.

수에넨스 추기경에 의하면, 교회 내의 권위의 근원에 관한 충돌은 두 가지 서로 대조되는 신학에서 찾아볼 수 있다. 일파는 교회를 교황의 지존권을 인정하는 것을 중추로 하여 한데 결속되어 있는 영적인 공동체의 교제로서 파악한다. 다른 하나는 교회를 중세적인 초정부적 체제로서 파악한다. 이 정부는 그의 의지를 그 구성원과 사회에 시행하려 하는 절대군주에 의해 통치되고 있다.

수에넨스 추기경은 교회의 미래를 위한 희망을 개인적 신앙을 보다 강조하는 운동, 가톨릭 은사 운동에서 찾았다. 이 운동의 지도자들은 그 근원을 1966년 피츠버그 소재 드케스네(Duquesne) 대학교의 두 평신도 교수가, 자기들은 초대 교회 신자들의 복음을 전파하고 선포하는 권위와 능력을 결여하고 있다는 사실을 자각하기 시작한데서 찾고 있다. 이들은 기도에 열중하기 시작하였다. 이들은 또한 자기들의 고민을 다른 교수들과 함께 나누었다. 그러던 중 1966년 8월, 전국 꾸르실료 총회(National Cursillo convention, 1940년대 후반 유럽에서 시작되었던 가톨릭 부흥 운동)에 참석하였던 두 젊은이가 이들에게 큰 충격을 준 책 한권을 읽게 되었다. 이 책은 프로테스탄트 전도자 데이비드 윌커슨(David Wilkerson)이 쓴 「십자가와 비수」(*The Cross and the Switchblade*)였다. 피츠버그 일대의 프로테스탄트 은사파 신도들과 접촉한 후 몇몇 드케스네 대학교 교수들은 방언을 말하는 것을 표지로 하는 오순절 세례를 경험하였다. 1967년 2월 중순에는, 역사가들이 "드케스네의 주말(the Duquesne Weekend)" 사건을 통해 이러한 경험이 보다 널리 여러 학생들과 교수들 사이에 퍼지게 되었다.

이러한 피츠버그 지역의 경험은 곧 인디아나 주, 노틀담에 소재한 노틀담 대학교(University of Notre Dame)에 전해졌다. 프로테스탄트 순복음 실업인 협회(Protestant Full Gospel Businessmen's Fellowship)의 도움 아래 이루어졌던 가정 기도회들을 통하여 몇몇 가톨릭 신도들이 유사한 세례를 경험하였다. 부활절 직후 "제1회 전국 가톨릭 오순절 총회"가 노틀담 대학교 교정에서 개최되었다. 주로 노틀담과 미시간 주립 대학교 출신의 교수들, 학생들, 신부 등 100여명이 참석하였다. 이 모임은 상당한 주목을 받게 되어 그후 연례적으로 개최되게 되었다. 그리하여 1967년의 100여명이 1972년에는 (7명의 주교와 400명의 신부들을 포함하여) 11,500명으로 증가하였다. 이때쯤 가톨릭 오순절 운동은 가톨릭 성령 쇄신 운동(Catholic Charismatic Renewal)으로 불리는 활기차고, 국제적인 움직임으로 자라 있었다.

1970년대를 마감할 즈음에 로마 교회는 중세의 성체를 연상시키는 모습으로부터 여러 가지 면에서 상당한 거리를 보이고 있었다. 이들의 "분리된 형제들"인 프로테스탄트 신자들과 마찬가지로 가톨릭 교회 역시 사상들이 난무하는 시대를 관통하는 여행은 매우 험하고 불확실한 순례의 길임을 발견하고 있었다.

참고도서

Abbot, Walter M., Ed, *The Documents of Vatican II*. New York: Guild Press, 1966.

Berkouwer, G. C. *The Second Vatican Council and the New Catholicism*. Grand Rapids: Wm. B. Eedrdmans, 1965.

Dolan, John P. *Catholicism, An Historical Survey*. Woodbury, N.Y.: Baron's Educational Series, 1968.

Ranaghan, Kevin & Dorothy. *Catholic Pentecostals*. New York: Paulist Press Deus Books, 1969.

46

역류의 시간
:제3세계의 기독교

미 국, 독일 혹은 스코틀랜드의 기독교 신자들은 아마 사이몬 킴방구 (Simon Kimbangu)의 이름을 별로 들어 본 일이 없을 것이다. 그러나 자이레에서는 3백만 이상의 신자들이 그의 이름을 붙인 교회에 속해 있다. 이는 즉 사이몬 킴방구의 교회가 미국의 감독 교회나 바바리아의 복음주의 루터란 교회, 혹은 스코틀랜드 국교회보다 그 규모가 더 크다는 사실을 의미한다.

1921년 킴방구가 침례교회에 가입할 생각을 하고 있었을 때, 그는 하나님께서 복음을 전파하도록 자기를 부르고 계신다는 확신을 갖게 되었다. 그는 이에 즉각 순종하였는데, 그가 인도한 부흥운동의 결과가 너무나 엄청났기 때문에 당시의 벨기에 콩고(현재의 자이레)정부는 그를 체포하여 투옥시켰다. 그러나 이는 정부측의 오산이었다. 그가 시작한 부흥 운동은 보다 더 급속하게 번져갔다.

오늘날 킴방구의 교회는 290개의 종족들 사이의 5,000개 이상의 종교 기관들 중에 가장 큰 규모를 자랑하고 있다. 선교학자들은 이들 아프리카 교회들을 여러 가지 이름으로 부르고 있다. "예언적, 분리주의적, 메시야적, 천년 왕국적, 시온주의자들" 등이 다 그 명칭들이다. 그러나 아무래도 "아프리카 독립 교회"라는 이름이 가장 어울리는 것으로 보인다. 왜냐하면 이들은 일체

서양 선교사들이나, 그들이 세운 교회들과는 관계를 단절하고 있기 때문이다. 이들 그룹들 가운데 일부는 매우 정통적인 신앙을 유지하고 있으나, 다른 일부는 교회내에 "신적(divine)"인 존재의 인물을 인정할 만큼 이단적인 모습도 보이고 있다. 어쨌든 이들 독립 교파들의 모습은 오늘날 아프리카에서 일어나는 현상을 대표하는 전형적 예라 할 수 있다.

사하라 사막 남부 지방에서 기독교는 숨막힐 듯한 속도로 번져나가고 있다. 매주일 마다 교회당들은 남녀노소의 신자들로 가득차고 있다. 대륙내에 매일 5개의 새로운 교회들이 세워지고 있다. 교회 전문가들은 오늘날, 아프리카의 3억 인구 가운데 1억 가량이 신앙을 고백하는 신자들이라고 추산하고 있다. 이 숫자를 4천만이 채 되지 못했던 1945년과 비교하면서, 교회 성장학 전문가들은 서기 2000년 경에는 아프리카가 기독교 대륙이 될지도 모른다고 예측하고 있다.

이러한 현상은 우리들에게 충격을 준다. 유럽이 더 이상 "기독교 대륙"이 아니듯이 아프리카는 더 이상 "암흑 대륙"이 아닌 것이다.

아프리카는 우리들이 흔히 분류하는 "제3세계"에 속한다. 이는 공산주의도 아니고 비공산주의도 아니면서, 저개발 상태, 혹은 개발도상에 속하는 지역이다. 그러나 사상들(이데올로기)이 난무하는 현대라는 시대에 바로 이러한 제3세계에서 기독교는 새로운 활력을 보이면서 출현하였다.

서양의 세속화

기독교 역사에 있어서 제1차 세계대전은 새로운 전환점을 의미한다. 이 최초의 세계적 규모의 전쟁은 유럽 국가들의 절정기를 의미하는 동시에 이들이 전세계에 산재한 식민지들로부터 철수하는 결과를 가져 왔다. 아시아 및 아프리카 대륙 각처에서 수십개의 독립 국가들이 새로 출현하였으며, 이들은 정치적으로나 종교적으로 세계의 모습을 변화시켰다.

이와 같은 시기에 북 아메리카와 유럽에서는 일찍이 상상할 수 없었던 속도로 세속화 과정이 이루어졌다. 과연 기독교가 한때 기독교권이라 불렸던 지역에서 생존할 수 있겠는가 하는 의문이 생겼다.

우리들은 18세기 이후 서양의 변모를 묘사하는데 흔히 "세속화(secularization)"라는 단어를 사용하고 있다. 중세인들에 있어서는 교회와 국가는 한가지 실재요 현실이었던 "기독교권"이라는 세계를 바라보는 두 가지 측면에 불과하였다. 만약 무엇인가가 하나님의 뜻에 어긋난다는 의미에서 "세상적"이라 한다면, 사람들은 이를 "세속적"이라기보다는 "불신적" 혹은 "이교적"이라는 단어로 표현하였을 것이다.

그러나 18세기의 계몽주의는 이제는 현대인들에게 익숙한 성스런 것과 세속적인 것의 구분을 가져다 주었다. 오늘날 우리들은 종교를 인간 활동 영역의 한 부분으로 생각한다. 이는 그의 생활 영역 전체가 아닌 것이다. 정치, 경제 등 다른 영역들이 인간 생활의 한 부분들을 자기들의 것으로 차지하였다. 설혹 이들 영역에서 하나님의 존재가 완전 무시되는 것은 아니라 할지라도, 그의 율법을 모든 이들에게 강요할 것은 생각지 않고 있다. 하나님의 존재는 실제로, 미국의 정치, 법률, 성 도덕 등의 영역에서 소련의 경우보다 더 특별한 영향을 미치지는 않는다. 오히려 마르크스주의가 만물에 대한 "세속화"의 원칙을 극단적으로 적용하는데 있어서는 보다 더 일관성있다 할 것이다.

이러한 "세속화" 관념은 일반적으로 받아들여지고 있으며, 많은 이들에게 익숙하여졌다. 그리하여 우리가 세속 세계를 언급할 때, 이는 하나님에게 아무런 관심이 없는 인간들의 세계를 의미한다. 이 세계는 그의 뜻을 추구하거나, 알려고 하지 않으며, 민주주의 혹은 마르크스주의를 지지하는 외의 가치나 기준을 인정하지 않는다. 이러한 상황은 한때 기독교 유럽이었던 지역이 "기독교 후 시대" 혹은 "탈 기독교 시대(post-Christian Era)"를 구가하는데서 명백하게 드러나고 있다.

미국 내에서도 이와 같은 많은 세력들이 그 힘을 발하고 있다. 예를 들면 1962년 미 대법원은 뉴욕주 감독 위원회가 작성하였던 초교파적인 기도문을 원하는 학생들이 자발적으로 암송하는 것조차도 헌법에 위반된다고 판결하였다.

그리고 1975년 캘리포니아 주정부는 수난 금요일(고난 주란의 금요일)날 주정부를 세 시간 일찍 닫는 것은 "종교 문제에 관한 정부측의 지나친 간섭"이라고 판결하였다.

그러나 이와 동시에 교회 등록 교인들의 숫자는 인구 증가율을 초과하는 비율로 늘어났다. 1910년 그 비율은 전체 인구의 40퍼센트였다. 1950년에는 50퍼센트로, 1976년에는 77퍼센트로 각각 증가하였다. 해외 선교에 관한 관심도 뜨거워져서 미국이 세계 강국이 되었을 때는 또한 프로테스탄트 세계 선

교의 본부 역할을 하였으며, 로마 가톨릭 선교에도 막대한 자금을 조달하여
주고 있었다. 1973년의 경우 전세계에 소재한 전체 프로테스탄트 선교사들의
70퍼센트가 미국 출신들이었을 뿐만 아니라, 이보다 더 많은 비율의 자금이
미국에 의해 부담되고 있었다.

이들 서방으로부터의 선교사들은 그 초기에 가히 혁명적인 작업들을 하였
다. 이들은 자유의 메시지를 가지고 비서방 전통사회와 대결하였으며, 고루
한 가치관에 도전하는 현대적 사상들을 또한 이입하였다. 많은 국가들에서
선교사들은 특히 고등 교육과 의료 분야에서 사회 공공 사역에 종사하였다.
바로 이러한 사역들의 결과 많은 나라들에서는 교육 받은 기독교 신자 엘리
트 계층들이 출현하게 되었다.

그러나 제3세계를 향해 간 많은 선교사들은 단지 복음뿐만이 아니라 이들
의 성/속을 구별하는 가치관도 함께 가지고 갔다. 이들은 질병들과 재해들을
원인과 결과의 자연적 법칙으로 설명하였다. 이들은 인간 경험의 매우 좁은
분야에 초자연을 국한시켰다. 그리고 무엇보다도 이들은 정치는 종교의 영역
밖에 존재하는 것이라고 가르쳤다. 그 결과 새로운 신생국들의 많은 지도자
들은 기독교가 인간들의 실제 사회 생활과는 크게 관계가 없는 것이라는 관
념에 사로잡히게 되었다.

제3세계의 아직 역사가 짧은 교회들은 아직도 선교 단계에서 발생하는 주
요한 문제들과 씨름하고 있다는 사실을 알 수 있다.

아시아의 기독교

아시아의 기독교를 논할 때 우선 중요한 점은 이곳에는 대중들의 충성을
요구하였던 다른 종교들이 이미 오랫동안 자리잡고 있었다는 사실이다. 이
대륙은 세개의 큰 비기독교 집단으로 나눌 수 있다. (1) 거의 10억을 망라하
는 공산주의. 소련 몰락 이후 세력은 약화되었으나, 아직 중국은 공식적으로
공산주의를 채택하고 있다. (2) 힌두교. 6억의 인구를 사로잡고 있다. (3) 이
슬람교. 3억 이상의 신도를 자랑하고 있다. 많은 정부들은 다시금 민족주의
를 강화하기 위해 전통적 종교들을 부흥시키고자 하기도 한다.

그 결과 아시아의 수백만 인구들이 기독교 신앙에 관하여 들어 본 일도
없이 죽어가고 있다. 1980년까지도 공산 중국과 북한에는 공식적인 교회가
존재치 않았으며, 특히 이슬람교가 강한 아프가니스탄은 완강하게 일체의 기

독교 영향을 거부해 왔다.

힌두교의 중심지인 인도에서는 기독교가 오랫동안 포교활동을 해왔다. 그러나 이러한 포교활동은 인도 정부의 면밀한 감시 속에서 실시되었던 것이다. 1947년 독립과 함께 인도 정부는 외국 선교사들의 입국을 제한하였다. 이러한 제한에도 불구하고, 기독교는 마 토마(Mar Thoma, 시리아 정교)파, 로마 가톨릭, 프로테스탄트 등으로 이루어져, 특히 인도 북부 지방의 천대받고, 주술적 신앙에 젖어있는 부족들에게서 이미 그 기반을 이룩하고 있다. 1974년 기독교 인구는 1천 4백만에 이르게 되었다.

이러한 지역들과는 달리 기독교가 획기적으로 성장한 지역들도 또한 볼 수 있다. 1914년 한국에는 80,000명의 로마 가톨릭 신자와 96,000명의 프로테스탄트 신자들이 있었다. 제1차, 제2차 세계 대전들 사이의 여러 가지 고난과 시련에도 불구하고 기독교는 괄목할만한 발전과 성장을 이루었다. 1950년 북한이 남한을 침범하였을 때에도 기독교는 많은 고난을 겪었다. 그러나 1953년의 휴전 협정 체결 이후 북미에서 파송된 선교사들의 도움을 힘입어 기독교는 남한에서 급속한 발전상을 보였다. 오늘날 로마 가톨릭과 프로테스탄트 인구의 합계는 전 인구의 거의 4분지 1을 넘는 것으로 기록되고 있는데, 이는 인구 자연 증가율의 4배를 훨씬 넘는 경이적인 성장을 기록해 온 것이다.

이외에도 필리핀 제도, 버마, 인도네시아 일부 지역들 등에서는 주목할 만한 성장을 기록하였다. 그러나 아시아는 전체적으로 볼 때 아직 복음이 제대로 미치지 못한 지역으로 구분된다. 제대로 정확한 숫자를 파악할 수도 없는 무수한 인구와 급속한 인구 성장률은 선교사역에 큰 부담이 되고 있다. 1975년, 아시아 기독교 인구는 8천만에 달한다고 하였다. 그러나 이는 수십억 인구에 비교해 볼 때 결코 만족할 만한 숫자가 아니다.

라틴 아메리카는 이와는 날카로운 대조를 이룬다. 수세기를 두고 리오 그란데(Rio Grande) 강 남부의 몇몇 국가들은 기독교 국가라는 이름을 들어왔다. 이 지역을 정복하고 다스린 것은 가톨릭 국가들인 스페인과 포르투갈이었다. 그러나 최근에 들어서는 로마 가톨릭 교회 자체의 통계가 인구 중 겨우 17퍼센트 가량만이 진정한 의미에서 신자라 할 수 있다고 밝히고 있다. 프로테스탄트 측은 이러한 통계마저도 너무 높게 측정된 것으로 본다.

1914년에 프로테스탄트 신자들은 겨우 500,000명에 불과하였으며, 이들은 항상 정부와 가톨릭 교회의 박해 대상이었다. 그러나 제2차 세계대전 이후 복음주의적 선교사들이 대거 라틴 아메리카로 들어가 그 상황을 변화시켰다. 1970년대 말, 프로테스탄트 신자들의 숫자는 최소한 2천만에 이르고 있었다.

그런데 라틴 아메리카인들에게 복음을 전하는데 특히 큰 역할을 담당하였던 것은 다름아닌 오순절파 신자들이었다. 라틴 아메리카 신자들의 대략 3분지 2 가량은 오순절파이다. 이들은 특히 칠레와 브라질에서 성하는 모습을 보였으나, 1975년부터는 멕시코, 아르헨티나 등에서도 막강한 교회로 성장하였다. 이들의 교회당들은 20명으로부터 25,000명까지의 신자들이 출석한다.

오순절파 교파들과 직접 관련되지 않은 은사 운동들도 브라질, 아르헨티나, 코스타리카 등지의 좀 더 전통적인 교파들 사이에서 성장하였다. 이들은 프로테스탄트들뿐만 아니라 로마 가톨릭 교회들까지도 파고 들어갔다.

제2차 바티칸 공의회는 라틴 아메리카의 로마 가톨릭교회의 모습에 큰 변화를 유도하였다. 새로운 에큐메니칼 정신이 고양되었고, 주교들은 신자들에게 성경 읽기를 강조하였다. 신부들은 일반 신자들이 알아 들을 수 있는 말로 미사를 집전하였으며, 사회 양심의 문제가 각성되었다. 이러한 새로운 모습들은 가톨릭 신자들 사이에 분열의 양상을 가져 왔다. 많은 숫자의 성직자들은 보수적 입장을 견지하여 과거를 지키고자 하였다. 일부 진보파들은 기독교의 사회적 메시지를 강조한 나머지 마르크스주의에 동조하기도 하였다. 또 다른 진보파들은 성경으로 돌아갈 것과, 기독교 신자의 생활을 강조하는 영적 측면을 강조하는 노선을 취하기도 하였다.

빛나는 대륙, 아프리카

그러나 아프리카는 암흑 대륙이 아니라 기독교 복음화에 있어서 빛나는 지역으로 나타나게 되었다.

백 년이 넘는 아프리카 식민시대는 1950년에서 1975년 사이에 갑자기 그 종막을 고하게 되었다. 1975년까지 42개 아프리카 국가들이 독립을 쟁취하고 국제 연합에 가입하였다. 이제 식민지 상태의 지역은 얼마 되지 않았다.

이러한 신생국들의 지도자들은 대부분 선교사들이 세운 기독교 학교들에서 교육받은 인재들이었다. 프로테스탄트와 가톨릭은 모두 교육을 이들 선교의 중심사역으로 삼아왔다. 오랫동안 이들 교육기관들은 기독교 복음 전도를 위한 통로 역할을 하였다.

1950, 60년대의 독립과 함께 신생 정부들이 주로 이 학교들을 접수하였다.

그러나 신자들의 숫자는 계속 증가하였다. 1935년 루안다-부룬디에서 발생한 부흥운동은 우간다, 케냐, 탄자니아 등지의 교회들에 큰 영향을 미쳤다. 1978년 케냐의 아프리카 내지 선교회(Africa Inland Mission)에 속한 교회들만도 백만명 이상의 신자들을 기록하였다. 같은 해 서해안에 자리잡은 나이제리아의 서 아프리카 복음파 교회는 1400개 개교회에 50,000명의 신자들을 기록하고 있다. 어떤 통계에 의하면 아프리카 전체의 신자들은 이 시기에 1억에 다다랐다고 하였다.

이러한 아프리카 교회 신자들의 성장과 그 신앙열에 깊은 감명을 받은 서양 관찰자들은 얼마 안되어 아프리카로부터 유럽과 미국으로 "복음의 역류" 현상이 일어날 것이라고 예측하기도 하였다.

이러한 관찰은 결코 불가능한 예상은 아니다. 왜냐하면 일부 지역의 아프리카인들은 이미 상당한 규모의 선교활동에 종사하고 있기 때문이다. 예를 들어 서 아프리카 복음파 교회는 수단, 차드, 니제르, 베닌, 가나 등지에 완전히 나이제리아 교회의 지원을 받는 200명의 아프리카 출신 선교사들을 파견하고 있다.

로마 가톨릭 교회에서도 이러한 현상을 볼 수 있다. 1975년까지 로마 교회는 129명의 아프리카인 주교들, 22명의 대주교들, 5명의 추기경들을 임명하였다.

그러나 급격하게 변화하는 세계 속에서, 프로테스탄트와 가톨릭 선교사들은 모두 심각한 문제들에 직면해야만 하였다.

첫번째는 근본적으로 선교의 정의 자체에 관한 것이었다. 과연 선교의 내용과 의미는 무엇이겠는가?

이 질문에 관한 두 가지 근본적으로 다른 응답들이 나타났다. 하나는 선교사들의 사명을 세계는 아직도 구세주를 필요로 하고 있다는 데서 찾았다. 다른 한 대답은 전도를 인간들이 당하는 사건들에 개입하고 이를 해결하는 것이라 하였다.

동양의 종교문화에 관한 저명한 가톨릭 신학자 장 다니엘루(Jean Danielou)는 다음과 같이 이 갈등을 설명하였다.

"현재 기독교가 당면한 위험은 기독교가 세속화, 세상화되어 일종의 사회주의적 인도주의로 전락할 가능성이 있다는데 있다. 세상이 필요한 것은 이러한 것이 아니다. 만약 기독교 신자들이 이 세상에 단지 이러한 인도주의만을 제공할 수 있다면, 이들의 역할은 곧 무용지물이 될 것이다. 왜냐하면, 세상에는 항상 뛰어난 사회주의자들, 교사들, 모범적인 도덕주의자들이 존재하고 있었기 때문이다. 이들은 사람들을 위해 많은 봉사를 하였으나, 이들은 인간들을 구원하지는 못했다.

"오늘날 세상이 절실히 필요로 하는 것은 더 위대한 사회적 조직이 아니라 구세주이다. 오늘날의 인간들은 그의 존재에 관한 근본적 질문에 해답을 줄 수 있는 누군가를 필요로 한다. 그 어떤 사회 체제도 이러한 해답을 제공하지는 못하였다."

제2차 바티칸 공의회의 대표들은 이러한 다니엘루의 평가에 찬성하는 모습이었다. "교회의 선교 활동에 관한 칙령"을 살펴보면 선교 활동이란 "아직 그리스도를 알지 못하는 인간들 사이에 복음을 전파하며 교회를 세우는 것"이라고 정의되고 있다.

그러나 모든 이들이 교회의 선교 사역을 영원한 생명의 구원이라는 측면으로 파악한 것은 아니었다.

1961년 뉴델리 회의에서 국제 선교 위원회가 세계 교회 협의회로 귀속된 후 프로테스탄트 진영에서는 사회적 필요성을 강조하는 음성들이 더욱 증가하게 되었다. 1968년 스웨덴 웁살라에서 세계 교회 협의회 총회가 모였을 때, 이들은 다음과 같은 보고서를 공식적으로 채택하였다. "우리들은 보다 완전한 정의, 자유, 인간의 존엄성의 성취를 그리스도 안에서의 진정한 인간의 회복의 일부로서 파악하여야 한다. 이러한 상황은, 비록 우리들과 동일한 신앙적 전제들을 갖고 있지 않은 이들과도, 그 공동의 목표를 성취하기 위해 보다 개방적이고 겸손한 협력과 동반을 이룩하도록 요청하고 있다."

인본주의에 대한 저항

세계 교회 협의회 내외의 복음주의적 프로테스탄트 신자들은 이러한 형태의 "프로테스탄트 선교의 인본주의적 전향"에 대해 심각한 우려와 실망을 표시하였다. 이들은 1970년, 이들에 대한 저항의 표시로 "프랑크푸르트 선언(Frankfurt Declaration)"을 발표하였다. 독일의 선교 지도자들은 "과연 인간화가 유일한 인류의 희망인가(Humanization — the Only Hope of the World)?"라는 질문을 던졌다. 이러한 질문이 좀 더 심각한 양상을 띠었던 이유는 당시 독일 대부분 교회들은 세계 교회 협의회에 속해 있었다는 사실이었다. 그리하여 협의회가 진정한 교회의 사명으로부터 멀어지고 있다고 믿었던 이들 지도자들은 그 방향을 바꾸어 주도록 요구하였다.

상당한 시간이 더 흐른 후에야, 프로테스탄트 선교가 과연 어떤 방향으로 흘러갈지 그 윤곽이 드러날 것이다. 그러나 일부 교회 지도자들은 이처럼 서로 대치되는 두개의 방향을 한데 조정하기에는 이미 그 시기를 놓쳤다고 생각하고 있다.

세계 선교의 두 번째 문제는 문화의 위기, 혹은 "문화화(Contextualization)"의 문제이다.

문화는 상류 사회의 독점물이 아니다. 이는 오페라, 서적들, 미술품들 이상의 것이다. 선교학에서의 문화란 이 세상에서 인간이 존재하는 양식 자체를 의미한다. 개인들에게 영향을 미치는 집단적 사상들과 감정, 정서, 그리고 과거와의 연계, 그의 물질적 창조를 통한 실존의 표현 방식 일체들을 모두 포함하고 있다.

우리들의 이 세상 속에서의 기독교의 역할을 생각할 때 문화의 문제가 대두되기 마련이다. 교회는 비록 초자연적인 근원을 주장하지만 인간 역사를 무시하고 이로부터 도피할 수 없다. 과연 교회는 이 세상에서의 생활과는 무관계한 것일까? 인간들의 전통과 관습들을 부인해 버리고 새로이 창조하여야 할까? 혹은 반대로 교회는 완전히 인간들의 생활에 젖어들어가야 할 것인가? 또한 한 사회나 그 국가의 예술과 관습이 기독교 신앙과는 대치되는 종교들과 긴밀히 연결되어 있을 때에는 어떻게 할 것인가?

선교 전문가들은 이러한 질문들에 대한 응답에서 서로 그 입장들을 달리하고 있다. 어떤 이들은 진정한 신앙이 오염될 것을 우려하여 매우 배타적인 입장을 취한다. 어떤 이들은 기독교가 아프리카나 아시아의 토양 자체에서 양분을 흡수하기 전에는 절대로 아프리카, 아시아에서는 그 뿌리를 내릴 수 없다고 단언하기도 한다. 이는 물론 비서양적 문화를 의미하는 것이다. 한국 출신의 학자 노 봉린 박사는 한때 스리랑카 출신의 학생으로부터 다음과 같은 말을 들은 일이 있었다. "우리들 기독교 신자들은 문화적 정체성을 상실하고 있다. 우리들은 너무나 오랫동안 문화를 결여한 좀비(zombie, 허깨비)처럼 살아 왔기 때문에 이러한 상태가 마치 당연한듯이 생각하게까지 되었다. 기독교 신자들은 자신들의 문화로부터 스스로를 분리, 이탈시키는 경향이 있다. 즉, 외국 선교사들은 우리들을 '복음주의적 로보트'들로 만들어 버린 것이다."

이와 관련된, 세 번째 문제는 세계의 다른 종교들에 관련한 것이다.

서양이 세계 다른 지역의 무수한 인구들에게 가히 혁명적인 가치관의 변화와 생활 태도를 부여해 주었다는 것은 의심할 수 없는 사실이다. 이러한 혁명을 감당하기 위하여 많은 이들이 종교를 찾고 있다. 그러나 이들이 선택하는 종교는 서양화된 기독교, 혹은 이러한 기독교의 식민지주의와의 관련이 아니다. 이들은, 서양 교회가 미처 취급하지 못하는 생활의 측면들에 관심을 가지고 있는 자기들의 고유 종교, 혹은 "모국화된" 형태의 기독교(이러한 형태는 매우 민족주의적이거나, 혹은 이들 고유의 사상들이나 관습들을 중요시한다)에 귀의하는 것이 대부분이다.

예를 들어, 석유로 부유하게된 아랍 제국들은 이슬람교의 부흥을 가능하게 하였다. 아시아 전역에 걸쳐, 심지어는 미국의 대도시들에도 아름다운 장식을 한 모스크들이 건축되고 있다. 몬로비아, 이바단, 캄팔라, 나이로비, 키갈리 등 아프리카 도시들에는 거대한 이슬람 센터들이 세워지는 중에 있다. 그리고 매년 사우디 아라비아의 메카를 순례하는 아프리카인(특히 나이제리아인)들의 숫자는 증가 일로에 있다.

또한 아프리카 고유 종교들의 모습이 학자들의 관심을 끌고 있으며, 현대화 되어가고, 일반인들에게 인정을 받아가고 있다. 이러한 종교들의 주창자들은 시간이 좀 더 흐르면, 바로 이러한 고유종교들이, 아프리카인들의 눈으로 볼 때는 역시 외국으로부터의 수입품이라 할 수 있는 기독교나 이슬람의 세력을 압도할 수 있으리라고 믿고 있다.

이처럼 부흥의 모습을 보이고 있는 세계 종교들의 물결 속에서 기독교는 과연 어떻게 다른 종교들과의 관계를 정립할 것인가 하는 질문에 부딪히고 있다. 이에 관해 배타적인 접근 방법을 택할 것인가? 예를 들어 이슬람은 완전히 허위이므로 기독교에 대한 적대세력으로서 간주할 것인가? 아니면, 보다 포괄적인 접근 방법을 사용할 것인가? 즉, 이슬람을 하나의 기독교를 위한 준비단계의 신앙으로, 제3세계를 기독교로 인도하는데 몽학 선생의 역할을 하는 과정으로서 다룰 것인가?

선교 초기에는 대부분 서양 교회들에게만 해당되었던 이러한 여러 문제들을 두고 제3세계의 교회들은 번민하고 있다. 그 막대한 수적 성장은 좀 더 낙관적인 전망을 제공한다. 그러나 이러한 좀 더 밝은 면을 바라보면서도,

기독교 신자들은 더 실질적으로 대결하고 해결해야만 하는 한층 어두운 면들을 망각해서는 안될 것이다.

참고도서

Beetham, T. A. *Christianity and the New Africa.* New York: Frederick A. Praeger, 1967.

Hardon, John A. *Christianity in the Twentieth Century.* Garden City, N.J.: Doubleday, 1971.

Latoulette, Kenneth Scott. *History of Christianity.* Vol. II, Reformation to the Present. Rev.ed. New York: Harper & Row Publishers, 1975.

Neill, Stephen. *A History of Christian Missions.* Middlesex, England: Penguin, 1966.

Scott, Waldron, Ed. *Serving Our Generation.* Colorado Springs: World Evangelical Fellowship, 1980.

에필로그

2000 년의 세월이 흐른 오늘날, 기독교는 적어도 공식적으로 지구 인구의 3분지 1을 차지하고 있다. 유대의 한 지방에서 일단의 어부들, 세리들, 그리고 젊은 말썽꾼들에 의해 시작되었던 이 신앙은 전 세계로 전파되어 거의 10억의 사람들을 이끌고 있다.

그런데, 현재 기독교의 한 가지 특이한 점이라 한다면, 신앙을 고백하는 신자들 가운데 이러한 기독교의 역사를 제대로 공부한 이들이 거의 없다는 사실이다. 옛날에는 한 종교인이 다른 종교를 신봉하는 이들을 만날 기회가 거의 없었다. 다른 종교에 대항하여 자기의 종교나 신앙을 변호하고 수호해야할 필요성이 거의 없었다. 그러나 대중 매체에 의해 전세계가 이웃처럼 되어버린 오늘날에는 기독교 신자들의 무식을 정당화시킬 수 없다.

교회와 국가의 분리라는 개념은 공공 교육계에서 종교가 거의 자취를 감추게 만들었다. 그러나 많은 교파들의 경우에 소위 "기독교 교육"도 성인 신자들이 자기들이 고백하는 신앙을 제대로 이해하고 설명할 수 있는 역할을 하지 못하고 있는 것을 볼 수 있다. 이러한 상황 아래서는 소위 신자들이 자기들의 정통적 신앙 속에 상당한 오류들을 포함시키고 있거나, 혹은 일부 이교도들의 생활을 "기독교적" 태도로서 받아들이고 있다는 사실을 보고 경악할 하등의 이유가 없는 것이다.

보다 유식한 기독교 신자들은 "만약 의로운 이들이 겨우 구원을 얻는다면, 불경건한 자들, 죄인들은 어디에 나타나리요?"(벧전 4:18)하는 질문을 던지고 싶은 유혹을 받을지도 모른다. 그러나 우리들은 개인들의 오류와 실수는 겨우 그 절반에 지나지 않음을 알고 있다. 이들은 너무나 자주 교회가 스스로의 가장 큰 대적이었으며, 전혀 짐작치도 못했던 방향으로부터 부흥과 갱신의 새 기운이 불어 왔던 것을 알고 있다. 그 역사를 통해 교회는 무수하게 많은 순간, 무언가 눈에 보이지 않는 능력이 그 존재를 위협하는 위험을 물리치고, 위기를 어떻게 성장을 위한 기회로 전환해 왔는가를 익히 알고 있다. 이단의 전파는 교회의 기본적 진리들을 보다 명백하게 정의하는 기회를 주었다. 그리고 야만족들의 갑작스런 출현은 교회의 확장을 위한 최선의 기회가 되었다. 이처럼 새로운 도전들에 대응하고, 부흥과 갱신의 새로운 활력을 찾아내었던 능력이 기독교 성장을 위한 비결들 가운데 하나였다.

전진이란 곧 과거를 제대로 파악하고 연구하는데 있다. 예수님의 생애 속에 나타난 하나님의 모습과 형상을 공부하는 것이다. 이러한 작업을 통해 교회는 부활하신 메시야이신 예수님에 대한 신앙, 그리고 그를 통한 죄의 용서의 소망을 새로이 가질 수 있다. 그리고 역사를 살펴보면, 바울의 생애를 통하여, 은혜의 복음은 국경, 인종, 남녀, 문화의 장벽을 초월하는 것을 볼 수 있다.

이러한 진리를 받아들인 보편 교회는 지중해 세계 전체를 통해 급속히 확장되었다. 교회는 영지주의, 마르키온주의, 몬타누스주의 등에 대결하여 싸웠으며, 사도들의 가르침과 그 교훈을 수호하였던 감독들에 의지하여 허위를 허위라고 밝혀내었다. 동시에 기독교 신자들은 로마 제국의 박해하는 세력에 대항하였으며, 영웅적인 순교자로서, 혹은 복음의 증인으로서 기꺼이 목숨을 바침으로써 다른 이들에게 불굴의 영감의 원천이 되었다.

터툴리안이 말하였듯이, 순교자들의 피는 제국 전체를 개종시켜 풍성한 수확을 거두어 들였다. 콘스탄티누스 대제가 그리스도의 환상을 보았던 312년, 기독교 제국의 시대가 그 문을 열었다. 4세기를 맞기 전에 기독교는 막강한 로마 제국의 공식 종교의 위치를 차지하였다. 이제 지하감옥으로부터 궁정으로 옮겨온 기독교는 어떤 역할을 담당할 것인가?

황제의 지도 아래, 교회는 대중을 위한 신앙고백을 정의함으로써 권력자들을 섬기는데 익숙해져 갔다. 그리하여 위대한 종교회의들의 시대가 도래하였다. 그러나 동시에 화려한 궁정 생활을 혐오하였던 이들은 또 다른 은혜의 통로를 찾기 위해 광야를 향해 갔다. 그리하여 세인들의 존경을 받게된 은자들은 미래의 물결이라 할 수 있었던 새로운 운동, 수도원 운동의 전위에 서게 되었다.

그러나 대부분의 신자들은 기독교회와 로마제국의 결합 속에서 하나님의 손길을 발견하였다. 동방의 경우 이러한 혼인은 1000년 동안이나 지속되었다. 1453년, 이슬람 교인들이었던 침략자 터키인들에 의해 비잔틴 제국이 그 종말을 맞기까지 여기서는 정통적인 황제들의 지원 아래 신비적인 경건주의가 꽃을 피웠다. 그러나 콘스탄티노플의 함락은 새로운 동방 정교회의 수도인 모스크바의 출현을 의미하였다.

서방의 이야기는 이와는 달리 전개되었다. 5세기 이후, 야만 게르만 족과 훈족들이 제국의 방어망을 뚫고 영원의 도시 자체를 함락시켰을 때, 사람들은 이에 관한 설명을 얻기 위해 어거스틴의「하나님의 도성」을 읽었다. 이들은 그 속에서 미래를 위한 새로운 비전을 발견하였다. 우리들은 이 시대를 가리켜 "중세"라 부른다. 그러나 중세인 자신들은 이를 가리켜 "기독교" 시대라 이해하였다.

그 이유들은 서방 제국이 함락한 폐허의 자리에 들어가, 그 옛날 로마의 영화 위에 중세 교회를 건설하였던 교황의 역할에서 찾을 수 있다. 제국의 과거를 연결하는 유일한 존재로서 로마 교회는 베네딕트 파 수도사들을 동원하여 게르만 민족을 향한 대사들로서 파견하였다. 이 과정은 수세기가 소요되는 것이었으나, 교황들은 기독교 영주들의 도움에 힘입어, 점차 대륙을 교화시켜 이를 기독교권, 즉 기독교 유럽이라 이름하였다.

그러나 세례 받은 대중들은 실질적으로는 세례 받은 이교도들에 불과하였다. 10세기에는 영적 부흥과 갱신이 시급하게 되었다. 그 개혁의 물결은 중앙 프랑스의 클뤼니라는 수도원에서 시작하여, 결국은 교황청에까지 미치게 되었다. 교회의 개혁을 이룬 교황들 가운데 가장 뛰어난 인물은 그레고리 7세였다. 그의 열정적 후계자들은 교황의 권력을 사상 최고의 자리에까지 올려 놓았다. 12세기의 교회는 더 이상 제국을 묶는 끈이 아니라, 제국 그 자체였다. 아일랜드에서 팔레스타인까지, 그리고 지상에서 영원에까지 이르는 영적인 동시에 세속적인 왕국이었다. 십자군 원정과 스콜라 신학들은 모두 이러한 교황 주권의 모습을 반영하는 증거들이다.

그러나 권력은 부패한다. 교회는 세상을 얻었으나, 그 영혼을 상실하였다. 바로 이것이 일단의 개혁가들이 부르짖은 바였다. 발도파, 프란체스코회, 그리고 알비파들은 대표적인 개혁을 시도하였던 모습들이다. 세속 권력을 둘러싼 투쟁과 고갈된 종교성의 허무와 불만 속에서 많은 신자들은 새로운 비전과 갱신을 찾아 성경으로 돌아갔다.

개혁은 분노의 파도로 왔다. 처음 나팔을 분 것은 마틴 루터였으나, 곧 그의 주위에 위대한 인물들이 모여들었다. 우리가 종교개혁의 시대라 부르는 기간 중에 프로테스탄트 교회가 탄생하였다. 루터파, 개혁파, 성공회, 재세례파들은 바로 이때 등장하였다. 16세기 중엽, 종교개혁은 서부 유럽의 전통적인 통일성을 깨뜨려 버리고, 종교 복수주의의 유산을 현대에 남겨 주었다.

로마 교회는 전통을 방패로 이러한 공격에 저항하였다. 로마 교회는 새로운 병사들, 특히 예수회를 동원하였다. 로마 교회는 아시아, 아프리카, 라틴 아메리카 등지에 새로운 선교사들을 파견하였다. 로마 교회는 프랑스, 네덜란드, 독일 등지에서 전쟁을 벌였다. 그러나 그 결과는 어쩔 수 없는 기독교권의 몰락이었다. 그 대신 그 자리에는 교회의 교파적 존재라는 새로운 개념이 나타났다. 교파주의는 현대국가들로 하여금 교회들을 국가와는 별개의 자발적 조직 단체들로서 취급할 수 있는 길을 열어 주었다.

17세기에는 여러 가지 사상과 철학들이 출현하였다. 그러나 이 가운데 가장 강력했던 것은 이성 그 자체였다. 이성은 외쳤다. 왜 하나님이 필요한가? 인간은 스스로의 문제들을 혼자 해결할 수 있다. 기독교 신자들은 이에 저항하였으나, 결국 이러한 사조 곧 세속주의가 서양 사회의 공적 생활 영역을 채우게 되었다. 하나님의 존재는 개인적인 선택의 대상으로서만 잔존하게 되었다.

기독교인들은 더 이상 세속 정부에 이러한 이단들을 처리해 달라고 부탁할 수 없었다. 그리하여 이들 중 많은 이들은 사도들의 모범대로 기도와 설교에 몰입하게 되었다. 그 결과 일련의 복음주의적 부흥들이 이루어졌다. 경건주의, 감리교, 그리고 대각성 운동들은 모두 이러한 예들이다. 설교와 개인들의 개종을 통해 복음주의자들은 하나님을 다시 공공생활의 영역에 복원시키고자 하였다.

진보의 시대에 기독교인들은 세속주의의 진격에 대항하여 용감한 싸움을 벌였다. 복음주의적 각성을 통하여 세상 끝까지 그리스도의 복음을 전하려는 노력이 새로이 불붙게 되었다. 그리고 산업화된 유럽과 북아메리카에는 사회봉사의 사역들이 나타나기 시작하였다. 로마 성채의 누각들로부터는 가톨릭 신앙의 현대적 적수들에 대한 화살들이, 스스로 수세를 취한 교황들로부터 날아가기 시작하였다. 그러나 신자들의 최선의 노력들에도 불구하고 기독교는 점차 서양 세계의 공공 생활로부터 밀려나기 시작하였다. 그리하여 오늘날까지도 우리들이 씨름하고 있는 문제들과 고민하게 되었다. 더 이상 기독교적 사상의 전제들이 통하지 않는 복수주의적이요, 전체주의적 사회 가운데서 기독교인들은 과연 어떻게 도덕적 영향력을 행사할 수 있겠는가 하는 문제였다.

세속 인간들의 충성심을 요구하는 새로운 신들이 나타나기 시작하였던 사상들의 시대에 이러한 문제의 깊이는 더욱 심각하여졌다. 나치즘은 국가를 신격화하고, 공산주의는 당을 숭배하였으며, 그리고 미국의 민주주의는 개인들과 이들의 권리를 중요시하였다. 소위 계몽되었다는 서부 유럽 제국들이 이러한 새로운 신들의 자리를 마련하기 위하여 두 차례의 세계 대전을 거치게 되었다. 어느 한 사상이 압도적인 우세를 차지하지 못하게 되었을 때, 과거 기독교 국가들 사이에는 공존을 위한 냉전이 존재하게 되었다. 이러한 혼란의 시대들을 통해, 교파들은 정통 신학과 자유주의 신학을 둘러싼 투쟁들을 겪었으며, 상실한 교회의 통일을 회복할 수 있는 새로운 길들을 찾기도 했으며, 사도들의 경험에 대한 새로운 갈망을 보이기도 하였다.

제2차 세계대전 이후, 제3세계에는 활기찬 새로운 기독교의 모습이 나타나면서, 오래된 신앙을 위한 새로운 소망을 제공하였다. 신-이교 국가들이라 할 수 있는 유럽과 미국의 선교사들이 과연 아프리카와 라틴 아메리카에 복음을 전파함으로써 미래를 위한 기독교의 몫을 마련하는데 성공하였는가?

그 대답은 시간이 흐른 후에야 할 수 있을 것이다. 그러나 신앙은 언제나 지상의 상황을 초월하는 것이므로 소망을 간직할 수 있다. 그들의 자신은 한 인격적 존재 위에 기초하고 있다. 인류 전체의 역사를 통하여 예수 그리스도보다 더 많은 인간들과, 사건들과, 상황들에, 더 오랜 영향을 끼친 존재는 없다. 그의 형상의 명암은 인간들의 필요에 따라 변화하는 것 같기도 하다. 유대인 중 남은 그루터기들을 위한 메시야, 헬라 출신 변증가들을 위한 지혜의 화신, 제국 교회의 우주적인 제왕, 정통 교회 회의들을 위한 신적인 로고스, 교황청이 숭상하였던 우주의 지배자, 사도적 청빈주의 모델이었던 금욕주의자, 복음주의적 부흥사들이 외쳤던 개인적 구세주들은 다 그의 모습들이었다.

진정 그분이야말로 모든 시대와 상황을 위한 인물이다. 많은 이들이 그의 가치를 무시할 때, 또 많은 이들이 그를 지나간 시대의 쓸데없는 유물로 취급할 때, 교회의 역사는 그가 결코 역사의 무대 중심에서 사라지지 않을 것

을 잠잠히 증언하고 있다. 그의 명칭은 바뀔지도 모른다. 그러나 그의 진리
는 모든 세대들을 위해 끝내 남아 있을 것이다.

주

제1장
십자가 처형의 모습은 뱀버 가스코인(Bamber Gascoigne)의 *The Christians* (New York: Morrow, 1977), p. 17에서 인용하였음.

이 장에 나타난 인용구들과 많은 실제적 묘사들은 *Great People of the Gospel and How They Lived* (Pleasantville: Reader's Digest Association, 1968), pp. 308, 338, 370, 379-381을 참고하였음.

제2장
안디옥의 묘사와 예루살렘에 관한 인용과 그 함락의 모습은 *Great People of the Bible*, pp. 406-407과 390에서 인용.

제3장
아브갈 왕에 관한 기록은 Eusebius' *Ecclesiastical History*, 제1권 13편에 나타남.

워드 가스크 교수의 이레내우스 및 터툴리안에 관한 소개말은 Eerdman's *Handbook to the History of Christianity* (Grand Rapids, 1977), pp. 75-77을 보라. 팀 다우리(Tim Dowley)가 편집한 이 책은 기독교 역사에 관한 가장 뛰어난 입문서라 할 수 있다.

켈수스의 기독교에 관한 비판은 Origen's *Against Celsus* 제3권 44편에 나타남.

기독교인들의 생활에 관한 줄리안의 견해는 그가 갈라디아 지방의 대사제 알사시우스(Arsacius)에게 보낸 서신들 가운데 포함되어 있는데, 이 서신은 소조멘(Sozomen)저 *Ecclesiastical History*의 제16권을 보라.

제4장
폴리캅의 순교(*The Martyrdom of Polycarp*)는 초대 교회에 널리 알려졌던 이야기이다. 시릴 시 리처드슨(Cyril C. Richardson) 편집의 *Early Christian Fathers* (Philadelphia: Westminster, 1953), pp.141-158.

유대인과 기독교인들의 전도에 대한 태도의 차이는 Paul Hutchinson and Winfred E. Garrison의 20 *Century of Christianity* (New York: Harcourt, Brace and Co., 1959), pp. 30-31.

트라얀에게 보내는 플리니의 서신은 J. Stevenson 이 편집한 *New Eusebius* (London: S.P.C.K., 1960), pp. 13-14.

복음이 급속히 전파되었던 이유에 관하여는 헨리 채드윅의 초대 교회사 Henry Chadwick, *The Early Church* (Middlesex: Penguin, 1966), pp. 54-60.

제5장

마하트마 간디의 인용구는 Robert Johnson's *The Meaning of Christ* (Philadelphia: Westminster, 1958), p. 63.

"신앙과 신학"에 관한 토론은 J.W.C. Wand's *The Four Great Heresies* (London: AR Mowbray, 1955), 제 1장.

찰스 빅의 인용구는 Charles Williams's *Descent of the Dove* (New York: Meridian Books, 1956), p. 23.

고대 로마 신경은 *Documents of the Christian Church*, edited by Henry Bettenson (London: Oxford University Press, 1963), pp. 23-24.

시 에스 루이스의 인용구는 *Mere Christianity* (New York: Macmillan, 1952), 제2권 제5장.

처녀와 탄생의 비교는 William Hordern's *A Laymen's Guide to Protestant Theology* (New York: Macmillan, 1974), p. 13.

제6장

시칠리아의 신자에 관한 기록은 Herbert B. Workman's *Persecution in the Early church* (London: Charles H. Kelly, 1906), pp. 275-276에서 인용.

성경의 의미에 관한 오리겐의 견해는 그의 저술 *On First Principles* 제4권, 7, 8편.

외경에 관한 논란은 Floyd Filson의 *Which Books Belong in the Bible?* (philadelphia: Westminster, 1957)에 잘 설명되어 있다.

제7장

"One Early Christian"과 Athenagoras에 관한 인용은 Adolph Harnack's *Mission and Expansion of Early Christianity* (New York: Harper, 1962), pp. 207-209.

이 장은 Roland H. Bainton's *Christendom* Vol.I (New York: Harper & Row, 1964, 1966)에 포함된 "Forgiveness of Sins"로부터 많은 부분이 인용되었다. 키프리안의 견해에 대한 베인턴의 설명을 더 쉽게 해설한 것이다.

제8장

철학에 대한 터툴리안의 반박은 그의 저서 *Prescription against the Heretics* 제7편에 나타나고 있다. 창조의 목적에 관한 오리겐의 인용은 그의 저서 *On First Principls* 제2권, 11편, 4편 등을 보라.

지혜에 관한 클레멘트의 견해의 인용은 August Franzen's *A History of the Church* (New York : Herder and Herder, 1969), p. 37.

제9장
디오클레티안과 갈레리우스의 Hutchinson and Garrison's *20 Centuries of Christianity*, pp. 44-48. 인용문도 이 책에서 나온 것이다.

테오도시우스에게 보낸 암브로시우스의 서신(제51호)은 Robert Payne's *Fathers of the Western Church* (New York : Viking Press, 1951), pp. 78, 79 가운데 인용되어 있다.

뱀버 가스코인의 인용문은 그의 *The Christians*, pp. 44-45.

제10장
감독의 말의 인용문은 닛사의 그레고리의 말이며, 그 내용은 W. H. C. Frend's *The Early Church* (Philadelphia: Lippincott, 1966), pp. 186-187.

니케아 신경은 여러 문헌들에 나타나고 있으나, 특히 Phillip Schaff's *Creeds of Christendom* Vol.II(New YOrk : Haper, 1919), pp. 58-59.

가이사랴의 유세비우스의 인용구는 *Life of Constantine*, III, 15.

윌리엄 호오던의 일화는 그의 저서 *A Laymen's Guide to Protestant Theology*, pp. 15, 16.

삼위일체에 관한 토론은 Fisher Humphrey's, *The Almighty* (Elgin, IL: David C. Cook, 1976), esp. pp. 102-107.

제11장
케임브리지에서의 Whale의 관찰은 그의 저서 *Christian Doctrine* (London :Fontan Books, 1957), p. 102.

기독론에 관한 David C. Wright의 토론은 *Eerdman's Handbook to the History of Christianity*, pp. 156ff. 그 인용문은 p. 171에 나타나도 있다.

칼케돈 신경은 Henry Bettenson's *Documents of the Christian Church*, pp. 51-52.

제12장
성 안토니의 사막에서의 경험은 Anne Fremantle's *Treasury of Early Christianity* (new York : Mentor, 1960), p. 400.

제롬에 관한 묘사는 Roland Bainton's *Christendom*, Vol. I, p. 135.

"서방교회의 천재"에 관한 부분은 Williston Walker의 *Great Men of the Christian Church*(Chicago: Chicago University Press, 1908), pp. 103-114에서 요약한 것이다. 여기에 나타난 인용구도 바로 이 책에서 발췌하였다.

제13장

어거스틴의 초기 생애에 관한 묘사는 그의 *Confessions* 에서 인용되었다.

펠라기우스와 어거스틴의 신학적 차이는 Williston Walker's *Great Men of the Christian Church*, pp. 76-79를 보라.

세속 도시에 관한 어거스틴의 묘사는 그의 저서 *City of God*, 특히 Book XIV, 28과 Book V, 19.

제14장
발렌티니안의 인용문과 레오의 인용문은 모두 Friedrich Gontard's *The Chair of Peter* (New York: Holt, Rinehart and Winston, 1964), pp. 138; 142-143.

제15장
Harlie Kay Gallatin의 성상들에 관한 묘사는 상기한 *Eerdman's Handbook*, pp. 247-248 에 나오고 있다.

러시아 사절들의 감탄은 Stephen Neill's *Christian Missions* (Middlesex: Penguin, 1964), p. 89.

제16장
클로비스의 세례와 기도문은 Roland Bainton's *Christendom*, Vol. I, pp. 145-146.

제17장
이 장에 나타난 대 그레고리의 인용문들은 Philip Schaff's *History of the Christian Church*, Volume IV (Grand Rapids: Eerdmans, 1950), pp. 212-215; 228.

이 장의 몇몇 전기적 사실들은 Robert Payne's *The Fathers of the Western Church* (New York: Viking, 1951).

수도사 코피오수스에 관한 기록은 Odo J. Zimmerman's edtion of *Saint Gregory the Great Dialogues* (New York: Fathers of the Church, 1959), pp. 266-270.

제18장
초두에 나타난 사건은 Friedrich Gontard's *The Chair of Peter*, pp. 180-181.

신성 로마 제국의 정치 문제는 일반인들이 이해하기 좀더 어려울지도 모른다. 이에 관하여는 일반 역사책들을 참고하는 것이 좋다.

제19장
고딕식 건축에 관한 슈거의 언급은 Anne Fremantle's *Age of Faith* (New York: Time-Life, 1965), pp. 94-96에 나타나고 있다.

우르반 교황의 십자군 원정 소집과 이에 관련된 사건들에 관하여는 *Civilization: Past and Present*, pp. 209-210.

제20장

학자 올베르트의 태도는 앞의 책 *Civilization*, p.250에 나타난다.

"The Magnetism of an Able Teacher"의 묘사는 Anne Fremantle's *Age of Faith*, pp. 94-96. 이 장의 인용구 역시 같은 책에서 발췌되었다.

제23장

존 후스의 기도문은 Herbert B. Workman's *Dawn of the Reformation*, Vol. II, (London: Epworth, 1953), p. 325.

제24장

마틴 루터에 관한 가장 뛰어난 전기는 역시 Roland Bainton의 *Here I Stand* (Nashville: Abingdon, 1950)이다. 루터의 영적 노정을 묘사하는 찬송을 비롯하여, 이 장에 포함된 인용문들은 모두 그 저서 안에 들어있다. 또한 루터의 생애의 요약을 위해서는 *Time*, March 24, 1967, pp. 70-74를 참조하였다.

제25장

순교한 어머니의 인용문은 *Martyr's Mirror* by Thielman J. Van Braght (Scottdale, PA: Mennonite Publishing House, 1951), pp.984-987.

또한 메노나이트 신앙의 내용에 관한 설명은 *Eerdman's Handbook*, pp. 399-403.

제28장

로욜라의 생애와 예수회의 역사에 관한 요약은 *Time*, April 23, 1973, pp. 40-48에 나타나고 있다. 이 글로부터 상당한 부분을 요약하였다.

지옥의 참상에 관한 묘사는 *Spiritual Exercises*, 58을 보라.

제32장

벤저민 프랭클린의 에즈라 스타일스에 주는 응답은 Winthrop S. Hudson's *American Protestantism* (Chicago: University of Chicago Press, 1961), p. 13에 인용되고 있다.

Baron von Holbach으로부터의 인용문은 *Civilization*, pp. 393-394를 보라.

Diderot의 인용문은 Frank Manuel's *The Age of Reason* (Ithaca, N.Y.: Cornell University Press, 1951), p. 30.

제33장

팡세로부터의 인용문들은 많은 서적들 가운데 나타나고 있다. 그중 Modern Library Edition: Blaise Pascal's *Pensees* (New York: Random House, 1941)

진젠도르프에 관한 묘사는 Williston Walker's *Great Men of the Christian Church*, pp. 308-316을 보라.

제36장

프랑스 혁명의 상황과 그 사건들은 *Civilization*, pp. 451-461, 그리고 Peter Gay's *Age of Enlightenment* (New York : Time-Life, 1966) pp. 167-168.

교황령의 상실과 제2차 바티칸 공의회에 관한 기록은 August Franzen's *A History of the Church*, pp. 384-394의 요약이다.

제37장

G. M. Trevelyan의 인용은 Ernst Marshall Howse's *Saints in Politics* (London : George Allen, 1953), p. 178. 이 장을 위해선 이 책의 내용이 가장 많이 사용되었다.

제38장

영국 동인도 회사의 태도에 관하여는 Paul Hutchinson and Winfred Garrison's 20 *Centuries of Christianity*, p. 279.

캐리의 번역 사업에 관한 기록은 Stephen Neill's *The Christian Society* (New York : Harper , 1952), p. 202.

제39장

서부 설교가에 관한 티머시 플린의 묘사는 Edwin Scott Gaustad's *Historical Atlas of Religion in America* (New York : Harper & Row, 1962), p. 41.

흑인 종교에 대한 Willard Sperry의 설명은 영어 독자를 위한 것이다. *Religion in America* (Boston : Beacon Press, 1963), p. 193.

Woolsey와 Méncken의 인용은 Marsden의 *The Evangelicals* pp. 122-123.

제40장

"자유주의의 대변자"의 요약은 William Hordern's *A Layman's Guide to Protestant Theology*, pp. 44-49.

제41장

Dickins의 *Hard Times*로부터의 인용문은 *Civilization : Past and Present* (pp. 487-88), 마르크스와 엥겔스에 관한 묘사도 같은 책의 p. 496에 나타나고 있다.

케텔러 주교와 맨닝 추기경에 관한 기록은 Thomas Bokenkotter's *A Concise History of the Catholic Church* (Garden City, New York : Doubleday, 1977), pp. 314-316.

사회복음 운동에 관한 라우쉔부쉬의 설명은 그의 저서 *A Theology of the Social Gospel* (New York : Macmillan, 1917), p. 5.

제42장

"히틀러 치하의 기독교 신자들"에 관한 내용은 Richard Pieerad의 글,:An Age of

Ideology" in *Eerdmans Handbook*, pp. 576-578. 마지막 인용구는 pp. 587-588로부터 발췌하였다.

제43장
쉐일러 매튜스와 그레샴 메첸의 인용문들은 Robert L. Ferm's *Issues in American Protestantism* (Garden City N.Y.: Doubleday, 1977), pp. 262-287.

제44장
조지 휘트필드의 인용문은 William Warren Sweet's *The Story of Religion in America* (New York: Harper, 1950), pp. 141-142.

제46장
장 다니엘루의 인용문은 John A. Hardon's *Christianity in the Twentieth Century* (Garden City, NJ: Doubleday, 1971), p. 466.

노 봉린의 경험은 *Serving Our Generation* by Waldron Scott (Colorado Springs: World Evangelical Fellowship, 1980), p. 54.에 나타나고 있다.

레오 1세로부터 현재까지 교황 연대표

The Roman Catholic Church lists forty-eight popes before Leo I.

440-461	Leo I	708	Sisinnius
461-468	Hilary	708-715	Constantine I
468-483	Simplicius	715-731	Gregory II
483-492	Felix III	731-741	Gregory III
492-496	Gelasius I	741-752	Zacharias
496-498	Anastasius II	752	Stephen II
498-514	Symmachus	752-757	Stephen III
498	Laurentius*	757-767	Paul I
514-523	Hormisdas	767-768	Constantine II
523-526	John I	768-772	Stephen IV
526-530	Felix IV	772-795	Adrian I
530-532	Boniface II	795-816	Leo III
530	Dioscorus*	816-817	Stephen V
533-535	John II	817-824	Paschal I
535-536	Agapetus I	824-827	Eugenius II
536-537	Silverius	827	Valentinus
537-555	Vigilius	827-844	Gregory IV
556-561	Pelagius I	844-847	Sergius II
561-574	John III	847-855	Leo IV
575-579	Benedict I	855-858	Benedict III
579-590	Pelagius II	855	Anastasius
590-604	Gregory I†	858-867	Nicholas I
604-606	Sabinianus	867-872	Adrian II
607	Boniface III	872-882	John VIII
608-615	Boniface IV	882-884	Marinus
615-618	Deusdedit	884-885	Adrian III
619-625	Boniface V	885-891	Stephen VI
625-638	Honorius I	891-896	Formosus
640	Severinus	896	Boniface VI
640-642	John IV	896-897	Stephen VII
642-649	Theodorus I	897	Romanus
649-655	St. Martin I	897	Theodorus II
654-657	Eugenius I	898-900	John IX
657-672	Vitalianus	900-903	Benedict IV
672-676	Adeodatus	903	Leo V
676-678	Domnus I	903-904	Christopher
678-681	Agatho	904-911	Sergius III
682-683	Leo II	911-913	Anastasius III
684-685	Benedict II	913	Lando
685-686	John V	914-928	John X
686-687	Conon	928-929	Leo VI
687-692	Paschal*	929-931	Stephen VIII
687	Theodorus*	931-936	John XI
687-701	Sergius I	936-939	Leo VII
701-705	John VI	939-942	Stephen IX
705-707	John VII	942-946	Marinus II

946–955	Agapetus	1154–1159	Adrian IV
955–964	John XII	1159–1181	Alexander III
963–965	Leo VIII	1159–1164	Victor IV*
964–965	Benedict V	1164–1168	Paschal III*
965–972	John XIII	1168–1178	Calixtus III*
973–974	Benedict VI	1178–1180	Innocent III*
974–983	Benedict VII	1181–1185	Lucius III
983–984	John XIV	1185–1187	Urban III
984–985	Boniface VII	1187	Gregory VIII
985–996	John XV	1187–1191	Clement III
996–999	Gregory V	1191–1198	Celestine III
997–998	John XVI*	1198–1216	Innocent III
999–1003	Sylvester II‡	1216–1227	Honorius III
1003	John XVII	1227–1241	Gregory IX
1003–1009	John XVIII	1241	Celestine IV
1009–1012	Sergius IV	1243–1254	Innocent IV
1012–1024	Benedict VIII	1254–1261	Alexander IV
1012	Gregory VI*	1261–1264	Urban IV
1024–1033	John XIX	1265–1268	Clement IV
1033–1045	Benedict IX	1271–1276	Gregory X
1045–1046	Sylvester III	1276	Innocent V
1045–1046	Gregory VI	1276	Adrian V
1046–1047	Clement II	1276–1277	John XXI
1048	Damasus II	1277–1280	Nicholas III
1049–1054	Leo IX	1281–1285	Martin IV
1055–1057	Victor II	1285–1287	Honorius IV
1057–1058	Stephen X	1288–1292	Nicholas IV
1059–1061	Nicholas II	1294	Celestine V
1061–1073	Alexander II	1294–1303	Boniface VIII
1061	Honorius II*	1303–1304	Benedict XI
1073–1085	Gregory VII§	1305–1314	Clement V
1086–1087	Victor III	1316–1334	John XXII
1088–1099	Urban II	1334–1342	Benedict XII
1099–1118	Paschal II	1342–1352	Clement VI
1100	Theodoricus*	1352–1362	Innocent VI
1102	Albertus*	1362–1370	Urban V
1105–1111	Sylvester IV*	1370–1378	Gregory XI
1118–1119	Gelasius II	1378–1389	Urban VI
1118–1121	Gregory VIII*	1389–1404	Boniface IX
1119–1124	Calixtus II	1394–1423	Benedict XIII
1124	Celestine*	1404–1406	Innocent VII
1124–1130	Honorius II	1406–1415	Gregory XII
1130–1143	Innocent II	1409–1410	Alexander V*
1130–1138	Anacletus II	1410–1415	John XXIII*
1138	Victor IV*	1417–1431	Martin V
1143–1144	Celestine II	1431–1447	Eugene IV
1144–1145	Lucius II	1439–1449	Felix V*
1145–1153	Eugenius III	1447–1455	Nicholas V
1153–1154	Anastasius IV	1455–1458	Calixtus III

1458–1464 .... Pius II	1667–1669 .... Clement IX
1464–1471 .... Paul II	1670–1676 .... Clement X
1471–1484 .... Sixtus IV	1676–1689 .... Innocent XI
1484–1492 .... Innocent VIII	1689–1691 ...... Alexander VIII
1492–1503 .... Alexander VI	1691–1700 .... Innocent XII
1503 .... Pius III	1700–1721 .... Clement XI
1503–1513 .... Julius II	1721–1724 .... Innocent XIII
1513–1521 .... Leo X	1724–1730 .... Benedict XIII
1522–1523 .... Adrian VI	1730–1740 .... Clement XII
1523–1534 .... Clement VII	1740–1758 .... Benedict XIV
1534–1549 .... Paul III	1758–1769 .... Clement XIII
1550–1555 .... Julius III	1769–1774 .... Clement XIV
1555 .... Marcellus II	1775–1799 .... Pius VI
1555–1559 .... Paul IV	1800–1823 .... Pius VII
1559–1565 .... Pius IV	1823–1829 .... Leo XII
1566–1572 .... Pius V	1829–1830 .... Pius VIII
1572–1585 .... Gregory XIII	1831–1846 .... Gregory XVI
1585–1590 .... Sixtus V	1846–1878 .... Pius IX
1590 .... Urban VII	1878–1903 .... Leo XIII
1590–1591 .... Gregory XIV	1903–1914 .... Pius X
1591 .... Innocent IX	1914–1922 .... Benedict XV
1592–1605 .... Clement VIII	1922–1939 .... Pius XI
1605 .... Leo XI	1939–1958 .... Pius XII
1605–1621 .... Paul V	1958–1963 .... John XXIII
1621–1623 .... Gregory XV	1963–1978 .... Paul VI
1623–1644 .... Urban VIII	1978 (Aug. 26–Sept. 28) John Paul I
1644–1655 .... Innocent X	1978– .... John Paul II
1655–1667 .... Alexander VII	

* indicates Antipope
† Gregory I is called Gregory the Great
§ Gregory VII is known as Hildebrand
‡ Sylvester II is known as Gerbert

🗨 **독자 여러분들께 알립니다!**
'**CH북스**'는 기존 '**크리스천다이제스트**'의 영문명 앞 2글자와
도서를 의미하는 '**북스**'를 결합한 출판사의 새로운 이름입니다.

현대인을 위한 교회사

1판 1쇄 발행 1993년 4월 25일
2판 1쇄 발행 2019년 8월 21일
2판 2쇄 발행 2025년 4월 1일

지은이 브루스 셸리
옮긴이 박희석
발행인 박명곤　**CEO** 박지성　**CFO** 김영은
기획편집1팀 채대광, 이정미, 백환희, 이상지
기획편집2팀 박일귀, 이은빈, 강민형, 박고은
기획편집3팀 이승미, 김윤아, 이지은
디자인팀 구경표, 유채민, 윤신혜, 임지선
마케팅팀 임우열, 김은지, 전상미, 이호, 최고은

펴낸곳 CH북스
출판등록 제406-1999-000038호
전화 070-4917-2074　**팩스** 0303-3444-2136
주소 서울시 강서구 마곡중앙6로 40, 장흥빌딩 10층
홈페이지 www.hdjisung.com　**이메일** support@hdjisung.com
제작처 영신사